zu Knyphausen-Aufseß
Theorie der strategischen Unternehmensführung

Dodo zu Knyphausen-Aufseß

Theorie der strategischen Unternehmensführung

State of the Art und neue Perspektiven

GABLER

Die Deutsche Bibliothek – CIP-Einheitsaufnahme

Knyphausen-Aufsess, Dodo zu:
Theorie der strategischen Unternehmensführung :
state of the art und neue Perspektiven
/ Dodo zu Knyphausen-Aufsess. - Wiesbaden : Gabler, 1995
(Neue betriebswirtschaftliche Forschung ; Bd. 152)
Zugl.: München, Univ., Habil.-Schr., 1994
ISBN 3-409-13195-7
NE: GT

Der Gabler Verlag ist ein Unternehmen der Bertelsmann Fachinformation.

Lektorat: Claudia Splittgerber

Druck und Buchbinder: Strauss-Offsetdruck, Mörlenbach
Printed in Germany

ISBN 3-409-13195-7

Vorwort

Die vorliegende Arbeit beschäftigt sich mit der Theorie der strategischen Unternehmensführung. Ihre Initiierung geht auf das Jahr 1991 zurück, als an der Fakultät für Betriebswirtschaftslehre der Universität München die spezielle Betriebswirtschaftslehre "Strategische Unternehmensführung" (Lehrstuhl Prof. Dr. W. Kirsch) etabliert wurde. Mit der Notwendigkeit des Aufbaus eines neuen Forschungs- und Lehrprogramms ergab sich ein Bedarf, den Stand der weltweiten Bemühungen im Bereich der Strategischen Unternehmensführung (in einem disziplinären Sinne verstanden) systematisch zu sichten und auszuwerten. Sehr schnell wurde klar, daß hierzu keine adäquaten Veröffentlichungen existierten, auf die man hätte zurückgreifen können. Es zeigte sich sogar, daß auch im Bereich der etablierten Theoriediskussion ein Bedarf für eine systematische Bestandsaufnahme entstanden ist, nachdem sich in vermehrter Weise Anzeichen einer "Paradigmenkrise" auffinden lassen. Die vorliegende Arbeit sollte also eine Aufgabe erfüllen, die nicht nur im Zusammenhang mit der Etablierung der neuen speziellen Betriebswirtschaftslehre von Bedeutung war, sondern offenbar auch aus der Perspektive der Fachdisziplin insgesamt von hohem Interesse ist.

Eine zweite, wesentliche Aufgabe der vorliegenden Arbeit sollte darin bestehen, das vorhandene Theorieangebot mit einer alternativen Art der Theoriebildung in Beziehung zu setzen, an der der Lehrstuhlinhaber seit mehr als zwei Jahrzehnten arbeitet und an der der Autor der vorliegenden Arbeit über eine Reihe von Jahren nicht unwesentlich beteiligt gewesen ist. Diese Art der Theoriebildung stützt sich auf die sozialwissenschaftliche Grundlagendiskussion, mit der neueren soziologischen Systemtheorie, der Handlungs- und Entscheidungstheorie sowie der Evolutionstheorie als wichtigen Eckpfeilern. Aus dem Blickwinkel der etablierteren Betriebswirtschaftslehre mögen einzelne der vor diesem Hintergrund entstandenen Arbeiten, für sich betrachtet, bisweilen einen etwas esoterischen Beigeschmack besessen haben. Die vorliegende Arbeit sollte nun aber zeigen, daß eben diese Art der Theoriebildung einerseits durchaus *anschlußfähig* ist an die international geführte Diskussion im Bereich der Strategischen Unternehmensführung. Andererseits sollte aber natürlich auch vor Augen geführt werden, daß sich hieraus *erweiternde Perspektiven* ergeben könnten, denen sich der "Mainstream" der Strategischen Unternehmensführung nicht verschließen sollte.

Der Aufbau der Arbeit spiegelt die beiden ihr gestellten Aufgaben sehr direkt wider. Das sehr umfangreiche Kapitel 2 vermittelt einen Überblick über den Stand der derzeitigen Theoriediskussion. Das fast ebenso umfangreiche Kapitel 4 zeigt dann die erweiternden Perspektiven einer wesentlich systemtheoretisch geprägten Grundlagendiskussion auf. Die gegenüber dem von Werner Kirsch selbst verfolgten Theorieprogramm stärkere Fokussierung auf die neuere Systemtheorie begründet sich daraus, daß in dieser Theorie zwei (miteinander zusammenhängende) Gesichtspunkte eine besondere Betonung erfahren, die für die vorliegende Arbeit große Relevanz besitzen: die sogenannte "Beobachterproblematik" und die Selbstbezüglichkeit (Selbstreferentialität) der Theoriebildung. Insgesamt wird aber davon ausgegangen, daß mit den Intentionen des Forschungsprogramms, aus dem auch die vorliegende Arbeit entsprungen ist, weitestgehende Kompatibilität besteht (vgl. hierzu auch die Kapitel 4.4 bis 4.6).*

Die "Beobachterproblematik" und die Selbstbezüglichkeit der Theoriebildung werden gleich zu Beginn der Arbeit erläutert (Kap. 1.1). Das hat den Nachteil, daß die Argumentation zunächst auf einem recht hohen Abstraktionsniveau verläuft und erst danach die Möglichkeit besteht, sich schrittweise an das anzunähern, was in dieser Arbeit als "Theorie der strategischen Unternehmensführung" bezeichnet wird. Der Vorteil besteht aber darin, daß so von vornherein deutlich gemacht werden kann, daß die Theorie der strategischen Unternehmensführung in ihrem "Objektbereich" selbst vorkommt, die Theorie sich also wesentlich mit sich selbst beschäftigt. Im Vergleich mit der Behandlung von Problemstellungen, die sich der Unternehmenspraxis bei der Erfüllung ihrer Führungsaufgaben stellen, besitzt sie deshalb einen deutlich akademischen Bias. (Freilich wird sich zeigen, daß über diesen "Umweg" gerade auch die Auseinandersetzung der Unternehmenspraxis mit Fragen der strategischen Unternehmensführung auf ein neues Reflexionsniveau gebracht, auch für die Praxis also etwas gewonnen kann.) Darüber hinaus kann auch umstandslos eine Verbindung zur Idee der "Ökologie der Ideen" geschaffen werden, eine Idee, die der in der vorliegenden Arbeit vertretenen Theorieperspektive eine weitestgehende Offenheit gegenüber allen möglichen Theorieangeboten - die auch als Bestandteil dieser "Ökologie von Ideen" begriffen werden können - erlaubt. Das ist dann aber wiederum mit der Möglichkeit verbunden, gerade auch die in Kapitel 2 behandelten, dem "Mainstream" zugerechneten Theorieangebote als legitime Bestandteile einer erweiterten Theoriekonstruktion anzusehen, auf die in Kapitel 4 ja hingeführt wird. Die Ausführungen der Kapitel 2 und 4 sind, anders formuliert, nicht nur additiv zusammengefügt; vielmehr besteht auch ein *interner Zusammenhang*, der der Vielheit der verschiedenen Theorieansätze eine Einheit verleiht.

---

* Der mit dem Forschungsprogramm verbundene, in Kap. 4.4 im einzelnen vorgestellte Bezugsrahmen ist bislang von Werner Kirsch selbst nur im Rahmen eines sehr knappen Überblicksaufsatzes publiziert worden (Kirsch & Obring 1994); die Ausführungen müssen deshalb an eine Reihe von unveröffentlichten Arbeitspapieren anschließen. Eine umfassende Veröffentlichung, in die auch einige der in Kap. 4.5 entwickelten Kritikpunkte eingearbeitet sind, ist für das Frühjahr 1995 geplant. Vgl. darüber hinaus auch neuere Dissertationen, die im Rahmen des genannten Forschungsprogramms entstanden sind; insb. Obring (1992), Habel (1992), Wolfrum (1993), Näther (1993), Reglin (1993) und Schwub-Gwinner (1993), Broich (1994), Stetter (1994) und Kernstock (1995).

Zusätzliche Impulse erhält die skizzierte Argumentationslinie durch einen Exkurs, der, ausgehend von der einfachen Beobachtung, daß die in Kapitel 2 dargestellten Theorieansätze im wesentlichen *US-amerikanische* Theorieansätze sind, die Frage diskutiert, ob es so etwas wie einen "deutschen" oder "europäischen" Ansatz zu einer Theorie der strategischen Unternehmensführung gibt (Kap. 3). Die Behandlung dieser Fragestellung ermöglicht es, erstens, in Fortführung von Kapitel 2 eine Reihe von Beiträgen aufzuarbeiten, die für die derzeitige Diskussion im Bereich der Strategischen Unternehmensführung von großer Bedeutung sind. Zweitens kann die im Zusammenhang mit der Beobachterproblematik bzw. der Selbstbezüglichkeit der Theoriebildung wichtige These der *Verschränktheit* des Objektbereichs (des "Was") der theoretischen Analyse und der Art (des "Wie") dieser Analyse an einem Beispiel anschaulich vor Augen geführt werden. Die Behandlung dieser Frage ist, etwas pointierter gesagt, Ausdruck der selbstreferentiellen Struktur, die auch die vorliegende Arbeit selbst kennzeichnet. Drittens schließlich, und im Rahmen dieses Vorwortes vielleicht besonders bemerkenswert, kann hier gezeigt werden, daß der oben herausgestellte "subjektive" Anlaß der vorliegenden Arbeit, auch die Anschlußfähigkeit sowie die theoretische Fruchtbarkeit des eigenen, seit mehreren Jahren verfolgten Theorieprogramms zu dokumentieren, gleichsam eine systematische Komponente besitzt - sofern es nämlich gelingt, dieses Programm als "Exemplar" für einen genuin deutschen (oder gar "europäischen") Ansatz herauszustellen, der der Art der Theoriebildung, wie sie insbesondere in den USA derzeit betrieben wird, entgegenzustellen wäre. Das ist sicherlich eine anmaßende Idee, und man tut gut daran, die Argumente nicht überzustrapazieren und eher einen fragenden Unterton beizubehalten. Angesichts der bisweilen spürbaren Verunsicherung der deutschsprachigen Betriebswirtschaftslehre in bezug auf die Rolle, die diese im internationalen Wissenschaftsdiskurs spielt oder spielen könnte, dürfte ein Zusammentragen der einschlägigen Argumente aber doch gerechtfertigt sein.

All die hier angedeuteten, den Aufbau der Arbeit betreffenden Punkte werden natürlich im Rahmen der Einleitung und auch später noch ausführlich dargestellt und weiter differenziert. An dieser Stelle kann nur der Hoffnung Ausdruck gegeben werden, daß sie beim Leser genügend Interesse wecken, sich der umfangreichen, bisweilen anspruchsvollen Argumentation und der Fülle des aufgearbeiteten Materials - die nicht zuletzt auch am Umfang des Literaturverzeichnisses abzulesen sein mag - zu stellen. Die weltweiten Theorieentwicklungen sind so faszinierend, daß es sich in jedem Fall lohnen sollte.

Die vorliegende Arbeit ist eine nur leicht modifizierte Fassung jenes Textes, der im Sommersemester 1994 vom Habilitationskollegium Dr. rer. pol. habil. als Habilitationsschrift angenommen wurde. Werner Kirsch danke ich für die Erstellung des Erst- und Arnold Picot für die Erstellung des Zweitgutachtens. Werner

Kirsch bin ich darüber hinaus dankbar für die Schule, durch die er mich hat laufen lassen, und für die Strukturvorschläge, deren Berücksichtigung der Arbeit zweifellos gutgetan haben. Gleichzeitig bitte ich ihn um Nachsicht dafür, daß ich nicht alle Vorschläge aufgenommen habe. Am schwersten ist mir dies gefallen im Zusammenhang mit der Anregung, in das zweite Kapitel noch das Thema "Globalisierung" mitaufzunehmen, das im Rahmen des Strategischen Managements eine so große Rolle spielt (siehe Kapitel 1!) und in Kapitel 3 nur in indirekter Weise behandelt wird. Der Einbau eines weiteren Textbausteines hätte aber den ohnehin sehr umfangreichen Text allzu stark verlängert und auch zu einer zeitlichen Verzögerung der Veröffentlichung geführt, die mir angesichts der Aktualität der ansonsten behandelten Themenstellungen nicht akzeptabel erscheint. Darüber hinaus werde ich im Rahmen meines zum Wintersemester 1994/95 übernommenen Lehrstuhls für Allgemeine Betriebswirtschaftslehre, insbesondere Internationales Management, an der Universität Jena noch hinreichend Gelegenheit haben, das Globalisierungsthema zu erforschen. So verweise ich für den Moment nur auf die monumentale Arbeit von J. Dunning (1993), in der nicht nur ein Überblick über die relevanten theoretischen Ansätze, sondern auch über die einschlägigen empirischen Ergebnisse zu finden ist.

Für die finanzielle Unterstützung, die die Verfolgung meines Habilitationsprojektes überhaupt erst ermöglicht hat, danke ich der Deutschen Forschungsgemeinschaft, der Strategema GmbH, Herrn Dr. Walter Trux sowie zuletzt der SEW Eurodrive-Stiftung. Operative Unterstützung haben Martin Aschenbach, Jörg Ramel und Irmela von Schenck geleistet. Auch ihnen sei herzlich gedankt, ebenso wie Max Ringlstetter, mit dem ich viele Jahre in München zusammengearbeitet und von dem ich viel gelernt habe. Dank auch an Günter Müller-Stewens und Georg Schreyögg, die neben Werner Kirsch und Arnold Picot den Stipendienantrag bei der Deutschen Forschungsgemeinschaft befürwortet haben.

Sehr profitiert habe ich von DFG-unterstützten Forschungsaufenthalten in den USA, in England und in Frankreich. Dabei bin ich insbesondere Dan Schendel, Thomas Brush und Stephan Schrader für ihre Gastfreundschaft verpflichtet.

Mein herzlichster Dank gilt schließlich meiner Familie - meinen Eltern dafür, daß sie mir die jahrelange Ausbildung ermöglicht haben, und meiner Frau Cornelia sowie unseren Kindern Jesco, Josina und Linus, die viel Geduld mit mir gehabt haben. Ihnen ist es zuzuschreiben, daß ich ein gelungenes Leben führen kann.

Oberaufseß, im Dezember 1994 D. z. K.

Inhaltsverzeichnis

Abbildungsverzeichnis

1. Einleitung

"Theorie der strategischen Unternehmensführung", das ist ein anspruchsvoller Arbeitstitel. Die darunter zu subsumierenden Fragestellungen und die damit verbundenen Theorieansätze sind so vielfältig, daß es vermessen erscheinen muß, all dies zu einer konsistenten Theorie zusammenfügen zu wollen. Es ist deshalb angebracht, ausführlicher das Vorhaben zu motivieren und die leitenden Gesichtspunkte zu explizieren. Die vorliegende Einleitung ist dieser Aufgabe gewidmet.

Zu Beginn werden zwei unterschiedliche Interpretationsweisen des Arbeitstitels herausgestellt (Kap. 1.1). Es soll plausibel gemacht werden, warum die vorliegende Arbeit sich im wesentlichen nicht unmittelbar mit ihrem "Objektbereich" - der strategischen Unternehmensführung -, sondern mit der theoretischen Beobachtung dieses "Objektbereichs" insbesondere in der Wissenschaft beschäftigt. Freilich wird auch herausgearbeitet, inwiefern die unterschiedenen Interpretationsweisen dann doch eine Einheit bilden, und es werden theoretische Perspektiven aufgewiesen, die im weiteren Verlauf dieser Arbeit noch eine eminente Bedeutung gewinnen werden. Anschließend wird ein kurzer Überblick über die historische Entwicklung der Auseinandersetzung mit Fragen der strategischen Unternehmensführung gegeben (Kap. 1.2) und gezeigt, daß die theoretische Diskussion sich heute in einer Krise befindet, die den Bedarf aufkommen läßt, systematischer, als dies bislang der Fall war,[1] den Stand der weltweiten Forschungsbemühungen zu sichten und nach neuen theoretischen Perspektiven zu suchen (Kap. 1.3). Ein kurzer Überblick über Zielsetzungen und Aufbau der Arbeit schließen die Einleitung ab (Kap. 1.4).

1.1 "Theorie der strategischen Unternehmensführung" als Einheit einer Differenz: Beobachterproblematik und Selbstreferentialität der Theorienbildung

"Theorie der strategischen Unternehmensführung" ist nicht nur ein anspruchsvoller, sondern auch ein zweideutiger Arbeitstitel.

Zum einen geht es um eine systematische Behandlung von Fragestellungen, mit denen die Unternehmensführung kaum vermeidbar konfrontiert ist. D. Teece

1. Vgl. für Hinweise hierzu unten, Fn. 53.

(1990: 41 f.) gibt hierzu etwa den folgenden Katalog:[2]

1. Was sind für das einzelne Unternehmen die Quellen seines ökonomischen Gewinnes und seines unterschiedlichen Erfolges? Wie können diese Quellen gegen Wettbewerber verteidigt werden?
2. Gibt es Grenzen, wie groß ein Unternehmen sein darf, wenn es sowohl innovativ als auch effizient bleiben will? Wie müssen Unternehmen strukturiert und geführt werden, damit sie innovativ und effizient sind? Sind Innovationsfähigkeit und Effizienz zueinander konfliktär?
3. Was sind signifikante Unterschiede zwischen externen (marktlichen) Vertragsbeziehungen und interner Organisation? Wie beinflussen die lateralen und vertikalen Grenzen der Unternehmung den ökonomischen Erfolg? Wann empfiehlt es sich, statt zu integrieren lieber mit anderen Unternehmen eine (strategische) Partnerschaft einzugehen? Welche Rolle spielt dabei das relevante sozio-ökonomische Feld (z. B. Deutschland vs. Japan)?
4. Welchen Einfluß haben die Synergiebeziehungen zwischen verschiedenen Produktlinien auf den ökonomischen Erfolg?
5. Was macht die Fähigkeiten eines Unternehmens aus? Woraus setzen sie sich zusammen? Sind sie übertragbar? Ist es möglich, so etwas wie ein "Kerngeschäft" eines Unternehmens zu identifizieren?
6. Kann man die strategische Wissensbasis eines Unternehmens tatsächlich steuern? Wenn ja, wie kann man die "strategische Wissensbasis" näher charakterisieren?
7. Was ist überhaupt ein "Geschäft"? Wie kann man es von anderen Geschäften abgrenzen? Wie verhalten sich die Geschäftseinheiten eines Unternehmens zu bestimmten Marktsegmenten?
8. Evolvieren Unternehmen oder sogar ganze Industrien in prognostizierbare Richtungen?
9. Gibt es spezifische Entscheidungsweisen oder gar -modelle, die man als "strategisch" kennzeichnen kann? Unterscheiden sich strategische Entscheidungen von anderen durch ihren inhaltlichen Bezug, oder sind es eher die Prozesse, anhand derer sich Unterschiede festmachen lassen? Kann man via Entscheidungen die strategische Richtung eines Unternehmens oder eines "Geschäfts" gezielt steuern, oder muß man letztlich doch von einem nahezu ausschließlich umwelt-determinierten Verhalten ausgehen?
10. Wie lassen sich Strategien in das operative Geschäft umsetzen? Welche Rolle spielt das System eines "Strategischen Managements" für den Erfolg eines Unternehmens?

---

2. Vergleichbare Fragenkataloge finden sich bei Freeman & Lorange (1985: 11) sowie Schendel (1992a: 39 f.); einen Vorläufer liefert Ansoff (1965: 6).

All diese Fragen tauchen im "Objektbereich" der Theorie - in der Unternehmenspraxis - auf. Die Theorie der strategischen Unternehmensführung versucht, so verstanden, die Praxis der strategischen Unternehmensführung zu beschreiben und, davon abhängig oder unabhängig, Anweisungen zu geben, wie die genannten Fragen beantwortet werden sollten. Das eine bezeichnet die deskriptive, das andere die präskriptive Dimension einer Theorie der strategischen Unternehmensführung (vgl. Schreyögg 1984).

Zum anderen geht es aber auch um die *Theorie* der strategischen Unternehmensführung, um die Frage also, in welcher Weise sich die Wissenschaft oder andere "Systeme", die auf die Beobachtung der Unternehmenspraxis spezialisiert sind (gemeint sind hier vor allem die Unternehmensberatungsgesellschaften, aber auch Teile der Wirtschaftspresse, des Rechtssystems, der Politik etc.), mit Phänomenen der strategischen Unternehmensführung auseinandersetzen. Welche Theorien gibt es, wie sehen die spezifischen "Brillen" aus, mit denen sie ihren Gegenstandsbereich konstituieren und die Praxis der strategischen Unternehmensführung beobachten? Wie beobachten sich die verschiedenen Theorien untereinander? Gibt es Theorien, denen ein geradezu *paradigmatischer* Status zuerkannt wird? Unterscheiden sich die theoretischen Perspektiven, die in der Diskussion Anfang der neunziger Jahre eingenommen werden, von jenen Perspektiven, die man vor ungefähr 30 Jahren gehabt hat, als die ersten wichtigen Arbeiten zum Thema (z. B. Selznick 1957, Chandler 1962) veröffentlicht wurden? Auf welche Einflüsse sind die Perspektivenveränderungen zurückzuführen?[3]

All diese Fragen sind zunächst einmal akademischer Natur, Ausdruck der Beschäftigung der Wissenschaft mit sich selbst (vgl. Ackroyd 1992). Sie besitzen aber auch eine praktische Komponente. Wenn die Unternehmenspraxis sich mit strategischen Fragestellungen der vorher genannten Art auseinandersetzt, tut sie dies vor dem Hintergrund spezifischer Weltsichten, spezifischer "subjektive[r] Theorien des Managements über das Management" (Staehle & Sydow 1992: 1296, ohne Hervorh.) und über alle anderen als relevant empfundenen Sachverhalte (vgl. Argyris & Schön 1978). Aus der Perspektive des derzeit in verschiede-

3. Die hier beispielhaft angeführten Fragen sind eher auf das *Wie* denn auf das *Was* der Theoriebildung gerichtet. Gegen Ende dieses einleitenden Kapitels (1.1) und in Kap. 3 wird darauf noch kurz zurückzukommen sein. An dieser Stelle sei aber darauf hingewiesen, daß die Unterscheidung zwischen diesen beiden Frage-Typen Parallelen vor allem bei "postmodernen" Autoren findet (vgl. etwa Parker 1992). Aber auch Aldrich (1992: 17) unterscheidet zwischen *Models of Theory* und *Modes of Theorizing*, um zu reflektieren "that language is, indeed, more than words. Developments in the art and humanities have been filtering into the social sciences, generating concern over the form our discourse takes and the power that language has to shape our ways of seeing the world."

nen Disziplinen diskutierten "Radikalen Konstruktivismus"[4] könnte man dies etwa so formulieren: Die Welt ist uns nicht objektiv gegeben, und auch wir selbst sind uns, sofern wir Bestandteil dieser Welt sind, nicht objektiv gegeben. Wir können sie nur mit Hilfe unserer Sinnesorgane und unseres Gehirns *wahrnehmen* oder, um den Terminus wieder aufzugreifen, *beobachten*, und dabei sind unsere Wahrnehmungen/Beobachtungen hier und jetzt abhängig von dem, was wir vorher wahrgenommen/beobachtet haben. Jede Welt-Wahrnehmung/Beobachtung hat insofern eine höchst individuelle Komponente. Gleichzeitig ist allerdings auch nicht ausgeschlossen, daß eine Mehrzahl von Individuen im Laufe ihrer Geschichte eine weitgehend parallelisierte Welt-Wahrnehmung/Beobachtung entwickelt (vgl. Hejl 1987 u. ö.). Im vorliegenden Zusammenhang könnte man hier dann, etwas ungenau,[5] von einer "Community of Assumptions" (Etzioni 1968), von einem "gemeinsamen Kontext" (Kirsch 1988 u. ö.), von einem "gemeinsamen Paradigma" (Immershein 1977, Sheldon 1980) usw. sprechen. Aus dem Blickwinkel einer solchen Perspektive hat die Welt dann durchaus objektiven Charakter; sie erscheint als (kognitive) *Wirklichkeit* (G. Roth 1987: 275). Man muß sich erst in eine Außenperspektive begeben, um zu sehen, was man sonst nicht sehen kann (vgl. zu Knyphausen 1988: 73 ff.).

Der entscheidende Gesichtspunkt besteht nun darin, daß die Kognitionen von Managern nicht nur (in einem vielleicht lockereren Sinne) als "Theorien" aufgefaßt werden können, sondern daß sie ihrerseits auch sehr weitgehend durch Theorien beeinflußt sind, die in all den vorhin angesprochenen "Beobachtungssystemen" produziert werden. Zwar kann man, wie noch ausführlich zu diskutieren sein wird (Kap. 1.3, 4.1), behaupten, daß teilweise gerade die theoretischen Arbeiten zu Fragen der strategischen Unternehmensführung bislang enttäuschend wenig "praxisrelevant" sind. Gleichzeitig ist aber unabweisbar, daß Teile der "Ökologie von Ideen", die in wissenschaftlichen und anderen Diskursen entwickelt werden, eben auch in die Unternehmenspraxis Eingang gefunden haben und immer noch finden (vgl. Pascale 1990: 18 ff.). Dafür sprechen empirische

4. Vgl. als Überblick Schmidt (1987a, 1992). - Analoge Formulierungen können natürlich auch im Kontext anderer philosophischer Positionen gefunden werden, so z. B. durch eine Phänomenologie à la Berger & Luckmann (1969), die ja auch in der Unternehmenskulturforschung weithin Beachtung gefunden hat (vgl. zum Überblick Ebers 1985). Die Bevorzugung des Radikalen Konstruktivismus ergibt sich hier aus dessen Affinität zur neueren Systemtheorie, die in der vorliegenden Arbeit noch eine größere Rolle spielen wird. (Direkt wird auf den Radikalen Konstruktivismus noch in Kap. 4.52 eingegangen.)
5. Ungenau sind die folgenden Redeweisen deshalb, weil sie von der *Gemeinsamkeit* von Welt-Wahrnehmungen/Beobachtungen sprechen, *Gemeinsamkeit* aber eben nicht das Gleiche ist wie *Parallelisierung*. Vgl. dazu ausführlich Kirsch (1992: 207 ff.).

Indizien[6] ebenso wie die Verkaufszahlen einiger Managementbücher (man denke etwa an Porter 1980, Peters & Waterman 1982, Womack et al. 1990) und die Tatsache, daß die Mehrzahl der Manager eine inner- und/oder außerbetriebliche Aus- und Weiterbildung erhalten, in denen weitgehend auf theoretische Erkenntnisse rekurriert wird (hierzu sei die Lektüre der Programmprospekte einer beliebigen Business School empfohlen). Darüber hinaus existiert eine Vielzahl von Gesellschaften, in deren Zusammenkünften Praktiker Anregungen aus der Wissenschaft erhalten (und umgekehrt).[7] Schließlich werden auch über Beratungsprojekte viele Theorien in die Unternehmen hineingetragen, um die gegebenen Empfehlungen zu rechtfertigen und damit nicht nur den Verkaufserfolg zu sichern, sondern auch den generellen Imperativen moderner Organisationen zu genügen: daß alles Handeln nämlich bestimmten Rationalitätsanforderungen erfüllen muß, Entscheidungen nur gefällt werden können, wenn sie hinreichend begründet sind (vgl. Meyer & Rowan 1977, March 1981a: 236, Starbuck 1985: 341 ff.). Theorien tragen dazu bei, die Konsistenz der Argumente sicherzustellen und damit dieses Begründen zu erleichtern (vgl. Brown 1992).

---

6. Rumelt (1974) hat auf die - auch theoretisch genährten - "Modeströmungen" hingewiesen, die das Diversifikations- bzw. das Divisionalisierungsverhalten amerikanischer Unternehmen in den sechziger Jahren beeinflußt haben. Relevant sind darüber hinaus Arbeiten, die die Verbreitung von bestimmten Managementmethoden (Portfolioanalyse, Branchenanalyse etc.) untersucht haben und zu dem Ergebnis gekommen sind, daß diese meist in Wissenschaft oder Beratungspraxis entwickelten Methoden tatsächlich vielfach verwendet werden - zumindest in größeren, "professionelleren" Unternehmen. Vgl. hierzu etwa Haspeslagh (1982), Esser et al. (1984), Coenenberg & Günther (1990) sowie Steinle et al. (1993).
7. Am bekanntesten ist sicherlich die *Strategic Management Society*, die im Herbst 1991 immerhin 1659 Mitglieder - Praktiker, Berater und Wissenschaftler - umfaßte. Meyer (1991: 830) schreibt dazu, den Tenor des hier vorliegenden Textes sehr schön unterstreichend: "Strategy is also a meeting place for professors and practitioners. Indeed, the Strategic Management Society is our only professional organization whose meetings are regularly attended by academics, consultants, and CEOs. The result is that top managers' theories-in-use can inform academic theory, and research findings can inform organizational practice. Everyone benefits from these exchanges. Theory is enriched because some executives are astute observers who possess more sophisticated models of their organizations than those proposed by academics. Researchers, on the other hand, come away better equipped to grapple with real-world problems by studying how causal variables that practioners can manipulate affect outcome variables used to gauge organizational performance. Kurt Lewin once remarked, 'There's nothing so practical as a sound theory.' Social scientists have invoked this aphorism ever since to parry charges of irrelevance. But research results might percolate more swiftly from scholarship into practice if the aphorism were inverted: 'There's nothing so theoretical as a sound practice.'"

Wenn diese Überlegungen richtig sind, ist klar, daß man viel über strategische Unternehmensführung lernen kann, wenn man einen Blick in die *Theorie* der strategischen Unternehmensführung wirft. Die beiden Interpretationen des Titels der vorliegenden Arbeit bilden, so gesehen, doch eine Einheit, auch wenn die theoretische Beobachtung überwiegt. Die vorliegende Arbeit setzt entsprechend auf der theoretischen Ebene an; ihr Blick ist sozusagen durch die Beobachtungen der Theorie immer schon gebrochen. Das ist in gewisser Weise nichts Besonderes. Die meisten einschlägigen Arbeiten bieten Überblicke über vorhandene Theorieangebote, werten diese aus und ziehen daraus den eigenen Zielsetzungen entsprechende Schlüsse (vgl. für ein aktuelles Beispiel etwa Sydow 1992). Die vorstehenden Überlegungen deuten allerdings an, daß jetzt noch eine Reflexionsstufe hinzutritt: Die Theorie beobachtet nicht nur die Praxis, sondern sie beobachtet auch, wie die Praxis die Theorie beobachtet, und fragt nach den damit verbundenen Konsequenzen für den Aufbau der Theorie. Es werden, mit anderen Worten, Ansätze zu einem *selbstreferentiellen Theoriekonzept* angeboten. Weiter oben wurde der Hinweis auf die Selbstbezüglichkeit der Theorie einmal mit einer scheinbar selbstkritischen Attitüde eingeführt und durch den Hinweis "relativiert", daß die beispielhaft vorgegebenen Fragestellungen durchaus auch praktische Bezüge aufweisen. Jetzt zeigt sich, wiederum andeutungsweise, daß die Selbstbezüglichkeit der Theoriebildung mit den Praxisbezügen *zusammenhängt* und geradezu *angestrebt* wird.

Die kognitive, auf Beobachtung abstellende Perspektive und die Selbstbezüglichkeit der Theoriebildung, die hier hervorgehoben werden, stellen Gesichtspunkte dar, die durchaus anschlußfähig an Diskussionskontexte sind, die im Bereich der Theorie der strategischen Unternehmensführung Vertrautheit besitzen. Diese Verbindungen sollen im folgenden kurz aufgezeigt werden (1, 2). Eine Zusammenführung *beider* Gesichtspunkte wird konsequent allerdings erst durch die neuere Systemtheorie bewerkstelligt, die im Rahmen der disziplinären Anstrengungen um eine Theorie der strategischen Unternehmensführung bislang kaum aufgegriffen worden ist. Die Hauptthese der vorliegenden Arbeit besteht darin, daß durch diese Theorie, auch oder gerade weil sie nach den etablierten Maßstäben einen recht abstrakten bzw. "grundlagenorientierten" Charakter besitzt, der Theorie der strategischen Unternehmensführung neue Perspektiven vermittelt werden können. Die Ausführungen in dem umfangreichen Kapitel 4 dieser Arbeit werden sich daher wesentlich (aber nicht nur) durch diesen Theorieansatz inspirieren lassen. Im vorliegenden Zusammenhang müssen zunächst einmal einige knappe Andeutungen ausreichen (3).

(1) Die *kognitive Perspektive*, die oben angesprochen wurde, ist in der Managementlehre schon seit einiger Zeit *en vogue*. "An organization is a body of thought

thought by thinking thinkers", heißt es bei K. Weick (1979: 42) in einer schönen Formulierung, mit der man wohl die Grundidee der interpretativen Organisationstheorie überschreiben kann (vgl. als Überblick Putnam & Pacanowsky 1983). Im Hinblick auf die Strategieforschung spricht Mintzberg (1990a) von einer sich langsam herausbildenden *Kognitiven Schule*, die er durch folgende Prämissen kennzeichnet (Mintzberg 1990a: 145):

1. Die Generierung einer Strategie ist ein kognitiver Prozeß, der sich im Kopf einzelner Personen abspielt.
2. Strategien können entsprechend als mentale Konzepte dieser Personen aufgefaßt werden.
3. Die Umwelten sind komplex, während die individuellen Informationsverarbeitungskapazitäten beschränkt sind. Daraus folgt, daß Informationen nur partiell und "schief" aufgenommen werden und die Strategienformierung dadurch verzerrt wird.
4. Einzelne Personen können sich also Strategien nur unter Schwierigkeiten aneignen; wenn sie sich diese Strategien angeeignet haben, dann sind sie oft in sich fehlerhaft, können aber auch nur unter Schwierigkeiten verändert werden.
5. Die Ausprägungen von Strategien sind wesentlich abhängig von den kognitiven Stilen der einzelnen Personen.

Inzwischen ist eine Reihe weiterer Arbeiten erschienen, die belegen, daß die Kognitive Schule deutlich an Popularität gewinnt und dabei die von Mintzberg genannten Prämissen noch nicht das letzte Wort sein müssen.[8] Die Aufsätze von Zajac und Bazerman (1991), Amit und Shoemaker (1993) sowie Reger und Huff (1993) zeigen, daß es auch Ansätze gibt, die Idee des "Strategic Thinking" mit eher industrieökonomischen Ansätzen zu verbinden. Die Industrieökonomie kann auch ihrerseits als ein Ansatz gesehen werden, der auf der Idee des strategischen Denkens aufsetzt: Zumindest in den spieltheoretisch argumentierenden Arbeiten werden ja letztlich Kombinationen von Spielzügen modelliert, die in den Köpfen der Aktoren durchgeführt werden, real aber eben nur dann zur Geltung kommen, wenn das Spiel gewonnen werden kann (siehe dazu ausführlich unten, Kap. 2.13). Dixit und Nalebuff (1991: ix) bezeichnen die Spieltheorie deshalb auch als "[t]he science of strategic thinking".

Einen etwas anderen Zungenschlag besitzen Arbeiten, die zwar auch von einem "Strategischen Denken" sprechen mögen (Wüthrich 1990, 1991), dabei aber eher eine breit angelegte *Führungsphilosophie* im Auge haben. Das beste Beispiel findet sich hier wohl bei Kirsch (1990: 317 ff.), der von *Strategischer Unternehmens-*

---

8. Vgl. etwa den von Huff (1990) herausgegebenen Sammelband, Heft 3 des *Journal of Management Studies* 29 (1992) sowie verschiedene Beiträge im Sommer-Special Issue des *Strategic Management Journal* 13 (1992).

führung spricht, um allgegenwärtige Phänomene im Unternehmen zu kennzeichnen, die mit Hilfe einer deskriptiven Theorie der Unternehmenspolitik bzw. der strategischen Unternehmensführung beschrieben werden können. Der Terminus *Strategisches Management* soll demgegenüber "eine spezifische Führungsphilosophie [bezeichnen], deren Verankerung in der Kultur eines Unternehmens zu einer 'Rationalisierung' der allgegenwärtigen strategischen Unternehmensführung beitragen soll. ... Wenn die Welt nicht das ist, was der Fall ist (wie der frühe Wittgenstein formuliert hat), sondern das, was die Menschen denken, was sie ist (vgl. Stegmüller 1979, S. xxi), dann kommt es .. entscheidend auf ein spezifisch strategisches *Denken* und nicht (jedenfalls nicht schon zu allererst) auf die harten Methoden an" (Kirsch 1990: 318). Damit sollte klar sein, daß auch hier eine kognitive Sichtweise vorherrscht. Die Idee der "Rationalisierung" der strategischen Unternehmensführung deutet darüber hinaus an, daß dies kaum ohne den Rückgriff auf die gesamte Bandbreite des relevanten theoretischen und sonstigen kulturellen Wissens zu machen ist. Darauf wird gleich noch einmal kurz zurückzukommen sein.

(2) Die *Selbstreferentialität der Theoriebildung*, die Folgen der Anwendung der Theorie auf die Theorie, werden in den Theorien zur strategischen Unternehmensführung schon seltener diskutiert, obgleich hier einiger Anlaß zur Kritik besteht (vgl. zum folgenden Schreyögg 1984: 273 ff., Camerer & Fahey 1988, Schreyögg 1992). So sollen etwa die im Rahmen des PIMS-Projektes[9] erstellten Studien strategische Gesetzmäßigkeiten aufzeigen, die von den Unternehmen, die ihre Daten zur Verfügung gestellt haben, unmittelbar genutzt werden können (Buzzell & Gale 1989). Das bekannteste Beispiel für eine solche Gesetzmäßigkeit ist sicherlich der positive Zusammenhang zwischen dem Marktanteil und der Performance einer Geschäftseinheit. In dem Maße aber, in dem *alle* Unternehmen die damit verbundene Empfehlung, die Marktführerschaft anzustreben, befolgen, wird die Wettbewerbsintensität erheblich zunehmen, oder anders ausgedrückt: Ein höherer Marktanteil ist nur zu erheblichen Kosten zu haben, zu Kosten, die den Vorteil des höheren Marktanteils wieder zunichte machen. Die Anwendung des PIMS-Wissens führt also gerade dazu, daß dieses Wissen seinen Wert verliert, die Gültigkeit der Theorie in Frage gestellt werden muß. Die Anwendung der Theorie ist, mit anderen Worten, "Self Defeating"; es bedarf der Ersetzung durch eine andere Theorie.[10]

---

9. PIMS = *P*rofit *I*mpact of *M*arket *S*trategies; Forschungsprogramm, das 1972 an der Harvard Business School ins Leben gerufen wurde und seit 1975 im Rahmen eines eigenständigen Institutes - des *Strategic Planning Institute* - bearbeitet wird.
10. Eine analoge Argumentation am Beispiel der *Unternehmenskultur* findet sich bei Barney (1986b).

Interessanterweise geht die *ökonomische Theorie* in dem hier diskutierten Punkt spätestens seit der "Rational Expectations Revolution" deutlich anders vor (vgl. Rumelt et al. 1991: 9 ff.). Die dort propagierte Gleichgewichtsvorstellung setzt voraus, daß die Aktoren rationale Erwartungen hegen; "rationale Erwartungen" aber werden durch das Verfügen über die "relevante ökonomische Theorie" (Muth 1961) definiert, die Erwartungsbildung durch den Gebrauch dieser ökonomischen Theorie erklärt (Grossman 1981). Die Theorie rechnet also sich selbst in die Theoriebildung ein; gesucht wird ein Gleichgewicht, das auch unter diesen Bedingungen stabil ist. Das gilt in besonderer Weise auch für die *Spieltheorie*, die heute, wie angedeutet, für die ökonomische Theorie so bestimmend geworden ist. K. Binmore (1990: 13) arbeitet das Argument besonders klar heraus:

> "The point ...is that human behavior cannot be predicted or explained independently of the ideas which humans carry around in their heads. In particular, a theory of human as opposed to animal behavior cannot hope to be widely applicable unless it takes into account the effect which the currently accepted theories of human behavior have upon human behavior. More than this, a theory of human behavior which does not take into account the effect that it would have *itself* upon human behavior if it became widely accepted cannot, of necessity, become widely accepted without contradicting its own predictions. But a theory which could take into account of the impact it would have itself upon society would be quite remarkable. In particular it would incorporate a dynamic model of the mechanism by means of which humans form theories in response to external stimuli and how they adapt or abandon these theories with the passage of time".

Binmore beschäftigt sich ausführlich auch mit der Frage, wie man sich den *Prozeß* vorstellen kann, durch den das geforderte theoretische Wissen tatsächlich in die Praxis eindringt. "Lernen" und "Evolution" sind hier die zentralen Stichworte. Dabei sieht Binmore auch, daß der "Theorienraum" natürlich nicht nur durch die Spieltheorie gefüllt wird, sondern sich auch andere Theorien darin befinden - *falsche* Theorien, wie Binmore meint, Theorien, die die Entwicklung hin zum Gleichgewichtszustand *verlangsamen*.

Mit diesen Thesen kommt auch in der ökonomischen bzw. in der Spieltheorie ein erstes Gefühl dafür auf, daß die Rezeption von Theorien durch die Praxis auch dysfunktionale Folgen haben kann.[11] Stärker ausgearbeitet ist dieser Aspekt allerdings in anderen Theoriezusammenhängen.

---

11. Vgl. hierzu auch die Ausführungen bei Kreps (1989: 30 ff.), in denen nicht nur in einer eher abstrakten Weise über die Spieltheorie gesprochen, sondern in einem Kernbereich der Theorie selber argumentiert wird: Es geht um die Rolle von An-

Zu erwähnen sind hierzu einerseits die schon angesprochenen Überlegungen von Kirsch, der zwar die Ansprüche einer wissenschaftlichen Unternehmensführung - die wesentlich auf einer Anwendung von Theorien beruht - unterstreicht, gleichzeitig aber auch ein "Recht auf Freiheit vor der Wissenschaft" proklamiert (Kirsch 1984, 1992: 406 ff.) - aus der Einsicht heraus, daß die rigide Anwendung wissenschaftlicher Theorien und Methoden in einer konkreten Situation genau das Falsche sein kann, es vielmehr häufig darauf ankommt, "Invarianzen zu brechen" (Galtung 1978) und ein "New Game" (Buaron 1981) zu wagen. Die besondere Pointe besteht bei Kirsch aber darin, daß von dieser Diagnose auch wieder Rückwirkungen auf die Theorie ausgehen, und zwar insbesondere dort, wo es um das *Rationalitätsverständnis* der Wissenschaft geht. Es soll um eine "Rationalisierung der Führungspraxis" gehen (siehe oben), aber das kann sich offenbar nicht mehr nur auf jene "prinzipielle", an einer Anwendung von Regeln orientierte Rationalität beziehen, die in der ökonomischen Theorie, aber auch in erheblich weitergehenden, sozialwissenschaftlich inspirierten Theoriekonzepten (gemeint ist vor allem Habermas 1981a, b) im Vordergrund steht. Vielmehr geht es darum, auch "okkasionelle" Gesichtspunkte aufzunehmen und prinzipielle und okkasionelle Rationalität so zu verbinden, daß daraus ein "evolutionäres Rationalitätsverständnis" entstehen mag (vgl. Kirsch 1992: 473 ff.).

Andererseits kann hier auch verwiesen werden auf neuere Ansätze in der Industriesoziologie, die an die von U. Beck (1986) in einem viel allgemeineren Zusammenhang eingeführte Unterscheidung zwischen "einfacher" und "reflexiver Verwissenschaftlichung" anschließen (vgl. Deutschmann 1989, Pries 1991, 1992). "Zunächst erfolgt", so Becks These (1986: 254 f.), "die Anwendung von Wissenschaft auf die 'vorgegebene' Welt von Natur, Mensch und Gesellschaft. [Dann], in der reflexiven Phase[,] sind die Wissenschaften bereits mit ihren eigenen Produkten, Mängeln, Folgeproblemen konfrontiert, treffen also auf eine *zweite zivilisatorische Schöpfung*. ... Die Wissenschaften werden jetzt beim Gang in die Praxis mit ihrer eigenen objektivierten Vergangenheit und Gegenwart konfrontiert: mit sich selbst als Produkt und Produzent der Wirklichkeit und Probleme, die sie zu analysieren und zu bewältigen haben. Sie kommen damit nicht mehr nur als Quelle für Problemlösungen, sondern zugleich auch als *Quelle für Problemursachen* ins Visier." Damit verbunden ist unter anderem eine *Demystifizierung der*

---

nahmen und Verhaltensweisen außerhalb des Gleichgewichtspfades und um die Frage, wie diese gerechtfertigt werden können. Und hier besteht eine der Thesen von Kreps darin, daß die Wahrscheinlichkeit abweichenden Verhaltens damit zusammenhängt, inwieweit die Aktoren *andere*, und das heißt aus der Sicht der jeweils diskutierten Spieltheorie (bzw. der aus dieser Perspektive betrachteten Lösungskonzeption) dann wohl: *falsche Theorien* verwenden. Der selbstreferentielle, vielleicht sogar paradoxe Zungenschlag dieser Argumentation sollte offensichtlich sein.

Wissenschaft, die sich nicht zuletzt auch in einer fortschreitenden Selbstkritik der Wissenschaft äußert, mit der Folge, daß immer neue Ansätze, immer neue Hypothesen proliferiert werden, die teilweise direkt miteinander konkurrieren, teilweise aber auch einfach nebeneinanderstehen. Diese Pluralisierung der Deutungsangebote hat dann aber auch wieder im Außenverhältnis Folgen: "Adressaten und Verwender wissenschaftlicher Erkenntnisse in Politik, Wirtschaft und Öffentlichkeit [werden] zu aktiven Mitproduzenten im wissenschaftlichen Prozeß der Erkenntnisdefinition. Die 'Objekte' der Verwissenschaftlichung werden auch zu 'Subjekten' in dem Sinne, daß sie die heterogenen wissenschaftlichen Interpretationsangebote aktiv handhaben können und müssen" (Beck 1986: 257).

Die genannten Industriesoziologen machen all diese Einsichten unmittelbar für die Analyse des Wandels von Unternehmen fruchtbar. In besonderem Maße richtet sich dabei das Interesse auf die Einflüsse der "neuen Technologien" (gemeint ist vor allem die Mikroelektronik) auf die formalen und informalen Organisationsstrukturen ("systemische Rationalisierung" lautet das Schlagwort). Damit ist ein Thema angesprochen, das natürlich auch im Rahmen des Strategischen Managements von großer Bedeutung ist (vgl. etwa Nelson 1994). Wenn man davon ausgeht, daß die strategische Unternehmensführung unweigerlich eine "politische Dimension" besitzt (Kirsch 1990), dann gilt dies auch für die These, daß gerade die Einführung der Mikroelektronik und die damit verbundenen Faktoren "zu einem 'Ende des Technikdeterminismus' (Lutz 1987) und zu einer generellen *Politisierung betrieblicher Wandlungsprozesse*" führen (Pries 1992: 26; Lit.-hinweis eingefügt).

(3) Die beiden vorhergehenden Punkte haben gezeigt, daß die oben skizzierte, für das weitere Vorgehen dieser Arbeit richtungsweisende Sichtweise durchaus anschlußfähig ist an eine Reihe sehr etablierter Theorietraditionen. Die neuere Systemtheorie zählt bislang nicht zu diesen etablierten Traditionen der Managementlehre; nur in *anderen* disziplinären Feldern (Biologie, Soziologie, Familientherapie etc.) ist sie auf weitreichende Beachtung gestoßen. Sie ist aber nach den oben angestellten Überlegungen von besonderem Interesse, weil sie einerseits konsequent an dem orientiert ist, was man die "Beobachterproblematik" nennen könnte (zu Knyphausen 1990a), *und* andererseits die Selbstreferentialität der Theoriebildung hervorhebt (vgl. zum folgenden auch zu Knyphausen 1988 sowie Kirsch & zu Knyphausen 1991a).

Geprägt wurde die neuere Systemtheorie wesentlich durch die Arbeiten des chilenischen Biologen H. Maturana (vgl. vor allem Maturana 1982). Maturana konzentriert sich, seiner disziplinären Herkunft entsprechend, auf lebendige Systeme; es geht ihm um eine "Theorie der lebendigen Organisation", die für ihn nichts anderes ist als eine "Biologie der Kognition". "Lebendige Systeme sind kognitive Systeme, und Leben als Prozeß ist ein Prozeß der Kognition" (Maturana 1982: 39). Lebendige Systeme sind also "immer schon" kognitive, beobachtende Systeme, wobei "Beobachtung" hier im Sinne einer *Handhabung von Unterscheidungen* verstanden wird (vgl. ebenda: 34). Ein System muß, so der Grundgedanke, sofern es überhaupt als System - genauer: als System *in einer* (davon unterscheidbaren) *Umwelt* - beobachtet werden kann, mit seiner Umwelt in Interaktionsbeziehungen stehen und daher seinerseits eben diese Umwelt beobachten, das heißt: in bezug auf diese Umwelt Unterscheidungen treffen. Die Umwelt ist nämlich nicht in ihrer Gesamtheit relevant; sie muß vielmehr unter spezifischen Gesichtspunkten abgesucht werden, die durch das System selbst bzw. durch die gerade aktualisierte Systemstruktur definiert werden. Das System operiert als kognitives System, insofern es mit der Umwelt interagiert und von diesen Interaktionen spezifische Konstrukte oder, wie Maturana (1982: 34) sagt, *Beschreibungen* anfertigt, die dann ihrerseits die weiteren Beobachtungen und Beschreibungen prägen (vgl. Schmidt 1987b: 18). "Beschreiben heißt, die tatsächlichen und möglichen Interaktionen und Relationen eines Gegenstandes auf[zu]zählen"; entsprechend ist "[e]in kognitives System .. ein System, dessen Organisation einen Interaktionsbereich definiert, in dem es zum Zwecke der Selbsterhaltung handeln kann. Der Prozeß der Kognition ist das tatsächliche (induktive) Handeln oder Verhalten in diesem Bereich" (Maturana 1982: 34 bzw. 39). Die Umwelt ist nicht a priori gegeben, sondern muß, um auch die Sprechweise von P. Watzlawick (1985) aufzunehmen, erst *erfunden* werden; erst dann sind die Interaktionen möglich, die für die Aufrechterhaltung der "Autopoiese" - der fortgesetzten Reproduktion der lebendigen Organisation - unerläßlich sind.

Insbesondere N. Luhmann hat den Versuch unternommen, Maturanas Theorie zu verallgemeinern und auch für soziale Systeme fruchtbar zu machen (vgl. Luhmann 1984, 1988, 1990 u. ö.). Soziale Systeme werden von ihm als Systeme vorgestellt, die auf der Grundlage von *Kommunikationen* operieren. Kommunikationen setzen Beobachtung voraus; es muß unterschieden werden zwischen Information und Mitteilung; nur dann ist Verstehen möglich (vgl. 1984: 191 ff.). Auch das ist ein Argument, daß in sozialen Systemen "immer schon" beobachtet wird. Darüber hinaus kann man, das Argument fortsetzend, zum Beispiel darauf verweisen, daß in sozialen Systemen nicht alle zugleich kommunizieren, nicht alle zugleich handeln können. Diese einfache Differenzierung (!) kann, so Luhmann (1984: 408 f.), verstärkt werden, wenn ein System spezifischere Funktionen erfüllen muß. So können etwa eigenständige *Rollen für Beobachter* ausdifferenziert werden, also Positionen definiert werden, für die keine operativen Handlungserwartungen definiert sind, gleichzeitig aber sichergestellt ist, daß die von dort ausgehenden Beobachtungen im System beobachtet werden. Die Controlling-Abteilung in einem Unternehmen kann hierfür als ein Beispiel angesehen werden.

All diese Hinweise sind, um es zu wiederholen, Belege dafür, daß sozialen Systemen schon von Anfang an ein Netz von Beobachtungen umworfen ist. "Wenn ein System ... eine Zeitlang in Betrieb ist, kann man schließlich nicht mehr unterscheiden (!), wer der 'wirkliche' Beobachter ist und wer sich nur anhängt. Alle Beobachter gewinnen Realitätskontakt nur dadurch, daß sie Beobachter beobachten. Es gibt keinen privilegierten Standpunkt mit einem nur von hier aus möglichen Blick nach draußen" (Luhmann 1990: 97). Der Wissenschaft geht es hier nicht anders; auch sie kann auf Realität nicht wirklich zugreifen, sondern nur Beobachtungen beobachten. Man befindet sich gleichsam von Hause aus auf der Ebene der "Kybernetik zweiter Ordnung" (v. Foerster 1985), auf der Ebene der Beobachtung von Beobachtungen. Damit aber verändert sich, so Luhmann (1990: 95), die Fragerichtung: Man wird "beobachten müssen, *wie* der beobachtende Beobachter beobachtet. Die Was-Fragen verwandeln sich in Wie-Fragen. Das schließt definitive Darstellungen aus und läßt nur die Möglichkeit zu, daß sich im rekursiven Prozeß des Beobachtens von Beobachtungen stabile Eigenzustände ... ergeben, auf die man jederzeit zurückgreifen kann." Aber damit nicht genug: Relevant ist natürlich auch, *wer* etwas beobachtet (ebenda, z. B. 111) und welche Interessen er/sie damit verfolgt. "Beobachtet man Beobachter, dann ist es ganz normal, daß man deren Interessen mit in Betracht zieht; wenn es zum Beispiel darum geht, zu erklären und gegebenenfalls vorauszusagen, *was* sie beobachten und welche Unterscheidungen sie ihrem Beobachten explizit oder implizit zugrundelegen. Die Ausklammerung der Interessen aus dem Erkenntnisbegriff muß .. rückgängig gemacht werden" (ebenda: 100 f.).

Wenn soviel von "Beobachtung der Beobachtungen" die Rede ist, liegt das Thema "Selbstreferenz" geradezu in der Luft. Die neuere Systemtheorie versteht sich ganz explizit als eine Theorie selbstreferentieller Systeme, aber sie versteht sich auch als eine selbstreferentielle Theorie. Für Luhmanns Ansatz ist dies besonders offensichtlich: Als Theorie sozialer Systeme ist sie auch eine Theorie des Wissenschaftssystems, dem eben diese Theorie zugerechnet werden muß. Die speziellere Theorie der "Wissenschaft der Gesellschaft" (Luhmann 1990) darf deshalb die allgemeinere Theorie "soziale[r] Systeme" (Luhmann 1984) nicht aus den Angeln heben: Gesucht ist eine "Self-Fulfilling Prophecy", etwa in dem Sinne, in dem dies auch für die ökonomische Theorie gilt (siehe oben). Freilich sind auch weitergehende Interpretationen möglich. Für Luhmann (1984: 245) liegt es nahe, "von einer wissenschaftlichen Theorie zu fordern, ihr eigenes Beobachtungsschema mit dem zur Deckung zu bringen, das im System selbst gehandhabt wird, also das System in Übereinstimmung mit ihm selbst zu identifizieren"; darin sieht er den "Realitätsbezug der Erkenntnis". Für den weiteren Verlauf dieser Arbeit lautet der Vorschlag (mit Kirsch 1992: 505), von einer Theorie darüber hinaus zu fordern, die theoretischen Erkenntnisse auch an sich selbst auszuprobieren, sie als eine Art "Modell" zu nehmen, nach dem das eigene Vorgehen strukturiert werden kann (und umgekehrt). In Kapitel 1.4 und in Kapitel 4 wird dies noch näher zu erläutern sein.

Für den Moment können auch die Ausführungen zur neueren Systemtheorie so zusammengefaßt werden, daß sie den oben skizzierten Argumentationspfad unterstützen. Dieser Pfad läßt sich zunächst einfach so beschreiben, daß auf der Ebene der *Theorie* argumentiert wird, um das auszuleuchten, was die Theorie der *strategischen Unternehmensführung* ausmacht. Die drei zuletzt ausgeführten Einzelabschnitte haben außerdem, gleichsam im Vorübergehen, eine Reihe von Gesichtspunkten erläutert, die für den weiteren Verlauf dieser Arbeit relevant sind. Ein erstes Mal wird sich dies zeigen, wenn im folgenden nun in historischer Perspektive Meilensteine der disziplinären Entwicklung des Strategischen Managements vorgeführt werden, vor deren Hintergrund das Anliegen dieser Arbeit plausibel gemacht werden kann.

1.2 Meilensteine der disziplinären Entwicklung

Wenn man (a) davon ausgeht, daß die Beobachterproblematik eine grundlegende Rolle für die Theoriebildung spielt, und (b) die Selbstreferentialität der Theoriebildung herausstellt, muß bei dem Versuch, sich einen Überblick über den Stand der Theorie der strategischen Unternehmensführung zu verschaffen, auch und vor allem gefragt werden: wer beobachtet, und wie wird beobachtet? Damit ist aber auch schon klar, daß es "die" Theorie der strategischen Unternehmensführung kaum geben kann: Definitive Darstellungen sind, um Luhmanns Formulierung noch einmal aufzunehmen, ausgeschlossen; bestenfalls ist es möglich, daß sich im rekursiven Prozeß des Beobachtens von Beobachtungen "stabile Eigenzustände" ergeben, auf denen man dann weiter aufbauen kann. Die Einheit der Theorie der strategischen Unternehmensführung ist insofern nur als Vielheit gegeben; nur darin kann man die Einheit der Theoriebildung suchen.[12] Man mag in einem ersten Schritt durchaus von der Strategischen Unterneh-

12. Die Einheits/Vielheits-Formel ist wiederum systemtheoretischen Ursprungs; sie dient als Titel einer L. von Bertalanffy gewidmeten Festschrift (Gray & Rizzo 1973). Anwendung findet sie neuerdings im Zusammenhang mit einer Theorie des Konzerns - nicht nur im Bereich der Theorie, sondern auch im "Objektbereich", sozusagen. Vgl. hierzu Bälz (1974), Teubner (1991) sowie Ringlstetter (1995).

mensführung als einem *Paradigma*, einer *Disziplin* sprechen (Schendel & Hofer 1979, Ansoff 1987, Schendel & Cool 1988), aber man kann nicht davon ausgehen, daß es sich hier um ein *geschlossenes* Paradigma, um eine *einheitliche* Disziplin handelt.

Die Geschichte der "Strategischen Unternehmensführung" bzw. des "Strategischen Managements"[13] bietet für die genannten Gesichtspunkte reiches Anschauungsmaterial.[14] In einem disziplinären Sinne formiert sie sich, wie schon angedeutet, seit drei, vielleicht auch seit vier Jahrzehnten, und zwar vor allem in den USA (vgl. zum folgenden ausführlich zu Knyphausen 1993c). Der Terminus "Strategie" im heutigen Sinne tauchte, H. Mintzberg (1990a: 113) zufolge, in der Managementliteratur zuerst 1951 in einem Buch von W. Newman auf (vgl. Newman 1951: iii; 110 ff.).[15] Der Terminus "Strategisches Management" wird aber erst seit den siebziger Jahren verwendet,[16] und richtig herausgestellt und akzeptiert wird er sogar erst Ende der siebziger Jahre nach dem Erscheinen des fast schon legendären Konferenzbandes von Schendel und Hofer (1979). Vorher

13. Im folgenden werden beide Bezeichnungen, ungeachtet der schon kurz referierten Unterscheidung von Kirsch, zunächst synonym verwendet, weil die englische Sprache - in der der überwiegende Teil der relevanten Forschungsarbeiten abgefaßt ist - hier ebenfalls nicht weiter differenziert. (Der manchmal [selten!] verwendete Begriff der *Strategic Leadership* hat gegenüber dem, was sonst als *Strategic Management* bezeichnet wird, eine viel engere, auf "Personalführung" ausgerichtete Bedeutung; vgl. z. B. Adams & Spencer 1986, aber auch Hambrick 1989: 6.) In Kap. 4.14 wird auf das differenziertere Sprachspiel aber noch zurückzukommen sein.
14. "[H]istory is in many ways the driving force in attempts to understand the nature of science", heißt es auch bei Hendry (1992: 211).
15. Die genauen Ursprünge sind etwas diffus. Bracker (1980: 219) führt nicht nur die Entwicklung des Strategiebegriffs auf das griechische Wort *strategos*, das etwas mit Führen in einem militärischen Sinne zu tun hat, zurück, sondern erwähnt auch, daß schon Sokrates die Analogien aufgefallen waren, die zwischen dem militärischen und dem "Management"-Kontext bestehen: In beiden Fällen gehe es um die Planung des Gebrauchs von Ressourcen zum Zwecke der Erreichung bestimmter Ziele. Mit dem Zerfall der griechischen Stadtstaaten sei diese Vorstellung allerdings wieder in Vergessenheit geraten; erst von Neumann und Morgenstern (1947) hätten im spieltheoretischen Kontext den Strategiebegriff wieder explizit in die Wirtschaftstheorie aufgenommen. Mintzberg (1990b: 172) zitiert darüber hinaus (briefliche) Aussagen von W. Newman, denen zufolge die moderne Verwendung des Strategiebegriffs möglicherweise auf die Beratungspraxis von J. McKinsey zurückzuführen sei (vgl. als Quellen McKinsey 1932 sowie Reilley 1955).
16. Vgl. als einschlägigen Buchtitel etwa Ansoff et al. (1976), aber auch das Paper, das D. Schendel und K. Hatten auf der Konferenz der *Division of Business Policy and Planning* der *Academy of Management* in Minneapolis 1972 vorgetragen haben; Überschrift: "Business Policy or Strategic Management: A Broader View for an Emerging Discipline" (Schendel & Hatten 1972).

mußten andere Begriffe herhalten, um das sich abzeichnende Forschungsfeld einzugrenzen. Dazu gehören insbesondere wohl die Begriffe "Langfristplanung" bzw. "strategische Planung" und "Business Policy". Diese Begriffe werden natürlich auch nachher noch verwendet und tragen somit zu einer gewissen Begriffsverwirrung bei (vgl. dazu Leontiades 1982, Thomas & McGee 1986: 1). Ihre Bedeutung hat aber im Vergleich zu jenem neuen Begriff in den letzten Jahren sicherlich abgenommen. Neuerdings gibt es allerdings Anzeichen, daß abermals ein anderer Begriff in den Mittelpunkt rückt: der des *strategischen Wandels*. "From Strategic Management to Strategic Change" ist die Formel, die zum Beispiel von D. Hussey (vgl. Fn. 22) verwendet wird, um den neuesten Trend zu charakterisieren (mündl. Konversation). Einige deutschsprachige Autoren (Malik 1984, Kirsch 1990, Servatius 1991 u. a.) sprechen, von der Grundausrichtung her durchaus ähnlich, statt von einem strategischen jetzt von einem *evolutionären* Management (vgl. dazu aber auch, englischsprachig, Kagono et al. 1985).[17]

Daß man (heute) von der Strategischen Unternehmensführung im Sinne einer *Disziplin* sprechen kann, kann am besten vielleicht anhand institutioneller Indikatoren abgelesen werden.[18] Der bedeutendste Indikator sind dabei sicherlich die Zeitschriften (vgl. Schendel & Cool 1988: 19). Seit den sechziger Jahren gibt es eine Reihe von Zeitschriften, die sich auf Aspekte der langfristigen, strategischen Planung spezialisiert haben (zu nennen ist insbesondere die 1968 gegündete *Long Range Planning*). 1970 wurde das *Journal of Business Policy* gegründet, das sich aber - offenbar infolge des Mangels an geeigneten Manuskripten - nur zwei Jahre halten konnte und deshalb mit einem erweiterten Konzept zum *Journal of General Management* umgewidmet wurde. 1980 wurden dann das *Journal of Business Strategy*, vor allem aber das *Strategic Management Journal* gegründet. Die zuletzt genannte Zeitschrift kann seither zweifellos als Kern der theoretischen und empirischen Auseinandersetzung mit Fragen der strategischen Unternehmensführung angesehen werden. Ihre Entwicklung reflektiert das Wachstum des Feldes: Zunächst quartalsweise erscheinend, wurde sie 1986 auf eine zwei-

17. Der Begriff des "Strategischen Managements" ist seinerzeit offenbar verwendet worden, um konvergierende Theorieentwicklungen zusammenzufassen. "Strategic Change" und "Evolutionäres Management" können demgegenüber eher als Ausdruck der Unzufriedenheit mit dem Mainstream der Forschung - als Ausdruck der "Paradigmenkrise" - aufgefaßt werden. Vgl. dazu noch ausführlicher unten, Kap. 1.3.
18. Der institutionelle Aspekt trifft sich mit der Idee der soziologischen Schulbildung, die Kuhn (1962) mit seinem Paradigmenkonzept verbindet. Darüber hinaus können aus Kuhns Arbeit noch zwei weitere (Haupt-)Aspekte oder "Funktionen" von Paradigmen rekonstruiert werden: ihr weltbildstiftender Charakter und ihre "Exemplar"-Funktion (vgl. Eckberg & Hill 1979). Auf beides wird im Verlauf dieses Kapitels (1.2) noch zurückzukommen sein. Vgl. zum Gesamtansatz aber auch Ansoff (1987).

monatige Erscheinungsweise umgestellt; inzwischen umfaßt sie zehn Hefte pro Jahr (davon zwei "Special Issues"). Die dort publizierten Artikel haben eine ständig steigende Beachtung gefunden.[19] Der international besetzte Herausgeberbeirat vereinigt weithin anerkannte Wissenschaftler.

Das stark gestiegene Interesse an Fragen des Strategischen Managements wird auch durch die Herausgabe einiger weiterer Zeitschriften und Jahrbücher dokumentiert. Der *Business Strategy Review* (seit 1990), das *Journal of Strategic Change* (seit 1990) und der *International Review of Strategic Management* (seit 1990) sind sicherlich eher praktikerorientiert; das *Journal of Economics & Management Strategy* (seit 1992), die *Industrial and Corporate Change* (seit 1992) sowie die *Advances in Strategic Management* (seit 1983) haben demgegenüber eine deutlich akademische Ausrichtung; die Zeitschrift "*Technology Analysis & Strategic Management*" (seit 1989) nimmt wohl eine Zwischenstellung ein. Zu beachten sind in diesem Zusammenhang natürlich auch die Zeitschriften, die zwar nicht schon vom Titel her auf das Strategische Management spezialisiert sind, aber doch eine Vielzahl von einschlägigen Arbeiten enthalten. Hier sind vor allem der *Academy of Management Review* und das *Academy of Management Journal* von Bedeutung.[20]

Neben den Zeitschriften sind die Lehrprogramme an Universitäten und Business Schools wichtige Merkmale für die Ausdifferenzierung einer Disziplin mit dem Namen "Strategisches Management". An der Harvard Business School werden schon seit 1911 Kurse zum Thema "Business Policy" angeboten (vgl. Walter-Busch 1990); darunter verbarg sich aber zunächst nicht mehr als eine Zusammenfassung der auf Funktionen ausgerichteten Einzelkurse (vgl. Gordon & Howell 1959: 206, Gilbert et al. 1988: 42, Bowman 1990: 10). In den sechziger und siebziger Jahren hat sich diese Situation entscheidend verändert: An vielen Schulen wurden Kurse zu unternehmensstrategischen Fragestellungen angeboten. Diese Tendenz hat bis heute nur noch zugenommen; an fast allen Top-Schulen ist "Strategisches Management" als eines der zentralen Ausbildungsgebiete etabliert. Unter diesem Titel wird an vielen Schulen auch ein spezialisiertes Doktorandenstudium angeboten. Summer et al. (1990) haben - im Auftrag des *Executive Committee of the Business Policy and Planning Division* der *Academy of Management* - Empfehlungen für die einheitliche Ausgestaltung eines solchen Doktorandenstudiums ausgearbeitet; sie belegen ein weiteres Mal,

19. Vgl. für entsprechende empirische Untersuchungen MacMillan & Stern (1987), MacMillan (1989, 1991), Franke et al. (1990).
20. Von den 50 in den frühen achtziger Jahren meist zitierten Arbeiten zum Strategischen Management sind 26 allein aus diesen beiden Zeitschriften (vgl. Hambrick 1990: 257 ff.).

daß zumindest in den USA sich inzwischen die Strategische Unternehmensführung als eine eigenständige "Disziplin" ausdifferenziert hat.[21]

Ein für den vorliegenden Zusammenhang wichtiger institutioneller Faktor sind schließlich die auf Strategiefragen spezialisierten Beratungsgesellschaften, die in den letzten drei Jahrzehnten weltweit ein rasantes Wachstum vorgelegt haben (Zahlenmaterial findet sich in den *Consultant News*, aber auch in *Management Wissen* 11/89). Diese Gesellschaften sind keineswegs nur "Vermittler" zwischen Theorie und Praxis, sondern tragen ihrerseits unmittelbar zur Theorieentwicklung bei. Besonders augenfällig ist dies vielleicht für die *Boston Consulting Group*, die Ende der sechziger Jahre auf der Grundlage der Erfahrungskurve, der Produktlebens- und der Portfoliobetrachtung "[o]ne of the most significant and influential paradigms on corporate strategy" entwickelt hat (L. Thomas 1986b: 7). Über die Herausgabe von Zeitschriften, Jahrbüchern und Sammelbänden, die Publikation von Artikeln und Büchern sowie die Teilnahme an einer Vielzahl von Konferenzen sind aber auch von anderen Beratern wichtige Theorieimpulse ausgegangen.[22]

Es ist interessant zu beobachten, wie die akademische Welt und die Beratungsgesellschaften im Rückblick die disziplinäre Entwicklung des Strategischen Managements rekonstruieren (beobachten). Bei letzteren haben vor allem die Darstellungen aus dem Hause *McKinsey* (Gluck et al. 1980 u.a.m.) weithin Beachtung gefunden - so weitgehend, daß man im Hinblick auf die Beraterdarstellungen durchaus von jenem "stabilen Eigenzustand" sprechen kann, den Luhmann

---

21. Für andere Länder kann dies, jedenfalls unter den bisher genannten Gesichtspunkten, nicht in gleicher Weise behauptet werden. In Deutschland gibt es als einschlägige Zeitschrift wohl nur die 1985 ins Leben gerufene *Strategische Planung*, die 1990 zur *Zeitschrift für Planung (ZP)* umgewidmet wurde. Sie hat bislang kaum weitreichende Beachtung gefunden. Lehrstühle, die das Adjektiv "strategisch" in ihrem Namen haben, gibt es nach einer Untersuchung von Britz (1991) nur zwei, nämlich den von W. Schertler in Trier und den von W. Kirsch in München (siehe aber auch den Lehrstuhl von R. Bresser in Berlin). Das schließt nicht aus, daß an vielen Lehrstühlen heute Strategiethemen behandelt werden; aber es handelt sich eben nicht um ein *eigenständiges Fachgebiet*, wie dies in den USA heute der Fall ist.
22. Bei den Zeitschriften ist vor allem an das *McKinsey Quarterly* und an das von D. Hussey (*Harbridge Consulting Group*) herausgegebene *Journal of Strategic Change* zu denken, bei den Jahrbüchern an den ebenfalls von D. Hussey editierte *International Review of Strategic Management* (auch wenn diese Organe sich, wie im Text erwähnt, zunächst an Praktiker wenden). Ein durchaus interessanter, hier zu nennender Sammelband ist Henzler (1988a); wichtige Veröffentlichungen sind etwa Peters & Waterman (1982) sowie Stalk & Hout (1990). Im Hinblick auf Konferenzbeiträge sind einmal mehr zuerst die Tagungen der *Strategic Management Society* zu nennen.

für eine Beobachtung von Beobachtungen in Aussicht stellt (siehe oben).[23] Anknüpfungspunkt ist die Planungspraxis in den Unternehmen, die sich einerseits in Abhängigkeit von Veränderungen der ökonomischen Umwelt, andererseits aber auch infolge des Einflusses der Ideen eines Strategischen Managements - das heißt hier: der Beratungsgesellschaften! - fortentwickelt hat (vgl. zum folgenden Abb. 1).

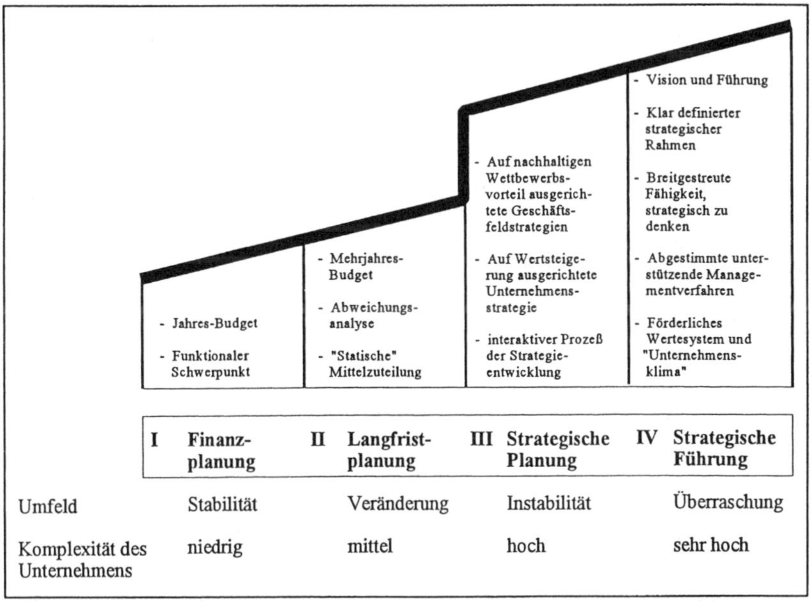

Abb. 1: Von der Finanzplanung zur Strategischen Führung - Rekonstruktion der Entwicklung des Strategischen Managements durch *McKinsey* (aus: Henzler 1988c: 33)

Zuerst überwogen offenbar die Veränderungen der ökonomischen Umwelt; sie führten von den Praktiken der Finanzbudgetierung (Phase 1) zu der Etablierung von Systemen der Langfristplanung (Phase 2) (vgl. am Beispiel der *IBM* Zahn

23. Vgl. etwa Hax & Majhuf (1984), Taylor (1986), Welge & Al-Laham (1992: 7 ff.), Hussey (1990), vor allem aber auch die Interviews, die Bowman (1992) mit verschiedenen Top-Beratern geführt hat. Interessant ist darüber hinaus die von Kirsch (1990: 321 ff.) vorgeschlagene Unterscheidung von drei "Generationen" des strategischen Denkens, die zwar nicht unmittelbar in Anlehnung an die im Text genannten Beiträge beschrieben werden, deren Parallelität zu den dort beschriebenen Phasen aber leicht aufgezeigt werden kann (vgl. dazu zu Knyphausen 1993c).

1979: 22 f.). Dann gab es offenbar einen "paradigmatischen Sprung", der mit gestiegenen Umweltturbulenzen, aber eben auch mit einer Reihe von Instrumenten zusammenhing (gemeint sind vor allem die Konzeption der Strategischen Geschäftseinheit, die *McKinsey* zuerst bei *General Electric* eingeführt hat, sowie die Portfoliomodelle, die in den siebziger Jahren zunehmend Verwendung fanden [Haspeslagh 1982]). Jetzt wird der Strategiebegriff auch explizit eingeführt; es ist die Phase der *Strategischen Planung* (Phase 3). Phase 4 schließlich ist gekennzeichnet durch die Sorgfalt, mit der das Management die strategische Planung mit der Ebene operativer Entscheidungen verbindet. Statt Analyse und Planung rückt die *Steuerung* der Unternehmensentwicklung immer mehr ins Blickfeld (vgl. Müller 1984). Damit aber verliert das Strategische Management zunehmend seinen technizistischen Charakter; es geht mehr und mehr um ein strategisches *Denken*, das es in den Köpfen der Leistungsträger eines Unternehmens - und nicht nur in deren Planungsstäben (wie das für Phase 3 typisch gewesen ist) - zu verankern gilt (vgl. noch einmal oben, Kap. 1.1!).

Das strategische Denken *der Beratungsgesellschaften* ist zweifellos wesentlich durch die *Methoden* geprägt, die die Probleme der Unternehmenspraxis zu strukturieren helfen und teilweise auch als Generator für Problemlösungen dienen. Es ist deshalb kaum überraschend, daß die soeben wiedergegebene Darstellung der Entwicklung des Strategischen Managements aus der Perspektive der Berater zu ergänzen ist durch eine Geschichte der Planungsmethodik (vgl. dazu auch Ansoff 1991). Henzler (1988b) und Timmermann (1982, 1988) - beide Partner von *McKinsey* (Deutschland) - unterscheiden nahezu übereinstimmend zwischen den letztlich an der Allokation knapper Finanzressourcen orientierten Analyse- und Planungskonzepten der siebziger Jahre, zu denen insbesondere die Erfahrungskurve und (wie gehabt) die Strategischen Geschäftseinheiten sowie die Portfolioplanung gehören, und einigen Weiterentwicklungen der achtziger Jahre, wie sie etwa in einer zweiten Generation der Portfolioplanung, in den Industriestrukturmodellen à la Porter (1980) sowie in den Ansätzen einer wertorientierten Strategieplanung zum Ausdruck kommen.[24] Als Ausgangspunkt zur Begegnung von Herausforderungen in den neunziger Jahren gelten ihnen schließlich die Denkraster zur Erfassung des "unternehmenspolitischen Rahmens" (Kirsch), mit dem "7-S-Konzept" als paradigmatischem Beispiel (vgl. Henzler 1988b: 1299).

---

24. Bei der zweiten Generation der Portfolioplanung ist vor allem wohl zu denken an die "Vorteilsmatrix" der *Boston Consulting Group* (vgl. Ringlstetter & zu Knyphausen 1992 mit der dort angegebenen Literatur). Das paradigmatische Beispiel für die wertorientierte Strategieplanung ist der Ansatz von Rappaport (1986). Vgl. als Überblick hierzu auch zu Knyphausen (1992a).

Wenn man (mit Trux et al. 1984a: 99 ff.) davon ausgeht, daß die meisten der hier genannten Methoden "bezugsrahmengebunden" sind, ihre Rationalität also erst durch die Verbindung mit bestimmten Theoriekontexten gewinnen, dann kann man die hier gegebenen Hinweise als Beleg dafür nehmen, daß die Beratungsgesellschaften natürlich nicht nur die ökonomischen Probleme in der Unternehmenspraxis, sondern auch Entwicklungen in der Wissenschaft beobachten. Am deutlichsten gilt dies sicherlich für die Industriestrukturmodelle, die ja unmittelbar im akademischen Bereich (an der Harvard Business School) entstanden sind. Aber auch die Portfoliomodelle bauen bekanntlich auf der "Theorie der Erfahrungskurve", auf der Lebenszyklushypothese und/oder auf den empirischen Ergebnissen der PIMS-Forschung auf (vgl. Timmermann 1988: 88 ff.). Das Beispiel der wertorientierten Planung zeigt, daß der Theorieimport dabei nicht immer "linear" erfolgt: Bisweilen werden Erkenntnisse aufgegriffen - in diesem Fall die *Portfolio-Selection*-Theorie von Markowitz (1952, 1959) mit dem daraus hervorgegangenen *Capital Asset Pricing*-Modell -, die nicht nur vergleichsweise "alt", sondern auch in der Fachdiskussion stark umstritten sind und von daher keineswegs auf unmittelbare Anwendung drängen. Die "Ökologie von Ideen" wird, mit anderen Worten, in einer Weise "angezapft", die den Erwartungen einer anwendungsorientierten Theorie nicht immer entsprechen mag.

Natürlich wird auch im akademischen Bereich die Beratungspraxis beobachtet. Schendel (1992a) und Bowman (1992) geben bei ihren historischen Rekonstruktionen der Theorieentwicklung über die von dort importierten Ideen Rechenschaft. Darüber hinaus beobachtet sich der akademische Bereich selber; man will wissen, wie von hier aus das strategische Denken beeinflußt worden ist, welche Entwicklungen die Theorie im engeren Sinne genommen hat. Die von den Beratern gemachten Beobachtungen werden dabei zum Teil ein weiteres Mal stabilisiert; zum Teil zeigt sich aber auch, daß deren Rekonstruktionen auch "blinde Flecke" aufweisen: Es gibt noch eine Vielzahl weiterer Ideen, die im Rahmen einer Theorie der strategischen Unternehmensführung eine Rolle spielen oder spielen *könnten*. Aus drei Blickrichtungen mag sich wenigstens ein knapper Eindruck ergeben.

(1) Ein sehr naheliegender Ansatz besteht darin, verschiedene *Forschungstraditionen* zu identifizieren, die einzelne Probleme einer strategischen Unternehmensführung beleuchten.[25] Kirsch (1990: 238 ff.) sieht hier zunächst die Planungsforschung, der die vorhin genannten Beraterbeiträge, darüber hinaus aber

25. Forschungstraditionen besitzen zweifellos so etwas wie eine "weltbildstiftende Funktion". Insofern kann wenigstens näherungsweise davon ausgegangen werden, daß die folgenden Hinweise den Geist des Kuhnschen Paradigmenkonzeptes widerspiegeln (vgl. oben, Fn. 18).

natürlich auch eine Vielzahl von wissenschaftlichen Arbeiten i. e. S. zugeordnet werden können (z. B. Ansoff 1965, 1979, 1984, Ackoff 1970, Steiner 1969, 1979). Ferner betrachtet Kirsch die Theorien des geplanten Wandels von Organisationen und die Zielforschung als wichtige Quellen des Strategischen Managements.

Mit den *Theorien des geplanten Wandels* von Organisationen verbindet Kirsch vor allem drei Forschungstraditionen: die Organisationsentwicklung und die Systemforschung mit der Systemanalyse einerseits und der Systementwicklung andererseits.

Die *Organisationsentwicklung* interessiert sich bekanntlich für die Möglichkeiten eines organisatorischen Wandels im Spannungsfeld von Organisationsstruktur, -kultur und Individuum. Unter weitgehender Beteiligung der Betroffenen soll der Prozeß so gesteuert werden, daß die Leistungsfähigkeit des Systems verbessert und zugleich auch die Qualität des Arbeitslebens erhöht werden. Damit sind Gesichtspunkte angesprochen, die dann später in den Ansätzen einer strategiebezogenen Prozeßberatung der Unternehmensführung fortentwickelt worden sind (vgl. Fleischmann 1984).

Die *Systemanalyse* hängt demgegenüber mit Bemühungen zusammen, ein Instrumentarium zur Analyse und Behandlung schlecht-strukturierter Entscheidungsprobleme zu generieren (vgl. Kirsch et al. 1979: 82 ff.). Diese Forschungen haben ihren Ausgangspunkt von Forschungen der *Rand Corporation* nach dem zweiten Weltkrieg genommen; ihre heute am weitesten entwickelte Variante findet sich vielleicht in der "Weichen Systemmethodik" von P. Checkland (1984, 1985, 1987), in der in besonderer Weise die Kontextgebundenheit bzw. die Beobachterabhängigkeit aller Problemdefinitionen und der sich daran anschließenden Problemlösungsaktivitäten herausgearbeitet wird (vgl. v. Bülow 1988: 99 ff.). Auch diese Art der Systemmethodik zeichnet sich freilich aus durch eine zirkuläre Gesamtstruktur, die für die Ansätze der Systemanalyse insgesamt typisch ist. Vor diesem Hintergrund läßt sich dann sagen, daß es letztlich um die Gestaltung eines fortlaufenden, systematischen Lernprozesses geht, um die Konzeption einer "allgemeine[n] Vorgehensweise zur Verfolgung zweckorientierten Handelns, mit der die Stärke des Systemdenkens genutzt, einzelnen Menschen aber nicht abverlangt wird, sich wie rationale Maschinen zu verhalten" (Checkland, zit. nach v. Bülow 1988: 124).

Um die Institutionalisierung eines fortlaufenden, systematischen Lernprozesses geht es auch bei der *Systementwicklung*, ein Ansatz, der eng mit den Namen von Mitarbeitern der *System Development Corporation* verbunden ist, die aus ihren Erfahrungen bei der Konzeptionierung computerunterstützter Informations- und

Entscheidungssysteme Vorschläge für die Handhabung komplexer Probleme abgeleitet haben (vgl. Kirsch et al. 1979: 84 ff.). Bekanntgeworden ist insbesondere das Konzept der "geplanten Evolution" (Rosove 1967), das einen dritten Weg zwischen der synoptischen Totalplanung eines neuen Systems und der bloß inkrementalistischen Fortschreibung des alten Systems in Aussicht stellt. Auf hoher Abstraktionsebene wird demgemäß ein Modell für das angestrebte Gesamtsystem erarbeitet. Dieses Gesamtsystem wird dann in mehrere Teilsysteme segmentiert, die je für sich in einer Folge immer detaillierter werdender Schritte geplant und getestet werden. Sackmann (1967) spricht an dieser Stelle von einem "evolutionären Experimentalismus", der dabei im Spiel ist: In einem Trial and Error-Verfahren werden einzelne Bestandteile des neuen Systems realisiert *und* neue Erkenntnisse für die Gestaltung der anschließenden Schritte gesammelt. Malik (1984) hat diesen Ansatz später zu einer "evolutionären Systemmethodik" ausgearbeitet.

Auch die *Zielforschung* kann als eine für das Strategische Management wichtige Forschungstradition angesehen werden. Zum einen ist in wichtigen Publikationen zum Strategischen Management sehr stark auch auf Ziele Bezug genommen worden.[26] Zum anderen hat aber auch die Zielforschung selber zunehmend Kategorien wie "Werte", "Einstellungen", "Grundsätze" und eben auch "Strategien" aufgegriffen und sich damit auch aus sich selbst heraus auf die Strategieforschung i. e. S. zubewegt. Im einzelnen lassen sich hier vier Entwicklungsphasen unterscheiden (Kirsch & zu Knyphausen 1986, Kirsch 1990: 238 ff.): (a) die analytische bzw. deskriptive Forschung, die sich mit den internen Beziehungen von Zielen (Stichwort: Zielsysteme, Kennzahlensysteme) und mit der empirischen Bedeutung einzelner Zielkategorien beschäftigt (hat);[27] (b) die verhaltenswissenschaftliche Erforschung des Zielbildungsprozesses (vgl. etwa Kirsch 1970, 1971); (c) die präskriptive (Ziel-)Planungsforschung, die nach den Voraussetzungen und Prozeduren der "rationalen" Planung von Zielen, Strategien etc. fragt (vgl. z. B. Bamberger 1982); und (d) die normativ-wertende Auseinandersetzung mit Zielinhalten, die sich der Frage zuwendet, welche Ziele ein Unternehmen verfolgen *sollte*, und dabei Forschungsgebiete wie die Unternehmens-

---

26. Bei vielen Autoren kommt der Zielbezug schon in der Definition des Strategiebegriffs zum Ausdruck (vgl. Schendel & Hofer 1979a). So versteht z. B. Chandler (1962: 13) darunter " ... the determination of the basic long-term goals and objectives of an enterprise, and the adoption of courses of action and the allocation of resources necessary for carrying out these goals."
27. Fragestellungen sind etwa: Welche Bedeutung hat das Gewinnziel im Unternehmen? (Heinen 1966, Fritz et al. 1985, 1988) Was sind die zentralen Werte der Führungskräfte? (H. Ulrich & Probst 1982) Welche Bedeutung haben "Führungsgrundsätze" oder "Leitbilder" in den Unternehmen? (Gabele & Kretschmer 1985)

ethik (Steinmann & Löhr 1989, um nur ein Beispiel zu nennen), die Parsonssche Systemtheorie (Welche "funktionalen Erfordernisse" muß ein System erfüllen, um zu überleben?), die "Organizational Effectiveness"-Forschung (Cameron & Whetton 1983) sowie die ökonomische Theorie (Was ist der geeignete Erfolgsmaßstab: der Return on Investment? die Steigerung des Unternehmenswertes? die ökonomische Rente?) berührt.

Schon diese wenigen Andeutungen und Beispiele zeigen, wie weit eine Theorie der strategischen Unternehmensführung ausgreift, wenn man verschiedene Quellen der disziplinären Entwicklung identifiziert und den Eigenentwicklungen der dabei angesprochenen Forschungstraditionen folgt. Ein noch viel komplexeres Bild zeichnet H. Mintzberg (1990a): Er unterscheidet insgesamt *zehn* "Schools of Thought", die für die disziplinäre Entwicklung wichtig sind (vgl. Abb. 2). Mintzberg zeigt, daß die mehrfach erwähnte "Planning School" ebenso wie die um K. Andrews an der Harvard Business School begründete "Design School" insbesondere in den sechziger und frühen siebziger Jahren eine große Rolle gespielt haben, inzwischen aber an Gefolgschaft eingebüßt haben. In den Vordergrund gerückt ist statt dessen - nach dem bahnbrechenden Buch von M. Porter (1980) - die "Positioning School", die sich, so Mintzberg, weitgehend auf das ökonomische Instrumentarium der Industrial Organization-Forschung Bainscher Prägung stützt. Das *Strategic Management Journal* war zumindest in den achtziger Jahren weitgehend durch diesen Ansatz bestimmt.

Der Mintzbergschen Analyse ist sicherlich nicht in allen Punkten zuzustimmen. Gerade die Kennzeichnung der "Positioning School" verfälscht das Bild, wenn sie in der Weise als Pars pro toto für die ökonomische Theorie angesehen wird, wie dies bei Mintzberg der Fall ist.[28] Die Industrial Organization-Forschung hat sich selbst inzwischen weitgehend von dem kruden "Structure-Conduct-Performance"-Paradigma verabschiedet, demzufolge tatsächlich allein die strukturellen Gegebenheiten des Marktes für den Unternehmenserfolg verantwortlich sind und der Unternehmensführung nichts anderes übrigbleibt, als sich in dem gegebenen Umfeld zu positionieren. Der Einfluß der Spieltheorie hat dazu geführt, daß die "Conduct"-Komponente sich weitgehend verselbständigt hat, und nunmehr statt der Branche vielfach die strategischen Entscheidungen des einzelnen Unternehmens in den Blickpunkt rücken. Darüber hinaus sind mit der Transaktionskostentheorie und dem "Ressourcenorientierten Ansatz" ökonomische Theorieangebote vorhanden, die sich der restriktiven Beschreibung von Mintzberg kaum fügen. Die Kognitive Schule hat, wie in Kapitel 1.1 angedeutet, inzwischen erheblich mehr Bedeutung erlangt, als Mintzberg (1990a: 198) dies pro-

28. Die folgenden Hinweise werden in Kap. 2.1 noch ausführlich belegt.

	Design School	Planning School	Positioning School	Entrepreneurial School	Cognitive School	Learning School	Political School	Cultural School	Environmental School	Configurational School
Zugrundeliegende Theorietradition	keine (Architektur als Metapher)	(Verbindungen zur Stadtplanung, Systemtheorie und Kybernetik)	ökonomische Theorien (Ind. Organization) und Militärgeschichte	keine	psychologische (kognitive) Theorien	keine (evtl. vage Verbindungen zur Lernth. in d. Psychologie & Pädagog.)	Politikwissenschaften	Antropologie	Biologie	Geschichte (evtl. Katastrophenth. in d. Mathematik & Gleichgewichtsth. in der Biologie)
Gegenwärtiger & zukünftiger Status d. Forschung	nur auf der Grundlage präskriptiver Ansätze	gering, es sei denn sie wird empirisch ausgerichtet	sehr hoch, vermutlich auch weiterhin hoch	leicht zunehmende Bedeutung	gegenwärtig mittel; zukünftig evtl. abnehmend	zunehmende Bedeutung	zunehmende Bedeutung	gegenw. mittel; ohne konzeptionelle Innovation abnehmend	momentan gering, wahrscheinlich abnehmend	zunehmende Bedeutung
Basisempfehlung (Leitaussage)	Denke!	Formalisiere! (Dekomponiere)	Analysiere! (Fährte)	Beobachte genau!	Überwinde!	Lerne!	Unterstütze!	Zusammenwachsen!	Reagiere!	Integriere!
Empfohlene Realisierungsmethode	Entwurf der Strategie als Fallstudie	Programmiere! (besser als formulieren)	Kalkuliere! (besser als kreieren oder festlegen)	Zentralisiere! (und hoffe)	Sorge Dich! (überwinden & erfinden unmöglich)	Spiele! (besser als beabsichtigen)	Sammle! (besser als teilen oder produzieren)	Verewige d. Zustand! (besser als verändern)	Kapituliere! (Pop.Ecol.) Teile! (Kontingenzth.)	Nimm es hin! (besser als nuancieren)
Strategieverständnis	explizite Perspektive, einzigartig	expliziter Plan, dekomponiert in Unterstrategien und Programme	explizite generische Position (ökonom. und bzgl. der Wettbewerbsposition), gilt auch für Aktoren	implizite Perspektive (Vision), persönlich und einzigartig (Nische)	mentale Perspektive (individuelles Konzept)	implizites Verhaltensmuster, häufig kollektiv	taktieren & positionieren, offen und verdeckt, Einheiten (Mikro) & organisationsweit (Makro)	kollektive Perspektive, einzigartig und zumeist implizit	spezifische Position (Nische in Pop.Ecol.)	alle aufgeführten Arten, abhängig von der Situation
Organisatorischer Wandel	gelegentlich, bedeutsam	periodisch, inkremental	stückweise, kann plötzlich auftreten	gelegentlich, meistens bedeutsam und "revolutionär", opportunistisch	selten (mentaler Widerstand)	kontinuierlich (zumeist inkremental & stückweise; gelegentlich große Sprünge)	häufig, stückweise, idiosynkratisch	selten (ideologischer Widerstand)	niemals oder selten und bedeutsam (Pop. Ecol.); häufig & stückweise (Kontingenzth.)	gelegentlich, bedeutsam und "revolutionär"
Bedeutung des Umfeldes	nützlich (ökonomische, soziale, technische ...), bietet manchmal Gefahren; zumeist Gelegenheiten	fügsam, Checkliste von Faktoren, die vorhergesehen oder bevorzugt gesteuert werden müssen	anspruchsvoll hinsichtlich d. bestehenden Wettbewerbs, aber in ökonomischen Grössen analysierb.	manövrierbar, um eine Nische zu finden	erdrückend für die Kognition	verlangend, schwierig	unlenkbar (Mikro) anpassungsfähig (Makro)	zufällig	diktatorisch (Pop.Ecol.) anspruchsvoll, allgemeine Dimensionen (Kontingenzt.)	alles, was kategorisierbar ist (z.B. nach den links aufgeführten Kategorien)
Zentrale Aktoren	Top Manager ("Architekt")	Planungsstab	Analysten	"Führer"	"Kopf"	jeder, der fähig ist zu lernen	jeder, der Macht hat	Kollektiv	Umwelt	alle aufgeführten, abhängig von d.Situation

Abb. 2: "10 Schools of Thought" (nach Mintzberg 1990a: 192 ff., Übersetzung Obring 1992: 59)

gnostiziert, ebenso wie die "Environmental School", die auch unter Strategieforschern zunehmend Aufmerksamkeit erlangt (vgl. etwa Lambkin 1988, Burgelman 1990, 1991).[29]

Auch wenn die Mintzbergschen Abgrenzungen und Einschätzungen im einzelnen also durchaus einer Kritik zugeführt werden können, so ist festzustellen, daß seine Unterscheidungen ein erheblich reichhaltigeres Bild einer "Theorie der strategischen Unternehmensführung" ergeben, als es zum Beispiel die Planungsperspektive der Berater suggeriert. Dies gilt um so mehr, als man bereit ist, die einzelnen Schulen nicht nur nach unmittelbaren Bezügen zur Kategorie des "Strategischen" abzusuchen, sondern auch ihrem Eigenlauf zu folgen:[30] Dann ergibt sich eine Vielzahl von Ideen, die für den vorliegenden Zusammenhang sehr wohl relevant sein könnten, auch wenn sie bislang möglicherweise noch nicht hinreichend fruchtbar gemacht, sie noch nicht weitergehend beobachtet worden sind.

(2) Ein anderer Weg, sich einen Überblick über die Entwicklung der Theorie der strategischen Unternehmensführung zu beschaffen, besteht darin, die verschiedenen *Themen* bzw. *Sachfragen* zu betrachten, die von den zur "Community" gehörenden Forschern behandelt oder als wichtig angesehen werden. In Kapitel 1.1. sind beispielhaft schon jene Fragen wiedergegeben worden, die D. Teece - ein derzeit sicherlich zentrales Mitglied der *Community* - für wichtig erachtet, und es wurden Kataloge angesprochen, die zu anderen Zeitpunkten den "Scope of the Theory" wiedergeben (Fn. 2). Neben einigen eher analytischen Ansätzen der Themeneingrenzung[31] gibt es aber auch eine Reihe systematischer *Befragungen* von als wichtig angesehenen (amerikanischen) Forschungspersönlichkeiten und Versuche, publizierte Arbeiten den genannten Forschungsthemen zuzuordnen, um deren relatives Gewicht bestimmen zu können.[32] Abbildung 3

29. Hierauf wird in Kap. 2.4 noch zurückzukommen sein.
30. Mintzberg (1990a: 166) stellt am Beispiel der "Cultural School" mit Recht fest, daß in den dort einzuordnenden Arbeiten der Bezug zu Fragen des Strategischen Managements nur selten explizit hergestellt wird. Dennoch gehört nur wenig Phantasie dazu, sich die Relevanz dieser Arbeiten etwa für das Thema "Strategic Change" vorzustellen.
31. Vgl. etwa Anshen & Guth (1973), Jauch (1983), Fahey & Christensen (1986), Huff & Reger (1987) sowie Habel (1992).
32. Ausgangspunkt sind dabei meist die Ergebnisse von Schendel & Hofer (1979b), die insgesamt 18 Themen unterscheiden. Saunders & Thompson (1980), Schendel & Cool (1988), Schwenk & Dalton (1991) und Lyles (1990) liefern dann Anhaltspunkte für eine Festlegung der Rangfolge in verschiedenen Zeitabschnitten. Lyles (1990), Harper (1992) sowie Zahra & Pearce (1992) haben, wiederum über Befragungen, auch neue Themenlisten erstellt und Gewichtungen vorgenommen.

faßt die Ergebnisse dieser Befragungen zusammen. Bemerkenswert sind die folgenden Trends:

* Die beiden meist untersuchten Themen in den späten siebziger und in den achtziger Jahren heißen "Strategy Formulation" und "Strategy Content". Mit der Strategienformulierung verbinden Schendel und Hofer (1979b: 520 f.) (a) die Identifikation von strategischen Problemen, die zu dem Bewußtsein der Notwendigkeit einer Reformulierung der vorhandenen Strategie führen; (b) den kreativen Prozeß der Generierung von Alternativstrategien; und (c) die Abschätzung der Konsequenzen der einzelnen Alternativen. Interessierende Fragen sind zum Beispiel, unter welchen Umständen es zu einer Strategienformulierung kommt, welche Aktoren dabei involviert sind und wie sie sich verhalten, welche Kontingenzfaktoren eine Rolle spielen, usw. Mit "Strategy Content" assoziieren Schendel und Hofer (1979b: 522 f.) hingegen vor allem die Frage nach den Performance-Wirkungen bestimmter Strategien. Ein Blick ins *Strategic Management Journal* zeigt, daß in der Tat in den meisten Studien diese Fragestellung aufgegriffen worden ist.

* Ein geradezu dramatisch gestiegenes Interesse hat in den achtziger Jahren das Problem der Strategienimplementierung gefunden. Angesichts der Enttäuschung, die in der Unternehmenspraxis regelmäßig auf die Bemühungen einer großangelegten, häufig den Einsatz von Beratern einschließenden (Neu-)Formulierung von Strategien folgt, dürfte dies kaum verwunderlich sein.

* Deutlich gesunken ist das Interesse für die Umweltanalyse einerseits und die sozialen Verantwortlichkeiten der Unternehmensführung andererseits. Ersteres mag mit den Schwierigkeiten zusammenhängen, Umweltveränderungen auch nur annähernd verläßlich zu prognostizieren (aktuelles Beispiel: die politischen Veränderungen in Osteuropa). Letzteres ist möglicherweise eine Folge der Operationalisierungsprobleme, die mit dem Konzept der sozialen Verantwortlichkeit einhergehen; sie erschweren die in der amerikanischen Forschung so stark angestrebte empirische Prüfung von Hypothesen (vgl. dazu gleich Abschnitt [3]).

* Wichtige Themen in den neunziger Jahren sind nach wie vor die Strategienumsetzung, darüber hinaus aber Technologie & Innovation sowie die Internationalisierung bzw. "Globalisierung" der Geschäftstätigkeit mit den damit verbundenen Problemen.

Rang	70er Jahre (Saunders & Thompson 1980)	80er Jahre (Lyles 1990)	90er Jahre (Lyles 1990)	(Zahra & Pearce 1992)
1	Strategienformulierung (10)[1]	Strategieninhalte (60)	Internat./globaler Wettbewerb (15)	Strategienumsetzung
2	Strategischer Management-Prozeß (9)	Strategienformulierung (48)	Technologie, Innovation, Inform. (10)	Unt.-kultur & Strategie
3	Umweltanalyse (8)	Strategienimplementierung (32)	Strategische Allianzen (9)	Verbindung von Plänen
4	Strategieninhalte (5)	Formale Planungssysteme (21)	Generelles Management (9)	Technologiemanagement
5	Zielformulierung/-strukturen (4)	Allg. Rollen des Managements (18)	Strategienumsetzung (8)	Einflüsse ext. Umwelten
6	Strategienumsetzung (2)	Konzept der "Strategie" (17)	Strat. Wandel & Flexibilität (8)	Technologie & Strategie
7	Formale Planungssysteme (2)	Strategischer Management-Prozeß (15)	Branchen- bzw. Umweltanalyse (5)	Branchenevolution/Strat.
8	Staatliche Politik (1)	Spitzenorgane (B' of Directors) (15)	Strat. Wettbewerbsvorteile (4)	Entw. v. Abfragesystemen
9	Spitzenorgane (B' of Directors) (1)	Diversifikation/Multikult. Systeme (13)	Mergers & Acquisitions (4)	Fit Manager/Strategie
10	Allg. Rollen des Managements (1)	Unternehmertum & New Ventures (10)	Strat. Entscheidungsprozesse (3)	Techniken zur Definition strat. Probleme
11	Konzept der "Strategie" (0)	Forschungsmethoden (10)	Diversifikation (3)	
12	Strategienauswertung (0)	Strategienauswertung (8)	Andere (4)	
13	Soziale Verantwortlichkeit (0)	Umweltanalyse (7)		
14	Strategische Kontrolle (0)	Strategische Kontrolle (7)		
15	Unternehmertum & New Ventures (0)	Soziale Verantwortlichkeit (3)		
16	Diversifikation/Multikult. Systeme (0)	Zielformulierung/-strukturen (2)		
17	Str. Mgt. in Non-Profit-Org. (0)	Strat. Mgt. in Non-Profit-Org. (2)		
18	Forschungsmethoden (0)	Staatliche Politik (0)		
19	Andere	Andere (3)		

Harper (1992)[2]

1. Globaler Wettbewerb/Globalisierung der Geschäfte
2. Absicherung der menschlichen Aspekte im Unternehmen
3. Technologie - Schritthalten und Implementierung
4. Beziehungen z' Staat, staatl. Regulierung, Wohlfahrtsmentalität
5. Allg. Verbesserung von Effizienz und Effektivität
5. Visionäre Führung/Leadership
7. Kenntnis der Kundenbedürfnisse
7. Implementierung eines partizipativen Managements
9. Verbesserung der Fähigkeit, auf Wandel zu reagieren
10. Produktivitätsverbesserung auf allen Ebenen

Anmerkungen:

1. Zahlen in Klammern = Anzahl der Nennungen (soweit angegeben). Sie lassen erkennen, daß die Rangordnung nicht immer eindeutig ist.
2. Die Untersuchung von Harper bezieht sich nicht auf Forschungsthemen, sondern auf Probleme, wie sie von Praktikern wahrgenommen werden.

Abb. 3: Forschungsthemen im Strategischen Management - Ergebnisse aus Befragungen

Die von den verschiedenen Autoren genannten Themen sind sicherlich nicht ganz überschneidungsfrei, und die gewählten Formulierungen entsprechen in manchem nicht mehr dem derzeitigen Stand des Denkens.[33] Dennoch: ein weiteres Mal drängt sich der Eindruck auf, daß in der wissenschaftlichen Diskussion Fragestellungen thematisiert werden, die in den oben skizzierten Beraterdarstellungen zwar implizit enthalten sein mögen (so etwa die Umsetzungsproblematik in der Phase der "strategischen Führung"), deren Problematik aber doch nur sehr ansatzweise zu Bewußtsein kommt. Die Breite der behandelten Themenstellungen trägt dazu bei, "blinde Flecken" zu vermeiden, die sich ergeben könnten, wenn man allzu sehr sich nur auf einen Beobachterstandpunkt festlegt.

(3) Ein dritter Weg zur Beschreibung des Forschungsfeldes führt über die *Methoden*. Die frühen Arbeiten zum Strategischen Management sind sehr stark durch die *Fallstudienmethodik* geprägt. Chandlers Buch zum Strategie/Struktur-Zusammenhang wertet die Evidenz aus vier amerikanischen Unternehmen aus, wobei auch darüber hinausgehende Interviews geführt worden sind, um die Ergebnisse abzusichern und ihre Generalisierbarkeit zu ermöglichen (vgl. Chandler 1962). Dieser aufwendige Ansatz, der schon Übergänge zu einer größerzahligen empirischen Forschung aufweist (Harrigan 1983), hat zunächst relativ wenig Nachahmung gefunden, aus Gründen, die zum einen sicherlich mit der Struktur des amerikanischen Wissenschaftssystems zusammenhängen, die eher kürzerfristig zu realisierende Forschungsprojekte belohnt. Zum anderen aber waren die in der Frühphase des Strategischen Managements führenden Autoren an der Harvard Business School[34] gar nicht so sehr an einer empirisch zu prüfenden Theorie i. e. S. interessiert; für sie waren strategische Entscheidungen genuine *Führungs*entscheidungen, die wissenschaftlich nur beschränkt zugänglich sind (vgl. dazu ausführlich Mintzberg 1990b). Die Fallstudien, die in Harvard erarbeitet wurden, sind insofern ganz bewußt *Einzel*fallstudien gewesen; eine Generalisierung von Erkenntnissen wurde gar nicht erst angestrebt. Die Konfrontation mit einer Vielzahl von Fällen sollte eher ein implizites Wissen, ein *Judge-*

33. Überschneidungen ergeben sich z. B. zwischen dem Thema "Strategy Content" und fast allen anderen Themen: Performance-Wirkungen bestimmter Zusammenhänge können letztlich überall untersucht werden. Themenformulierungen werden problematisch, wenn man etwa die strikte Unterscheidung zwischen inhaltlichen ("Content"-) und prozessualen Fragen aufgibt. In Kap. 1.3 wird darauf noch kurz zurückzukommen sein (vgl. auch unten, Kap. 2.2).
34. Gemeint ist hier der Kreis um K. Andrews. Auch Chandler war über seine ganze akademische Laufbahn hinweg an der Harvard Business School tätig, verstand sich jedoch immer mehr als Wirtschaftshistoriker, der nicht unmittelbar auf praktische Managementprobleme fokussiert ist.

ment schaffen, um in der konkreten Situation dann angemessen entscheiden zu können (vgl. zu dieser Harvard-Philosophie auch Walter-Busch 1990).

In den achtziger Jahren ist, wie schon erwähnt, der Einfluß der Harvard-Schule zurückgegangen; die Strategische Unternehmensführung hat sich immer mehr als wissenschaftliche Disziplin formiert, mit dem *Strategic Management Journal* als führender Fachzeitschrift, die sich mehr und mehr den Standards anderer wissenschaftsorientierter Journale angepaßt hat. In den USA heißt so etwas: daß zunehmend Wert gelegt wurde auf die großzahlige empirische Überprüfung theoretisch begründeter Hypothesen (vgl. hierzu wieder die Auswertung von Schwenk & Dalton 1991). Das Buch von M. Porter (1980) kam hierzu gerade recht: Es bot selbst eine Reihe von Hypothesen, die einer Überprüfung zuzuführen waren,[35] und wo diese Hypothesen nicht vorgegeben wurden, konnte doch nach Maßgabe dieses *Beispiels* die Hypothesensuche vorangetrieben werden. Der Strategieforschung wurde es auf diese Weise letztlich ermöglicht, die Entwicklung nachzuvollziehen, die auch in der Industrial Organization-Forschung - die ja den Hintergrund für Porters Buch bildete - stattgefunden hatte: Auch hier hatte man sich zunächst auf die Anfertigung von Fallstudien mit einer Vielzahl von institutionellen Details konzentriert, bevor dann Bain mehr und mehr die großzahligen, mit statistischem Instrumentarium angefertigten *Cross-Sectional-Studies* durchsetzte (vgl. zum Überblick z. B. Kaufer 1980).

Auch wenn also in den achtziger Jahren die großzahlige empirische Forschung für das disziplinäre Selbstverständnis dominierend wurde, so muß doch darauf hingewiesen werden, daß die Fallstudientradition ganz nie verloren gegangen ist, sich nur eben außerhalb des institutionellen Kerns der Disziplin abspielte: in *Buch*veröffentlichungen. Eine Rolle spielte dabei zweifellos der Erfolg der japanischen Unternehmen, dessen Ursachen erst einmal zu explorieren waren und nicht durch ein vorgefertigtes Theoriegebäude erklärt werden konnte. Freilich sind viele dieser Studien methodisch auf eher geringem Niveau. Erst neuerdings zeichnet sich hier wieder eine Umorientierung ab, die genährt wird durch die Unzufriedenheit mit dem Mainstream der empirischen Forschung, aber auch durch einige Entwicklungen in der ökonomischen Theorie. Einige Arbeiten können durchaus mit der von Chandler (1962) vorgelegten Qualität mithalten (vgl. etwa die Untersuchungen von Mintzberg und Mitarbeitern [Mintzberg et al.

---

35. Zu denken ist etwa an die Idee der "generischen" Strategien und die damit verbundene "Stuck-in-the-Middle"-Hypothese. Zu Knyphausen und Ringlstetter (1991) geben einen Überblick über die empirischen (und theoretischen) Arbeiten, die dazu angefertigt wurden (vgl. für einige knappe Hinweise aber auch unten, Kap. 2.11).

1984, 1988 u.a.m.]). Auf die hier ebenfalls zu nennende Untersuchung von Pettigrew & Whipp (1991) wird in Kapitel 2.4 noch ausführlich einzugehen sein.

Vielleicht kann es als eine Art Zusammenfassung der Ausführungen dieses Kapitels (1.2) gelten, wenn abschließend eine Reihe von beispielgebenden Arbeiten ("Exemplars")[36] genannt werden, die die Entwicklung der Theorie der strategischen Unternehmensführung charakterisieren. Einmal mehr kann man sich hier nahtlos an die Selbstbeobachtungen der Disziplin anschließen:[37] Übereinstimmend nennen Bowman (1990: 10 ff.), Huff und Reger (1987: 211), Hofer und Schendel (1978: 16) sowie Schendel und Hofer (1979a: 8 f.) die Monographien von Chandler (1962) und Ansoff (1965) sowie den auf K. Andrews zurückgehenden Textteil von Learned et al. (1965) bzw. die daraus hervorgegangene Veröffentlichung von Andrews (1971) als zentrale Arbeiten für die disziplinäre Entwicklung.[38] Mintzberg (1990a: 111 f.) nennt zusätzlich noch die Bücher von P. Selznick (1957), Newman et al. (1967, 1982), Tregoe und Zimmermann (1980), Porter (1980) sowie Ohmae (1982). Kay (1991: 59 f.) erwähnt neben den Arbeiten von M. Porter die Zusammenfassung der empirischen Forschungsergebnisse des PIMS-Projektes in Buzzell und Gale (1989) sowie die Bestseller von Peters und Waterman (1982) und R. M. Kanter (1983, 1989). Darüber hinaus weist er auf den Umstand hin, daß das Strategische Management sich auch schon seine eigene Gegenkultur geschaffen habe, in den Beiträgen nämlich von H. Mintzberg, die die populäre Vorstellung der intentionalen Strategienfor*mulierung* in Zweifel ziehen und statt dessen das Konzept der Strategienfor*mierung* - oder zumindest Mischformen zwischen beidem - in den Vordergrund stellen

---

36. "Exemplars" im Kuhnschen Sinne geben an, wie in nachfolgenden Forschungsarbeiten zu verfahren ist. Neben dem "Was"-Aspekt, der sich auf die Inhalte der jeweiligen Arbeiten bezieht, kommt somit in der Tat dem "Wie"-Aspekt eine entscheidende Bedeutung zu, ebenso wie natürlich auch dem "Wer"-Aspekt, der wissenschaftlichen (oder vielleicht auch praxisbezogenen) Reputation, die hinter einer jeden Arbeit steckt. Die Idee der "Exemplars" kann insofern den in Kap. 1.1 beschriebenen Ansatz ein weiteres Mal zwanglos demonstrieren.
37. Interessanterweise sind die im folgenden genannten Arbeiten nur *Buch*veröffentlichungen: Sie scheinen nicht nur die Breite des Feldes besser abzudecken als Zeitschriftenaufsätze, sondern sich auch in besonderer Weise dazu zu eignen, jene "Rätsel" zu definieren, die dann in Zeitschriftenaufsätzen (empirisch) abgearbeitet werden können. Einige "exemplarische" Zeitschriftenaufsätze werden aber immerhin genannt in Lyles (1990: 371) und in der Zitationsliste von Hambrick (1990: 257 ff.).
38. Chandler (1962), Ansoff (1965) sowie Andrews (1971) gehören auch zu den fünf meistzitierten Arbeiten in den Beiträgen, die zu der Pittsburgher Konferenz 1977 (vgl. Schendel & Hofer 1979) beigesteuert wurden (vgl. die Analyse bei Evered 1980), und auch zwischen 1980 und 1985 gehören zumindest die Bücher von Chandler und Andrews noch zu den sieben meistzitierten Publikationen (vgl. Hambrick 1990: 257 ff.).

(vgl., als Buchveröffentlichung, etwa Mintzberg 1989). Bowman (1992) erinnert noch an die Bücher von Williamson (1975), Miles und Snow (1978), Hax und Majluf (1984), Rappaport (1986), Itami (1987) sowie an die Aufsatzsammlung von Teece (1987). Und Harvey und Jones (1992) machen schließlich auf die für die neunziger Jahre richtungsweisenden Arbeiten von Porter (1990) und Chandler (1990) aufmerksam.

1.3 Aktuelle Krisenerscheinungen

Die vorstehenden Ausführungen sollten einerseits aufzeigen, daß man vor allem unter institutionellen Aspekten heute durchaus von der Strategischen Unternehmensführung im Sinne einer "Disziplin", eines "Paradigmas" sprechen kann. Andererseits sollten sie aber auch die Vielfalt der darunter zu subsumierenden Beobachtungen deutlich machen. Diese Vielfalt ist auch ihrerseits beobachtet worden. Nachdem Ende der siebziger Jahre zunächst Aufbruchstimmung herrschte - dokumentiert am besten durch den von Schendel und Hofer (1979) unter dem Titel "Strategic Management: A New View of Business Policy and Planning" herausgegebenen Konferenzband -, hat sich inzwischen doch Ernüchterung breitgemacht. Die folgenden Zitate mögen das in anschaulicher Weise belegen:

> "Schendel und Hofer (1979a) noted the lack of a central organizing paradigm for strategic management, and indeed, offered and used one to organize state-of-the-art research and knowledge in the field in 1977. While it may be to soon to assess the impact of the Schendel and Hofer paradigm, it can be said that there still is no central, organizing paradigm in the field." (Schendel & Cool 1988: 27; Lit.-angabe leicht verändert)

> "Yet it [the field of strategic management; Anm. d. Verf.] is still searching for its intellectual roots. ... it is my view that the field remains, unfortunately, theoretically unsatisfactory. It purports to be normative, but the foundations for particular policies or strategies are rarely articulated in ways that are likely to satisfy the inquiring minds of either academics or executives. There is a tendency to overuse contingency tables, which implicitly contain special theories with unspecified assumptions. The field still employs many anecdotes and war stories; only a small body of careful empirical and theoretical work emerged. ... there is no generally accepted paradigm to pull together the many valid components of strategic management work." (Teece 1990: 40, 44)

> "Whether one believes the field should have a paradigm, or not have one, whether one believes such a paradigm is likely or not to develop, the observation remains that the field today does not have a dominant, unique research paradigm. Aside from efforts to build such a theory, or set of theories, what we can do is explore important strategy questions through paradigms from related disciplines." (Montgomery 1988: 3)

"So, what is the state of the strategic management field? Like many things, it depends on who you ask. Most scholars in the field tend to point to the volume of work being done as the best index of its inherent good health. Others acknowledge the volume of work, but question its quality and relevance. Some applaud the increased rigor of contemporary work as evidence that strategic management has truly become 'scientific'. They are countered by a minority who believe that attempts to be scientific had led the field away from theory development and true understanding. Moreover, there remains the issue of a paradigm. Most scholars would agree that strategic management lacks an overarching paradigm, but they do not agree on the implications of that. To some it is a major weakness, while others consider it an advantage and opportunity. Similarly, some scholars see strategic management as distinctive in its concern for understanding what is 'real' to managers, but others see in it an underlying 'logical positivism' that gets in the way of real understanding." (Fredrickson 1990b: 1 f.)

Die Stellungnahme von Fredrickson deutet an, daß es durchaus Autoren gibt, die die Vielfalt der Forschungsbemühungen akzeptieren und die Suche nach einem "integrativen Ansatz" (Scholz 1987, Jauch & Osborne 1981, Jemison 1981a, Hill & Jones 1988) von vornherein für ein ebenso aussichts- wie fruchtloses Unterfangen halten.[39] Dennoch: ein Krisenbewußtsein ist derzeit weit verbreitet. Der beste Indikator dafür ist die Konferenz, die Ende 1990 in Napa Valley (Kalifornien) unter dem Titel "Fundamental Issues in Strategy: A Research Agenda for the 1990s" stattfand und eine Vielzahl von international anerkannten Wissenschaftlern mit dem Ziel zusammenführte, die auseinandergegangenen Forschungsbemühungen wieder stärker zusammenzuführen (vgl. das Einladungspapier von Rumelt et al. 1990 sowie Schendel 1991b).[40] Aber auch unabhängig davon existiert eine Vielzahl von einschlägigen Meinungsäußerungen sowie Punkten, an denen sich die Krise ablesen läßt.[41]

(1) Der erste hier anzusprechende Punkt betrifft die mancherorts beklagte mangelnde Praxisrelevanz der Forschung. Eine längere Passage aus Bettis (1991: 315) mag dies beispielhaft illustrieren:

---

39. Vgl. Spender (1992: 5) sowie Prahalad & Hamel (1994), in Grenzen auch Mintzberg (1990a), der die Einheit der Vielheit in einer "Configurational School" sucht. Interessant ist in diesem Zusammenhang schließlich die Kontroverse zwischen Bartlett und Ghoshal (1991) sowie Schendel (1991a): Die beiden erstgenannten Autoren stellen die Entwicklung der Theorie der strategischen Unternehmensführung als einen Prozeß der paradigmatischen Verengung dar, der nach dem Vorbild der stark diversifizierten Forschung zum Internationalen Management umzukehren sei. Schendel besteht demgegenüber auf der Breite der Forschungsbemühungen auch zum Strategischen Management und bewertet diese als "healthy" für die Theorieentwicklung (vgl. dazu auch Schendel (1994).
40. Der offizielle Konferenzband ist soeben erschienen; siehe Rumelt et al. (1994).
41. Im folgenden werden fünf Punkte herausgegriffen. Darüber hinausgehende Ansätze zu einer "Fundamentalkritik" werden in Kap. 3 und 4 behandelt.

"Research output in strategic management has enjoyed enormous growth over the last two decades. As a scholar in strategic management, I find growth of the field to be gratifying. However, as a frequent field observer of large firms, I am often struck by the sense that most of this research is irrelevant to what is going on in such firms today. This is most troubling when I reflect on the seeming modest impact research in strategic management has had on either practice or government policy. By contrast, financial economists have significantly influenced the national debate on U. S. firms and international competitiveness in the 1980's, and much of their research has found ready application on Wall Street. This is likely due to their willingness to both *address issues of relevance today and make forceful prescriptive recommendations*. In this regard topics such as LBO's, hostile takeovers, junk bonds, executive compensation, corporate governance, acquisitions, divestures, and government intervention in security markets come to mind. I believe that scholars in strategic management could have had much to say about many of these topics in the 1980's, especially internationally competitiveness. Furthermore, these largely unheard voices disagree substantially with the recommendations of financial economists. Why has the proliferation of research in strategic management not been accompanied by increasing impact?"

Eine Reihe von Fachvertretern führt die praktische Irrelevanz auf die zu weitgehende Theorieorientierung zurück. Die Untersuchung von Shrivastava (1987) zeigt, daß die "Rigorosität" theoretischer Forschung nicht mit deren praktischer Brauchbarkeit einhergeht, vielmehr beides deutlich auseinanderklafft. Freilich wird die kriteriengestützte Beurteilung einzelner Forschungsprogramme von nur zwei Kodierern durchgeführt, über die im übrigen keine näheren Angaben gemacht werden. Es ist insofern möglich, daß die Vorurteile dieser beiden Personen über die praktische Relevanz und den theoretischen Gehalt der Forschung durchschlagen. Allerdings: die "Vorurteile" sind eben durchaus weit verbreitet. So wird zum Beispiel das *Strategic Management Journal* auch von dessen Mitherausgeber, Derek Channon, inzwischen als völlig überakademisiert und für einen Praktiker als nicht mehr lesbar empfunden: In dem Maße, wie diese Zeitschrift repräsentativ für das Feld sei, müsse man in der Tat zu dem Schluß kommen, daß das Strategische Management weitgehend seine praktische Relevanz verloren habe.[42] Aber auch Vertreter der klassischen Harvard-Schule würden wohl, wie schon kurz angedeutet, zustimmen: Konstitutiv für strategische Entscheidungen seien die Syntheseleistungen des Top-Managements; diese Syntheseleistungen aber würden durch allzu viel theoretische Analyse paralysiert (vgl. ausführlich Mintzberg 1990b: 177 f.).

(2) Das vorhin wiedergegebene Zitat von Bettis deutet an, daß man die Lösung für das Problem der praktischen Irrelevanz auch an einem entgegengesetzten

42. Ich beziehe mich hier auf eine persönliche Konversation im Dezember 1992.

Ende suchen kann: in einer *verstärkten* Theorieorientierung nämlich, in einer größeren Rigorosität der Theorie. Die Finanztheorie, auf die Bettis verweist, ist ja zweifellos eine Disziplin, in der die mathematische Modellierung großgeschrieben wird, und eben dies gilt weithin als Inbegriff einer strengen theoretischen Forschungsausrichtung. Trotzdem aber, so Bettis, hat gerade diese Theorie auch in Praxiskontexten Anwendung gefunden. Warum sollte dies nicht auch eine Vorlage für eine Neuorientierung der Forschungen zum Strategischen Management sein?

Aus dem Blickwinkel einer solchen Position erscheinen viele Forschungen zum Strategischen Management als ein bloßes "Number Crunching", dem keine sauber abgeleiteten, theoretisch gestützten Hypothesen zugrundeliegen (vgl. etwa Daft & Buenger 1990: 92 ff.).[43] Gefordert wird eine stärker theoretisch fundierte Forschung, deren beste Beispiele meist in ökonomisch orientierten Arbeiten zu verorten seien (vgl. Montgomery et al. 1989, Teece 1990). Am pronounciertesten hat sich hier wohl C. Camerer (1985a, b) engagiert, dessen Plädoyer wieder mit einem Zitat wiedergegeben werden soll:

> "Because business policy research has primarily been [a regression-type statistical analysis and/or; Anm. D. z. K.] a series of inductive generalizations of case studies, theories have been typically ambigous and untested, and have not progressed swiftly. Deductive theorizing, by contrast, yields clear, often non-obvious conclusions that can be debated effectively and generalized slowly; so realism of current models can be sacrifized for progress towards realistic future models. Deductive theorizing, with more attention to a game-theoretic definition of equilibrium and to recent ideas from economics, should be one new direction for policy research." (1985a: 1, Summary; im Orig. kursiv)

Camerer ist offen genug, um zuzugestehen, daß es (1) noch andere fruchtbare Forschungsbemühungen geben mag und die Disziplin durchaus als multidisziplinäres Unterfangen betrieben werden könnte, und (2) auch eine induktive Vorgehensweise ihren Nutzen hat, inspiriert sie doch erst jene Hypothesen, die dann theoretisch entwickelt und anschließend einem empirischen Test zugeführt werden (vgl. ähnlich Seth & Zinkhan 1991). Darüber hinaus sieht er beispielsweise auch die Schwachstellen der Gleichgewichtsorientierung, die die Anwendbarkeit

43. Hambrick (1990: 242 ff.) hat den Vorwurf des Number Crunchings dadurch auszuräumen versucht, daß er auf die Fakten verweist: Von den (bis 1985, dem Ende seines Untersuchungszeitraums) meistzitierten empirischen Arbeiten seien die meisten deduktiv orientiert und wiesen eine deutliche theoretische Orientierung auf. Freilich werden hier kaum die Ansprüche zugrundegelegt, die die im nachfolgenden Text angesprochenen Autoren anlegen. Für sie ist die Aussage von P. Bromiley (1990: 74) treffender: "[I]n strategy there are almost no deductively derived models."

der ökonomischen Theorie auf Fragen des Strategischen Managements behindern mag. Trotzdem ist der Tenor seiner Ausführungen eindeutig: Das "Regression Paradigm" (Camerer & Fahey 1988) müsse abgelöst werden, und statt dessen solle man sich eben jenen Instrumenten zuwenden, die insbesondere die neuere ökonomische Theorie entwickelt hat - von der Spieltheorie bis zur Transaktionskostenanalyse (vgl. Camerer 1985a: 9 ff.).

Eine erste wichtige Konsequenz dieser Überlegungen besteht darin, daß die Frage der Anwendungsorientierung der Forschung etwas weniger "vordergründig" gesehen wird, als dies sonst der Fall ist. Nach wie vor wird davon ausgegangen, daß Forschung *letztlich* nützlich für die Praxis sein sollte; das heiße aber nicht, daß immer auch die *direkte* Anwendbarkeit theoretischer Erkenntnisse zu fordern sei. Es sei durchaus zulässig, sich zunächst einmal auf theoretische Fragestellungen zu konzentrieren. "Gute" Forschung werde dann schon seine Anwendung finden (vgl. Montgomery et al. 1989: 193 f., Daft & Buenger 1990: 90).

Eine zweite wichtige Konsequenz betrifft noch einmal die Frage nach einem *Paradigma* des Strategischen Managements. Die meisten Autoren, die dem hier beschriebenen Lager zuzuordnen sind, halten die Suche nach einem solchen Paradigma nämlich für gänzlich verfehlt.[44] Hochklassige Forschung lasse sich nur nach den Standards etablierter Disziplinen durchführen; das Strategische Management aber sei durch die Vielzahl der relevanten Forschungstraditionen gekennzeichnet. Es sei ganz aussichtslos, in all diesen Traditionen Experte sein zu wollen. Übrig bleibe nur, sich auf eine dieser Traditionen zu konzentrieren und Probleme zu erforschen, die aus strategischer Perspektive relevant seien. Das Paradebeispiel einer strukturgebenden Theoriekontextes sei die ökonomische Theorie. Wie am Beispiel von C. Camerer gesehen, wird aber natürlich grund-

---

44. Vgl. zum folgenden Montgomery et al. (1989: 192 f.); darüber hinaus beziehe ich mich aber auf Interviews, die ich mit einer Reihe von führenden Fachvertretern in den USA geführt habe. Rumelt et al. (1991: 16 f.) machen darauf aufmerksam, daß die Diskussion um die Einbettung der Forschung in wohlstrukturierte disziplinäre Kontexte an den amerikanischen Business Schools spätestens seit Ende der fünfziger Jahre Tradition besitzt, als in mehreren Studien (Gordon & Howell 1959, Pierson 1959) eine vehemente Kritik an den damaligen Lehrprogrammen formuliert und empfohlen wurde, zukünftig die Lehre stärker wissenschaftlich zu fundieren - durch eine stärkere Konzentration auf Basisdisziplinen wie Mathematik, Ökonomie, Soziologie und Psychologie bzw. durch Anbindung an die dort vorhandenen, strengen wissenschaftlichen Standards. Die Integration sollte erst durch einen "Business Policy"-Kurs geleistet werden, etwa nach dem Muster, wie er damals (und heute) in Harvard üblich war (und ist).

sätzlich auch die Relevanz anderer Theorietraditionen anerkannt - solange es dort eben etablierte Forschungsstandards gibt.[45]

(3) Ein ganz anderer, für den vorliegenden Zusammenhang relevanter Punkt betrifft die Tatsache, daß eine Reihe von lange eingespielten Beobachtungen bzw. Unterscheidungen derzeit offenbar in sich zusammenbrechen. Drei Beispiele mögen dies veranschaulichen.

Das erste Beispiel ist die Unterscheidung zwischen *Corporate* und *Business Level Strategy*. Sie wurde von Hofer und Schendel (1978: 12 ff.) eingeführt, nachdem vorher (von *McKinsey*) das Konzept der "Strategischen Geschäftseinheit entwikkelt worden war, demzufolge das Unternehmen in einer bestimmten Weise zu segmentieren ist, um die Orte des "eigentlichen Wettbewerbs" zu identifizieren (vgl. Porter 1987: 46). Beim einen geht es um die Frage "What set of businesses should we compete in?", beim anderen um die Frage "How should we compete in the XYZ business?" (Hofer & Schendel 1978: 15).[46] Diese Unterscheidung hat seither in fast jedes Lehrbuch zum Strategischen Management Eingang (vgl. etwa Hill & Jones 1988) und auch für die Forschung als implizites Ordnungskriterium Verwendung gefunden (vgl. Montgomery et al. 1989: 159, Habel 1992). Aus dem Blickwinkel des sogenannten "Ressourcenorientierten Ansatzes" des Strategischen Managements[47] wird aber neuerdings die Einsicht vorgetragen, daß "echte Wettbewerbsvorteile" nicht auf der Ebene der Geschäftseinheiten, sondern auf der Ebene von bestimmten Fähigkeiten bzw. *Kernkompetenzen* erzielt werden (vgl. besonders Prahalad & Hamel 1990). Diese Fähigkeiten sind im wesentlichen Fähigkeiten *der Organisation*, Fähigkeiten des Unternehmens insgesamt. Das aber bedeutet, daß die Unterscheidung zwischen "Corporate" und "Business Level Strategy" ihren Wert verliert bzw. sogar in die falsche Richtung führt.

Das zweite Beispiel ist die Unterscheidung zwischen "Strategy Content" und Strategy Process", die schon auf Chandler (1962) und Ansoff (1965) zurückge-

---

45. Die angesprochenen Autoren streben entsprechend dieser Ausrichtung danach, in den jeweiligen Fachjournalen zu publizieren; das *Strategic Management Journal* wird demgegenüber eher als zweitklassig angesehen.
46. Hofer und Schendel erwähnen neben den genannten Strategieebenen auch noch die *Funktionalstrategien* und die von Ansoff (1977) vorgeschlagene Ebene der *Enterprise Strategy*, die sich auf die Frage der politischen Legitimität des Unternehmens bezieht. Diese beiden Strategieebenen spielen in der Literatur aber meist eine eher untergeordnete Rolle.
47. Dieser Ansatz wird in Kap. 2.15 noch ausführlicher vorgestellt. Vgl. aber auch zu Knyphausen (1993a).

führt wird (Huff & Reger 1987: 211). "Strategy Content" bezeichnet, kurz gesagt, all das, *was* entschieden wird, während "Process" die Frage betrifft, *wie* die Entscheidungen in der Organisation durchgesetzt werden (vgl. Fahey & Christensen 1986: 168, etwas vielschichtiger Chakravarthy & Doz 1992: 5 ff.). Auch diese Unterscheidung hat in der Literatur vielfach Beachtung gefunden,[48] aber auch sie wird inzwischen vielfach kritisiert (vgl. etwa Barney 1992: 56 f., Mahoney 1992: 109, deutschsprachig auch Kirsch & Habel 1991). Am prominentesten ist diese Kritik wohl von D. Schendel (1992a, b) vorgetragen worden, der die Ideen des "Ressourcenorientierten Ansatzes" aufgreift: Wenn es bestimmte *Fähigkeiten* seien, die den Wettbewerbsvorteil eines Unternehmens ausmachen, dann gehöre zu diesen Fähigkeiten natürlich auch die *Beherrschung von Prozessen*, die der Implementierung von strategischen Entscheidungen dienen. Ex ante-Voraussagen über die Performance-Wirkungen einer strategischen Entscheidungen machten überhaupt nur dann einen Sinn, wenn man ein Verständnis dafür besitzt, wie die "Winning Position" erreicht und gehalten werden kann. Das aber heiße nichts anderes, als daß "the dichotomy of content and process, however useful for pedagogy, is misleading if not useless for practice and research" (Schendel 1992b: 4, ähnlich Pettigrew 1992: 6).

Das dritte Beispiel schließlich hängt mit diesem zweiten eng zusammen: Es geht um die Unterscheidung zwischen Strategien*formulierung* und Strategien*implementierung*. Sie läßt sich einmal mehr auf die Harvard-Schule zurückführen (Learned et al. 1965, Andrews 1971) und wurde nicht nur in der Literatur vielfach aufgegriffen,[49] sondern hat auch die an Fällen orientierte Lehrkonzeption in Harvard und anderswo stark beeinflußt: Die Strategie soll im Klassenraum formuliert werden, ihre (fiktive) Umsetzung ist dann Sache anderer Personen und findet außerhalb des Klassenraum statt. Mintzberg (1990b: 184) bringt diese Idee auf die kurze Formel "Think first, then do" und zeigt, wie sie sich nicht zuletzt auch niedergeschlagen hat in dem klassischen Hierarchiemodell der Organisation, demzufolge alles Wissen an der Spitze zentriert ist, während in den untergeordneten Einheiten nach Maßgabe dieses Wissens und der daraus resultierenden Anweisungen gearbeitet wird (vgl. ähnlich zu Knyphausen 1988: 188 ff.). Aber es gibt auch Anzeichen dafür, daß sich alles ganz anders verhalten kann. W. Starbuck (1985) spricht von einem "Acting First and Thinking Later":

> "People make many of their decisions, perhaps a great majority of them, after they have begun to act and have seen some of the consequences of their actions. When they begin courses of action, people normally see

48. Vgl. nur die Sonderhefte des *Strategic Management Journal*, Sommer 1988, Sommer 1992 und Winter 1992.
49. Vgl. z. B. die Gliederungen von Schendel und Hofer (1979) sowie Pennings et al. (1985).

themselves as following the only sensible courses, not choosing among several plausible courses. They may not even realize that they are embarking on distinct courses, partly because organizations decompose big actions into multiple increments and partly because the individual actors in organizational actions merely follow banal programs. But looking back, the people can see that alternative courses did exist, and so they must have chosen. Thus, decisions are often retrospective re-enactments that misrepresent actual sequences of events. Because strong rationalization make behaviors inflexible, actions that begin with only tentative and quick rationalizations produce more benefits than do actions that begin after the actors construct sturdy rationalizations. All actions evoke retrospective rationalizations, and these retrospective rationalizations grow stronger as the actions are repeated." (ebenda: 339)

Auch und gerade für die organisatorische Spitze (das Top-Management) gelte, so Mintzberg (1990b: 185 f.), daß sie eine bestehende Situation kaum vollständig erfassen, geschweige denn, daß sie auch Veränderungen der internen und externen Umwelt mit ausreichender Sicherheit prognostizieren kann. Auch unterhalb der Unternehmensspitze würden daher allenthalben kreative Mitarbeiter benötigt, die nicht nur ausführen, sondern mit ihrem Wissen zu einer Anpassung und Weiterentwicklung strategischer Richtlinien beitragen. Entsprechend sei es wenig verwunderlich, daß die klassischen Hierarchiekonzepte heute an Popularität verloren haben. Und ebenso wenig verwunderlich sei es, daß insbesondere in Episoden eines umfassenderen strategischen Wandels die Grenzen zwischen Strategienformulierung und -implementierung stark miteinander verwischen (vgl. Bower 1982: 631), die Strategienimplementierung häufig den Charakter eines evolutionären Prozesses besitzt, der auch die zunächst anvisierte Ausgangskonzeption nicht unverändert läßt (vgl. Majorne & Wildavsky 1978). Die "Learning School" (oben, Abb. 2) hat laut Mintzberg (1990a: 146 ff.) aus diesen Einsichten ihre entscheidenden Impulse erhalten.

(4) Die soeben vorgestellte Idee des "Acting First and Thinking Later" ist auch von K. Weick (1987) ausgearbeitet worden: Er betont, daß häufig direkt gehandelt wird, ohne daß dazu vorher eine Strategie entwickelt worden ist. Seine These ist, daß es "Substitutes for Strategy" gibt. Dazu könne einerseits das *Vertrauen* eines Managers gezählt werden, eine bestimmte Situation erfolgreich bewältigen zu können. Andererseits könne auch die *Improvisation* als eine Strategie angesehen werden, sich mit einer nicht völlig übersehbaren Zukunft auseinanderzusetzen und Ordnung herzustellen:

"Improvisation is a form of strategy that is misunderstood. When people use jazz or improvisational theater to illustrate improvising, they usually forget that jazz consists of variations on a theme and improvisational theater starts with a situation. Neither jazz nor improvisational theater are anarchic. Both contain some order, but it is underspecified.

> To understand improvisation as strategy is to understand the order within it. And what we usually miss is the fact that a little order can go a long way." (ebenda: 229)

Die Überlegungen von Weick machen darauf aufmerksam, daß derzeit nicht nur verschiedene Differenzen bzw. Beobachtungsschemata innerhalb des Strategischen Managements in Frage gestellt werden, sondern auch der Begriff des Strategischen Managements selber nicht unproblematisch ist: Er trägt das "Vorurteil" mit sich herum, daß Handlungen strategiegeleitet sind, und schließt Alternativen aus dem Beobachtungsradius aus. Sie werden zum blinden Flecken der Beobachtung. Das ist nichts Schlimmes - jeder Begriff schließt etwas aus; wenn das nicht so wäre, könnte man gar nicht beobachten (vgl. von Foerster 1985: 26).[50] Ein Wechsel in die Außenperspektive kann aber bisweilen doch zeigen, daß es auch anders sein könnte: Man kann dann, um die Formulierung aus Kapitel 1.1 noch einmal aufzugreifen, sehen, was man sonst nicht sehen kann.

Für den Managementbegriff ("Strategisches *Management*"!) gilt all dies natürlich ebenso. Auch dieser Begriff leitet Beobachtungen - er unterstellt, daß es Möglichkeiten gibt, den Unternehmenserfolg willentlich zu beeinflussen. Gerade dies ist allerdings keineswegs unumstritten. R. Schmalensee (1985) hat in einer vielbeachteten empirischen Untersuchung festgestellt, daß der systematische Einfluß des Managements auf die Performance des Unternehmens gegen Null geht; entscheidender ist der Einfluß der Branchenstruktur. R. Rumelt (1991) hat dieses Ergebnis mit Recht als Alarmzeichen für das Strategische Management gewertet und eine Gegenuntersuchung angestellt, die auf einen sehr starken *Geschäftsfeldeffekt* hinweist. Aber auch er stellt fest, daß es einen systematischen *Unternehmenseffekt* nicht gibt, eine "Corporate Strategy" also keinen rechten Ansatzpunkt besitzt - ein "Puzzle", dem man seiner Meinung nach weiter nachgehen müsse (vgl. ebenda: 182).[51] Aus der Perspektive des populationsökologischen Ansatzes der Organisationstheorie (Hannan & Freeman 1977, 1989) schließlich wird ebenfalls postuliert, daß die Einflußmöglichkeiten des Managements auf den Unternehmenserfolg eher gering sind. Hier hat H. Mintzberg (1990a: 172 ff.) recht aggressiv reagiert: Es handele sich zwar um eine "School of Thought" des Strategischen Managements (siehe oben, Abb. 2), letztlich aber doch um

---

50. Beobachtungstheoretisch gesprochen sind Begriffe die Einheit der Unterscheidung von Beobachten und Bezeichnen - sie setzen eine Differenz, zeichnen dann aber eine Seite dieser Differenz aus, an die alle weiteren Beobachtungen anzuschließen sind (vgl. hierzu Luhmann 1990: 79 ff.). Der Übergang zur anderen Seite der Unterscheidung ist nur mit einigem Aufwand möglich - wie das Textbeispiel (strategisch/nicht-strategisch) ja auch deutlich macht.
51. Ein Überblick über die relevanten Untersuchungen findet sich in zu Knyphausen (1993a).

eine *Anti*-Schule, die die zentrale Prämisse des Strategischen Managements negiere, die Prämisse der *Strategic Choice* nämlich (Child 1972).

Die hier gegebenen Hinweise deuten an, daß es auch im Grundlagenbereich des Strategischen Managements Anzeichen einer Krise gibt. Vielleicht bietet es sich deshalb tatsächlich an, den Grundbegriff des Strategischen Managements abzulösen durch alternative Begriffe - "Strategic Change" oder "Evolutionäres Management" - abzulösen, um die Beschränkungen des Blicks zu überwinden (siehe wieder oben, Kap. 1.2). Aber auch, wenn man so weit nicht gehen will: Klar ist, daß hier Fragestellungen angesprochen sind, die eine ausführlichere Behandlung verdient haben.

(5) Ein letzter hier zu nennender, Krisenerscheinungen dokumentierender Punkt betrifft die *ideologischen Verzerrungen*, die viele Forschungen zum Strategischen Management charakterisieren. Dieser Punkt ist bislang eher von disziplinären Außenseitern angesprochen worden; er ist aber schon deshalb interessant, weil er auch die unter (1) diskutierte Frage der Praxisrelevanz wieder berührt, indem er das den meisten Forschungen zugrundeliegende *Praxiskonzept* einer kritischen Betrachtung zuführt.

Shrivastava (1986) geht von einem Ideologiebegriff aus, der auf solche Elemente eines Ideensystems abstellt, die die Herrschaftsinteressen der jeweiligen Beobachter verschleiern. Im Hinblick auf das Strategische Management sind hier fünf Punkte zu nennen (Shrivastava 1986: 367 ff.):

* *Faktische Unterdeterminierung von Handlungsempfehlungen*: Die gegebenen Handlungsempfehlungen sind nicht ausreichend durch empirische Evidenz abgesichert und häufig auch theoretisch schlecht begründet (siehe oben, [2]). Da der Schluß vom Sein zum Sollen aber nicht möglich ist, *können* sie auch gar nicht auf diese Weise abgesichert werden; es sind notwendig immer auch die Werte der Anwender involviert. Über diese Wertebasis aber gibt die etablierte Forschung normalerweise keine Rechenschaft (vgl. Van Cauwenberg & Martens 1986).

* *Verallgemeinerung von Partialinteressen*: Die Interessen des Top-Managements (und von Aktionären) werden stärker hervorgehoben als andere Interessen. Insbesondere wird die Zielformulierung normalerweise als genuine Aufgabe der obersten Führungskräfte angesehen.

* *Ausblendung von Widersprüchen und Konflikten*: Organisationen werden dargestellt als kooperative Systeme; Probleme der Konfliktbewältigung tauchen bestenfalls in der Phase der Strategienimplementierung, nicht aber in der Phase der Strategienformulierung auf.

* *Normative Idealisierung von Zielen*: Die Ziele des Top-Managements werden als Ziele der Organisation angesehen, und die Organisation selber als Instrument der Zielerreichung. Technische Effizienz ist entsprechend der dominierende Fo-

kus der Analyse. Aspekte der normativen Strukturierung von Handlungszusammenhängen werden unterbelichtet.

* *Naturalisierung des Status Quo*: Die ökonomische Umwelt des Unternehmens wird als objektive, "natürliche" Umwelt begriffen, an die sich das Unternehmen anpassen muß. Die Werthaltigkeit bzw. Interessenbezogenheit von Veränderungsanstrengungen kommen nicht ins Blickfeld.

Natürlich sind all diese Punkte überzeichnet. Shrivastava nennt selbst einige konterkarierende Forschungstrends. Im Anschluß an Mintzberg (1990a) könnte man etwa an die "Political School" erinnern, in der Widersprüche und Konflikte in konstitutiver Weise auch für die Strategienformulierung herausgestellt werden (vgl. oben, Abb. 2). Für den "Mainstream" der Forschung sind die Aussagen aber wohl doch zutreffend. Insbesondere für die Harvard-Tradition ist die Betonung der Top-Management-Perspektive charakteristisch (vgl. Mintzberg 1990b). Zwar werden in dem ursprünglichen Bezugsrahmen (Learned et al. 1965, Andrews 1971) die Werte des Managements ebenso wie die *gesellschaftliche* Umwelt in die Analyse miteinbezogen. In den späteren Forschungen sind aber diese beiden Aspekte kaum noch behandelt worden: Sie wurden abgedrängt in Seitenzweige der Theorieentwicklung, die erst im Zuge rekonstruktiver Bemühungen wieder zum Vorschein kommen (vgl. wieder oben, Kap. 1.2, mit den Hinweisen zur Zielforschung). Im Mittelpunkt des Interesses stehen heute eher die Stärken und Schwächen des Unternehmens und die Gefahren und Gelegenheiten der *ökonomischen* Umwelt (vgl. sehr deutlich Porter 1981). Mit Gilbert (1992) kann man es vielleicht so formulieren: In der Tradition des Strategischen Managements sind durchaus einige Grundkonzepte enthalten, die sich für eine weniger verzerrte, weniger ideologische Thematisierung der sozialen Produktion und Reproduktion von Organisation & Individuum nutzen ließen. Die etablierte Forschung hat diese Option allerdings nicht aufgegriffen und ist daher in die "Dunkelheit" der praktischen Irrelevanz abgetaucht. Erst eine volle Ausschöpfung des emanzipatorischen Potentials des Strategiekonzepts würde, so Gilbert, die damit verbundenen Forschungen in das "Tageslicht" praktischer Relevanz hineinführen.[52]

Die Rede von der Praxisrelevanz wird hier natürlich nur verständlich, wenn man weiß, daß es sich um ein anderes Praxisverständnis handelt als gewöhnlich - um ein Praxisverständnis, das sich allerdings sehr gut anschließen läßt an die in Kapitel 1.1 angestellten Überlegungen. Shrivastava (1986: 372) behandelt Strategi-

52. Die Lichtmetapher verwendet Gilbert im Anschluß an Nietzsche. Solange das Strategiekonzept die beiden im Text beschriebenen Optionen zuläßt, befinde man sich im "Twilight of Corporate Strategy"; die Gefahr der etablierten Forschung bestehe aber eben darin, daß sie durch einseitige Theorieentscheidungen die Dämmerung zur Nacht werden lasse.

sches Management *als* Praxis, als eine Praxis, die aus überlegten, theoretisch informierten Handlungen besteht, die die Produktion und Reproduktion von Organisation & Individuum - deren *Selbsttransformation* - anleitet. Die Strategie diene als ein Organisationsprinzip, das eine fundamentale Rolle bei der Definition von Zielen, Produkten & Märkten, internen Strukturen und Kontrollprozeduren spiele. Wörtlich heißt es (ebenda):

> "Praxis as a concept has a long and distinguished history in the social sciences and has been crystallized in the critical theory of the Frankfurt School. It designates a kind of self-reproducing action which differs from externally controlled behavior. As opposed to mere action, or mere theory, praxis is dialectically informed by theoretical considerations and aims at achieving liberating practical changes. Being an action concept, it has special relevance to managerial practice. But unlike the existing orientation of the field where practice is informed by managerial ideologies, strategy as praxis seeks to inform practice with theoretical considerations. Theory, especially in the form of critique and theoretical negation, theory that exposes and analyzes organizational and societal contradictions with the objective of overcoming them, is an important element of praxis. Praxis thus involves integrating practice with theoretical truth." (ohne Lit.-angaben)

1.4 Arbeitsplan

Die vorstehend referierten, zumeist von prominenten Fachvertretern vorgetragenen Kritikpunkte sind so fundamental, daß es durchaus angemessen ist, von einer "Paradigmenkrise" zu sprechen. Schendel und Hofer (1979a) hatten Ende der siebziger Jahre einigen Optimismus verbreitet; aus ihrem Blickwinkel konvergierten die verschiedenen Forschungsbemühungen immer mehr zu dem, was sie dann auch als "Paradigma" bezeichneten. Inzwischen ist, wie gesehen, Ernüchterung eingetreten, Verunsicherung darüber, wie der "State of the Art" der Disziplin nach gut drei Jahrzehnten der Forschung eigentlich einzuschätzen ist. Es ist daher Zeit für eine umfassendere Bestandsaufnahme.[53] Die vorliegende Arbeit ist - unter anderem - einer solchen Bestandsaufnahme gewidmet.

---

53. Seltsamerweise gibt es kaum Veröffentlichungen, die eine systematische Auseinandersetzung mit der Vielfalt der relevanten theoretischen und empirischen Forschungsarbeiten auf dem Gebiet der strategischen Unternehmensführung versuchen. In den USA ist die einschlägige Diskussion beinahe ausschließlich in Aufsatzveröffentlichungen organisiert, die eine umfassende Auseinandersetzung von Hause aus nicht leisten können. Buchveröffentlichungen sind, wenn sie denn keine Aufsatzsammlungen sind, zumeist Lehrbücher, die eher auf Methoden konzentriert sind und kaum weiterreichende wissenschaftliche Ansprüche stellen (vgl. Schendel & Cool 1988: 22). Die darüber hinaus existierenden Monographien sind nicht auf eine systematische Auseinandersetzung mit der Fülle der

Nach den Ausführungen in Kapitel 1.2 sollte klar sein, worin die Schwierigkeiten einer Bestandsaufnahme liegen: Es gibt eine nicht mehr zu übersehende Vielfalt von relevanten Arbeiten, und man muß erst einmal ein Entscheidungskriterium finden, um aus dieser Vielfalt auszuwählen und wenigstens die *Hauptströmungen* der gegenwärtigen Diskussion zu umreissen. In dem umfangreichen Kapitel 2 dieser Arbeit wird davon ausgegangen, daß das einzig sinnvolle Kriterium für eine Auswahl in der *Authentizität* der Darstellung liegen kann. Die in Kapitel 1.2 und 1.3 herausgearbeiteten Punkte und Tendenzen können dabei als Ausgangsheuristik dienen, entsprechen sie doch im wesentlichen der *Selbstbeobachtung und -beschreibung* des Feldes durch die in diesem Feld als relevant angesehenen Fachvertreter. Nach einer Verdichtung ergeben sich dann sechs Punkte, die die theoretischen Grundlinien aufzeigen und empirische Ergebnisse, wenn vorhanden, in knapper Form zusammenfassen.

Kapitel 2.1 beschäftigt sich mit der Renaissance der ökonomischen Theorie im Strategischen Management. Der Schwerpunkt liegt auf der Herausarbeitung von Veränderungen, die sich insbesondere in der neueren Industrieökonomie in den achtziger und beginnenden neunziger Jahren ergeben haben und für das Strategische Management ein erhebliches Potential darstellen, das von vielen Forschern zunehmend auch erkannt wird. Einzugehen ist aber an dieser Stelle auch auf einige transaktionskostentheoretisch informierte Forschungen und auf die gegenwärtig so aktuellen Ansätze zu einer "ressourcenorientierten" Sichtweise (*Resource-Based View*) des Strategischen Managements. Diese Ansätze bieten dann auch einen guten Übergang zu einer Thematisierung von "Organizational Capabilities", die mehr und mehr als entscheidende Quelle von Wettbewerbsvorteilen angesehen werden. Kapitel 2.2 zeigt, was die ökonomische Theorie zu diesem Thema beizutragen hat, fragt aber naheliegenderweise auch nach dem Beitrag der Organisationstheorie zu einem Verständnis dieser Fähigkeiten.

---

vorhandenen Forschungsarbeiten ausgerichtet. Einzig H. Mintzberg (1990a: 209 sowie Fn. 2 [S. 209] und 4 [S. 210 f.]) hat die Publikation mehrerer Aufsätze und Bücher (eines davon mit dem vielversprechenden Titel "Strategy Formation: Toward a General Theory") angekündigt, die die bestehende Lücke bis zu einem gewissen Grade wenigstens ausfüllen könnten (vgl. dazu jetzt Mintzberg 1994). In Deutschland sind demgegenüber durchaus einige Arbeiten mit weitreichendem Anspruch entstanden (vgl. Zahn 1979, Kirsch et al. 1979, Milling 1981, Malik 1984, Schreyögg 1984, Scholz 1987, Kirsch 1990, Servatius 1991, Habel 1992, vielleicht auch Welge & Al-Laham 1992); diese Arbeiten sind aber teilweise inzwischen doch etwas veraltet, oder sie decken die in der vorliegenden Arbeit behandelten Problemstellungen nur sehr defizitär ab. Dazu gehört nicht zuletzt auch die Frage, welche systematischen *Unterschiede* es zwischen US-amerikanischen und deutschsprachigen Beiträgen gibt, was die einen also von den anderen lernen können. Im weiteren Verlauf der vorliegenden Arbeit wird darauf noch ausführlich zurückzukommen sein.

Kapitel 2.3 behandelt ebenfalls das Thema der "Organizational Capabilities", setzt es aber in einen anderen Kontext: Es geht um den Versuch, den Erfolg japanischer Unternehmen auf einer Vielzahl von Märkten zu erklären. Für die amerikanische Forschung ist die Frage nach den Erfolgsfaktoren japanischer Unternehmen wichtig geworden, nachdem gerade die amerikanischen Unternehmen in den siebziger und achtziger Jahren zu den Hauptverlierern bei den Marktanteilen gehört haben (vgl. hierzu Franko 1989). Daraus resultierte dann auch ein Interesse für die Möglichkeiten des Wandels von Unternehmen, für die Frage also, wie sich Unternehmen an veränderte Marktbedingungen anpassen und sich dabei in einer Weise verändern können, die den "Best Practices" insbesondere japanischer Unternehmen entspricht. Kapitel 2.4 greift diese Frage unter der Headline von "Strategic Change & Renewal" auf und referiert Forschungen, die in den letzten Jahren eine stark gestiegene Aufmerksamkeit erfahren haben. In Kapitel 2.5 werden etwas spezieller Aspekte des *technologischen* Wandels diskutiert und in einen Zusammenhang mit der Innovationsproblematik gestellt. In dem Maße, wie dabei organisatorische und institutionelle Konsequenzen angesprochen werden, können hier die in Kapitel 2.2 und 2.3 behandelten Themenstellungen einer Abrundung zugeführt werden. Gleichzeitig besitzt die Auseinandersetzung mit "Technologie & Innovation" aber natürlich auch einen Eigenwert, handelt es sich hier doch um eine der "Sachfragen", die nach den in Kapitel 1.2 referierten Umfragen als besonders relevant und zukunftsträchtig angesehen werden.

Kapitel 2.6 greift noch einmal die methodologische Perspektive auf, die in Kapitel 1.2 auch schon eine Rolle gespielt hat. Es werden ausführlich die Schwachstellen der vor allem in den achtziger Jahren vorherrschenden großzahligen empirischen Forschung herausgearbeitet, aber es wird auch - nachdem in den Kapiteln 2.2. bis 2.5 hierfür gleichsam im Vorübergehen eine Reihe von Beispielen vorgestellt worden ist - noch einmal zusammenfassend herausgestellt, daß sich derzeit auch wieder eine Gegenbewegung in Richtung "Fallstudien" und vielleicht auch weiterer Ansätze (Laborexperimente & Simulationsforschung) abzeichnet. Interessanterweise ergeben sich hier für eine methodologische Verfeinerung dieser Ansätze viele Anregungen gerade aus der neueren ökonomischen Theorie, das heißt insbesondere aus der Industrial Organization-Forschung. Damit schließt sich der Kreis zu den Anfängen der Diskussion, zu Kapitel 2.1.

So faszinierend sich die "Ökologie der Ideen" ausmachen mag, die in den eher theoretisch angelegten Kapiteln 2.1 und 2.2 über die auf Sachfragen konzentrierten Kapitel 2.3 bis 2.5 bis zu dem methodisch ausgerichteten Kapitel 2.6 dargestellt wird, so sehr gilt es freilich im Auge zu behalten, daß der "Mainstream" der Theorie der strategischen Unternehmensführung eben doch in eine Krise geraten zu sein scheint. Die Anzeichen dieser Krise wurden in Kapitel 1.3 anhand einiger ausgewählter Grundlagenprobleme ausführlich beschrieben. Die Diskussion solcher Grundlagenprobleme ist, wie Thomas Kuhn (1962) gezeigt hat, typisch für eine Disziplin, die angesichts der überall auftretenden "Anomalien" verunsichert worden ist. Viele Ideen, die einst sinnvoll gewesen sein mögen, scheinen heute schon nicht mehr die richtigen Antworten auf eine sich verändernde Welt darzustellen.[54] Die Frage ist, wie es gelingen kann, wieder sichereren Boden unter den Füßen zu gewinnen. Im Rahmen der "Mainstream"-Diskussion wird gegenwärtig der schon mehrfach angesprochene "Ressourcenorientierte Ansatz" als ein Kandidat für ein neues Paradigma der strategischen Unternehmensführung gehandelt (vgl. etwa Mahoney & Pandian 1992). In der vorliegenden Arbeit soll ein alternativer Ansatz ausgelotet werden, der sich weniger auf die ökonomische Theorie als auf eine wesentlich systemtheoretisch inspirierte Grundlagendiskussion stützt, wie sie in Kapitel 1.1 angedeutet worden ist.

Das Kapitel 4 ist der Ausarbeitung dieses Ansatzes gewidmet: Es soll gezeigt werden, welche Perspektiven sich vor dem Hintergrund eines solchen Ansatzes für die Theorie der strategischen Unternehmensführung ergeben können. Damit geht *nicht* die These einher, daß der "Ressourcenorientierte Ansatz" oder irgendein anderer, ökonomischer oder nicht-ökonomischer Ansatz für sich genommen keinen Wert für die Theorie der strategischen Unternehmensführung besitzen. Der in Kapitel 4 beschriebene Ansatz impliziert eine weitestgehende Offenheit gegenüber allen anderen, für sich konsistenten Theorieansätzen. Allerdings soll ein Rahmen angeboten werden, innerhalb dessen die Einheit der Vielfalt der Forschungsbemühungen erkennbar bleibt. Anders ausgedrückt: Die vorhandenen Theorieangebote sind der Kern der schon erwähnten "Ökologie von Ideen", der durch den systemtheoretisch inspirierten Bezugsrahmen ein angebbarer Ort zugewiesen wird. Nachdem sich die umfangreichen Ausführungen von Kapitel 2 also *ex ante* zunächst einmal nur als Folie präsentieren, auf der ein systemtheoretisch inspirierter Bezugsrahmen Konturen gewinnen kann, wird sich *ex post* zeigen, daß diese Ausführungen Material bereitstellen, mit dem dieser Bezugsrahmen ausgefüllt werden kann. Die umfassende Bestandsaufnahme des "State of the Art" der disziplinären Bemühungen um eine Theorie der strategischen Unternehmensführung erhält damit noch einmal eine Rechtfertigung.

---

54. Ein Blick nach Japan liefert hierfür wohl das aktuellste Beispiel, scheinen doch die vielgerühmten japanischen Managementpraktiken (lebenslange Beschäftigungsverhältnisse, große Variantenvielfalt beim Produktangebot, schnelle Produktwechsel etc.) derzeit keineswegs mehr so erfolgreich zu sein. In Kap. 2.3 wird darauf noch kurz zurückzukommen sein, wobei der Tenor der Argumentation im Hinblick auf den Wert der vorhandenen Forschungsergebnisse dann allerdings durchaus *positiv* ausfällt.

Die Ausführungen in Kapitel 4 besitzen, das sei hier noch einmal explizit hervorgehoben, grundlagentheoretischen Charakter. Die Diskussion von Grundlagenproblemen ist normalerweise etwas, was *a tergo* auf ein Forschungsparadigma zukommt; sie sind, wie gesagt, ein Zeichen der Krise. Die nunmehr vorgelegte Argumentation *geht* demgegenüber *von Grundlagenproblemen aus* und versucht, zentrale Gesichtspunkte der angestrebten Theoriekonstruktion - dazu zählen insbesondere die Beobachterproblematik und die Selbstreferentialität der Theoriebildung (siehe oben, Kap. 1.1) - anhand dieser Grundlagenprobleme zu entwickeln. Im einzelnen werden drei Grundlagenprobleme herausgegriffen: die schon mehrfach angesprochene Theorie/Praxis-Problematik (Kap. 4.1), das prekäre Verhältnis von System und Umwelt (Kap. 4.2) und der Umgang mit Komplexität (Kap. 4.3). All diese Probleme gehören, wie leicht gezeigt werden kann, auch aus dem Blickwinkel der "Mainstream"-Forschung zur Essenz der Disziplin; ihre Behandlung sichert mithin die Anschlußfähigkeit an Vorhandenes, ermöglicht es aber eben zugleich auch, die Fruchtbarkeit der anvisierten Theoriekonstruktion ein erstes Mal vor Augen zu führen. Erst vor diesem Hintergrund soll dann ein Bezugsrahmen entwickelt werden, die die erwünschte Ordnungsleistung erbringt. Als "Wegweiser" (Kap. 4.4) hierfür können Arbeiten genommen werden, die am Institut für Organisation an der Universität München unter der Leitung von Werner Kirsch angefertigt worden sind (und an denen der Verfasser vor allem im Frühstadium der Entwicklung intensiv beteiligt war). Im Rahmen der vorliegenden Arbeit sollen freilich auch einige Einwände, Modifikationen und Ergänzungen behandelt werden, die den bisherigen Stand der Theoriebildung vorantreiben (Kap. 4.5); und es soll auch nach Ansätzen einer Operationalisierung gesucht werden, die den Übergang zu der in jedem Fall notwendigen empirischen Forschung erleichtern (Kap. 4.6). Damit kann ein weiteres Mal die Möglichkeit der Kommunikation mit den Ansätzen der "Mainstream"-Diskussion geschaffen werden, wie sie in Kapitel 2 (insb. Kap. 2.6) rekonstruiert wird.

Soviel zur Hauptargumentationslinie der vorliegenden Arbeit. Diese Argumentationslinie wird nun überlagert durch eine zweite Argumentationslinie, die in dem exkursartigen Kapitel 3 eingeführt und danach durch das Kapitel 4 gleichsam "mitläuft". Ausgangspunkt der Überlegungen ist die Beobachtung, daß die in den Kapiteln 1.2 und 2 gegebenen Überblicke über die "Mainstream"-Forschung de facto im wesentlichen Überblicke über die *amerikanische* Forschungslandschaft darstellen; nur in einigen Einzelpunkten wird hier auf anderswo entstandene Forschungsansätze und -ergebnisse eingegangen. Diese Schwerpunktsetzung ergibt sich natürlich aus der Entstehungsgeschichte des Strategischen Managements und aus der schieren Größe des amerikanischen Wissenschaftsmarktes. Darauf aufbauend läßt sich aber die Frage stellen, ob es nicht auch alternative Forschungsansätze gibt, die ihren Ursprung in anderen Regionen haben. Etwas konkreter: Ist es nicht möglich, daß insbesondere in Europa oder auch in Deutschland Forschungsansätze existieren, die ein anderes Bild von den strategischen Problemen von Unternehmen entwerfen, denen ein anderes "Wie" der Analyse zugrundeliegt? Ist es nicht möglich, daß dieses "Wie" für die spezifischen Probleme der europäischen bzw. deutschen Wirtschaftsumwelt geeigneter ist als das "Wie" der amerikanischen Forschung?[55] Und wenn diese beiden Fragen sich positiv beantworten ließen, wie könnte dann dieses "Wie" aussehen?

All diese Fragestellungen haben derzeit eine gewisse Aktualität: Sie stehen auf der Agenda der "Mainstream"-Diskussion in den USA,[56] sind aber auch Gegenstand von Diskussionen im Bereich einer deutschsprachigen Betriebswirtschaftslehre, die international etwas in die Isolation geraten ist und darum nach einer eigenständigen Identität, nach einer "Unique Selling Proposition" suchen muß. Im Hinblick auf die "Mainstream"-Diskussion ermöglichen sie darüber hinaus den Anschluß an ein Thema, dessen Relevanz in Kapitel 1.2 hervorgehoben worden ist, das dann aber in Kapitel 2 keine Aufnahme gefunden hat: das Thema "Global Strategy" bzw. "Multinationales Management" nämlich. Ein wichtiger (allerdings nicht unumstrittener) Argumentationsstrang der neueren Forschungen zum "Multinational Management" läßt sich in der Weise zusammenfassen daß wir in einer Welt leben, die multikulturell organisiert ist und es nicht zuläßt, daß wir die Instrumente oder Managementmethoden, die sich in dem einen Kontext bewährt haben, ungeprüft auf andere Kulturkontexte übertragen. Trotz dieser Einsicht wird aber *im Bereich der Forschung* normalerweise davon ausgegangen, daß es nur *einen* "rationalen" Ansatz gibt, einen Ansatz, der

55. Diese Fragen ließen sich natürlich genauso gut im Hinblick auf andere Regionen - insbesondere wohl Japan - stellen. Die Hervorhebung der europäischen oder "deutschen" Perspektive ergibt sich aus dem Entstehungskontext der vorliegenden Arbeit, aus der kulturellen Eingebundenheit in eben diesen europäischen bzw. "deutschen" Kontext. Darüber hinaus wird von manchen Beobachtern (insb. Thurow 1992) allerdings auch die These formuliert, daß zumindest dann, wenn das vereinigte Europa eine realistische Option bleibt, die zukünftigen "Rules of the Game" auch hier definiert werden - und nicht mehr in den USA, und wohl auch nicht in Japan. Schließlich mag auch die lange Wissenschaftstradition in Europa bzw. Deutschland dafür sprechen, die mit dieser Region verbundene Perspektive in besonderer Weise hervorzuheben.

56. Siehe hierzu etwa die Ankündigung zur 14. Jahreskonferenz der *Strategic Management Society* im September 1994; dort heißt es: "The universality of strategic management raises growing interest. While U. S. management paradigms were widely adopted in the sixties and seventies, and have remained in the forefront of research since, the increasing competitiveness of European and Japanese firms has stimulated attention to the national, social, and cultural embeddedness of management styles, systems, processes and paradigms. The extent to which national origin matters for strategic management research and practice remains unanswered." Vgl. darüber hinaus auch die Beiträge von Hofstede, Baligh und Rosenzweig in *Management Science* 40 (1994), Heft 1.

sozusagen "globale Geltung" besitzt. Es herrscht deshalb die Neigung vor, "bei uns" die amerikanischen Ansätze direkt zu übernehmen, während in den USA häufig kaum die Notwendigkeit gesehen wird, sich systematisch auch mit alternativen, regional anderswo basierten Ansätzen auseinanderzusetzen. Erst die konsequente Anwendung der Einsichten im Bereich "Multinational Management" führt hier zu einer anderne Einstellung, die die vorhin gestellten Fragen sinnvoll erscheinen läßt. Anders ausgedrückt: Es ist die konsequente Anwendung von Ergebnissen aus dem "Objektbereich" der Theorie *auf die Theorie selber*, die zu neuen, die bisherigen Einsichten erweiternden Überlegungen führt. Genau das war die Forderung gewesen, die zum Ende von Kapitel 1.1 formuliert wurde - die Forderung, "die theoretischen Erkenntnisse auch an sich selbst auszuprobieren, sie als eine Art 'Modell' zu nehmen, nach dem das eigene Vorgehen strukturiert werden kann (und umgekehrt)".

Letztlich besteht die Pointe der mit den oben genannten Fragestellungen verbundenen Überlegungen natürlich darin, daß es gute Gründe gibt, *den in Kapitel 4 vorgestellten Ansatz* als typisch "deutschen" bzw. "europäischen" Ansatz zu interpretieren. Der in der vorliegenden Arbeit gewählte Ansatz ist insofern nicht ganz willkürlich; die sozialwissenschaftliche und insbesondere systemtheoretische Ausrichtung in Verbindung mit einem besonderen Interesse für grundlagentheoretische Fragen fügt sich nahtlos in den Kontext einer spezifischen Forschungsumgebung ein. Und das ist wiederum ein Aspekt selbstreferentieller Theoriebildung: daß der Ansatz, der sich mit den genannten Fragestellungen beschäftigt, dann auch wesentlicher Bestandteil des Wertebereichs der gefundenen Antwort ist.

Die hier dargestellte, doppelsträngige Argumentationsstruktur der vorliegenden Arbeit ist sicherlich nicht ganz unkompliziert. Ihre Plausibilität sollte sich aber im weiteren Verlauf dieser Arbeit in recht zwangloser Weise ergeben. Die abschließende Zusammenfassung und der Ausblick (Kap. 5) mögen ein Übriges tun, um die Grundideen der hier vorgeschlagenen erweiterten Konstruktion einer Theorie der strategischen Unternehmensführung verständlich und attraktiv werden zu lassen.

2. Hauptströmungen der Theoriediskussion: Ein Überblick über die "Ökologie der Ideen"

Die Zielsetzung des vorliegenden zweiten Kapitels ist schon kurz dargestellt worden: Es geht darum, ein möglichst authentisches Bild der Hauptströmungen der - vornehmlich in den USA geführten - Theoriediskussion zum Strategischen Management (einschließlich damit zusammenhängender empirischer Ergebnisse) zu vermitteln. Insbesondere soll nicht der Versuchung erlegen werden, einen "Strohmann" aufzubauen, der zwar die nachfolgende Kritik erleichtern mag, aber die einschlägige Diskussion eben doch nur sehr verkürzt wiedergibt und aktuelle Tendenzen unzureichend berücksichtigt. Am Anfang stehen Beobachtungen zur Renaissance der ökonomischen Theorie im Strategischen Management.

2.1 Zur Renaissance der ökonomischen Theorie im Strategischen Management

Die ökonomische Theorie hat in der Diskussion von Fragestellungen der strategischen Unternehmensführung in den achtziger Jahren zweifellos eine Renaissance erfahren, und sie wird wohl auch in Zukunft den Blickwinkel der meisten Fachbeiträge bestimmen (vgl. Mintzberg 1990a: 188 ff.).[1] Die Initialzündung hierzu läßt sich auf die Arbeiten von M. Porter (1980, 1981) zurückführen, in denen in eingängiger Weise gezeigt wurde, wie sich Ideen und Forschungsergebnisse der Industrial Organization-Forschung im Bereich des Strategischen Managements nutzen lassen. Rumelt et al. (1991: 9 ff.) nennen fünf Gründe, warum dieser Ansatz auf so fruchtbaren Boden fiel.

Erstens habe es mit dem Aufkommen von empirischen Studien, die den Zusammenhang zwischen verschiedenen Erklärungsvariablen und der Performance des Unternehmens (oder einer Geschäftseinheit) erforscht haben (Rumelt 1974, Hatten et al. 1978 u. a. m.), zunehmend die Notwendigkeit gegeben, die Performance-*Unterschiede* zwischen diesen Unternehmen (oder Geschäftseinheiten) angemessen zu interpretieren; dazu aber habe man auf die ökonomische Theorie und auf ökonometrische Techniken zurückgreifen müssen. Aus dem Blickwinkel neoklassischer Gleichgewichtsvorstellungen hätte sich zunächst die These ergeben, daß Performance-Unterschiede auf Dauer nicht existieren können und Gewinnchancen, die sich beispielsweise aufgrund höherer Marktanteile ergeben, durch entsprechende Investments erkauft werden müssen (vgl. hierzu schon

---

1. Die beste Lehrbuch-Darstellung findet sich gegenwärtig wohl bei Oster (1990).

oben, Kap. 1.1). Beobachtete Unterschiede könnten dann nur auf nicht-kontrollierbare Faktoren - nicht zuletzt: Glück! - zurückgeführt werden. Die ökonomische Theorie hätte allerdings gleichzeitig auch die Möglichkeit geboten, alternative Gleichgewichtskonzeptionen zur Basis der Analyse zu machen, vor allem die Idee des *Nash-Gleichgewichtes*, die wesentlichen Teilen der modernen Spieltheorie zugrundeliegt. Darauf wird in Kapitel 2.13 noch zurückzukommen sein.

Die Attraktivität der ökonomischen Theorie hätte sich, *zweitens*, auch aufgedrängt durch das (aus eben dieser Theorie stammende) Konzept der Lern- bzw. Erfahrungskurve, das eine besonders "knappe", den Modellvorstellungen des Ökonomen entsprechende Erklärung für die Herausbildung eines Wettbewerbsvorteils bot (vgl. *Boston Consulting Group* 1970). Die ökonomische Theorie hätte allerdings noch eine Reihe weiterer Ansätze zur Bestimmung von Wettbewerbsvorteilen angeboten, um, *drittens*, das Rätsel der Persistenz von Gewinnen aufzulösen. Hier seien etwa die Bainsche Theorie der Markteintrittsbarrieren, neuerdings aber auch der sogenannte "Ressourcenorientierte Ansatz" (Resource-Based View) und die Idee des *Commitments* (Ghemawat 1991a) zu nennen. Diese Ansätze könnten zugleich - *viertens* - als Beispiele für eine sich verändernde ökonomische Theorie angesehen werden, die vor allem die restriktiven Informationsannahmen der neoklassischen Theorie lockert und darum für ein "realistisch" ausgerichtetes Strategisches Management von Interesse sei.

Rumelt et al. (1991: 16 ff.) weisen, *fünftens*, auch auf einen wichtigen institutionellen Faktor hin, der die Rezeption der ökonomischen Theorie begünstigt hat: das sich verändernde "Klima" an den amerikanischen Business Schools. Immer mehr werden die Fakultäten durch Ökonomen besetzt (mit selbstverstärkendem Effekt: einer zieht den Anderen nach), die sich an den etablierten Veröffentlichungsstandards ihrer Disziplin orientieren und entsprechend auch die Forschungen zum Strategischen Management "disziplinieren" wollen. In Kapitel 1.3 ist darauf schon kurz eingegangen worden.

Die von Rumelt et al. gegebenen Hinweise machen deutlich, daß die ökonomische Theorie heute weitaus mehr zu bieten hat als das "Structure-Conduct-Performance-Paradigma" der orthodoxen Industrial Organization-Forschung, das Porter (1980, 1981) seinerzeit aufgearbeitet hatte. Insbesondere hat sich die Industrial Organization-Forschung selber so fortentwickelt, daß nunmehr auch *unmittelbar* (das heißt nicht nur auf dem Umweg der Porterschen Perspektivenverkehrung - von der Public Policy zum je einzelnen Unternehmen) Fragestellungen einer Theorie der strategischen Unternehmensführung berührt werden. In den Forschungen, die im *Strategic Management Journal* in den achtziger und frühen neunziger Jahren veröffentlicht worden sind, ist dies allerdings kaum wirklich wahrgenommen worden; Arbeiten aus den den State of the Art dokumentierenden Zeitschriften[2] - dem *Journal of Industrial Economics*, dem *International Journal of Industrial Organization*, usw. - werden hier jedenfalls nur relativ wenig zitiert.[3] Der schon mehrfach angesprochene *Ressourcenorientierte Ansatz* wird vielfach nun eingeführt als eher unternehmensbezogenes Gegenkonzept zum umweltorientierten, "strukturalistischen" IO-Ansatz (vgl. zu Knyphausen 1993a mit der dort angegebenen Literatur) - auch dies ein Zeichen dafür, wie dominierend die Porter-Interpretation nach wie vor ist. Erst in neuester Zeit kommen die erweiterten Perspektiven der IO-Forschung in den Blickwinkel der *Community*, wie nicht nur der Überblicksartikel von Rumelt et al. (1991), sondern das gesamte *Special Issue* des *Strategic Management Journal*, Winter 1991, anzeigen. Damit ist zu erwarten, daß zumindest *in Zukunft* das Potential an Ideen und Forschungsergebnissen genutzt wird, das durch die IO-Forschung bzw. durch die ökonomische Theorie insgesamt[4] in den letzten 10 bis 15 Jahren bereitgestellt worden ist.

In den folgenden Abschnitten sollen einige der für das Strategische Management relevanten Entwicklungen in der Industrial Organization-Forschung bzw. ökonomischen Theorie genauer nachgezeichnet und ein Überblick über den vorhandenen Wissensstand gegeben werden, der natürlich auch die auf dieser Basis entstandenen Forschungen zum Strategischen Management einschließt. Kapitel 2.11 setzt zunächst an dem von Porter aufgegriffenen, grundlegend aber von Bain geprägten Structure-Conduct-Performance-Paradigma an, während Kapitel 2.12 dann die "neue" Industrieökonomik behandelt, die den Schwerpunkt der

---

2. Mehr noch als das Strategische Management muß die Industrieökonomik als eine "Journal-Oriented Discipline" betrachtet werden (Bresnahan & Schmalensee 1987: 372); daher hier der entsprechende Verweis.
3. Umgekehrt gilt das Gleiche. Nicht zu Unrecht wundern sich Rumelt et al. (1990: 4), daß ein bekannter Industrial Organization-Autor, C. Shapiro nämlich, einen Aufsatz unter dem Titel "The Theory of Business Strategy" (Shapiro 1989a) veröffentlichen kann, ohne auch nur eine einzige dem Strategischen Management zuzurechende Arbeit zu zitieren.
4. Wenn man sich erst einmal von der einseitigen Ausrichtung auf das Structure-Conduct-Performance-Paradigma freigemacht hat, sind IO-Forschung und ökonomische Theorie letztlich kaum auseinanderzuhalten. Stigler postulierte entsprechend schon 1968, "[that] there is no such subject as industrial organization. The courses taught under this heading have for their purpose the understanding of the structure and behaviour of the industries ... of an economy. These courses deal with the size structure of firms (one or many, 'concentrated' or not), the causes ... of this size structure, the effects of concentration on competition, the effects of competition on prices, investment, innovation, and so on. But this is precisely the content of economic theory - price or resource allocation theory ..." (S. 1). Und bei Schmalensee (1988: 643) heißt es, daß "Industrial Organization" nicht mehr und nicht weniger sei als "the study of the supply side of the economy, particularly those markets in which business firms are sellers."

Analyse auf das Verhalten des einzelnen Unternehmens verlagert. Kapitel 2.13 beschäftigt sich mit dem spieltheoretischen Ansatz, der für die neue Industrieökonomik prägend geworden ist, Kapitel 2.14 mit alternativen Theorievarianten - dem vielbeachteten Neu-Ansatz von J. Sutton (1991) und der Transaktionskostentheorie. In Kapitel 2.15 schließlich wird der "Ressourcenorientierte Ansatz" näher vorgestellt, der von manchen Autoren (Mahoney & Pandian 1992, Teece et al. 1992 u. a. m.) zumindest als ein *Kandidat* für ein "Paradigma" der Strategischen Unternehmensführung angesehen wird (vgl. Camerer 1991: 148).

2.11 Ausgangspunkt: Das Strukturparadigma der Porter-Schule

Wie schon angedeutet, baut der so einflußreiche Bezugsrahmen von M. Porter im wesentlichen auf dem von Bain geprägten "Structure-Conduct-Performance-Paradigma" der Industrieökonomik auf (vgl. z. B. Thomas 1986: 15 ff.).[5] Der Erfolg eines Unternehmens erscheint hier als Funktion von fundamentalen Branchencharakteristika; sie bilden die "Struktur", die das Verhalten des Unternehmens und das Marktergebnis weitgehend determiniert.[6] Porter nennt hier fünf Wettbewerbskräfte, die eine Bedeutung besitzen: die Rivalität zwischen den etablierten Branchenanbietern (1), die Bedrohung durch "Newcomer" (2), die Verhandlungsmacht der Zulieferer (3) und der Käufer (4) sowie die Bedrohung durch Substitutionsprodukte oder -dienstleistungen (5). In der Industrieökonomik werden die unter (1) und (2) genannten Punkte als die wichtigsten angesehen (vgl. Minderlein 1990: 155). Auf sie konzentrieren sich auch die nachfolgenden Ausführungen.

(1) Art und Ausmaß der Rivalität in einer Branche läßt sich aus der Perspektive der orthodoxen IO-Forschung am besten anhand der *Anbieterkonzentration* ablesen. Die Konzentrationsrate mißt, wie viele Unternehmen einen wie großen Anteil an dem Umsatz einer Branche besitzen. Eine Branche gilt demnach als konzentriert, wenn wenige Unternehmen zusammengenommen über sehr hohe Marktanteile verfügen, und als gering-konzentriert, wenn es viele Anbieter gibt und diese über weitgehend gleiche Marktanteile verfügen. Die Extremfälle sind

---

5. Hinweise, die in Richtung der "neuen" Industrieökonomik deuten (vgl. unten, Kap. 2.12), finden sich bei Porter (1980: 88 ff.) ebenfalls; sie sind aber zunächst nicht weiter beachtet worden.
6. Der Determinismus von Bain ging so weit, daß er dazu neigte, den intervenierenden Verhaltensaspekt ganz herunterzuspielen und einen direkten Zusammenhang zwischen Marktstruktur und -ergebnis herzustellen (vgl. Kreps & Spence 1985: 341). So ist auch nur ein Kapitel seines fünfzehn Kapitel umfassenden Buches *Industrial Organization* (1968) der Analyse des Verhaltens des Unternehmens gewidmet (vgl. Scherer 1980: 6).

auf der einen Seite das Monopol und auf der anderen Seite die atomistische Konkurrenz; in der Realität dürfte eine besondere Bedeutung aber der Oligopolfall besitzen, der sich je nach Ausprägung irgendwo zwischen diesen Extremen befindet (vgl. Schreyögg 1984: 17 ff.).

Der Oligopolfall ist auch der theoretisch interessanteste Fall, und zwar deshalb, weil hier das Marktverhalten der Anbieter eine Ambiguität besitzt, die dann nicht zuletzt auch Konsequenzen für die in der betrachteten Industrie erreichbare Performance besitzt (vgl. hierzu und zum folgenden Bain 1968: 118 ff.). Auf der einen Seite besteht nämlich ein Anreiz zur Kooperation ("Collusion"), um auf diese Art und Weise gemeinsam wenigstens näherungsweise einen Monopolpreis bzw. -output zu realisieren und auf diese Art und Weise eine Produzentenrente zu generieren, die dann unter den Anbietern aufgeteilt werden kann. Auf der anderen Seite besteht aber für jeden einzelnen Anbieter auch ein Interesse, sich kompetitiv zu verhalten, das heißt Preise und Output so festzulegen, daß das je individuelle Gewinnmaximum erreicht wird. Immerhin bedeuten ja bei gegebener Marktgröße steigende Outputmengen des einen Anbieters sinkende Outputmengen des anderen Anbieters, und das hat dann natürlich - insbesondere aufgrund der auftretenden Skaleneffekte - Konsequenzen für die relative Kosten- ebenso wie für die Gewinnsituation.

Das Ausmaß der Anbieterkonzentration hat nun ganz unmittelbare Konsequenzen für die Bedeutung der einen oder der anderen Handlungsorientierung: Mit zunehmender Konzentration steigt nämlich die Wahrscheinlichkeit impliziter oder expliziter Absprachen zwischen den Unternehmen, und ebenso steigt die Wahrscheinlichkeit, daß diese Absprachen auch eingehalten werden - je weniger Aktoren beteiligt sind, desto besser sind die einzelnen Handlungen zurechenbar, und desto weniger ist es entsprechend möglich, als bloßer "Trittbrettfahrer" die Früchte des kooperativen Handelns zu ernten, ohne gleichzeitig auch die damit verbundenen Verhaltenseinschränkungen in Kauf zu nehmen (Olson 1968).

Die Modellierung der Kollusionshypothese erfolgt heute nahezu ausschließlich im Rahmen der Spieltheorie, auf die in Kapitel 2.13 noch eingegangen wird. Ein Überblick über die empirischen Arbeiten findet sich bei Schmalensee (1989: 973 ff. und 987 ff.). Demnach haben, was die postulierte positive Korrelation zwischen Konzentration und Profitabilität angeht, zumindest die früheren Untersuchungen bestätigende Resultate erbracht, auch wenn das statistische Signifikanzniveau sich im allgemeinen als recht niedrig erwiesen hat. Neuere Untersuchungen haben aber auch zu gegenteiligen Schlüssen geführt. Scherer (1985: 5) weist darauf hin, daß sich bei einem veränderten Untersuchungsdesign - wenn man nämlich nicht mehr nur die Industriekonzentrationsrate, sondern auch die Marktanteile der einzelnen Unternehmen mißt und diese dann auch statt mit der Branchen- mit der Unternehmensrentabilität korreliert - sehr klar die *relative Irrelevanz* der Industriekonzentrationsrate gezeigt hat.[7]

Die unklare Evidenz zum Zusammenhang zwischen Branchenkonzentration und Profitabilität schließt nicht aus, daß sich signifikante Ergebnisse bezüglich des Zusammenhangs zwischen Konzentration und Preisen auf der einen und Kosten auf der anderen Seite erzielen lassen. Konzentration und *Preise* scheinen in der Tat positiv korreliert zu sein, ein Ergebnis, "[that] seems to provide the best evidence in support of the concentration-collusion hypothesis" (Schmalensee 1989: 988). Im Hinblick auf die *Kosten* sind Aussagen über die Richtung des Zusammenhangs demgegenüber nicht leicht möglich. Jenseits aller Überlegungen zu dem Auftreten von Skalen- oder Erfahrungseffekten in konzentrierten Industrien (die doch zumindest den großen Unternehmen auf ein Kostenniveau führen sollten, das unterhalb des durchschnittlichen Kostenniveaus bei vollkommener Konkurrenz liegt) geht Schmalensee (1989: 989) zunächst einmal von der Hypothese eines *positiven* Zusammenhangs zwischen Konzentrationsrate und Kostenniveau aus, und zwar aus drei potentiellen Gründen: weil das Bemühen, im Interesse höherer Gewinne Monopolmacht zu erlangen oder zu erhalten, Kosten verursacht (a), weil das Fehlen eines echten Preis-Wettbewerbs die Rationalisierungsanstrengungen beschränkt (b) und weil die hohen Preise möglicherweise Anbieter anziehen, die relativ ineffizient produzieren (c). Empirische Untersuchungen sind offenbar nur zu (c) vorhanden (ebenda); eben diese haben dann aber zu einander widersprechenden Ergebnissen geführt.

(2) Die potentielle Bedrohung durch "Newcomer" läßt die Frage aufkommen, wie die etablierten Anbieter in einer Branche gegen den gewinne-verzehrenden Markteintritt von "Newcomern" geschützt werden, welche *Wettbewerbsvorteile* sie besitzen. Bain (1956) nennt im wesentlichen vier Punkte, die "Barriers of Entry" bzw. Wettbewerbsvorteile begründen: absolute Kostenvorteile, Economies of

---

7. Scherer spricht hier vor allem die Ergebnisse der PIMS-Studien an, die einen deutlich positiven Zusammenhang zwischen Marktanteil und Performance festgestellt haben (Buzzell & Gale 1989: 65 ff.). Schmalensee (1989: 984) faßt eine Reihe von Untersuchungen zusammen, die dieses Ergebnis bestätigen, wenn auch nicht konsistent über alle Industrien. Habel (1992: 45) weist allerdings auch auf Untersuchungen hin, in denen zwischen direkten und nur scheinbaren ("spurious") Effekten unterschieden wurde und dann kein signifikant positiver Zusammenhang zwischen Marktanteil und Performance mehr festgestellt werden konnte. Montgomery & Wernerfelt (1991) stellen sogar einen *negativen* Zusammenhang fest zwischen Marktanteil und dem Wachstum des Unternehmenswertes - ein Ergebnis, das die in Kap. 1.1 kurz angesprochenen theoretischen Zweifel an den üblichen Untersuchungen zu den "Laws of the Market Place" bestätigt und die Frage aufkommen läßt, ob die von Scherer gegebenen Hinweise wirklich zielführend sind.

Scale, Kapitalintensität und Produktdifferenzierung. Die absoluten Kostenvorteile werden von ihm als die relativ unwichtigsten angesehen. In bezug auf die Economies of Scale weisen einerseits diverse Studien auf einen positiven Zusammenhang zwischen Skaleneffekten und Industrieprofitabilität hin (vgl. Schmalensee 1989: 978); andererseits gibt es aber auch Studien, die deren Bedeutung doch etwas relativieren: Die "Minimum Efficient Scale" (MES) wird in vielen Branchen schon relativ frühzeitig - das heißt: bei relativ geringen Marktanteilen - erreicht; es können normalerweise *mehrere* Unternehmen in einer Branche agieren, ohne wirkliche Kostenvorteile zu besitzen (vgl. Scherer 1980: 81 ff.). "Hohe" Eintrittsbarrieren sind in dieser Situation kaum zu erwarten (vgl. Schmalensee 1981). Im Hinblick auf die Kapitalerfordernisse sollte eigentlich - solange die Kapitalmärkte einigermaßen vollkommen sind - die Grundregel gelten, daß der Preis bzw. die Kapitalkosten die zu erwartenden Erträge eines Investments widerspiegeln (vgl. etwa Tirole 1988: 306, 377 ff., Schmalensee 1989: 969).[8] Entsprechend sollten sich auch von hier aus keine wesentlichen Unterschiede zwischen Unternehmen ergeben: Auch ein kleiner "Entrant" sollte sich das notwendige (Fremd-)Kapital beschaffen können, wenn die Geschäftsaussichten nur erfolgversprechend sind. Die empirische Evidenz weist allerdings in andere Richtungen. Die Mehrzahl der Untersuchungen hat einen positiven Zusammenhang von Kapitalintensität und Rendite ergeben; die Kapitalintensität scheint in der Tat eine Eintrittsbarriere darzustellen (vgl. als Überblick wieder Schmalensee 1989: 978, 998). Buzzell und Gale (1989: 132 f.) argumentieren vor dem Hintergrund gegenteiliger Befunde allerdings, daß hohe Kapitalintensität ebenso auch als *Austritts*barriere wirkt und zu einem ruinösen Wettbewerb sowie zu einer verschlechterten Verhandlungsposition gegenüber Kunden und Lieferanten führt.[9] Das deutet darauf hin, daß die entscheidende Frage möglicherweise darin besteht, ob das investierte Kapital "versunken" ist oder nicht. In Kapitel 2.12 wird darauf noch zurückzukommen sein.

---

8. Kapitalmärkte werden im allgemeinen als diejenigen Märkte angesehen, die dem Vollkommenheitsideal der Mikroökonomie noch am ehesten entsprechen; die einschlägigen empirischen Untersuchungen (vgl. zum Überblick etwa Fama 1970 sowie May 1991) jedenfalls bestätigen im großen und ganzen, daß zumindest die tatsächlich zugänglichen Informationen (nicht aber die theoretisch relevanten oder die "Insider"-Informationen) in den Kursen von Finanztiteln reflektiert sind.
9. Eine Bestätigung der Ergebnisse von Buzzell und Gale findet sich in der (ebenfalls auf der Basis von PIMS-Daten durchgeführte) Untersuchung von Ghemawat & Caves (1986), in der das Eintrittsbarrierenargument zugunsten einer aus der Theorie der "Superspiele" abgeleiteten Hypothese verworfen wird (der Schwerpunkt liegt hier auf den Interaktionen zwischen den etablierten Konkurrenten, deren "Net Security Level" durch die erhöhten Kapazitäten absinkt; vor diesem Hintergrund läßt sich dann ein negativer Zusammenhang zwischen Kapitalintensität und Performance postulieren).

Bleibt noch die Produktdifferenzierung, die auch Bain als die wichtigste Markteintrittsbarriere ansah. Schmalensee (1982: 256 f.) weist mit Recht darauf hin, daß der Differenzierungswettbewerb heute in vielen Branchen den reinen Preiswettbewerb verdrängt hat[10] und darum einer verstärkten Aufmerksamkeit durch die "New Industrial Organization" bedürfe. Zwei Theorieansätze sind es, denen hier Bedeutung zukommt (vgl. Schmalensee 1982: 259, Eaton & Lipsey 1989: 727 f.). Der eine weist auf das Chamberlinsche Konzept der monopolistischen Konkurrenz zurück (Chamberlin 1933); Ausgangspunkt ist ein repräsentativer Kunde, der von einer steigenden Produktqualität bzw. einem differenzierteren Angebot profitiert (vgl. Tirole 1988: 96, Eaton & Lipsey 1989: 731). Darüber hinaus wird angenommen, daß auf der Angebotsseite nur ein Anbieter vorhanden ist; von Aspekten strategischer Interaktion wird also abgesehen, um sich ohne allzu viele Komplikationen den Fragen zuwenden zu können, die typischerweise im Mittelpunkt des orthodox-industrieökonomischen Interesses stehen, ob nämlich vom Standpunkt der Gesellschaft aus ein Monopolist "zu viel" oder "zu wenig" Produktqualität bzw. -diversifität anbietet. Tirole (1988: 100 ff.) faßt die gefundenen Antworten zusammen; sie müssen hier nicht referiert werden, weil sie aus dem Blickwinkel des einzelnen Unternehmens bzw. des Strategischen Managements nur mittelbare Relevanz besitzen.

Der andere Ansatz läßt sich auf H. Hotelling (1929) zurückführen. Die Kundenpräferenzen werden hier in einem kontinuierlichen, nach unterschiedlichsten Parametern dimensionierten Produktraum positioniert; es geht für den Kunden gleichsam darum, die richtige "Adresse" zu finden, um seine Bedürfnisse so weit wie möglich befriedigen zu können, und eben hierfür bietet Hotellings Modell der räumlichen Differenzierung den geeigneten Ausgangspunkt. Abbildung 4 zeigt zwei Geschäfte, die an den Enden eines Straßendorfes lokalisiert sind,[11] mit $x = 0$ als Standort von Geschäft 1 und $x = 1$ als Standort für Geschäft 2. Beide verkaufen das gleiche Produkt. Es ist dann unmittelbar einsichtig, daß die Nachfrage nicht nur von den Preisen, sondern auch von den Transportkosten tx bzw. $t(1 - x)$ abhängt.[12] Die Anbieter müssen bei ihrer Preispolitik diese Trans-

---

10. Empirisches Material hierzu findet sich etwa bei Aaker (1989: 93 ff.) sowie Buzzell & Gale (1989: 89 ff.); in beiden Studien wird insbesondere auf die Bedeutung der *Produktqualität* bzw. der darauf bezogenen Reputation verwiesen. Tirole (1988: 286) spricht ganz allgemein von einem *Principle of Differentiation*: "Firms want to differentiate to soften price competition."
11. Statt eines Straßendorfes kann auch eine "Circular City" modelliert werden; nur wird der technische Aufwand dann um einiges größer (vgl. hierzu Tirole 1988: 282 ff.).
12. Unterstellt ist hier eine Proportionalität der Transportkosten mit der Entfernung.

portkosten berücksichtigen, wenn sie einen Teil der Nachfrage abschöpfen wollen.

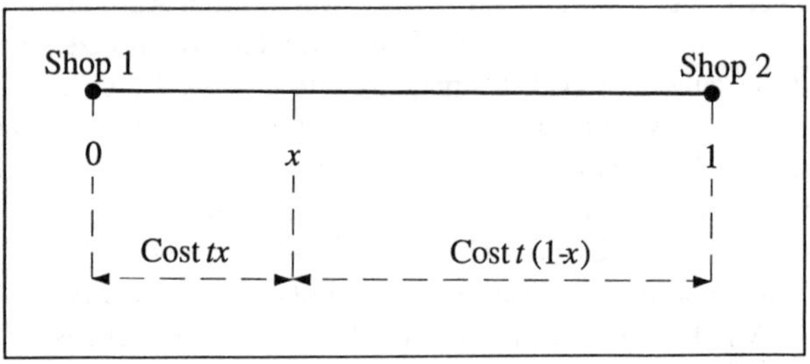

Abb. 4: Lokale Differenzierung in einem Straßendorf (aus: Tirole 1988: 97)

Dieses Modell ist im vorliegenden Zusammenhang zunächst deshalb interessant, weil es noch einmal einen Hinweis auf die Omnipräsenz von *Oligopolsituationen* gibt, die die Voraussetzung eines im engeren Sinne *strategischen* Agierens sind (Schreyögg 1984: 14 ff., Shapiro 1989b). Anbieter, die auf einer Strecke (wie in Abb. 4), auf einer Ebene oder gar in einem Raum positioniert sind, konkurrieren nicht im gleichen Maße mit allen anderen Anbietern; vielmehr gibt es "Nachbarn", deren Verhalten bei der Aktionsplanung in besonderer Weise berücksichtigt werden muß (vgl. Schmalensee 1982: 259). Darüber hinaus kann mit Hilfe dieses Modells jene Idee verfolgt werden, die wohl auch Bain (1956) als den Kern der Differenzierungsproblematik angesehen hat - die Unsicherheit des Käufers über die Produktqualität und die Möglichkeiten der Handhabung durch das Unternehmen (vgl. die entsprechende Rekonstruktion bei Schmalensee 1982: 266 f.). Abbildung 4 muß jetzt nur in der Weise uminterpretiert werden, daß es nicht nur um eine räumliche Differenzierung geht, die die Berücksichtigung von Transportkosten verlangt, sondern um eine Differenzierung anhand einer Vielzahl von Produktmerkmalen (Lancaster 1966), über die ein potentieller Käufer zunächst keine Information besitzt. Es müssen erst *Transaktionskosten* (aus der Käuferperspektive: *Such*kosten) aufgewandt werden, um die Wissenslücke zu schließen (vgl. etwa Caves & Williamson 1985: 114 ff.).

Eine genauere Analyse kann an der Unterscheidung zwischen "Search Goods" und "Experience Goods" ansetzen (Nelson 1970).[13] "Search Goods" sind solche

13. Darüber hinaus können noch "Credence Goods" unterschieden werden (Darby & Karni 1973), bei denen der Käufer auch nach dem Kauf nicht mit Sicherheit sagen kann, daß die veranschlagten Produktcharakteristika vorhanden sind (man denke etwa an die Vitaminhaltigkeit von Nahrungsmitteln). Hier ist häufig eine staatliche Überwachung notwendig.

Güter, bei denen entweder der Käufer die Produktqualität schon beim Kauf übersehen kann und entsprechend unter den Angeboten nur noch selektiert werden muß, oder aber Garantieleistungen versprochen werden, die den Kauf des Produktes risikolos werden lassen. Die Qualität von "Experience Goods" kann dagegen erst nach dem Kauf bewertet werden; der Kunde trägt ein Risiko. Die mögliche *Wiederholung* eines Kaufes kann aber für den Anbieter einen Anreiz schaffen, den Anfechtungen eines "Moral Hazards" auszuweichen und eine *Reputation* aufzubauen, die den langfristigen Geschäftserfolg unterstützt.[14] Sofern eine Reputation für hohe Produktqualität vorhanden ist, bestehen Wettbewerbsvorteile eines etablierten Anbieters und Eintrittsbarrieren für den "Newcomer" (vgl. dazu unten, Kap. 2.12).

Unvollkommene Information auf Seiten des Konsumenten läßt auch die Frage aufkommen, welche Rolle eigentlich die *Werbung* im Prozeß der Informationsproduktion spielen kann. Die empirischen Untersuchungen laufen auf einen positiven Zusammenhang zwischen Werbeintensität und Profitabilität in den Konsum- und einen negativen Zusammenhang in den Investitionsgüterindustrien hinaus (vgl. Shepherd 1985: 318 f., Schmalensee 1989: 978 f.; für eine methodische Kritik an diesen Untersuchungen aber auch Schmalensee 1988: 673). In der theoretischen Diskussion ist der Wert der Werbung dagegen eher umstritten. Kritiker wie Galbraith (1967) weisen darauf hin, daß die Werbung zu einer Differenzierung von ursprünglich gleichen Gütern führen kann, die Werbung also die Konsumenten irreführt und darum auch Wohlfahrtsverluste impliziert. Die allein auf Imageeffekte abstellende Kinowerbung für Zigaretten mag dafür ein gutes Beispiel sein. Eine eher Chicago-inspirierte Sichtweise hebt demgegenüber den Informationseffekt der Werbung hervor; die Werbung trage dazu bei, die Suchkosten der Konsumenten zu verringern, und führe damit häufig auch zu einem positiven Wohlfahrtseffekt (vgl. etwa Benham 1972). Oder anders ausgedrückt: In dem Maße, wie Werbung wertvolle Informationen für den Konsumenten liefert (man denke etwa an Preisinformationen über das Warenangebot von Supermärkten in Tageszeitungen), kommt es zu einer *Reduktion* der Produktdifferenzierung. In den neueren Forschungen hat sich dieser rationalistische Ansatz durchgesetzt; nur wird jetzt die Frage nach den Differenzierungskonsequenzen von Werbung nicht schon ideologisch vorabentschieden, sondern zum Gegenstand der (theoretischen) Forschung selber gemacht. Die Ergebnisse sind

14. Auf die Feinheiten und Fallstricke der hier skizzierten Überlegung (etwa: was passiert, wenn das entscheidende Merkmal der Produktqualität dessen *Lebensdauer* ist, ein "gutes" Produkt also im Extremfall einen Wiederholungskauf gerade obsolet macht) kann an dieser Stelle natürlich nicht genauer eingegangen werden. Vgl. aber Tirole (1988: 106 ff.) sowie Stiglitz (1989: 822 ff.) mit der dort angegebenen Literatur.

freilich ambivalent und sehr stark von den zugrundegelegten Annahmen abhängig (Tirole 1988: 290 ff.); klare Empfehlungen, ob die Unternehmen aus dem Blickwinkel der Konsumenten durch Werbung ihre Unterschiedlichkeit erhöhen können, scheinen so einfach nicht zu haben zu sein.

Natürlich ist die Werbung nur *ein* Faktor, auf dem sich Differenzierungsvorteile (in diesem Fall insbesondere: Kundenloyalität) gründen lassen. Ein anderer, durch die IO-Forschung intensiv behandelter Faktor ist die Forschung & Entwicklung, die jenes Wissen bereitstellt, das dann in "besseren" Produkten genutzt werden kann. In Kapitel 2.5 wird hierauf noch näher eingegangen. Im Moment ist nur von Interesse, daß es, vor dem Hintergrund der bisherigen Ausführungen wohl verständlich, Tendenzen gibt, die Betrachtung von Wettbewerbsvorteilen bzw. Markteintrittsbarrieren auf drei Faktoren zu konzentrieren: auf Economies of Scale & Kapitalintensität, auf die Werbung und auf Forschung & Entwicklung (vgl. Ghemawat 1991a: 28 f., 1991b). Dem strukturalistischen Ansatz der orthodoxen IO-Forschung entsprechend, läßt sich daran die Frage anschließen, ob sich Industrien entlang dieser drei Dimensionen klassifizieren lassen. Die Untersuchungen von Collis (1986, 1990) bestätigen genau dies: "that at the 4-digit SIC[15] level, five-sixths of all U.S. manufacturing industries fall into the top third along one or more of these dimensions, and that only one-third turn up in the top tier along more than one dimension" (Ghemawat 1991b: 6; Fn. hinzugefügt).

Im Hinblick auf die "Conduct"-Komponente läßt sich daraus schließen, daß es nur relativ wenige "generische" Strategien gibt und diese Strategien sich darüber hinaus weitgehend ausschließen. Porter (1980: 41 ff.) hat dies - von einer etwas abweichenden, aber konsistenten Klassifikation ausgehend - auf eine "Stuck in the Middle"-Hypothese zugespitzt: Wer sich nicht eindeutig auf eine Strategie der Kostenführerschaft *oder* auf eine Differenzierungsstrategie festlegt, muß dies mit einer schlechteren Performance bezahlen. Die empirische Evidenz spricht allerdings eher für die vorsichtigeren Aussagen von Collis. Zwar gibt es Untersuchungen, die auch die Stuck in the Middle-These stützen (Hambrick 1983, Dess & Davis 1984); andere Arbeiten (Hall 1980, White 1986, Miller & Friesen 1986a, b) belegen aber, daß es eben *auch* Geschäfte gibt, in denen gerade diejenigen Unternehmen erfolgreich sind, die eine "hybride" Strategie verfolgen (vgl. Murray 1988: 395 ff.). Hill (1988) hat hierzu ein Erklärungsmodell vorgeschlagen, das für das Differenzierungsmerkmal "höhere Produktqualität" steigende Marktanteile postuliert, die dann auch die Kostenposition verbessern. Dabei muß freilich berücksichtigt werden, daß sinkende Produktionskosten durch steigende Transaktionskosten (z. B. Kosten der Vermittlung von Differenzierungs-

15. SIC = *S*tandard *I*ndustrial *C*lassification; amtlicher Code zur Klassifikation von Industrien in den USA.

merkmalen an den Kunden [Werbung!]) konterkariert werden können (Jones & Butler 1988). Zu Knyphausen und Ringlstetter (1991) haben schließlich gezeigt, wie auch ein revidiertes (Kosten- *und* Nutzenaspekte einschließendes) Konzept der *Economies of Scope* für eine Erklärung "hybrider" Strategien genutzt werden kann.

2.12 Auf dem Weg zu einer "neuen Industrieökonomik"

Es ist schon mehrfach angedeutet worden, daß die Industrial Organization-Forschung in den vergangenen beiden Jahrzehnten rasante Entwicklungen durchlaufen hat. Bain hatte mit seinem Ansatz eine Welle von Arbeiten ausgelöst, in denen mit Hilfe moderner statistischer Instrumentarien großzahlige, meist mehrere Industrien umfassende empirische Untersuchungen durchgeführt wurden, die Entwicklung von theoretischen Kausalmodellen aber eher hintangestellt war. Mit diesem "Loose Reasoning" sollte zunehmend Schluß gemacht werden.[16] Tirole (1988: 2 f.) beschreibt die Entwicklung in der folgenden Weise:

> "The second wave of interest, which was mainly theoretical, startet in the 1970s. It can be attributet to three factors. ... [O]n the 'demand side', the growing dissatisfaction with the limits of the cross-sectional empirical analysis that had come to dominate the field of industrial organization. There was a widespread feeling, ... that empirical work did not appeal to particular formal models of oligopoly markets. On the 'supply side', two factors can be discerned. First, until the 1970s, economic theorists (with a few exceptions) pretty much ignored industrial organization, which did not lend itself to elegant and general analysis the way the theory of competitive general equilibrium did. Since then, a fair number of top theorists have become interested in industrial organization. Second, ... noncooperative game theory imposed itself (not without some dissension) as the standard tool for the analysis of strategic conflict, thus bringing a unified methodology to the field. Furthermore, it made serious progress in two crucial areas: dynamics and asymmetric information. The stage was thus set for a reappraisal of the many informal stories that were floating around."

---

16. Eine gute Illustration für die Gefahren eines solchen "Loose Reasoning" findet sich in der Studie von Mancke (1974), in der gezeigt wird, wie die Profitabilität eines Unternehmens mit Marktanteil, Unternehmensgröße und Wachstum korrelieren kann, obgleich keinerlei kausale Verbindungen bestehen und eher der Zufall eine Rolle spielt. Im Ausblick (S. 193) heißt es dann, doch etwas beunruhigend: "Arguments analogous to those presented in this paper can be used to challenge the orthodox interpretation of such well-known empirical results as (1) more concentrated industries tend to earn higher profit rates and (2) firm profit rates are positively correlated with the absolute volume of firm advertising expenditures" (Fn. weggelassen).

Jacquemin (1986: 13 ff.) spricht, ebenso wie andere Autoren (z. B. Schmalensee 1982), angesichts dieser Entwicklung von einer "neuen Industrieökonomik" und arbeitet heraus, daß damit die Bainsche strukturalistische Sichtweise zugunsten einer eher verhaltensorientierten Sichtweise aufgegeben wird: Die bisher vernachlässigte "Conduct"-Komponente des Paradigmas erhält jetzt eine stärkere Betonung (vgl. Encaoua et al. 1986: 75 [Fn. 1], aber auch schon Scherer 1980: 6). Die ursprüngliche, an der *Industrie* ansetzende Betrachtungsweise dreht sich nun gleichsam um. R. Schmalensee und R. Willig charakterisieren in der Einleitung des von ihnen herausgegebenen "Handbook of Industrial Organization" (1989) den Gegenstand des Buches entsprechend: Es gehe um "the broad field within microeconomics that focuses on business behavior and its implications both for market structures and processes, and for public policies towards them", und J. Tirole (1988: 3) stellt fest: "IO certainly begins with the structure and behavior of firms (market strategy and internal organization)."[17, 18]

Die Verlagerung des Analyseschwerpunktes auf das einzelne Unternehmen ist für eine Theorie der strategischen Unternehmensführung sicherlich von besonderem Interesse, wird damit doch die Ebene der "Strategic Choice" erreicht, die für eben diese Theorie konstitutiv zu sein scheint (vgl. den knappen Hinweis oben, Kap. 1.3.). Am besten nachvollziehen läßt sie sich, wenn man sich noch einmal dem in Kapitel 2.11 angerissenen Problem der Markteintrittsbarrieren zuwendet. Das entscheidende Problem besteht hier darin, wie etablierte Unter-

---

17. Die starke Gewichtung des einzelnen Unternehmens hatte natürlich auch ihre Vorläufer; man denke insbesondere an das Buch von Berle & Means (1932), die auf empirischem Wege die hohe Konzentration der US-amerikanischen Industrie bestätigten, gleichzeitig aber darauf hinwiesen, daß das Kapital sich immer weiter verstreute und das *Management* der Unternehmungen eine immer größere Bedeutung erhielt. Diese "Separation of Ownership and Control" sollte dann natürlich auch Implikationen für den Schwerpunkt der theoretischen Analyse konzentrierter Industrien haben. Aber auch der Aufsatz von Phillips (1970) mag im vorliegenden Zusammenhang eine besondere programmatische Aussagekraft besitzen: "Structure, Conduct and Performance - and Performance, Conduct and Structure?"
18. Die hier vornehmlich mit Bezug auf die *theoretische* Forschung beschriebene Entwicklung hat auch Konsequenzen auf die empirischen Arbeiten gehabt. So schreiben auch Bresnahan & Schmalensee (1987: 374): "A .. trend apparent in the recent empirical literature is a shift toward the firm, rather than the industry, as the unit of observation. .. [T]here is nothing really new in this; industry studies have always necessarily treated individual firms as separate observations. But the work of Demsetz (1973) and others in the early 1970s began to focus attention on the importance of intra-industry differences und thus to shift attention away from industries and toward firms. In the same period, Iwata (1974) showed that formal theory and sophisticated econometric techniques could be used to analyze seller conduct in new and interesting ways."

nehmen den potentiellen Neueinsteigern *glaubhaft* klarmachen können, daß sie den Markteintritt nicht ohne weiteres hinnehmen und die Preise senken werden, die erhoffte Profitabilität für den Neueinsteiger sich dann also gar nicht mehr realisiert (vgl. zum folgenden Minderlein 1990).[19] Die sogenannte "McGee-Telser-Bork-Kritik" der Bainschen Limitpreistheorie hat gezeigt, daß bei einem trotz Drohung erfolgenden Markteintritt eine Preissenkung keine rationale Strategie darstellt, weil der etablierte Anbieter mit seinem größeren Marktanteil sich damit selbst mehr schadet als dem Newcomer, darüber hinaus aber günstigere Alternativen bestehen (Aufkaufen des Newcomers!) und schließlich keine Gewähr vorhanden ist, daß durch die der erfolgreichen "Verdrängung" nachfolgenden Preiserhöhung nicht sofort wieder neue potentieller Anbieter angelockt werden. Um diesen Problemen zu entgehen, muß, daß ist nun die Idee, der etablierte Anbieter ein *Commitment* eingehen,[20] um sich zu einer für ihn schädlichen Maßnahme zu zwingen, oder anders formuliert: Mit Hilfe des Commitments kann der etablierte Anbieter seine Auszahlungsstruktur so verändern, daß ein Anreiz besteht, statt auf Kooperation auf Konfrontation zu setzen. In diesem Fall *ist* die Drohung dann glaubwürdig, und entsprechend wird, rationales Verhalten vorausgesetzt, der Newcomer von dem Markteintritt absehen. Die asymmetrische Wirkung der Vergeltungsmaßnahme wird also letztlich theoretisch irrelevant; für den Etablierten sind nur die Kosten relevant, die mit dem Commitment einhergehen. Und solange diese Kosten niedriger sind als die bei Markteintritt zu erwartenden Verluste, gereicht das scheinbar selbstschädigende Verhalten des Etablierten ihm am Ende doch zum Vorteil.

Damit der hier angedeutete Mechanismus funktioniert, müssen zwei Voraussetzungen erfüllt sein. Zum einen muß das Commitment vor der Entscheidung des Newcomers zum Markteintritt und in einer für ihn sichtbaren Weise eingegangen worden sein.[21] Zum anderen muß das Commitment in irreversibler Weise eingegangen werden, wenn die Glaubwürdigkeit der Drohung nicht in Frage gestellt werden soll. Das kann zum Beispiel durch eine vertragliche Bindung gegenüber einem Dritten geschehen, deren Einhaltung notfalls mit Hilfe von Ge-

---

19. Im folgenden können nur in grober Weise einige Ideen der Theorie der Markteintrittsbarrieren umrissen werden. So wird beispielsweise unterstellt, daß der oder die etablierte(n) Wettbewerber eine Präferenz für eine völlige Abschrekkung besitzt (besitzen), obgleich es häufig durchaus vorteilhafter ist, dem Newcomer einen Teil des Marktes zu überlassen. Ein interessanter Ansatz zur Systematisierung der verschiedenen Strategieoptionen findet sich insbesondere bei Fudenberg & Tirole (1984) bzw. Tirole (1988: 305 ff., insb. 323 ff.).
20. Als Beispiel mag hier etwa die Investition in Kapazität dienen; weiter unten wird darauf noch zurückzukommen sein.
21. Für Möglichkeiten der Abweichung von dieser Regel vgl. allerdings Lieberman (1987a: 609 f.) mit der dort angegebenen Literatur.

richten erzwungen werden kann (vgl. relativierend freilich Holler & Illing 1991: 19 f.). Wichtiger aber ist wohl der Fall einer hochgradig spezifizierten Investition, einer Investition also, die nicht durch Umwidmung für einen anderen Zweck oder Verkäufe auf einem Sekundärmarkt (etwa: dem Markt für Gebrauchtmaschinen) in ihren Kostenwirkungen wieder rückgängig gemacht werden kann. Eine solche Investition führt zu "versunkenen" Kosten und zu einer Asymmetrie gegenüber einem potentiellen Konkurrenten: Während dieser die Investitionsentscheidung noch vor sich hat und die damit entstehenden Kosten in seinem Kalkül berücksichtigen muß, hat jener die Investition eben irreversibel hinter sich und muß sie bei zukünftigen Entscheidungen entsprechend auch nicht mehr einrechnen.

Es ist leicht zu sehen, daß die Hervorhebung der Irreversibilität von Entscheidungen eine historische Komponente - den berühmten "Arrow of Time" - in die Analyse einführt (vgl. Kreps & Spence 1985). Was geschehen ist, ist geschehen und muß bei allem Weiteren berücksichtigt werden. Es geht nicht mehr nur um bloße Simulation von Spielsituationen; vielmehr muß tatsächlich *gehandelt*, in die als real wahrgenommene Welt *eingegriffen* werden, um den Commitment-Effekt zu erzielen - eine Einsicht, die das besondere *strategische* Moment der neueren IO-Forschung ausmacht (vgl. dazu auch Lippman & Rumelt 1982). C. Shapiro (1989a: 127) spricht ganz explizit von einer "Theory of Business Strategy" und schreibt (ähnlich wie Caves 1984):

> "By the theory of business strategy I mean the growing collection of models of business rivalry - along many dimensions - in concentrated markets. The emphasis in this literature is on the dynamics of strategic actions and in particular on the role of commitment in strategic settings. ... The timing of strategic decisions and the ability of large firms to make commitments are the key to understanding business strategy."

Shapiro setzt die solchermaßen charakterisierte IO-Forschung deutlich gegen die populär gewordene "Theorie der bestreitbaren Märkte" (Theory of Contestable Markets; Baumol et al. 1982) ab, die nur anwendbar sei, wenn es *keine* Commitments und *keine* "versunkenen Kosten" gebe. Das sei aber ein Spezialfall. In dem Maße, in dem die IO-Forschung sich die empirische Relevanz sichern wolle, müsse sie sich mit einer dynamischen Theorie oligopolistischen Verhaltens beschäftigen, die wesentlich die schon von Schelling (1960) betonte Idee der Selbstbindung in sich aufnehme.

Die Überlegungen von Shapiro machen deutlich, wie allgegenwärtig spezifisch strategische Aspekte in der neueren IO-Forschung sind. Damit verbunden ist nun aber die postulierte Verlagerung des Analyseschwerpunktes auf das einzelne Unternehmen, das durch die Wahl bestimmter Spielzüge Positionen erreicht, die *besser oder schlechter* sein können als die des oder der Konkurrenten. In der Sprache des in Kapitel 2.15 noch zu behandelnden Ressourcenorientierten Ansatzes der Strategischen Unternehmensführung (hier vor allem Aaker 1989) könnte man auch sagen, daß die (asymmetrischen) Spielzüge spezifische "Assets" oder "Skills" begründen, die dann zu supranormalen Gewinne führen, wenn ihr Marktwert niedriger ist als jener Wert, der sich aus der Perspektive des Unternehmens ergibt. So heißt es bei Gilbert (1989: 521 f.) in einer Zwischenzusammenfassung der IO-Theorien zu den Markteintritts- bzw. Mobilitätsbarrieren:[22]

> "Asset specifity is at the heart of Bain's absolute cost advantage and product differentiation barriers to entry. I have argued that absolute advantages need not be a barrier of entry. The owner of a unique asset should value the asset at its opportunity cost, which is determined by the market. If the asset is specific, its opportunity cost is less than its value and there is an absolute (opportunity) cost advantage."

Am Beispiel der *Xerox Corporation* macht Gilbert klar, daß es dabei keineswegs immer nur um einzelne "Assets" geht, sondern um unternehmensspezifische Kombinationen verschiedener "Assets" (Teece [1986a, b] spricht hier von *Complementary* oder gar *Co-Specialized Assets*; siehe unten, Kap. 2.53). Der Wert des Patents zum Bau von Photokopiermaschinen ergebe sich für das Unternehmen erst dadurch, daß es über komplementäre technologische Fähigkeiten, über ein gutes Marketing und/oder über eine Reputation für gute Serviceleistungen verfüge, über Eigenschaften also, die (einzeln oder in ihrer Gesamtheit) von anderen Unternehmen nicht ohne weiteres imitiert werden können.

Die hier gegebenen Hinweise können als Indikator dafür genommen werden, daß die von Bain in die Diskussion gebrachten Kategorien und Gewichtungen einer Revision bedürfen. Wie in Kapitel 2.11 herausgearbeitet, hatte Bain (1956) die absoluten Kostenvorteile eines etablierten Anbieters als die vergleichsweise unbedeutendste Quelle von Eintrittsbarrieren angesehen und statt dessen die Economies of Scale, die Kapitalintensität und vor allem die Produktdifferenzierung hervorgehoben. Offenbar sind es aber gerade die *absoluten Kostenvorteile*, die einiger Aufmerksamkeit bedürfen. Darüber hinaus muß festgestellt werden, daß die Grenzen insbesondere zwischen "absoluten Kostenvorteilen" und "Differenzierungsvorteilen" nicht immer problemlos aufrechterhalten werden kön-

---

22. Das Konzept der *Markteintrittsbarrieren* bezieht sich bekanntlich auf *Branchen* und das Konzept der *Mobilitätsbarrieren* (Caves & Porter 1977) auf *strategische Gruppen* innerhalb dieser Branchen. Es bedarf dann aber nur eines kleinen weiteren Schrittes, um auch die Ebene des einzelnen Unternehmens erfassen zu können (Rumelt 1984: 567, McGee & Thomas 1986c: 153 f.). Die im Text geführte Diskussion stellt insofern also sehr deutlich auch auf die *Unterschiedlichkeit von Unternehmungen* ab (vgl. auch Caves & Ghemawat 1992).

nen, geht es doch in beiden Fällen darum, daß das Unternehmen in spezifische "Assets" investiert und dabei irreversible Commitments eingeht. Kreps und Spence (1985) sowie Shapiro (1989a) unterscheiden vor diesem Hintergrund eher zwischen "tangiblen" und "intangiblen" Grundlagen des Erfolges ("Assets").

Investitionen in *tangible* Grundlagen des Erfolges betreffen natürlich in erster Linie das physische Anlagevermögen, das heißt genauer: die Erhöhung der *Kapazität*. Die bekanntesten Modelle stammen hier von M. Spence (1977, 1979) und A. Dixit (1979, 1980). Die Grundidee besteht einfach darin, daß ein etablierter Anbieter mit zusätzlichen Kapazitäten im Falle des Eintritts eines Neulings die Produktion erhöhen und auf diese Weise Economies of Scale realisieren kann. Der etablierte Anbieter ist damit, so die Argumentation, in der Lage, eine Preispolitik zu fahren, die der Neuling nicht ohne weiteres durchhalten kann. Die Drohung der Preissenkung ist durch die nicht mehr rückgängig zu machende Kapazitätserweiterung glaubwürdig geworden. Allerdings stellt sich die Frage, ob es sich nur noch um eine *Drohung* handelt, die erst bei Markteintritt realisiert wird, oder ob nicht schon *a priori* die Produktion erhöht und die Preise gesenkt werden. Dixit hat gezeigt, daß im Falle einer konkaven Nachfragekurve eine zum Zwecke der Abschreckung aufgebaute zusätzliche Kapazität durch den gewinnmaximierenden Monopolisten auch tatsächlich genutzt wird. Eine echte Überschußkapazität wird nur dann gehalten, wenn die Nachfragekurve so konvex ist, daß die Reaktionsfunktionen nach rechts oben zeigen (vgl. Bulow et al. 1985).

In Anbetracht der weitgehenden Beachtung, die die Abschreckung via Investition in tangible "Assets" in der theoretischen Literatur gefunden hat, kann man natürlich auch auf die empirischen Ergebnisse gespannt sein. Die bisher vorgelegten (nicht sehr zahlreichen) Untersuchungen zeigen, daß es sich hier *nicht* um einen als geeignet wahrgenommenen Weg handelt, den Eintritt in bestehende Märkte zu verhindern. Lieberman (1987a) zeigt anhand von Daten aus der chemischen Industrie, daß (a) Überkapazitäten eher aus nicht-strategischen Gründen (zum Beispiel: zum Abfangen von saisonal auftauchenden Spitzenauslastungen) aufgebaut werden, und (b) die "kritische Schwelle" für eine Investition in zusätzliche Kapazität bei Etablierten und bei Newcomern weitgehend ähnliche Ausprägungen besitzt. Smiley (1988) hat über Befragungen ebenfalls herausgefunden, daß der Aufbau von (Über-)Kapazitäten im Vergleich insbesondere zu den verschiedenen Möglichkeiten der Produktdifferenzierung eine recht geringe Rolle spielt. Wichtige Faktoren sind - einmal mehr (vgl. oben, Kap. 2.11) - vor allem die Forschungsintensität und die Werbung, Faktoren, die eng mit dem Aufbau von *Reputation* zusammenhängen.

Der Aufbau von Reputation kann als eine (irreversible, "strategische") Investition in *intangible* "Assets" aufgefaßt werden. "Reputation" muß dabei freilich nicht nur auf die Produktqualität bezogen werden (vgl. die Überblicke bei Weigelt & Camerer 1988, Kreps 1990c sowie Hall 1992). Milgrom und Roberts (1982b) sowie Kreps und Wilson (1982) haben sich mit der Frage auseinandergesetzt, inwieweit etablierte Anbieter eine "Reputation of Toughness" aufbauen können, die Newcomer daran hindert, den Markteintritt zu vollziehen. Aggressive Vergeltungsmaßnahmen müssen sich demnach nicht unbedingt im Hinblick auf eine einmalige Bedrohung auszahlen, sondern können als "Exemplars" für eine Mehrzahl von vergleichbaren Fällen dienen. Auch hier spielt die Unsicherheit eine tragende Rolle; hier allerdings nicht die des Käufers, sondern die des (potentiellen) Konkurrenten. Es wird angenommen, daß der Newcomer die Verhaltensregeln, denen der etablierte Anbieter folgt, nicht genau kennt. Eine Prognose der Reaktion auf einen Markteintritt ist deshalb nicht ohne weiteres möglich. Eine Schließung der Informationslücke kann nur gelingen, wenn der Newcomer das Verhalten *in der Vergangenheit* beobachtet und daraus Schlüsse für die Zukunft zieht. Und das bedeutet aus dem Blickwinkel der Etablierten eben: Wer sich eine "Reputation of Toughness" aufgebaut hat, der kann berechtigte Hoffnungen haben, daß potentielle Neueinsteiger am Ende von ihrem Vorhaben doch lieber absehen und somit auch weiterhin Monopolgewinne realisiert werden können.

2.13 Industrial Organization und Spieltheorie

Die vorstehenden Ausführungen sollten deutlich machen, daß die neuere Industrieökonomik ihren Analyseschwerpunkt verlagert hat - von der Branchenebene zur Ebene des einzelnen Unternehmens. Diese Schwerpunktverlagerung gibt der Industrieökonomik unmittelbare Relevanz auch für eine Theorie der strategischen Unternehmensführung, für die eine solche Perspektive konstitutiv ist. Sie bedeutet allerdings nicht, daß nunmehr das Unternehmen als unabhängig von seiner Umwelt betrachtet wird; es bleibt vielmehr eingebettet in eine Wettbewerbssituation, in der die beteiligten Aktoren durch strategisches Handeln ihren jeweiligen "Pay Off" zu maximieren versuchen. Weigelt und MacMillan (1988) sprechen deshalb von einem "Interactive Strategic Analysis Framework", der jene Theorie, die für die Analyse von Situationen interdependenten Handelns besonders geeignet zu sein scheint, auch für das Strategische Management fruchtbar machen soll: die Spieltheorie.[23] Diese Theorie ist nun allerdings nichts ande-

23. Die Aktualität des Themas "Spieltheorie" im Strategischen Management wird durch eine Vielzahl weiterer Beiträge belegt. Vgl. insb. die programmatischen

res als das formale Instrumentarium, auf dem auch die "neue" Industrieökonomik wesentlich beruht.[24] In den Worten von Fudenberg und Tirole (1987: 176):

> "Game theory has had a deep impact on the theory of industrial organization, in a similar (but less controversial) way as the rational expectations revolution in macroeconomics. The reason it has been embraced by a majority of researchers in the field is that it imposes some discipline on theoretical thinking. It forces economists to clearly specify the strategic variables, their timing, and the information structure faced by firms. As is often the case in economics, the researcher learns as much from constructing the model (the 'extensive form') as from solving it because in constructing the model one is led to examine its realism. (Is the timing of entry plausible? Which variables are costly to change in the short run? Can firms observe their rivals' prices, capacities, or technologies in the industry under consideration? Etc.)"

Vier Aspekte, die auch für eine Theorie der strategischen Unternehmensführung von Bedeutung sind, sollen im folgenden kurz angesprochen werden (eine ausführliche Darstellung findet sich in zu Knyphausen 1993d).

(1) Die Spieltheorie kann nach unterschiedlichen Kriterien segmentiert werden. Bekannt sind beispielsweise die Aufteilungen nach der Zahl der Spieler (Zwei- versus N-Personenspiele) und nach der Variabilität der gesammelten Auszahlungen (Konstant- versus Variabelsummenspiele). Die im vorliegenden Zusammenhang erste wichtige Unterscheidung ist aber die zwischen kooperativen und nicht-kooperativen Spielen bzw. der darauf bezogenen Theorien. Diese Unterscheidung hat allerdings nichts mit der Konflikthaltigkeit zu tun (Rasmusen 1989: 30), sondern mit der Frage, ob bindende Vereinbarungen getroffen werden können oder nicht (vgl. Holler & Illing 1991: 183 ff.). Um *kooperative* Spiele handelt es sich dann, wenn die Möglichkeit besteht, Abmachungen zwischen den Spielern exogen durchzusetzen (etwa durch Zuhilfenahme des Rechtssystems). Bei *nicht-kooperativen* Spielen können die Spieler zwar kommunizieren und sich vielleicht auch auf eine bestimmte Strategiekombination (im Falle des Gefangenen-Dilemmas etwa auf ein beidseitiges Schweigen) verständigen; es gibt aber keine Gewähr dafür, daß die vereinbarten Strategien dann auch tatsächlich gewählt werden, kann doch ein jeder Spieler durch Abweichen seinen individuel-

---

Arbeiten von G. Saloner, C. Camerer und S. Postrel im *Special Issue* des *Strategic Management Journal*, Winter 1991, darüber hinaus aber auch Weigelt & Camerer (1988) sowie, sehr früh schon, Dutta & King (1980) und Porter (1980: 88 ff.) (!).

24. Die IO-Forschung ist keineswegs die einzige Disziplin, die das Potential der Spieltheorie erkannt hat. Anwendungsfelder finden sich z. B. in der Soziologie (Ryll 1989) und in der Politikwissenschaft (Ordeshook 1986, Scharpf 1989), in der Evolutionsbiologie (Maynard Smith 1982) und in der Konflikttheorie (Schelling 1960). Einen knappen Überblick über weitere Anwendungsfelder in den Wirtschaftswissenschaften gibt Roth (1991).

len Nutzen erhöhen. Nicht-bindende Vereinbarungen sind deshalb letztlich bedeutungslos. In nicht-kooperativen Spielen sind nur bindende *Selbst*verpflichtungen (*Commitments*) möglich, aber eben keine bilateralen Verträge (vgl. etwa Friedman 1986: 12). Es sind diese Spiele, die im Bereich der neuen Industrieökonomik eine besondere Bedeutung besitzen (vgl. Fudenberg & Tirole 1989).

Die Theorie der nicht-kooperativen Spiele kann in einem ersten Zugriff in sechs Felder unterteilt werden, die nach zwei Dimensionen geordnet sind, den Informationsannahmen einerseits und der Zeitstruktur andererseits (Abb. 5). Die Betrachtung der Informationsannahmen ist dabei sicherlich von besonderem Interesse, drücken sich hierin doch die enormen Fortschritte aus, die die Spieltheorie in den letzten Jahren gemacht hat. Ursprünglich galten nur die Spiele mit *vollständiger* Information als lösbar, Spiele also, in denen allen beteiligten Spielern (und dem Theoretiker!) die *Struktur* des Spieles - das heißt insbesondere die Eigenschaften und die Einschätzungen (Beliefs) der (Mit-)Spieler - bekannt ist. Das schloß auch Spiele mit *imperfekter* Information mit ein, in denen die Spieler nicht wissen, welche Spielzüge die anderen Spieler zuvor gemacht haben. Spiele mit unvollständiger Information galten demgegenüber als prinzipiell nicht lösbar (vgl. Roberts 1987: 161), ein Umstand, der auch aus der Perspektive der Strategischen Unternehmensführung nicht sehr attraktiv zu sein scheint, wird doch die Wettbewerbsposition eines Unternehmens offenbar wesentlich durch "Private Information" bestimmt, durch ein Wissen, das von der Konkurrenz nicht ohne weiteres reproduziert werden kann (vgl. dazu noch unten, Kap. 2.15). J. Harsanyi (1967/68) hat aber gezeigt, daß sich Spiele mit unvollständiger Information auf solche mit unvollkommener Information zurückführen lassen, indem in das ursprüngliche Spiel eine Art "Dummy-Spieler" ("Nature") eingeführt wird, der die Charakteristika der Spieler (ihren "Typ") bzw. die Regeln des Spieles auswählt, ohne daß die anderen Spieler diesen Spielzug beobachten können. Beobachten können sie nur die Auswahl des eigenen Typs. Darüber hinaus besitzen die Spieler allerdings eine (je gleiche) Wahrscheinlichkeitsverteilung über die Menge der Typen der Spieler bzw. der Spielregeln, aus der die "Natur" ihre Auswahl trifft. Harsanyi zeigt, daß es unter dieser Annahme möglich ist, Gleichgewichte zu berechnen, die als Lösungen solcher ("Bayesschen") Spiele angesehen werden können (vgl. zur Diskussion etwa Holler & Illing 1991: 81 ff., Fudenberg & Tirole 1989: 296 ff.).

Wenn man diesen Ansatz - wie in der Spieltheorie heute allgemein üblich - akzeptiert, dann liegt es nahe zu vermuten, daß eine Vielzahl von Spielmodellierungen durchaus Relevanz für die Strategische Unternehmensführung besitzen können. Freilich dürfte es sich hier weniger um die statischen "One Shot"-Spiele handeln, sondern eher um die wiederholten und noch mehr um die "dynami-

	"One-Shot Games"	Wiederholungsspiele	Dynamische Spiele
vollständige Information	Entspricht einfachen Entscheidungssituationen vom Typ des Gefangenendilemmas. B: Cournot-Oligopol (Grundvariante) Q: Es werden *keine Commitments* eingegangen; die getroffene Entscheidung kann jederzeit rückgängig gemacht werden. **Feld 1**	Das einzelne Spiel wird begrenzt oder unbegrenzt oft wiederholt. B: Cournot-Oligopol (mod. Variante) Q: Es werden wiederum keine Commitments eingegangen. Durch etwaige "Strafaktionen" können aber einzelne Spieler dazu motiviert werden, sich kooperative zu verhalten, auch wenn dies *kurzfristig* nicht dem Gewinnmaximum entspricht. **Feld 2**	Es werden nicht voneinander unabhängige Spiel wiederholt; vielmehr sind die einzelnen Teilspiele systematisch verbunden. B: Spiele, bei denen in Periode 1 in den Aufbau von Kapazität investiert wird. Q: Die Spielzüge in Periode 1 verändern die Umwelt in Periode 2 in nicht-reversibler Weise (*Commitment*-Effekt!). Damit wird auch das *Timing* der Spielzüge relevant (-> First/Follower-Problematik; siehe unten, Kap. 2.52) **Feld 3**
unvollständige Information	**Feld 4** Wie Feld (1), nur verfügen jetzt die Spieler (symmetrisch oder asymmetrisch) über "private" Information. Als Beispiel kann wiederum eine mod. Variante des Cournot-Oligopols herangezogen werden. B = Beispiel, Q= Qualifizierung	**Feld 5** Wie Feld (2), nur unter der Annahme von "Private Information" (symmetrisch oder asymmetrisch) B: Modell von Green & Porter (1984); Ausgangspunkt ist ein infinites Wiederholungsspiel vom Cournot-Typ, in dem die Spieler nur den Marktpreis, nicht aber den Output des Konkurrenten beobachten können. Die Gleichgewichtsstrategie besteht darin, sich erst nicht-kooperativ zu verhalten, wenn bestimmte "Triggerpreise" unterschritten sind. Spätere Rückkehr zur Kooperation möglich.	**Feld 6** Wie Feld (3), aber unter der Annahme von "Private Information" (symmetrisch oder asymmetrisch). B: Modell von Milgrom & Roberts (1982a), bei dem der Preis als Kostensignal des Monopolisten interpretiert wird, das die zunächst vorhandenen Informationsdefizite eines potentiellen Newcomers über die Profitabilität eines Markteintritts beheben und diesen von einem Eintritt abschrecken soll. Q: Die hier relevanten Modelle ermöglichen es, die strategische Rolle der Information (Bluff, gezielte Fehlinformation etc.) zu thematisieren, auf die z. B. Porter (1980: 75 ff.) hingewiesen hat.

Abb. 5: Teilbereiche der nicht-kooperativen Spieltheorie und ihre Relevanz für die Strategische Unternehmungsführung

schen" Spiele, in denen die Spieler statt auf kurzfristige Optimierung auf längerfristigen Erfolg setzen und dabei in spezifischer Weise auf die jeweiligen Spielzüge der anderen Aktoren reagieren. In Abbildung 5 sind die zunehmenden Relevanzvermutungen durch eine entsprechende Schattierung angedeutet.

(2) Auch wenn die Spieltheorie heute viele Ansätze einer Berücksichtigung der Unvollkommenheit und Unvollständigkeit der Information berücksichtigt, kann man einwenden, daß sie immer noch weitgehende Rationalitätsvoraussetzungen macht, die für eine "realistische" Theorie der strategischen Unternehmensführung nicht akzeptabel sind (vgl. hierzu die Neoklassik-Kritik von Teece 1990: 48 ff.). Ihren Niederschlag finden diese Rationalitätsvoraussetzungen in der sogenannten "Common Knowledge Assumption",[25] in der Annahme, daß Spieler A rationale Erwartungen über die Einschätzungen und Handlungsweisen von Spieler B bildet, der seinerseits rationale Erwartungen über die Einschätzungen und Handlungsweisen von Spieler A bildet, usw. (vgl. Schelling: 1960: 87).[26] Etwas genauer kann man diese Annahme in der folgenden Weise aufschlüsseln (Sudgen 1991: 767):

> "1. The mathematical description of the game is common knowledge.
> 2. Each player is rational in the sense of expected utility theory, treating the strategies that his opponent might choose as events in the Savage sense; and this is common knowledge.
> 3. Every logical or mathematical theorem that can be proved about the game is common knowledge."

Natürlich wird auch in der Spieltheorie die Problematik dieser Annahme(n) diskutiert. Drei Lösungsansätze zeichnen sich ab (vgl. Kreps 1990b: 154 f.). Der erste Ansatz setzt auf Modelle, in denen sich die Spieler von relativ einfachen

---

25. Aumann (1987: 473) beschreibt den Stellenwert dieser Annahme wie folgt: "The common knowledge assumption underlies all of game theory and much of economic theory. Whatever be the model under discussion, whether complete or incomplete information, consistent or inconsistent, repeated or one-shot, the model itself must be common knowledge; otherwise the model is insufficiently specified, and the analysis incoherent." Camerer (1991: 141 f.) versucht demgegenüber zu zeigen, daß in vielen Modellen der Spieltheorie keineswegs von einer oder mehreren *Common Knowledge*-Annahmen, sondern eher von schwächeren *Mutual Knowledge*-Annahmen Gebrauch gemacht wird, um die Gleichgewichtslösungen zu rechtfertigen. Die Literatur hat diesen Aufweis allerdings noch nicht weiter diskutiert.
26. Die für die Spieltheorie so zentrale Idee des *Nash-Gleichgewichtes* baut unmittelbar auf dieser Annahme auf, wird doch eine Strategiekombination in einem Spiel dann als stabile Lösung angesehen, wenn die Gleichgewichtsstrategie eines jeden Spielers seinen Erwartungsnutzen unter der Annahme maximiert, daß auch alle anderen Spieler ihre Gleichgewichtsstrategie spielen (vgl. etwa Holler & Illing 1991: 11).

Daumenregeln leiten lassen (vgl. Milgrom & Roberts 1982a, Kreps et al. 1982) oder angenommen wird, daß die Strategien durch Turing-Maschinen bzw. finite Automaten errechnet werden (vgl. etwa Abreu & Rubinstein 1988, Kalai & Stanford 1988). Die Rationalitätsunterstellungen sind hier allerdings nach wie vor anspruchsvoll, zum Beispiel weil die finiten Automaten von Aktoren ausgewählt werden, die die üblichen, weitgehenden Kalkulationen und Voraussagen vornehmen (vgl. Milgrom & Roberts 1987: 189). Der zweite Ansatz setzt eher auf Evolution und Lernen; die Spieltheorie wird eingebettet in einer Theorie der Institutionen, die die rationalitätsfördernden Einflüsse der Umwelt beschreibt (vgl. hierzu Scharpf 1989: 39 ff.). Der dritte Ansatz schließlich endogenisiert die Idee des Lernens; gesucht wird nach einer "Game Learning Theory" (Selten 1985: 82 ff.), bei der die in einer Runde gesammelten Erfahrungen der Aktoren sich auf die Spielweise in der nächsten Runde auswirken. Kreps (1990b: 156 ff.) beschreibt hierzu eine Vielzahl von Modellen, in denen diese Idee realisiert werden soll.

Die hier beschriebenen Ansätze können, wenn man sie weiter ausbaut, sicherlich dazu beitragen, die Spieltheorie und die darauf aufbauende IO-Forschung ein Stück weit "realistischer" zu machen und damit auch ihre Attraktivität für die Theorie der strategischen Unternehmensführung weiter zu erhöhen. Freilich muß darauf hingewiesen werden, daß eine solche Theorie nach herrschender Meinung nicht nur deskriptive, sondern auch normative Funktionen zu erfüllen hat (vgl. dazu auch noch einmal oben, Kap. 1.1). Die Spieltheorie könnte dann einfach (mit Luce & Raiffa 1957: 63 oder Harsanyi 1977: 16) als eine normative Theorie begriffen werden, die sich von der Kritik an den überzogenen Rationalitätsannahmen nicht beeindrucken lassen muß. Kadane und Larkey (1982a, b, 1983) haben allerdings argumentiert, daß die Spieltheorie es sich hier auch nicht zu einfach machen darf. Gerade sie sei nämlich durch eine "Konfusion von Sein und Sollen" gekennzeichnet, weil man von einer objektiven Wahrscheinlichkeitskonzeption ausgehe, die die Einschätzungen der Spieler alle über den gleichen Kamm - den Kamm des Theoretikers - schert; nur auf dieser Grundlage ließen sich die verschiedenen Gleichgewichtslösungen errechnen. Kadane und Larkey wollen demgegenüber von einer subjektiven Wahrscheinlichkeitskonzeption ausgehen, die an der Binnenperspektive der einzelnen Spieler ansetzt bzw. sich das deskriptive Wissen insbesondere der Psychologie zu nutze macht, um auf diese Weise dann Modelle entwickeln zu können, die sowohl deskriptive als auch präskriptive Aufgaben erfüllen können (vgl. ähnlich Camerer 1991: 148). Ein Nachweis der Fruchtbarkeit dieses Ansatzes ist jedoch bislang ausgeblieben (vgl. hierzu die Argumente von Harsanyi 1982).

(3) Es ist schon mehrfach angedeutet worden, daß die Spieltheorie wesentlich auf bestimmten Gleichgewichtskonzepten - insbesondere der Idee des *Nash-Gleichgewichtes* - aufbaut; nur auf einer solchen Grundlage sind theoretische Verhaltensprognosen möglich (vgl. Milgrom & Roberts 1987: 187). Damit entsteht allerdings eine Reihe von Fragestellungen: Gibt es in allen Spielen solche Gleichgewichtslösungen? Wie sehen diese Gleichgewichtslösungen aus? Sind sie plausibel? Ist es möglich, daß mehrere Gleichgewichtslösungen existieren, die die Eindeutigkeit der Prognose konterkarieren?

Die Spieltheorie hat sich mit all diesen Fragestellungen intensiv beschäftigt. So existieren verschiedene Beweise dafür, daß für einzelne Klassen von Spielen unter angebbaren Bedingungen Gleichgewichtslösungen existieren (vgl. zum Überblick Fudenberg & Tirole 1989: 269 ff.). Dabei sind allerdings auch Gleichgewichte *in gemischten Strategien* zugelassen, Gleichgewichte, die dadurch entstehen, daß bei nicht-eindeutiger Determiniertheit der Strategiewahl eines Spielers ein Zufallsmechanismus die Entscheidung herbeiführt (vgl. Holler & Illing 1991: 70 ff.). Diese Idee ist immer schon Gegenstand der Kritik gewesen, nicht zuletzt deshalb, weil man sich kaum vorstellen kann, daß in ökonomischen Entscheidungssituationen, in denen möglicherweise "viel Geld im Spiel" ist, die Aktoren ihre Handlungen vom Ergebnis eines Münzwurfes oder anderer Zufallsmechanismen abhängig machen (vgl. Aumann 1987: 477, für ein Gegenbeispiel aber auch Rubinstein 1991: 913). Harsanyi (1973) hat in dieser Situation vorgeschlagen, Gleichgewichte in gemischten Strategien bei einem Spiel mit vollständiger Information in Gleichgewichte in reinen Strategien bei einem Spiel mit unvollständiger Information umzuinterpretieren. Jeder Spieler besitzt private Information über den wahren Wert seiner Payoff-Funktion, während alle anderen Spieler ebenso wie der Theoretiker (der Modellkonstrukteur) nur den Durchschnittswert kennen. Der Spieler wird dann sehr wohl über eine Motivation verfügen, eine ganz bestimmte Gleichgewichtsstrategie zu wählen, während es für alle Anderen so aussieht, *als ob* dieser Spieler randomisieren würde. Die Randomisierung ist nichts anderes als eine Hilfskonstruktion, die für die Spieler selbst keinerlei Bedeutung besitzt.

"The beauty of this model is that it rings so true. No game can really be of complete information; there are always nuances in tastes and whims of the other players of which we cannot be aware" (Aumann 1985: 44). Das Problem besteht aber darin, daß das prognostizierte Gleichgewicht von modellexogenen Faktoren abhängig und darum in hohem Maße fragil ist: "If the manager's behavior is determined by the type of breakfast he eats, than factors outside the scope of the model, such as the change in diet or the price of eggs, may change the frequency with which the players choose their actions, thus inducing changes in the belief of other players and causing instability" (Rubinstein 1991: 914). Für die Industrial Organization-Forschung muß dieser Befund besonders alarmierend sein, war doch genau dies die Kritik gewesen, die in ihren Anfängen an der informalen Fallstudienforschung geübt worden ist: daß man am Ende nämlich untersuchen müsse, "what Messrs. Ford and Firestone dreamed in the night preceding the morning of their big tire deal" (Mason 1939: 190).[27]

Besonders intensiv wird in der Spieltheorie das Problem der *multiplen* Gleichgewichte diskutiert. Dieses Problem tritt schon bei den statischen, mehr aber noch bei den Wiederholungs- und bei den dynamischen Spielen auf. Bei den Wiederholungsspielen greifen, je nach Ausprägung, bestimmte Varianten des "Folk-Theorems", demzufolge "beinahe jede" (individuell-rationale) Gleichgewichtslösung zulässig ist, sofern die Spieler nur hinreichend geduldig sind, zukünftige Erträge also nicht oder nur wenig abdiskontiert werden (vgl. Fudenberg & Tirole 1989: 279). Die dynamischen Spiele sind vor allem unter der Bedingung unvollständiger Information für eine Vielzahl von Gleichgewichtslösungen anfällig, abgesehen davon, daß hier, wie vorhin kurz angedeutet, die berechneten Lösungen sehr sensibel auf Veränderungen der Informationsannahmen reagieren, und schon von daher kaum verläßliche Prognosen erwartet werden können.

Es liegt nahe, das Problem der Multiplizität von Gleichgewichten dadurch anzugehen, daß man das zugrundeliegende Gleichgewichtskonzept über die Nash-Lösung hinaus verschärft. Die vorgeschlagenen Ansätze sind allerdings durchweg nicht sehr befriedigend, weil sie entweder an Spezialfällen orientiert sind[28] oder mit Ad hoc-Hypothesen arbeiten (Holler & Illing 1991: 134 f.). Ein etwas anderes Vorgehen wählen Kohlberg und Mertens (1986) mit ihrem Konzept des *stabilen* Gleichgewichts: Hier wird eine Reihe von *allgemeinen* Forderungen (im Sinne von mathematischen Axiomen) aufgestellt, die jede Lösung erfüllen sollte. Es hat sich gezeigt, daß damit alle Lösungen ausgeschlossen werden, die auch die eher ad hoc vorgehenden Konzepte eliminieren. Die Erforschung der weiteren Implikationen dieses Ansatzes ist aber sicher noch nicht abgeschlossen. Auch die Gleichgewichtsauswahl-Theorie von Harsanyi und Selten (1988) definiert eine Reihe von Eigenschaften, die eine Lösung erfüllen sollte. Die strenge *Hierarchisierung* dieser Eigenschaften soll widersprüchliche Aussagen eliminie-

27. In der Tat gibt es in der neuen Industrieökonomik einen Trend "zurück zur Fallstudienforschung", ein Trend, der jenseits der im Text zitierten ironischen Kommentierungen auch positiv beurteilt werden kann und gut zu den einschlägigen Diskussionen im Bereich des Strategischen Managements paßt. Vgl. dazu ausführlicher unten, Kap. 2.6.
28. Dies gilt insbesondere für die statischen Spiele, wo die vorgeschlagenen Lösungskonzepte ("Trembling Hand-perfektes Gleichgewicht", "properes Gleichgewicht" etc.) nur angewendet werden können, wenn die verschiedenen Strategien für einen Spieler die gleichen Auszahlungen erbringen.

ren und dafür sorgen, daß am Ende wirklich nur noch *eine* Lösung übrigbleibt. Nach Holler und Illing (1991: 138) handelt es sich dabei aber wiederum um recht umstrittene Ad hoc-Hypothesen, die einmal mehr nicht zu den weitgesteckten Ansprüchen der Spieltheorie passen dürften. Freilich ist der Forschungsstand auch hier noch nicht so weit gediehen, daß ein abgewogenes Urteil gefällt werden kann.

(4) Die zuletzt genannten Probleme sind für die neuere Industrieökonomik zweifellos einigermaßen beunruhigend, wird hier doch der Anspruch erhoben, dem "Loose Reasoning" der älteren Forschung ein Ende zu machen. Auf der Grundlage der Spieltheorie ist es offenbar nicht möglich, "strenge" Theorieaussagen dazu zu generieren, was sein *wird* oder sein *soll*; möglich sind nur *Kann*-Aussagen (vgl. Dasgupta 1989: 822). Aus dem Blickwinkel der Theorie der strategischen Unternehmensführung muß diese Einsicht allerdings *nicht* unbedingt störend sein. So hat zum Beispiel Kirsch (1990: 429 ff.) darauf hingewiesen, daß es wesentlich ein "Denken *in möglichen Welten*" ist, das die "Logik des strategischen Argumentierens" ausmacht. Aber auch G. Saloner (1991: 126 ff.) hat sich, aus der spieltheoretischen IO-Tradition kommend, dafür eingesetzt, die hier verwendeten Modelle nicht allzu wörtlich zu nehmen, sondern sie als Instrumente zu nehmen, mit dem einzelne, strategisch relevante Aspekte durchgespielt werden können, um das Denken zu schärfen und auf dieser Grundlage schrittweise die Strategie zu entwickeln, die man in Zukunft fahren möchte.

Bei diesen Formulierungen muß, das sei abschließend hier erwähnt, beachtet werden, daß der Strategiebegriff der Spieltheorie und der Strategiebegriff, der im Bereich des Strategischen Managements verwendet wird, nicht deckungsgleich sind (vgl. Camerer 1991: 139, Fn. 5). Für die Spieltheorie definieren Holler und Illing (1991: 34) den Strategiebegriff wie folgt:

> "Eine Strategie besteht aus der Planung einer bestimmten Folge von Spielzügen (von Handlungen), wobei in dem Plan für jeden Entscheidungsknoten spezifiziert ist, welche Handlung je nach den vorausgegangenen Zügen der Mitspieler und der eigenen Züge ausgeführt werden soll. Die Strategie liefert also eine vollständige Beschreibung, welche Handlungen der Spieler auszuführen plant, und zwar für jedes Entscheidungsproblem, vor dem er im Verlauf des Spiels (vom Anfang bis zum Ende) steht. Dabei ... [wird unterstellt], daß der Spieler für alle Eventualitäten Pläne macht - d. h. auch für Situationen, von denen er gar nicht erwartet, daß sie im Spielverlauf eintreten." (ohne Hervorh.)

Aus der Perspektive des Strategischen Managements wird man gegenüber einer solchen Definition darauf hinweisen, daß angesichts der Komplexität von System/Umwelt-Konstellationen Strategien Handlungspläne nicht in deterministischer Weise festlegen können, sondern eher eine Art Heuristik darstellen, mit deren Hilfe in konkreten Situationen Handlungen generiert werden können. Schoemaker (1990: 1183 f.) formuliert diese Überlegung in der folgenden Weise:

> "In simple words (or models) the traditional economic view seems powerful and appropriate. When playing tic-tac-toe or blackjack, it is probably wasteful to expend many resources on trying to outperform competitors. Imitation (i. e. staying current) is presumably the best strategy. However, in a game like chess (or real life), optimal strategies appear not to be derivable (...). The best experts can do is develop and test *heuristics*, i. e. simplified and approximate rules of thumb (...). When situations can be optimized (i. e. analytically proved), the strategy question largely vanishes and just tactical challenges remain (like end games in chess). Only in the presence of partly analyzable complexity does the strategy question become interesting und potentially profitable."

Ähnlich umschreibt auch Marthur (1986) eine Strategie als ein "Framing [of] Business Intentions". Damit ist dann auch ein *visionärer* Aspekt verbunden: Das Setzen von Strategien dürfe nicht zu einer mehr oder weniger mechanistischen "Programmierung" von nachfolgenden Entscheidungen verkommen, sondern sollte auch ein unternehmerisches Element beinhalten; erst wenn dies der Fall sei, ließe sich von einem "Strategischen Management" - und nicht etwa nur von einer "strategischen Planung"[29] - im engeren Sinne sprechen. Über die spieltheoretische Verwendung des Strategiebegriffs geht dies offenkundig hinaus.

2.14 Alternative Theorievarianten: Der Ansatz von J. Sutton und die Transaktionskostentheorie

Der Vorschlag, die spieltheoretischen Modellierungen der Industrial Organization-Forschung nicht zu ernst zu nehmen und eher auf ihre metaphorische, das strategische Denken unterstützende Kraft zu setzen, ist vermutlich nicht für alle Beobachter des State of the Art der Theoriebildung akzeptabel. Es liegt deshalb nahe, auch nach alternativen Theorievarianten Ausschau zu halten, die die Schwachstellen der neuen Industrieökonomik auf anderem Wege überwinden wollen. Zwei solche Theorievarianten sollen hier betrachtet werden: der Ansatz von J. Sutton (1991) (1) und die Transaktionskostentheorie (2).

29. Vgl. hierzu auch die einschlägige Kennzeichnung von Mintzberg (1989: 77): "Planning is not a means to create strategy but one to operationalize strategies already created by other means."

(1) In der industrieökonomischen Literatur gibt es eine Reihe von Stimmen, die angesichts der Probleme des spieltheoretischen Ansatzes eine Rückwendung zu einer orthodoxen IO-Forschung à la Bain fordern, um auf diese Weise robustere Forschungshypothesen zu generieren (vgl. z. B. Fisher 1989, Scherer & Ross 1990 [Vorwort], Scherer 1992: 21 ff.). Die vielbeachtete[30] Arbeit von J. Sutton (1991) formuliert unter zweierlei Aspekten eine Kompromißposition. Zum einen zeigt sie, daß auch mit spieltheoretischem Instrumentarium sich robuste Hypothesen ableiten lassen, selbst wenn diese nur auf einem relativ allgemeinen Niveau formuliert werden können. Zum anderen werden Industrien, bei denen *exogen* bestimmte *Sunk Costs* die Wettbewerbsstruktur bestimmen, von solchen Industrien unterschieden, bei denen *endogen* bestimmte *Sunk Costs* die entscheidende Rolle spielen (bei den ersteren geht es im wesentlichen um *Economies of Scale*, bei den letzteren um durch Werbung oder Forschung & Entwicklung induzierte *Differenzierungsvorteile*). Die in den Kapiteln 2.11 und 2.12 unterschiedenen Perspektiven werden damit offenbar relativiert: In manchen Industrien scheint der strukturalistische Ansatz von Bain durchaus Sinn zu machen, während in anderen Industrien die Mikroperspektive der neuen Industrieökonomik angemessener ist.

Ausgangspunkt von Suttons Analyse ist der oftmals postulierte negative Zusammenhang von Anbieterkonzentration und Marktgröße: Eine Vergrößerung des Marktes hebt die Profitabilität für die etablierten Anbieter; das aber zieht neue Anbieter an, mit der Folge, daß die Konzentrationsrate sinkt. Mit Hilfe eines (sehr allgemein gehaltenen) spieltheoretischen Modells, bei dem auf Stufe 1 investiert wird und auf Stufe 2 in diesem Rahmen operative Preis/Mengen-Entscheidungen getroffen werden (die Investments der Stufe 1 stellen in Stufe 2 versunkene Kosten dar), läßt sich aber zeigen, daß ein eindeutiges Marktgleichgewicht nur dann gegeben ist, wenn (a) die Höhe der sinnvoller Weise vorzunehmenden Investitionen für alle Firmen die gleiche ist (dies ist dort der Fall, wo technologisch, also extern bestimmte Economies of Scale relevant sind), und (b) ein homogenes Produkt angeboten wird. Der Zusammenhang zwischen Anbieterkonzentration und Marktgröße stellt sich in diesem Fall dar wie in Abbildung 6-1; die nach rechts unten gehende Kurve bringt zum Ausdruck, daß in "großen" Märkten Economies of Scale normalerweise *keine* wirksame "Barrier of Entry" darstellen. Bei differenziertem Produktangebot ergibt sich demgegenüber eine Vielzahl von Gleichgewichten; die Theorie kann jetzt nur eine *untere Schranke* definieren, die das zulässige Datenmaterial wirksam nur bei geringen Marktgrößen begrenzt (vgl. Abb. 6-2 [Punkt X ist hier ausgeschlossen]). Dies gilt im

---

30. Vgl. hierzu die ausführlichen Review-Essays von Bresnahan (1992) und Schmalensee (1992).

Prinzip auch dann, wenn die Anbieter durch Investitionen in Werbung (Aufbau eines Markennamens) oder Forschung & Entwicklung die Nachfrage nach *ihrem* Produkt positiv beeinflussen können (dies ist der endogene Fall). Nur nimmt jetzt die untere Schranke keinen monotonen Verlauf mehr: Investitionen mögen sich zwar erst ab einer bestimmten Marktgröße auszahlen (bis dahin verläuft die Kurve fallend); dann aber spielt eine zunehmende Marktgröße keine Rolle mehr, weil mit ihr auch die auf Stufe 1 zu tätigenden Investitionen ansteigen und mithin keine neuen Anbieter angelockt werden (vgl. Abb. 6-3).

C = Konzentration, S = Marktgröße

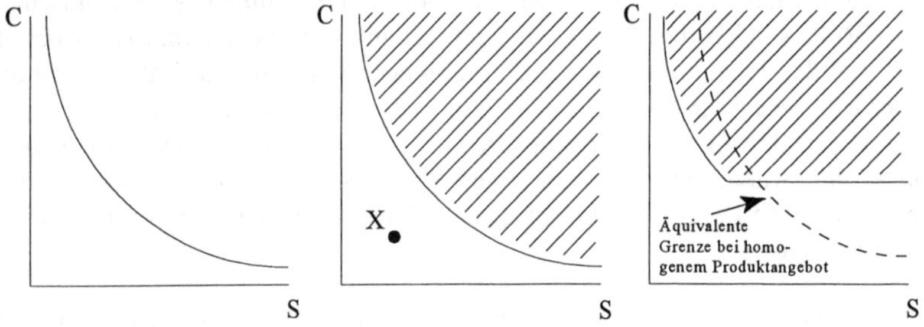

6-1 (aus: Sutton 1991: 42) 6-2 (aus: Sutton 1991: 42) 6-3 (mod. nach Sutton 1991: 79)

Abb. 6: Zusammenhang zwischen Marktgröße und Anbieterkonzentration bei exogen bestimmten Sunk Costs mit homogenem (6-1) und differenziertem Produktangebot (6-2) sowie bei endogen bestimmten Sunk Costs (6-3)

(2) Die Transaktionskostentheorie ist vor allem von O. Williamson (1975, 1985 u. a. m.) begründet worden, hat aber auch diverse Vorläufer - von R. Coase bis zu A. Chandler. Sie ist der Kern dessen, was man heute die "Neue institutionelle Ökonomie" nennt, die in ihrer Gesamtheit wohl als eines der lebendigsten Gebiete der ökonomischen Theorie angesehen werden kann (vgl. Matthews 1986: 903). Die Aufnahme eines Kapitels über die Transaktionskostentheorie in das Lehrbuch von Kreps (1990a) zeigt, daß sie inzwischen zum Standardinstrumentarium der ökonomischen Theorie dazugehört. Es liegt daher nahe zu vermuten, daß sie auch im Bereich des Strategischen Managements Relevanz besitzt (vgl. hierzu programmatisch Teece 1984: 98 ff., 1990: 57 ff., Rumelt et al. 1991: 14, Williamson 1991a). Gegenüber den bisher im Vordergrund stehenden Varianten der IO-Forschung läßt sie sich durch drei Gesichtspunkte charakterisieren.[31]

31. Auf eine allgemeine Darstellung der Transaktionskostentheorie kann hier verzichtet werden; dazu stehen genügend andere Quellen zur Verfügung. Vgl. neben den Arbeiten von Williamson etwa Picot (1982, 1991b), zu Knyphausen (1988:

Sie zeichnet sich *erstens* aus durch die abgeschwächten Rationalitätsannahmen: Der Mensch soll so genommen werden wie er ist - Rationalität anstrebend, aber die damit verbundenen Anforderungen nur begrenzt erfüllend, und eigennützig, verbunden mit einer Portion Arglistigkeit. Daraus folgt, daß wenn immer zwei oder mehr Aktoren in eine Transaktionsbeziehung treten, es nicht möglich ist, *ex ante* alle Kontingenzen, die im Verlauf der Transaktionsbeziehung auftreten und von den Aktoren einseitig zu ihren Gunsten ausgenutzt werden können, zu berücksichtigen; abgeschlossene Verträge müssen *notwendig unvollständig* bleiben. Gesucht ist ein institutionelles Arrangement ("Governance Structure"), das *ex post* die mit der Unvollständigkeit der Verträge zusammenhängenden Probleme löst. Im Vergleich zu der auf vollständige Vertragsgestaltung fixierten Agency-Theorie ergibt sich somit, so Williamson (1990: 68), ein deutlich veränderter Analyseschwerpunkt: "Agency theory and transaction cost economics are .. distinguished by the fact that the *ex ante* incentive alignment emphasis of the former gives way to the *ex post* governance structure emphasis by the latter."

Der Vergleich zur Agency-Theorie ist hier insofern von Interesse, als diese Theorie eine enge Verwandtschaft zur IO-Forschung besitzt, die in den Kontraktbeziehungen zwischen Principal und Agents ein neues Anwendungsfeld ihrer formal-spieltheoretischen Modellierungen sieht (vgl. hierzu noch unten, Kap. 2.21). Die Transaktionskostentheorie scheint demgegenüber, auf den ersten Blick, viel stärker normalsprachlich orientiert zu sein und das Augenmerk auf institutionelle Details zu legen, die sich schlecht in die Struktur von mathematischen Gleichungssystemen fügen (vgl. Coase 1992: 719); statt des vereinnahmenden "This is the law here" wird eher *gefragt*: "What's going on here?" (Williamson 1991c). Williamson (1992: 7) bemerkt, daß unvollständige Vertragsbeziehungen grundsätzlich einer Formalisierung nur schwer zugänglich sind. Gleichzeitig betrachtet freilich auch er die zunehmende Formalisierung als Zeichen des Theorie*fortschritts* (vgl. hierzu und zum folgenden Williamson 1992: 2 ff., Kreps 1990a: 756 ff., Holmstrom & Tirole 1989: 66 ff.).

Ein gutes Beispiel hierfür ist der bahnbrechende Beitrag von Grossman und Hart (1986), in dem in eher traditionellem Stile ökonomischer Theoriebildung gezeigt wird, wie der "Outcome" von Transaktionsbeziehungen, bei denen die Aktoren spezifische Investitionen vornehmen, von dem gewählten institutionellen Arrangement abhängt, die Lösung aber auch bei einer solchen "Asset Specifity" keineswegs immer in Richtung hierarchischer Integration laufen muß. Ein zweites Beispiel ist das spieltheoretische Reputationsmodell von Kreps (1990c),

---

196 ff.), Sydow (1992: 129 ff.). (In den beiden letztgenannten Arbeiten finden sich auch Überblicke über die Kritik, die aus anderen Theorieperspektiven an dem Transaktionskostenansatz geübt worden ist.)

das "Corporate Culture" als ein bedeutendes Vehikel zur "Schließung" unvollständiger Kontraktbeziehungen interpretiert (vgl. ähnlich auch Camerer & Vepsalainen 1988, zur Kritik allerdings auch Williamson 1991b: 166 ff.). *Beide* Beispiele zeigen, daß Transaktionskostentheorie und Arbeiten, die eher im Kontext der Agency-Theorie bzw. der neuen Industrieökonomik entstanden sind, durchaus auch Konvergenzen aufweisen oder als *komplementär* angesehen werden können (vgl. Williamson 1990: 68). Das schließt nicht aus, daß man Gewichtungen verschiebt. Die nachfolgenden Punkte sollen hierfür Argumente bereitstellen.

Zweitens zeichnet sich die Transaktionskostentheorie durch eine *Effizienz*perspektive aus, die der *Marktmacht*perspektive der IO-Forschung gegenübergestellt wird. "Economy is the best strategy", heißt es bei Williamson (1991a: 76): Ein Unternehmen könne mehr dadurch gewinnen, daß es sich an Veränderungen der externen und internen Umwelt anpasse und die Verbürokratisierung und Verschwendung vermeide, als durch ein noch so geschicktes Taktieren gegenüber den Wettbewerbern. Um dies zu zeigen, verwendet Williamson einen einfachen mikroökonomischen Bezugsrahmen (Abb. 7).[32] Vorgestellt wird hier eine Industrie, in der Produkt q_1 zu einem Preis p_1 bei Kosten von $c_0 + b$ angeboten wird (c_0 bezeichne die minimalen Durchschnittskosten, b einen Verschwendungsfaktor). Wenn nun - beispielsweise durch eine Reorganisation - der Verschwendung ein Ende gemacht wird, der Preis aber gleichbleibt, entsteht ein Wohlfahrtsgewinn in Größe des Rechteckes $W = bq_1$. Durch eine die Kostenersparnisse reflektierende Senkung des Preises und die damit verbundene Ausweitung der Produktion auf q_2 würde ein zusätzlicher Wohlfahrtsgewinn in Höhe von $L = 1/2b(q_2 - q_1)$ entstehen. Da $W > L$, ist dies freilich nur ein "Second Order Effect". Quot erat demonstrandum.

---

32. Williamson (1991a: 80) verwendet noch ein zweites Argument, um die bevorzugte Bedeutung der Effizienzperspektive zu rechtfertigen, das Argument nämlich, daß die meisten Unternehmen gar nicht über die angenommene Marktmacht verfügen (vgl. ähnlich auch Aldrich 1986: 62 f. sowie Mintzberg 1990a: 132 f.): "Temporary market advantages excepted, most firms lack market power of the kind that is routinely assumed by the strategizing literature." Hier gilt es allerdings zu bedenken, daß "Marktmacht" nicht mehr heißt als "supranormale Gewinne" (der Preis übersteigt die marginalen Kosten; vgl. Tirole 1988: 284 oder Bresnahan 1989). Man kann vor diesem Hintergrund dann sagen, daß die IO-Forschung daran interessiert ist, die Quellen solcher supranormalen Gewinne aufzuspüren und dabei eben auf das Konzept der "Barriers of Entry" bzw. des "Sustainable (nicht: temporary!) Competitive Advantage" (Ghemawat 1986) stößt. Daß dies aus der Perspektive des Strategischen Managements nicht gerade zweitrangige Bedeutung besitzt, wurde in der Einleitung zu diesem Kap. 2.1 erläutert.

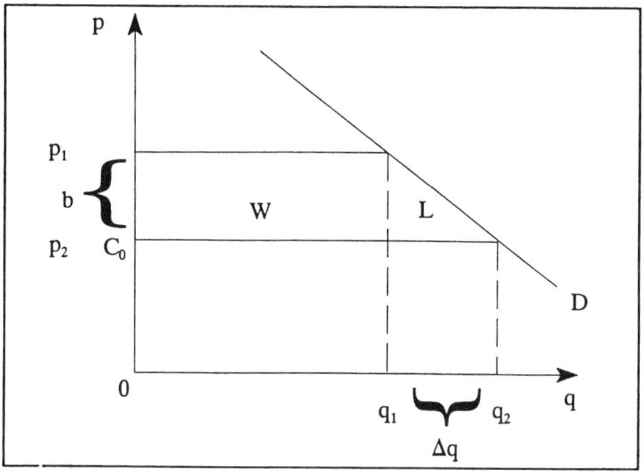

Abb. 7: Wohlfahrtsgewinne durch Reduzierung von Verschwendung versus Wohlfahrtsgewinne durch Reduktion von Marktmacht (aus: Williamson 1991a: 78)

Nachdem in Kapitel 2.11 und 2.12 gezeigt wurde, wie die IO-Forschung den Schwerpunkt der Analyse vom Markt zum Unternehmen verlagert hat, kann man, *drittens*, für die Transaktionskostentheorie sagen, daß sie die *Grenzen* zwischen diesen beiden "Governance Structures" zum Gegenstand der theoretischen Überlegungen macht. Die Frage nach der *vertikalen Integration* wird als das paradigmatische Problem der Transaktionskostentheorie angesehen (vgl. Williamson 1989: 150 ff.). Picot (1991a: 338 f.) bzw. Picot und Franck (1993: 182) weisen darauf hin, daß dieses Problem natürlich auch aus dem Blickwinkel des Strategischen Managements von zentraler Bedeutung ist.

In der IO-Forschung wird das Problem der vertikalen Integration ebenfalls thematisiert. Perry (1989) gibt einen Überblick über die angebotenen Erklärungshypothesen; sie reichen von "Senkung der Kollusionskosten" über "Erhöhung der Markteintrittsbarrieren" und "Möglichkeit der Nachfrageseparierung bzw. Preisdiskriminierung" bis zu "Erhöhung der Marktaustrittsbarrieren" (vgl. Picot & Franck 1993: 185 f.). Die empirische Evidenz zu den unter diesen Schlagworten formulierten Hypothesen ist allerdings recht durchwachsen (vgl. Picot & Franck 1993: 190 ff.). Die auf der Grundlage der Transaktionskostentheorie durchgeführten Untersuchungen haben demgegenüber weitaus mehr Bestätigung erbracht (vgl. wieder Picot & Franck 1993: 192 ff., aber auch Joskow 1988 sowie Shelanski 1991). Insbesondere wird hier das Argument herausgestellt, daß die Spezifität der Leistungsbeziehungen den Trend zur vertikalen Integration unterstützt: Je mehr die Aktoren in nicht-reversibler Weise in die Transaktionsbeziehung investiert haben, umso mehr sind sie durch den opportunistisch handelnden Transaktionspartner "erpreßbar", und umso besteht deshalb ein Anreiz, Eigentum an diesem Transaktionspartner zu erwerben.

Die Hervorhebung des Argumentes der "Asset Specifity" stellt nun allerdings doch wieder einen Zusammenhang zur Industrial Organization-Forschung her, handelt es sich hier doch um den Kern der neueren Theorie der Markteintritts- bzw. Mobilitätsbarrieren (vgl. noch einmal das Zitat von Gilbert, oben, Kap. 2.12), einer Theorie, die unter diesem Gesichtspunkt das *strategische* Verhalten von Unternehmen in den Mittelpunkt der Analyse stellt. Daraus kann man einmal mehr folgern, daß die Transaktionskostentheorie die IO-Forschung eher *ergänzt* denn als Gegenmodell angesehen werden muß. Die IO-Forschung scheint hier auch keineswegs Berührungsängste zu haben, wie die Aufnahme eines Williamson-Kapitels in das "Handbook of Industrial Organization" (Schmalensee & Willig 1989) belegen. Es handelt sich letztlich nur um verschiedene *Varianten* einer ökonomischen Theorie, die auch im Bereich des Strategischen Managements wichtige Beiträge leisten kann.

2.15 Der "Ressourcenorientierte" Ansatz

Eine andere, im Bereich des Strategischen Managements derzeit besonders intensiv diskutierte Variante der ökonomischen Theorie geht auf E. Penrose (1959) zurück (vgl. zum folgenden zu Knyphausen 1993a). Die Grundidee besteht darin, die Einzigartigkeit des Unternehmens - die *Wettbewerbsvorteile* gegenüber anderen Anbietern - nicht durch seine Stellung am Produktmarkt, sondern durch die Qualität der *Ressourcen* zu erklären,[33] und darauf dann eine "Theory of the Growth of the Firm" (so der Titel ihres Buches) zu gründen. Wörtlich heißt es (1959: 25):

> "[A] firm is more than an administrative unit; it is also a collection of productive resources the disposal of which between different uses and over time is determined by administrative decision. When we regard the function of the private business firm from this point of view, the size of the firm is best gauged by some measure of the productive resources it employs",

und später schreibt sie dann (1959: 75 f.):

---

33. Der Begriff der *Ressource* wird hier in einem weiten Sinne verstanden - "By a resource is meant everything which could be thought of as a strength or weakness of a given firm" (Wernerfelt 1984: 172). Häufig synonym verwendete Begriffe sind "Skills", "Assets" oder "(Core) Competencies". Auf das verwandte Konzept der *Capabilities* wird in Kap. 2.2 noch eingegangen.

> "The fact that most resources can provide a variety of different services is of great importance for the productive opportunity of a firm. It is the heterogeneity, and not the homogeneity, of the productive services available or potentially available from its resources that gives each firm its unique character. Not only can the personell of a firm render a heterogeneous variety of unique services, but also the material resources of the firm can be used in different ways, which means that they can provide different kinds of services. This kind of heterogeneity in the services from the material resources with which a firm works permits the same resources to be used in different ways and for different purposes if the people who work with them get different ideas about how they can be used."

Barney (1986a, z. T. ähnlich auch Yao 1988 sowie Grant 1990) nimmt als Ausgangspunkt dieses auch von ihm vertretenen "ressourcenorientierten" Ansatzes die Überlegung, daß Ressourcen grundsätzlich auch über den Markt handelbar sein könnten. Unter den Bedingungen eines vollkommenen Marktes würde der Preis dann den zukünftig erwarteten Erträgen entsprechen. Jedes Unternehmen, das Ressourcen erwirbt, könnte also nur "normale" Gewinne erzielen. *Wettbewerbsvorteile* entstehen nur dann, wenn bei den Marktteilnehmern *unterschiedliche Erwartungen* vorhanden sind, etwa weil ein Unternehmen Synergiepotentiale nutzen kann, die anderen Unternehmen nicht offenstehen. In diesem Fall müßte der Marktpreis für die betreffende Ressource aus der Perspektive des Unternehmens niedriger sein, als es vor dem Hintergrund der eigenen Ertragsprognosen eigentlich angemessen wäre. Bei Realisierung seiner Erwartungen könnte das Unternehmen entsprechend zusätzliche, "supranormale" Gewinne erzielen. Die asymmetrischen Gewinnerwartungen begründen einen unvollkommenen Faktormarkt, und eben diese Unvollkommenheit kann durch einzelne Marktteilnehmer ausgeschöpft werden, sofern nur genügend Risikobereitschaft (Unternehmertum!) vorhanden ist (vgl. Rumelt 1987: 142 ff.) Bei *gleichen* Gewinnerwartungen können supranormale Gewinne demgegenüber nur durch Glück erzielt werden - die Umwelt hat sich doch anders entwickelt wie zunächst gedacht, und damit stellt sich *ex post* heraus, daß die betreffende Ressource ursprünglich doch unterbewertet worden ist.

Gegenüber dieser Überlegung muß eingewandt werden, daß nicht alle Ressourcen handelbar sind, Faktormärkte bisweilen nicht nur imperfekt, sondern auch "incomplete" sind (vgl. Dierickx & Cool 1989). Fähigkeiten eines Unternehmens sind häufig nicht auf Blaupausen vorhanden, sondern in die Tiefenstrukturen der organisatorischen Lebenswelt eingeschrieben; sie können nur über ein zeitraubendes "Learning by Doing" angeeignet werden. Nelson und Winter (1982: 99 ff) charakterisieren auf dieser Linie Unternehmungen als Inbegriff von Entscheidungsroutinen, die sehr weitgehend den Charakter eines "Tacit Knowledge" im Sinne von Polanyi (1967) besitzen und darum nur evolutionär ausselektiert bzw.

fortvariiert, nicht aber zum Gegenstand bewußter Transaktionen gemacht werden können. Mit Arrow (1971: 152) könnte man zusätzlich etwa auf den paradoxen Umstand verweisen, daß ein Wissen nur dann bewertet werden kann, wenn es bekannt ist, gerade dann aber für einen potentiellen Käufer keinen Wert mehr darstellt, für den er einen Preis zu zahlen bereit ist. Kurzum, insbesondere die intangiblen Ressourcen entziehen sich dem "Strategic Factor Market" (Barney); sie können nur im Unternehmen selbst entwickelt werden, und dafür ist im allgemeinen Zeit erforderlich. "[S]trategic asset *stocks* are *accumulated* by choosing appropriate time paths of *flows* over a period of time" (Dierickx & Cool 1989: 1506).

Zwei Gesichtspunkte können vor dem Hintergrund einer solchermaßen erweiterten Theorievorstellung festgehalten werden: die *Heterogenität* und die *Immobilität* der Unternehmensressourcen. Darüber hinaus ist wichtig, daß das Unternehmen sich die mit der Ressourcennutzung verbundene (Quasi-)Rente auch *aneignen* kann, die Rente also nicht von einzelnen Schlüsselpersonen (z. B. den Chefingenieuren in einem Forschungslabor) abgeschöpft wird. Der "Residual Owner" muß, mit anderen Worten, genügend *Verhandlungsmacht* besitzen, um seinen "Profit" zu realisieren (vgl. Collis 1991b: 13 ff.). Erst wenn diese Voraussetzung gegeben ist,[34] kann man danach fragen, welche weiteren Bedingungen erfüllt sein müssen, damit die möglicherweise vorhandenen Wettbewerbsvorteile auch *langfristig zu halten sind*, die supranormalen Gewinne also nicht durch die angelockte Konkurrenz aufgezehrt werden. Barney (1991; ähnlich Grant 1991a: 111 ff., 1991b: 123 ff.) nennt insgesamt vier Bedingungen. Zum einen müssen die Ressourcen tatsächlich *einen Wert besitzen*, das heißt in diesem Fall: Effizienz und Effektivität des Unternehmens verbessern. Zum zweiten müssen diese Ressourcen *knapp* sein; wenn jeder sie hat, kann das Unternehmen sich von seiner Konkurrenz nicht absetzen. Drittens dürfen diese Ressourcen auch *nicht substituierbar* sein: Es darf nicht *ähnliche* Ressourcen geben, die die benötigten Leistungen annähernd gleichwertig erfüllen können (man denke etwa an eine alternative Führungsmannschaft, deren Mitglieder einen anderen Führungsstil bevorzugen, damit aber im Ergebnis genauso erfolgreich sind), und es dürfen auch keine *anderen* Optionen offenstehen, mit denen der gewünschte Effekt erzielt wird (ein gut funktionierendes Planungssystem mag unter Umständen die ingeniösen Einfälle eines "Leaders" ebenso generieren können).

---

34. Lazonick (1993: 18 ff.) argumentiert, daß amerikanische Top-Manager in den letzten Jahren immer mehr in der Lage gewesen sind, die "Managerial Rent" für sich zu vereinnahmen, sie also immer weniger Wert für das Unternehmen schaffen - ein maßgebender Grund für die schlechter gewordene Wettbewerbsposition amerikanischer Unternehmen.

Die vierte Bedingung ist etwas komplizierter zu fassen; es geht um "Imperfect Imitability" (Barney) bzw. "Barriers to Imitation" (Reed & DeFillippi 1990): Die Fähigkeiten des einen Unternehmens dürfen durch ein anderes Unternehmen nicht ohne weiteres kopierbar sein (vgl. auch Lippman & Rumelt 1982, Dierickx & Cool 1990 sowie Williams 1992, mit vielen Beispielen). Vier Quellen für solche Barrieren kommen hier in Betracht.

(1) Zunächst ist auf die immanente Zeitlichkeit sozialer Systeme, auf ihre Historizität oder "Path Dependency" hinzuweisen. Unternehmen haben eine idiosynkratische Geschichte, die beispielsweise zu einer ganz spezifischen Unternehmenskultur geführt hat, und als solche nicht wiederholbar ist. Ein Konkurrent mag versuchen, Elemente einer solchen Unternehmenskultur gleichsam "vom grünen Tisch aus" einzuführen; das System wird darauf aber in unterschiedlicher und prinzipiell kaum vorhersehbarer Weise reagieren, je nachdem, in welchem aktuellen Zustand - als dem Ergebnis eines historischen Prozesses - es sich gerade befindet.

(2) Dann können "kausale Ambiguitäten" auftreten; es ist also möglicherweise gar nicht bekannt, worin die besondere Fähigkeit eines Unternehmens eigentlich genau besteht, und entsprechend ergibt sich natürlich auch kein Anhaltspunkt für eine Imitation. Allerdings darf auch das bevorteilte Unternehmen selbst seine Fähigkeit nicht zu genau kennen, weil sonst die Gefahr etwa der Abwerbung von Schlüsselpersonen bestünde, die das Wissen auch für ein anderes Unternehmen verfügbar machen.

(3) Restriktiv kann sich auch eine hohe soziale Komplexität auswirken; es mag dann durchaus bekannt sein, worin der Wettbewerbsvorteil besteht, aber es gibt keine Mittel, um diesen Vorteil zu reproduzieren, etwa weil das relevante Wissen auf zu viele, sich in spezifischer Weise ergänzende Personen verteilt ist und eine geblockte Abwerbung nicht zu realisieren ist.

(4) Schließlich gilt auch an dieser Stelle das schon mehrfach erwähnte Argument der "Asset Specifity", demzufolge ein Unternehmen Ressourcen in einer Weise an sich binden kann, die eine Kontinuität der Beziehung wünschenswert erscheinen läßt (so mag etwa der Zukauf von Hardware-Komponenten anderer Hersteller zu Kompatibilitätsproblemen führen, die es natürlich besser zu vermeiden gilt). Solche spezialisierten Beziehungen sind im allgemeinen das Ergebnis von Investments, die auch dem Konkurrenten prinzipiell offenstehen. Für das etablierte Unternehmen besitzen diese Investments allerdings den Charakter von "Sunk Costs", und eben

deshalb besteht dann doch eine nicht so leicht zu behebende Asymmetrie zwischen den Wettbewerbern.

Der hier beschriebene Ressourcenorientierte Ansatz ist unter verschiedenen Gesichtspunkten auch einem empirischen Test unterzogen worden. Der ursprünglichen Forschungsfrage von Penrose, aber auch den frühen "Exemplars" des Strategischen Managements (Chandler 1962, Ansoff 1965) folgend, ist das naheliegendste Untersuchungsfeld dabei wohl das *Diversifikationsverhalten* von Unternehmen (vgl. Peteraf 1993: 188 ff.).[35] Dieses Untersuchungsfeld ist natürlich auch im Rahmen der IO-orientierten Forschung intensiv bearbeitet worden; nur sind die Ergebnisse hier recht unbefriedigend geblieben (vgl. den Überblick bei Ramanujam & Varadarajan 1989). Insbesondere ist nach wie vor unklar, ob die "verbundene" oder die "unverbundene" Diversifikation erfolgversprechender ist. Zwar hat die Unternehmenspraxis sich inzwischen wohl, darauf weist das gegenüber den sechziger Jahren veränderte Mergers & Acquisitions-Verhalten hin, eher auf eine "verbundene" Diversifikation eingeschossen (vgl. die Analyse bei Shleifer & Vishny 1991), und es gibt eine Reihe von Untersuchungen, die die Vorteilhaftigkeit der verbundenen Diversifikation belegen (vgl. z. B. Geringer et al. 1989). Unklar werden die Ergebnisse aber dann, wenn man neben dem "Return" auch das *Risiko* als Ergebnisvariable berücksichtigt und kapitalmarktorientierte Erfolgsmaßstäbe (in die eine Risikokomponente "eingebaut" ist) verwendet; die Überlegenheit der verbundenen Diversifikation ist dann keineswegs mehr ausgemacht (vgl. z. B. Amit & Livnat 1988, Seth 1990). Daraus folgt, daß auch die Bedeutung der im Rahmen des traditionellen Ansatzes herangezogenen Erklärungsvariablen - vornehmlich "Marktmacht", Economies of Scale und Economies of Scope (Seth 1990: 101) - nicht mehr abzuschätzen ist.

Die im Rahmen des Ressourcenorientierten Ansatzes durchgeführten Untersuchungen bestätigen die überlegene Erfolgsträchtigkeit der verbundenen Diversifikation und zeigen, daß die Ressourcenbasis dabei eine Rolle spielt (vgl. Wernerfelt & Montgomery 1988, Montgomery & Wernerfelt 1988 sowie Montgomery & Hariharan 1991). Die Fallstudie von Collis (1991a) belegt (unter anderem), daß auch weniger attraktive Produktmärkte gewählt werden, solange diese zu den Kernkompetenzen des Unternehmens passen, und daß "administrative Erbschaften" zu Aktivitäten führen, die unter dem Gesichtspunkt der Produktionskosten nicht optimal sind. Chatterjee und Wernerfelt (1991) zeigen demgegenüber, daß die Diversifikationsrichtung vom *Typ* der überschüssigen Ressourcen abhängt: Freie Faktorkapazitäten und intangible Ressourcen führen zu verbun-

35. Auf das Untersuchungsfeld "Organizational Capabilities" wird in Kap. 2.2 eingegangen; für darüber hinausgehende Untersuchungsfelder vgl. zu Knyphausen (1993a).

dener, freie Geldmittel zu unverbundener Diversifikation (siehe auch Gibbs 1993: 65). Ex post erfolgreichere Unternehmen erfüllen eher diese ex ante erwartbaren Zusammenhänge.

Natürlich sind mit diesen wenigen Untersuchungen nicht alle Probleme der Diversifikationsforschung gelöst. Die Frage der Performance-Messung ist nur bei Wernerfelt und Montgomery (1988) sowie Montgomery & Wernerfelt (1988) einigermaßen befriedigend gelöst, wird hier doch mit *Tobins q* gearbeitet, einer Kennziffer, die in ihrem Zähler den Marktwert des Unternehmens hat, also risikoadjustiert ist. Die "Relatedness" wird durchweg aufgrund der "Nachbarschaft" im SIC-Code berechnet, eine Methode, die offenkundig auf *Produktmärkte* ausgerichtet ist und somit zurück in das Fahrwasser der traditionelleren IO-Forschung führt. Dieser Umstand läßt sich allerdings auch als Indikator dafür interpretieren, daß der Ressourcenorientierte Ansatz überhaupt auf die Erkenntnisse der Industrieökonomik angewiesen bleibt, beide Forschungsrichtungen in einem komplementären Verhältnis stehen (vgl. Wernerfelt 1984: 171, Ghemawat 1991b u. a. m.).[36] So weist Collis (1991b: 6 f.) darauf hin, daß die auf heterogenen Ressourcen beruhenden Renten natürlich erst einmal auf den Produktmärkten realisiert werden müssen; nur dann würden aus den Renten *Gewinne* (Profits). Darüber hinaus kann die Frage nach den Gründen für die Einzigartigkeit von Unternehmen natürlich auch noch weiter fortgesetzt, also danach gefragt werden, warum ein Unternehmen über die relevanten Ressourcen verfügt (vgl. Porter 1991: 108). Eine "späte" Antwort, die möglich ist, läuft wohl auf "First-Mover Advantages" hinaus - die ihrerseits ein beliebtes Thema der IO-Forschung sind (siehe unten, Kap. 2.51).[37] Damit zeigt sich aber letztlich nur noch einmal, daß die verschiedenen Varianten der ökonomischen Theorie letztlich doch eine Einheit bilden - und für das Strategische Management eine "Ökologie von Ideen" bereithalten, die es zu nutzen gilt. In den nachfolgenden (Teil-)Kapiteln wird sich dies in vielfacher Weise bestätigen.

---

36. Die Nähe zur *Transaktionskostentheorie* wird herausgearbeitet z. B. von Dosi et al. (1992b): Dort wird gezeigt, wie Diversifikations- und Organisationsüberlegungen so zusammengezogen werden können, daß sich eine "Theory of Corporate Coherence" abzeichnet (vgl. dazu auch Teece et al. 1994, mit interessanten Überlegungen zu der im Text angesprochenen Operationalisierungsproblematik).
37. Eine andere Möglichkeit besteht natürlich darin, daß man auf die Psychologie verweist - auf die Risikobereitschaft des Unternehmers und/oder auf dessen Machtstreben (im Text wurde dies einmal durch den Hinweis auf Rumelt 1987 angedeutet). Im Bereich der Diversifikationsforschung finden sich hierzu Hinweise z. B. bei Hill & Hansen (1991) sowie Hitt & Tylor (1991). Ein dritter, auf "Selbstorganisation" verweisender Forschungsansatz ist angedeutet in zu Knyphausen (1993b).

2.2 Organizational Capabilities: Von der ökonomischen Theorie zu den Ansätzen der Organisationstheorie

Eine der Tendenzen, die sich im Rahmen des zuletzt besprochenen Ressourcen-orientierten Ansatzes abzeichnen, besteht darin, daß zunehmend auf die entscheidende Rolle der *Organisation* verwiesen wird. Genauer gesagt: Es sind die *organisationalen Fähigkeiten* (Organizational Capabilities), die zu allererst die Basis für einen langfristig haltbaren Wettbewerbsvorteil abgeben sollen. Diese Sichtweise paßt gut zu den Entwicklungen in der neuen Industrieökonomik sowie zur Transaktionskostentheorie. In Kapitel 2.21 soll zunächst den theoretischen und empirischen Begründungen nachgespürt werden, die den "Aufstieg" des Organisationsthemas zu einem wichtigen Kristallisationspunkt der gegenwärtigen Diskussion plausibel machen. Anschließend wird das Konzept der "Organizational Capabilities" erläutert und aufgezeigt, *welche* Fähigkeiten damit im einzelnen gemeint sind (Kap. 2.22). Besondere Bedeutung besitzt hier, wie man an der Fülle der aktuellen Literatur ablesen kann, die *Lernfähigkeit*, die deshalb auch ausführlicher behandelt werden soll (Kap. 2.23). Dabei wird gleichsam im Vorübergehen deutlich werden, daß auch die nicht-ökonomische Organisationstheorie wichtige Beiträge zur Theorie der strategischen Unternehmensführung leisten kann und entsprechend von vielen Fachvertretern aufgegriffen worden ist. In dem abschließenden Kapitel 2.24 werden diese Beiträge in einer etwas verallgemeinerten Weise angesprochen, aber auch knappe Hinweise gegeben, wie das Konzept der Organizational Capabilities von hier aus noch weiter befruchtet werden kann.

2.21 "Organisation" als neues Schwerpunktthema der ökonomischen Theorie - und als neue Perspektive für das Strategische Management

Im Rahmen des Strategischen Managements ist "Organisation" ein altes und ein neues Thema zugleich. Wie in Kapitel 1.3 angedeutet, gibt es seit den Anfängen der disziplinären Diskussion die Unterscheidungen zwischen "Strategy *Content*" und "Strategy *Process*" einerseits und zwischen "Strategie*formulierung*" und "Strategie*implementierung*" andererseits. Es ist offensichtlich, daß die jeweils zuletzt genannten Punkte einen engen Bezug zu Fragen der Organisation (und, davon kaum zu trennen, Personal bzw. Personalführung) besitzen.[38] Der "Main-

38. Nach Chakravarthy & Doz (1992: 5) ist die Process-Forschung "concerned with how a firm's administrative systems and decision processes influence its strategic positions." Noch deutlicher ist der Organisationsbezug bei Learned et al. (1965), die die Strategienimplementierung mit drei Aspekten in Verbindung bringen: der Festlegung der Organisationsstruktur, der Gestaltung der Ablauforganisation

stream" der Forschung im Strategischen Management hat diese Fragen allerdings, zumindest nach dem Auslaufen der "Planning School", doch eher nebenbei behandelt: Man stützte sich, wie in Kapitel 2.1 gesehen, immer mehr auf das Instrumentarium der ökonomischen Theorie, und in dieser Theorie wird die Organisation im allgemeinen bekanntlich als "Black Box" (als bloße Produktionsfunktion) behandelt. Erst neuerdings haben sich hier die Perspektiven verändert. Drei Gesichtspunkte verdienen es, etwas ausführlicher diskutiert zu werden.

(1) Es wurde schon einmal kurz angedeutet, daß die neue Industrieökonomik ihr Interessengebiet in den letzten Jahren verlagert hat: Nachdem das Instrumentarium der Spieltheorie Ende der siebziger, Anfang der achtziger Jahre vor allem dazu genutzt wurde, die Strategien von Unternehmen zu modellieren, die mit anderen Unternehmen in einem interdependenten Handlungszusammenhang stehen, entsteht jetzt eine zunehmende Zahl von Arbeiten, die sich auf intraorganisatorische Phänomene konzentrieren. Der Grund für diese Interessenverlagerung ist, so jedenfalls die Einschätzung von C. Shapiro (persönliche Kommunikation), darin zu sehen, daß die Entwicklung von immer neuen Modellen des Wettbewerbsverhaltens letztlich nur noch einen geringen Mehrwert erbringt, während die Organisation selbst für Ökonomen noch ein recht wenig erforschtes Themengebiet darstellt und entsprechend größere Erkenntnisgewinne verspricht.[39] Die Methode bleibt dabei die gleiche; was vorher ein Spiel *zwischen* Organisationen war, wird jetzt nur als ein Spiel *innerhalb* der Organisation interpretiert, als ein Spiel, das nunmehr nicht mehr die *Formulierung*, sondern die *Implementierung* von Strategien beschreibt. Die Grundidee läßt sich knapp so beschreiben: "Effective implementation requires workers' incentives and motivation to be properly aligned with the strategy (which is the focus of game-theoretic models of agency relations and incentives) and requires agents to coordinate their activities (the focus of research on coordination games)" (Camerer 1991: 147, ohne Lit.-verweis).

Tatsächlich sind die beiden von Camerer genannten Problemfelder - die *Koordination* von Handlungen und die *Motivation* bzw. *Anreize* der Aktoren - bislang mit unterschiedlicher Intensität bearbeitet und im Bereich des Strategischen Managements fruchtbar gemacht worden. Was die Koordinationsproblematik angeht, so wird zumindest bei Milgrom und Roberts (1992: 88 f.) festgestellt, daß hier die Überlegungen noch am Anfang sind, man über die (neo)klassische

---

(die insbesondere die Entwicklung von Managementsystemen umfaßt) und der Rolle von "Leadership" (vgl. ähnlich Andrews 1971).

39. Die aktuellen Arbeiten von führenden Industrieökonomen wie J. Tirole, P. Milgrom und J. Roberts spiegeln diesen Umstand wider (vgl. etwa Milgrom & Roberts 1992, Laffont & Tirole 1992).

Preistheorie noch nicht sehr weit hinausgekommen ist. (Auf die Transaktionskostentheorie gehen Milgrom und Roberts im vorliegenden Zusammenhang nicht ein; statt dessen deuten sie unter der Überschrift "Coordination and Business Strategy" nur an, daß unter dem Koordinationsaspekt der Lerntransfer vielleicht einmal umgekehrt verlaufen könnte - vom Strategischen Management in die ökonomische Theorie.) Die Motivations- bzw. Anreizproblematik ist demgegenüber wohl der Hauptgegenstand der "Agency-Theorie", die gegenwärtig eine so große Konjunktur besitzt (vgl. als Überblick Eisenhardt 1989a, Elschen 1991). Diese Theorie ist schon vom Ansatz her für das Strategische Management von Interesse, werden hier doch auch die Anschlüsse geschaffen zur "Political School", die sich der Analyse von strategischen Entscheidungsprozessen verschrieben hat, in denen die Aktoren ihre je spezifischen Interessen durchzusetzen versuchen[40] (vgl. hierzu noch einmal Mintzberg 1990a: 159 ff., zum folgenden Oster 1990: 108 ff.). Die bekanntesten Stichworte lauten "Hold Up" und "Moral Hazard". Bei "Hold Up" geht es um die einseitige, aber offene (ex post erkennbare) Ausnutzung von Vertragslücken. Bei "Moral Hazard" ist dagegen auch ex post nicht erkennbar, ob der Vertragspartner (der "Agent") die versprochenen Leistungen erbringt oder nicht; es besteht hier die Möglichkeit, auf Umweltfaktoren zu verweisen, die für die Beeinflussung des Ergebnisses verantwortlich sein können (vgl. z. B. Spremann 1990, Dietl 1993: 137 ff.). In *beiden* Fällen ist es notwendig, spezielle Anreiz- oder Kontrollsysteme zu institutionalisieren, die die Interessen der Auftraggeber (des "Principals") wahren, wobei freilich die Kosten solcher Systeme gegen ihre "Benefits" zu verrechnen sind (vgl. Oviatt 1988: 215; zur Kategorisierung von "Agency-Costs" auch Jensen 1988a: 321).

Die hier angedeuteten Überlegungen sollten ein erstes Mal deutlich machen, daß gerade auch die ökonomische Theorie das Organisationsthema zunehmend aufnimmt und Ideen entwickelt, die auch für das Strategische Management Be-

---

40. Die zentrale (Denk-)Figur dieser Schule ist der "Mikropolitiker", der sich mit Bosetzky & Heinrich (1980: 156) bzw. Küpper & Ortmann (1986: 592) so charakterisieren läßt: (1) Er besitzt ein vornehmliches Interesse an Machtvermehrung und -absicherung; (2) er instrumentalisiert Menschen, Ideen, Arbeitsprozesse und Outputs für eigene Ziele oder die Ziele seiner Koalition; (3) er besitzt eine Neigung, Ideologie und politische Inhalte lediglich als Mittel zum Zweck anzusehen, und orientiert sich eher an einer Erfolgs- als an einer Gesinnungsethik; (4) er hat eine hohe Kunstfertigkeit in der erfolgreichen Mobilisierung und Aktivierung von Ressourcen und Hilfskräften; (5) er verfügt über eine "konspirative Autorität" aufgrund von Hintergrund- und Geheimwissen darüber, wie die Entscheidungen der Oberen in Zukunft aussehen werden und wer aktiviert, gegen wen ausgespielt und mit wem zusammengebracht werden muß, damit die Weichen in der gewünschten Richtung gestellt werden; (6) er besitzt eine Neigung zu macchiavellistischen Verhaltensweisen.

deutung besitzen (vgl. aus dieser Perspektive Mahoney 1992). Die auffälligsten empirischen Untersuchungen betreffen bislang wohl das Prinzipal/Agenten-Verhältnis zwischen den Anteilseignern bzw. dem "Board of Directors" und dem Management. So ist im Kontext der sogenannten "Takeover-Kontroverse"[41] Evidenz dafür gesammelt worden, daß der Kapitalmarkt kaum Spielraum läßt für ein Management-Handeln, das den Interessen der Kapitalgeber zuwiderläuft (vgl. für Überblicke Jensen & Ruback 1983, Roll 1988, Jensen 1988b). Andererseits ist allerdings festgestellt worden, daß die Anbindung von Managertantiemen an die Entwicklung des Aktienmarktes bislang nur wenig verbreitet ist (vgl. Kerr & Bettis 1987, Hill & Phan 1991). Hier bestehen entsprechend noch Gestaltungspotentiale, die die Interessenkongruenz zwischen Kapitalgebern und Managern positiv beeinflussen (vgl. etwa Bühner 1990: 121 ff.). Eine Idee besteht hier beispielsweise in der Einführung von "goldenen Fallschirmen" (Golden Parachutes), von Abfindungszahlungen, die für das bestehende Management einen Anreiz schaffen sollen, wertschaffende Unternehmensübernahmen trotz der damit verbundenen persönlichen Risiken *nicht* zu verhindern. Die Arbeiten von Singh und Harianto (1989) und Harris (1990) liefern empirische Hinweise, die diese Idee unterstützen.

(2) Eine genuin *theoretische* Argumentationslinie, die das Aufkommen der Organisationsproblematik in der ökonomischen Theorie begründet, läßt sich gewinnen, wenn man strategisches Handeln nicht nur durch die Interdependenzen zwischen Aktoren bzw. Handlungsplänen zurückführt (eine Vorstellung, die für die Spieltheorie konstitutiv ist; siehe oben, Kap. 2.13), sondern auch mit der Fähigkeit zur "globalen Maximierung" (Elster 1987: 47) in Verbindung bringt - mit der Bereitschaft, Umwege in Kauf zu nehmen, wenn dies dem Gesamtziel förderlich ist ("ein Schritt zurück, zwei Schritte nach vorne"). Eine solche Bereitschaft ist nicht selbstverständlich vorhanden (vgl. zum folgenden Wiesenthal 1987: 445 ff.). Individuen neigen dazu, ihren momentanen Neigungen nachzugeben, "impulsiv" zu handeln (vgl. den Forschungsüberblick bei Postrel & Rumelt 1992: 401 ff.). Aber auch Unternehmungen als ganzen wird oft eine Tendenz zu kurzfristig ausgerichtetem Handeln nachgesagt - sei es weil sie ein Reflex der Handlungsorientierungen der Manager sind oder weil die unternehmensinternen Anreizsysteme und/oder der Kapitalmarkt ein solches Handeln belohnen.[42] Es sind Vorkehrungen notwendig, die diese Tendenz reduzieren.

---

41. Gegenstand dieser Kontroverse sind die Gründe und die Folgen der Welle von Unternehmenskäufen und -verkäufen, durch die vor allem die achtziger Jahre gekennzeichnet gewesen sind (vgl. etwa Jensen 1988a, b).
42. Die Rolle des Kapitalmarktes ist empirisch vermutlich die am meisten diskutierte Erklärung einer kurzfristigen Handlungsorientierung des Managements.

Der naheliegende Ansatzpunkt solcher Vorkehrungen besteht darin, den (Um-) Weg über das eigene Selbst zu gehen. *Economics* ist, um den Titel von T. Schelling (1984) zu zitieren, "*Egonomics, or the Art of Self-Management*". Odysseus ließ sich an einen Mast binden, um dem Gesang der Sirenen widerstehen zu können. Moderne Individuen legen die Zigaretten auf den Schrank und stellen dadurch der Versuchung des Rauchens die Kosten des Aufstehen-müssens entgegen. Und Unternehmen investieren, wie in Kapitel 2.12 gesehen, in Kapazität oder, empirisch wahrscheinlicher, in Reputation, um die Auszahlungsstruktur so zu verändern, daß die Versuchung zur letztendlichen Kooperation mit dem Konkurrenten gar nicht erst aufkommt.

Die Idee der "Selbstbindung", um die es hier geht, führt fast zwangsläufig auch auf die Frage, welchen Beitrag die Organisation hier leisten kann, oder noch grundlegender, ob nicht die Organisation überhaupt *das* Vehikel ist, das die Fähigkeit zur globalen Maximierung sicherstellt. In Kapitel 2.1 sind hierzu erste Hinweise gesammelt worden, als die Eigenschaft der *Path Dependency*, der Historizität von Unternehmungen herausgestellt wurde. Sie führt dazu, daß Unternehmungen eine "strukturelle Trägheit" (Hannan & Freeman 1984) aufweisen, die eine unmittelbare Anpassung an Umweltveränderungen verhindert.[43] Insbesondere die Unternehmenskultur wirkt als ein Träger von Traditionen, die nicht ohne weiteres verändert werden können (vgl. z. B. Schein 1984). Es macht deshalb durchaus seinen Sinn, wenn D. Kreps (1990c: 124 ff.) bzw. Camerer und Vepsalainen (1988) die spieltheoretischen, auf das Verhalten gegenüber der Konkurrenz abstellenden Reputationsmodelle sehr direkt auch mit einer Theorie der Unternehmenskultur in Verbindung bringen: Es ergibt sich nur eine konsistente, reputationsbegründende Identität des Unternehmens, wenn die Mitarbeiter in allen Handlungszusammenhängen den entsprechenden Handlungsregeln folgen. Die in Unternehmen zu beobachtende Indoktrination der Mitarbeiter mit diesen Handlungsregeln ist dann offenbar darauf ausgerichtet, die "Willensschwäche" zu besiegen und die Vorteile des längerfristig ausgerichteten

---

Hansen & Hill (1991) referieren die einschlägige Literatur, stellen aber auch eigene Ergebnisse aus dem High-Tech-Bereich vor, denenzufolge zumindest institutionelle Investoren (in den USA) sehr wohl eine langfristige Orientierung aufweisen und entsprechende Forschungs- und Entwicklungsaktivitäten des Managements honorieren. Insgesamt gelten allerdings die Kapitalkosten in den USA als vergleichsweise hoch (Thurow 1992: 43) - ein Umstand, der Gegenwartspräferenzen stützt. (Vgl. zur Kapitalkostendiskussion auch unten, Kap. 2.3.)

43. Dieser Punkt ist gerade im Kontext des Strategischen Managements von großer Bedeutung, läßt er doch Zweifel aufkommen, ob überhaupt so etwas wie "Strategic Change" möglich ist. In Kap. 2.41 wird darauf noch zurückzukommen sein.

Handelns immer wieder vor Augen zu führen (so jedenfalls die Interpretation von Postrel & Rumelt 1992: 420 f.).

Natürlich ist die Indoktrination von Mitarbeitern nicht das einzige Vehikel, das die Erreichung "globaler Maxima" unterstützt. Die Setzung von geeigneten Incentives, die Einrichtung von Arbeitsaufsichten und die Institutionalisierung von Planungssystemen stellen weitere Möglichkeiten dar, dem Hang zum impulsiven Handeln entgegenzutreten (vgl. im einzelnen Postrel & Rumelt 1992: 415 ff.). Sie zeigen, daß in der Tat im Zusammenhang mit Strategiefragen der Organisation eine wichtige Rolle zukommt. Die theoretische (und empirische) Analyse muß sich darauf einstellen.

(3) Die vorstehend skizzierten Überlegungen verdeutlichen, wie "Organisation" auch zu einem Forschungsthema der ökonomischen Theorie werden konnte, aber sie belegen noch nicht, welches *Gewicht* die "Organisation" für die Erklärung der Performance des Unternehmens spielt. Erste Hinweise hierzu ergaben sich in Kapitel 2.14 (oben), als im Anschluß an O. Williamson (1991a) mit einem einfachen mikroökonomischen Bezugsrahmen die hervorgehobene Bedeutung der "Efficiency Rent" gegenüber der "Monopoly Rent" herausgearbeitet wurde. "[S]trategy ... begins at home", im Unternehmen bzw. in der Organisation, lautet deshalb Williamsons Schlußfolgerung (1991a: 75, Abstract). *Empirische Untersuchungen* zur Bedeutung organisationaler Variablen sind unter anderem von Hansen und Wernerfelt (1989) und Powell (1990) durchgeführt worden; sie belegen, daß organisatorische Variable mindestens einen ebenso großen Teil der Performance-Varianz erklären wie wettbewerbsökonomische Faktoren.[44] Dazu passende, weithin beachtete Aussagen finden sich bei A. Chandler (1990, 1992a, b, c),[45] der dabei auch den Begriff der *Organizational Capabilities* explizit verwendet bzw. gar zum Leitbegriff der Analyse macht. Die Ausbildung des modernen Industrieunternehmens (des "organisierten Kapitalismus") in den Jahren zwischen 1880 und 1940 läßt sich nach Chandler erklären durch die Ausnutzung von Skalen- und Scopeeffekten, die mit der Einführung neuer Produktionstechnologien und dem systematischen Ausbau der Marketing- und Vertriebsfunktion

44. Nach Hansen & Wernerfelt (1989) ist der Erklärungsanteil der organisatorischen Variablen (Humanressourcen und Betonung der Zielerreichung) *doppelt so hoch* ist wie der der "ökonomischen" Variablen (Industrieprofitabilität, rel. Marktanteil, Unternehmensgröße). (Insgesamt kann mit diesem einfachen Modell eine ROA-Varianz von ca. 46 % erklärt werden.)
45. Die Bedeutung, die schon Chandlers frühe Arbeit (1962) für das Strategische Management gehabt hat, wurde in Kap. 1.2, oben, hervorgehoben. Die Aufmerksamkeit, die Chandlers Buch "Scale and Scope" (1990) im Strategischen Management gefunden hat, läßt sich unter anderem ablesen an dem Review-Essay von Teece (1993).

einhergingen (beides war seinerseits die Folge von Verbesserungen bei den Verkehrssystemen mit den damit verbundenen Konsequenzen für den Materialfluß). Der *Kern dieser Dynamik* aber lag eben, so Chandler (1990: 594), in den

> " ... organizational capabilities of the enterprise as a unified whole. These organizational capabilities were the collective physical facilities and human skills as they were organized within the enterprise. They included the physical facilities in each of the many operating units - the factories, offices, laboratories - and the skills of the employees working in such units. [...]
>
> Such organizational capabilities, of course, had to be created, and once established, they had to be maintained. Their maintenance was as great a challenge as their creation, for facilities depreciate and skills atrophy. Moreover, changing technologies and markets constantly make both existing facilities and skills obsolete. One of the most critical tasks of top management has always been to maintain these capabilities and to integrate these facilities and skills into a unified organization - so that the whole becomes more than the sum of its parts."

Die Untersuchungen von Chandler machen es ein weiteres Mal plausibel, warum das Organisationsthema sich zunehmend auch für die Theorie der strategischen Unternehmensführung aufdrängt. Der von Chandler verwendete Begriff der *Organizational Capabilities* deutet freilich an, daß es dabei doch um mehr geht als um eine Wiederholung der bekannten Lehrsätze zu Aufbau- und Ablauforganisation. Kapitel 2.22 und 2.23 sollen dies im einzelnen ausführen.

2.22 Was sind "Organizational Capabilities"?

Das Konzept der "Organizational Capabilities" wird in der Literatur erst seit relativ kurzer Zeit diskutiert, hat aber seine Wurzeln in einer Reihe von respektablen Theorietraditionen.[46] Bislang zeichnen sich fünf Aspekte ab, durch die sich solche Fähigkeiten eingrenzen lassen.

Der *erste* Aspekt leitet sich aus der transaktionskostentheoretischen Sichtweise her, daß die "Essenz des Unternehmens" in der Herstellung *organisationaler Ko-*

46. Im Bereich des Strategischen Managements sind bemerkenswert einmal mehr die Arbeiten von I. Ansoff, in denen das Konzept der (Organizational) "Capabilities" schon frühzeitig verwendet, wenn auch nicht wirklich hervorgehoben wurde (vgl. insb. Ansoff et al. 1976: 49 ff.). Im deutschsprachigen Raum spricht W. Kirsch schon seit 1976 von "Fähigkeiten des Führungssystems" - von der Handlungsfähigkeit, der Fähigkeit zum Erkenntnisfortschritt und der "Responsiveness" (vgl. Kirsch 1976: 172 ff.). Diese Überlegungen sind, kaum überraschend, in der englischsprachigen Literatur nicht aufgegriffen worden; sie passen aber, wie sich im Text (insb. Abb. 8) noch zeigen wird, nahtlos zu dem, was heute dort diskutiert wird.

ordination liegt (vgl. Picot 1984: 97 f., Teece et al. 1992: 21). Entsprechend geht es bei den Organizational Capabilities nicht um relativ beliebige Fähigkeiten, sondern um Fähigkeiten, die etwas mit der *Koordination von Handlungen* zu tun haben. "By 'organizational capabilities' we mean the capabilities of an enterprise to organize, manage, coordinate, or govern specific sets of activities", schreiben Teece et al. (1992: 22), und Baldwin und Clark (1991: 4) weisen darauf hin, daß es immer *Kombinationen* von "Assets" sind, die eine organisationale Fähigkeit ausmachen. Unter dem Stichwort der "Komplementarität" wird darauf noch kurz zurückzukommen sein.

Der *zweite* Aspekt betrifft die Tatsache, daß es sich bei den Organizational Capabilities nicht um "greif-" bzw. "sichtbare" Bestandteile der Oberflächenstruktur, sondern um den Inbegriff der *Tiefenstruktur* des Systems handelt. Was das bedeutet, erläutert R. Langlois (1992: 105 f.), indem er einmal mehr auf den Theorieentwurf von E. Penrose (1959; vgl. oben, Kap. 2.15) zurückgreift, ihn aber noch etwas spezifiziert. Das Unternehmen, heißt es dann (S. 106),

> " ... is a pool not of tangible but of intangible resources. Capabilities, in the end, are a matter of knowledge. Because of the nature of specialization and the limits to cognition, organizations as well as individuals are limited in what they know how to do effectively. Put the other way, organizations possess a pool of more-or-less embodied 'how to' knowledge useful for particular classes of activities."

Drittens besitzen Organizational Capabilities *Potential*charakter: Etwaige Investitionen in solche Fähigkeiten sind nicht direkt an einer Verbesserung der Performance ablesbar, sondern verändern nur den "Opportunity Set", der mit dem tatsächlich beobachtbaren Erfolg in einem nicht-linearen Funktionszusammenhang steht (vgl. Kirsch 1984: 635 f. sowie Wolfrum 1993). Dafür gibt es drei Gründe (Baldwin & Clark 1991: 34 ff.). Zum einen müssen oftmals bestimmte Schwellenwerte überschritten werden, damit ein Erfolg sichtbar wird; wer zuwenig investiert, hat möglicherweise *überhaupt keinen* Nutzen. Zum zweiten gilt es die Komplementaritäten zwischen verschiedenen Fähigkeiten zu berücksichtigen; nur selektive Investitionen stehen wiederum in der Gefahr, keinerlei sichtbaren Erfolg nach sich zu ziehen. Zum dritten schließlich hängt die Erfolgsträchtigkeit des Potentialaufbaus natürlich auch von den Reaktionen der Konkurrenz ab. Eine rapide Preisherabsetzung durch Unternehmen B etwa kann den Wert einer Beschleunigung der Lieferzeit durch Verbesserung der Ablauforganisation von Unternehmen A erheblich reduzieren. Auch diese Nicht-Linearität führt dazu, daß es ex ante nicht leicht ist, überzeugend für Investitionen in organisationale Fähigkeiten zu argumentieren, zumal das Rechnungswesen bekanntlich wenig Hilfestellung gibt, die angezielten "Vorsteuergrößen" (Gälweiler) geeignet abzubilden (vgl. Baldwin & Clark 1991: 38 ff., zur Problematik einer "strategischen" Kostenrechnung allgemein Neubauer 1993). Wie sich gleich zeigen wird, ist dies allerdings nichts anderes als ein Ausdruck der Tatsache, daß sich organisationale Fähigkeiten dem direkten Zugriff des Managements entziehen, eine Tatsache, die paradoxerweise gerade die *strategische Bedeutung* dieser Fähigkeiten ausmacht.

Viertens zeichnet sich das Konzept der Organizational Capabilities durch eine *dynamische* Komponente aus. Sie wird besonders deutlich in dem Vorschlag von Collis (1991b: 26), "Organizational Capability" (Collis verwendet den Singular) zu definieren als

> " ... the firm's inherited dynamic routines that enable it to generate continuous improvement in the performance of its product market activities. It is the firm's collective tacit knowledge of how to initiate or respond to change, that is built into the organization's processes, procedures and systems and embedded in modes of behavior, informal networks and personal relationships." (ohne Lit.-verweis)

Die dynamische Komponente läßt sich umschreiben auch durch eine Reihe anderer, bekannter Konzepte - durch Marshalls (und Gutenbergs!) "vierten" Produktionsfaktor, Schumpeters unternehmerischen Faktor oder Lippman & Rumelts "Produktion neuer Produktionsfunktionen" (vgl. Collis 1991b: 27). All diese Konzepte haben in der Tat "intangiblen" Charakter; das "Neue" entzieht sich dem instrumentell-rationalen Zugriff des Managers (vgl. Gutenberg 1975: 147).[47] Dies ist allerdings nicht so problematisch, wie es zunächst den Anschein haben mag, im Gegenteil: Die Nicht-Verfügbarkeit ist, das lehrt der Ressourcenorientierte Ansatz (oben, Kap. 2.15), einer der Gründe dafür, daß organisationale Fähigkeiten zu einem (haltbaren) *Wettbewerbsvorteil* führen können. Genau dies aber ist, *fünftens*, die grundlegende Idee: daß organisationale Fähigkeiten dazu beitragen, das Unternehmen von der Konkurrenz zu differenzieren und gegenüber dem Kunden eine "unverwechselbare Anbietereigenschaft" (Unique Selling Proposition, *USP*) zu begründen.

---

47. Die Intangibilität organisationaler Fähigkeiten hat eine interessante Parallele auch auf der sprachlogischen Ebene. Der Begriff der *Fähigkeit* gehört nämlich in die Klasse der sog. "Dispositionsprädikate" (zerreiß*bar*, lös*lich* etc.), die sich, wie man seit Carnap weiß, (extensional) nicht *definieren*, sondern nur *umschreiben* lassen (vgl. Stegmüller 1979: 275 ff.). Der im Text zitierte "Definitionsvorschlag" von Collis sollte deshalb wohl nicht zu ernst genommen werden; auch er ist ein Versuch der "Umschreibung" - wie die Hinweise zu den Konzepten von Marshall und anderen dann ja auch deutlich machen.

Die Idee, organisationale Fähigkeiten *als Wettbewerbsvorteil* zu begreifen, mag trivial klingen; sie unterscheidet sich aber doch in grundlegender Weise von etablierten Sichtweisen. Es wurde schon mehrfach angedeutet, daß "Organisation" häufig als der Inbegriff von Strategienimplementierung bzw. "Strategy Processes" angesehen wurde, als etwas, was der Strategienformulierung nachgeordnet ist und keinerlei Bezüge zu den Strategieinhalten aufweist. A. Chandlers Klassiker (1962) bietet dafür ein gutes Beispiel: Die eigentlich strategische Entscheidung betrifft die Frage der Diversifikation; wird diese Entscheidung positiv getroffen, "folgt" die Struktur (die Organisation) ihr nach und trägt so dazu bei, daß der gewünschte Erfolg eintreten kann. Nun aber verwischen offenbar die eingespielten Grenzziehungen. Daß organisationale Fähigkeiten einen (haltbaren) *Wettbewerbsvorteil* begründen, setzt freilich voraus, daß all die Bedingungen, die im Rahmen des Ressourcenorientierten Ansatzes in allgemeiner Weise herausgearbeitet worden sind, für den hier vorliegenden spezielleren Fall gelten. Collis (1991b: 28 ff.) führt den entsprechenden Nachweis; er zeigt (unter anderem), daß die Organizational Capabilities das Paradebeispiel für ein Wissen sind, das nicht explizit ausformuliert ist, sondern als impliziter Bestandteil von Entscheidungsroutinen bzw. als "Tacit Knowledge" vorliegt.[48] Die Imitation ist deshalb für die Konkurrenz äußerst schwierig.

Einen wirklichen Wettbewerbsvorteil können die organisationalen Fähigkeiten natürlich nur begründen, wenn sie auch einen "Wert" besitzen, sich in der angesprochenen "Unique Selling Proposition" niederschlagen. Die Einzigartigkeit von Produkten ist allerdings insoweit gefährdet, als es Möglichkeiten eines "Reverse Engineering" gibt, die für eine relativ schnelle Diffusion des Wissens sorgen.[49] Collis (1991b: 28) wiederholt deshalb noch einmal das oben eingeführte Argument: "[The] capability has to be dynamically valuable in the sense that it

---

48. Die Einführung von *Planungssystemen* ist unter diesem Gesichtspunkt offenbar *nicht* dazu geeignet, einen Wettbewerbsvorteil zu begründen. Powell (1992) jedenfalls hat empirisch nachgewiesen, daß es nur in solchen Industrien einen positiven Zusammenhang zwischen dem Vorhandensein von Planungssystemen und der Performance gibt, in denen Planungssysteme noch nicht allgemein verbreitet sind (die sich im "Planungsungleichgewicht" befinden). Für Powell liefert dieses Ergebnis die Möglichkeit, die insgesamt doch sehr uneinheitliche Evidenz zum Wert von Planungssystemen (vgl. als Überblick Boyd 1991) konsistent zu interpretieren. Nach den Ausführungen im Text muß allerdings auch festgestellt werden, daß der von Powell hergestellte direkt-lineare Zusammenhang zwischen Planung und Performance dem *Potential*aspekt der Organizational Capabilities widerspricht.
49. Das paradigmatische Beispiel für eine Industrie, in der dies möglich ist, ist die *Chemie*industrie (siehe für knappe Hinweise unten, Kap. 2.51). Nicht von ungefähr spielen hier *Patente* eine besondere Rolle (Winter 1987: 179), auch wenn deren Wert bekanntlich umstritten ist.

allows the organization to continuously improve in the performance of its product market activities. The important distinction is between moving to an efficient location on the production frontier, and continually advancing the frontier itself".

Die Schwierigkeit dieser Überlegung liegt sicherlich in der engen Verbindung zur Frage der *Flexibilität*. Flexibilität gilt zweifellos als wichtige Fähigkeit einer Organisation: Man muß sich auf Veränderungen der Umwelt möglichst friktionslos einstellen können (vgl. Baldwin & Clark 1991: 17 ff.; für einen Forschungsüberblick Suarez et al. 1991). In Kapitel 2.12 und 2.15 wurde aber auch auf die strategische Bedeutung eines *Commitments* - der Nicht-Reversibilität von Entscheidungen - hingewiesen, und in Kapitel 2.21 ist kurz die Rolle der "strukturellen Trägheit" angesprochen worden. Wenn Organizational Capabilities einen Wettbewerbsvorteil begründen sollen, darf die Flexibilität also auch nicht "zu groß" sein - "Capabilities" müssen immer auch "Rigidities" implizieren (Leonard-Barton 1992). Collis (1991b: 32) qualifiziert deshalb die vorhin zitierte Textstelle wie folgt:

> "[T]he valuable dynamic routines captured in organizational capability must be capable of *only locally advancing* the production frontier. Organizational capability must not allow firms to switch costlessly from one location on the frontier to another, or to globally advance the production frontier. If it did so, its very flexibility would lead to its demise as a source of profit. To effectively meet the condition of inimitability, an organizational capability must, therefore, be specialized to locally advancing the production frontier in a single industry. This explains organizational inertia because each such capability is only built by a time-consuming process ..." (ohne Lit.-verweise, Hervorh. D. z. K.)

Ob diese Argumentation überzeugend ist, hängt, auf den ersten Blick wenigstens, damit zusammen, auf welchem Abstraktionsniveau organisationale Fähigkeiten behandelt werden sollen. Abbildung 8 zeigt, worin nach Auffassung verschiedener Autoren organisationale Fähigkeiten im einzelnen bestehen sollen. Dabei ist eine Tendenz ersichtlich, mehr oder weniger "grundlegende" Fähigkeiten zu definieren.[50] Diese Fähigkeiten sind aber mit der Idee des Commitments oder der "Asset Specifity" nicht mehr ohne weiteres in Einklang zu bringen: Warum und in welchem Sinne sollte zum Beispiel die *Lernfähigkeit* ein solches

50. Diese Tendenz zeigt sich nicht zuletzt daran, daß manche Autoren nicht nur nach Fähigkeiten, sondern nach *Meta*fähigkeiten suchen, in der Hoffnung, die Leiter der "Why-Questions" (Porter 1991) möglichst weit hinaufzusteigen. Vgl. Klein et al. (1991), aber auch Kirsch (1985: 75 ff.) sowie Bretz (1988: 329 ff.).

Commitment begründen? Hier sind jedenfalls noch weitere Überlegungen anzustellen, um den Stand der Theorieentwicklung voranzutreiben.[51]

2.23 Organisatorisches Lernen als Schlüsselfähigkeit

Das zuletzt hervorgehobene Beispiel der Lernfähigkeit wurde nicht ganz zufällig ausgewählt: Es handelt sich hier offenbar um eine *Schlüssel*fähigkeit, ohne die kein Unternehmen sich dauerhaft am Markt erhalten kann. Nicht umsonst nehmen *alle* Autoren, die in Abbildung 8 genannt sind, diese Fähigkeit in ihren Kanon mit auf.[52] Dafür können sicherlich verschiedene theoretische Begründungen angeführt werden. Aus dem Blickwinkel der grundlagenorientierten Ansätze, die in Kapitel 4 noch eine Rolle spielen werden, ließe sich zum Beispiel auf den engen Zusammenhang zwischen *Lernen* und *Evolution* verweisen, der gerade für die Theorie der strategischen Unternehmensführung von einigem Interesse zu sein scheint (vgl. Kirsch 1992: 281 ff.). R. Langlois (1992: 107 ff.) argumentiert demgegenüber aus dem Blickwinkel einer modifizierten Transaktionskostentheorie (vgl. ähnlich Teece et al. 1992: 27 ff., Dosi et al. 1992b: 191 ff.). Demnach würden die Grenzen des Unternehmens nicht nur durch die Organisationskosten bestimmt (wie das die Transaktionskostentheorie ursprünglich unterstellt), sondern auch durch die spezifischen Fähigkeiten, die dieses Unternehmen besitzt. *Auf lange Sicht* seien die Organisationskosten sogar irrelevant, weil die relevanten Verhaltensweisen immer mehr zu einem Bestandteil von Routinen werden und darum gleichsam "automatisch" - ohne die Verursachung von Kosten - ablaufen. Freilich bedürfe es nun auch einer Analyse, wie sich die angesprochenen Fähigkeiten im Zeitablauf verändern, welche *Lernprozesse* stattfinden. Relevant seien hier einerseits die Lernprozesse des Unternehmens, andererseits aber auch die Lernprozesse des Marktes; je nach deren Gewichtung würden sich die Grenzen des Unternehmens das eine Mal in Richtung "Integra-

---

51. Bei Collis (1991b: 31) findet sich in diesem Zusammenhang noch die Vorstellung, daß organisationale Fähigkeiten, um wirklich irreversibel zu sein, an eine spezifische Produkt/Markt-Strategie gebunden sein müssen. Diese Vorstellung macht allerdings nur dann Sinn, wenn verschiedene Produkt/Markt-Strategien sich ausschließen, das heißt: Porters "Stuck-in-the-Middle"-These gilt. In Kapitel 2.11 ist aber (unter anderem im Anschluß an Collis [1986, 1990]!) festgestellt worden, daß dies zumindest nicht für alle Geschäfte der Fall ist.
52. Bei Teece et al. (1992: 12) heißt es, diesen Befund ergänzend: "The resource-based perspective focuses on strategies for exploiting existing firm-specific assets. However, the resource-based perspective also invites consideration of strategies for developing new capabilities (Wernerfelt 1984). Indeed, if control over scarce resources is the source of economic profits, then it follows *that such issues as skill acquisition and learning become fundamental strategic issues*." (Hervorh. D. z. K.)

Baldwin & Clark (1991: 9 ff.)

External Integration - die Fähigkeit zur Verbesserung der Produktqualität durch systematische "Übersetzung" des Kundenwissens bzw. der Kundenbedürfnisse in das Produkt. Studien von Garvin (1988) und Clark & Fujimoto (1991) zeigen, daß es (vor allem bei komplexen Produkten) darauf ankommt, (a) Produktdesigner und -entwickler mit dem Kunden zusammenzubringen, und (b) einen systematischen Produkttest durchzuführen, der die Kundenbedürfnisse in adäquater Weise simuliert.

Internal Integration - die Fähigkeit zur Verbesserung von Effizienz und Geschwindigkeit der Produktentwicklung durch enge Abstimmung zwischen den Abteilungen und parallele Arbeit an den Problemlösungen. Der durchschnittliche japanische Autohersteller benötigt im Vergleich zum durchschnittlichen amerikanischen Hersteller nur die Hälfte der Entwicklungsstunden, hat aber eine ca. 20 % kürzere Entwicklungszeit! (vgl. wieder Clark & Fujimoto 1991)

Flexibility - die Fähigkeit, Fertigungslose zu variieren, Merkmale eines Produktes zu verbessern oder gänzlich neue Produkte einzuführen. Hilfreich hierfür sind (a) ein modulares Produktentwicklungskonzept und (b) flexible Fertigungsanlagen.

Capacity to experiment - die Fähigkeit, durch kontrollierte Verfahrensweisen Fehlerquellen aufzuspüren. Notwendig sind dazu zum einen Forschungskapazität (inkl. Produktionskapazität für Testläufe) und zum anderen geeignete Sensoren und Instrumente, um die relevanten Informationen aufzunehmen und zu verarbeiten. Die Produktivitätsgewinne, die sich auf diese Weise erzielen lassen, sind belegt etwa durch die Studien von Krafcik & MacDuffie (1989) sowie Flaherty (1991).

Capacity to cannibalize - die Fähigkeit bzw. Bereitschaft, veraltete Produkte oder Produktionsanlagen durch neue zu ersetzen, auch wenn sich dies nach traditionell-ökonomischen Gesichtspunkten (z. B. Kostenersparnisse) noch nicht rechnet. Das erfordert, (a) zu erkennen, welche Produkt/Markt-Kombinationen bzw. Prozesse strategischen Wert besitzen, und (b), etwaige Richtungsänderungen konsequent durchzusetzen.

Bartlett & Ghoshal (1989: 66 ff.)

Vorbemerkung: Die im folgenden genannten Fähigkeiten gehören zu der "transnationalen Lösung", die Bartlett & Ghoshal vor dem Hintergrund von Fallstudien in neun Unternehmen (General Electric, Philips, Matsushita, Procter & Gamble, Unilever, Kao, ITT, Ericsson, NEC) erarbeitet haben.

Global Competitiveness - Fähigkeit zur Ausbalancierung und Legitimierung unterschiedlicher Perspektiven/Kulturen und Funktionen;

Multinational Flexibility - Ausbildung flexibler Koordinationsprozesse, um die verschiedenen strategischen Rollen der Untereinheiten zu einem Ganzen zusammenzubinden. Das Portfolio der Koordinationsprozesse umfaßt dabei *sowohl* Elemente der Zentralisation *als auch* der Formalisierung *als auch* der Sozialisation (gemeinsame Ziele, Werte etc.).

Worldwide Learning - Gemeinsame Entwicklung und weltweites Teilen von Wissen, um eine zentrale Vision und ein starkes individuelles Commitment zu erreichen.

Abb. 8: Organizational Capabilities - ein Überblick

Klein et al. (1991)

Learning - "pulling together the experiences gained in individual projects, recognizing the common themes and competencies, and organizing them both intellectually and institutionally for future use" (S. 5);

Innovating - "involves applying skills in new combinations, making links across and between skill boundaries, making links that competitors either don't see, or see but can't achieve" (S. 5);

Skill categorising - die Fähigkeit, das in Produkten und Projekten "eingebaute" Erfahrungswissen so zu bündeln, daß sich daraus eine "Identität" des Unternehmens ergibt;

Embedding - "Speicherung" der einzelnen Fähigkeiten in der Organisation (insb. in der Kultur) zur Sicherung eines *dauerhaften* Wettbewerbsvorteils.

Collis (1991b: 39 ff.)

Ability to innovate - "to build the insight and creativity that generates new ideas, and an organizational ethos and incentive scheme that encourages and rewards innovation" (S. 40);

Ability to learn - die Aneignung von Wissen über die Umwelt, die eigenen Handlungsziele und die Performance- oder sonstigen Wirkungen von Handlungen, um auf dieser Grundlage das Potential von Innovationen abschätzen zu können;

Ability to transfer learning and information within the organization - die Weitergabe individuellen Wissens an andere relevante Personen innerhalb der Organisation.

Kirsch (1990: 471 ff.), Kirsch & zu Knyphausen (1991b: 234 ff.)

Vorbemerkung: Die im folgenden genannte Fähigkeiten-Triade decken nur einen Teil dessen ab, wodurch Kirsch "evolutionsfähige" (genauer: "evolvierende, entwicklungsfähige" [Kirsch 1992: 12]) Systeme kennzeichnet. Insbesondere wird postuliert, daß für die spezieller definierte "fortschrittsfähige Organisation" noch eine zweite Triade konstitutiv ist, die aus der "kognitiv-instrumentellen", der "moralisch-praktischen" und der "ästhetisch-praktischen" Fähigkeit besteht. Zur "zirkulären Verflechtung" all dieser Fähigkeiten vgl. schließlich zu Knyphausen (1988: 39 ff.) sowie Kirsch (1992: 141 f.).

Handlungsfähigkeit - Es müssen einerseits genügend Ressourcen vorhanden sein, um den "Ongoing Process" der Organisation zu alimentieren, das heißt: die "Identität" des Systems zu erhalten. Zugleich sollte aber auch die Möglichkeit vorhanden sein, die Identität des Systems aus eigener Kraft zu verändern. Beides steht mit der Fähigkeit in Verbindung, *vollständige Entscheidungszyklen* zu durchlaufen.

Lernfähigkeit - die Fähigkeit, in systematischer Weise Wissen zu erwerben und dabei das gesamte Potential der Wissenschaft, aber auch anderer kultureller Institutionen zu nutzen;

Responsiveness - die Fähigkeit zur Berücksichtigung der Bedürfnisse und Interessen der vom Handeln der Organisation direkt oder indirekt Betroffenen. Das kann einerseits durch eine sensorische "Empfänglichkeit", andererseits durch die Gewährung des Zugangs zu den Entscheidungsarenen der Organisation geschehen.

Abb. 8 (Fortsetzung)

tion", das andere Mal in Richtung "*Des*integration" verschieben. Einflußfaktoren seien hier technische und institutionelle Faktoren; im Falle des Unternehmens spiele darüber hinaus auch die *interne Organisation* eine bestimmende Rolle für die Lernfähigkeit. Darauf wird gleich noch einmal zurückzukommen sein.

Die Schlüsselrolle, die dem organisatorischen Lernen zukommt, gerät heute auch Autoren ins Bewußtsein, die zunächst dem Kontext der Personalentwicklung zuzuordnen sind, diese aber in einen engen Zusammenhang mit der Unternehmensentwicklung insgesamt - mit dem Strategischen Management - stellen (vgl. de Geus 1988, den Bestseller von Senge 1990 sowie die Beiträge in Sattelberger 1991). Im Bereich des Strategischen Managements selber sind es bislang vor allem zwei Gesichtspunkte gewesen, unter denen man sich mit Phänomenen des organisatorischen Lernens beschäftigt hat. Der eine Gesichtspunkt entstammt der ökonomischen Theorietradition und wurde von der *Boston Consulting Group* Ende der sechziger Jahre popularisiert (vgl. die Einleitung zu Kap. 2.1, oben); es geht um die Lern- und Erfahrungseffekte, die im Zeitablauf regelmäßig zu einer Absenkung der Produktions- bzw. Organisationskosten führen und damit einen Wettbewerbsvorteil nach sich ziehen können.[53] Der andere Gesichtspunkt konstituiert das, was H. Mintzberg (1990a) die "Learning School" der Strategischen Unternehmensführung genannt hat (vgl. oben, Abb. 2) und sich auf Autoren wie C. Lindblom (1959, 1965 u. ö.) oder J. B. Quinn (1980, 1984) berufen kann. Der Schwerpunkt der Darstellung liegt hier auf der Idee eines evolutionären Experimentalismus, derzufolge der Prozeß der Strategiengenerierung als ein mehr oder weniger systematischer Trial-and-error-Prozeß zu begreifen ist, in dem Reaktionen der Umwelt beobachtet und im Hinblick auf die wei-

---

53. Der genauere Hypothesenzusammenhang lautet wie folgt (Amit 1986: 282): (1) Mit einer Verdoppelung des kumulativen Outputs sinken die auf die Wertschöpfung bezogenen Kosten der zuletzt produzierten Einheit um einen mehr oder weniger konstanten Prozentsatz. (2) Sofern der realisierten Kostenreduktion eine korrespondierende Reduktion der Preise folgt, kann das Unternehmen einen fokalen Markt mit großer Geschwindigkeit penetrieren und auf diese Weise Marktanteile gewinnen. (3) Eine Steigerung des Marktanteils führt zu einer verbesserten Gewinnsituation. In bezug auf (1) ist die *BCG* zuerst von einem Prozentsatz von 25 - 30 % ausgegangen (vgl. *Boston Consulting Group* 1972); dieser Wert ist später aber auf 5 - 10 % zurückgenommen worden (*Boston Consulting Group* 1978). Die von Dutton & Thomas (1984: 236 f.) zusammengestellten Untersuchungen gehen immerhin von ca. 20 % aus; es wird aber darauf hingewiesen, daß die für ein Unternehmen geltenden Kurven äußerst instabil sind. Was (2) angeht, so läßt sich im Zeitablauf tatsächlich meist eine Preisreduktion beobachten; nur zeigt Lieberman (1987b), daß sich dieses gerade *nicht* durch die hier formulierte Hypothese begründen läßt. In bezug auf (3) sei noch einmal auf die in Fn. 7, oben, genannten Untersuchungen verwiesen.

tere Handlungsplanung ausgewertet werden (vgl. auch noch einmal die Literatur zur *Systementwicklung*, oben S. 22 f.).

Die bislang genannten Literaturkreise eröffnen nur zu einem Teil den Zugang zu den weitverstreuten Forschungen, die im Zusammenhang mit dem organisatorischen Lernen relevant sind. Der umfassendste Überblick hierzu findet sich heute wohl bei Huber (1991), der organisatorisches Lernen als eine Art Phasenprozeß vorstellt, der von der Wissensakquisition über die Wissensverteilung und -interpretation bis zur Abspeicherung in den organisationalen Routinen ebenso wie in technischen Artefakten reicht.

Die *Wissensakquisition* ist sicherlich das am meisten untersuchte Forschungsfeld. Abbildung 9 mag hier wenigstens einen knappen Eindruck zum State-of-the-Art vermitteln. Die Idee des evolutionären Experimentalismus und das Konzept der Lern- bzw. Erfahrungskurve sind in den Punkten 2.1 und 2.5 aufgehoben; beide tragen dazu bei, daß das *Erfahrungslernen* als ein relativ gut erforschter Bereich angesehen werden kann, auch wenn zu bedauern ist, daß die verschiedenen Arbeiten nur selten kumulativ aufeinander aufbauen und durch systematische Feldstudien abgestützt sind (vgl. Huber 1991: 95 f.). Die Akquisition von "Second Hand-Experience" ist demgegenüber eher unterbelichtet, und die hierauf bezogenen Forschungen sind, so jedenfalls Huber (1991: 96 f.), im wesentlichen auf die Idee des *imitativen Lernens* beschränkt. Diese Tendenzen sind bedenklich deshalb, weil das Erfahrungslernen häufig zeit- und kostenaufwendig ist (vgl. Pautzke 1989: 109) und unter Umständen wissenschaftliche Erkenntnisse vorliegen, deren Nutzung zu einer Beschleunigung der Lernprozesse führt. In Kapitel 1 (oben) ist diese Perspektive näher ausgeführt worden; ihre empirische Relevanz spricht dafür, in Zukunft hier andere Forschungsgewichtungen vorzunehmen, um von hier aus dann auch die Theorie der strategischen Unternehmensführung voranzutreiben (siehe hierzu noch unten, Kap. 4.1).

Im Zusammenhang mit der *Wissensverteilung* steht die Frage im Vordergrund, wie das akquirierte Wissen den relevanten Mitgliedern der Organisation zugänglich gemacht wird bzw. werden kann. Huber (1991: 101) faßt den Forschungsstand hier durch eine Reihe von Hypothesen zusammen, die spezifizieren, unter welchen Bedingungen Organisationsmitglied A Wissen an Organisationsmitglied B abgibt. Zentraler Bezugspunkt solcher Hypothesen ist dabei das Konzept der *organisatorischen Wissensbasis*, das das den Mitgliedern der Organisation "im Prinzip zugängliche Wissen" bezeichnet, welches "die Chance hat, in organisatorische Entscheidungen und Handlungen einzufließen" (Pautzke 1989: 76 mit der dort angegebenen Literatur).

1. **Congenital Learning**: Wenn eine Organisation gegründet wird, sind zunächst einmal (a) das Wissen der Unternehmensgründer und (b) die institutionalisierten Regeln und Praktiken des sozialen Umfeldes (Gesellschaft, Branche etc.) relevant. Dazu kommt (c) das spezifische Wissen, das in der Konzeptionsphase zur Unternehmensgründung gesammelt wird. (*Bislang weitgehend unerforscht*)
2. **Experiential Learning**
   2.1 **Organizational Experiments** - die mehr oder weniger systematische Auswertung von Umweltreaktionen auf das Organisationshandeln. Dies ist insb. in den Bereichen F & E und Testmarketing relevant. Darüber hinaus gibt es nur wenig Erkenntnisse über die Bedingungen *bewußter Experimentierfreudigkeit*, abgesehen von den Arbeiten zur *Programmevaluierung* (z. B. Rossi & Freeman 1989), wo der experimentelle Charakter allerdings erst ex post offenkundig wird, und den Arbeiten zur Entscheidungstheorie (Lindbloms [1959] Methode des "sukzessiven begrenzten Vergleichens", Quinns [1980] "logischer Inkrementalismus").
   2.2 **Organizational Self-appraisal** - der Versuch, durch Verbesserung von Interaktion & Partizipation das Lernen zu fördern. Paradigmatisch sind Arbeiten zur *Organisationsentwicklung* (z. B. French & Bell 1990) und zur *Aktionsforschung* (Peters & Robinson 1984).
   2.3 **Experimenting Organizations** - die Idee, durch den Aufbau "lockerer" Organisationsstrukturen ("Zelte statt Paläste!") die Anpassungsfähigkeit zu erhöhen (vgl. Hedberg et al. 1976 u. a. m. [zu Knyphausen 1988: 271]; empirisch Mintzberg & McHugh 1985).
   2.4 **Unintentional or Unsystematic Learning**: Nach einigen frühen experimentellen Studien zum Lernen in Gruppen (Cangelosi & Dill 1965 u. a. m.) ist eine Reihe von analytischen Arbeiten entstanden, die zeigen, daß (a) Lernen oft ein "Nebenprodukt" anderer Aktivitäten ist, (b) rasches Lernen aber nicht immer von Vorteil sein und von den Aktoren erwünscht sein muß (vgl. etwa Lounamaa & March 1987). Empirische Studien sind hierzu aber bislang kaum vorhanden.
   2.5 **Experience-based Learning Curves** - vgl. die Hinweise im Text (insb. Fn. 53).
3. **Vicarious Learning** - das Profitieren von Erfahrungen anderer Organisationen. Relevante Literaturströme sind hier (a) Arbeiten zum *Corporate Intelligence System* (vgl. etwa Ghoshal & Westney 1991), (b) die *institutionalistische Organisationstheorie* (Zucker 1987, DiMaggio & Powell 1991), derzufolge eine weitgehende Anpassung an Umweltnormen die Sanktionen der "Stakeholder" minimiert, und (c) die *Diffusionsforschung* (vgl. etwa Mansfield 1985).
4. **Grafting** - die Nutzung von Wissensbeständen anderer Organisationen durch deren Aufkauf, durch die Bildung von Joint Ventures (Lyles 1988), strategischen Allianzen (Hamel 1991, Mody 1993) oder anderen Formen der Kooperation.
5. **Searching and Noticing** - die aktive oder passive Aufnahme von Informationen
   5.1 **Scanning** - die relativ ungerichtete Absuche der externen Umwelt (a) durch Organisationen bzw. Organisationseinheiten (Aguilar 1967, Dollinger 1984 u. a. m.) oder (b) durch einzelne Personen, insb. Top-Manager (vgl. ebenfalls Dollinger 1984). Eine Variante zu (b) ist die Literatur zum *Gatekeeping* (vgl. etwa Tushman & Katz 1980).

Abb. 9: Organisatorisches Lernen: Varianten der und Forschungsströme zur Wissensakquisition (nach Huber 1991: 91 - 99)

5.2	**Focused Search**: Der Schwerpunkt der Forschung liegt hier in der Identifikation von Bedingungen, unter denen nach neuen Informationen gesucht wird. So müssen etwa die Initiativsignale "laut" sein und aus mehreren Quellen stammen (Ansoff 1975); die zu evaluierenden Alternativen dürfen nicht zu weit von den bisherigen entfernt sein (Cyert & March 1963), und die Suche muß eine gewisse Erfolgswahrscheinlichkeit besitzen (Schwab et al. 1985).
5.3	**Performance Monitoring** - Daß Organisationen ein Controlling einrichten, um ihre Performance zu überwachen, scheint offensichtlich zu sein. Die Literatur zu den *Informationspathologien* (vgl. zum Überblick Sorg 1982) gibt aber auch Anhaltspunkte dafür, "[that bureaucratic organizations] cannot correct their behavior by learning from their errors" (Crozier 1965: 186).

Abb. 9 (Fortsetzung)

Bei der *Wissensinterpretation* geht es um den Prozeß, durch den den Informationen Bedeutung zugeschrieben wird (vgl. Daft & Weick 1984: 294). Ein interessantes konzeptionelles Problem besteht hier zunächst darin, ob man eine weitgehend einheitliche oder gerade eine differierende Bedeutungszuschreibung als "Lernen" bezeichnen will. Huber (1991: 102) optiert hier für die zuletzt genannte Alternative, weil auf dieser Grundlage mehr Interpretationen zur Verfügung stehen, die je nach den Erfordernissen der Situation genutzt werden können (vgl. ähnlich auch March 1991: 74 ff.). Darüber hinaus unterscheidet er dann vier Perspektiven, die für eine Analyse von Interpretationsprozessen relevant sind. Die erste Perspektive ist die *kognitive* Perspektive, die ihren Niederschlag vor allem in der Idee der "kognitiven Landkarten" gefunden hat. Hierzu sind in Kapitel 1.1 (oben) schon knappe Hinweise gegeben worden. Ein zweiter Forschungsstrom untersucht den Einfluß der *Kommunikationsmedien* auf die Reichhaltigkeit des Informationsaustauschs. Untersucht werden beispielsweise die Vor- und Nachteile der Face-to-face-Kommunikation im Vergleich zu einem nur telefonischen Informationsaustausch (vgl. den Überblick bei Culnan & Markus 1987). Ein dritter Forschungsstrom beschäftigt sich mit den verminderten Möglichkeiten der Bedeutungszuschreibung von Individuen, denen ein *Information Overload* zugemutet wird. Die vierte Forschungsrichtung diskutiert die Notwendigkeit des *Verlernens*: Nur wer irreführende Wissensbestandteile oder Verhaltensweisen wieder "vergißt", besitzt die Offenheit, neues Wissen anzunehmen und handlungsleitend werden zu lassen (vgl. grundlegend Hedberg 1981).

Mit der *Wissensspeicherung* schließlich ist die Frage angesprochen, wie gesammeltes und verarbeitetes Wissen dauerhaft verfügbar gehalten werden kann. Es ist offensichtlich, daß die beschränkte Informationsverarbeitungskapazität von Individuen sich hierfür dysfunktional auswirkt. Aber natürlich sind auch organisationale Aspekte wichtig. Sie hängen zum einen mit den Möglichkeiten der modernen Computertechnologie zusammen. Zu denken ist hier etwa an den Aufbau von Expertensystemen, mit denen auch "weiche" Informationen abgespeichert werden können, ohne die Gehirne der Aktoren unnötig zu belasten (vgl. zum State of the Art Gabriel & Timm 1992 mit der dort angegebenen Literatur). Zum anderen sind an dieser Stelle die schon mehrfach erwähnten organisationalen "Routinen" von Interesse, die nach Nelson und Winter (1982: 14) eine ähnliche Rolle spielen wie die Gene in der biologischen Evolutionstheorie und Firmencharakteristika abdecken, "that range from well specified technical routines for producing things, through procedures for hiring and firing, ordering new inventory, or stepping up production of items in high demand, to policies regarding investment, research and development (R & D), or advertising, and business strategies about production diversification and overseas investment."

Routinen stellen den wohl wichtigsten Baustein zur Analyse der Lernfähigkeit von Organisationen dar. Die Lern*fähigkeit* ist in den vorstehenden Ausführungen mehrfach implizit angesprochen worden, und zwar dort, wo auf Kontextbedingungen hingewiesen wurde, die dem Lernen förderlich sind (vgl. hierzu ausführlich Hedberg 1981: 12 ff., Fiol & Lyles 1985: 804 f., Pautzke 1989: 142 ff.). Insbesondere ist auf die Bedeutung der Organisationsstruktur hingewiesen worden, die - vielleicht unter dem Motto "Zelte statt Paläste!" (siehe Abb. 9, Punkt 2.3) - so weit wie möglich anzulegen ist als ein "design for organizational learning, for acquiring information about the state of the world and for improving what the organization can do" (M. Cohen 1991: 135). Die Hervorhebung der *Routinen* bringt nun allerdings ein weiteres Mal eine dynamische Komponente ins Spiel, handelt es sich hier doch um organisationale Tiefenstrukturen, die die nach außen sichtbaren Oberflächenstrukturen gleichsam "produzieren", im Zuge dieser Produktion aber auch ihrerseits reproduziert werden. Empirische Studien, die in dieser Richtung argumentieren, sind von W. Cohen und D. Levinthal (1989, 1990) mit Blick auf den F & E-Bereich vorgelegt worden. Demnach ist die Fähigkeit von Unternehmen, das in der Umwelt vorhandene Wissen (die "Ökologie der Ideen") zu nutzen, eine Funktion des *im Unternehmen* vorhandenen, damit verbundenen Wissens. Das vorher im Unternehmen vorhandene Wissen ermöglicht es, den Wert der neuen Information abzuschätzen, sie anzupassen und für kommerzielle Verwendungen verfügbar zu machen. Das im Unternehmen vorhandene Wissen konstituiert mithin eine "Absorptive Capacity", die ihrerseits natürlich durch die dann aufgenommene Information angereichert wird.

Die Studien von Cohen und Levinthal machen besonders deutlich, daß die Entwicklung der Lernfähigkeit einem historischen Pfad folgt, also *zeitabhängig* ist (vgl. Levinthal 1992: 432), und entsprechend dürfte auch das Lernen selbst normalerweise einen solchen historischen Pfad durchschreiten: Ein *Kontextsprung* bzw. ein "Double Loop Learning" (Argyris & Schön 1978: 18 ff.), das die etablierten Routinen in revolutionärer Weise überwindet, ist sicherlich eher die Ausnahme als die Regel, und wenn so etwas vorkommt, dann unterliegt dies nicht der Kontrolle der betroffenen Aktoren - es handelt sich um ein *nicht-intendiertes* Lernen (Abb. 9, Punkt 2.4). Kurzum, auch für die Lernfähigkeit gelten nach diesen Überlegungen offenbar die Bedingungen, die für Organizational Capabilities insgesamt erfüllt sein müssen, um einen (haltbaren) Wettbewerbsvorteil zu begründen: Sie läßt sich nicht in voluntaristischer Manier erzeugen, sondern entwickelt sich in einem Prozeß, der schwer durchschaubar und schon deshalb gegen Imitation gesichert ist.

2.24 Beiträge der nicht-ökonomischen Organisationsforschung zum Verständnis organisationaler Fähigkeiten bzw. zum Strategischen Management

Die Überlegungen zur Lernfähigkeit und die dabei in Anspruch genommenen theoretischen Arbeiten zeigen, daß man das Thema "Organizational Capabilities" letztlich nicht angemessen behandeln kann, wenn man nicht auch auf die Erkenntnisse der nicht-ökonomischen Organisationsforschung zurückgreift. Dieser Umstand ist nichts anderes als ein Reflex der disziplinären Diskussion im Strategischen Management insgesamt. Es hat dort immer einen Strang von Arbeiten gegeben, der sich stärker an sozial- bzw. verhaltenswissenschaftlichem Traditionen orientiert hat, und diesen Strang gibt es auch heute noch, auch wenn dieser sicherlich nicht in gleicher Weise den "Mainstream" ausmacht wie die ökonomischen Ansätze.

Die Ausgangsposition ließ sich zunächst relativ einfach umschreiben (vgl. Jemison 1981b: 634, Hirsch et al. 1990): Die ökonomische Theorie schien von zu restriktiven Verhaltensannahmen auszugehen und auf dieser Grundlage Modelle zu entwickeln, die kaum deskriptive Bedeutung besitzen. Zudem wurde im wesentlichen die "Content"-Seite der Strategieentwicklung betrachtet, während die "Process"-Seite unterbelichtet blieb. In die damit sich auftuenden Leerstellen sollte die Organisationstheorie einhaken. Inzwischen haben sich, wie mehrfach erwähnt, die Fronten verändert: Auch die ökonomische Theorie hat die Organisation als Thema entdeckt und sich damit auch der "Process"-Seite zugewandt, in einer Weise, die die Unterscheidung zwischen "Content" und "Process" überhaupt obsolet werden läßt. Zugleich werden die restriktiven Verhaltensannahmen der Neoklassik an vielen Stellen abgeschwächt. Die ökonomische Theorie entwickelt, mit anderen Worten, mehr denn je den imperialistischen Anspruch einer "Supertheorie" (Luhmann), die alle relevanten Fragestellungen, die in der Wirtschaft (und, wie insbesondere Gary Becker gezeigt hat, auch anderswo!) auftauchen, mit ihrem Instrumentarium behandeln kann. Die traditionell-organisationstheoretischen Ansätze befinden sich, auf den ersten Blick wenigstens, entsprechend in einer Rückzugsposition. Auf den zweiten Blick zeigt sich freilich, daß diese Ansätze nach wie vor wichtige Beiträge leisten können, daß mehr denn je eine *Zusammenarbeit* gefragt ist (vgl. dazu, mit besonderem Blick auf die Agency-Theorie, Hesterly et al. 1990: 412 ff.). Die Lerntheorien sind dafür ein erstes Beispiel gewesen; darüber hinaus bietet es sich aber an, die verschiedenen Organisationstheorien etwas systematischer daraufhin zu untersuchen, welche "Ökologie von Ideen" sich hier für die Theorie der strategischen Unternehmensführung bietet bzw. wie diese Ideen in den einschlägigen Veröffentlichungen genutzt werden.

Es lassen sich gegenwärtig wohl sechs Ansätze ausmachen, die die nicht-ökonomische Organisationstheorie (in den USA) ausmachen: die "Administrative Behavior"-Schule (1), der Kontingenzansatz (2), der "Resource Dependency"-Ansatz (3), der populationsökologische Ansatz (4), die institutionalistische Organisationstheorie (5) und der interpretative Ansatz (6) (vgl. D. Ulrich & Barney 1984 sowie, aus der Perspektive des [internationalen] Strategischen Managements, Doz & Prahalad 1991). Die unter (4) bis (6) genannten Ansätze sind dabei sicherlich die aktuelleren; sie müssen aber hier nicht näher betrachtet werden, weil ihr Potential für das Strategische Management an anderen Stellen dieser Arbeit aufgewiesen wird.[54] Die folgenden Ausführungen beschränken sich also auf knappe Hinweise zu den unter (1) bis (3) genannten Ansätzen, die sich in etwas spekulativer Weise auch so zusammenführen lassen, daß sich neue Einsichten für die Betrachtung der Lernfähigkeit bzw. der Organizational Capabilities insgesamt ergeben (4).

(1) Die "Administrative Behavior"-Schule geht natürlich auf die bahnbrechende Arbeit von H. Simon (1947) sowie nachfolgende Beiträge von March und Simon (1957), Cyert und March (1963) und anderen zurück. Sie zeichnet ein Organisationsbild, in dem Menschen auftreten, "so wie sie wirklich sind". Das bedeutet zum einen, daß sie nicht einer rationalen Entscheidungslogik, sondern einer ganz anders gearteten "Psycho-Logik" des Handelns folgen (vgl. die Rekonstruktion in Kirsch 1970, 1971). Die Suche nach Informationen ist wesentlich durch das vorhandene Anspruchsniveau bestimmt, das von vielen Faktoren beeinflußt wird, in jedem Fall aber häufig als "niedrig" einzustufen ist (gemessen an den Standards der ökonomischen Entscheidungstheorie). Zum anderen sind die Aktoren auch *politische* Aktoren, die vornehmlich auf die eigene Interessenwahrnehmung ausgerichtet sind und dafür die ganze Klaviatur des konfliktären, aber

54. Auf die Bedeutung des interpretativen Ansatzes ist in Kap. 1.1 hingewiesen worden, und in Kap. 2.4 wird darauf, ebenso wie auf den populationsökologischen Ansatz und den institutionalistischen Ansatz, noch (kurz) zurückzukommen sein.

auch des kooperativen Handelns (wenn man die Bildung von Interessenkoalitionen so bezeichnen will) zu spielen geneigt sind.

Die Administrative Behavior-Schule der Organisationstheorie ist ein wesentlicher Impulsgeber sowohl für die "Learning" als auch für die "Political School" der Strategischen Unternehmensführung gewesen (vgl. zu diesen Schulen wiederum oben, Abb. 2). Wenn man deren zentrale Aussagen als bekannt voraussetzt, stellt sich allerdings die Frage, welche *neuen Einsichten* diese Art der Organisationstheorie (mit den dahinterstehenden verhaltenswissenschaftlichen Forschungstraditionen) erbracht hat und welches *zusätzliche Potential* sich daraus für die Theorie der strategischen Unternehmensführung ergibt. Es sind zwei Gesichtspunkte, die hier in besonderer Weise Beachtung gefunden haben und nicht zuletzt deshalb interessant sind, weil sie auch eine Brücke schlagen zu den "Content"-Themen, für deren Behandlung die ökonomische Theorie ursprünglich eine Monopolposition beansprucht hatte.

Der eine Gesichtspunkt baut auf der sogenannten "Prospect"-Theorie von Kahneman und Tversky (1979) auf. Diese Theorie schert das Verhalten von Individuen nicht über einen Kamm (Schoemaker 1990: 1185 f.), sondern führt Referenzpunkte ein, an denen sich Aktoren bei riskanten Entscheidungen orientieren. *Solange der erwartete Return unterhalb dieses Referenzpunktes liegt, neigen Individuen zu einem risikofreudigen Verhalten; liegt er dagegen oberhalb dieses Referenzpunktes, so überwiegt risikoaverses Verhalten.* Fiegenbaum und Thomas (1988) haben gezeigt, daß sich auf der Grundlage dieser Theorie bzw. These das sogenannte *Risk/Return-Paradox* auflösen läßt, das Bowman (1980) entdeckt hat und das Anlaß für viele Anschlußuntersuchungen gewesen ist (vgl. z. B. Figenbaum & Thomas 1986, Wiseman & Bromiley 1991, Jegers 1991, Kim et al. 1993). Nach den empirischen Ergebnissen von Fiegenbaum und Thomas gilt der negative ("paradoxe") Risiko/Return-Zusammenhang nur für Unternehmen, die sich unterhalb des durchschnittlichen Ertragsniveaus der Industrie befinden; bei überdurchschnittlich erfolgreichen Unternehmen gilt dagegen der auch von der Finanztheorie unterstellte positive Zusammenhang. Fiegenbaum (1990) bestätigt dieses Ergebnis (mit einem anderen Datensatz) und zeigt darüber hinaus, daß unterhalb des Referenzmaßstabes die negativ geneigte Trade Off-Kurve ca. dreimal steiler verläuft als die (aufsteigende) Kurve oberhalb dieses Punktes.

Der zweite Gesichtspunkt betrifft das Phänomen des *eskalierenden Commitments* (Escalating Commitment, EC).[55] Damit ist die häufig zu beobachtetende Tatsa-

55. Whyte (1986) hat gezeigt, daß sich dieses Phänomen auch - und vielleicht sogar besser - in den Kategorien der "Prospect"-Theorie erklären läßt. Insofern hängen die beiden im Text genannten Gesichtspunkte eng zusammen.

che angesprochen, daß Individuen dazu neigen, "gutes Geld dem schlechten nachzuwerfen", weil sie vor sich selbst die ursprüngliche Entscheidung rechtfertigen wollen, sie von außen einem Rechtfertigungsdruck unterworfen sind oder es gesellschaftliche oder sonstige Normen gibt, die die Konsistenz des Handelns positiv bewerten (vgl. Staw 1981).[56] Tang (1988: 79) beschreibt die Implikationen für das Strategische Management wie folgt:

> "First, as any strategy leads to investments in technology, people, and organizational structure, the EC will induce the firm to commit further investment to the preceding course of action. Consequently, there is an increasing strategic inertia inherent in any particular strategy which later prevents the firms from responding to environmental changes, despite the fact that the preceding strategy results in undesirable consequences. Although strategic flexibility is desirable, the EC implies that it is very difficult to obtain. ... Second, given the inertia of any particular strategy, if a firm has to change its strategy, it will have to change it drastically, because piecemeal, incremental change will further reinforce the EC to the previous strategy."

Diese Ausführungen schließen natürlich direkt an die in Kapitel 2.22 und 2.23 geführte Diskussion an. Sie sind aber auch als eine verhaltenswissenschaftliche Ergänzung zu den industrieökonomischen Forschungen anzusehen, die so fundamental auf der Idee des "Commitments" aufbauen (vgl. oben, Kap. 2.12).

(2) Der Kontingenzansatz der Organisationstheorie ist in den sechziger Jahren vor allem durch Woodward (1965), Lawrence und Lorsch (1967) sowie Thompson (1967) begründet worden. Die Unternehmung wurde als offenes System verstanden, das die Anforderungen der Umwelt in seinen internen Strukturen widerspiegelt bzw. widerspiegeln sollte.

In der Organisationstheorie ist es um den Kontingenzansatz inzwischen vergleichsweise ruhig geworden (vgl. Pennings 1992). Das sollte nicht darüber hinwegtäuschen, daß gerade in den Forschungen zum Strategischen Management die Umweltoffenheit von Systemen und die Kontextabhängigkeit von Kausalbeziehungen zwischen verschiedenen Variablen zu grundlegenden Axiomen geworden sind.[57] Darüber hinaus ist zu beachten, daß eine Weiterentwicklung des kontingenztheoretischen Ansatzes heute das begründet, was Mintzberg (1990a) die "Configurational School" des Strategischen Managements genannt hat (vgl.

---

56. Neuere empirische Ergebnisse finden sich bei Hambrick et al. (1993); dort wird festgestellt, daß das individuelle Commitment von Top-Managern auf den Status Quo mit der gegenwärtigen Ergebnissituation und der Dauer der Firmenzugehörigkeit, insbesondere aber mit der Dauer der Beschäftigung in einer Branche positiv korreliert ist.
57. Auf den erstgenannten Gesichtspunkt wird in Kap. 4.2, auf den letztgenannten in Kap. 2.6 noch näher eingegangen.

oben, Abb. 2), eine Schule, deren Potential für die Theorieentwicklung noch lange nicht verbraucht zu sein scheint (ebenda: 190). Neben den Arbeiten von Mintzberg selber (1979, 1989 usw.) ist hier besonders aufschlußreich vielleicht die Studie von Miller (1986), die in der Tradition von Chandler (1962) einen Zusammenhang von Strategie und Struktur herstellt und dafür einerseits die von Mintzberg (1979) entwickelte Taxonomie von Organisationsformen ("Simple Structure", "Machine Bureaucracy", "Organic" und "Divisionalized Structure") und andererseits eine aus den Arbeiten von Porter (1980) und Miles und Snow (1978) zusammengestellte Taxonomie grundlegender Strategien (mit den Ausprägungsformen "Niche Differentiation", "Cost Leadership", "Innovative Differentiation" sowie "Conglomeration") heranzieht. Die Grundidee besteht darin, daß sowohl die Organisationsformen als auch die Strategietypen durch spezifische Cluster einer Vielzahl von Variablenausprägungen konstituiert werden, beides aber auch *miteinander* in einem konfigurationalen Zusammenhang steht. Ein Wechsel zwischen den Konfigurationen ist aufgrund der vielfältigen Abhängigkeiten nur als "Quantensprung" (Miller & Friesen 1984) möglich - eine Idee, die wiederum gut zu der These der "strukturellen Trägheit" paßt (siehe auch noch einmal das Zitat von Tang).

(3) Der "Resource Dependence"-Ansatz der Organisationstheorie wird von Pfeffer und Salancik (1978: 258) kurz und knapp wie folgt charakterisiert:

> "To survive, organizations require resources. Typically, aquiring resources means the organization must interact with others who control those resources. In that sense, organizations depend on their environment. Because the organization does not control the resources it needs, resource acquisition may be problematic and uncertain. Others who control resources may be undependable, particularly when resources are scarce. Organizations transact with others for necessary resources, and control over resources provides others with power the organization. Survival of the organization is partially explained by the ability to cope with environmental contingencies; negotiating exchanges to ensure the continuation of needed resources is the focus of much organizational action."

Auf dieser Basis liegt der Schwerpunkt der Analyse auf den verschiedenen Möglichkeiten, die Kontrolle über die kritischen Ressourcen zu gewinnen und die eigene Macht gegenüber den Konkurrenten zu erhöhen bzw. die Abhängigkeit von diesen zu verringern. Dabei kommt natürlich fast das ganze Spektrum von Manövern ins Blickfeld, das im Zusammenhang mit unternehmensstrategischen Fragestellungen von Interesse ist: Unternehmenswachstum, vertikale Integration und Diversifikation, Joint Ventures, Strategische Allianzen usw. (vgl. wieder Pfeffer & Salancik 1978: Kap. 6 und 7). Besondere Bedeutung für die empirische Forschung hat hier das Phänomen der verschachtelten Aufsichtsratsmandate ("Interlocking Directorates") erlangt (vgl. den Literaturüberblick bei Richardson

1987). Nicht alle Untersuchungen haben dabei bestätigende Evidenz für den Resource Dependence-Ansatz erbracht (vgl. hierzu den Überblick bei Habel 1992: 108 ff.). Das widerspricht aber nicht der Tatsache, daß dieser Ansatz sich als ausgesprochen fruchtbar auch für die Theorie der strategischen Unternehmensführung erwiesen hat und immer noch erweist. Vor dem Hintergrund der Ausführungen in Kapitel 2.1 ist das wohl auch kaum verwunderlich, verbindet dieser Ansatz doch offenbar Ideen des Ressourcenorientierten Ansatzes mit der Marktmachtperspektive der Industrieökonomik.[58] Diese Verbindungen sind freilich in der Literatur bislang nicht aufgegriffen worden.

(4) Ein gemeinsames Merkmal der hier beschriebenen organisationstheoretischen Ansätze liegt darin, daß sie sich mit der Frage auseinandersetzen, wie Organisationen mit dem zentralen Problem der *Handlungsunsicherheit* umgehen.[59] Für den Resource Dependence-Ansatz ist diese Frage sehr unmittelbar mit der Handhabung des Ressourcenproblems verbunden; die machtorientierte Beeinflußung der Umweltbeziehungen ist darauf ausgerichtet, die Stabilität der Umwelt und die Vorhersagbarkeit von Umweltentwicklungen zu erhöhen (vgl. Pfeffer & Salancik 1978: 282). Die beiden anderen Ansätze behandeln alternative Lösungsstrategien. Die Administrative Behavior-Schule betont einerseits die Tendenz, kurzfristigen Perspektiven den Vorrang vor "globaler Maximierung" einzuräumen und sich mit einem "Satisficing" zu begnügen;[60] andererseits wird aber auch die Lernfähigkeit hervorgehoben, die für notwendige Anpassungen sorgt. Der Kontingenzansatz schließlich ist auf die *interne Differenzierung* fokussiert: Je unsicherer und "komplexer" die Umwelt ist, desto mehr gliedern Organisationen ihre internen Strukturen auf, um den unterschiedlichen Anforderungen in spezialisierter Weise begegnen zu können (vgl. paradigmatisch Lawrence & Lorsch 1967).

---

58. Für differenzierende Hinweise zu dieser "Marktmachtperspektive" vgl. allerdings auch noch einmal oben, Fn. 32.
59. Ausführlicher wird das Problem der Handlungsunsicherheit - das zweifellos auch als ein zentrales Problem des *Strategischen Managements* angesehen werden muß - auch noch in Kap. 4.31 behandelt.
60. Interessante empirische Belege für diese Sichtweise finden sich bei Fredrickson & Mitchell (1984) sowie Fredrickson & Iaquinto (1989); hier wird gezeigt, daß in stabilen Umwelten eine "synoptische", an anspruchsvollen Rationalitätsmodellen orientierte Vorgehensweise sich positiv auf die Performance auswirkt (und insofern auch "realistisch" ist), während in instabilen Umwelten eine Vorgehensweise nach dem Inkrementalmodell angemessener zu sein scheint. Die Fallstudien von Eisenhardt (1989c, 1990) weisen demgegenüber darauf hin, daß in der "High-Velocity Environment" der US-amerikanischen Mikrocomputerindustrie die erfolgreichen Unternehmen sich ebenfalls eher im Sinne des synoptischen Modells verhalten.

All die hier genannten Aspekte haben, und damit schließt sich nun der Kreis, etwas mit "Organisational Capabilities" zu tun. Es ist ja offensichtlich, daß das Problem der Handhabung von Unsicherheit sich auch als ein *Problem der Aufrechterhaltung bzw. Gewinnung von Handlungsfähigkeit* (Handlungs*fähigkeit!*) *trotz Unsicherheit* formulieren läßt. Wiesenthal (1991) zeigt, daß man sich hier verabschieden muß von der Fiktion des "unitarischen Aktors", der im Zeitablauf bei gleichbleibender Informationslage über konsistente Präferenzen verfügt und/oder einen einheitlichen Willen besitzt: Organisationen müßten in der Tat *lernfähige* Systeme sein, die Offenheit besitzen für eine Transformation der eigenen Identität (a); darüber hinaus bestehe aber (b) auch die Möglichkeit, sich als "Multiple Self" zu konstituieren, das verschiedene, durchaus widersprüchliche Weltsichten in sich vereint, aber natürlich auch zu einem Koordinationsproblem führt. Wiesenthal (1991: 86 f.) behauptet zwar, daß dieses Problem in Unternehmungen besser zu bewältigen sei als in Interessenorganisationen mit "freiwilliger" Mitgliedschaft (z. B. Gewerkschaften), weil hier doch ein hinreichend abstrakter Erfolgsmaßstab (Gewinn/Verlust, Liquidität usw.) existiere, der die Dezentrierungstendenzen am Ende doch noch einfängt. Baldwin und Clark (1991: 32) machen aber klar, daß gerade auch der "Output" von organisationalen Fähigkeiten - Qualität, Geschwindigkeit, etc. - sich keineswegs ohne weiteres unter einen ökonomischen Hut bringen läßt ("Effectiveness as Paradox!", heißt es, noch stärker zugespitzt, bei Cameron 1986), sich also auch für Unternehmen das Koordinationsproblem in aller Schärfe stellt.

Gibt es einen Zusammenhang zwischen den beiden hier angedeuteten Richtungen der Auflösung des "unitarischen" Aktors? Diese Frage ist gegenwärtig wohl nur in spekulativer Weise zu beantworten. Wiesenthal (1991: 107 f.) schreibt, daß "[m]ultiple Weltbilder .. sich gegeneinander abschotten und verselbständigen, ... aber auch ihre Lernfähigkeit steigern [können], indem sie sich zueinander in Beziehung setzen und Erklärungen für die von beiden Seiten registrierten Differenzen suchen" (ohne Hervorh.). Und bei Collis (1991b: 41) heißt es:

> "[I]t might be that only continual tension or conflict within the organization can build the required dynamic routines. Continually stretching individuals by underinvesting in their numbers and the precise specification of their tasks, but overinvesting in their firm-specific human capital might maintain the appropriate pressure to perform, while providing the training to respond effectively." (ohne Lit.-hinweise)

Die Vorstellung, daß es widersprüchliche oder gar "paradoxe" Strukturen sind, die "exzellente Unternehmen" (mit "Organizational Capabilities") ausmachen, findet sich schließlich auch in der beraternahen Literatur, die für die Entwicklung des Strategischen Managements eine so hohe Bedeutung gehabt hat und immer noch hat (vgl. oben, Kap. 1.2). Peters und Waterman (1982: 100), Peters

(1987: 41, 391 u. ö.) sowie Pascale (1990: passim) geben Hinweise, die aus der Beobachtung der besten amerikanischen, aber auch der besten japanischen Unternehmen abgeleitet sind. Der Blick nach *Japan* verdient dabei wohl besonderes Interesse, haben doch die Leistungen der dort ansässigen Unternehmen in den achtziger Jahren für die gar nicht mehr so erfolgreichen amerikanischen Unternehmen[61] eine große Herausforderung dargestellt, die auch die Theorie der strategischen Unternehmensführung nicht unberührt lassen konnte. Die folgenden Ausführungen werden dies verdeutlichen und zu einer Vertiefung der in diesem Kapitel (2.2) angestellten Überlegungen beitragen.

2.3 Die japanische Herausforderung

Es kann kein Zweifel darüber bestehen, daß der große Erfolg vieler japanischer Unternehmen und die damit einhergehende Verschlechterung der Marktposition amerikanischer und auch europäischer Unternehmen spätestens seit Anfang der achtziger Jahre zu einem wichtigen Thema auch im Strategischen Management geworden ist. "Managing Our Way to Industrial Decline" (Hayes & Abernathy 1980) und "The New Industrial Competition" (Abernathy et al. 1981) waren Titel, die den Diskussionston frühzeitig bestimmten: Der japanische Erfolg wurde als Herausforderung empfunden, der man begegnen mußte, wenn man die traditionell führende Position des eigenen Landes bzw. der (von) dort agierenden Unternehmen aufrechterhalten wollte (vgl. Chandler 1992a: 26 ff.). Die Herausforderung stellte sich allerdings zugleich auch als eine *theoretische* Herausforderung dar: Mit den etablierten Ansätzen der Managementlehre ließ sich die japanische Erfolgsstory offensichtlich nicht erklären. Ouchi (1981) forderte in dieser Situation den Übergang zu einer "Theory Z", während Pascale und Athos (1981) anempfahlen, statt auf die "harten" nunmehr verstärktes Gewicht auf die "weichen" Variablen des Managementprozesses (in der Terminologie des "7-S"-Ansatzes von *McKinsey*: "Skills", "Staff", "Style" und "Superordinate Goals") zu legen (vgl. hierzu kritisch Nonaka & Johansson 1985).[62]

Die Arbeit von Pascale und Athos bietet ein gutes Beispiel für die Tendenz, dann, wenn die etablierte Theorie "versagt", sich erst einmal "Fälle" anzusehen,

---

61. Bekanntlich sind auch einige der von Peters & Waterman (1982) beschriebenen "exzellenten" Unternehmen einige Jahre später in Schwierigkeiten geraten (vgl. *Business Week* vom 5.11.1984, S. 76 ff., Pascale 1990: 16 f., Ghemawat 1991a: 81 ff., zur Kritik am Untersuchungsdesign von Peters & Waterman aber auch Aupperle et al. 1986).
62. Ein knapper, nach Phasen gegliederter Überblick über die Forschungsentwicklung vor 1980 findet sich in Dunphy (1987).

um von hier aus dann erste, mehr oder weniger vorläufige Generalisierungen abzuleiten. Dieses Vorgehen ist ursprünglich vor allem von der Harvard-Schule propagiert worden, später aber dann etwas in den Hintergrund getreten, wie man an den Veröffentlichungen des *Strategic Management Journal* ablesen kann (vgl. oben, Kap. 1.2). Die "japanische Herausforderung" ist aber wohl ein wesentlicher Grund dafür, daß die Harvard-Tradition des Strategischen Managements auch nicht ganz verdrängt worden ist: Die japanischen Unternehmen wurden (und werden auch heute noch) als Inbegriff von "Best Practices" angesehen, von denen man (im Sinne eines "Benchmarking") nur lernen kann.[63] Erst in den letzten Jahren ist auch ein Strom von Arbeiten entstanden, die das Japan-Phänomen wieder unter Veranschlagung strengerer Theorieansprüche erklären wollen. Nach den Ausführungen in den Kapiteln 2.1 und 2.2 ist es kaum verwunderlich, daß dabei insbesondere der ökonomischen Theorie und dem Konzept der "Organizational Capabilities" hohe Bedeutung zukommen.

Die folgenden Ausführungen spiegeln die hier angedeuteten Aspekte wider. In Kapitel 2.31 wird zunächst ein kurzer Überblick gegeben, der auch die Entwicklung eines Bezugsrahmens einschließt, der die Vielzahl der relevanten Aspekte zur Erklärung des Erfolges der japanischen Unternehmen in eine Ordnung bringt. Dann werden die Faktoren, die auf der "Mikro-Mikro-Ebene" des einzelnen Unternehmens angesiedelt sind, zunächst anhand ausgewählter Fallstudien erläutert (Kap. 2.32) und anschließend einer ökonomisch-theoretischen Interpretation zugeführt (Kap. 2.33). Zum Schluß wird, wiederum im Einklang mit der "Mainstream"-Literatur, die Frage gestellt, inwieweit sich das japanische Unternehmensmodell auf amerikanische (aber auch auf europäische) Unternehmen übertragen läßt; dabei wird sich auch die Gelegenheit ergeben, stärker auch die nicht-ökonomischen Theorieansätze zu berücksichtigen, die in Kapitel 2.24 angesprochen worden sind (Kap. 2.34).

2.31 Überblick

(1) Daß die japanischen Unternehmen in den vergangenen Jahrzehnten auf den Weltmärkten erfolgreich gewesen sind, ist heute keine sehr innovative Erkenntnis.[64] Immer wieder bemerkenswert ist aber die Tatsache, daß sich der japani-

---

63. In Kap. 2.6 werden allerdings zusätzlich auch noch einige *theoretische* Argumente erörtert, die eine Renaissance der Fallstudienforschung begründen.
64. Der japanische Handelsbilanzüberschuß gegenüber den USA hat 1993 eine Höhe von ca. 60 Milliarden Dollar erreicht. Insgesamt lag der japanische Handelsbilanzüberschuß 1993 bei 130 Milliarden Dollar; er hat sich damit in den vergangenen sieben Jahren verdoppelt, obgleich der Außenwert des Yens im Vergleich

sche Erfolg keineswegs auf alle Branchen erstreckt (hat). Eine führende Position haben die japanischen Unternehmen vor allem in den Bereichen Automobile, Unterhaltungselektronik, Bürokommunikation, Halbleitererzeugung, Optik sowie Stahlerzeugung und -verarbeitung erreicht, während sich zum Beispiel in der pharmazeutischen Industrie, der Chemie- und Kunststoffindustrie, der Nahrungsmittelindustrie sowie im Bereich bestimmter Konsumgüter (etwa Reinigungsmittel und Hygieneartikel) ihre Position nicht verbessert oder sogar verschlechtert hat (vgl. Porter 1990: 394 und das Zahlenmaterial in Franko 1989).[65] Der dort erreichten Überlegenheit (verglichen mit amerikanischen Unternehmen) etwa bei der Arbeitsproduktivität stehen hier Produktivitätsnachteile gegenüber (vgl. für empirische Ergebnisse Jorgenson et al. 1987). "Indeed", schreibt M. Porter (1990: 394), "Japan, more than perhaps any other nation, is a study in contrasts. On the one hand, it contains some of the most competitive firms and industries in the world, that have powered remarkable national economic progress. On the other hand, however, there are large portions of the Japanese economy that not only fail to measure up to the standards of the best worldwide competitors but fall far behind them." Die Schlußfolgerung daraus ist (für Porter 1990: Kap. 1), daß man nicht so sehr nach der Wettbewerbsposition von Nationen insgesamt fragen sollte, sondern danach, warum Unternehmen, die ihre Basis in bestimmten Nationen (im vorliegenden Fall: Japan) haben, in spezifischen Industriesegmenten bzw. Branchen erfolgreich sind. Entsprechend müßten dann zum Beispiel die im Anschluß an Abegglen (1958) vorgeschlagenen, kulturanthropologisch angelegten Erklärungen des japanischen Erfolges zurückgewiesen werden, handelt es sich bei der "Kultur" doch offenbar um ein Phänomen, das für alle Unternehmen in einem Land in gleicher Weise gilt, die festgestellten Unterschiede zwischen Unternehmen und Branchen also eigentlich nicht zuläßt (vgl. Aoki 1988: 9). In Kapitel 2.34 wird darauf noch kurz zurückzukommen sein.

Eine andere, im vorliegenden Zusammenhang anzusprechende Frage besteht darin, ob der Erfolg der japanischen Unternehmen sich auch in die Zukunft fortsetzen wird, die geleistete Forschungsarbeit also eine dauerhafte Aktualität besitzt. Immerhin ist nach all den Jahren der Krisenstimmung das Bruttosozialprodukt in den USA 1993 (nicht aber in Europa!) deutlich stärker gewachsen als in

---

zum US-Dollar um mehr 50 % zugenommen hat (siehe *Business Week* vom 28.2.1994, S. 14 ff.).

65. Eine ökonometrische Schätzung der Veränderung der komparativen Vorteile Japans (und der USA) in den Jahren von 1967 bis 1983 findet sich bei Balassa & Noland (1989); demnach hat sich die Spezialisierung "dramatisch" weg von den Industrien mit hohem Einsatz von nicht-ausgebildeten Arbeitskräften, hin zu den Industrien mit hoher Intensität von Humankapital und Forschung & Entwicklung entwickelt.

Japan (2.8 gegenüber 0.5 %), und die Erfolgspositionen einiger amerikanischer Unternehmen hat sich offensichtlich deutlich verbessert: Der Chip-Hersteller *Intel* etwa hat vom japanischen Konkurrenten *NEC* wieder die Führungsposition auf dem Weltmarkt übernommen (*Die Zeit* vom 16.4.1993, S. 31), und das Automobilunternehmen *Chrysler* wird, nach all den Jahren des Verlustes, derzeit als "das profitabelste Automobilunternehmen der Welt" (*Süddeutsche Zeitung*) beurteilt, während sich die japanische Automobilindustrie inzwischen in einer Krise zu befinden scheint, die sich in seit 1990 stagnierenden Absatzzahlen und dramatisch gesunkenen Gewinnen niederschlägt und unter anderem auf das Angebot von zu vielen Produktvarianten, einen zu schnellen Produktwechsel und Verknappungen des Faktors Arbeit (Verringerung der Arbeitszeit etc.) zurückführbar ist (so die Titelstory der *Business Week* vom 21.12.1992). Wird sich also das japanische Wirtschaftswunder auf Dauer von selbst auflösen? Und sind damit auch die theoretischen Erkenntnisse letztlich wertlos? Schütte (1992: 52 ff.) warnt, was die erstgenannte Frage angeht, vor einem "Wishful Thinking": Auch wenn sich das japanische System durchaus aufweiche, seien die *relativen* Vorteile gegenüber der Grundsituation in den anderen Ländern der "Triade" (USA, Europa) immer noch bemerkenswert. Porter (1990: 704 ff.) und Thurow (1992: 247 ff.) kommen zu ähnlichen Einschätzungen (vgl., auf etwas allgemeinerem Level, auch Kennedy 1993: 181 ff.). Sie sprechen für die Notwendigkeit, auch die vorhandenen Forschungsansätze ernstzunehmen und weiterzuverfolgen, zumal die jüngsten Verbesserungen in den Erfolgspositionen amerikanischer Unternehmen sich zum Teil wohl gerade durch die Rezeption dieser Erkenntnisse und die daraus gezogenen Konsequenzen - zum Beispiel die deutliche Reduzierung der Produktentwicklungszeit - *begründen* lassen.

(2) Abbildung 10 zeigt überblicksartig, welche Faktoren für die Erklärung des Erfolges japanischer Unternehmen herangezogen werden. All diese Faktoren stehen in einem wechselseitigen Abhängigkeitsverhältnis zueinander (vgl. Porter 1990: 71, 129 u. ö.). Ins Zentrum gerückt sind die Faktoren, die mit den "Organizational Capabilities" des Unternehmens sowie mit dessen kooperativen oder kompetitiven Beziehungen zu anderen Unternehmen zusammenhängen. Diese Faktoren sind aus der Perspektive des Strategischen Managements und der bisherigen Ausführungen dieser Arbeit zweifellos von besonderem Interesse (vgl. deshalb ausführlicher unten, Kap. 2.32). Einige knappe Hinweise zu den relevanten Kontextfaktoren sind aber an dieser Stelle wohl angebracht.

Die *Nachfragesituation* wird zunächst durch die relativ große Bevölkerungszahl - ungefähr 120 Millionen Einwohner - bestimmt (vgl. hierzu und zum folgenden Porter 1990: 401 ff., Montgomery 1991: 63 f. sowie Schütte 1992: 40 f.). Die Bevölkerung gilt als kulturell homogen, statusorientiert und gut informiert. Daraus folgen einerseits eine hohe Bereitschaft zum Produktwechsel (man möchte immer das Neueste, Beste haben, und man weiß, wo es dieses gibt), andererseits eine hohe Penetrationsrate und schnelle Marktsättigung. Japanische Unternehmen sind deshalb dazu gezwungen, schnell auch nach ausländischen Absatzmärkten Ausschau zu halten, um ihre Investitionen rentabel zu machen. Das Zusammenleben auf engem Raum (die Fläche von Japan ist etwa so groß wie die des amerikanischen Bundesstaates Montana) führt zu einer Präferenz für kompakte, tragbare, "sozialverträgliche" Produkte mit möglichst vielen Funktionen. Dieses Profil wird zunehmend auch in anderen Ländern als attraktiv empfunden; der japanische Export läuft hier gleichsam "offene Türen" ein.

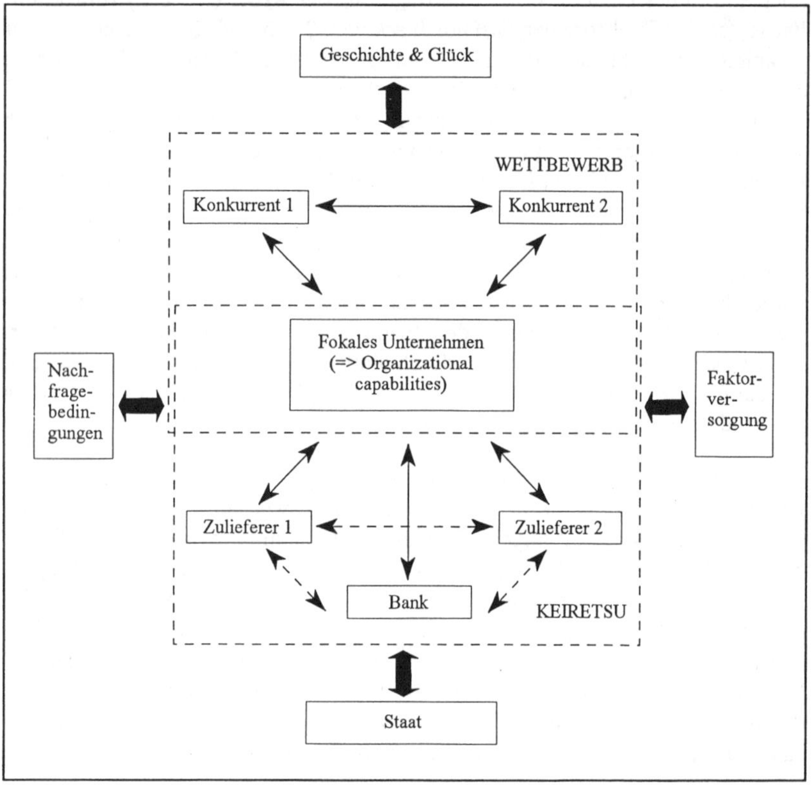

Abb. 10: Faktoren zur Erklärung des Erfolges japanischer Unternehmen

Auch und gerade die industriellen Kunden sind häufig als äußerst anspruchsvoll einzustufen. Aufgrund des starken Wettbewerbs stehen die Unternehmen unter einem starken Kostendruck, der natürlich auch auf die Zulieferer übertragen wird. Ebenso werden die hohen Qualitätsanforderungen an die Zulieferer weitergegeben.

Beim *Faktorangebot* muß als Ausgangspunkt die schlechte japanische Rohstoffposition und die unzureichende Verfügbarkeit von Land genommen werden. Porter (1990: 395 ff.) weist allerdings darauf hin, daß diese offenkundigen Wettbewerbsnachteile der japanischen Volkswirtschaft am Ende doch zum *Vorteil* geworden sind, haben sie doch wesentlich den Zwang ausgelöst, sich auf anderweitige Wettbewerbsgebiete zu konzentrieren - insbesondere auf den "High Tech"-Bereich, der einerseits ein weltweit begehrtes Produktangebot induziert und andererseits auch wichtige Impulse für die Prozeßrationalisierung in fast allen Industrien liefert.

Die Versorgung mit bzw. die Entwicklung von *Humanressourcen*, dem zweiten grundlegenden Produktionsfaktor, spielt für die Erklärung des Erfolges japanischer Unternehmen eine ganz entscheidende Rolle; im weiteren Verlauf der Ausführungen wird deshalb darauf noch ausführlicher einzugehen sein. Eine lebhafte Kontroverse hat sich schließlich um den dritten Faktor, *Kapital*, entwikkelt (vgl. Aoki 1990: 15). Die in der Populärdiskussion häufig vertretene These besteht darin, daß die Kapitalkosten in Japan erheblich niedriger seien als in den USA und dadurch eine Langfristorientierung des japanischen Managements ermöglicht würde, die für den Aufbau von langfristigen Erfolgspotentialen unentbehrlich sei. Das Anlegerverhalten an dem sehr dynamischen amerikanischen Kapitalmarkt zwinge dagegen das Management, wesentlich auf gute Quartalsergebnisse und hohe Dividendenausschüttungen zu achten; strategische Handlungsorientierungen könnten so nicht aufkommen.[66] Thurow (1992: 43) geht zum Beispiel für das Jahr 1989 von einem Zinssatz für langfristiges Fremdkapital von 6 % für die USA und 2,9 % für Japan sowie einem Preis/Gewinn-Verhältnis je Aktie von durchschnittlich weniger als 1 % für Japan und über 9 % für die USA aus; wenn man dann die jeweiligen Eigenkapitalquoten, die unterschiedlichen Steuersätze sowie Abschreibungsmöglichkeiten berücksichtigt, ergeben sich daraus für ein zwanzigjähriges Investment Kapitalkosten, die in den USA um ca. 60 % höher liegen als in Japan (oder auch Deutschland!).[67]

---

66. Auf die - durchaus gemischte - empirische Evidenz zu dem hier postulierten amerikanischen Aktionärsverhalten wurde in Fn. 42, oben, schon kurz hingewiesen, ebenso wie auf die nun im Text zitierten Ergebnisse von Thurow (1992: 43). Vgl. zur weiteren Diskussion auch Porter (1992a) sowie Allen (1993).
67. Bühner (1990: 45) hat Eigenkapitalkosten ausgewählter deutscher Industrieaktiengesellschaften für die Jahre 1985 bis 1988 berechnet, die sich im Bereich von 7,6 % (*Süddeutsche Zucker AG*) und 12,9 % (*Klöckner Werke AG*) bewegen (nach

Die empirischen Arbeiten, die im Rahmen der eher akademischen Diskussion angefertigt worden sind, haben diese Ergebnisse nur zum Teil bestätigt. Hodder (1991: 87 ff.) sowie Lippens (1991: 19) referieren eine Anzahl von Studien, die die in den achtziger Jahren geltenden Kapitalkosten in Japan höher ausweisen als oftmals angenommen und damit die Kapitalkostenunterschiede im Vergleich insbesondere zu den USA herunterspielen. Lippens' eigene Untersuchung (1991: 20 ff.) läuft dann allerdings auf Ergebnisse hinaus, die sich mit den Berechnungen von Thurow weitgehend decken (vgl. ähnlich auch Bernheim & Shoven 1992), und Hodder (1991: 91 ff.) weist darauf hin, daß dann, wenn man auch die "Monitoring Costs" - die Kosten der Kontrolle von und Einflußnahme auf Unternehmensentscheidungen durch den Fremdkapitalgeber - einbezieht, sich aufgrund der besonderen institutionellen Bedingungen des japanischen Finanzierungssystems (siehe für knappe Hinweise unten, Kap. 2.33) zumindest für *einige* japanische Unternehmen Vorteile ergeben hätten. Wie dem aber auch sei, relativ einig ist man sich darüber, daß *nach* 1989 die Kapitalkosten in Japan und den USA sich angeglichen haben (vgl. die Analyse in Frankel 1991: 27 ff., für eine etwas skeptische Beurteilung dieses Befundes aber auch Thurow 1992: 44), und deshalb in Zukunft der Blick doch auf andere Faktoren der Wettbewerbsfähigkeit gerichtet werden sollte (vgl. Hitt et al. 1991: 9).

Die Rolle des *Staates* für die Entwicklung der japanischen Wirtschaft ist sehr ausführlich von C. Johnson (1982) beschrieben worden. Von den verschiedenen Typen der Beziehungen zwischen Staat und Wirtschaft, so Johnson (1982: 196 f.), "that of public-private cooperation is by far the most important. ... The chief mechanism of the cooperative relationship are selective access to governmental or government-guaranteed financing, targeted tax breaks, government-supervised investment coordination in order to keep all participants profitable, the equitable allocation by the state of burdens during times of adversity (something the private cartels find very hard to do), governmental assistance in the commercialization and sale of products, and governmental assistance when an industry as a whole begins to decline." Hohe Bedeutung wird in diesem Zusammenhang dem *Ministerium für internationalen Handel und Industrie* (MITI) zugeschrieben, und zwar vor allem im Hinblick auf die Unterstützung und Koordination von Grundlagenforschungen. Porter (1990: 398, 416) weist allerdings darauf hin, daß, zumindest was die achtziger Jahre angeht, die Rolle des MITI hier auch nicht

---

Steuern). Das sieht zunächst nicht nach einer Bestätigung der Aussagen von Thurow aus. McCauley & Zimmer (1991: 15) argumentieren aber, daß deutsche Unternehmen von den (aufgrund enger Verbindungen zwischen Unternehmen und Banken) verbesserten Möglichkeiten kurzfristiger Fremdkapitalaufnahme und niedrigen Inflationsraten profitiert hätten; das Ergebnis seien dann *reale* Kapitalkosten, die (für die Jahre 1985 - 89) unter 2 % liegen.

überschätzt werden dürfe; der wesentliche Teil der Forschungen würde sich in den F & E-Abteilungen einzelner Unternehmen abspielen und sei keineswegs kollektiv zugänglich (vgl. ähnlich Odagiri & Goto 1993: 87 f.).[68]

Auch *Zufälle und Glück* haben sicherlich Einfluß auf die japanische Erfolgsstory gehabt (vgl. Porter 1990: 416 f.). Zu denken ist hier vor allem an die "Tabula Rasa"-Situation nach dem zweiten Weltkrieg, die den Aufbau eines "modernen" Kapitalstocks begünstigte, an die durch die Alliierten erzwungene Zerschlagung der wettbewerbsverhindernden Firmenkonglomarate (*Zaibatsu*), an den Korea-Krieg, der eine starke Nachfrage insbesondere nach Transportmitteln induziert hat, und schließlich an die Ölkrisen, die zum Beispiel die Präferenz auch ausländischer Kunden für benzinsparende Kleinwagen unterstützt hat.

(3) Die zuletzt genannten Punkten lassen es naheliegend erscheinen, kurz in einer verallgemeinerten Weise nach der historischen Dimension der japanischen "Industrial Organization" zu fragen. Die Ausführungen in den Kapiteln 2.1 und 2.2 haben ja gelehrt, daß der historische Charakter sozialer Systeme ein wesentliches Element der Erzeugung und Aufrechterhaltung von Wettbewerbsvorteilen ist. Dieser Grundgedanke läßt sich auch auf die nationale Ebene übertragen (vgl. Kogut 1991: 37 ff.).

Die erste Quelle, an der man nach einschlägigem Material suchen sollte, sind natürlich die Arbeiten von A. Chandler. Seine großen Monographien (1962, 1977) geben hier allerdings erstaunlich wenig Auskunft; selbst in seinem neuesten Buch, *Scale and Scope* (1990), finden sich nur einige sehr knappe Hinweise (S. 605 ff.). Etwas ergiebiger ist aber einer seiner Aufsätze (1992c: 154 ff.); dort werden zwei Gesichtspunkte herausgestellt.

Der eine betrifft die Ausprägung der Marketing- bzw. Vertriebsfunktion. Hier existierten in Japan schon zu Beginn der Industrialisierung Anfang dieses Jahrhunderts lang etablierte Absatzkanäle, die vor allem im Konsumgüterbereich nicht so leicht zu verdrängen waren. Entsprechend gab es noch zur Zeit des zweiten Weltkrieges unter den Top-200 nur wenige Unternehmen, die eine eigenständige Marketingfunktion aufgebaut hatten und nationale Werbung betrieben, und auch heute gilt das innerjapanische Distributionssystem als wenig effi-

---

68. Die insgesamt skeptischere Einstellung von Porter und anderen bzgl. der Bedeutung des Staates in Japan wird unterstützt durch Zahlenmaterial, das für Japan einen im Vergleich zu anderen Ländern (einschließlich den USA) niedrigeren Anteil der Staatsausgaben an den gesamten F & E-Ausgaben sowie den nichtverteidigungsgebundenen F & E-Ausgaben ausweist (vgl. z. B. Odagiri & Goto 1993: 104).

zient.[69] Im Ausland mußten Absatzkanäle hingegen erst aufgebaut werden; dabei arbeitete man entweder mit speziellen Handelsgesellschaften zusammen, die ihre Hauptquartiere in Tokyo oder Osaka und Niederlassungen in der ganzen Welt hatten, oder es wurden eigene Marketing- und Vertriebsfunktionen ausdifferenziert. Dieser Weg wurde verstärkt dort beschritten, wo ein hohes Maß an produktspezifischen Fähigkeiten, Dienstleistungen und Fazilitäten erforderlich war, um am Markt erfolgreich zu sein.

Der andere Gesichtspunkt betrifft die Netzwerkstruktur japanischer Unternehmen; er ist für Chandler so zentral, daß er von der japanischen Wirtschaft als einem "Group Enterprise Capitalism" spricht. Der Nukleus dieser Netzwerke sind seit den zwanziger Jahren die schon erwähnten *Zaibatsu*, Holding-Gesellschaften, die von einer der reichen Familien Japans kontrolliert wurden (vgl. Imai 1989, Odagiri 1992: 168 ff., Sydow 1992: 38). Nach der Zerschlagung durch die Alliierten im Jahre 1947 haben sich daraus (aber nicht nur daraus) losere, durch Kapitalverschachtelungen verbundene Gruppierungen (*Kigyo-Shudan* bzw. *Kinyu-Keiretsu*) entwickelt, die, insbesondere durch die Integration mindestens einer Großbank, wichtige Kontroll- und Finanzierungsfunktionen erfüllen. *Keiretsu* bezeichnet darüber hinaus auch noch die enge Verbindung von Großunternehmen mit ihren Zulieferern (und von Zulieferern mit Zulieferern). In den nachfolgenden Kapiteln 2.32 und 2.33 wird hierauf noch zurückzukommen sein.

Die beiden von Chandler herausgearbeiteten Punkte werden von Suzucki (1991) bestätigt, aber auch ergänzt (siehe ähnlich auch Lazonick 1992: 139 ff., Nakagawa 1993). Der Grundstein der Erklärung von Unterschieden in den Managementstrukturen ist nach Suzucki in der *Notwendigkeit der Internalisierung von Güterflüssen bzw. Ressourcen* zu suchen. Die Entwicklung der *amerikanischen* Form des Industriekapitalismus ist demnach durch das Erfordernis bestimmt gewesen, den Güterstrom in einem geographisch riesenhaften Absatzgebiet zu koordinieren; dazu habe sich eine an Funktionen orientierte Organisationsform angeboten, die insbesondere dem Marketing & Vertrieb eine hervorgehobene Bedeutung zuschreibt. Das typische *europäische*, in Form einer Holding-Company organisierte Unternehmen hätte sich demgegenüber über eine Internalisie-

69. Wie Montgomery (1991: 71) schreibt: "Perhaps the most difficult aspect of the Japanese Market is the complex, multilevel and inefficient Japanese distribution system. There are primary, secondary, and tertiary wholesalers in Japan, with each group performing different functions in the physical and financial aspects of distribution. The per capita number of wholesalers and retailers in Japan is more than twice that of the US. The relative productivity of the Japanese distribution system in 1985 was only 59.4 percent relative to manufacturing productivity. In the US it was 67.8 percent, in France 71.1 percent, and 78.4 percent in West Germany." (ohne Lit.-angaben)

rung der *Finanzfunktion* ausdifferenziert. Das *japanische* Unternehmen aber sei über eine Internalisierung der Ressource *Personal* entstanden. In den führenden Unternehmen der Textil- und Maschinenbauindustrie und der Metallverarbeitung habe es Anfang dieses Jahrhunderts in besonderer Weise das Problem gegeben, genügend und hinreichend ausgebildetes Personal zu akquirieren und im Unternehmen zu halten. Unter diesen Bedingungen wurde damit begonnen, ein internes Training aufzubauen und ein Entlohnungssystem zu entwickeln, das auf der Länge der Firmenzugehörigkeit basiert. Als geeignete Organisationsform hätte sich eine einfache Linienstruktur erwiesen, die die direkte Kontrolle der Produktion ermöglicht.

Natürlich haben sich im weiteren Verlauf der Entwicklung auch Mischformen herauskristallisiert, wie etwa die multidivisionale Struktur, die Elemente der Funktionalorganisation und der Finanzholding vereint, oder die "Functional/ Line"- und die "Production-unit"-Struktur, die die japanische Linienstruktur in Richtung der Funktionalorganisation oder der Finanzholding variiert. Suzucki (1991: 37 f.) besteht aber darauf, daß es, neben den von Chandler genannten Punkten, doch zwei Aspekte gibt, die über die Entwicklung hinweg erhalten geblieben sind: die "Schlankheit" des Mittel-Managements und die führende Position der Produktionseinheiten. Auch hierauf wird noch zurückzukommen sein.

2.32 Kennzeichen erfolgreicher japanischer Unternehmen - Fallstudien (zwei Beispiele)

Was sind, nach diesen allgemeiner gehaltenen Ausführungen, im einzelnen nun die Kennzeichen erfolgreicher japanischer Unternehmen? Im folgenden sollen kurz zwei Fallstudien vorgestellt werden, die in der neueren Diskussion eine größere Rolle spielen und erste Einblicke erlauben.

(1) Die aus dem am Massachusetts Institute of Technology (MIT) zentrierten *International Motor Vehicle Program* hervorgegangene Studie von Womack et al. (1990) behandelt die "Industry of Industries" (P. Drucker), die *Automobilindustrie*. In einem Zeitraum von fünf Jahren wurden insgesamt 90 Montagewerke führender Hersteller in 17 Ländern (das sind ca. 50 % der weltweiten Montagekapazität) untersucht. Abbildung 11 zeigt, daß es zwischen japanischen, amerikanischen und europäischen Unternehmen zum Teil verblüffende Unterschiede gibt, die auf ein im Vergleich zu der traditionellen Massenherstellung völlig anderes Grundkonzept japanischer Automobilproduktion verweisen - auf das Kon-

zept der *Lean Production*.[70] Die Entwicklung dieses Konzepts wurde seit den frühen fünfziger Jahren vor allem bei *Toyota* vorangetrieben (vgl. Womack et al. 1990: 48 ff.); es hat sich inzwischen aber auch bei anderen Herstellern (*Honda*, *Nissan*, usw.) durchgesetzt.[71] Die folgenden Abschnitte nennen die wichtigsten Merkmale.[72]

(a) Ein wesentliches Herzstück ist, nach den Hinweisen in Kapitel 2.31 (3) kaum überraschend, die *Produktion*; "[t]he best lean producers believe that the point of production is where value is truly added, not through indirect managerial activities, and that all employees need to understand this fact as soon as they enter the company" (Womack et al. 1990: 199). Angestrebt wird eine Null-Fehler-Produktion, die Nachbesserungen obsolet macht. Das ist, so Womack et al. (1990: 99), nur möglich, wenn zwei organisationale Voraussetzungen geschaffen sind. Zum einen muß eine möglichst große Anzahl von Aufgaben und Verantwortlichkeiten auf die Mitarbeiter disloziert werden, die direkt mit der Produktion beschäftigt sind. Zum anderen bedarf es eines Systems, das auftretenden Fehlern sofort auf den Grund geht und sie dauerhaft abstellt. Wichtige Elemente hierfür sind das *Kanban*-System, das Produktionsstörungen sofort auf andere Arbeitszellen überträgt und entsprechend Druck erzeugt, die Störung so schnell wie möglich abzustellen, und das Konzept der *Qualitätszirkel*, das die ständige Verbesserung der Verfahrensabläufe sicherstellen soll (*Kaizen*). Unterstützend wirkt sich auch die Leichtigkeit der Montage aus, die natürlich abhängig ist vom Produktdesign (dazu gleich mehr). Die Rolle der *Automation* ist dagegen nicht ganz eindeutig: Zwar gibt es eine positive Korrelation zur Produktivität; das *produktivste* japanische Unternehmen ist aber zugleich das *am wenigsten* automatisierte. Womack et al. (1990: 94) schließen daraus auf einen *Primat der Organisation*: "[H]igh-tech plants that are improperly organized end up adding about as many indirect technical and service workers as they remove unskilled direct workers from manual assembly tasks."

---

70. Womack et al. (1990: 87 f.) weisen darauf hin, daß es zwischen den Herstellern in den einzelnen Ländern erhebliche Unterschiede gibt, die regionale Differenzierung also nicht völlig trennscharf ist. Die in Abb. 11 dokumentierten *Durchschnittswerte* belegen aber doch, wohin die Tendenz geht. (Ein detaillierter Produktivitätsvergleich einzelner Firmen - *GM*, *Ford*, *Chrysler*, *Toyota*, *Nissan*, *Mazda* - findet sich bei Lieberman et al. 1990. Auf die japanischen "Transplants" in die USA wird in Kap. 2.34 noch kurz eingegangen.)
71. Eine ausführliche Darstellung der Entwicklung von *Toyota* und *Nissan* findet sich bei Cusumano (1985, 1988). Zur Geschichte von *Honda* vgl. z. B. Shook (1988).
72. Nicht explizit eingegangen wird im folgenden auf die Bereiche "Finanzierung", "Personal" und "Globalisierung", die bei Womack et al. (1990: 192 ff.) nur relativ kurz behandelt werden. Auf die beiden erstgenannten Bereiche wird aber im nachfolgenden Kap. 2.33 noch zurückzukommen sein.

11a: Daten zur Produktion (Massenhersteller, 1989; Durchschnittswerte)	*Japaner in Jpn.*	*Japaner in U.S.*	*U.S.*	*Europa*
Produktivität (Std./Fahrzeug)	16.8	21.2	25.1	36.2
Fehlerquote (pro 100 Fahrzeuge))	60.0	65.0	82.3	97.0
Raumbedarf (Fuß/Fahrzeug/Jahr)	5.7	9.1	7.8	7.8
Extra-Reparaturfläche (in % d. Montagefl.)	4.1	4.9	12.9	14.4
Lagerhaltung (in Tagen; Sample: 8 Teile)	0.2	1.6	2.9	2.0
Anteil der Teamarbeit (in %)	69.3	71.3	17.3	0.6
Job Rotation (0 = keine; 4 = häufig)	3.0	2.7	0.9	1.9
Verbesserungsvorschläge/Mitarbeiter	61.6	1.4	0.4	0.4
Training für neue Mitarbeiter (in Std.)	380.3	370.0	46.4	173.3
Absentismus (in %)	5.0	4.8	11.7	12.1
Automation beim Schweißen (in %)	86.2	85.0	76.2	76.6
Automation beim Lackieren (in %)	54.6	40.7	33.6	38.2
Automation in der Montage (in %)	1.7	1.1	1.2	3.1

11b: Daten zur Produktentwicklung Mitte der 80er Jahre (D'schnittswerte)	*Japaner*	*U.S.*	*Europa* (Masse)	*Europa* (Spez.)
Entwicklungsstunden/neues Auto (in Mill.)	1.7	3.1	2.9	3.1
Entwicklungszeit/neues Auto (in Monaten)	46.2	60.4	57.3	59.9
Qualitätsindex	58	41	41	84
Anzahl d. Mitarbeiter im Projektteam	485	903	904	
Anzahl der Karosserietypen/neues Auto	2.3	1.7	2.7	1.3
Ratio der gemeinsamen Teile (in %)	18.0	38.0	28.0	30.0
Zeit vom Prototyp zum Prod.-start (Monate)	6.2	12.4	10.9	
Zeit v. Prod.-start z. ersten Verkauf (Monate)	1	4	2	
Rückkehr zur Normalproduktivität (Monate)	4	5	12	
Rückkehr zur Normalqualität	1.4	11.0	12.0	

11c: Daten zur Lieferanteneinbindung in den 80er Jahren (D'schnittswerte)	*Japaner in Jpn.*	*Japaner in U.S.*	*U.S.*	*Europa*
Engineering-Anteil (% der Gesamtstunden)	51.0		14.0	35.0
Anteil der allein vom Lief. entw. Teile (%)	8.0		3.0	7.0
Vom Autohersteller entwickelte Teile (%)	30.0		81.0	54.0
Gemeinsam entwickelte Teile (%)	62.0		16.0	39.0
Anzahl der Lieferanten/Werk	170	238	509	442
Just-in-Time gelieferte Teile (in %)	45.0	35.4	14.8	7.9
Teile mit nur einem Lieferanten (in %)	12.1	98.0	69.3	32.9

Abb. 11: Kennzahlen zu japanischen, amerikanischen und europäischen Automobilunternehmen (Quelle: Womack et al. 1990: 92, 118, 157; Zahlen zum Qualitätsindex in Abb. 11b aus Clark & Fujimoto 1991: 73)

(b) Eng verbunden mit der Produktion ist die *Produktentwicklung* - nicht nur aufgrund der engen Informationsbeziehungen und direkten Überschneidungen (Beispiel: Bau von Prototypen), sondern auch aufgrund der Tatsache, daß die Produktentwicklung selbst als ein Produktionsprozeß begriffen werden kann, der viele Parallelen zu dem unter (a) beschriebenen "neuen Paradigma" aufweist (vgl. Clark & Fujimoto 1991: 167 ff.). Die in Abbildung 11b präsentierten Daten zeigen an, daß japanische Unternehmen (i) mit weniger Aufwand (ii) schneller neue Autos entwickeln, die (iii) qualitativ mindestens so gut sind wie die Produkte der amerikanischen oder europäischen Massenhersteller.[73] Diese "Performance" ermöglicht es den japanischen Unternehmen, den Produktlebenszyklus eines Autos entscheidend zu verkürzen (durchschnittlich 4.6 Jahre im Vergleich zu 8.1 Jahre bei amerikanischen und 12.2 Jahren bei europäischen Autos) - eine unabdingbare Voraussetzung, um auf dem schnellebigen japanischen Markt (siehe oben, Kap. 2.31) zu überleben, aber sicherlich auch ein Vorteil auf allen anderen Märkten (vgl. Clark & Fujimoto 1992: 130). Es sind im wesentlichen vier Faktoren, die den Erfolg ausmachen.[74]

Der erste Faktor ist *Leadership*: Die Projektmanager (*Shusa*) sind nicht nur "Koordinatoren", sondern "starke" Persönlichkeiten, die den Projekten ihren Stempel aufzudrücken versuchen. Der zweite Faktor ist *Teambildung*: Die einbezogenen Mitarbeiter werden aus ihren Stammeinheiten weitgehend herausgelöst und zu einer neuen Einheit zusammengefügt. (Der Projektleiter hat nicht nur Weisungsbefugnis, sondern kraft seines Beurteilungsmandates auch starken Einfluß auf die weitere Karrierechancen der Teammitglieder.) Der dritte Faktor ist fortlaufende *Kommunikation*, zum einen zu den anderen Organisationseinheiten (Produktion, Marketing & Vertrieb etc.) und zu den Zulieferern, zum anderen aber auch untereinander. Konflikte werden direkt angegangen, Einigungsprozesse schriftlich festgehalten und von den Teammitgliedern unterschrieben. Der vierte Faktor schließlich ist das *simultane Engineering*, die parallele Entwicklung von Produktkomponenten und Werkzeugen (wiederum unter Einschluß der Zulieferer).

(c) Die soeben angesprochene *Rolle der Zulieferer* konstituiert einen weiteren, wichtigen Faktor des Geschäftssystems japanischer Automobilunternehmen (vgl. zum folgenden Womack et al. 1990: 138 ff.). Die japanischen Hersteller haben

---

73. Auf den ersten Blick kann man feststellen, daß der Qualitätsindex (der objektive Kriterien wie Beschleunigung und Benzinverbrauch und subjektive Kritierien wie Ästhetik & Styling sowie Fahreigenschaften umfaßt) bei japanischen Herstellern im Durchschnitt immerhin deutlich niedriger ist als bei den europäischen *Exklusivmarken*. Dabei ist aber zu beachten, daß die Streuung bei den japanischen Herstellern sehr stark ist: Es gibt auch Produkte, die gleichwertig sind mit den besten europäischen Autos (so jedenfalls Clark & Fujimoto 1991: 73, 82 ff.).
74. Vgl. zum folgenden wieder Womack et al. (1990: 104 ff.), die sich in diesem Teil ihrer Studie allerdings eng an die - parallel an der Harvard Business School entstandenen - Arbeiten von Clark & Fujimoto anlehnen. (Zu Clark & Fujimoto [1991] vgl. auch die knappen Hinweise in Abb. 8, oben, sowie Cusumano & Nobeoka 1992.)

im Durchschnitt deutlich weniger Zulieferer als ihre amerikanischen[75] oder europäischen Konkurrenten, unterhalten dafür aber längerfristige Geschäftsbeziehungen und integrieren die Zulieferer auch in die Produktentwicklung. Die Fertigungstiefe ist wesentlich geringer; im Vergleich zu *General Motors* (70 %) beträgt die Wertschöpfung von *Toyota* nur 27 %. Strikt im Hause behalten werden nur solche Kernkomponenten wie Motoren, Getriebe, größere Karosserieteile und in zunehmendem Maße die Bordelektronik. Grundlage für die Zusammenarbeit mit den Lieferanten ist ein Basisvertrag, der bestimmte Rahmenbedingungen festlegt, aber auch Freiräume für situationsspezifische Anpassungen offenläßt (z. B. im Hinblick auf die genauen Liefermengen). Zu den Rahmenbedingungen gehören auch Festlegungen zu den Qualitätsstandards und zu den Preissenkungen, die über den Lebenszyklus der zugelieferten Komponente hinweg infolge der zu erwartenden Kostensenkungen (Lernkurveneffekte etc.) realisiert werden sollen. Falls hier Probleme auftreten, bietet das Automobilunternehmen ein hohes Maß an Unterstützung an, um zu einem für beide Parteien zufriedenstellenden Ergebnis zu kommen.

(d) Womack et al. (1990: 169 ff.) gehen auch auf das *Distributionssystem* der japanischen Hersteller ein. Dieses System ist, was die Verhältnisse *in Japan* angeht, in vielem ein Spiegelbild des soeben beschriebenen Zulieferungssystems: Es gibt nur relativ wenige Distributoren, zu denen aber langfristige Beziehungen unterhalten werden, die durch gegenseitiges Vertrauen und weitgehende Integration in den Kommunikationsfluß des Unternehmens gekennzeichnet sind. Die Händler unterhalten für ihre Kunden einen intensiven Service, der deren Loyalität sichern soll. Auf das Vorhalten von Fahrzeugen wird weitgehend verzichtet; statt dessen werden Bestellungen aufgenommen, die an das Werk weitergegeben und nach den Prinzipien des *Kanban*-Systems bearbeitet werden.

Das hier skizzierte System verursacht zweifellos hohe Kosten; dagegen steht aber die Möglichkeit, sowohl das Vertriebspersonal als auch den Kunden selbst in das Kommunikationsnetz einzubinden und dadurch insbesondere die Produktentwicklung zu unterstützen. Dennoch ist bemerkenswert, daß *im Ausland* die japanischen Hersteller inzwischen eine ähnliche Vertriebsstrategie wie die amerikanischen oder europäischen Hersteller verfolgen. Womack et al. (1990:

---

75. Die Untersuchung von Cusumano & Takeishi (1991) macht deutlich, daß zumindest aus heutiger Sicht Womack et al. ein etwas zu "idealtypisches" Bild des Lieferantenkonzepts amerikanischer Unternehmen zeichnet, haben diese doch in den späten achtziger Jahren ihre Politik verändert und sich an das japanische Konzept angenähert. Noch sind aber signifikante Unterschiede vorhanden, die eine Auswertung des japanischen Konzepts weiterhin interessant erscheinen lassen. (Die europäischen Unternehmen sind von Cusumano & Takeishi nicht in die Untersuchung einbezogen worden.)

188) spekulieren zwar, daß dieses nicht der eigentlichen Intention der japanischen Hersteller entspricht und deshalb in Zukunft Veränderungen zu erwarten sind, die auch den Vertrieb zu einem vollwertigen Element des *Lean Production*-Systems werden lassen. Man kann die Vertriebsstrategie im Ausland aber wohl auch so interpretieren, daß man wenigstens hier versucht, die Starrheiten des etablierten Vertriebssystems in Japan zu überwinden (vgl. hierzu oben, Kap. 2.31). In der Tat kann erst die Zukunft zeigen, ob es gelingt, eine neuartige Symbiose zu finden, die die Vorteile unterschiedlicher Vertriebssysteme kombiniert.

(2) Die Automobilindustrie ist sicherlich das Paradebeispiel für einen alternativen "japanischen Ansatz" des Managements von Unternehmen. Die Herausforderung für die Japaner bestand hier offenbar darin, das etablierte Paradigma der Massenproduktion aufzuweichen und flexibleren Lösungen Raum zu geben. Wie sieht es aber in Industrien aus, die man traditionell als "zu chaotisch" ansieht, um sie einer systematischen Effizienzsteigerung zuzuführen? Ein Beispiel für eine solche Industrie ist die *Software-Entwicklung*, eine Industrie, die zweifellos eine Schlüsselrolle für die technologische Entwicklung überhaupt besitzt (Alic et al. 1991). Ist man hier nicht auf *Individualisten* - Programmierer, "Hakker" - angewiesen, die es doch in Japan augenscheinlich "nicht gibt"? Wie sollen hier japanische Unternehmen erfolgreich sein?

M. Cusumano (1991a, b, 1992) hat diese Fragen aufgegriffen und untersucht, wie führende japanische Computerproduzenten (*Hitachi*, *Toshiba*, *NEC*, *Fujitsu*) arbeiten, die auf dem Gebiet der Software-Entwicklung offenkundig erfolgreich *sind*. Das Ergebnis: Es ist diesen Unternehmen gelungen, die Idee der "Software Factory" zu realisieren, die ursprünglich in den sechziger Jahren bei *General Electric* und *AT&T* aufgekommen ist, die Idee nämlich, mit Hilfe von Computerunterstützung, Modulkonzepten, standardisierten Methoden des Designs, der Programmierung, Dokumentation und des Tests sowie systematischer Nutzung und Verbesserung vorhandener Programme die Software-Entwicklung zu "industrialisieren". Die Performance-Auswirkungen lassen sich in ähnlichen Kategorien beschreiben wie im Falle der Automobilindustrie: Die japanischen Unternehmen erreichen eine 50 bis 70 % höhere Produktivität, die Programme haben 30 bis 50 % weniger Fehler, und einzelne Programmbausteine lassen sich in weitaus größerem Maße von einer Anwendung zur nächsten übertragen (vgl. Cusumano & Kemerer 1990). Im Vergleich zu diesen *Prozeß*merkmalen ist die Performance bei den innovativen *Produkt*lösungen nicht ganz so gut; die japanischen Firmen stellen hier *noch* keine wirkliche Bedrohung für die besten amerikanischen Softwarehäuser dar (vgl. Cusumano 1991b: 30). Das kann sich allerdings, so Cusumano (1991b: 30), ändern: Auch in der Automobilindustrie hätte man sich *zunächst* auf Prozeß- und *dann* auf Produktinnovationen konzentriert und dabei auch im zuletzt genannten Bereich bemerkenswerte Erfolge erzielt (vgl. noch einmal die Aussagen zur Produktqualität bei Clark & Fujimoto 1991: 82 ff.).

Die vorrangige Konzentration auf die Prozeßinnovationen ist, das ist Cusumanos Kernthese, nur einer der Gründe, die gemeinsam für die Automobil- und für die Software-Industrie genannt werden können, um den Erfolg der japanischen Unternehmen zu erklären. Ein zweiter Grund ist die weitgehende Marktorientierung bei der Produktentwicklung,[76] ein dritter die konsequente Ausnutzung sowohl von Skalen- als auch von Scopeeffekten, und ein vierter die Verwirklichung der Philosophie der "kontinuierlichen Verbesserung" (*Kaizen*). Der fünfte Grund schließlich knüpft direkt an die oben geführte Diskussion der *Organizational Capabilities* an. Mit einem abschließenden Zitat (Cusumano 1991b: 28):

> "While Japanese firms are known for long-term employment and developing individuals through training and practices such as quality circles, of equal or greater importance is their cultivation of organizational skills. This includes standards as well as training, team incentives, and quality circles that promote cooperative work, and viewing the organization in terms of both in-house employees from various functions and employees within the larger supplier or subcontracting group. Central to the success of this philosophy of management is the Japanese reliance, fundamentally, on 'soft' rather than 'hard' technology - on organizational concepts and people, rather than on fixed ideas and machines." (ohne Hervorh.)

2.33 Ansätze zu einer theoretischen Interpretation der beobachteten Phänomene

Die vorstehend referierten Fallstudien sind gut dazu geeignet, die wichtigsten Charakteristika erfolgreicher japanischer Unternehmen vor Augen zu führen. Sie vermitteln auch ein weitgehend kohärentes Muster, nach dem die verschiedenen Charakteristika zu "Strategic Combinations of Strategies" (Smothers 1990) zusammengefügt werden können. Was ihnen fehlt, ist allerdings eine theoretische Perspektive, die die hinter den festgestellten Phänomenen stehende einheitliche Logik offenlegt. Nach den Ausführungen von Kapitel 2.1 und 2.2 dürfte es kaum überraschend sein, daß die Autoren, die sich um eine solche Perspektive bemühen, in zunehmendem Maße auf die *ökonomische* Theorie zurückgrei-

---

76. Die deutlich stärkere Prozeß- und die weitergehende Anwendungsorientierung der F & E-Anstrengungen japanischer im Vergleich zu amerikanischen Unternehmen sind auch in einer großzahlig angelegten, mehrere Branchen umfassenden Untersuchung von Mansfield (1988) festgestellt worden. Vgl. zur Diskussion FitzRoy & Acs (1992: 135 ff.).

fen, und zwar insbesondere auf die Theorie, die die "Mikro-Mikro"-Struktur der Organisation in den Mittelpunkt der Analyse stellt. Die folgenden Abschnitte werden die vorgelegten Ansätze kurz nachzeichnen.[77]

(1) Ein Ansatz, der im wesentlichen auf einer *ressourcenorientierten Sichtweise* à la Penrose (1959) aufbaut, ist von Odagiri (1992) vorgeschlagen worden. Im Einklang auch mit Suzucki (1991; siehe oben, Kap. 2.31) werden dabei vor allem die *Personal*ressourcen und die Bedeutung lebenslanger Beschäftigungsverhältnisse herausgestellt. Damit verbunden sind nach Odagiri zwei Aspekte, die starke *Wachstumsorientierung* der japanischen Unternehmen und die hohe *Wettbewerbsintensität* auf allen Märkten: Bei Erwartung einer lebenslangen Beschäftigung sei eine Präferenz für starkes Wachstum ganz natürlich, weil damit *langfristig* gute Ertragschancen sowie eine Ausweitung von interessanten Arbeitsfeldern und Karriereoptionen einhergingen. Starkes Wachstum fördere aber einerseits auch direkt die Konkurrenz zwischen den Unternehmen. Andererseits sei durch die Bindung des Einzelnen an das Unternehmen ein Unternehmenswechsel nicht ohne weiteres möglich. Das aber wirke sich förderlich auch für den *internen* Wettbewerb zwischen den Mitarbeitern aus. All dies habe Auswirkungen auf die Marktstrukturen, auf wirtschaftliche Stabilität und Wachstum, technischen Fortschritt und internationale Wettbewerbsfähigkeit, auf makroökonomische Strukturbedingungen also, die sich dann ihrerseits wiederum produktiv für das Angebot von Human- ebenso wie von physischen und finanziellen Ressourcen auswirkten.

Der Ansatz von Odagiri kann einen Teil der empirischen Evidenz zum japanischen Unternehmenserfolg relativ umstandslos erklären. Die Betonung der Humanressourcen macht zum Beispiel die vergleichsweise große Bedeutung der firmeninternen (On- und Off-the-Job-)Ausbildung plausibel (Odagiri 1992: 64 ff.), und sie erklärt ein Diversifikationsverhalten, das sich nicht allzu weit von den bisherigen Betätigungsfeldern entfernt und somit auf vorhandenen Fähigkeiten der Mitarbeiter aufbaut (ebenda: 92 ff.). Die Bevorzugung des internen Wachstum gegenüber weitreichenden M & A-Aktivitäten läßt sich ebenfalls hierauf zurückführen (ebenda: 103 ff.). (Allerdings haben in den letzten Jahren die M & A-Aktivitäten zugenommen; ebenda: 112 f.). Auch die größere Zurückhaltung bei der Divisionalisierung hängt zweifellos mit dem Versuch zusammen, daß

77. Die folgenden Ausführungen stellen zwar eine einheitliche *ökonomische* Perspektive vor, zeigen aber zugleich (in losem Anschluß an Kap. 2.1) *verschiedene Varianten* ökonomischer Theoriearbeit auf. Schmiegelow & Schmiegelow (1989) haben diesen theoriebezogenen Befund gleichsam auf die "Objektebene" übertragen; sie argumentieren, daß in der pragmatischen Nutzung von verschiedenen Varianten ökonomischer Theorie eine wesentliche Essenz des japanischen Erfolges liege. Das paßt gut zu der in Kap. 1, oben, entwickelten Sichtweise.

Humanressourcen nicht allzu stark "aufzuspalten" und weitgehende Optionen für ein "Job Rotation" offenzuhalten (ebenda: 136 ff.). Wachstumsorientierung und intensiver Wettbewerb zwischen den Anbietern sind schließlich wichtige Faktoren, um die starke Gewichtung von Forschungs- und Entwicklungsaktivitäten schlüssig erscheinen zu lassen (ebenda: 97 ff., Ito & Pucik 1993).

Problematisch an Odagiris Analyse ist allerdings die *Über*betonung des Humanressourcen-Argumentes und die komplementäre Herunterspielung von "Residual Claims" der Kapitaleigentümer (vgl. Odagiri 1992: 27 ff.). Warum, das ist die Frage, wird das japanische Unternehmen nicht einfach von den Mitarbeitern übernommen? Oder in der Sprache des Ressourcenorientierten Ansatzes formuliert: Was verhindert es, daß die wertschaffende Ressource, das Personal, sich die mit der Nutzung der Ressource anfallenden Gewinne selber in Form einer Rente aneignet? Aoki (1989: 361 f., 1990: 19) gibt hier folgende Antworten: Zum einen würde das Mitarbeiter-kontrollierte Unternehmen Schwierigkeiten haben, sich (fremd) zu finanzieren, weil die Banken, die bislang auch als Eigenkapitalgeber auftreten,[78] nun keine privilegierte Informationsbasis mehr besitzen und daher möglicherweise weniger Motivationen haben, Kredite zuzusagen. Zum anderen würde unter den Mitarbeitern nur sehr schwer, das heißt nur unter Inkaufnahme erheblicher Verhandlungskosten, Einigung über die Aufteilung der ressourcenbezogenen Rente erzielt werden können. Die Mitarbeiter, die zusätzlich zu den in Frage stehenden Zahlungen auch intangible (von außen nicht verifizierbare) Gewinne erwarten, würden darüber hinaus bei den Verhandlungen dazu neigen, ihre Reservationspreise zu hoch zu setzen (beispielsweise durch Veranschlagung einer Risikoprämie), was dann natürlich wiederum zu Verzerrungen der Gleichgewichtsposition führe.

Die hier vorgetragenen Überlegungen deuten an, daß das japanische Unternehmen keineswegs nur durch den Faktor "Humanressourcen" beherrscht wird, aber natürlich auch nicht nur durch den Faktor "Kapital", wie das für das idealtypische amerikanische Unternehmen der Fall sein mag. Aoki faßt dieses Ergebnis durch ein "Dualitätsprinzip" zusammen, das er wie folgt formuliert (1989: 363, ähnlich 1990: 20):

---

78. Der durchschnittliche Eigenkapitalanteil von Banken an den börsenzugelassenen japanischen Unternehmen betrug 1985, je nach Datenbasis, zwischen 17 und 21.4 % (vgl. Odagiri 1992: 29 bzw. Aoki 1988: 118). Die einzelne Bank darf nach der derzeitigen Gesetzeslage nicht mehr als 5 % an einem Unternehmen besitzen; durch die etablierte Praxis der "Main Bank", die die bankbezogenen Angelegenheiten eines Unternehmens koordiniert, sowie durch das System der Schachtelbeteiligungen kann aber der Einfluß weit über die nominalen 5 % hinausgehen (vgl. Aoki 1988: 119 ff., aber auch die vorsichtigere Interpretation von Odagiri 1992: 33 ff.).

> "Efficient and equilibrating management in the nexus of J-type contracts pursues the dualistic goals of value maximization and employee's welfare maximization, striking a balance between them based on bargaining powers of agents representing respective goals."

In (1988: 150 ff.) modelliert Aoki diese Situation im Sinne eines "Bargaining Game", mit den Mitteln der modernen Spieltheorie. Dabei werden auch Verhaltensimplikationen aufgezeigt, die sich zu fünf Punkten kondensieren lassen (vgl. Aoki 1990: 21 f.): (a) Das "dual" kontrollierte Unternehmen weist eine höhere Wachstumsrate auf als der (idealtypische) amerikanische Konterpart, weil auch die verbesserten Karrierechancen der Mitarbeiter in den Investitionsentscheidungen berücksichtigt werden. (b) Es wird ein höheres Maß an Arbeitsplatzsicherheit angestrebt. (c) Um die Interessen der *vorhandenen* Mitarbeiter zu schützen, werden Arbeiten mit geringerem Wertschöpfungspotential tendenziell nach außen verlagert und verstärkt kapitalintensive Technologien eingesetzt, die die firmeninterne Wertschöpfung weiter erhöhen. (d) Sofern die implizite, durch die Arbeitnehmer zu zahlende Versicherungsprämie gegen Arbeitslosigkeit hoch ist, erfolgt die Anpassung an wirtschaftliche Schwierigkeiten eher durch Aufteilung der Arbeit als durch Freisetzungen. (e) F & E-Anstrengungen werden eher auf die kontinuierliche Entwicklung vorhandener Fähigkeiten als auf "Breakthrough"-Innovationen ausgerichtet, die eine ganz neue Organisation der F & E-Mannschaft erfordern.

Wie hoch ist der Gewinn, den sich die Kapitaleigner, nach all diesen "Zugeständnissen", in dem beschriebenen Verhandlungsspiel noch aneignen können? Diese Frage berührt natürlich wieder die Kapitalkostendiskussion, die in Kapitel 2.31 geführt wurde. Odagiri (1992: 207 ff.) zeigt hier, in Übereinstimmung mit einer Vielzahl anderer Autoren, daß in den achtziger Jahren die Gewinne japanischer im Vergleich zu denen amerikanischer Unternehmen recht gering gewesen sind, wenn auch mit teilweise deutlich niedrigerem Risikofaktor. Das spricht dann doch für die starke Position des Faktors "Humanressourcen". Aoki (1988: 113 ff.) berechnet demgegenüber für den Zeitraum von 1963 bis 1986 einen durchschnittlichen Gewinn pro Aktie der in Tokyo notierten Unternehmen von nominal 17.9 und real 11.7 % (nach Steuern), eine Rate, die nicht geringer sei als die repräsentativer westlicher Unternehmen (ebenda: 116).[79] Die Schlußfolgerungen für das Verhältnis Arbeit/Kapital liegen auf der Hand.

(2) Die zuletzt angesprochenen Analysen von Aoki sind, das dürfte sich schon angedeutet haben, weniger im Stile des Ressourcenorientierten Ansatzes als in dem der *Agency-Theorie* und der *modernen Spieltheorie* abgefaßt. Auch diese

79. Der höhere Gewinn wird allerdings mit einer wesentlich höheren Risikoquote erkauft: Der Standardfehler beträgt immerhin 18.5 % (Aoki 1988: 115)!

Theorien scheinen sich mithin zu eignen, die Eigenheiten japanischer Unternehmen und die Unterschiede zu den amerikanischen (und vielleicht auch europäischen) Unternehmen aufzuzeigen. Geeignete Ansatzpunkte dafür sind die Behandlung (a) der Koordinations-, (b) der Anreiz- bzw. Motivationsproblematik (vgl. oben, S. 89) sowie (c) der Rolle der Eigenkapitalgeber bzw. des Kapitalmarktes (vgl. zum folgenden Abb. 12).

	US-Unternehmen	**Japanisches Unternehmen**
Koordination	Vertikale Trennung zwischen Planung und Ausführung	Horizontale Koordination zwischen den operativen Einheiten und mit den Zulieferern
	Betonung der Spezialisierung; dort, wo Wissen geteilt wird, ist dieses Teilen formalisiert	Teilen von "On-site Information"; weitgehend informal
Motivation	Anreize direkt mit der Arbeitsplatzklassifikation verbunden; die Standardisierung der Klassifikation sichert die Möglichkeit zwischenbetrieblicher Mobilität (Marktansatz)	Anreize *nicht* mit spezifischen Arbeitsplatzkategorien verbunden; statt dessen Bildung vonRanghierarchien, die auf die Länge der Firmenzugehörigkeit bzw. Breite und Tiefe des erworbenen Wissens abstellen
	Schwache Stellung der Personalabteilung	Starke Stellung der Personalabteilung
Rolle des Eigenkapitals	Hierarchische Kontrolle des Managements durch Einrichtung einer "Corporate Governance Structure"	Interventionen der "Main Bank" nur in Krisenzeiten; ansonsten weitgehende Autonomie des Managements
	Management darüber hinaus dem "Market for Corporate Control" ausgesetzt	"Market for Corporate Control" nicht wirksam

Abb. 12: Gegenüberstellung von Strukturprinzipien des idealtypischen amerikanischen und japanischen Unternehmens (nach Aoki 1990)

(a) Die in westlichen Unternehmen etablierte Lösung des Koordinationsproblems baut auf dem Prinzip der vertikalen (hierarchischen) Trennung von Planung und Ausführung und auf weitgehender Spezialisierung der Tätigkeiten auf. Die Einzelheiten des Arbeitsablaufes werden ebenso vorab festgelegt wie das Verhalten bei Störungen, das entsprechend dem Spezialisierungsgedanken durch den Einsatz von Reparaturtrupps sowie den Aufbau von Pufferlagern gekennzeichnet ist. Die japanische Organisation wird dagegen durch das Prinzip der horizontalen Koordination bestimmt. Vorab festgelegt wird nur ein Rahmenplan; die Feinabstimmung erfolgt durch spontanen Informationstransfer (*Kanban*-System!). Störungen *unterbrechen* den Arbeitsablauf (Pufferlager sind kaum vorhanden)[80] und werden vor Ort von den operativen Kräften selbst behoben. Dazu ist einerseits eine intensive Kommunikation zwischen den Betroffenen, andererseits gutes, breit gestreutes Fachwissen erforderlich.

Die Anwendbarkeit der einen oder der anderen Form der Koordination wird sicherlich durch eine Reihe von Kontextfaktoren beeinflußt. Dazu gehören die Lernfähigkeit der Individuen, ethnische Homogeneität, die vorhandenen Technologien, die lokale Konzentration sowohl der internen Organisationseinheiten (vgl. die Zahlen zum "Raumbedarf" in Abb. 11a!) als auch der Zulieferer und Handelsgesellschaften sowie Varietät und Volatilität der Marktnachfrage. Die Grundthese lautet wie folgt: Wenn die Umwelt stabil oder sehr instabil ist, bringt die vertikale Koordination Vorteile, weil die Planung auf hinreichend sicheren Voraussetzungen aufruhen kann oder zumindest eine "Ordnungsleistung" erbringt, die die Orientierungssicherheit erhöht. Im Zwischenbereich, das heißt bei kontinuierlicher Veränderung der Umwelt, ist dagegen die horizontale Koordination überlegen. Diese Situation ist seit den späten sechziger Jahren zum Beispiel in der Automobil- und in der Stahlindustrie gegeben; deshalb hier die Vorteile der japanischen gegenüber den amerikanischen (und europäischen) Unternehmen (vgl. Aoki 1990: 8 f. sowie Cremer 1989).

(b) Auch das Anreiz- bzw. Motivationssystem kann als ein (interner) Kontextfaktor der Koordination angesehen werden. Der Ansatz des idealtypischen amerikanischen Unternehmens baut auf einer sehr feinen Arbeitsplatzklassifizierung auf,[81] die die Bewertung "verobjektivieren" soll. Damit sind zum einen, im Einklang mit der Spezialisierungsidee, die Aufgabengebiete eines Mitarbeiters eng umrissen. Zum anderen ist es ihm möglich, das Unternehmen zu wechseln; die Standardisierung der Arbeitsplatzklassifikation und das Prinzip der aufgabenbezogenen Vergütung stellen sicher, daß auch in dem neuen Unternehmen ein ähnliches Anreizniveau erreicht wird. Es gibt, mit anderen Worten, einen *Arbeitsmarkt*, der, in Abhängigkeit natürlich von den wirtschaftlichen Rahmenbedingungen, weitgehend den Charakter eines "Spot-Marktes" mit "horizontalen" Struktureigenschaften besitzt. Die Personalabteilung hat unter solchen Voraussetzungen typischerweise eine schwache Stellung; sie "verwaltet", hat aber keine Bedeutung für die Gewinnung und Aufrechterhaltung einer vorteilhaften Wettbewerbsposition des Unternehmens.

---

80. Ein empirischer, die Unterschiede bestätigender Vergleich des Lagerungsverhaltens japanischer und amerikanischer Unternehmen findet sich bei Nakamura & Nakamura (1989).
81. Ein typisches Werk eines amerikanischen Automobilherstellers dürfte über mehr als 100 Arbeitsplatzkategorien verfügen; das *Dictionary of Occupational Titles* listet für das Jahr 1977 ca. 20 000 verschiedene Titel auf (vgl. Aoki 1988: 12).

Im idealtypischen japanischen Unternehmen gibt es nur sehr wenige Arbeitsplatzkategorien; es müssen ja auch ständig wechselnde Aufgaben erfüllt werden. Die Vergütung der Arbeit erfolgt entsprechend unabhängig von solchen Kategorien; belohnt werden die Länge der Firmenzugehörigkeit bzw. das aufgelaufene Wissen sowie die Kooperationsbereitschaft der Mitarbeiter. Auf diese Weise wird eine *Ranghierarchie* geschaffen. Die Bewertung ist dabei natürlich in starkem Maße abhängig von den subjektiven Beurteilungskategorien der Vorgesetzten sowie insbesondere der Personalabteilung, die eine starke Stellung besitzt und in viel stärkerem Maße zentralisiert ist als im amerikanischen Unternehmen. Die Willkür, die damit verbunden sein könnte, wird in Schach gehalten durch das Rotationsprinzip, das auch für die Personalabteilung Geltung besitzt. Hier kommt auch den unternehmensinternen Gewerkschaften eine wichtige Rolle zu, die sich allein auf die Verteidigung der Rechte der Firmenmitarbeiter konzentrieren und keine überbetrieblichen Funktionen erfüllen, wie dies anderswo der Fall ist (vgl. Bratton 1992: 30 f. mit der dort angegebenen Literatur).

Die vorstehenden Ausführungen lassen sich wiederum durch ein "Dualitätsprinzip" zusammenfassen. In der Formulierung von Aoki (1990: 13 f.):

> "In order for firms to be internally integrative and organizationally effective, either their coordination or their incentive mode needs to be hierarchical, but not both. Comparatively speaking, Japanese firms tend to be less hierarchical in the coordination mode, while they rely upon rank hierarchies in their incentive system." [For American firms, the opposite is true.]

(c) Die eigentümliche Verbindung von vertikalen (hierarchischen) und horizontalen Elementen, die in diesem Dualitätsprinzip zum Ausdruck kommen, läßt sich auch unter dem "Financial Control"-Aspekt herausarbeiten. Das Management amerikanischer Unternehmen ist demnach einerseits der hierarchischen Kontrolle des "Boards" und andererseits der horizontalen Kontrolle des "Market for Corporate Control" unterworfen: Wenn nicht im Interesse der Aktionäre gearbeitet wird, sinkt der Aktienkurs, und das Unternehmen wird Gegenstand eines Takeovers, dessen Ratio sich durch die verbesserten Gewinnchancen aufgrund von Restrukturierungen (das heißt hier: der *Austausch* des Managements) ergeben (vgl. für knappe Hinweise oben, S. 90 f.). Das idealtypische japanische Unternehmen zeichnet sich (wieder einmal) durch ein umgekehrtes Profil aus, das mit der unterschiedlichen Eigentümerstruktur zusammenhängt: Eigentümer japanischer Unternehmen sind vor allem Institutionen, und hier spielen die Banken insgesamt bzw. die "Main Bank" eine dominierende Rolle (vgl. noch einmal oben, Fn. 78, mit der dort angegebenen Literatur). Ein "Market for Corporate Control" existiert nicht, weil die angesprochenen Institutionen ihre Besitzanteile nur selten veräußern. Dafür wird in Krisenzeiten *direkter* Einfluß auf die Entscheidungen des Managements genommen, das heißt mit Rat und Tat zur Seite gestanden (ein Austausch des Managements erfolgt nur in Ausnahmefällen). Mit anderen Worten: Die Grenzen zwischen Kapitalgeber und Unternehmen bzw. Management sind *diffus*; eine klare hierarchische Trennung der Aufgaben ist nicht vorhanden. Ein hierarchisches Element kommt aber insofern ins Spiel, als es ein "Ranking" der Unternehmen nach dem Kriterium der Profitabilität gibt: Wer "oben" steht, besitzt Autonomie; wer "unten" ist, muß mit den Eingriffen der "Main Bank" rechnen (vgl. Aoki 1989: 355, 1990: 16).

Sowohl Aoki (1989: 357 ff., 1990: 16 ff.) als auch Williamson (1991b: 89 ff.) bemühen sich darum, die Komplementarität zwischen den Prinzipien der Koordination und Motivation einerseits und dem System der Finanzkontrolle andererseits aufzuzeigen. Das muß hier nicht im einzelnen dargestellt werden; es reicht, die Essenz wiederzugeben, die sich wiederum in einem "Dualitätsprinzip" festhalten läßt. Mit Aoki (1990: 18):

> "The internal organization and financial control of the Japanese firm are dually characterized by weak-decision hierarchy and incentive-ranking hierarchy. This duality is not accidental."[82]

Die Herausstellung dieses "Dualitätsprinzips" zeigt ein drittes Mal, daß gerade die "guten" Unternehmen durch *widersprüchliche Strukturen* gekennzeichnet sind. Dieses Ergebnis hatte sich auch am Schluß von Kapitel 2.2 angedeutet, als über die Voraussetzungen der Entwicklung von "Organizational Capabilities" spekuliert wurde. Es ist interessant zu sehen, daß auch in der orthodoxeren ökonomischen Theorie solche Ideen vermehrt auftauchen.

(3) Bleibt noch, einige Worte über den *Transaktionskostenansatz* zu verlieren, der für die theoretischen Aufarbeitung der "japanischen Herausforderung" ebenfalls fruchtbar gemacht worden ist bzw. immer noch fruchtbar gemacht wird (vgl. etwa Dore 1986, 1987, Gerlach 1989).[83] Zwei Themen stehen im Vordergrund (Lincoln 1990: 272 ff.): die Internalisierung von Funktionen des Arbeitsmarktes in das Unternehmen und die Allianzen, Netzwerke und Koalitionen, die zwischen Unternehmen, aber auch zwischen Unternehmen und Staat formiert werden, um bestimmte Transaktionen effizient abzuwickeln. Nachdem Aspekte des "internen Arbeitsmarktes" schon zur Genüge behandelt worden sind, mag es aus-

---

82. Für das amerikanische Unternehmen ließe sich natürlich wiederum ein analoges Prinzip, nur mit umgekehrten Vorzeichen, formulieren.
83. Die Ausführungen von Williamson (1991b: 87 ff.) sind hier etwas enttäuschend - sie wiederholen nur die Argumente, die auch von Aoki (1990) vorgetragen worden sind. Vgl. kritisch zu Williamsons Behandlung der japanischen Unternehmen auch FitzRoy & Acs (1992: 129 f.).

reichend sein, kurz auf das System des "Networking", genauer: auf die Organisation des *Zulieferwesens* einzugehen.[84] Auch dieses ist im Zusammenhang mit der MIT-Studie von Womack et al. (1990) schon kurz behandelt worden (Kap. 2.32); der Eindruck, der sich dort aufdrängte, war, daß die Automobilhersteller sich auf relativ wenige Zulieferer verlassen und mit diesen ein weitgehend kooperatives Verhältnis pflegen. Diese "vertikale" Organisationsform des Zulieferwesens wird nicht selten auf die besonderen kulturellen Randbedingungen Japans zurückgeführt.[85] Asanuma (1989) versucht aber zu zeigen, daß (a) diese Organisation sich transaktionskostentheoretisch (das heißt: "ökonomisch-rational") begründen läßt,[86] und (b) dort, wo bestimmte Bedingungen nicht zutreffen, durchaus "klassische" Lieferantenbeziehungen vorherrschen. Als Grundlage der Analyse dient eine Teileklassifikation, die nach dem Kriterium der Einbindung des Lieferanten in die Produktentwicklung geordnet ist. Die Hypothese lautet dann, daß bei hohem Involvement längerfristige und interaktionsintensive Beziehungen wahrscheinlich sind (es sei denn, es handelt sich um "Marketed Goods", die keine abnehmerspezifischen Anpassungen erfordern und "per Katalog" gekauft werden können). In Anbetracht der hohen Produktkomplexität sei diese Situa-

---

84. Allianzbeziehungen zwischen Unternehmen und den "General Trade Companies" werden ausführlich behandelt in Shin (1989) sowie Sheard (1989); transaktionskostentheoretisch inspirierte Analysen zu den Beziehungen zwischen Unternehmen und Staat finden sich bei Gerlach (1989: passim).
85. So heißt es bei Kubota & Witte (1990: 401): "Die vertikale Organisationsform entspricht .. der traditionellen japanischen Mentalität, die ein Festhalten an einer starken Beziehung zwischen dem treuen Untertan und dem geliebten Herrn aus der Feudalzeit bewirkt hat. Diese Mentalität verursacht die intensive Zusammenarbeit verschiedener Gruppen bzw. Unternehmen auf gemeinschaftlicher und gesellschaftlicher Ebene über ein Zusammengehörigkeitsgefühl, das in der dörflichen Gesellschaft aufgrund der Notwendigkeit der Zusammenarbeit (z. B. beim Reispflanzen) bestand und zum Teil heute noch besteht. In dieser Arbeitsorganisation kommt dem 'Enko' große Bedeutung zu, das heißt Beziehungen zu Verwandten und Bekannten haben einen hohen Stellenwert und prägen die Arbeitswelt. Dieses Beziehungsverhältnis läßt sich auch auf das Zulieferwesen und seine Auftraggeber übertragen."
86. Eine eher an der *Agency-Theorie* orientierte Analyse des Verhältnisses zwischen Zulieferern und Abnehmern findet sich bei Kawasaki & McMillan (1987); dort wird gezeigt, daß das Risiko schwankender Nachfrage zum überwiegenden Teil von den Abnehmern (z. B. den Automobilunternehmen) getragen wird, daß dies aber durch eine "Versicherungsprämie" - in Form von niedrigeren Gewinnmargen - bezahlt werden muß. Größere Lieferanten mit mehr Verhandlungsmacht sind im allgemeinen risikofreudiger; entsprechend sind auch die Margen höher. Insgesamt ergibt sich, daß, entgegen einer häufig geäußerten Vermutung, das "Just-in-Time"-Prinzip *nicht* zu einer einseitigen Vorteilsnahme bzw. zu einer Ausbeutung der Zulieferer führt, dies aber nicht auf "Menschenliebe", sondern auf rationale Kalkulation von Principal/Agent-Beziehungen zurückgeführt werden muß.

tion in der Automobilindustrie fast durchgängig gegeben, während zum Beispiel in der Elektromaschinenindustrie vielfach auch "Marketed Goods" verwendet werden, die *keine* langfristigen Beziehungen zu den Lieferanten erfordern.[87]

2.34 Japan als Modell?

Die vorstehend referierten Ansätze der ökonomischen Theorie können, wie schon kurz angedeutet, als Versuche interpretiert werden, eine "rationale" Erklärung für den Erfolg japanischer Unternehmen anzubieten, die auf das Argument der kulturspezifischen Rahmenbedingungen nicht angewiesen ist (vgl. Aoki 1988: 2 f., 298 ff., Odagiri 1992: 2 f., 18 ff.). Die Konsequenz liegt auf der Hand. Wenn es keine kulturspezifischen Rahmenbedingungen gibt, aufgrund derer die japanische Art der "Industrial Organization" erst funktioniert, dann gibt es keinen Grund, warum dieses Modell nicht auch von Unternehmen in den USA oder in Europa adoptiert werden könnte. Im folgenden werden hierzu einige Pro- und Contra-Argumente zusammengestellt (1) und dann verschiedene Varianten der Berücksichtigung kulturalistischer Perspektiven diskutiert (2). Ein kurzer Ausblick schließt die Überlegungen ab (3).

(1) Ein naheliegender Ansatzpunkt, die Übertragbarkeit des japanischen Modells zu prüfen, besteht darin, die Managementpraktiken und die Performance von japanischen "Transplants" in den USA zu untersuchen. Einige Daten hierzu sind schon in Abbildung 11, oben, enthalten gewesen; sie belegen, daß unter vielen Kriterien die "Transplants" besser sind bzw. ein anderes Profil aufweisen als die amerikanischen (und europäischen) Automobilhersteller und sich viele Ähnlichkeiten mit den in Japan agierenden Produzenten ergeben. Eine vertiefende Untersuchung zur Lieferanteneinbindung haben Cusumano und Takeishi (1991) durchgeführt (vgl. ähnlich auch Florida & Kenney 1991). Die Ergebnisse werden wie folgt zusammengefaßt:

> "Japanese und U. S. practices, while increasingly similar in several aspects, still differ in key areas, with Japanese suppliers performing better in quality (defects) and prices (meeting targets and reducing prices over time). On the other hand, Japanese firms have managed to persuade or help Japanese and American suppliers in the United States to meet Japanese standards or practices for quality and pricing. These findings suggest that Japanese efforts to transfer their management practices to overseas sup-

87. Über die Analysen von Anasuma hinaus zeigt Richardson (1993) mit transaktionskostentheoretischem Instrumentarium, das auch spieltheoretische Elemente mit einschließt, daß bei aller Kooperationsneigung die Automobilunternehmen - unter der Devise eines "Parallel Sourcing" - auch die Konkurrenz unter den Lieferanten schüren. Japaner sind also alles andere als "Softies"!

pliers are succeeding, although the transplants are relying as much or more on the movement of Japanese supplies to the United States as on their managerial skills. In addition, the survey provides evidence that U. S. automakers and suppliers have adopted at least some practices traditionally associated with the Japanese, thus indicating a possible convergence toward a 'Japanese model' of supplier management, including higher levels of performance. At the same time, however, U.S. firms supplying U. S. auto plants still have room to improve, especially in raising quality and restricting price increases." (Cusumano & Takeishi 1991: 564)

Aoki (1988: 306 ff.) argumentiert, daß seinerzeit die Einführung des Kanban-Systems bei *Toyota* auf erhebliche Widerstände bei den Mitarbeitern gestoßen ist: Die heute bekannten Managementpraktiken seien a priori keineswegs völlig konstistent mit den etablierten kulturellen Normen. In dem Maße, in dem sich in den oben herausgestellten "Dualitätsprinzipien" *Spannungsverhältnisse* offenbaren, paßten auch diese keineswegs umstandslos zur japanischen Kultur. Es hätte erst längerer Anpassungsphasen und einer Vielzahl von Modifikationen bedurft, bis das System wirklich funktioniert hätte (vgl. noch einmal Womack et al. 1990: 48 ff.). Sicherlich seien nach dem zweiten Weltkrieg Rahmenbedingungen vorhanden gewesen, die für die Evolution dieses Systems förderlich waren. Grundsätzlich sei aber nicht einzusehen, warum ähnliche Praktiken nicht auch in anderen Ländern zum Einsatz kommen könnten.

Der sich hier andeutende *evolutorische* Aspekt ist für die von Aoki und anderen vertretene Sichtweise sicherlich nicht ganz unproblematisch, stellt er doch die Idee einer rationalen, von ökonomischen Kriterien getragenen Gestaltbarkeit von Managementpraktiken gerade *in Frage*: Es muß eben erst ein historischer, Zeit in Anspruch nehmender Prozeß durchschritten werden, in dem sich die Merkmale eines Systems herauskristallisieren, und niemand kann vorher wissen, wie zu einem bestimmten Zeitpunkt diese Merkmale im einzelnen aussehen.[88] Gerade deshalb ist es wichtig, sich die Schwierigkeiten vor Augen zu führen, die mit der Einführung japanischer Managementpraktiken zum gegenwärtigen Zeitpunkt verbunden sind. Young (1992) faßt hierzu die einschlägige Literatur zusammen (vgl. ähnlich Bogaschewsky 1992: 288 ff.). So wird zum Beispiel auf den sozialen Druck verwiesen, der mit der Realisierung des Prinzips der "kontinuier-

---

88. Diese Einsicht wird, wie in Kap. 2.1 gezeigt wurde, auch durch die neuere ökonomische Theorie gedeckt, von den im Text zitierten Autoren - die sich ansonsten ja auf eben diese Theorie beziehen - aber nicht hinreichend berücksichtigt. Darüber hinaus können auch andere Theorien herangezogen werden, um die Frage nach der Gestaltbarkeit von Organisationen bzw. Managementpraktiken zu beleuchten, insbesondere wohl der *evolutionsökologische* Ansatz, der von Lincoln (1990: 266 ff.) entsprechend auch für die Analyse des japanischen Unternehmens fruchtbar gemacht wird. Unter der allgemeiner gehaltenen Überschrift des "Strategic Change" wird hierauf im nachfolgenden Kap. 2.4 noch einzugehen sein.

lichen Verbesserung" (*Kaizen*) entsteht; auf die hohe Arbeitsgeschwindigkeit, die aus dem Just-in-Time-Prinzip folgt und zu hohen Belastungen für die Mitarbeiter führt; auf fehlende Fähigkeiten zur Teamarbeit und schlechte mathematische Ausbildung; auf die ganz anders gearteten räumlichen Voraussetzungen in einem Land wie den USA; auf die Gegebenheiten einer "multikulturellen Gesellschaft" mit den daraus sich ergebenden Problemen; und auf sonstige institutionelle Rahmenbedingungen, die nicht von heute auf morgen zu verändern sind (z. B. das Gewerkschaftssystem). Die Schwierigkeiten, die mit den verschlechterten Arbeitsbedingungen zusammenhängen, die mit dem "japanischen Modell" einhergehen, treten natürlich auch in Japan auf; nur werden sie dort eben unter den spezifischen kulturellen bzw. sozialen Rahmenbedingungen (noch) hingenommen. Für die Länder der westlichen Welt ist dies kaum zu erwarten; das japanische Modell läßt sich wohl nur unter *erheblichen Modifikationen* übernehmen (so jedenfalls Young 1992: 678, aber auch die Einschätzung von führenden Automobilmanagern, die sich durch das japanische Modell - offenbar mit Erfolg [siehe oben, S. 117] - haben anregen lassen [siehe etwa *Business Week* vom 29.03.93, S. 68 ff., oder *Wirtschaftswoche* vom 13.09.91]).[89]

(2) Wenn man davon ausgeht, daß "Kultur" etwas ist, was für die Erklärung des Erfolges japanischer Unternehmen Relevanz besitzt, bietet es sich zunächst an, in das in Abbildung 10 dargestellte Modell noch eine weitere Variable - eben die Kultur - in den Kranz der Rahmenbedingungen aufzunehmen. Diese Vorgehensweise besitzt freilich einen "funktionalistischen", ad-hoc-orientierten Beigeschmack, der den Intentionen der Vertreter eines "interpretativen Paradigmas" wenig entgegenkommt (vgl. Ebers 1985: 104 ff.). Im Rahmen dieses Paradigmas geht es eher darum zu erkennen, daß *alle* objektiven Gegebenheiten ein Pendant in den kognitiven Strukturen der Akteure besitzen, und daß es diese kognitiven Strukturen sind, die das Handeln letztlich bestimmen. Die Welt wird als eine "soziale Konstruktion der Wirklichkeit" vorgestellt, als eine Erfindung, die nur dadurch real ist, daß wir alle sie in hinreichender Parallelität prozessieren und in unserem Handeln operative Wirksamkeit zukommen lassen (vgl. oben, Kap. 1.1). Whitley (1992) spricht, etwas spezifischer, von "Geschäftsrezepten" (Business Recipes), die nichts anderes sind als "particular ways of organizing, controlling and directing business organization in different societies. They reflect suc-

89. Die vorstehende Diskussion läßt die These naheliegend erscheinen, daß sich die vielfach beschworene Vorteilhaftigkeit des japanischen Modells nur dann ergibt, wenn man dem Vergleich mit alternativen Modellen allein die traditionellen ökonomischen Erfolgsmaßstäbe zugrundelegt, nicht aber solche Kriterien wie "Arbeitszufriedenheit", "Gerechtigkeit" etc. Die Einseitigkeit der Verwendung von Erfolgsmaßstäben ist allerdings gerade für die Forschungen im Bereich des Strategischen Managements (genauer: des US-amerikanischen "Mainstreams") charakteristisch. Darauf wird in Kap. 4.51 noch kurz zurückzukommen sein.

cessful patterns of business behaviour and understandings of how to achieve economic success that are reproduced and reinforced by crucial institutions. Whilst they vary in the degree to which they differ across institutional environments, and in their internal consistency and integration, the essential point is that business recipes institutionalize different economic rationalities which 'work' in particular circumstances" (ebenda: 203).

Es ist offensichtlich, daß die solchermaßen definierten "Geschäftsrezepte" bzw. Varianten ökonomischer Rationalität nicht in voluntaristischer Manier gestaltet werden können; insofern leistet die hier skizzierte Sichtweise ein weiteres Mal dem erwähnten evolutorischen Entwicklungskonzept Vorschub. Wie relevant kognitive Strukturen sind, zeigt sich dort am besten, wo diese von den "realen" Gegebenheiten ersichtlich abweichen. So entspricht gerade bei den vielzitierten Praktiken lebenslanger Beschäftigungsverhältnisse und der Befolgung des Senioritätsprinzips die empirische Evidenz keineswegs den stereotypen Erwartungen. Dore (1973: 305) nimmt an, daß nur etwa die Hälfte aller Arbeiter & Angestellten und ein Drittel der anspruchsvoller Beschäftigten in das durch diese Praktiken beschriebene System integriert sind. Auch die großen Unternehmen, denen eine besondere Affinität zu diesem System nachgesagt wird, sind auf *nicht*-dauerhaft beschäftigte Arbeitskräfte angewiesen, weil nur so es eine Manövriermasse gibt, mit deren Hilfe in Krisenzeiten Beschäftigungsanpassungen realisiert werden können. Aoki (1988: 61) belegt mit Daten der *OECD*, daß die Anzahl der ernsthaft eingegangenen Beschäftigungsverhältnisse (das sind solche, die mindestens zwei Jahre andauern) pro männlichem Arbeitnehmer in den USA kaum größer ist als in Japan, "lebenslange Beschäftigung" also dort nicht viel unwahrscheinlicher ist als hier (vgl. zu deren Bedeutung in den USA auch Hall 1982).[90] Die in (größeren) japanischen Unternehmen üblichen Anreizsysteme beruhen nicht *nur* auf dem Senioritätsprinzip, sondern schließen auch leistungs- und sogar arbeitsplatzbezogene Kriterien ein, wie sie in amerikanischen (und europäischen) Unternehmen zu finden sind (vgl. Aoki 1988: 54 ff.). Koike (1988) hat festgestellt, daß zumindest bei den "White Collars" die Einkommen in den USA mit zunehmendem Alter in ähnlichem Ausmaß ansteigen wie in Japan. Kurzum, zwischen Japan und den USA (sowie den europäischen Ländern) scheinen die *realen* Unterschiede unter den genannten Aspekten gar nicht so

90. Die Erhebungen von Hashimoto & Raisan (1985) weisen hier deutlich größere Differenzen aus. Im Gegenzug zeigen andere Untersuchungen, daß die Unterschiede zwischen Japan *und Europa* nur äußerst gering sind, und zwar vor allem im Hinblick auf die "White Collar"-Arbeitskräfte. "[I]f permanent employment is said to be characteristic of Japanese blue-collar male employees of large companies", schreibt denn auch Koike (1988: 61), "then the same should be said about EC white-collar male employees."

groß zu sein. Unterschiede scheint es aber in der Art und Weise zu geben, wie die jeweiligen Praktiken *wahrgenommen* werden und welche Effekte damit verbunden sind. Wie Odagiri (1992: 50 f.) schreibt: "[L]ifetime employment is taken in Japan as a norm which the firm is expected to comply with, and regardless of the extent to which the firm pursues such a course, it is this that must be the crucial difference between Japanese and Anglo-American firms."[91]

(3) Die vorstehenden Überlegungen sollten klar machen, daß es durchaus Sinn zu machen scheint, die Erklärungsversuche der ökonomischen Theorie durch Analysen zu ergänzen, die durch andere Theoriekonzepte bzw. -traditionen angeleitet sind. Die ökonomischen Erklärungssätze haben die Tendenz, die Analyse auf die Ebene der Industrie oder des Unternehmens zu verlagern; das sollte aber nicht ausschließen, daß man zugleich auch Länder, Regionen oder "Kulturen" zum Ausgangspunkt von systematischen Untersuchungen macht. "Japan" ist hier sicherlich ein besonders eindrückliches Beispiel, einerseits wegen des großen Erfolges der von dort agierenden Unternehmen auf vielen wichtigen Märkten, andererseits wegen der großen Unterschiedlichkeit der dort vorherrschenden Denkweisen zu den in westlichen Ländern dominierenden Kulturen und Kognitionen. Aber natürlich kann man die Frage stellen, ob die sich am Beispiel Japan aufdrängenden Erkenntnisse nicht auch verallgemeinerungsfähig sind. Porter (1990), Franke et al. (1991), Kogut (1991) und andere liefern Material bzw. stellen Bezugsrahmen bereit, die eine positive Beantwortung dieser Frage unterstützen. Damit ergeben sich auch Anhaltspunkte, die Eigenarten des *europäischen* oder gar "deutschen" Managementkontextes im Vergleich etwa zu dem der USA herauszuarbeiten, ein Umstand, der aus der Perspektive der vorliegenden Arbeit von einigem Interesse ist (vgl. oben, Kap. 1.4). In Kapitel 3 wird darauf ausführlicher zurückzukommen sein.

Eng mit den hier angesprochenen "substantiellen" Aspekten hängt, wie in Kapitel 1.1 gezeigt, die Frage zusammen, welche *Art der Theoriebildung* dazu geeignet ist, die Spezifika einzelner Managementkontexte herauszuarbeiten und, darauf abgestimmt, Gestaltungsempfehlungen zu geben. Was die Japan-Forschung angeht, so heißt es bei Lincoln et al. (1986: 360 f.), daß die Eigenart des dortigen Kontextes an den Grundlagen der Mainstream-Theorie rüttelt, "for it raises the spectre that organizational theories are 'culture bound', limited to particular countries or regions in their capacity to explain organizational structure. The theories at issue are the 'open' yet 'rational' models in which organizations are seen adapting to a narrow band of task contingencies; i.e., scale, technology, and market uncertainty. The fact that such theories have evolved and have been tes-

91. Eine ähnliche Formulierung mit Bezug auf das Anreiz- und Karrieresystem findet sich bei Odagiri (1992: 43).

ted chiefly within Western, especially Anglo-American, institutional settings does indeed encourage the speculation that their explanatory power may be limited to the organizations that populate those settings" (ohne Lit.-verweis). Läßt sich auch diese Spekulation verallgemeinern bzw. auf den "Fall Europa" oder gar "Deutschland" übertragen? Auch hierauf wird in Kapitel 3 zurückzukommen sein.

2.4 Strategic Change & Renewal

Auch wenn die Organisationsprinzipien erfolgreicher japanischer Unternehmen nicht in allen kulturellen Kontexten Gültigkeit besitzen mögen, sollten die vorstehenden Ausführungen doch eine "Ökologie von Ideen" aufzeigen, wie Unternehmen gestaltet werden können, was anders als bisher gemacht werden kann. Aber lassen sich Unternehmen willentlich verändern? Können die eingefahrenen Strukturen bestehender Systeme erneuert werden? Sind Unternehmen in der Lage, sich an veränderte Umweltbedingungen anzupassen, und wenn ja, wie geschieht dies?

All dies sind Fragen, die die Diskussion im Bereich des Strategischen Managements "immer schon" beschäftigen (vgl. oben, Kap. 1.2) und gerade in neuerer Zeit wieder verstärkte Aufmerksamkeit gefunden haben, sei es aufgrund praktischer Problemlagen oder aufgrund einer gewissen Unzufriedenheit mit jener Art der Forschung, die in den achtziger Jahren die Disziplin beherrscht hat (vgl. ebenfalls oben, Kap. 1.2). In Kapitel 2.2 konnte gezeigt werden, daß inzwischen auch die ökonomische Theorie den Anschluß an prozessuale Fragestellungen gefunden hat, die mit der Idee eines "Strategic Change" natürlich in einem engen Zusammenhang stehen.[92] Insbesondere einige Vertreter der "Neuen institutionellen Ökonomie" verstehen heute "Economics as a Process" (so der Titel des von R. Langlois [1986] herausgegebenen Sammelbandes). Dennoch ist es wohl nicht verfehlt zu sagen, daß, was die theoretische Seite angeht, die wichtigsten Arbeiten zum Thema bislang aus der nicht-(orthodox-)ökonomischen Organisa-

---

92. Der genaue Zusammenhang zwischen "Process" und "Change" ist kaum eindeutig festzumachen. Wenn man "Prozesse" vor allem als *Entscheidungs*prozesse versteht, muß man wohl sagen, daß die Change-Literatur zu einer Ausweitung bzw. Verallgemeinerung der Fragestellung führt (vgl. in diesem Sinne Newman 1985; als Überblick über den Forschungsstand zum "Strategic Decision Making" Eisenhardt & Zbaracki 1992). Pettigrew (1992: 6) weist demgegenüber darauf hin, daß letztlich *alle* Themen des Strategischen Managements sich auch unter prozessualen Aspekten betrachten lassen und "Change" nur einen *Ausschnitt* aus den möglichen Arbeitsfeldern darstellt. Die Arbeiten im Sonderheft des *Strategic Management Journal*, Winter 1992, belegen dies in eindrucksvoller Weise.

tionsforschung kommen (vgl. hierzu und zum folgenden den Überblick in Goodman & Kurke 1982). Zu denken ist vor allem an evolutionstheoretische Ansätze, die den organisatorischen Wandel unter den Kategorien von Adaptation an und/oder Selektion durch die ökonomische bzw. "institutionelle" Umwelt abhandeln, sowie an Ansätze der "kognitiven Schule" und der Organisationskulturforschung. Die eher praktikerorientierte Literatur hat demgegenüber ihre Wurzeln in den Ansätzen der Organisationsentwicklung bzw. des "geplanten organisatorischen Wandels" (vgl. als Überblick Nutt 1992). Schließlich ist auf Arbeiten hinzuweisen, die auf ein allzu dezidiertes Theoriekonzept a priori verzichten und zunächst einmal sorgfältige Fallstudien durchführen, um auf diese Weise Schritt für Schritt Theoriebausteine zusammenzutragen.

Im folgenden wird zunächst die vor allem von Vertretern des populationsökologischen Ansatzes der Organisationstheorie vorgetragene, aber auch in den vorangegangenen Ausführungen (Kap. 2.2) schon mehrfach angesprochene These der "strukturellen Trägheit" von Organisationen diskutiert, eine These, die mit der Idee des strategischen Wandels in einem offensichtlichen Widerspruch zu stehen scheint (Kap. 2.41). Dann werden die Fallstudien (beispielhaft) vorgestellt, um die Komplexität von Prozessen des strategischen Wandels zu illustrieren (Kap. 2.42), und unter der Überschrift "Institutionelle Rahmenbedingungen, kognitives 'Mapping' und Leadership" werden Verbindungen zu Diskussionsfeldern geknüpft, die in der einschlägigen Literatur eine beherrschende Rolle spielen (Kap. 2.43). Schließlich werden einige Prozeßmuster angesprochen, die teilweise aus den vorgelegten Fallstudien herausdestilliert, teilweise aber auch mit Hilfe theoretischer Überlegungen generiert werden können (Kap. 2.44).

2.41 Strategischer Wandel versus strukturelle Trägheit von Organisationen

Daß Organisationen sich verändern, sie einem Wandel unterliegen, scheint offensichtlich zu sein. "Organizations are continually changing, routinely, easily, and responsively", heißt es etwa bei J. March (1981b: 563), auch wenn dann eingeschränkt wird, daß der Wandel nur sehr bedingt der *Kontrolle des Managements* unterliegt. Gleichzeitig wird allerdings insbesondere von großen Unternehmen häufig gesagt, daß sie aufgrund ihrer bürokratischen Strukturen viel zu langsam auf Umweltveränderungen reagieren. Wie passen diese beiden Bilder zusammen? Die umfassendste theoretische Analyse zu dieser Frage ist im Umkreis des sogenannten "populationsökologischen" Ansatzes der Organisationstheorie vorgelegt worden (vgl. Hannan & Freeman 1977, 1984, 1989: 66 ff., auch Scott 1992: 215 ff.). Im folgenden werden zunächst der Grundansatz und die These der "strukturellen Trägheit" vorgestellt (1) und dann empirische Ergebnisse referiert, die deutlich machen, daß die von anderer Seite durchgeführten Fallanalysen und die damit zusammenhängenden theoretischen Interpretationen auch vor dem Hintergrund der populationsökologischen Arbeiten noch einen Sinn ergeben (2).

(1) Der populationsökologische Ansatz der Organisationstheorie legt, wie der Name schon sagt, den Analyseschwerpunkt nicht auf die einzelne Organisation (das einzelne Unternehmen), sondern auf ganze *Populationen* von Organisationen bzw. Unternehmen.[93] Was interessiert, ist (die *Diversität* und) der *Wandel* von "Organisational Forms", definiert als "instructions for building organizations and for conducting collective action" (Hannan & Freeman 1989: 48).[94] Ein solcher Wandel könnte grundsätzlich "von innen heraus" erfolgen, indem sich Organisationen an veränderte Umweltbedingungen anpassen (*adaptieren*). Das wäre jene Sichtweise, wie sie etwa durch die (in Kap. 2.23, oben, vorgestellten) Theorien organisationalen Lernens nahegelegt wird (vgl. Mezias & Glynn 1993: 82 ff.). Die Alternative aber heißt *Selektion*: In dem Maße, in dem Organisationen "strukturell träge" sind, verändern sich Zusammensetzung und Struktur von Populationen durch den "Tod" jener Organisationen, die den neuen Umweltanforderungen nicht mehr gerecht werden, sowie die "Geburt" anderer Organisationen, die hier bessere Voraussetzungen mitbringen.

Die Grundthese des populationsökologischen Ansatzes besteht darin, daß der Selektionsmechanismus *überwiegt*. Das bedeutet nicht, daß Organisationen sich nicht verändern, sondern nur, daß sie sich *langsamer* verändern als die relevanten Umwelten. Organisationen sind in der Tat "strukturell träge", und zwar aus einer Reihe von Gründen (Hannan & Freeman 1977: 931 f.). (a) Investitionen in Gebäude, Maschinen und Personal binden das Kapital und begrenzen die Flexibilität. (b) Die Entscheidungsträger erhalten nur die Informationen, die in ei-

---

93. Freilich gibt es inzwischen auch Versuche, die Grundgedanken des populationsökologischen Ansatzes auf der Ebene des einzelnen Unternehmens fruchtbar zu machen. Aus der Perspektive des Strategischen Managements sind hier besonders interessant Burgelman (1990, 1991) sowie Boeker (1991). Auf weitere Studien wird unter (2) zurückzukommen sein.
94. Als empirische Indikatoren können unter anderem herangezogen werden: die *Ziele* des Unternehmens, die *Autoritätsstrukturen*, die verwendeten *Kerntechnologien* und die *Produkt/Markt-Strategien* (vgl. Hannan & Freeman 1984: 156). Hannan & Freeman (1989: 76) stellen darüber hinaus auch einen engen Bezug zu dem auf Nelson & Winter (1982) zurückgehenden Konzept der organisationalen *Routinen* her (vgl. dazu oben, Kap. 2.2; zu einer ausführlicheren Diskussion auch Winter 1990: 274 ff.). Wie dem aber auch sei, klar sollte sein, daß es bei den "Organizational Forms" um die *Tiefen-*, nicht aber um die *Oberflächenstrukturen* (Anzahl und Größe der Teileinheiten, Kontrollspannen usw.) eines Systems geht (vgl. hierzu ausführlich Hannan & Freeman 1989: 77 ff.).

nem Zusammenhang mit den bestehenden Aktivitäten stehen; "neue" Informationen sind nicht ohne weiteres verfügbar. (c) Eine bestehende Organisation verkörpert häufig eine Art von politischem Gleichgewichtszustand; jede Veränderung der Organisation berührt demgegenüber die Interessen der Aktoren und führt zu Konflikten, die man lieber vermeiden möchte. (d) Es gibt oftmals ein System von Regeln, das den normativen Zusammenhalt der Organisation sichert und Argumente liefert, mit denen die bestehende Organisation geschützt werden kann. (e) Es existieren zahlreiche rechtliche und fiskalische Eintritts- und Austrittsbarrieren, die das Unternehmen nicht umgehen kann. (f) Die Erlangung von Informationen über relevante externe Tatbestände verursacht häufig hohe Kosten, die gerade dann nicht getragen werden können, wenn das Unternehmen sich in einer Krisensituation befindet. (g) Auch nach außen hin ist das Unternehmen in ein Legitimations- bzw. Legalgefüge eingebunden: Die *Deutsche Bundesbahn* kann es sich nicht ohne weiteres erlauben, den Nahverkehr drastisch zu reduzieren! (h) Schließlich gibt es auch ein Problem der kollektiven Rationalität: Was für das eine Unternehmen eine zweckmäßige Anpassungsstrategie ist, ist möglicherweise für ein anderes Unternehmen - aus Gründen, die für den individuell-rationalen Aktor nicht einsichtig sind - gerade *keine* funktionale Strategie.

Organisationen, die "strukturell träge" sind, werden "ausselektiert"; sie müssen "sterben". Das ist die eine Seite der Medaille. Die andere Seite besteht darin, daß strukturelle Trägheit auch ein Erfordernis ist, *um* - wenigstens zeitweise - *zu überleben*. Ohne strukturelle Trägheit würde eine Organisation nicht an einer Effizienzverbesserung (Lernkurveneffekte!) arbeiten und auch nicht über die notwendige Verläßlichkeit und Berechenbarkeit verfügen können, um Kunden, Mitarbeiter und Investoren zu einer Transaktionsbeziehung zu motivieren (vgl. Hannan & Freeman 1989: 72 ff.). So müssen zum Beispiel die Produkte über eine bestimmte Produktqualität verfügen, und es muß Prozeduren geben, die den Eindruck eines sorgfältigen Umgangs mit investiertem Kapital (Finanzmittel & Human Ressources) vermitteln. All dies läßt sich am besten realisieren, wenn die etablierten Strukturen ohne größere Veränderungen fortlaufend reproduziert werden.

Vor diesem Hintergrund liegt nun die These nahe, daß etablierte, große Unternehmen eine größere Überlebenswahrscheinlichkeit besitzen als kleine, junge Unternehmen, die zwar über eine größere Anpassungsfähigkeit verfügen, häufig aber nicht genug Vertrauen mobilisieren können, um kritische Zeiten zu überstehen.[95] Insbesondere die Reorganisationsphase selbst ist mit hohen Risiken

95. Die hier beschriebenen Effekte werden in der Literatur als "Liability of Smallness" bzw. "Liability of Newness" (Stinchcombe 1965) bezeichnet. Darüber hinaus

verbunden. Etablierte, große Unternehmen haben hier die Möglichkeit, mehr Ressourcen und professionelles Know how einzusetzen. Zwar mag die Wahrscheinlichkeit geringer sein, daß diese Unternehmen den Weg des tiefgreifenden Wandels einschlagen; *wenn* sie es aber tun, dann ist, so jedenfalls Hannan und Freeman (1989: 82 ff.), die Erfolgswahrscheinlichkeit größer als bei den kleinen, jungen Unternehmen. Voraussetzung ist allerdings, daß die Reorganisationsprozesse nicht zu lange andauern, die Komplexität also nicht zu groß ist. Die kettenförmige Aneinanderreihung von Episoden des Wandels, wie sie etwa durch das "Reorganisationskarussell" von Kirsch et al. (1979: 9 ff., 51) beschrieben werden, muß aus dieser Perspektive als äußerst problematisch erscheinen. Darüber hinaus muß beachtet werden, daß ein tiefgreifender Wandel der "Organizational Form" die "Liability-of-Newness Clock" wieder auf Null stellt und mithin zu neuen Risiken führt (vgl. Hannan & Freeman 1989: 85).

(2) Die vorstehenden Überlegungen deuten an, daß es tatsächlich eine Reihe guter Gründe gibt, an der Allgegenwärtigkeit des tiefgreifenden Wandels von Organisationen zu zweifeln. Zu einer Reihe von Punkten ("Liability of Smallness", "Liability of Newness" usw.) liegt inzwischen auch empirische Evidenz vor, mit überwiegend bestätigenden Resultaten (vgl. den Überblick in Singh & Lumsden 1990: 163 ff., zur Modellierung Levinthal 1990, 1991a). Etwas unterbelichtet ist im Rahmen des populationsökologischen Ansatzes allerdings die Rolle der institutionellen Umwelten, insbesondere die Rolle des Staates, der den bestandsgefährdeten Unternehmen nicht selten unter die Arme greift, sofern dies nur im Interesse der Gesellschaft liegt (vgl. Scott 1992: 207, am Beispiel von *Chrysler*). Hier sind Einsichten eher aus der Perspektive der institutionalistischen Organisationstheorie zu erwarten, auf die in Kapitel 2.43 noch kurz eingegangen wird. Auch von Vertretern des populationsökologischen Ansatzes sind neuerdings Verbindungen zu dieser Institutionentheorie hergestellt worden, die Theoriefortschritte versprechen (vgl. Singh & Lumsden 1990: 182 ff., Singh et al. 1991, Levinthal 1992: 436 ff.)

Studien, die sich unmittelbar dem strategischen Wandel von Organisationen aus populationsökologischer Perspektive zuwenden, sind bislang nur vereinzelt vorgelegt worden; da, wie gesagt, der Analyseschwerpunkt auf der Ebene von Organisations*populationen* liegt, ist klar, daß Phänomene, die auf der Ebene des ein-

---

wird auch von einer "Liability of Adolescence" gesprochen, um anzudeuten, daß das Risiko des "Sterbens" nach einer kurzen "Honeymoon"-Periode zunächst *zu*nimmt und erst später zurückgeht (Fichman & Levinthal 1988). Die mit dem "Alter" abnehmende Wahrscheinlichkeit des organisationalen Wandels und das damit verbundene Selektionsrisiko schließlich werden von Aldrich & Auster (1986: 168 ff.) als "Liability of Aging" bezeichnet.

zelnen Unternehmens liegen, zunächst nur von sekundärem Interesse sind (vgl. Singh & Lumsden 1990: 180). Die Resultate sind gemischt. Kelly und Amburgey (1991) konnten mit Daten aus dem amerikanischen Luftverkehrsgeschäft (1962 - 1985) die Hypothesen stützen, daß die Wahrscheinlichkeit eines Wandels der strategischen Grundausrichtung eines Unternehmens (a) mit zunehmendem "Alter" und (b) mit zunehmender Unternehmensgröße abnimmt, (c) die Wahrscheinlichkeit eines solchen Wandels aber steigt, wenn schon Erfahrungen mit Veränderungen des gleichen Typs bestehen. Keine Bestätigung ließ sich aber für die Hypothesen finden, daß die Wahrscheinlichkeit (d) eines Wandels mit dem Auftreten von Umweltveränderungen und (e) des Ausselektiert-Werdens mit dem Vorhandensein vorgängiger Erfahrungen in bezug auf den strategischen Wandel[96] steigt. Delacroix und Swaminathan (1991) haben in ihrer Studie über die kalifornische Weinindustrie (1946 - 1984), im Einklang mit der These der strukturellen Trägheit, festgestellt, daß Unternehmensgröße und -alter die Wahrscheinlichkeit eines tiefgreifenden Wandels negativ und die des Überlebens positiv beeinflussen. Sofern ein Wandel von "Core Features" stattfand, hatte dies aber *keinen* signifikanten Einfluß auf die Überlebenswahrscheinlichkeit, ein Ergebnis, das der Trägheitsthese tendenziell widerspricht. Haveman (1992) konnte hingegen für das kalifornische Bankengeschäft (1977 - 1986) zeigen, daß ein tiefgreifender Wandel sich positiv auf das Ergebnis und (mit Einschränkungen) auch auf die Überlebensfähigkeit von Unternehmen auswirkt, insofern (a) damit auf dramatische, bestandsgefährdende Umweltveränderungen reagiert wird und (b) eine Verbindung zu den bestehenden Routinen und Kompetenzen erhalten bleibt.

Die hier vorgelegten Studien zum Thema "Organizational Change" bedürfen wohl nicht nur der Ergänzung durch weitere Studien, sondern auch einer methodischen Weiterentwicklung. Insbesondere ist zu kritisieren, daß der organisatorische Wandel nur an wenigen Kriterien gemessen wird - vorzugsweise am Diversifikationsverhalten der Unternehmen. Wie dem aber auch sei, die bisherigen Ergebnisse haben, um es zu wiederholen, die These der "strukturellen Trägheit" und damit verbundene Spezifikationen nur teilweise bestätigt; die Vorstellung eines adaptiven Verhaltens ist noch nicht ganz obsolet geworden. Oder wie Winter (1990: 292 f.) schreibt: "The emerging consensus is not on a particular sweeping generalization about the levels of adaptability/rationality or inertia/irrationality that organizations display, but an emerging agreement that arguing about the generalization is less interesting than sorting out the cases and testing the strength of competing interpretations ... In any individual case, the degree and

96. Wiederholungen eines Wandels des gleichen Typs deuten darauf hin, daß die angestrebten Ergebnisse zunächst nicht erreicht werden konnten, es also ein "Momentum" gibt. Daher die Hypothese.

nature of the adaptability displayed by an organization is an empirical question, not one settled by a priori theorizing." Es ist diese Position,[97] die von einer Anzahl von Autoren auch in die Tat umgesetzt worden ist: In ausführlichen Fallstudien ist der Versuch unternommen worden, die empirisch offenbar festzustellenden Prozesse eines strategischen Wandels zu erfassen und im Hinblick auf ihre Einflußfaktoren, aber auch ihren "Outcome" zu untersuchen. Dieser Ast der Forschung soll im folgenden nun genauer betrachtet werden.

2.42 Fallstudien

Abbildung 13 gibt einen Überblick über wichtige (Fall)-Studien, die zum Thema "Strategic Change & Renewal" angefertigt worden sind. Dieser Überblick ist nicht vollständig. So wurde zum Beispiel darauf verzichtet, die (in Kap. 2.23, oben, schon erwähnte) Arbeit von Quinn (1980) aufzunehmen, die zweifellos großen Einfluß auf die Forschungs-Community gehabt hat[98] - die These des "logisches Inkrementalismus" ist heute selbstverständlicher Bestandteil der Wissensbasis. Auch die schon so häufig zitierte Arbeit von Chandler (1962) - die ja den strategischen Wandel von *DuPont*, *General Motors, Standard Oil Company* und *Sears*, *Roebuck* detailliert beschreibt -, wurde nicht noch einmal berücksich-

---

97. Eine alternative Position ist kürzlich von D. Levinthal (1991b, 1992) vertreten worden - "a view of adaptation and selection not as mutually exclusive alternatives, each with its own domain of applicability, but rather as fundamentally interdependent processes" (1991b: 140). Die Argumentation ist nach der einen Seite hin aus Kap. 2.2 bekannt: In dem Maße, in dem Organisationen ihre existierenden Routinen verbessern bzw. fortentwickeln (Lernkurveneffekte!), nimmt auch das mit diesen Routinen verbundene Commitment zu, d. h. es wird immer unwahrscheinlicher, daß alternative Entwicklungspfade beschritten werden. In diesem Sinne leistet Adaption/organisationales Lernen einen Beitrag zur organisationalen Trägheit, die dann eine Basis für die Wirksamkeit von Selektionsprozessen bietet (vgl. 1992: 432). Nach der anderen Seite hin ist, darauf weist jedenfalls die Lerntheorie von Lounamaa & March (1987) hin, ein Festhalten an einigen Identitätsmerkmalen ("organisationale Trägheit") der Organisation Voraussetzung dafür, daß im Hinblick auf andere Merkmale Lernprozesse in Gang gesetzt werden können - alles zugleich kann nun einmal nicht verändert werden. - Beachtet werden muß bei dieser Argumentation allerdings, daß "Lernen" hier immer nur ein "Single Loop Learning" bezeichnet, ein Lernen innerhalb eines existierenden Paradigmas. Das Thema "strategischer Wandel" umfaßt aber natürlich auch die Frage, unter welchen Voraussetzungen es zu einem "Double Loop Learning", zu einem Paradigmenwechsel kommt. Oder anders gesagt: Es geht nicht nur um *e*volutionären, sondern auch um *re*volutionären Wandel. In Kap. 2.44 wird darauf noch zurückzukommen sein.
98. In der von Hambrick (1990: 257 ff.) zusammengestellten Liste der zwischen 1980 und 1985 am häufigsten zitierten Arbeiten im Bereich des Strategischen Managements belegt dieses Buch Platz 5!

Autore(n)	Untersuchte Unternehmen	Zielsetzung der Untersuchung/ Zentrale Aussagen
Mintzberg et al. (1976) Mintzberg & Waters (1982) Mintzberg & Waters (1984) Mintzberg & McHugh (1985) Mintzberg & et al. (1986) Mintzberg & et al. (1988) Mintzberg & Rose (i.V.)	U.S.-Regierung im Vietnamkrieg, 1950 - 1968; Volkswagenwerk, 1934 - 1969 Steinberg-Supermarktkette Canadian Lady, 1939 - 1976 National Film Board of Canada, 1939 - 1975 Air Canada, 1937 - 1976 Arcop ("Architects in Co-Partnership"), 1953 - 1978 McGill-University, 1829 - 1980	Wie formieren sich Strategien, wie läßt sich der Prozeß der Strategiengenerierung beschreiben? Diese Fragen werden von Mintzberg & Mitarbeitern für sehr unterschiedlich strukturierte Organisation untersucht (von der "Machine Bureaucracy" bis zur "Adhocracy"). Ergebnis: eine Typologie von 8 Mustern der Strategienformierung: "Planned", "Entrepreneurial", "Ideological", "Umbrella", "Process", "Unconnected", "Consensus" und "Imposed" (vgl. zusammenfassend Mintzberg & Waters 1985). Darüber hinaus werden die Modelle der "Periodic Bumps", der "Oscillating "Shifts", der "Life Cycles" und des "Regular Process" ausgearbeitet, um den Wandel zu charakterisieren (Mintzberg & Westley 1992).
Kanter (1983)	General Electric (teilw.), General Motors, Hewlett Packard (teilw.), Honeywell (teilw.), Polaroid, Wang und drei weitere Unternehmen (anonym), 1960 - 1980 (insb. 1977 - 1980)	Wie können amerikanische Unternehmen ihre verlorengegangene Innovationskraft zurückgewinnen? Die Studie zeigt, daß "Change Master" einen "integrativen" Ansatz verfolgen. Sie besitzen eine ganzheitliche Sichtweise, die etablierte Praktiken immer wieder in Frage stellt und den Blick nach vorne richtet. Entscheidend für den Erfolg sind eine Kultur und Organisationsstrukturen, die die Teamorientierung und die Kommunikationsbereitschaft sowie die aktionsorientierte Initiative von "Entrepreneuren" unterstützen.
Pettigrew (1985)	Imperial Chemical Industries (ICI), 1960 - 1983	Untersucht werden die Schwierigkeiten eines großen Unternehmens, sich an veränderte Umweltbedingungen anzupassen. Die Trägheit etablierter Sichtweisen führt dazu, daß strategischer Wandel, *wenn* es ihn gibt, in revolutionärer Weise auftritt, gefolgt von Phasen der inkrementalen Anpassung und mühsamen Überzeugungsarbeit. Ein wichtiger Erklärungsfaktor sind dabei die Wahrnehmungen und Handlungsweisen von Managern, die die Strukturen, Kulturen und Interessenkonstellationen nutzen, um den Wandel voranzutreiben. Die Rolle von externen Organisationsentwicklungsberatern wird ebenfalls gesondert analysiert.

Abb. 13: Kurzbeschreibung ausgewählter (Fall-)Studien zum Thema "Strategic Change & Renewal"

Autore(n)	Untersuchte Unternehmen	Zielsetzung der Untersuchung/ Zentrale Aussagen
Johnson (1987, 1988)	Foster Brothers, 1970 - 1985	Ausgangspunkt ist ein Kontinuum von Managementmodellen, das von "Rationalismus" über den "logischen" und "politischen Inkrementalismus" bis zum "kognitiv-" bzw. "symbolisch-interpretativen" Modell reicht. Obwohl sich einige Episoden auch in rationalistischen Kategorien beschreiben lassen, eignen sich das Modell des politischen Inkrementalismus und die Spielarten des Interpretativmodells doch insgesamt besser zur Beschreibung & Erklärung organisatorischen Wandels. Besonderes Augenmerk wird auf die Veränderung des grundlegenden "Paradigmas" der Organisation gelegt.
Doz & Prahalad (1988)	16 amerikanische und europäische Unternehmen aus verschiedenen Branchen. Untersuchungszeitraum ist jeweils die für die Forschungsfrage relevante Zeitperiode (3 - 10 Jahre)	Ziel ist die Erforschung des Prozesses, durch den fragmentierte, d.h. auf unterschiedlichen, kaum verbundenen nationalen Märkten agierende Unternehmen zu echten, weitgehend koordinierten "Multinationals" werden. Es wird ein Phasenmodell herausgearbeitet, das die "Inkubation" meist durch einen "visionären" Führer, die Varietätsproduktion zur Operationalisierung der "Vision", die Verlagerung von Macht auf die Zentrale und die Refokussierung der formalen Managementsysteme umfaßt. Als zentrale Inhalte des Wandels gelten die kognitive Perspektive, die strategische Grundausrichtung und die Machtverteilung. Bestimmte "Management Tools" (Datenverarbeitung, Anreize & Management Developement, Konfliktlösung) unterstützen den Prozeß.
Hinings & Greenwood (1988)	24 lokale Verwaltungsorganisationen in England und Wales, 1972 - 1982	Das Interesse gilt der Veränderung von "Archetypen", die definiert sind als Konfigurationen von Strukturen und -systemen sowie grundlegenden kognitiven Orientierungen. Herausgearbeitet werden verschiedene "Organizational Tracks", die die Bewegungen innerhalb von, aber auch zwischen den Archetypen beschreiben. Als wichtigste Analyseeinheiten erweisen sich (1) die institutionellen Rahmenbedingungen, (2) die spezifische historische Situation des jeweiligen Systems sowie (3) die Widersprüche und Spannungen innerhalb der Archetypen.

Abb. 13 (Fortsetzung)

Autore(n)	Untersuchte Unternehmen	Zielsetzung der Untersuchung/ Zentrale Aussagen
Greiner & Bhambri (1989)	Mega Corp. (ohne Zeitangaben)	Welche Rolle spielt ein neuer CEO im Wandlungsprozeß? Ausgearbeitet wird u.a. ein Schema, das 6 Phasen umfaßt: (1) die Besetzung des CEO-Postens, um politische Unsicherheit zu induzieren, (2) die Bewältigung kurzfristiger Performance-Probleme, um die Akzeptanz des neuen CEO zu sichern, (3) die Schaffung von Konsens & Commitment, (4) die Ausrichtung der Org.-struktur und der Schlüsselpersonen auf die neue Strategie, (5) die Mobilisierung des mittleren Managements, und (6) die Einführung geeigneter Anreiz- und Motivationssysteme.
Miller (1990)	IBM, Polaroid, Procter & Gamble, Texas Instruments, ITT, Chrysler, Apple, General Motors, Walt Disney u.a.m. (ohne vorgegeb. Zeitrahmen)	Wie ist es möglich, daß gerade "exzellente" Unternehmen (à la Peters & Waterman 1982) fast regelmäßig ihre gute Wettbewerbsposition wieder verlieren? Es werden vier Unternehmenskonfigurationen ("Salesmen", "Craftsmen", "Builders", "Pioneers") beschrieben, die durch einen Über-Ausbau grundlegender Merkmale ihren eigenen Niedergang herbeiführen - und es werden Möglichkeiten aufgezeigt, dies zu vermeiden.
Fombrun (1992)	General Electric, IBM, AT&T u.a.m. (es handelt sich um mehr oder weniger lose zitierte Fallbeispiele)	Ausgangspunkt ist die These, daß die Umweltanforderungen im Hinblick auf Effizienz, unternehmerische Vision, Berücksichtigung unterschiedlicher Stakeholder-Interessen und moralische Standards so zugenommen haben, daß ein Wendepunkt bzgl. der Notwendigkeit eines strategischen Wandels erreicht ist. Angesichts der internen Trägheitstendenzen werden drei zentrale Schritte/ Phasen des Wandels ausgearbeitet: die Entschlüsselung der Umwelten durch die Manager, die Neubestimmung des strategischen Standortes (einschl. Allianzbeziehungen) und die Mobilisierung des gesamten Unternehmens für den Wandel.
Khandwalla (1992)	65 Unternehmen aus der ganzen Welt, die einen teilweisen oder vollständigen "Turnaround" geschafft haben (ohne vorgegeb. Zeitrahmen)	Untersucht werden die Erfolgsbedingungen eines Turnaround-Managements. Propagiert wird ein "humaner", kreativer, auf Mobilisierung aller Betroffenen ausgerichteter Ansatz, der zu billigeren und schnelleren Resultaten führe als das häufig übliche "Rationalisierungsprogramm" (mit Massenentlassungen etc.). Das Top-Management solle nicht nur "hart durchgreifen", sondern auch "weibliche" Züge annehmen: zuhören, Emotionen berücksichtigen usw. Aspekte der Unternehmenskultur und des organisatorischen Lernens werden besonders hervorgehoben.

Abb. 13 (Fortsetzung)

tigt, ebenso wie zahlreiche andere Arbeiten, die sich detailliert mit dem strategischen Wandel einzelner Organisationen auseinandersetzen (so etwa Tichy 1983, Schlesinger et al. 1987, Pettigrew et al. 1992) oder aber doch zumindest immer wieder auf Fallbeispiele zurückgreifen, um Gesichtspunkte des strategischen Wandels zu erläutern (vgl. z. B. Waterman 1987).

Natürlich ist Abbildung 13 auch nicht dazu geeignet, den Reichtum der genannten Studien wiederzugeben. Im folgenden soll daher wenigstens *eine* (dort nicht genannte) Arbeit etwas ausführlicher referiert werden, nämlich die von Pettigrew und Whipp (1991) - nicht nur, weil sie von einem sehr renommierten Autorenteam stammt, sondern auch aufgrund der großen methodischen Sorgfalt, die hier verwandt wurde: Sie hebt sich wohltuend ab von einer Anzahl anderer Arbeiten, die nach schnellen Empfehlungen suchen und wohl vor allem unter dem Gesichtspunkt großer Verkaufszahlen produziert worden sind.[99]

Die Studie von Pettigrew und Whipp kann zunächst durch eine Reihe von Grundannahmen charakterisiert werden (vgl. Pettigrew & Whipp 1991: 25 ff., Pettigrew 1992: 9 ff., 1993):

(1) Organisatorischer Wandel ist immer eingebettet in verschiedene innere und äußere Kontexte. Die inneren Kontexte betreffen die strukturellen, politischen und kulturellen Randbedingungen der Organisation selber, die äußeren die ökonomischen, sozialen und politischen Umwelten. Die Analyse der organisatorischen Wandels muß darum als eine Mehr-Ebenen-Analyse angelegt sein, die zum Beispiel die Regierungspolitik, die allgemeine ökonomische Situation, die spezifischen Bedingungen der jeweiligen Branche sowie die Mikrostrukturen der Organisation umfaßt.

(2) Alle Prozesse stehen in einem zeitlichen Zusammenhang von Vergangenheit, Gegenwart und Zukunft. Die Analyse des Wandels sollte deshalb immer langfristig angelegt sein und "historische Erblasten" beachten.

(3) Kontexte müssen immer im Zusammenhang mit menschlichem Handeln betrachtet werden. Umwelten sind nicht objektiv vorgegeben; sie sind vielmehr Gegenstand von individuellen Interpretationen, und spezifische Umweltkonstellationen können von Individuen in konkreten Handlungssituationen ausgenutzt, aber auch beeinflußt werden.

(4) Als Konsequenz der unter (1) bis (3) genannten Annahmen ist eine holistische, nicht eine lineare Erklärung des Prozesses anzustreben. Dies kann durch eine Tiefenanalyse einzelner Fälle geschehen, nicht aber durch eine Auflösung des Geschehens in abstrakt definierte Variable, die dann mit Hilfe von statistischen Techniken in einen Zusammenhang gebracht werden.

---

99. Von den in Abb. 13 genannten Arbeiten gilt dies vor allem für die Publikationen von R. M. Kanter (1983, 1989 u.ö.), aber auch für die Bücher von Miller (1990) und Fombrun (1992), auch wenn hier auf eine Vielzahl von "seriösen" Vorarbeiten zurückgegriffen werden kann (siehe etwa Miller & Friesen 1984).

(5) Zur Reduktion von Komplexität sollten die Analysen auf einen "Outcome" ausgerichtet sein. Im Falle von Wirtschaftsunternehmen bietet es sich an, hierfür die "Performance" heranzuziehen, ohne sich dabei allerdings auf einzelne Indikatoren (Gewinn, Marktanteil etc.) zu verlassen. Erforderlich ist ein flexibler Ansatz, der die jeweiligen Kontextbedingungen berücksichtigt.

(6) Der Forschungsprozeß sollte durch ein ausgewogenes Verhältnis von Eingebundenheit und Distanz gekennzeichnet sein: Der Forscher sollte sich zeitweise die Teilnehmerperspektive des untersuchten Unternehmens zu eigen machen, dann aber auch immer wieder in die Außenperspektive der Wissenschaft zurückkehren. Die Ergebnisse der Forschung sollten einerseits für die Unternehmen Nutzen stiften, andererseits aber auch dem theoretischen Fortschritt dienen.

Das Sample der Untersuchung umfaßt insgesamt sieben Unternehmen: zwei aus der Automobilindustrie (*Jaguar, Peugeot Talbot*), zwei Handelsbanken (*Kleinwort Benson, Hill Samuel*), zwei Verlagsgesellschaften (*Longman, Associated Book Publishers*) und eine Versicherungsgesellschaft (*Prudential*). In einem Dreijahreszeitraum wurden über 350 Interviews geführt und darüber hinaus zahlreiche Primär- und Sekundärquellen (Geschäftsberichte, Pressemitteilungen etc.) ausgewertet. Die Geschichte all der genannten Unternehmen ist recht wechselvoll gewesen: *Jaguar* zum Beispiel hatte zwischen 1945 und 1968 zunächst eine dominierende Stellung auf dem heimischen Markt für Luxusautos und darüber hinaus große Exporterfolge, kam dann aber in den siebziger Jahren (unter dem neuen Eigentümer *British Leyland*) in Schwierigkeiten, nicht zuletzt aufgrund der massiven Qualitätsprobleme beim Hauptprodukt *XJ6*. 1979 machte das Unternehmen nach internen Berechnungen einen Verlust von vier Millionen Pfund monatlich: *British Leyland* drohte zu schließen. Unter dem neuen Chef John Egan gelang dann aber in der ersten Hälfte der achtziger Jahre der Turnaround; 1985 machte das Unternehmen über 120 Millionen Pfund Gewinn. Dann ging es wiederum bergab; die Frage kam auf, ob ein Unternehmen wie Jaguar mit doch beschränkten Ressourcen den Marktanforderungen in den neunziger Jahren gewachsen sein würde. Ende 1989 kaufte schließlich *Ford* das Unternehmen. Ähnliche Geschichten können auch für die anderen Unternehmen des Samples rekonstruiert werden. In dieser Situation lauten die Fragen, die mit der Untersuchung beantwortet werden sollen: Warum haben Firmen, die in den gleichen Industrien, Ländern oder Produktmärkten agieren, so unterschiedlichen Erfolg? Und: Welche Einsichten ergeben sich aus der Art und Weise, in der die Unternehmen den Prozeß des strategischen Wandels gesteuert (oder auch nicht gesteuert) haben? (vgl. Pettigrew & Whipp 1991: 36).

Pettigrew und Whipp (1991: 59 ff.) diskutieren zunächst die (realen oder vermeintlichen) ökonomischen und politischen Einflüsse, die während der Thatcher-Ära auf die britischen Unternehmen zugekommen sind. Dann stellen sie ein Fünf-Faktoren-Modell vor, das geeignet ist, die zentralen Aspekte des strategischen Wandels zu erfassen. Dieses Modell soll nicht im Sinne einer Checkliste für den erfolgreichen Wandel verstanden werden; dazu sind die Faktoren schon durch ein zu kompliziertes Wechselspiel miteinander verbunden (vgl. ebenda: 270). Bei der Analyse wird unterschieden zwischen ("primären") Bedingungen, die erfüllt sein müssen, damit ein Faktor überhaupt zu Geltung kommen kann, und ("sekundären") Handlungen und Mechanismen, die über die tatsächliche Wirksamkeit dieser Faktoren entscheiden.

(1) Der erste Faktor betrifft den *Zugang zur Umwelt* (Environmental Assessment). Pettigrew und Whipp (1991: 108 ff.) entwerfen hier ein Bild, das von den Vorstellungen der Industrial Organization- und der Planungsforschung weitgehend abweicht, denen zufolge die Umwelt objektiv vorgegeben ist und einer mehr oder weniger "technischen" Analyse zugeführt werden kann. Statt dessen ist, darauf deuten jedenfalls die Fallstudien hin, der Umweltzugang durch eine Kombination von Analyse, subjektivem Beurteilungsvermögen und tatsächlichem Handeln bestimmt. Prägenden Einfluß besitzt dabei die für die jeweilige Branche bzw. das Unternehmen selbst charakteristische "dominante Logik" des Denkens. Der Umweltkontakt wird letztlich durch *alle* Unternehmensmitglieder (und nicht etwa nur durch eine Planungsabteilung) hergestellt, und aufgrund der dabei involvierten Interessenlagen erhält der Prozeß schnell einen politischen Unterton. Kurzum, worauf es ankommt, ist, daß die Organisation *als ganze* sich als "lernendes System" erweist, das Offenheit gegenüber neuen Entwicklungen besitzt (vgl. noch einmal oben, Kap. 2.23!). Ob dies der Fall ist, hängt (a) von dem Ausmaß, in dem Schlüsselpersonen im Unternehmen sich für Techniken eines aufgeschlossenen Umweltzuganges stark machen, (b) von strukturellen und kulturellen Eigenschaften der Organisation, (c) dem Ausmaß, in dem bestimmte Umweltentwicklungen als interner Druck verspürt werden, und (d) von der Verbundenheit des Umweltzugangs mit letztlich allen operativen Funktionen des Unternehmens ab. Darüber hinaus müssen aber eben auch "sekundäre" Mechnismen greifen: Die Zuständigen für Planung und Marketing müssen in besonderer Weise involviert sein; es muß ein Netzwerk von Verbindungen zu den wichtigsten "Stakeholdern" (insb. den Kunden!) bestehen, und vielleicht müssen auch "Task Forces" eingesetzt werden, die einzelne Gesichtspunkte und Aufgaben gezielt angehen (vgl. ebenda: 136).

(2) Der zweite Faktor betrifft den *Führungs*aspekt; "Leading Change" heißt das Thema (Pettigrew & Whipp 1991: 138 ff.). Erst Leadership bringt die Energie in das Unternehmen, die für den Wandel notwendig ist. Allerdings geht es hier nicht um den charismatischen Führer, der unabhängig von der Situation dem Unternehmenskurs seinen Stempel aufdrückt und damit zu schnellem Erfolg kommt. "Quite the reverse, sensitivity to questions of time and process in leader-

ship and change produce the opposite view. It is the unpredictability of the process as it unfolds through time that makes the prospect of control so remote. Assertive action by itself is of limited use and may well be dangerous. Paradoxically this research indicates that the accumulation of more modest preparatory actions is all-important. These might include consideration of the political implications of a given strategy for instance, through problem-sensing and climate setting within the firm (...). The art of leadership in the management field would seem to lie in the ability to shape the process in the long term rather than direct it through a single episode" (ebenda: 143). Die *Schaffung der grundlegenden Bedingungen* ist, mit anderen Worten, das Entscheidende; erst vor diesem Hintergrund können die Aktivitäten der Führungsmannschaft (und nicht nur des einzelnen Führers!) von Erfolg gekrönt sein.

(3) Ein weiterer Faktor ist die *wirksame Verbindung strategischer und operativer Entscheidungen*. Das klingt zunächst wie eine Neuauflage der alten Idee der "Strategienimplementierung", die der Phase der "Strategienformulierung" folgt (siehe oben, Kap. 1.3 und 2.2). Die Ausführungen von Pettigrew und Whipp (1991: 168 ff.) machen aber deutlich, daß es eine klare Phasenabgrenzung nicht geben kann, erfolgreicher Wandel vielmehr sehr viel mit kumulativem Trial-and-Error zu tun hat, ganz im Sinne etwa der von Mintzberg (1990a) herausgearbeiteten, in Kapitel 1.2 (oben) kurz erwähnten "Learning School" der Strategischen Unternehmensführung.[100] "[E]xecution *is* analysis and implementation *is* formulation", heißt es entsprechend bei Weick (1987: 230, hier zitiert nach Pettigrew & Whipp 1991: 176). Eine besondere Rolle spielen in diesem Prozeß die Mitarbeiterentwicklung (Ausbildung) und die politischen Aspekte der Handhabung von Interessenkonflikten. Insgesamt läßt sich sagen, daß ein erfolgreiches "Linking" ähnlicher Ausgangsbedingungen bedarf wie erfolgreiche "Leadership" (siehe [2]), darüber hinaus aber auch den Sekundärmechanismen besondere Bedeutung zukommt - der klaren Zuordnung von Verantwortlichkeiten und den Zielsetzungen, der adäquaten Gestaltung von Anreizsystemen und Kommunikationsbeziehungen, usw. (vgl. Pettigrew & Whipp 1991: 199).

(4) Der soeben genannnte Aspekt der Mitarbeiterentwicklung weist auf einen weiteren wichtigen Faktor eines erfogreichen organisationalen Wandels hin - auf die *Bedeutung der Humanressourcen* und des Humanressourcen*managements*. Hier ist letztlich an all das zu denken, was in der umfangreichen Literatur zu diesem Thema herausgestellt worden ist (vgl. für einen knappen Überblick z. B. Wunderer 1988b). Der Schwerpunkt liegt einmal mehr auf dem Erfordernis

100. Eine enge Verbindung besteht auch zu Mintzbergs Konzept der "Emergent Strategy", das der in Abb. 13 erwähnten Typologie von acht Mustern der Strategienformierung zugrundeliegt. Vgl. besonders Pettigrew & Whipp (1991: 199).

eines organisatorischen *Lernens* (Pettigrew & Whipp 1991: 212). Ausgangsbedingungen und Verstärkermechanismen können in ähnlicher Weise beschrieben werden, wie das auch in Kapitel 2.23 geschehen ist (vgl. ebenda: 237).

(5) Der letzte von Pettigrew und Whipp (1991: 239 ff.) herausgearbeitete Faktor ist die *Kohärenz*. Sie betrifft zunächst (a) die strategische Position des Unternehmens und umfaßt dort vier Elemente: Die Strategie muß *konsistent* sein, darf sich also nicht selbst widersprechen; darüber hinaus sollte sie *konsonant* mit den Umweltentwicklungen sein, einen *Wettbewerbsvorteil* konstituieren und schließlich auch *realisierbar* (feasible) sein. All dies sind Gesichtspunkte, die gut auch zu dem in Kapitel 2.15 vorgestellten "Ressourcenorientierten Ansatz" der Strategischen Unternehmensführung passen. Pettigrew und Whipp (1991: 243 f.) betonen (b) aber auch das Erfordernis einer Abstimmung der internen und externen Verbindungen des Unternehmens, und (c) das Erfordernis der Abstimmung von (a) und (b). All dies soll sich zu einem *dynamischen Konzept* zusammenfügen, kann sich also erst im Zeitablauf bewähren. Die beiden Autoren sehen hierin einen wichtigen Unterschied zu dem Konzept des "Fit", das sich auf eine zeitpunktbezogene Passung zwischen System und Umwelt beziehe.[101] Ein Widerspruch ergibt sich hier aber auch zu anderen Arbeiten, in denen die Rolle *interner Widersprüche* für den Prozeß des organisationalen Wandels und/oder für den Aufbau von "Organizational Capabilities" betont und teilweise auch empirisch belegt wird (vgl. etwa Hinings & Greenwood 1988 [oben, Abb. 13], aber auch die zum Schluß von Kap. 2.24 genannten Arbeiten).

2.43 Institutionelle Rahmenbedingungen, kognitives "Mapping" und Leadership

Wenn man von dem zuletzt genannten *Kohärenz*faktor einmal absieht, machen die Studien von Pettigrew und Whipp deutlich, (1) wie wichtig die institutionellen Rahmenbedingungen für den strategischen Wandel sind, daß diese aber (2) nicht objektiv vorgegeben, sondern von den Aktoren in spezifischer Weise interpretiert oder gar "konstruiert" werden; und sie weisen (3) auf die Rolle der Führung (Leadership) hin, die auch etwas zu tun hat mit dem Management von Humanressourcen sowie dem "Linking" zwischen strategischen und operativen Entscheidungen. All dies sind Punkte, die in den Forschungen zum Thema "Strategic Change & Renewal" insgesamt aktuell sind, also gut in die "Mainstream"-Diskussion passen. Die folgenden Abschnitte sollen dies etwas genauer ausführen.

---

101. In Kap. 2.61 wird dieses Konzept - das seit den Arbeiten der Harvard-Schule (Learned et al. 1965, Andrews 1971) zum festen Bestandteil des Strategischen Managements geworden ist - noch ausführlich behandelt (vgl. auch Kap. 4.2).

(1) Die Bedeutung institutioneller Rahmenbedingungen für das Verhalten und den Wandel von Organisationen wird durch eine Reihe von Ansätzen betont (vgl. als Überblick Scott 1987, Swedberg & Granovetter 1992). Die Grundidee besteht darin, daß Organisationen nicht direkt dem scharfen Wind des Wettbewerbs ausgesetzt, sondern in ein Netz von Beziehungen eingebunden sind, die die Umweltturbulenzen "abpuffern" oder überhaupt die "Rules of the Game" verändern. Vcr allem die Idee des "Abpufferns" (Thompson 1967: 20 ff.) hat in der Organisationstheorie eine lange Tradition. "Organizational forms may be insulated against environmental pressures because of governmental protection or regulation, support from powerful elites, or shares beliefs and values that selectively screen out potentially disruptive external events", heißt es zum Beispiel bei Aldrich (1979: 196).[102]

Miner et al. (1990: 690 ff.) unterscheiden zwei Typen eines solchen "Abpufferns", das "Resource Buffering" und das "Institutional Buffering". Das *Resource Buffering* bezieht sich auf den Zugang zu materiellen Ressourcen, Information und Technologie, den eine Organisation durch ihre Verbindung zu Institutionen in der Umwelt besitzt. Miner et al. untersuchen hier nicht nur (mit Erfolg) die Hypothesen, daß Organisationen, die über solche Verbindungen verfügen, eine niedrigere Sterblichkeitsquote aufweisen und externe Schocks mit größerer Wahrscheinlichkeit überleben als Organisationen ohne Verbindungen (vgl. für ähnliche Ergebnisse auch Baum & Oliver 1991). Vielmehr interessieren sie sich auch für den Einfluß des "Resource Buffering" auf die Wahrscheinlichkeit eines organisatorischen Wandels und für dessen Erfolgsaussichten. Die Prognosen sind dabei keineswegs eindeutig: Der oben vorgestellten Trägheitsthese steht das "Slack"-Argument gegenüber, demzufolge überschüssige Ressourcen auch dafür genutzt werden, neue Handlungsoptionen auszuloten (vgl. Cyert & March 1963: 36 ff.), und es ist nicht nur denkbar, daß ressourcenträchtige Verbindungen zur Umwelt die Erfolgswahrscheinlichkeit des Wandels erhöhen (weil etwa die Möglichkeit besteht, zeitweise alte und neue Handlungsweisen parallel laufen zu lassen, um den Betroffenen den Übergang zu erleichtern), sondern auch, daß solche Verbindungen sich letztlich *nachteilig* auswirken, weil sie Abhängigkeiten aufbauen, die Reaktionsmöglichkeiten gegenüber anderweitigen Umwelteinflüssen auch reduzieren können. Die Untersuchung von Miner et al. zur finnischen Zeitungsbranche (1771 - 1963) erbringt eher Evidenz für die Slack- und

---

102. Ein wichtiger, von Aldrich hier nicht genannter "Puffermechanismus", der vor allem für japanische Unternehmen eine bedeutende Rolle zu spielen scheint (vgl. oben, Kap. 2.33), sind die "Interorganizational Commitments" (DiMaggio & Powell 1983: 149 [Fn. 4]) - die enge Zusammenarbeit mit Zulieferern oder Banken, die in Krisenzeiten möglicherweise ihre Forderungen reduzieren oder mit Rat und Tat zur Seite stehen. Vgl. hierzu auch Levinthal (1992: 437).

für die Nachteilshypothese, während Baum und Oliver (1991) für ihr Datenset (Kinderbetreuungsorganisationen in Toronto, 1971 - 1987) Bestätigung für die Hypothese gefunden haben, daß die angesprochenen Verbindungen die Wahrscheinlichkeit eines Scheiterns von Transformationsbemühungen reduzieren.

"*Institutional buffering*, in contrast, refers to the insulation the organization has through legitimacy. It can arise from prior compliance with general social expectations, professional norms, or government regulations and from identification with organizations that already carry high legitimacy" (Miner et al. 1990: 690, ohne Lit.-angaben, Hervorh. D. z. K.). Es ist dieser Mechanismus, der in der neueren Organisationstheorie eine besondere Aufmerksamkeit erfahren hat, um den sich das rankt, was man im engeren Sinne als *institutionalistischen Ansatz* der Organisationstheorie bezeichnen kann (DiMaggio & Powell 1991). Organisationen sind diesem Ansatz zufolge nicht nur in institutionelle Rahmenbedingungen eingebunden, sondern besitzen selbst den Charakter von Institutionen, der ihnen freilich von der Umwelt gewissermaßen "eingepflanzt" wird. "[Organisations are] infused with value beyond the technical requirements of the task at hand", heißt es schon bei Selznick (1957: 17), und dies läßt sich so interpretieren, daß, zumindest von einer bestimmten Entwicklungsstufe an, es wichtiger ist, als legitimer Aktor angesehen zu werden, als die technische Effizienz zu verbessern (vgl. DiMaggio & Powell 1983: 148). Die Umwelt legt fest, welche Handlungen, allgemeiner, welche Konstruktionen der sozialen Realität erlaubt sind (vgl. Scott 1987: 507). DiMaggio und Powell (1991: 27) fassen diese Sichtweise, die stark auf die symbolischen Aspekte des Organisierens ausgerichtet ist, so zusammen:

> "We have emphasized that organizational environments are composed of cultural elements, that is, taken-for-granted beliefs and widely promulgated rules that serve as templates for organizing. Institutional reproduction has been associated with the demands of powerful central actors, such as the state, the professions, or the dominant agents within organizational fields. This emphasis has highlighted the constraints imposed by institutions and stressed the ubiquity of rules that guide behaviour".

Was hat all dies mit strategischem Wandel zu tun? Greenwood und Hinings (1993) arbeiten zunächst einmal heraus, daß das im Zitat erwähnte Konzept der "Templates for Organizing" sich gut dafür eignet, näher zu bestimmen, was *strategischer* Wandel überhaupt sein soll: ein "Kontextsprung" nämlich von einem Paradigma ("Template") zum anderen. Veränderungen innerhalb eines Paradigmas bezeichnen dagegen nur einen inkrementalen, nicht-strategischen Wandel. Das ist keine sehr überraschende Definition; sie ist auch aus anderen Ansätzen leicht herleitbar (vgl. für knappe Andeutungen z. B. Fn. 94 und 97, oben). Die Besonderheit des institutionalistischen Ansatzes besteht aber darin, daß der Ursprung des organisationalen Paradigmas außerhalb der Organisation selber liegt und dieses Paradigma in verschiedenen Organisationen ein sehr ähnliches Aussehen hat, sofern diese nur zum gleichen "organisatorischen Feld"[103] gehören (vgl. ebenda: 8). An diese Bestimmung lassen sich Überlegungen zu einer Theorie des organisationalen Wandels direkt anschließen.

Grundsätzlich können zwei Phasen unterschieden werden. Die erste Phase beschreibt die Strukturierung des Feldes, die Herausbildung der Normen und Verhaltensweisen, die man befolgen muß, um in diesem Feld "mitzuspielen". Dieser Prozeß ist ein Prozeß der *Angleichung* von Organisationen, ein Wandel, der auf *Konvergenz* bzw. *Isomorphie* hinausläuft. Mindestens drei Mechanismen sind es, die hier eine Rolle spielen (DiMaggio & Powell 1983: 150 ff.): der direkte *Zwang* durch Institutionen wie den Staat, der durch seine Gesetzgebung (Umweltschutzbestimmungen, Rechnungslegungsvorschriften usw.) das Verhalten und die Strukturen von Organisationen bestimmt; die *Imitation* von Praktiken besonders erfolgreicher (z. B. japanischer! [vgl. Kap. 2.3]) Organisationen; und *normativer Druck*, wie er zum Beispiel durch die Professionalisierung bestimmter Berufssparten und Ausbildungsgänge (und darauf ausgerichteter Einstellungspraktiken) entsteht. Die zweite Phase beginnt, wenn das Feld eine Art von Gleichgewichtszustand erreicht hat. Hier ist organisatorischer Wandel eher unwahrscheinlich; es wird eine "organisationale Trägheit" postuliert, deren Gründe sich in ähnlicher Weise benennen lassen, wie das im Rahmen des populationsökologischen Ansatzes geschieht (vgl. oben, Kap. 2.41).

Zweifellos hat bislang die erste hier beschriebene Phase - die des Wandels - im Mittelpunkt des Interesses institutionalistisch orientierter Arbeiten gestanden (vgl. für einschlägige empirische Evidenz z. B. Galaskiewicz & Wasserman 1989, Singh et al. 1991 und Powell 1993). Erst jüngst ist die Frage aufgetaucht, inwieweit es auch *nach* Erreichen des "Gleichgewichtszustandes" noch einen Wandel geben kann und wie sich dieser erklären läßt. Powell (1991: 200) nennt vier Quellen für einen solchen institutionellen Wandel: die erfolglose und die unvollständige Imitation, die Rekombination einzelner Elemente und die "Rekomposition" des gesamten organisatorischen Feldes aufgrund massiver Umweltveränderungen. Leblebici et al. (1991: 357 ff.) sowie Greenwood & Hinings (1993: 15 ff.) schlagen demgegenüber Modelle vor, die auch die interne Dynamik von Organisationen betonen und auf eine zirkuläre Verflechtung von internen und externen Faktoren hinauslaufen (vgl. auch Oliver 1991). Hier sind für die Zukunft sicher noch weitere Forschungen zu erwarten, die die dabei aufscheinenden Verbin-

---

103. "By organizational field, we mean those organizations that, in the aggregate, constitute a recognized area of institutional life: key suppliers, resource and product consumers, regulatory agencies, and other organizations that produce similar services or products" (DiMaggio & Powell 1983: 148)

dungen des institutionalistischen Ansatzes mit traditionelleren "Management"-Ansätzen vertiefen.

(2) Veränderungen in der Umwelt sind nur insoweit relevant, als sie von den Managern auch *wahrgenommen* werden; das ist die Einsicht, die sich aus der Perspektive der neuerdings verstärkt beachteten "interpretativen" Organisationstheorie bzw. der "kognitiven Schule" der Strategischen Unternehmensführung aufdrängt (vgl. hierzu die knappen Hinweise in Kap. 1.1, oben; Gioia & Chittipeddi 1991: 434 ff.) "A crucial component of managerial behavior in rapidly changing environments", so formulieren es Kiesler und Sproull (1982: 548), "is problem sensing, the cognitive processes of noticing and constructing meaning about environmental change so that organizations can take actions". Der zentrale Begriff ist der eines "kognitiven Mapping": In den Köpfen der Aktoren formieren sich im Laufe der Zeit kognitive Landkarten, Modelle, die die Elemente eines Handlungskontextes zueinander in Beziehung setzen und verschiedene Funktionen erfüllen (Barr et al. 1992: 16 ff.) Zum einen bestimmen sie, welche Informationen die Aufmerksamkeit der Manager erlangen. Zum zweiten sind sie maßgeblich dafür, wie diese Informationen interpretiert werden, ob sie zu "Streß" führen oder nicht (vgl. McCaskey 1988: 4 f., Huff et al. 1992: insb. 60 ff.). Zum dritten schließlich leiten sie auch die Handlungsweisen, die gewählt werden, um den Problemdruck abzubauen: Sie bestimmen, was als "Lösung" eines Problems in Frage kommt und welche Eigenschaften diese besitzen muß.

Welche empirischen Möglichkeiten sich vor dem Hintergrund einer solchen Theorieperspektive ergeben, zeigt die Untersuchung von Barr et al. (1992), in der über 25 Jahre hinweg die kognitiven Landkarten des Managements zweier vergleichbarer amerikanischer Eisenbahngesellschaften - einer erfolgreichen (*Chicago & North Western [C & NW]*) und einer nicht-erfolgreichen (*Rock Island*) - rekonstruiert werden,[104] um vier Hypothesen zu testen, nämlich (a), daß sich in Reaktion auf Umweltveränderungen die kognitiven Landkarten der Manager des erfolgreichen Unternehmens schneller und deutlicher verändert haben als die der Manager des nicht-erfolgreichen Unternehmens, und die Anpassung kognitiver Landkarten aufgeschoben wird, wenn (b) die Umweltveränderungen durch gewinnerhöhende Sondereinflüsse überdeckt werden, (c) die Veränderungen vermeintlich periphere Elemente der kognitiven Landkarten betreffen und/oder (d) der Lernprozeß zu viel Zeit in Anspruch nimmt. Hypothese (a) konnte deutlich, Hypothese (b) nicht ganz so deutlich gestützt werden; (c) muß als widerlegt angesehen werden. Zu (d) konnte festgestellt werden, daß die Landkarte der *C & NW*-Manager im Zeitablauf starke Effekte eines Lernens

104. Datenbasis für die Inhaltsanalyse waren die Aktionärsbriefe, die die Unternehmen zwischen 1949 und 1973 verschickt haben.

und Verlernens widerspiegelt, es aber - anders als es die Lerntheorie (Lewin 1947) postuliert - kein "Refreezing" des kognitiven Modells gibt, das Lernen sich vielmehr kontinuierlich fortsetzt. Bei *Rock Island* dagegen wurde nichts wirklich *ver*lernt, und was *ge*lernt wurde, wurde sofort "eingefroren".

Der hier beschriebene Prozeß der Veränderung kognitiver Landkarten kann natürlich auch in etwas allgemeinere Modellvorstellungen eingebunden werden. Dutton und Duncan (1987a) schlagen ein Modell der "Strategic Issue-Diagnose" vor, das aufzeigt, wie Entwicklungen in der Umwelt in Organisationen wahrgenommen werden und wovon es abhängt, daß daraus dann Aktivitäten eines strategischen *Wandels* hervorgehen können. Dabei ist zunächst interessant, daß sich eine Reihe von Anschlußpunkten zu gängigen Konzeptionen der strategischen Analyse und Planung ergeben. So wird zum Beispiel hingewiesen auf die Rolle einer Wettbewerbsanalyse à la Porter (1980) und auf Eigenschaften des Planungssystems, die als entscheidender "Trigger" dafür dienen können, ob und in welcher Weise bestimmte "Issues" (Gefahren oder Gelegenheiten) wahrgenommen werden oder nicht (vgl. ebenda: 282; zur Rolle des Planungssystems Dutton & Duncan 1987b). Auch sind hier die Forschungsansätze zu nennen, die sich um die Idee einer "Verstärkung schwacher Signale" (vgl. grundlegend Ansoff 1980 sowie die Ausarbeitung in Dutton & Ottensmeyer 1987) drehen oder um den Einsatz von "Devils Advocates" bzw. einer "Dialectical Inquiry", um Vorgehensweisen also, mit denen die eingefahrenen Sichtweisen bzw. kognitiven Modelle systematisch in Frage gestellt werden sollen (vgl. etwa Schwenk & Cosier 1980, für einen Forschungsüberblick Habel 1992: 182 ff.). Ob von den solchermaßen "getriggerten" Signalen dann tatsächlich Handlungsimpulse ausgehen, hängt dann, so jedenfalls Dutton und Duncan (1987a: 283 ff.), in erster Linie von der wahrgenommenen Dringlichkeit des Handelns und von Einschätzungen der Machbarkeit ab. Die hierbei im einzelnen zu berücksichtigenden Aspekte lassen sich zu einer Reihe von Hypothesen zusammenfassen, die die Agenda der kognitiven Schule in bemerkenswerter Weise befruchten können.

(3) Mit dem von Pettigrew und Whipp hervorgehobenen Faktor "Leadership" ist ein altes Thema im Bereich des Strategischen Managements angesprochen: Vor allem die Harvard-Autoren um K. Andrews haben das "Policy Making" immer wieder als Aktionsfeld von Unternehmensführern vorgestellt, die dank ihres persönlichen Urteilsvermögens, ihrer Visionskraft und ihrer Durchsetzungsfähigkeit die Geschicke des Unternehmens maßgeblich prägen (vgl. Learned et al. 1965, Andrews 1971). Mintzberg (1990b) hat diese Sichtweise als "Design School" beschrieben und gezeigt, wie sehr sie sich auch heute noch in der fallstudiengeprägten Lehrmethodik der Harvard Business School niederschlägt (vgl. oben, Kap. 1.2). Das *theoretische* Interesse für dieses Thema ist, was die Strategiefor-

schung angeht, in den siebziger und frühen achtziger Jahren allerdings deutlich zurückgegangen. Erst für die zweite Hälfte der achtziger Jahre ist eine gewisse Renaissance zu beobachten, die sich auch in einem *Special Issue* des *Strategic Management Journal* niedergeschlagen hat (Sommer 1989). Hambrick (1989) arbeitet die Grundannahmen der verschiedenen Forschungen heraus. "[T]he strategic leader is concerned with both the external und internal spheres", lautet die vielleicht wichtigste: "A major job is to align the organization with the current and expected external environment - technology, market trends, regulatory forces, competitor actions, and so on" (ebenda: 6). Die Verbindung zum Thema "Strategic Chance" sollte offensichtlich sein. Das gilt umso mehr noch im Hinblick auf verwandte Forschungen, die unter der Headline der *Corporate Entrepreneurship* zusammengeführt werden können (vgl. das Sonderheft des *Strategic Management Journal*, Sommer 1990) und sich für zwei Phänomenbereiche interessieren: für die Generierung neuer Geschäfte in der bestehenden Organisation, und, im vorliegenden Zusammenhang wichtiger, für die strategische Erneuerung des Unternehmens insgesamt - "the transformation of organizations through renewal of the key ideas on which they are built, i. e. strategic renewal" (Guth & Ginsberg 1989: 5).

Prozeßorientierte Fallstudien, die sich dem Thema "Strategic Change & Renewal" aus der Perspektive der Leadership und/oder Entrepreneurship nähern, sind in Abbildung 13, oben, mitaufgeführt (vgl. Greiner & Bhambri 1989, auch Kanter 1983). Darüber hinaus gibt es aber natürlich auch zahlreiche Arbeiten, die einzelne Hypothesen unter Verwendung größerer Samples und statistischer Instrumentarien testen. Häufiger untersucht wurde zum Beispiel die Hypothese, daß organisatorischer Wandel dann besonders wahrscheinlich ist, wenn ein externer Manager neu an die Spitze des Unternehmens gestellt wird. Helmich und Brown (1972), Grinyer und Spender (1979) sowie Tushman et al. (1986) haben hierfür positive Evidenz erbracht. Auch ist festgestellt worden, daß die Wahrscheinlichkeit eines Wandels je größer ist, je jünger und unerfahrener die Top-Manager sind (Grimm & Smith 1991) und je weniger Zeit sie im Unternehmen bzw. in der Branche gearbeitet haben (Hambrick et al. 1993). Schließlich gibt es nicht nur einen Zusammenhang zu Merkmalen von Managern der obersten Führungsebene (dem CEO); vielmehr steigt die Wahrscheinlichkeit eines Wandels auch mit einem Eigentümerwechsel sowie Veränderungen im "Board of Directors" (vgl. Goodstein & Boeker 1991).

Wenn man bedenkt, daß (a) in den USA ein häufiger Wechsel von Top-Managern durchaus üblich ist (vgl. die Ergebnisse von James & Soref 1981, Reinganum 1985 und Vancil 1987: 79)[105] und (b) die Tendenz eines externen Recruitings offensichtlich zugenommen hat (vgl. Vancil 1987: 2 f., 57 f.), dann scheint die hier gesammelte Evidenz dafür zu sprechen, daß ein (tiefgreifender) organisatorischer Wandel nicht so unwahrscheinlich ist, wie das beispielsweise die Vertreter des populationsökologischen Ansatzes der Organisationstheorie behaupten (vgl. oben, Kap. 2.41; zum folgenden Greiner & Bhambri 1989: 69). Ein genauerer Blick zeigt allerdings, daß diese Schlußfolgerung voreilig ist, ist doch über den *Erfolg* der Reorganisationsbemühungen noch nichts ausgesagt. Vancil (1987: 5, 96) weist darauf hin, daß in seinem Sample 10 - 20 % der rekrutierten CEOs Fehlschläge gewesen sind und die Hälfte von ihnen binnen zwei Jahren wieder entlassen worden ist. Der Untersuchung von Fredrickson et al. (1988) zufolge haben 17 von 35 scheidenden Top-Managern ihre Position innerhalb der ersten drei Jahre aufgeben müssen. Ergebnisse von Chung et al. (1987) deuten schließlich darauf hin, daß im Durchschnitt die Ergebnissituation von Unternehmen sich durch einen Top-Manager-Wechsel so gut wie gar nicht verändert. Vor dem Hintergrund der Studie von Pettigrew und Whipp (1991) ist all dies nicht überraschend: Es müssen eben mehrere Faktoren zusammenspielen, um den Erfolg der Veränderungsbemühungen sicherzustellen - die Person des "Leaders" ist nicht alles.[106]

Eines der Probleme der vorstehend referierten Arbeiten besteht sicherlich darin, daß sie sich auf die Person des "(Strategic) Leaders" konzentrieren, ohne danach zu fragen, (a) wie die Verbindung zwischen strategischer ("oben") und operativer ("unten") Ebene im einzelnen hergestellt wird, und (b) welche Rückwirkungen "von unten nach oben" gehen können. Allerdings gibt es auch hierzu eine Reihe von Spezialforschungen.

Im Hinblick auf (a) ist vor allem auf Untersuchungen zur Einbeziehung des Mittelmanagements in den Entscheidungsprozeß hinzuweisen. Die These liegt ja nahe, daß je nach dem, in welchem Ausmaß die Interessen von Managern der mittleren Führungsebene betroffen sind, die Durchsetzung strategischer Entscheidungen leicht oder schwer fällt. Guth und MacMillan (1986) haben diese These empirisch bestätigt. Wooldridge und Floyd (1990) argumentieren, daß es

---

105. Ein Vergleich der Verweilzeiten von amerikanischen und deutschen Top-Managern in den USA und in Deutschland findet sich in Schrader & Lüthje (1993).

106. In diesem Zusammenhang sei auch noch einmal an die vergleichende Diskussion zu den Merkmalen amerikanischer und japanischer Unternehmen in Kap. 2.3 erinnert. Interessanterweise scheint vielen japanischen Unternehmen die Anpassung an sich verändernde Umweltbedingungen besser zu gelingen als den amerikanischen Unternehmen, "obwohl" hier eine externe Rekrutierung des Top-Managements so gut wie undenkbar ist. (Eine genauere Analyse der "Selbsterneuerung" japanischer Unternehmen findet sich bei Nonaka 1988.)

im Prinzip zwei Begründungen gibt, warum die Einbeziehungen des Mittelmanagements in die strategischen Entscheidungsprozesse sich positiv auf die Performance auswirken sollte: zum einen, weil schon in der Phase der Strategien*formulierung* bessere Resultate erzielt werden könnten, und zum anderen, weil ein weitgehender Konsens zwischen allen Betroffenen die Strategien*implementierung* erleichtere. Empirisch gestützt werden konnte allerdings nur die erstgenannte Begründung[107] - und die Hypothese, daß die Einbeziehung des Mittelmanagement sich überhaupt positiv auf die Performance auswirkt (vgl. hierzu auch die mikrosoziologischen Analysen von Westley 1990). Floyd und Wooldridge (1992) zeigen (auf der Grundlage eines veränderten Datensets), daß es auch von der *Art* der Strategie ("Innovator", "Verteidiger" etc.) abhängt, welche Rolle das Mittelmanagement im Gesamtprozeß spielt. Dabei wird in besonderer Weise herausgearbeitet, daß es tatsächlich nicht nur um "abwärts", sondern auch um "aufwärts" gerichtete Einflüsse geht. Das entspricht der unter (b) genannten Fragestellung, die einen starken Bezug zur Idee einer "Corporate Entrepreneurship" bzw., genauer, eines "Internal Corporate Venturing" (ICV) besitzt. Als Beispiel mag hier die Fallstudie von Burgelmann (1983) dienen, deren Ergebnisse so zusammengefaßt werden:

> "Successful ICV efforts are shown to depend on the part of operational level participants, on the ability of middle-level managers to conceptualize the strategic implications of these initiatives in more general system terms, and on the capacity of top management to allow viable entrepreneurial initiatives to change the corporate strategy." (Abstract)

2.44 Muster des Wandels

Arbeiten die vorstehenden Ausführungen doch eher eine Reihe von Einzelgesichtspunkten heraus, so gibt es in der Literatur natürlich auch diverse Versuche, zu einer eher "holistisch" ansetzenden Beschreibung von "Mustern des Wandels" zu kommen. Die verschiedenen Konzeptionen sind dabei gut dazu geeignet, die Offenheit der Diskussionen zum Thema "Strategic Chance & Renewal" für Theorieansätze vor Augen zu führen, die in Disziplinen entstanden sind, die zunächst einmal keinen offensichtlichen Bezug zum "Strategischen Management" besitzen. Die folgenden Hinweise sind in drei Abschnitte gegliedert.

---

107. "[I]nterviews helped explain why middle management consensus about strategy was not associated with higher levels of organizational performance. The responses reflect the value of a healthy skepticism about strategy. Premature or unquestioned commitment to a specific strategy may cut off the flow of new ideas and represent a form of strategic myopia." (Wooldridge & Floyd 1990: 239)

(1) Zu Beginn bietet es sich an, den Blick noch einmal auf die Fallstudien zu werfen, die im Hinblick auf die Generierung einer Theorie des Wandels eine so große Rolle spielen (siehe oben, Kap. 2.42). Abbildung 13 sollte zumindest andeuten, daß einige dieser Studien Beschreibungen von Mustern des Wandels anbieten, die Beschreibungen aber auf recht unterschiedliche Aspekte bezogen und nicht ohne weiteres vergleichbar sind. Im Falle von Mintzberg und seinen Mitarbeitern gilt dies sogar für Beschreibungen, die im Kontext *eines* Forschungsprogrammes angefertigt worden sind.

Mintzberg und Waters (1985) konzentrieren sich zunächst auf Varianten der Formierung von Strategien, verstanden im Sinne von "Patterns in a Stream of Actions" (Mintzberg et al. 1986: 4).[108] Die rekonstruierten acht Typen (von "Planned" bis zu "Imposed Strategie") weisen darauf hin, daß es, wenn bestimmte Kontextbedingungen erfüllt sind, durchaus Prozesse geben kann, in denen die formale Planung eine entscheidende Rolle spielt (mithin also das klassische Planungs/Implementierungs-Modell zur Anwendung gelangt), unter anderen Kontextbedingungen die Wandlungsprozesse aber eben auch ganz anders aussehen können - beherrscht sind zum Beispiel durch die Visions- und Motivationskraft einer oder mehrerer Unternehmerfiguren.

Mintzberg und Westley (1992: 49 ff.) fassen die Befunde dagegen durch eine andere Art von Mustern zusammen, deren am häufigsten auftretende Variante die des "*Periodic Bumps*" sei: Längere Phasen der Stabilität werden unterbrochen durch revolutionäre Veränderungen, die, sofern sie erfolgreich sind, die Operationsweisen des Systems auf eine neue Grundlage stellen. Das paßt gut zur These der "organisationalen Trägheit" und zu der Vorstellung eines "punktuierten Gleichgewichtes" von Tushman und Romanelli (1985), aber auch zu dem bekannten Wachstumsmodell von Greiner (1972) sowie zu der in Kapitel 2.24 kurz erwähnten "Quantum View" von Miller und Friesen (1984), derzufolge Organisationen als komplexe, aber in sich stimmige Konfigurationen von Variablenzusammenhängen angesehen werden müssen, die man, um das Gleichgewicht nicht zu zerstören, möglichst unverändert lassen sollte - es sei denn, die Umweltbedingungen hätten sich so stark verändert, daß der "große Sprung" *in eine neue Konfiguration* gewagt werden muß.[109] Daneben lassen sich aber eben auch noch ande-

---

108. In früheren Veröffentlichungen (auch in Mintzberg & Waters 1985: 257) wird noch von "Pattern[s] in a Stream of *Decisions*" gesprochen. Die Modifikation in Richtung "*Action*" bringt zum Ausdruck, daß "Strategie" im hier vorliegenden Kontext nicht, wie sonst häufig üblich, eine Handlungsorientierung bezeichnet, sondern den realen Outcome eines Prozesses, und das heißt - den *strategischen Wandel*.

109. Melin & Hellgren (1991) zeigen am Beispiel des schwedischen Unternehmens *Pharmacia*, daß (a) auch "revolutionäre" Phasen relativ lang dauern können, und

re Entwicklungsmuster rekonstruieren - das zyklische Hin- und Hergehen zwischen konvergierenden und divergierenden Tendenzen der Behandlung bestimmter Themen (Mintzberg & McHugh 1985) etwa, das Lebenszyklusmodell, das gleichsam aus sich selbst heraus eine bestimmte Ordnung bzw. Phasenabfolge entfaltet (Mintzberg et al. 1986), und das Modell des "regelmäßigen Fortschritts", das vor allem auf induktive, aufeinander aufbauende, aber doch auch voneinander isolierte Lernprozesse abstellt (Mintzberg & Rose i.V.).

Die beiden erwähnten Typen von Musterbeschreibungen werden von Mintzberg und Westley (1992: 15 ff.) noch um einen dritten ergänzt, den sie allerdings nicht von den in Abbildung 13 erwähnten Fallstudien aus, sondern am Beispiel des Katholizismus, des Protestantismus und des Buddhismus bzw. der damit verbundenen Organisationsformen entwickeln. Die Entwicklung der katholischen Kirche (ähnlich aber auch: *IBMs* Management seiner PC-Aktivitäten in den achtziger Jahren) läßt sich demnach durch ein *Enklavenmodell* charakterisieren: Die Veränderungsbemühungen einzelner Aktoren werden zunächst toleriert, aber deutlich eingekreist, um die Herausforderung nicht zu groß werden zu lassen; erst von einem bestimmten Punkt an - nachdem sich die Bemühungen abgeschliffen haben oder aber das Gesamtsystem in eine Krise geraten ist, für die Lösungen benötigt werden - wird die Infusion in die Organisation zugelassen. Die Entwicklung der protestantischen Kirche (und von Unternehmen wie *Hewlett Packard*) kann demgegenüber durch ein *Klonenmodell* beschrieben werden: Es spalten sich durch Unternehmergeist getriebene Gruppen ab und bilden eigene Organisationen, die nur noch durch eine Reihe prozeduraler Regelungen, aber auch durch die Unternehmenskultur, miteinander und/oder mit der Muttergesellschaft verbunden bleiben. Schließlich das Modell des "*Uprooting*", das den frühen Buddhismus in Indien (und Unternehmen wie *Schlumberger* [vgl. Harvard Case 2-384-087]) kennzeichnet: Hier wird immer wieder eine Art "Kulturrevolution" initiiert, um verkrustete Strukturen aufzubrechen und die energetische Kraft der Gründerjahre zu erhalten.

Die verschiedenen Varianten einer Musterbeschreibung, die hier am Beispiel der Arbeiten von Mintzberg und Mitarbeitern aufgezeigt wurden, lassen das Bedürfnis nach einer Systematik aufkommen, die diese Beschreibungen in vernünftiger Weise ordnet. Einen sehr einfachen Ansatz hierzu bietet die Unterschei-

---

(b) es möglich ist, daß mehrere solcher Phasen (mit unterschiedlichen Charakteristika) aufeinanderfolgen können. Ein Widerspruch zu den im Text genannten Ansätzen ist damit aber nicht verbunden, ist doch die Entwicklung von *Pharmacia* letztlich nicht sehr erfolgreich verlaufen (abzulesen auch daran, daß *Volvo* seine Mehrheitsanteile an *Procordia* verkauft hat).

dung zwischen Entwicklungs*logik* und Entwicklungs*dynamik*.[110] Die beiden folgenden Abschnitte behandeln einige damit verbundene Aspekte.

(2) Beim Konzept der Entwicklungs*logik* "... the central focus ... is on progressions (i.e. the nature, sequence and order) of activities or events that an organizational entity undergoes as it changes over time" (Van de Ven 1992: 172). Zu denken ist hier unter anderem an Modelle à la Doz und Prahalad (1988), in denen eine Abfolge von Phasen der "Inkubation", der Varietätsproduktion, der Machtverlagerung und der System-Refokussierung postuliert werden (vgl. oben, Abb. 13). Dabei können mehrere, sich wechselseitig nicht ausschließende Gesichtspunkte unterschieden werden.

Der erste Gesichtspunkt betrifft die Frage, ob es sich um eine unitarische oder um eine multiple Entwicklung handelt. Bei einer *unitarischen* Entwicklung gibt es eine Stufen-, Phasen- oder Merkmalssequenz der Form U -> V -> W: Es wird angenommen, daß die einzelnen Stufen oder Phasen in nur einer möglichen Reihenfolge erreicht werden. Eine *multiple* Entwicklung läßt hingegen verschiedene Entwicklungspfade zu, die (in einem absoluten oder auf einen Beobachtungszeitpunkt bezogenen Sinne) einen divergierenden, parallelen oder konvergierenden Verlauf besitzen können.

Der zweite Gesichtspunkt betrifft die Art und Weise, in der verschiedene Entwicklungsstufen, -phasen oder -merkmale aufeinander aufbauen. Van de Ven (1992: 173 f.) lehnt sich hier an Überlegungen von Flavell (1972: 286 ff.) an,[111] der folgenden Varianten unterscheidet: (a) die *Addition* - das später auftretende Merkmal ergänzt das frühere, das aber in seiner bisherigen Form erhalten bleibt; (b) die *Substitution* - die Merkmale der späteren Phase verdrängen mehr oder weniger vollständig diejenigen der früheren Phase; (c) die *Modifikation* - das später auftretende Merkmal verändert (differenziert, generalisiert oder stabilisiert) das Merkmal, das in einer früheren Phase beobachtet wurde; und

---

110. Diese Unterscheidung geht ursprünglich auf Durkheim zurück und ist von Kirsch (1990: 524 ff., 1992: 324 ff.) und Mitarbeitern (Pautzke 1989: 178 ff., Strasser 1991: Kap. 2) in Diskussionszusammenhängen fruchtbar gemacht worden, die man einer Theorie der strategischen Unternehmensführung zuordnen kann. Die folgenden Ausführungen - die ja immer noch die "*Mainstream*"-Diskussion im Visier haben - beruhen aber vorwiegend auf Überlegungen, die A. Van de Ven kürzlich (1988, 1992) publiziert hat und in eine sehr ähnliche Richtung gehen.

111. Das im folgenden genannte Kumulationsmuster "Inklusion" wird von Van den Ven (1992: 174) unter den (im Text gleich noch zu behandelnden) Gesichtspunkt der "konjunktiven Entwicklung" gestellt. Ob eine solche Aufteilung durchzuhalten ist, muß allerdings mehr als fraglich erscheinen; darum die hier etwas veränderte Darstellungsweise.

schließlich (d) die *Inklusion* - frühere Merkmale, Phasen oder Stufen sind in späteren logisch "aufgehoben".

Der dritte Gesichtspunkt ist die kausale Verbundenheit, die "Konjunktion" verschiedener, nacheinander folgender oder auch parallel ablaufender Entwicklungsstufen. Die eine Alternative ist hier die *deterministische* Verbindung, die sich, was den konsekutiven Fall angeht, auch unter den von Flavell stammenden Begriff der *Mediation* subsumieren läßt: Ein bestimmtes Ereignis oder Merkmal muß notwendig eintreten, um den Übergang von einem früheren zu einem späteren Ereignis oder Merkmal zu bewerkstelligen. Die andere Alternative ist die *probabilistische* Beziehung, die bestimmte Wahrscheinlichkeitsgrade des Aufeinander- oder Zusammentreffens von Ereignissen oder Merkmalen bezeichnet. Ein interessantes Beispiel stellt hier das "Mülleimermodell" von Cohen et al. (1972) dar, demzufolge "Ströme" von Problemen, Problemlösungen, Aktoren und Entscheidungsgelegenheiten parallel nebeneinander herlaufen und sich von Zeit zu Zeit so miteinander verknüpfen *können*, daß ein Beobachter geneigt sein mag, tatsächlich von einer *Entscheidung* (im Sinne der Entscheidungs- bzw. Problemlösungstheorie) zu sprechen.

Der vierte Gesichtspunkt schließlich betrifft das Ausmaß, in dem sich einzelne Entwicklungsmuster oder Ausschnitte daraus im Zeitablauf wiederholen. Dieser Gesichtspunkt wird in besonderem Maße wohl angesprochen in entscheidungstheoretischen Modellen, in denen auf das iterative Auftreten einzelner Prozeßphasen verwiesen wird. Die in Abbildung 13 genannte Arbeit von Mintzberg et al. (1976) gibt hierfür ein Beispiel.

(3) Bezieht sich die Entwicklungslogik auf die Abfolge von Stufen, Phasen oder Merkmalen, die die Unternehmensentwicklung charakterisieren, so besteht die Entwicklungs*dynamik* aus "statements that explain how and why a process unfolds over time" (Van de Ven 1992: 174). Auf der Grundlage einer groß angelegten Literaturrecherche in einer Vielzahl von Disziplinen rekonstruiert Van de Ven hier vier "Theoriefamilien", die für eine solche Erklärung in Frage kommen. Einige Stichpunkte müssen hier genügen (vgl. ebenda: 177 ff.).

Paradigmatische Beispiele für *Reifungstheorien* (Life Cycle Process Theories) finden sich in der Biologie, in der Entwicklungspsychologie und natürlich auch in der Managementtheorie, in der die Idee des Produktlebenszyklus eine lange Tradition besitzt.[112] (Auf die Übertragung dieser Idee auf die Modellierung von

112. Die genuin *strategische* Bedeutung dieses Konzeptes wird z. B. beleuchtet in dem Portfolio-Konzept der Beratungsgesellschaft *Arthur D. Little*. Vgl. für einen knappen Überblick etwa Hahn (1992b: 230 ff.).

*Technologie*entwicklungen wird in Kap. 2.52 noch kurz zurückzukommen sein.) Die Grundvorstellung besteht darin, daß ein System gleichsam aus sich selbst heraus, geleitet durch einen "genetischen Code", sich in eine bestimmte Richtung entwickelt und dabei eine feststehende Phasenabfolge durchläuft. Umweltkonstellationen können die Art und Weise beeinflussen, *wie* sich der Entwicklungsprozeß entfaltet; das *Schema* der Entwicklung wird hierdurch aber nicht verändert. Unter der Überschrift des "Strategic Change & Renewal" ist dieses Konzept beispielsweise in der in Abbildung 13 angesprochenen Arbeit von Miller (1990) aktiviert worden: Die dort vorgestellten "Trajektorien", die erfolgreiche Unternehmen in den Niedergang führen, können als Ausfluß eines "genetischen Codes", einer intern vorbestimmten Logik interpretiert werden, auch wenn es dann ja doch noch Möglichkeiten zu geben scheint, der Unausweichlichkeit dieser Logik zu entgehen (vgl. ebenda: 195 ff.).

Unter die *teleologischen Prozeßtheorien* lassen sich Theorien subsumieren, die von der Annahme ausgehen, daß das betrachtete System sich zielgerichtet an Veränderungen der Umwelt anpaßt. Das System selbst kann Zielzustände definieren, die dann freilich auf unterschiedlichen Wegen erreicht werden können. Van de Ven (1992: 178) sieht in dieser Tradition zum Beispiel den Strukturfunktionalismus Parsonsscher Prägung, insbesondere aber natürlich auch die "Planning School" des Strategischen Managements, die, wie immer geläutert durch andere Schulen, die voluntaristische Gestaltbarkeit des strategischen Wandels postuliert (vgl. z. B. Nadler & Tushman 1988). Das angestrebte Entwicklungsziel definiert dabei natürlich nur einen *Zwischen*zustand, der in weiteren Runden der Strategienformulierung und -implementierung dann auch wieder zur Disposition gestellt wird.

Dialektische Theorien gehen davon aus, daß es die internen Spannungen in einem System sind, die den Wandel vorantreiben. Paradigmatisch ist hier die Hegelianische, später vor allem von Marx aufgenommene Vorstellung, daß es einen Dreischritt von "These", "Antithese" und "Synthese" gibt, der sich so lange wiederholt, bis die Spannungen "aufgehoben" sind und das System in einen stabilen Gleichgewichtszustand (der nicht weniger als das "Ende der Geschichte" ist) mündet. Moderne, das Konzept der Dialektik teilweise allerdings auch verwässernde Varianten dieser Vorstellung finden sich zum Beispiel in der Austausch-/ Konflikttheorie von Blau (1964), im Modell der "Vicious Cycles" von Masuch (1985) sowie in den Konzepten der Selbstorganisation, wie sie etwa von P. Allen (1988) beschrieben werden.

Auch die *Evolutionstheorien* bauen auf einem Dreischritt auf - dem von Variation, Selektion und Retention: Eine Population von Systemen verändert sich dadurch, daß im Zuge der Reproduktion Abweichungen auftreten, die das Überleben in einer im Prinzip feindlichen Umwelt gefährden, möglicherweise die Überlebenschancen aber auch verbessern, mit der Folge, daß das abweichende Merkmal sich verfestigen und zum Bestandteil des "Genpools" des Systems werden kann. Diese - ursprünglich auf Darwin zurückgehende - Perspektive ist in der amerikanischen Organisationstheorie insbesondere durch die Vertreter des populationsökologischen Ansatzes (z. B. Hannan & Freeman 1989, Hannan & Carroll 1992) fruchtbar gemacht worden (siehe oben, Kap. 2.41), aber auch durch K. Weicks kognitiv orientiertes Modell organisierender Prozesse (Weick 1979).

Es ist offensichtlich, daß die in Kapitel 2.42 vorgestellten Studien verschiedene Elemente dieser Theorie - und Elemente verschiedener Theorien - aufgreifen, um die gefundenen Prozeßmuster angemessen interpretieren können. Hinings und Greenwood (1988) zum Beispiel rekurrieren, unter anderem, auf Elemente dialektischer Theorien, wenn sie (wie erwähnt) auf die Bedeutung interner Spannungen für den Wandel aufmerksam machen; zugleich stützen sie sich aber auch auf das Lebenszykluskonzept, mit der Qualifikation freilich, "that not all organizations pass through transitions or the same set of stages, nor do they depart from similar positions or have common destinations" (ebenda: 192). Für Van de Ven (1992: 177) ist ein solches Vorgehen nicht unproblematisch: "[I]n doing so the conceptual basis of applied theories can easily become confounded and incoherent. This is because while the logic for each ideal type is internally consistent, borrowing elements from different types of theories may result in an incoherent concatenation of different logics. As Poole and Van de Ven (1989) discuss, conceptually more robust explanations of change emerge when scholars explicitly adress and work out these logical inconsistencies when they borrow and combine elements from different types of theories in their applied theories of change processes." Es bleibt abzuwarten, inwieweit dieser Empfehlung in zukünftigen Forschungen zum Thema "Strategic Change & Renewal" gefolgt wird.

2.5 Technologie & Innovation

"Technologie & Innovation", das ist ein Thema, das mit dem zuletzt behandelten Thema "Strategic Change & Renewal" zweifellos in einem engen Zusammenhang steht. Strategischer Wandel ist häufig wesentlich geprägt durch den Wandel der den Produkten oder den Produktionsprozessen zugrundeliegenden Technologien, und wohl immer findet die Erneuerung ihren Niederschlag in Innovationen, die die Wettbewerbsfähigkeit des Unternehmens verbessern. Beschreibungen und Erklärungen des *technologischen Wandels* haben entsprechend in den letzten Jahren zunehmende Aufmerksamkeit gefunden. McGee und Thomas (1989: 205) fassen die Entwicklung wie folgt zusammen:

> "For many years technological change has been the subject of discussion and research but only in the last decade we have witnessed the rapid emergence of technology as a major change agent in markets and industries around the world. The scale and pervasiveness of technological change has led to a wide acceptance of technology as a major strategic variable both for corporations and for national governments."

Diese wenigen Bemerkungen weisen schon darauf hin, daß, aus der Perspektive des Strategischen Managements, technologischen Aspekten eine hohe Bedeutung zukommt, sie nicht nur im Sinne von Restriktionen bei der Bestimmung der Wettbewerbsposition beachtet werden müssen, sondern häufig die Hauptantriebskräfte der strategischen Entwicklung darstellen (vgl. Itami & Numagami 1992).[113] "In industries where technological change is rapid or the level of technological sophistication is high, the technological dimension of competitive strategy can be the primary source of competitive advantage in the generic strategy being followed by the firm", heißt es zum Beispiel bei M. Porter (1983b: 11). In besonderem Maße gilt dies natürlich für die nicht zufällig so bezeichneten "High-Tech"-Branchen, denen entscheidendes Gewicht für die komparative Vorteilsposition ganzer Volkswirtschaften zugeschrieben wird.[114] Scherer (1992) argumentiert, wie viele andere Autoren auch (Hayes & Abernathy 1980, Abernathy et al. 1981, Hitt et al. 1991 usw.), daß die mit der "japanischen Herausforderung" (oben, Kap. 2.3) einhergehende, in manchen dieser Bereiche unbefriedigende Wettbewerbsstellung der U.S.A. sich am besten auf der "Mikro-Mikro-Ebene" des einzelnen Unternehmens erklären läßt. Etwas spezifischer lautet die zentrale Hypothese, "that comparative advantage in the production of high-technology merchandise is won in the R & D laboratories and factory trenches. A key complementary role is played by the field generals who decide what new industrial products and processes to develop, how quickly to develop them, and (especially) how to respond to new technological challenges from determined overseas components" (Scherer 1992: 174). Hingewiesen wird auch auf das feh-

---

113. Eine analoge Beschreibung zu dem unterschiedlichen Stellenwert technologischer Aspekte im Verhältnis zur Wettbewerbsstrategie kann auch im Hinblick auf den *Produktionsbereich* gegeben werden, der aufgrund seiner engen Verbindung zu technologischen Fragestellungen in den achtziger Jahren ebenfalls in den Mittelpunkt des Interesses gerückt ist (Hayes & Wheelwright 1984, Wheelwright 1984). Vgl. hierzu insb. Wheelwright & Hayes (1985).

114. Thurow (1992: 45) nennt sieben Schlüsselindustrien - Mikroelektronik, Biotechnologie, zivile Luftfahrt, Telekommunikation, Roboter & maschinelle Werkzeuge, Computer & Software sowie Industrien, die auf die Entwicklung neuer Werkstoffe spezialisiert sind.

lende technische Grundverständnis vieler amerikanischer Manager: Hier sei noch einiges zu tun, um den Anschluß an die "Best Practices" in Japan und auch Europa wiederzufinden (ebenda: 182).[115]

Die in einem orthodox-industrieökonomischen Kontext entstandene Arbeit von Scherer ist gut dazu geeignet, die Motivationen zu beleuchten, die auch die Strategieforschung zu einer intensiven Auseinandersetzung mit dem Thema "Technologie & Innovation" getrieben haben und immer noch treiben. Darüber hinaus zeigt sie Schwerpunkte auf, die in der Forschung eine Rolle spielen: das besondere Interesse für die Wettbewerbsbedingungen in Hochtechnologiebranchen und die Rolle der Forschung & Entwicklung und die damit verbundene Frage des "Timings" von Innovationen. Schließlich veranschaulicht sie, daß, im Gegensatz zu den Arbeiten zum Thema "Strategic Change & Renewal", im vorliegenden Zusammenhang die *ökonomische Theorie* wieder eine Rolle spielt, die den Tendenzen der Theoriebildung im Bereich des Strategischen Managements insgesamt entgegenkommt (siehe oben, Kap. 2.1). Adler (1989) zeigt in seinem breit angelegten Überblicksaufsatz zwar auch Möglichkeiten auf, Forschungen, die sich zum Beispiel mit dem Einfluß einer innovationsförderlichen Unternehmenskultur sowie den Grundlagen von "Corporate Entrepreneurship" und internem "Venturing" beschäftigen (oben, Kap. 2.43), unter die Headline von "Technologie & Innovation" zu subsumieren. Der "Mainstream" weist aber wohl doch mehr in Richtung der ökonomischen Theorie, zu einer Theorie freilich, die sich nicht *nur* aus (orthodox-)industrieökonomischen Quellen speist, sondern auch Forschungen in der Schumpeter-Tradition sowie die neueren Ansätze einschließt, die Fragen der Organisation und der "internen Historizität" bzw. der Ressourcenbasis von Unternehmungen thematisieren (vgl. wiederum oben, Kap. 2.1 und 2.2). Ansätze zu einer "Soziologie der technologischen Evolution" (Tushman & Rosenkopf 1992) sind demgegenüber weniger ausgebaut, aber doch in Reichweite, wie sich am Beispiel der "Network Externalities" unschwer ersehen läßt (siehe dazu unten, Kap. 2.52).

Abbildung 14 vermittelt, den ökonomischen Diskussionsstrom aufgreifend, einen Überblick, der eine *zu enge* Ausrichtung auf den Hochtechnologiebereich überwindet und die wichtigsten *strategischen Probleme*, die sich dem Management

115. "[Scherer's] statistical analyses suggest that R & D support is greater, and reactions to rising import competition are more aggressive, when top managers are educated in science or engineering" (Scherer 1992: 182). Thurow (1992: 47 f.) und die Forschungen von E. Roberts (1992) belegen (u. a.), daß in japanischen und europäischen Unternehmen der "Chief Technology Officer" weitaus häufiger zum obersten Führungsgremium gehört und auch einen signifikant höheren Einfluß auf die Unternehmens- bzw. Geschäftsfeldstrategien besitzt als in amerikanischen Unternehmen.

Definition	Source of technology	Trajectory	Typical product groups	Strategic problems for management
Science-based	R. & D. laboratory	Synergetic new products	Electronics, chemicals	Complementary assets, integration to exploit synergies, patent money
Scale-intensive	Production engineering and specialized suppliers	Efficient and complex production and related products	Basic materials, durable consumer goods	Balance and choice in production technology between *appropriation* (secrecy and patents), *vertical disintegration* (co-operation with supplier), and *profit centre* 'Fusion' with fast-moving technologies. Diffusion of production technology amongst divisions, exploiting product opportunities, patent money
Information intensive	Software/systems dept. and specialized suppliers	Efficient (and complex) information processing, and related products	Financial services, retailing	
Specialized suppliers	Small-firm design and large-scale users	Improved specialized producers, goods	Machinery, instruments, speciality chemicals, software	Matching technological opportunity with user, absorbing stable or new product 'niches'

Abb. 14 Elemente der ökonomischen Diskussion zum Thema "Technologie & Innovation" (aus: Pavitt 1992: 216)

stellen, herausarbeitet. Ausgangspunkt ist eine Taxonomie von Industriesektoren, die nach dem Kriterium der Herkunft innovativer Technologien gebildet ist, hier aber nicht im einzelnen vorgestellt werden soll.[116] Wichtig ist im vorliegenden Zusammenhang nur, daß die strategischen Probleme, die sich dem Management stellen, letztlich auf vier miteinander verbundene Punkte bezogen sind, die in der neueren Forschung immer wieder betont werden und etwas mit dem "Ob", dem "Wie" und dem "Warum" von technologischen Innovationen zu tun haben (vgl. etwa Teece 1986a: 286 ff., Dosi 1988: 1140 ff.). Es handelt sich dabei (1) um Optionen, die sich aus den "objektiven" Anwendungs- und Entwicklungsmöglichkeiten der Technologien, aber auch vor dem Hintergrund der im Unternehmen vorhandenen Ressourcen- bzw. Wissensbasis ergeben, (2) um die Bedingungen, die die Möglichkeit der Aneignung von Profiten, die sich mit einem Innovationserfolg einstellen mögen, festlegen, (3) um die Notwendigkeit des Vorhandenseins komplementärer "Assets" (gemeint sind vor allem Produktion, Marketing und Vertrieb), die technologische Erfindungen erst zu einem Markterfolg machen, und (4) um Einflüsse der Nachfrageseite, insbesondere von Verschiebungen der relativen Preise von Arbeit, Kapital und Energie.

Die folgenden Abschnitte sollen einige der hier und der zuvor genannten Punkte, der Einschätzung der Gewichtungen in der Forschung entsprechend, ausarbeiten und vertiefen. Kapitel 2.51 greift unter der Headline der sogenannten "First/Follower"-Problematik zunächst die von Scherer (1992) ausgelegte Fährte auf, behandelt dann aber auch die berühmte "Schumpeter-Hypothese", die die im Rahmen der ökonomischen Theorie geführten Diskussionen zu Fragen von Technologie & Innovation so stark geprägt hat. Kapitel 2.52 geht näher auf die unter (1) angedeutete Idee "technologischer Paradigmen" und damit verbundener "Trajektorien des Wandels" ein, Kapitel 2.53 auf die die Punkte (2) und (3) betreffenden Ansätze zur Analyse der Forschungsorganisation und der Vermarktung von Innovationen, die sehr direkt auch die Frage nach den Grenzen des Unternehmens stellen. Kapitel 2.54 schließlich behandelt nicht die unter (4) angesprochenen Aspekte - die eher wohl einer makroökonomischen Diskussionsarena zuzuordnen sind -, sondern wendet sich einigen zusätzlichen Gesichtspunkten der Organisation zu und spricht damit doch wenigstens in knapper

---

116. Eine ausführliche, empirisch gestützte Herleitung dieser Taxonomie und eine Beschreibung der einzelnen Industriesektoren findet sich in Pavitt (1984). Allerdings sind hier die "informationsintensiven" Industrien noch nicht berücksichtigt, und die "skalenintensiven" Industrien werden als *produktions*intensive Industrien vorgestellt, die deutlicher, als dies aus Abb. 14 hervorgeht, in zwei Subfelder aufgeteilt sind - in die skalenintensiven und in die Industrien, die selbst kaum innovative Technologien hervorbringen, sondern allenfalls die Impulse von spezialisierten Zulieferern aufgreifen.

Weise relevante Beiträge der eher sozialwissenschaftlich orientierten Theoriediskussion an.

2.51 First/Follower-Problematik, Schumpeter-Hypothese und daran anschließende Fragestellungen

(1) Die sogenannte "First/Follower-Problematik" ist zweifellos eines der Kernstücke eines strategischen Technologiemanagements. Einmal mehr war I. Ansoff einer der Pioniere; zusammen mit J. Stewart entwickelte er schon in den sechziger Jahren eine Typologie von Grundstrategien, die wesentlich auf das "Timing" von Innovationen abstellte und das "First-to-market" bzw. das "Follow-the-leader" als zwei grundlegende Optionen der Handlungsorientierung herausarbeitete (Ansoff & Stewart 1967). Maidique und Patch (1988) sowie andere Autoren sind später in die gleiche Richtung gegangen (vgl. den Überblick bei Adler 1989: 49). G. Stalk und T. Hout (1990) argumentieren dagegen schon etwas einseitiger: Entscheidend sei es, möglichst früh am Markt zu sein, und dafür sei es insbesondere notwendig, Forschung & Entwicklung im Unternehmen zu beschleunigen. In jedem Fall wird aber auch hier die Rolle des *Zeit*wettbewerbes betont, der mehr und mehr über den Markterfolg entscheide.[117] Das strategische Gewicht der First/Follower-Problematik wird damit nur bestätigt.

Die empirischen Ergebnisse, um damit zu beginnen, sind keineswegs eindeutig.[118] Eine auf der Grundlage von PIMS-Daten durchgeführte Untersuchung von Clifford und Cavanagh (1985) bestätigt Vorteile eines frühen Markteintritts, wenn auch in überschaubarer Größenordnung: "Pioniere" haben einen durchschnittlichen ROI von 22,8 %, "Frühe Folger" von 21,3 % und "Späte Folger" von 17 %. Die (wiederum auf der Basis von PIMS-Daten gewonnenen) Resultate von Lambkin (1988) bestätigen zwar den Markterfolg der Pioniere, enthalten aber (wenn auch nicht durchgehend konsistente) Anhaltspunkte für einen kurvilinearen Zusammenhang, demzufolge die "Späten Folger" wieder *besser* abschneiden als die "Frühen Folger". Simon (1989: 86) führt schließlich eine Reihe von Untersuchungen auf, die vor allem auf einen positiv-linearen Zusammenhang zwischen dem Zeitpunkt des Markteintritts und dem Marktanteil abstellen, der seinerseits häufig als wichtigste Einflußgröße für die Performance angesehen

---

117. Vgl. ähnlich Simon (1989), die Beiträge in Brockhoff et al. (1988) sowie die in Kap. 2.3 zitierte Studie von Clark & Fujimoto (1991), die ja wesentlich die Vorteile der *Geschwindigkeit* von Forschung & Entwicklung japanischer Unternehmen hervorhebt.
118. Die folgenden Ausführungen sind eng angelehnt an zu Knyphausen (1993b: 149 ff.).

wird (vgl. etwa Shepherd 1986: 34 f.). In Kapitel 2.1 (Fn. 7) sind allerdings Untersuchungen zitiert worden, die auch hier einer skeptischeren Einschätzung Vorschub leisten. Das spricht dafür, den Zusammenhang zwischen dem Zeitpunkt des Markteintritts und der Profitabilität genauer zu analysieren.

Was sind die Vorteile eines frühen Markteintritts? Lieberman und Montgomery (1988, ähnlich Ghemawat 1991a: 86 ff.) nennen drei Klassen solcher Vorteile: technologische Führerschaft (a), eine diskriminierende Aneignung von knappen Ressourcen (b) sowie spezifische Restriktionen bzw. Verhaltensweisen der Kunden (c).

(a) Die *technologische Führerschaft* spricht vor allem Erfahrungsvorteile und Patente an: Wer früh dran ist, kann entweder eine günstigere Kostenposition erreichen oder aber das vorhandene Wissen vor einer Übernahme durch die Konkurrenz schützen lassen. Abbildung 15 zeigt, in welchen Geschäften diese beiden Mechanismen als primäre Quellen von Wettbewerbsvorteilen angesehen werden können. Auffällig ist, daß der Patentschutz nur in solchen Industrien genannt wird, in denen eine rasche Diffusion des Erfahrungswissens - etwa aufgrund von Möglichkeiten eines "Reverse-Engineering" - einigermaßen wahrscheinlich ist (vgl. für entsprechende Untersuchungen zur Chemieindustrie Lieberman 1984, 1989). Mineralölraffinierung und Halbleiter sind hingegen Beispiele für Industrien, in denen Lern- bzw. Erfahrungskurvenvorteile zum Schutz von (*Prozeß-*) Innovationsgewinnen führen.[119]

(b) Die *diskriminierende Aneignung von knappen Ressourcen* betrifft zunächst die physischen Ressourcen, die für den Betrieb eines Geschäftes benötigt werden. Pioniere können hier Vorteile erzielen, indem sie günstige Produktionsstandorte besetzen oder aber Preise zahlen, die noch nicht den Wert der Ressourcen reflektieren, wie er sich *nach* dem Aufweis von Gewinnchancen auf dem Markt ergeben mag. Zudem können Nischen für die Produktdifferenzierung besetzt werden, oder es kann eine Kapazität aufgebaut werden, die es verhindert, daß neue Konkurrenten in den Markt eintreten: Sie können - so jedenfalls die Theorie - als glaubwürdiges Commitment begriffen werden, im Falle eines Markteintritts durch eben diese Konkurrenten mit Preissenkungen zu reagieren, die diesen Markteintritt unprofitabel machen (siehe oben, Kap. 2.12). Empirisch sind alle diese Möglichkeiten allerdings nur für Sonderfälle belegt, ebenso wie die be-

119. Die Formulierung zeigt, daß es auch im vorliegenden Zusammenhang (und im weiteren Verlauf von Kap. 2.51) schon um Fragen der *Aneignung von Innovationsgewinnen* geht, die in Kap. 2.53 noch in etwas spezifischerer Weise behandelt werden.

rühmten *Economies of Scale*, die nur selten ein "natürliches Monopol" für einen Pionier begründen können (vgl. wieder oben, Kap. 2.12 und 2.11).

Geschäftslinie	**Prozesse**	**Produkte**
Zellstoff, Papier und Pappe (261, 262, 263)	LK	BV/K
Anorganische Chemikalien (2812, 2819)	LT	LT
Organische Chemikalien (286)	G	PN
Kosmetika (2844)	PN	PN
Medikamente (283)	LT	LT
Kunststoff (2821)	LT	BV/K
Kunststoffprodukte (307)	LK	BV/K
Mineralölraffinierung (291)	LK	BV/K
Stahl-(Walz-)werksprodukte (331)	LK	BV/K
Pumpen und Pumpenausrüstung ((3561)	LT	LT
Motoren, Generatoren und Steuerungen (3621, 3622)	LT	BV/K
Computer (3573)	LT	LT
Kommunikationsausrüstung (3661, 3662)	LT	BV/K
Halbleiter (3674)	LK	LT
Autoteile (3714)	LK	LT
Flugzeuge und Teile (3721, 3728)	LT	LT
Meßinstrumente (382)	LT-LK	BV/K
Medizinische Instrumente (3841, 3842)	LT	BV/K

Legende: PN = Patente zum Ausschluß von Nachahmungen; G = Geheimhaltung; LT = Lead Time; LK = bewegt sich schnell auf der Lernkurve nach unten; BV/K = besondere Verkaufs- und Kundendienstbemühungen. Die Zahlen in Klammern geben den SIC-Code für das jeweilige Geschäft an.

Abb. 15 Primär eingesetzte Methoden zum Schutz von Innovationsgewinnen (Quelle: Winter 1987: 179)

(c) Pioniervorteile können schließlich auch aus *spezifischen Restriktionen bzw. Verhaltensweisen der Kunden* resultieren. Damit sind zum einen *Umschaltkosten* (Switching Costs) angesprochen, die für den Käufer entstehen, wenn er von einem Zulieferer zum nächsten wechseln möchte.[120] Zum anderen können aber auch *Unsicherheit & Reputation* eine Rolle spielen: Je schwieriger es für den Kunden ist, die Angebote der Konkurrenten miteinander zu vergleichen, desto eher wird er bei seiner Kaufentscheidung auf Erfahrungen mit den schon länger

120. Solche Kosten entstehen, wenn der Kunde sein eigenes Equipment an die spezifischen Eigenschaften des zugelieferten Produktes angepaßt hat, wenn er bzw. sein Personal mit größerem Aufwand angelernt worden ist und dieses bei einem Lieferantenwechsel wiederholt werden müßte, oder auch aufgrund von vertraglichen Vereinbarungen, die einen Wechsel nur unter Inkaufnahme von Konventionalstrafen ermöglichen.

etablierten Produkten des Pionieranbieters zurückgreifen. Zumindest können schon die *Kriterien* vorabdefiniert sein, unter denen überhaupt verglichen wird. Empirische Ergebnisse zeigen, daß diese Mechanismen tatsächlich Bedeutung besitzen, und zwar insbesondere in Konsumgütermärkten, in denen die Kunden eher nach "psychologischen Gesetzmäßigkeiten" und weniger mit den "objektiveren" Methoden professioneller Einkäufer operieren (Robinson & Fornell 1985, Robinson 1988).

Den hier genannten Vorteilen eines frühen Markteintritts steht eine Reihe von Nachteilen gegenüber, die auch "Follower"-Strategien attraktiv machen können (vgl. Lieberman & Montgomery 1988: 47 ff.). Ein später Markteintritt gibt die Möglichkeit der Ausnutzung von *Free-Rider-Effekten*. Pioniere müssen Erfahrungen sammeln, die sich nicht immer im Unternehmen halten lassen. Zudem kann ein später Markteintritt Vorteile aus einer *Auflösung von technologischen oder nachfragebezogenen Unsicherheiten* ziehen, denen das Pionierunternehmen noch ausgesetzt war. Es dauert oftmals eine gewisse Zeit, bis man weiß, welche Anforderungen der Kunde tatsächlich hat (oder in der Sprache von Kap. 2.52, unten: welches das *dominante Design* ist), und das verursacht Kosten, die ein Folger-Unternehmen vermeiden kann. Schließlich können *technologische Innovationen oder Nachfrageverschiebungen* dazu führen, daß die Marktstrukturen sich verändern, bevor der Pionier das Gewinnpotential der von ihm verwendeten Technologie ausgeschöpft hat. Anpassungsverzögerungen können die Folge sein (vgl. hierzu die Hinweise zum Thema "Escalating Commitment" in Kap. 2.24).

(2) Die Nennung der Vor- und Nachteile eines frühen oder späten Markteintritts und die Auswertung einiger empirischer Ergebnisse zeigt, wie schwierig es schon in einem statischen Analyseraster ist, Aussagen über die Vorteilhaftigkeit einer der beiden Strategien zu gewinnen. Noch komplizierter werden die Verhältnisse, wenn man auch die dynamischen Interaktionen zwischen den Wettbewerbern in die Betrachtung einbezieht. Die Spieltheorie bietet hier ein Instrumentarium, auf das die theoretischen Überlegungen gestützt werden können.

Ein Überblick über die vorhandene Forschung läßt sich gewinnen, wenn man zwischen symmetrischen und asymmetrischen Modellen unterscheidet (vgl. Reinganum 1989). *Symmetrische* Modelle sind solche, bei denen die am Innovationsspiel beteiligten Unternehmen gleiche Ausgangsbedingungen besitzen. In *asymmetrischen* Modellen hat man es dagegen mit einem Monopolisten zu tun, dessen Spielsituation nicht mit der eines potentiellen Neueinsteigers übereinstimmt. Diese Modelle sind zweifellos von besonderem Interesse, reflektieren sie doch unmittelbar die asymmetrische Situation zwischen "First" und "Follower". Hier muß dann allerdings noch einmal unterschieden werden zwischen

Modellen, die das Auftreten des Innovationserfolges entweder als gegeben voraussetzen oder aber mit Wahrscheinlichkeitsverteilungen arbeiten, die von jedem Aktoren in den Entscheidungskalkül eingesetzt werden. (Das eine mag bei "kleinen" Verbesserungsinnovationen, das andere bei "echten" Produkt*neu*entwicklungen realistisch sein.) Eine Zusammenfassung der Forschungslinien liest sich auf dieser Basis wie folgt (Reinganum 1989: 851):

> "Results in this area seem particularly sensitive to the presence or absence of technological uncertainty in the production of the innovation. When innovation is uncertain, a firm which currently enjoys a large market share will invest at a lower rate than a potential entrant, for an innovation which promises the winner a large share of the market. When innovation is deterministic, the opposite is true. Moreover, this same dichotomy extends to the case of a sequence of drastic innovations. When innovation is stochastic, the role of technological leader tends to circulate around the industry, while deterministic innovation results in a single, persistent technological leader. The effect of anticipated future innovation will also differ in these two cases; in the former, it reduces the value of winning the current race, since today's winner is likely to lose the next race; in the latter case, winning today is all-important, since today's winner also wins all future races. In a multi-stage game, the impact of having a technological lead is, as one might expect, to increase that firms likelihood of winning the overall race, all else equal. Indeed, with all else equal and deterministic innovation, a very small head start is sufficient to ensure that the leading firm will win. However, if all else is not equal - that is, one firm anticipates greater benefits or faces lower costs - then an absolute disadvantage in terms of distance from completion will be overcome by the increased investment occasioned by the lagging firm's greater desire or effectiveness. When invention is stochastic, although firms with a technological lead invest with a higher rate than their lagging rivals, a lucky laggard may still win the race."

Die hier genannten Hauptlinien der Argumentation können durch eine Reihe von Aspekten angereichert werden. Dem Überblick von Reinganum (1989) folgend, sollen hier wenigstens zwei solcher Aspekte genannt werden, die auch einen direkten Bezug zu den unter (1) angesprochenen Befunden besitzen.

(a) Es ist schon kurz von *Patenten* die Rede gewesen, die genutzt (oder nicht genutzt) werden können, um den mit einer Innovation einhergehenden Wettbewerbsvorteil im Unternehmen zu halten. Die Ökonomie des Patentsystems wird näher analysiert in Scherer (1980: 439 ff.). Neuere Arbeiten beschäftigen sich vor allem mit den Möglichkeiten der *Lizensierung*, die von Interesse sind, wenn man über den tatsächlichen *Wert* eines Patents etwas aussagen will (Arrow 1962). Reinganum (1989: 884 ff.) referiert hier Arbeiten, in denen eine Situation beschrieben wird, in der der Patenthalter entweder ein Forschungslabor außerhalb der Industrie oder aber ein Joint Venture innerhalb der Industrie ist. In dem ersten Fall kann der Patenthalter über Lizenzgebühren mehr verdienen, als es den durch die Innovation induzierten Kostensenkungen entspricht. Für den zweiten Fall kann gezeigt werden, daß je größer das Joint Venture ist, desto geringer auch die Motivation für innovatives Verhalten, aber eben auch für die Lizensierung innovativen Wissens ausfällt. Unter strategischen Aspekten scheinen freilich besonders die Arbeiten von Interesse zu sein, die die Lizenzvergabe unter der Bedingung modellieren, daß *weitere Innovationen* antizipiert werden (Gallini 1984, Gallini & Winter 1985). In dieser Situation kann nämlich für den Technologieführer ein Anreiz bestehen, Technologien an den Markt abzugeben, wenn dadurch die Konkurrenz von weiterer Forschung & Entwicklung abgehalten wird. Die Vergabe von Lizenzen kann also gerade dazu dienen, den technischen Vorsprung zu halten und dadurch längerfristig Monopolgewinne abzuschöpfen.

(b) Die Kehrseite der Lizensierung ist letztlich die Frage nach der *Diffusion* von Innovationen: In dem einen Fall geht es um den Innovator, der entscheiden muß, ob er sein Wissen an die Umwelt abgibt oder nicht; in dem anderen Fall geht es dagegen um ein dieser "Umwelt" zugehöriges Unternehmen, das entscheiden muß, ob und zu welchem Zeitpunkt es dieses Wissen übernimmt (durch Kauf der Lizenz oder anderswie). Die grundlegende Wahlsituation läßt sich etwa wie folgt beschreiben (Reinganum 1989: 894): Das Unternehmen muß einen bestimmten Betrag aufwenden, um sich das innovative Wissen anzueignen; zugleich besteht aber Unsicherheit über den tatsächlichen Ertragswert dieses Wissens. "Warten" bedeutet dann, Zeit zu gewinnen, um mehr Informationen über den Ertragswert zu gewinnen, aber genau dies ist natürlich auch mit einem Verzicht auf die in der Zwischenzeit anfallenden Erträge verbunden. Ziel ist also, eine Art "Stoppregel" zu finden, die den Zeitpunkt der Wissensadoption festlegt; dabei wird man davon ausgehen können, daß je nach dem vorhandenen Informationsstand und den zukünftigen Erwartungen der Unternehmen unterschiedliche Zeitpunkte gewählt werden, es also wirklich zu einer zeitkonsumierenden *Durchdringung* des Marktes kommt. Die angebotenen Modelle spezifizieren diese Intuition mit unterschiedlichen Annahmen und mit unterschiedlichem Verfeinerungsgrad (vgl. etwa Reinganum 1981a, b, McCardle 1985, Fudenberg & Tirole 1985). Die Ergebnisse laufen meist darauf hinaus, daß das Wissen von einem Standpunkt der sozialen Wohlfahrt aus gesehen *zu früh* adoptiert wird, und zwar deshalb, weil der Wertverfall des adoptierten Wissens für die nachfolgenden Imitierer nicht im Entscheidungskalkül des egoistischen Profitmaximierers berücksichtigt wird. Allerdings kann diese Tendenz durch "Network Externalities" (der Wert des adoptierten Wissens *steigt*, wenn Andere noch auf den Zug mitaufspringen) konterkariert werden (Farrell & Saloner 1985).

(3) Die von der IO-Forschung angebotenen spieltheoretischen Modelle zum Innovationsverhalten sind stark geprägt durch ihre Gleichgewichtsorientierung, und sie besitzen vielleicht auch einen etwas sterilen Charakter, findet doch der Wettbewerb wesentlich in den Köpfen der Aktoren statt, die die verschiedenen Spielzüge simulieren und das *Ergebnis* dieser Simulation dann in die Tat umsetzen können (vgl. Moss 1981: 71). Die *Schumpetersche* Beschreibung des kapitalistischen Wettbewerbs besitzt demgegenüber schon erheblich mehr den Geruch von Blut, Schweiß und Tränen. Der Markt wird als ein Ort der fortgesetzten *produktiven Zerstörung* beschrieben; jeder Gleichgewichtszustand, wenn es ihn denn überhaupt geben sollte, wird immer wieder durchbrochen, weil einzelne Entrepreneure ihre Chance suchen und dabei auf ihr Glück hoffen (Schumpeter 1950: 103 ff.). Diese Sichtweise kann zu der sogenannten "Schumpeter-Hypothese" zusammengefaßt werden, die Witt (1987: 48) wie folgt formuliert:

> "Die Möglichkeit, monopolistische Praktiken anwenden zu können, erhöht die Bereitschaft zur Übernahme des Innovationsrisikos und begünstigt daher die Durchsetzung neuer Kombinationen mit einem positiven Effekt auf das Innovationstempo." (im Orig. kursiv)

Die Anzahl der Arbeiten, die sich mit dieser Hypothese oder Varianten hiervon auseinandersetzen, ist kaum zu übersehen. Die folgenden vier Punkte müssen als Andeutung ausreichen (vgl. zum folgenden Scherer 1980: 407 ff., Kamien & Schwartz 1982, Cohen & Levin 1989):

(a) Die direkteste Interpretation der Schumpeter-Hypothese läuft sicherlich darauf hinaus, den Einfluß einer Innovation auf die Marktstruktur, genauer: auf die *Konzentrationsrate*, zu überprüfen. Aus dem Schumpeterschen Wettbewerbskonzept läßt sich zwar folgern, daß Veränderungen der Marktstruktur nur temporärer Natur sein können, Monopolgewinne also wieder aufgesogen werden. Phillips (1966) hat aber (ähnlich wie später auch Nelson & Winter 1978, 1982) argumentiert, daß innovative Unternehmen eben *fortlaufend* Innovationen hervorbringen ("Success Breeds Success") und darum sehr wohl längerfristige Effekte entstehen können. Eine Fallstudie aus der zivilen Luftfahrtindustrie bestätigt diese Hypothese (Phillips 1971). Die Studie von Mansfield (1983) zeigt demgegenüber, daß solche Effekte auch die Konsequenz von Folgeanpassungen bzw. -investitionen sein können, die der Konkurrenz (etwa aufgrund von Kapitalmangel) möglicherweise nicht ohne weiteres offenstehen.

(b) Eine Variante dieser Forschungen interessiert sich für die Möglichkeiten der Aneignung von Innovationsgewinnen bzw. für deren Dauerhaftigkeit. Abbildung 15 hat hier schon angedeutet, worauf die meisten Untersuchungen hinauslaufen: daß *Patente* normalerweise nur einen geringen Imitationsschutz bieten, dafür aber andere Mechanismen (Lernkurveneffekte etc.) dazu beitragen können, daß Innovationsvorteile nicht sofort zur Konkurrenz diffundieren (vgl. hierzu z. B. Mansfield 1986, Levin et al. 1987). Allerdings ist nicht klar, wie sich gute oder nicht so gute Möglichkeiten einer exklusiven Aneignung von Innovationsgewinnen letztlich nun auf die Innovationstätigkeit bzw. die (im Sinne einer Proxi-Variable verwendete) F & E-Intensität auswirken (vgl. etwa Bernstein & Nadiri [1989] einerseits, Bernstein [1988] andererseits). Vielleicht bedarf es einer genaueren Aufspaltung in (im engeren Sinne) innovative und imitative F & E-Projekte, um die unklaren, meist auf einen Gesamtindikator bezogenen Ergebnisse genauer interpretieren zu können (Cohen & Levinthal 1989).

(c) Die unter (a) gegebenen Hinweise auf die langfristigen Struktureffekte von Innovationen sind natürlich auch das Einfallstor für all die Forschungen, die die Schumpeter-Hypothese überhaupt umdrehen und die Frage behandeln, welche Effekte von den Marktstrukturen auf die Innovationstätigkeit (wiederum meist gemessen anhand der F & E-Intensität) ausgehen. Die empirische Evidenz ist freilich auch hier eher mehrdeutig: Einige Studien (etwa: Mansfield 1968) stellen einen positiven, andere (z. B. Mukhopadhyay 1985) einen negativen, und wieder andere (z. B. Scherer 1967) einen kurvilinearen ("Inverted U") Zusammenhang fest. Die Ausprägung der Beziehungen scheint vor allem also von Drittvariablen (insbesondere wohl der Industriezugehörigkeit) abhängig zu sein. Diese Drittvariable wirken freilich nicht nur als Kontingenzfaktoren des Einflusses der Branchenkonzentration, sondern erklären auch direkt die Ausprägung der F & E-Tätigkeit - und zwar in einem wesentlich stärkeren Maße als die Konzentrationsrate. So werden in der Studie von Scott (1984) nur 1,5 % der Varianz der F & E-Tätigkeit in 3388 Geschäftseinheiten durch die Konzentrationsrate, dafür aber 32 % durch Industrieeffekte (auf zweistelligem SIC-Code-Level) erklärt.

(d) Eine Vielzahl von Untersuchungen haben sich statt mit den Einflüssen der Branchenkonzentration mit den Einflüssen auseinandergesetzt, die von der Unternehmensgröße oder etwa dem Ausmaß der Diversifikation ausgehen. Cohen und Levin (1989: 1069) müssen allerdings ein weiteres Mal feststellen: "The most notable feature of this considerable body of empirical research ... is its inconclusiveness." Neben den verschiedenen Operationalisierungsproblemen sind dafür, so die beiden Autoren, vor allem Verzerrungen bei der Zusammenstellung des Datensamples sowie die mangelnde Kontrolle von Kontingenzfaktoren (allen voran wiederum die Industriezugehörigkeit) verantwortlich. Freilich muß man auch im Auge behalten, daß von vornherein ja sowohl positive (günstigere Finanzierungskosten, Skalenökonomien etc.) als auch negative (zunehmende Verbürokratisierung u. a. m.) Effekte von der Unternehmensgröße ausgehen können. Solange all diese Effekte nicht simultan in ein Untersuchungsdesign integriert werden können, sind konsistente Ergebnisse auch vor diesem Hintergrund kaum zu erwarten.

2.52 Technologische Paradigmen und Trajektorien des Wandels

Die im vorhergehenden Abschnitt im Überblick dargestellten Forschungen der Industrieökonomik (einschließlich der Schumpeter-Tradition) zeigen sehr deutlich, daß es einen engen Zusammenhang gibt zwischen technologischen Innovationen auf der einen und den Wettbewerbs- und Industriestrukturen auf der anderen Seite. Diesen Zusammenhang gilt es näher auszubauen und in eine Konzeption zu integrieren, die auf die Beschreibung und Erklärung technologischen Wandels insgesamt ausgerichtet ist (Utterback & Suárez 1993: 1). Dabei bietet es sich an, zu Beginn den Blick auf die Technologien selbst zu werfen und zu fragen, welche Entwicklungsoptionen, welche "Trajektorien des Wandels" mit dem verbunden sind, was man ein "technologisches Paradigma" nennen könnte (1). Anschließend werden Modelle diskutiert, die typische Verlaufsmuster des technologischen Wandels abbilden sollen (2). Entscheidendes Gewicht in diesen Modellen wird der Herausbildung eines "dominanten Designs" zugeschrieben; daher ist es angemessen, diese Phase des technologischen Wandels etwas ausführlicher zu betrachten (3).

(1) Das Konzept des "technologischen Paradigmas" ist von G. Dosi (1982, 1988: 1125 ff.) in die Diskussion eingeführt worden, findet aber Entprechungen bei anderen Autoren, die in einem sehr ähnlichen Sinne von "Technological Regimes" (Nelson & Winter 1982), "Guideposts" (Sahal 1981, 1985) oder "Design Hierarchies" (Clark 1985) sprechen. Die Grundidee läßt sich im Anschluß an das Paradigmenkonzept von T. Kuhn (1962) beschreiben.[121] Ein (technologisches) Paradigma ist demnach ein *Exemplar*, ein mustergebendes Beispiel, das den Charakter eines *Artefaktes* besitzt (z. B. ein Flugzeug, ein Computer usw.) und eine Reihe von grundlegenden technischen und/oder ökonomischen Variablen zueinander in Beziehung setzt, um im Hinblick auf einen Nutzer bestimmte Funktionen zu erfüllen. So ist zum Beispiel die Leistungsfähigkeit eines Flugzeuges durch die Relationierung von Maschinenkraft, Gewicht, Fluggeschwindigkeit und Reichweite bestimmt (Sahal 1985: 453 ff.), und die eines Computers durch das Verhältnis von Chip-Dichte, Rechengeschwindigkeit und Kosten pro Informationsbit (Dosi 1984). Die Variablen und ihre Beziehungen zueinander defi-

---

121. Einige knappe Hinweise zum Paradigmenkonzept von Kuhn finden sich auch in Kap. 1, oben, Fn. 18.

nieren die Probleme, die gelöst werden müssen, um die Leistungsfähigkeit der Technologie zu erhöhen. Charakteristisch für ein Paradigma ist, daß es Wissensbestandteile enthält, die angeben, *wie* die Suche nach Problemlösungen angegangen werden sollte. Ein Paradigma kann deshalb auch als ein Satz von Heuristiken verstanden werden, der den Rahmen für die technologische Entwicklung absteckt.

Die Heuristiken, von denen hier die Rede ist, können auch als *Trajektorien* bezeichnet werden, die die innere Logik der paradigmatischen Entwicklung beschreiben. "[A] *technological trajectory* [is defined as] the activity of technological progress along the economic and technological trade-offs defined by a paradigm", heißt es bei Dosi (1988: 1128; ohne Lit.-verweise). Allerdings muß dabei berücksichtigt werden, daß kein System dauerhaft wachsen kann, ohne sich auch *qualitativ* zu verändern (vgl. hierzu und zum folgenden Sahal 1985). Ein Flugzeug kann, um das Beispiel aufzugreifen, nicht fortgesetzt schneller werden und mehr Gewicht transportieren, wenn es weiterhin mit Propellern angetrieben wird: Von einem bestimmten Punkt an werden die Motorengeräusche einfach zu laut, und die Vibrationen stellen allzu hohe Anforderungen an die Widerstandsfähigkeit des Materials. Es muß eine innovative Technologie gefunden werden, die die auftretenden Beschränkungen überwindet, oder anders gesagt: Es muß eine *neue Trajektorie* beschritten werden, um den Fortschritt weiter voranzutreiben.[122] Im vorliegenden Fall ist dies das Düsentriebwerk gewesen; im Falle des Computers ist die Entwicklung von den Vakuumröhren über Transistoren zu den integrierten Schaltkreisen (und noch weiter) gegangen. Wichtig ist, daß es hier immer um viel mehr geht als um den Austausch einzelner Module in einem ansonsten unverändert bleibenden Gesamtsystem. Die relevanten Innovationen haben vielmehr eine *strukturelle* Komponente, die mit dem unterschiedlichen Wachstum des Gesamtsystems gegenüber seinen Teilen zusammenhängt. Darüber hinaus müssen häufig auch die *Materialien* verändert werden, um die neuen Anforderungen zu erfüllen, und schließlich kann sich auch das Zusammenspiel verschiedener Technologien, die in dem Gesamtsystem eine Rolle spielen, verändern (*systemische* Komponente).

Die bis hierhin vorgetragenen Überlegungen sind nicht zuletzt deshalb interessant, weil sie die an Kuhn angelehnte, schon mehrfach in dieser Arbeit erwähnte

122. "[T]he origin of innovations lies in *learning* to overcome the constraints that arise from the process of *scaling* the technology under consideration", schreibt Sahal (1985: 63). Es dürfte kaum Schwierigkeiten bereiten, diese Darstellung in die Terminologie der S-Kurven-Konzepte zu übersetzen, die in der Literatur zum Technologiemanagement so weit verbreitet sind. Vgl. zum Überblick, aber auch zur Kritik an diesen Konzepten Brockhoff (1993).

Vorstellung verfeinern, daß es letztlich zwei grundlegende Arten des Wandels gibt: den *re*volutionären Wandel, der gleichbedeutend mit einem Paradigmenwechsel ist, und den *e*volutionären Wandel, der das zugrundeliegende Paradigma unverändert läßt. Das Konzept der Trajektorien deutet an, daß es auch innerhalb eines Paradigmas bahnbrechende Innovationen geben kann, die die Entwicklung in eine ganz andere Richtung lenken.[123, 124] Gleichzeitig erwecken sie allerdings auch den Eindruck, als sei die technologische Entwicklung autonom, losgelöst von den sozialen Prozessen der Technologieproduktion und -reproduktion. Dosi (1988: 1125 ff.) weist aber, ganz im Sinne einer "Non-Statement View" des Kuhnschen Paradigmenkonzepts (Stegmüller 1979: 748 ff.), mehrfach darauf hin, daß Paradigmen nicht den Charakter expliziter "Blueprints" besitzen, die von jedermann angemessen interpretiert und angewendet werden können; viel eher besitzen sie den Charakter eines "Tacit Knowledge" (M. Polanyi), das untrennbar verbunden ist mit den Handlungsroutinen einer Forschungsgemeinschaft oder, spezifischer noch, mit den "Capabilities" eines Unternehmens (siehe auch Nelson 1992: 176 f.). Diese Sichtweise kommt dem in Kapitel 2.1 und auch 2.2 angesprochenen "Ressourcenorientierten Ansatz" der Strategischen Unternehmensführung natürlich sehr entgegen. Malerba und Orsenigo (1993: 51 ff.) diskutieren Beispiele aus der Halbleiterindustrie, der Biotechnologie und der Computerindustrie, die als Illustration dienen können.

(2) Die Idee technologischer Paradigmen und Trajektorien ist, wie die vorstehenden Ausführungen andeuten, sehr unmittelbar verbunden mit einer Theorie des technologischen Wandels, die sich unter vielen Aspekten deckt mit jenen Theorieansätzen, die in Kapitel 2.4 vorgestellt worden sind. In der technologieorientierten Literatur stammt die bahnbrechende Arbeit von Utterback und

---

123. Sahal (1985: 78 ff.) verwendet zur Beschreibung der von ihm anvisierten Theorie das topographische (auf C. Waddington zurückgehende) Bild eines Gebirges, in dem sich eine Kugel bewegt, die aufgrund eines Zufallsmechanismus in eines der Täler rollt, im weiteren Verlauf aber auch immer wieder die Berge "hinaufklettert" und dabei von Fall zu Fall auch den Punkt überschreitet, an dem sie in ein *anderes* Tal zurückrollt. Das entspricht einem Übergang von einer Trajektorie zur anderen. Ein Paradigmenwechsel würde demgegenüber den Wechsel in ein *anderes Gebirge* bedeuten.

124. Ein vergleichbarer Versuch der Verfeinerung findet sich bei Henderson & Clark (1990), die mit dem Konzept der "Architectural Innovation" eine Art des Wandels beschreiben, bei der von eher geringfügigen Veränderungen einzelner Module eines Systems fundamentale Veränderungen der Gesamtkonfiguration induziert werden. Am Beispiel von Branchenentwicklungen bei photolithographischen Geräten für die Halbleiterherstellung können die Autoren ihr Konzept auch empirisch eindrucksvoll illustrieren. Tushman & Anderson (1986) unterscheiden, ebenfalls auf dieser Linie liegend, zwischen kompetenz*zerstörenden* und kompetenz*steigernden* Innovationen.

Abernathy (1975), die sich an dem Modell des Lebenszyklus orientieren.[125] Sowohl für die Entwicklung von Prozessen als auch von Produkten werden drei Phasen unterschieden.

Die *Prozesse* sind zunächst durch wenig standardisierte und automatisierte sowie kaum koordinierte Operationen gekennzeichnet, da die von den Produktmärkten herkommende Unsicherheit noch groß ist und sich fortlaufend marktliche Veränderungen ergeben, an die auch die Prozesse in flexibler Weise angepaßt werden müssen. Erst mit zunehmender Reife des Produktes, die häufig begleitet ist von einem verstärkten Preiswettbewerb, werden Aufgaben spezialisiert und die Prozesse insgesamt systematisiert, wenn auch noch nicht unbedingt mit letzter Konsequenz. Es ist dies die Phase, in der Prozeß*innovationen* eine besondere Rolle spielen. In Phase 3 ist die Innovationsrate hingegen schon wieder abnehmend, weil die einzelnen Teilprozesse so dicht miteinander verbunden sind, daß Detailänderungen immer sehr weitgehende Konsequenzen haben und entsprechend hohe Kosten verursachen.

Bei den *Produkten* läuft der Innovationstrend dagegen eher in die andere Richtung: Die meisten und größten Innovationen sind normalerweise in der Frühphase des Entwicklungsprozesses zu verzeichnen, sind doch hier die Standards noch unklar und versuchen die einzelnen Unternehmen, sich möglichst signifikant von den Wettbewerbern zu differenzieren und Kundenwünsche adäquat zu befriedigen. In Phase 2, in der die "frühen Folger" auf den Markt drängen,[126] nimmt der direkte Wettbewerb zu, und es beginnt sich ein "dominantes Design" durchzusetzen, das die vorhandenen Unsicherheiten reduziert und den Spielraum für weitere Innovationen spürbar einengt. In Phase 3 schließlich wird der Spielraum noch enger; das Gewicht liegt eindeutig auf der Kostenminimierung, und der Wettbewerb wird getragen von einigen Oligopolisten, die kapitalintensiv und unter Nutzung von Economies of Scale produzieren.

Die Gegenüberstellung von Prozeß- und Produktentwicklung zeigt, daß am Anfang die Produkt- und später die Prozeßinnovationen dominieren. Utterback und Abernathy (1975) liefern einige empirische Evidenz für das von ihnen postulierte Muster des technologischen Wandels. Auch Utterback und Suárez (1993) versuchen anhand mehrerer Fallstudien zu zeigen, daß dieses Muster allgemeine Gültigkeit besitzt, und sie zitieren eine Vielzahl von Studien, die in

125. Analoge Darstellungen, die sich eher an dem evolutionstheoretischen Dreischritt von Variation, Selektion und Retention orientieren, finden sich z. B. bei Basalla (1988), Anderson & Tushman (1990) sowie Tushman & Rosenkopf (1992).
126. Die Terminologie verrät, daß sich Utterback & Abernathy bei ihrer Phasenbeschreibung eng an den First/Follower-Strategietypologien orientieren, die in Kap. 2.51 angesprochen worden sind.

eine ähnliche Richtung gehen (vgl. z. B. Gort & Klepper 1982). Etwas skeptischer äußert sich Nelson (1994: 142): "The story seems to fit best industries where the product is a 'system', and where customers have similar demands. It is not at all clear the notion of a dominant design fits the experience of the chemical products industry where often a variety of quite different products are produced for similar uses, or where customer needs are divergent and specialized" (vgl. ähnlich Teece 1986a: 288). Gleichzeitig muß aber auch er zugeben, daß das von Utterback und Abernathy postulierte Modell eine Reihe interessanter Implikationen und Forschungshypothesen enthält, die weiterer Erforschung bedürfen.

Ein vielfach untersuchter Punkt betrifft hier zum Beispiel die Frage, ob (Produkt-)Innovationen eher von etablierten Anbietern einer Branche oder von "Newcomern" ausgehen. Utterback und Suárez (1993) gehen, im Anschluß an ihre Fallstudien und im Einklang mit anderen älteren Untersuchungen (Gilfillan 1935, Schön 1966), davon aus, daß innovative Impulse tatsächlich häufig von außen kommen, im weiteren Prozeßverlauf dann aber ein "Shake-out" stattfindet, in dem nur überlebt, wer die notwendigen Effizienzsteigerungen realisieren kann und hinreichende Kontrolle über die *gesamte* Wertkette gewinnt. (In Kap. 2.53 wird hierauf noch zurückzukommen sein.) Auch Mitchell (1989) unterstellt, daß Innovationen, die neue Subfelder in einer Branche begründen, von außen kommen, untersucht dann aber etwas genauer, wovon das "Ob" und das "Wann" des Eintritts etablierter Branchenanbieter in diese neuen Subfelder abhängt. Die Hypothesen lauten, daß ein Eintritt umso wahrscheinlicher ist, je mehr kritische Fähigkeiten das Unternehmen im Hinblick auf das neue Subfeld besitzt (a), je mehr die bestehenden Geschäfte gefährdet sind (b) und je weniger potentielle Konkurrenten vorhanden sind. Wenn die Bedrohung groß ist, ist zudem eine *schnelle* Reaktion wahrscheinlich. Daten aus fünf Teilfeldern der amerikanischen Medizinische-Geräte-Branche unterstützen diese Hypothesen.

(3) Der Begriff des *dominanten Designs* ist schon mehrfach erwähnt worden. "A dominant design is a single architecture that establishes dominance in a product class" (Anderson & Tushman 1990: 613). In dem Modell von Utterback und Abernathy (1975) wird mit der Herausbildung eines solchen Designs die Phase der Unsicherheit, die durch technologische Innovationen ausgelöst worden ist, beendet und eine neue Phase eingeleitet, die letztlich darüber entscheidet, welche Unternehmen im Wettbewerbsprozeß erfolgreich sind. Es ist deshalb wenig überraschend, daß sich eine Vielzahl von Forschungen damit beschäftigen, die Herausbildung eines dominanten Designs und die damit verbundenen Konsequenzen genauer zu untersuchen (vgl. Nelson 1994).

Welches sind die innovativen Produktvarianten, die sich als Standard in einer Branche etablieren? Die naheliegendste Antwort wäre, daß dies die Produktvarianten sind, die technisch am meisten fortgeschritten sind, die Kundenbedürfnisse also am besten befriedigen. Diverse Beispiele belegen aber, daß diese Antwort nicht zutreffen muß: Der *IBM*-PC war keineswegs der schnellste Rechner, und das QWERTY-System, das die Tastaturen amerikanischer Schreibmaschinen und PCs ordnet (QWERTY sind die ersten sechs Tasten der obersten Buchstabenreihe), ist nicht das System, mit dem man am schnellsten schreiben kann (David 1985). Eine alternative Antwort hat W. B. Arthur (1989) vorgeschlagen: Am Anfang entscheide ein Zufallsmechanismus, welche der angebotenen Varianten den größten Markterfolg hätten; dann aber trete zum Zufall die Notwendigkeit, weil diese Varianten die meisten Nutzererfahrungen auf sich vereinigen könnten, was sich dann wieder positiv auf die Produkt*verbesserung* auswirke ("Learning by Using"; Rosenberg 1982). Eine dritte Antwort schließlich läuft auf *institutionelle Faktoren* hinaus: auf die Marktmacht von *IBM* (DeLamarter 1986), auf den Staat, der zum Beispiel die Betriebsbedingungen von Farbfernsehern regelt (Pelkmans & Beuter 1987), auf formale Vereinbarungen zwischen einem Großteil der Anbieter (CD-Geräte), usw.

Eine interessante Fallstudie, die in Richtung dieser dritten Antwort geht, betrifft das Videorecorder-Geschäft in den siebziger und achtziger Jahren (vgl. Cusumano et al. 1991). Sie zeigt, daß institutionelle Faktoren nicht nur von außen auf das oder die Unternehmen zukommen, sondern auch aktiv gestaltet werden, sie Gegenstand eines *strategischen Manövrierens* sein können. In dem attraktiven Segment der Videorecorder für den Heimgebrauch war *Sony* der "First Mover" mit dem 1975 vorgestellten "Beta"-System. Dieses System war technisch mindestens ebenbürtig zu dem 1976 von *JVC* eingeführten "VHS"-System. Dennoch verlor *Sony* zunehmend Marktanteile, bis Ende der achtziger Jahre die Produktion des Beta-Systems überhaupt eingestellt wurde. Wie war dies möglich? Nun, Cusumano et. al. (1991: 10 ff.) zeigen, daß *Sony* in den Jahren 1975 bis 1977 eine Reihe schwerer Fehler gemacht hat. Es war damals klar, daß die riesige Nachfrage keinesfalls durch ein Unternehmen befriedigt werden konnte. *Sony* versäumte es aber, rechtzeitig strategische Allianzen zu bilden, andere Unternehmen in den Prozeß der Produktentwicklung und -vermarktung einzubinden. *JVC* bemühte sich, dagegen, zusammen mit der Muttergesellschaft *Matsushita*, früh um Verbindungen vor allem mit dem amerikanischen Schlüsselspieler *RCA* und war auch, im Gegensatz zu *Sony*, zu OEM-Geschäften[127] bereit, weil auf diese Weise die vorhandenen Produktionskapazitäten ausgenutzt und frühzeitig Ko-

127. OEM = *O*riginal *E*quipment *M*anufacturer; Erstausrüster, kauft Produkte und Komponenten von einem Unternehmen, baut diese in die eigenen Produkte ein und verkauft sie unter eigenem Namen.

stenvorteile realisiert werden konnten. In den frühen achtziger Jahren gelang es darüber hinaus, durch Allianzbildungen auch den Markt für vorbespielte Cassetten auf das VHS-Format einzuschwören. Das Wachstum dieses Marktes führte dann zu dem endgültigen "Sieg" des VHS-Systems.

Das Videorecorder-Geschäft kann, zusammen mit dem komplementären Geschäft für vorbespielte Cassetten (inkl. Videoverleih), als ein Fallbeispiel für das Auftreten von *Netzwerkeffekten* (Network Externalities) angesehen werden: Der Wert eines Gutes für einen Nutzer hängt nicht nur von dem Gut selber ab, sondern auch von dem Ausmaß, in dem dieses Gut von *anderen* Nutzern nachgefragt wird. Katz und Shapiro (1986) sowie Farrell und Saloner (1986) haben gezeigt, wie Wettbewerbssituationen, die durch solche Effekte gekennzeichnet sind, auch spieltheoretisch modelliert werden können.[128] Diese Modelle belegen einmal mehr, daß die Durchsetzung von Produktstandards - von *dominanten Designs* - keineswegs nur technologisch determiniert ist, sondern auch von komplizierten sozialen Prozessen abhängig ist, und zwar je mehr, je "systemischer" das Produkt ist (vgl. Tushman & Rosenkopf 1992: 325 ff.). Die theoretische Analyse hat dies angemessen zu berücksichtigen.

2.53 Forschung & Entwicklung und die Grenzen des Unternehmens

Eine wichtige strategische Problemstellung, die im Zusammenhang mit Technologie & Innovation eine Rolle spielt, betrifft die Grenzen der Organisation (vgl. Teece 1986a: 304). Werden F & E-Aktivitäten im Unternehmens selbst ausgeführt oder an externe Vertragspartner vergeben? Welche Möglichkeiten der Kooperation zwischen Unternehmen gibt es und wovon hängt es ab, welche dieser Möglichkeiten gewählt werden? Gibt es in einem erweiterten Netzwerk von Kooperationsbeziehungen auch eine Rolle für andere Institutionen, zum Beispiel die wissenschaftliche Forschung? Inwieweit müssen F & E-Aktivitäten mit anderen Aktivitäten innerhalb der "Wertkette" (Porter 1985) koordiniert werden? Es sind diese Fragen, die, aktuellen Forschungstrends entsprechend, im folgenden beantwortet werden sollen.

---

128. Vgl. zum Überblick Tirole (1988: 404 ff.). Eine aufschlußreiche, mit der Studie von Cusumano et al. vergleichbare Illustration für diese Modellierungen findet sich bei Postrel (1990); dort wird bschrieben, warum in den siebziger Jahren die Stereo-Anlage nicht durch das Quadrophonie-System ersetzt wurde, obwohl auch große Hersteller diesbezügliche Anstrengungen unternommen haben. Siehe zum Beispiel "hochauflösendes Fernsehen" aber auch Farrell & Shapiro (1992), zur Telekommunikation Besen & Saloner (1988), zur Computerindustrie Khazam & Mowery (1994) und zur japanischen Software-Industrie Cottrell (1994).

(1) Die Frage, ob Forschungsprojekte "In-house" durchgeführt oder externe Vertragspartner mit der Durchführung beauftragt werden, gehört, auch wenn sich hierzu aus der Perspektive der Industrial Organization-Forschung durchaus einiges beitragen läßt (vgl. z. B. die in Kap. 2.51 gegebenen Hinweise zur *Lizensierungs*problematik), in den "natürlichen" Einzugsbereich der Transaktionskostentheorie (siehe hierzu oben, Kap. 2.14). Vor allem D. Teece und Mitarbeiter haben vor diesem Hintergrund eine Reihe relevanter Arbeiten vorgelegt. Teece (1988) versucht, eine Erklärung zu erbringen für den in den USA seit den zwanziger Jahren festzustellenden Trend einer zunehmenden vertikalen Integration, dafür, daß immer mehr Unternehmen eigene F & E-Kapazitäten aufgebaut und eigenständige, kommerziell orientierte Forschungseinrichtungen zunehmend an Boden verloren haben (Mowery 1983). Vorteile der vertikalen Integration bestehen, so Teece, zum einen darin, daß die für "erfolgreiche" Forschung notwendigen Verbindungen zu Produktion und Marketing & Vertrieb (Kundennähe!) auf natürliche Weise realisiert werden können.[129] Zum anderen können eine Reihe von "Contractual Issues" gelöst werden, die bei einer Zusammenarbeit mit externen Forschungsorganisationen auftreten. So ist *vor* Vertragsabschluß die Sammlung von relevanten Informationen nicht nur zeit- und kostenaufwendig, sondern auch mit dem Problem belastet, daß der Wert einer Forschungsleistung vom "Käufer" nur beurteilt werden kann, wenn genügend Informationen vorhanden sind; wenn diese Informationen aber vorhanden sind, besitzen sie keinen Wert mehr, weil der Käufer bereits hat, was er haben will (vgl. Arrow 1971: 152). *Nach* Vertragsabschluß ist kaum sicher auszuschließen, daß das beauftragte Forschungsinstitut Forschungsergebnisse auch an andere Organisationen (insb. Konkurrenten) abgibt. Der "Käufer" hat hingegen kaum Chancen, den Vertragspartner zu wechseln, weil er damit das so wichtige "Tacit Knowledge", das hinter den Forschungsleistungen, in den Köpfen der Ingenieure des Forschungsinstitutes, steckt, preisgeben würde. Schließlich sind, bei "Cost plus"-Verträgen, nur wenig Anreize vorhanden, die Forschungskosten niedrig zu halten. Die Integration in das eigene Unternehmen bietet hier deutlich mehr Möglichkeiten eines "Controlling".

Den hier genannten Argumenten steht entgegen, daß in den Fällen, in denen keine relevanten Forschungs- und Entwicklungskompetenzen vorhanden sind oder aber die neue Technologie, um deren Entwicklung es geht, kompetenzzerstörenden Charakter hat (vorhandene Kompetenzen irrelevant werden läßt), ein Unternehmen auf externe Technologiezulieferer angewiesen bleibt. Pisanos Untersuchung (1990) von 92 Projekten aus dem Biotechnologiebereich unterstützt

129. Dieser Aspekt ist, wie in Kap. 2.32 gesehen, mit Blick auf japanische Unternehmen auch von Womack et al. (1990) sowie Clark & Fujimoto (1991) herausgearbeitet worden.

diese Hypothese, ebenso wie einige der vorhin genannten integrationsfördernden Punkte.[130] Dennoch muß man sagen, daß, *insgesamt* gesehen, der von Teece (1988) angebotene Bezugsrahmen auf etwas wackligen Beinen steht, wird doch der festgestellte Trend zur (F & E-bezogenen) vertikalen Integration konterkariert durch eine zunehmende Beliebtheit "strategischer Allianzen". In Teece (1986a: 294, 303) wird dieser Trend zwar gesehen, aber *als gefährlich* für die Entwicklung der amerikanischen Volkswirtschaft beurteilt (vgl. auch Pisano & Teece 1989: 241 f.). In einer späteren Arbeit (Teece 1992) dreht sich diese Beurteilung aber angesichts der offenkundigen Erfolges japanischer Unternehmen, die ihre F & E-Anstrengungen sehr wohl gemeinschaftlich mit ihren Zulieferern unternehmen (siehe oben, Kap. 2.32), um: Die Kooperation mit anderen Organisationen gilt nunmehr als ein wichtiger, positiv zu beurteilender Bestandteil der Unternehmensstrategie.[131] Eine alleinige Untersuchung von "Contractual Issues" ist offenbar dem Charakter von strategischen Allianzen nicht angemessen. So heißt es auch bei Teece (1992: 6):

> "Alliances are a form of contractual relationship, but they are much more than a legal contract. Alliance partners are not faceless entities operating at arms-length in Walrasian markets. Rather, exchange among alliance partners (at least in Japan) can be characterized ... by: (1) an emphasis on relational rather than transactional exchange, wherein the focus is toward the actors participating in rather than being the objects of exchange; (2) a state of continous indebtedness and mutual obligation between the parties; and (3) the implicit negotiations of a socially significant order through symbolic activities and ceremonies. Alliances are defined by interests among specific subsets of firms that are familiar with each other through historical association, rather than immediate task requirements."

(2) Die von Teece gegebenen Hinweise lassen es naheliegend erscheinen, auf Technologieentwicklung gerichtete Allianzbeziehungen zu einem eigenen Forschungsschwerpunkt zu machen und dabei das Rüstzeug der Transaktionskostentheorie zu nutzen,[132] aber auch nach darüber hinausgehenden Theorieansät-

---

130. *Nicht* bestätigen ließ sich allerdings die Vermutung, daß die Integrationswahrscheinlichkeit zunimmt, wenn das "Käufer"-Unternehmen starkem Wettbewerbsdruck ausgesetzt ist, also die Gefahr besteht, daß Forschungsergebnisse auch noch anderswo vermarktet werden können.

131. Teece unterscheidet zwischen einer "operativen" und einer "strategischen" Koordination von Aktivitäten. Die erstere wurde (implizit) im Text angesprochen; mit letzterer werden Aktivitäten bezeichnet, "which affect the distribution of returns to innovation through impacts on prices and competitive entry" (14). Eine positive Beurteilung solcher Aktivitäten ist nichts anderes als eine diametrale Gegenposition zur "Anti Trust"-Perspektive der traditionellen IO-Forschung.

132. Es sei noch einmal daran erinnert, daß in der in Kap. 2.33 kurz referierten Untersuchung von Anasuma (1989) gerade auch die F & E-Allianzen der japanischen Unternehmen einer transaktionskostentheoretischen Erklärung zugeführt

zen zu suchen. Die einschlägigen Diskussionen hierzu können unter der Überschrift des "Networking" zusammengefaßt werden,[133] eines Begriffes, der in den verschiedensten Forschungstraditionen - von der Soziologie bis zur Industriegeographie - als Metapher für eine Art von Sozialbeziehungen verwendet wird, die "zwischen" Markt und Hierarchie liegt (vgl. als Überblick DeBresson & Amesse 1991, Sydow 1992). Freeman (1991: 502 ff.) belegt bei seinem Forschungsüberblick nicht nur, daß es solche Netzwerke auch in den westlichen Ländern lange schon gibt (prominentes Beispiel ist das von Regierungsseite koordinierte Programm zur Radarentwicklung in England während des zweiten Weltkrieges), sondern auch die quantitative Zunahme solcher Verbindungen in den achtziger Jahren - in Form von Joint Ventures, gemeinsamen F & E-Projekten, Vereinbarungen über Technologieaustausch, Direktinvestitionen (Minderheitsbeteiligungen) und Lizenzverträgen. Darüber hinaus zeigt er, daß bei anderen Varianten der Aktivitätenkoordination ("Governance Structures", in der Sprache der Transaktionskostentheorie) - gemeint sind hier der klassische Liefervertrag, Forschungsvereinigungen und von der Regierung geförderte Forschungsprogramme mit Beteiligung von Unternehmen - auch *qualitative* Veränderungen aufgetreten sind: Sie sind häufig nicht mehr so hierarchisch strukturiert wie früher und verlassen sich eher auf "Arenaregelungen", die den beteiligten Partnern Spielraum für Eigeninitiative und "Selbstorganisation" beläßt. Schließlich spielen inzwischen auch Computervernetzungen eine Rolle; nur müssen hierzu vertiefende Forschungen erst noch beigebracht werden.

All die genannten Varianten von Allianzbeziehungen haben einen formalen Charakter: Sie beruhen auf expliziten vertraglichen Vereinbarungen. Als Gegenstand der Forschung eignen sie sich, weil Daten vielfach zur Verfügung stehen. Informale Kooperationen sind aufgrund der viel schlechteren Datenlage weniger erforscht (vgl. Schrader 1993: 224). Die Arbeiten von v. Hippel (1987) und Schrader (1991) sind Ausnahmen, die (am Beispiel der amerikanischen Stahlindustrie) deutlich machen, daß solche Kooperationen großen Stellenwert besitzen können. Im Mittelpunkt stehen dabei die Ingenieure und sonstigen Mitarbeiter in den Forschungsabteilungen, die anläßlich von überbetrieblichen Konferenzen, aber auch im direkten Gespräch eine erstaunliche Bereitschaft zur Weitergabe von Daten besitzen. Voraussetzung ist, daß damit ein Geflecht von Obligationen aufgebaut wird, auf das man sich berufen kann, wenn man selbst Informations-

---

und Einblicke gegeben werden, wie die Verträge, die im Rahmen solcher Allianzbeziehungen geschlossen werden, im einzelnen gestaltet sind. Skeptischer zu den Möglichkeiten dieses Theorieansatzes für die Analyse von Allianzbeziehungen äußern sich z. B. DeBresson & Amesse (1991: 365 f.) oder Foray (1991: 395 f.).

133. Vgl. das entsprechende Sonderheft der Zeitschrift *Research Policy* 20 (5), Oktober 1991.

bedarf besitzt. Die Autoren sprechen deshalb von einem "Know-how Trading", der sich mit Mitteln der Spieltheorie auch modellieren und ökonomisch begründen läßt (vgl. hierzu auch Schrader 1993: 240 ff.).

Die Gewinnung von Know how, damit ist sicherlich der Hauptgesichtspunkt benannt, der Technologieallianzen attraktiv macht (vgl. Hamel 1991). Je komplexer eine Technologie ist, je mehr sie "Systemcharakter" besitzt, desto weniger kann ein einzelnes Unternehmen alles relevante Wissen selbst produzieren - zumindest nicht in dem Zeitrahmen, der eingehalten werden muß, um am Markt erfolgreich zu sein.[134] Das Argument der Kosteneinsparung scheint dagegen eine eher geringe Rolle zu spielen, wenn man einmal von der Biotechnologie absieht, in der die Kosten für die Entwicklung einzelner Arzneimittel tatsächlich allein kaum zu tragen sind (vgl. Hagedoorn & Schakenraad 1990).[135]

Die Biotechnologie ist, das deutet dieser Hinweis schon an, ein besonderes interessantes Feld für die Untersuchung von Technologieallianzen.[136] Powell (1993: 9 f.) resümmiert die Besonderheiten der Branche und die Forschungsergebnisse wie folgt:

> "Biotechnology shares several characteristics with other science based industries, such as computers and semi-conductors, that have also ushered in a wave of creative destruction. Small, entrepreneurial firms and venture capitalists have played a major role in each industry's evolution and established firms lagged behind each industry's early stages. But biotechnology has been unique in a number of key respects: the close ties between universities and commercial firms; founders with virtually no prior management or production experience; and a strong reliance on licensing, partnerships and various alliances to commercialize the new technology. Each of these novel features required either institution building or the support of

134. Saxenian (1991) argumentiert hier am Beispiel der im Silicon Valley ansässigen Computerindustrie. Die Unternehmen konzentrieren sich dort meist auf die Herstellung einiger weniger Bauteile, für die sie genügend Kompetenz besitzen. Erst Allianzbeziehungen lassen aus den einzelnen Bauteilen ein Endprodukt (Computer & Software) entstehen. Diesem Muster fügen sich auch die größeren Unternehmen aus dem Silicon Valley (*Hewlett Packard*, *Apple*), zunehmend aber auch andere "Computerriesen" wie *IBM* und *DEC*, die ebenfalls nicht mehr in der Lage sind, alle relevanten Technologien zu kontrollieren. Vgl. hierzu den ausführlichen Report der *Business Week* vom 23. November 1992.
135. Der durchschnittliche Kostenaufwand für Forschung & Entwicklung, Produkttest und Erlangung der Verkaufslizenz pro Arzneimittel wird im Biotechnologiebereich auf 125 Millionen $ geschätzt, und es müssen 155 Millionen $ aufgewandt werden, bevor der erste Dollar umgesetzt wird! (Vgl. Pisano 1991: 240 mit den dort angegebenen Quellen.)
136. Die Anzahl der vorliegenden Studien ist entsprechend hoch. Vgl. z. B. Freeman & Barley (1990), Arora & Gambardella (1990), Pisano (1991), Barley & Freeman (1992) sowie Powell & Brantley (1992).

> bridging institutions. For example, most NBFs [New Biotechnology Firms] had extensive scientific expertise, but limited management experience. In a remarkably short time, consultants, law firms, venture capitalists, and retired pharmaceutical executives stepped in to steer the young companies through their early years. In essence, scientists franchised out many of the financial and corporate aspects of business to venture capitalists and law firms with considerable expertise in founding high tech firms. An organizational model developed in which biotech firms possessed an 'open architecture', a structure in which key functions were provided by 'outsiders'. Of course, such outsiders were rarely anonymous strangers, but based on network ties out of pre-existing ongoing relationships."

(3) Die Forschungskooperationen im Bereich der Biotechnologie haben keineswegs nur Relevanz für die "kleinen", sondern auch für die großen, etablierten Unternehmen, und zwar auch dann (oder *gerade* dann), wenn diese selbst auch Forschung betreiben: Sie sind - anders, als dies unter (1) suggeriert wurde - eher Komplemente als Substitute zur In-house-Forschung. "[B]asic research should be thought of as a ticket of admission to an information network", heißt es entsprechend bei Mowery und Rosenberg (1989: 13). Bemerkenswert ist dabei, daß die Rolle der *Universitätsforschung* in besonderer Weise betont wird. Dieser Punkt bedarf einer etwas näheren Betrachtung.[137]

Tatsächlich ist nämlich die Rolle der Universitätsforschung derzeit einigermaßen umstritten. Rosenberg (1992) weist zunächst einmal darauf hin, daß, was die finanziellen Aufwendungen angeht, immerhin zwei Drittel den industriellen *Entwicklungs*anstrengungen zugerechnet werden könnten. Nur ein Zwölftel entfalle auf Grundlagenforschungen, die ihre Basis wohl wesentlich in den Universitäten oder universitätsnahen Forschungsinstituten haben, und ein Viertel falle unter die Rubrik der "angewandten Forschung", die auch, aber nicht nur, durch die Universitäten getragen wird. Darüber hinaus weist er darauf hin, daß in den meisten Fällen die Entwicklung (das "E" der F & E) hohe Ansprüche an die Kreativität der beteiligten Mitarbeiter stelle, es also nur äußerst selten um eine reine *Anwendung* von theoretischem Wissen geht, das anderswo erzeugt worden sein mag (vgl. empirisch Roberts 1991). Schließlich sei die Entwicklung der Wissenschaft sehr stark durch Erfahrungen und Problemstellungen bei der Produkt- oder Prozeßentwicklung beeinflußt, einfach weil etwas funktioniere oder nicht funktioniere, was noch nicht hinreichend *verstanden* sei und entsprechend Aktivitäten der Wissensgewinnung initiiere. In den Wissenschaften könne dies zu der

137. Die Universitätsforschung kann als Teil eines "National Innovation Systems" angesehen werden, zu dem (u. a.) auch der Staat und natürlich die Unternehmen gehören. Vgl. hierzu die Beiträge von Nelson, Freeman, Lundvall und Pelikan in Dosi et al. (1988) sowie Nelson (1993a). Zu Elementen des *japanischen* Innovationssystems (z. B. Rolle des MITI) vgl. auch oben, Kap. 2.3.

Formierung ganz neuer Forschungsdisziplinen führen (man denke etwa an die "Biochemie" oder die "Metallurgie"). Dabei sei es durchaus möglich, daß die Erforschung recht konkreter Problemstellungen zu bahnbrechenden Erkenntnissen mit weitreichender Relevanz führe; ein Beispiel dafür sei die Bakteriologie, die L. Pasteur begründete, als er an Problemen der Gärung und Fäulnis französischen Weins arbeitete.[138]

Die von Rosenberg gelieferte Evidenz ist stark am Einzelfall orientiert; anders ließen sich substantielle Aussagen nicht machen (1992: 63). Eine systematische Befragung von F & E-Verantwortlichen in 76 Unternehmen aus sieben Industrien hat E. Mansfield (1991) durchgeführt, aber auch sie belegt, daß Produkt- oder Prozeßentwicklungen, die ohne neuere Erkenntnisse in den Wissenschaften nicht oder nur eingeschränkt möglich gewesen wären, einen recht geringen Anteil am Gesamtvolumen ausmachen. Der mit Abstand größte Einfluß ist für die pharmazeutische Industrie zu verzeichnen; die Anteile betragen hier 44 (bei Produkten) bzw. 37 % (bei Prozessen). Die Biotechnologie, die ja der pharmazeutischen Industrie zuzuordnen ist, scheint insofern wirklich ein Sonderfall zu sein. Allerdings gibt es auch Anzeichen des Wandels. So werden an den amerikanischen Universitäten zum Beispiel zunehmend Einheiten eingerichtet, die die Wissenschaftler bei der Patentierung und Lizensierung ihrer Forschungsergebnisse unterstützen und damit eine institutionelle Basis für eine verstärkte kommerzielle Ausrichtung der Forschungsarbeiten schaffen (vgl. Mitchell 1991, mit empirischen Ergebnissen zur medizinischen Bilddiagnosegeräteindustrie). Auch Schimank (1988) stellt - für Deutschland! - fest, daß die frühere Berührungsangst zwischen universitärer und industrieller Forschung zurückgeht und eine *Reihe* von Institutionen existieren, die die Kommunikation erleichtern und die Praxisrelevanz der Forschung erhöhen. Dazu gehören Fachinformationszentren mit Forschungskatalogen und Datenbanken, Forschungskontaktstellen, Einrichtung von Personaltransfers, industriell finanzierte Forschungsinstitute und Technologieparks. Überdies erschöpfen sich die Aufgaben der Universität natürlich keineswegs in der Bereitstellung von Forschungsergebnissen; wichtig sind darüber hinaus die Ausbildungsfunktionen, deren Erfüllung die Voraussetzung dafür ist, daß Unternehmen genügend geeignetes F & E-Personal rekrutieren können. Die von Mansfield dokumentierten Ergebnisse sollten entsprechend nicht dazu verführen, die Bedeutung der Universitäten für die Technologieentwicklung von Unternehmen oder Ländern zu unterschätzen (vgl. Pavitt 1991: 112 ff.).

---

138. Diese Hinweise zeigen, daß die Grenzen zwischen "Grundlagenforschung" und "angewandter Forschung" letztlich fließend, die vorhin vorgenommenen Zuordnungen also problematisch sind: Auch Firmen haben durchaus ihren Anteil an "Basic Research" (vgl. dazu Rosenberg 1990).

(4) Die in den vorhergehenden Abschnitten angestellten Überlegungen haben als Ausgangspunkt die Frage genommen, ob die Forschungs- und Entwicklungaktivitäten von Unternehmen "In-house" durchgeführt oder an externe Forschungsinstitutionen vergeben werden. Diese Frage läßt sich allerdings kaum trennen von Fragen der Produktion und Vermarktung der entwickelten Produkte. Es muß, mit anderen Worten, die gesamte Wertkette zum Gegenstand der Betrachtung gemacht werden. Einen sehr differenzierten Bezugsrahmen hierfür hat wiederum D. Teece ausgearbeitet (Teece 1986a). Aufgegriffen wird dabei nicht nur das in Kapitel 2.52 angesprochene "Dominant Design Paradigm", sondern auch die Komplementarität von Anlagen bzw. Fähigkeiten und die Möglichkeiten der Aneignung von Innovationsgewinnen werden analysiert.

"Complementary Assets" sind schon im Zusammenhang mit "systemischen" Innovationen (implizit) angesprochen worden: Verschiedene Teile des Systems (z. B. Computer-Hardware und Software) müssen aufeinander abgestimmt sein, um die Innovationsleistung technisch überhaupt realisieren zu können. Darüber hinaus sind aber eben auch andere Aktivitäten aus der Wertkette relevant, um den kommerziellen Erfolg einer Innovation zu gewährleisten. So setzt zum Beispiel die Vermarktung eines neuen Arzneimittels erhebliches Know how über klinische Produkttests sowie einen engen Kontakt zu regionalen Spezialisten voraus, die nicht nur das Produkt gut kennen, sondern auch Zugang zu den Kunden besitzen. Große, etablierte Pharmazieunternehmen verfügen mit einiger Wahrscheinlichkeit über entsprechende Erfahrungen und Strukturen, nicht aber die kleinen, auf Entwicklung spezialisierten Firmen, die im Bereich der Biotechnologie eine so große Rolle spielen (siehe oben, [2]). Die Notwendigkeit, die jeweiligen "Assets" zusammenzubringen, ist somit offensichtlich.

Auch die Bedingungen der Aneignung von Innovationsgewinnen sind schon angesprochen worden, und zwar in Kapitel 2.51. Jedes Wissen diffundiert irgendwann an die Konkurrenz; die Frage ist nur, wie lange dies dauert. Nur wenn einer der in Abbildung 15 genannten Mechanismen greift, ist es für den Innovator möglich, einen mehr oder weniger großen Teil des Gewinnes (der "Quasi-Rente") abzuschöpfen.[139]

---

139. Es ist aus diesen Formulierungen unmittelbar einsichtig, daß ein Innovator es soweit wie möglich zu vermeiden trachtet, Wissen an die Umwelt abzugeben; nur in Sonderfällen wird ein Unternehmen sich zu einer gegenteiligen Strategie entschließen (vgl. hierzu die interessante Fallstudie von Garud & Kumaraswamy [1993] zur "Open Systems"-Strategie des amerikanischen Computerherstellers *Sun Microsystems*). Langlois (1989: 90 f.) weist, im Anschluß an Silver (1984), allerdings darauf hin, daß dies nur die eine Variante ist, das Problem anzugehen. Aus der Perspektive des "Entrepreneurs" sieht es nämlich genau umgekehrt aus:

Die verschiedenen, hier genannten Gesichtspunkte können kombiniert werden, um Anhaltspunkte zu gewinnen, ob die Koordination von Aktivitäten hierarchisch oder marktlich organisiert werden sollte. Teece nimmt hierzu die Perspektive des Innovators ein; eine analoge Betrachtung aus der Perspektive des "Followers" läßt sich aber leicht konstruieren. Aus Kapitel 2.52 ist klar, daß nur solche Trajektorien profitabel sein können, die zu einem "dominanten Design" führen. Darauf aufbauend kann dann gefragt werden, ob (a) die Aneignung der mit der Innovation verbundenen "Quasi-Rente" für den Innovator möglich ist oder nicht, (b) wie stark die Wettbewerbsposition gegenüber den Imitatoren ("Follower") ist, und (c) wie die Macht- bzw. Verhandlungsposition gegenüber den Eignern der "Complementary Assets" aussieht. Eine *Integrations*strategie kann empfohlen werden, wenn kaum Möglichkeiten der Aneignung der Quasi-Rente gegeben sind, die Verhandlungsposition gegenüber den Eignern der "Complementary Assets" schlecht, die Wettbewerbsposition gegenüber den Imitatoren aber gut ist. In allen anderen Fällen sind Kontraktbeziehungen angezeigt (vorausgesetzt, die Eigner der "Complementary Assets" machen mit); nur ist es keineswegs ausgemacht, daß der Innovator höhere Gewinne als der Imitator erzielen kann (wenn überhaupt). Deutlich vorteilhaft ist die Konstellation nur, wenn die Bedingungen der Aneignung der Quasi-Rente gut sind oder der Innovator über eine starke Wettbewerbsposition gegenüber dem Imitator verfügt.

Der hier vorgelegte Bezugsrahmen ist gut dazu geeignet, einige der in Kapitel 2.51 diskutierten Ergebnisse zusammenzubinden, gleichzeitig aber auch zusätzliche Gesichtspunkte beizufügen. Passende empirische Evidenz findet sich bei Pisano (1991). Dort wird gezeigt, daß es im Bereich der Biotechnologie einen Trend zur vertikalen Integration gegeben hat, der allerdings die Stufe "Marketing & Vertrieb" nicht notwendig einschließen mußte, sondern sich eher auf die *Produktion* bezog. Da die innovativen Firmen im Bereich der Biotechnologie häufig kleine Firmen sind (siehe oben), ist allerdings klar, daß dieser Trend auch nicht zu weit gehen konnte (Kapitalmangel) bzw. konterkariert wurde durch einen komplementären Trend der *großen* Unternehmen in Richtung vertikaler Integration (Aufkauf der *NBF*s). Auch hier scheint es allerdings Grenzen zu geben, nicht zuletzt deshalb, weil die *NBF*s mit ihren informell-adhokratischen Or-

---

Er steht vor der Aufgabe, andere davon zu überzeugen, daß seine Idee gut ist und umgesetzt werden sollte, und er "leidet" geradezu daran, daß er so häufig "nicht verstanden" wird. Gewinnmotive müssen dabei - auch dies ein wichtiger, bislang allerdings wenig beachteter Unterschied - gar keine so große Rolle spielen: "Der typische Unternehmer fragt sich nicht, ob jede Anstrengung, der er sich unterzieht, auch einen ausreichenden 'Genußüberschuß' verspricht. Wenig kümmert er sich um die hedonistischen Früchte seiner Taten. Er schafft rastlos, weil er nicht anders kann ..." (Schumpeter 1952: 137)

ganisationsstrukturen schlecht in das Gefüge großer, formaler organisierter Unternehmen hineinpassen (Pisano 1991: 248).

2.54 Technologie, Organisation und Innovation

Die zuletzt beiläufig angesprochenen informell-adhokratischen Organisationsstrukturen von Firmen aus dem Biotechnologiebereich deuten darauf hin, daß "Technologie & Innovation" natürlich auch etwas mit den *internen* Strukturen von Organisationen zu tun hat und mithin wohl auch in den Einzugsbereich der (ökonomischen, aber auch der sozialwissenschaftlichen) Organisationstheorie fällt.[140] Im folgenden wird zunächst der Einfluß der Technologie auf die Organisationsstrukturen diskutiert (1), bevor dann die Blickrichtung umgekehrt und gefragt wird, welche (in einem weiten Sinne verstandenen) Organisationsstrukturen förderlich für innovatives Handeln sind (2).

(1) Die Untersuchung von Einflüssen der Technologie auf die Organisationsstruktur ist seit langem Gegenstand der Organisationstheorie. Woodward (1958, 1965, 1970) ging davon aus, daß sich die in einem Unternehmen verwendeten Technologien[141] nach dem Grad ihrer Komplexität ordnen und zu drei ("reinen") Systemkonfigurationen zusammenfassen lassen: der Einzel- und Kleinserienfertigung, der Großserien- und Massenfertigung sowie der Prozeßfertigung. (Eine vierte Konfiguration stellen die "Combined Systems" dar, die Elemente aus den drei anderen Konfigurationen zusammenführen.) Die Untersuchung von 100 südenglischen Industrieunternehmen mit mehr als 100 Angestellten ergab, (a) daß diese Technologiekonfigurationen systematisch mit bestimmten Merkmalen der Organisationsstrukturen (Zahl der Hierarchieebenen, Kontrollspannen etc.) variieren, (b) die Fertigungstechnologie den *wesentlichen Teil* der Varianz dieser Merkmale erklärt, und (c) die *erfolgreichen* Unternehmen ein Profil aufweisen, daß recht genau dem Median der einzelnen Merkmale entspricht.

Der von Woodward geprägte Forschungsansatz ist in einer Reihe von Untersuchungen fortgesetzt worden. Zu nennen sind insbesondere die Arbeiten von Perrow (1967) und der Aston-Gruppe um D. Hickson und D. Pugh (vgl. z. B. Hickson et al. 1969, zusammenfassend Pugh & Hickson 1976). Danach ist der For-

---

140. Vgl. Tushman & Nelson (1990: 2). Die Überschrift des vorliegenden Abschnittes ist an den Titel dieses Aufsatzes angelehnt.
141. Gemeint sind hier die in der Produktion verwendeten *Prozeß*technologien - "the collection of plant, machines, tools, and recipes available at a given time for the execution of the production task and the rationale underlying their utilization" (Woodward 1970: 4).

schungsstrom, auf den ersten Blick wenigstens, weitgehend versiegt. Eine der wenigen Studien, die in die Tradition passen, stammt von Burkhardt und Brass (1990); nur wird hier versucht, den statischen Determinismus, der die früheren Arbeiten geprägt hatte, zu überwinden. Ins Blickfeld gerät der technologische *Wandel*, und es wird davon ausgegangen, daß nicht nur von den Technologien ein Einfluß auf die Organisationsstrukturen ausgeht, sondern auch umgekehrt die Organisationsstrukturen einen Einfluß darauf haben, *welche* neuen Technologien von der Organisation adoptiert werden.[142] Postuliert wird (unter anderem), daß Personen, die früh eine technologische Innovation adoptieren, ihre Zentralität im Netzwerk der Interaktionsbeziehungen erhöhen (a) sowie ihre Machtposition verbessern (b), und daß die Zentralität der frühen Adoptierer (ihre Machtposition) Einfluß darauf besitzt, ob der technologische Wandel die existierenden Strukturen (das Machtgefüge) bestätigt oder verwirft (c, d). Im empirischen Test konnten alle diese Hypothesen bestätigt werden.

Auf den zweiten Blick taucht freilich eine Vielzahl von Arbeiten auf, die sich mit dem Einfluß der neuen Informationstechnologien auf die Organisationsstrukturen beschäftigen. Daß es solche Einflüsse gibt, ist wohl unabweisbar. In den Worten von Freeman (1991: 509):

> "[I]nformation technology [has n]ot only found applications in every manufacturing and service sector, often changing profoundly both products and processes, but it also affects every *function* within each firm: design (CAD); manufacture (robotics, instrumentation, FMS, control systems, CIM, etc.); marketing (computer-based inventory and distribution systems); accounts and administration (management information systems, etc.). Finally, it affects, through its convergence with the telecommunications system, the network of communications within the firm and between the firm and its supplier networks, technology networks, customer networks, etc. In this last area it provides entirely new possibilities for rapid interchange of information, data, drawings, advice, specifications, and so on between geographically dispersed sites via fax, VANs, electronic mail, teleconferencing, distance learning, etc."

Die Forschungen, die sich mit dem Einfluß der neuen Informationstechnologien auf die Organisationsstrukturen beschäftigen, stehen sicherlich nicht unmittelbar in der Tradition der soeben angesprochenen organisationstheoretischen Arbeiten. Vielmehr sind sie vielfach geprägt durch ein (neo-)marxistisches Paradigma, in dem die Beziehungen zwischen Technologie und Organisation "immer schon" eine Rolle gespielt haben. Einerseits gilt Technologie als das Vehikel, das die Beherrschung der Natur durch den Menschen erst ermöglicht; andererseits er-

---

142. Diese Fragerichtung wird, wie angekündigt, unter (2) noch ausführlicher behandelt.

scheint sie aber auch, gerade in einer kapitalistischen Gesellschaft, als ein Medium, das die Ausbeutung der abhängig Arbeitenden perfektioniert und die Sinnentleerung der Arbeit auf die Spitze treibt (vgl. einflußreich etwa Braverman 1974). In diesem Kontext haben Piore und Sabel (1984) die These vertreten, daß die Einführung der Mikroelektronik in den Industriebetrieb zu einer *Verbesserung* der Arbeitsbedingungen führt, indem sie Planung und Ausführung wieder näher zusammenführt.[143] Diese These ist allerdings vielfach bestritten worden, insbesondere im Zusammenhang mit der Frage nach den Implikationen einer Übertragung des *japanischen* Organisationsansatzes - der sich in besonderem Maße auf die neuen Informationstechnologien stützt - auf die Verhältnisse der westlichen Welt. Darauf ist in Kapitel 2.34 schon kurz hingewiesen worden (vgl. aber auch die knappen Bemerkungen zur industriesoziologischen Diskussion in Kap. 1.1).

(2) Die Kausalverhältnisse zwischen technologischen Innovationen und Organisationsstrukturen sind nicht einseitig; auch die Organisationsstrukturen beeinflussen ihrerseits die Möglichkeiten der Genese von Innovationen. "[T]he beginning of wisdom in the technology strategy domain lies in an acute awareness of both the powerful effect exercised by the organizational context and the great weight played by the aptitudes of key individuals and by interpersonal networks", schreibt Adler (1989: 66) und benennt damit wichtige Aspekte, die im vorliegenden Zusammenhang eine Rolle spielen.[144]

Die bahnbrechende Arbeit zur Beschreibung des organisatorischen Kontextes stammt von Burns und Stalker (1961). Dort werden zwei Managementsystem-Modelle vorgestellt, das mechanistische und das organische. Das *mechanistische* Managementmodell entspricht dem klassischen Bürokratie- bzw. Hierarchiemodell; in stabilen Umwelten sei es dazu geeignet, einen effizienten Verfahrensablauf zu gewährleisten. In veränderlichen Umwelten sei dagegen ein *organisches* Managementmodell angemessener, das unter anderem durch eine kontinuierliche, im laufenden Prozeß der Organisation sich vollziehende Anpassung und Neu-Definition individueller Aufgaben sowie eine Netzwerkstruktur der Kon-

---

143. Nicht-marxistisch geprägte Arbeiten sind in der Frage der Bewertung der neuen Entwicklungen eher indifferent; die Sachlage wird hier aber natürlich ähnlich dargestellt. So heißt es bei Abernathy et al. (1983: 90): "The imperatives of quality and productivity ... are impossible to satisfy without the active, loyal, and committed participation of a well-trained and constantly improving workforce."

144. Die folgenden Hinweise beschränken sich auf Merkmale der innovativen Organisation insgesamt, diskutieren also z. B. nicht die Frage, wo innerhalb der Organisation eine F & E-Einheit angesiedelt sein sollte. Vgl. hierzu allgemein etwa Kay (1988: 287 ff.) sowie Hauschildt (1993: 68 ff.); für transaktionskostentheoretisch ausgerichtete Untersuchungen auch de Pay (1988, 1989).

trolle, Autorität und Kommunikation charakterisiert werden kann (vgl. ebenda: 119 ff.; zu möglichen Fehlinterpretationen der Ideen von Burns & Stalker Hauschildt 1993: 77 f.).

Andere Arbeiten gehen in eine ähnliche Richtung.[145] Im vorliegenden Zusammenhang besonders interessant ist vielleicht der Versuch von Bahrami und Evans (1987), die innovativen Hochtechnologie-Unternehmen aus dem *Silicon Valley* als "Stratocracies" zu beschreiben, die durch folgende Eigenschaften gekennzeichnet sind: (a) multiple Rollen und ständiger Aufgabenwechsel für die Organisationsmitglieder, (b) häufiger Einsatz von Projektteams bzw. "Task Forces", (c) starke Betonung der (informellen) Kommunikation, (d) geringe Ausprägung von Stabsfunktionen, (e) direkte Verbindung von Organisationsspitze und "Operating Core", (f) (bei größeren Unternehmen) Bildung von eigenständigen Divisions, die aber immer nur temporären Charakter besitzen, also jederzeit wieder auflösbar sind, (g) soziale statt formale Kontrolle, (h) simultan zentrale und dezentrale Entscheidungsfindung mit starker Gewichtung des Implementationsaspekts, und (i) Anreizsysteme, die an den individuellen Bedürfnissen orientiert sind und starkes Gewicht auf nicht-monetäre Komponenten legen (flexible Arbeitsbedingungen, "Sabbatical Leaves" etc.). Etwas abstrakter charakterisiert Van den Ven (1986: 600 f.) die Merkmale der innovativen Organisation durch vier Prinzipien. Das erste ist das der *Selbstorganisation*: Jede Einheit soll unter der Fiktion der Autonomie operieren; Interventionen des Managements sind zu minimieren. Das zweite Prinzip beinhaltet die Schaffung von *redundanten Funktionen*: Jeder Mitarbeiter soll über seinen unmittelbaren Aufgabenbereich hinaus auch andere Funktionen beherrschen, um den Blick für's Ganze zu besitzen: *Think globally while acting locally*. Das dritte Prinzip fordert *Requisite Variety* (Ashby 1956): Die Komplexität des Systems muß der der Umwelt entsprechen. Das vierte Prinzip schließlich hat die *zeitlichen Verknüpfungen* zum Gegenstand: Das System muß beständig transformiert werden, und dazu ist es notwendig, vorhandene Elemente zu eliminieren, zu ersetzen oder zu verändern. Insbesondere müssen immer neue *Commitments* geschaffen werden, aber das geht eben nur, wenn alte Commitments auch wieder fallengelassen werden.

---

145. So stellt Weick (1976) zwar nicht Unternehmen, aber doch "Educational Systems" (Schulen und Universitäten) als *Loosely Coupled Systems* vor und betont dabei als Vorteil einer solchen Strukturierung unter anderem das erhöhte Potential "[to] retain a greater number of mutations and novel solutions than would be the case with a tightly coupled system" (S. 7). Hedberg et al. (1976) empfehlen den Bewohnern dynamischer, innovativer Umwelten, statt *Palästen lieber Zelte* zu errichten, um dadurch Flexibilität, Kreativität, Spontaneität und Initiative zu fördern; und Mintzberg (1979a u. ö.) schließlich behandelt Organisationen mit ausgeprägt innovativen Aufgaben als *Adhokratien*.

Es ist sofort offensichtlich, daß die hier referierten Untersuchungen sich keineswegs nur auf die formalen Organisationsstrukturen beziehen, sondern auch Fragen der informalen Organisation und der Kommunikation einbeziehen und letztlich das aufbereiten, was man zu einer Theorie des organisatorischen Lernens zählen mag (siehe oben, Kap. 2.23). Informale Organisationsstrukturen sind vielfach auch unter dem Gesichtspunkt der Unternehmenskultur thematisiert worden, wie die Arbeiten von Pascale und Athos (1981) oder Peters und Waterman (1982) exemplarisch zeigen. Die Rolle der Kommunikation wurde in Kapitel 2.32 im Zusammenhang mit der Produktentwicklung in japanischen Unternehmen erläutert; dort wurde gezeigt, wie wichtig einerseits eine kommunikative Verknüpfung der Organisationseinheiten, andererseits aber auch die enge Anbindung dieser Organisationseinheiten an externe Stellen - insbesondere Kunden und Lieferanten - ist. Diese Gesichtspunkte sind allerdings, ohne Bezug auf Japan, in den sechziger und siebziger Jahren schon von Forschern am Massachusetts Institute of Technology herausgearbeitet worden (vgl. etwa Roberts 1962, 1967, von Hippel 1976, 1978). Neue, weiterführende Einsichten stammen von Cohen und Levinthal (1990), die mit ihrem Konzept der "Absorptive Capacity" die These zu begründen versuchen, daß Organisationen nur dann lernfähig, aufnahmefähig für neues Wissen sind, wenn schon ein hinreichendes Basiswissen vorhanden ist, und daß die F & E-Anstrengungen eines Unternehmens wesentlich als Investitionen zum Aufbau eines solchen Basiswissens - und nicht nur zur direkten "Produktion von Innovationen" - verstanden werden müssen.[146] Entscheidender Faktor für das Verständnis einer solchen Fähigkeit (Capability) sind aber eben die genannten Kommunikationsstrukturen:

> "Communication systems may rely on specialized actors to transfer information from the environment or may involve less structured patterns. The problem of designing communication structures cannot be disentangled from the distribution of expertise in the organization. The firm's absorptive capacity depends on the individuals who stand at the interface of either the firm and the external environment or at the interface between subunits within the firm." (ebenda: 132)

Die Individuen, die die Schnittstellen einnehmen, haben nicht selten die Funktion eines "Gatekeepers", der zur Rationalisierung der Wissensgewinnung beiträgt. Unter Bedingungen eines schnellen technologischen Wandels und damit verbundener Unsicherheit kann dies allerdings auch problematisch sein. "When information flows are somewhat random and it is not clear where in the firm or subunit a piece of outside knowledge is best applied, a centralized gatekeeper

---

146. Einige Hinweise auf dieses Konzept wurden schon zum Ende von Kap. 2.23 gegeben. In Kap. 2.53 (3) wurde darüber hinaus bemerkt, daß Forschungskooperationen "eher Komplemente als Substitute zur In-house-Forschung" sind.

may not provide an effective link to the environment. Under such circumstances, it is best for the organization to expose a fairly broad range of prospective 're-ceptors' to the environment. Such an organization exhibit the organic structure of Burns and Stalker (1961: 6), which is more adaptable 'when problems and requirements for action arise which cannot be broken down and distributed among specialist roles within a clearly defined hierarchy'" (Cohen & Levinthal 1990: 132).

Bleibt noch, kurz auf die Rolle von "Schlüsselpersonen" im Innovationsprozeß einzugehen. Ein ausführlicher Literaturüberblick hierzu findet sich bei Hauschildt (1993: 112 ff.). Demnach können drei Schlüsselrollen/-funktionen unterschieden werden, die - zumindest bei komplexeren Innovationsprojekten - häufig auch personell getrennt wahrgenommen werden: die des Fach-, des Macht- und des Prozeßpromotoren.[147] Der *Fach*promotor sorgt für das notwendige Fachwissen, der *Macht*promotor für die notwendigen Ressourcen und vor allem für die "politische" Unterstützung. Der *Prozeß*promotor koordiniert; er stellt die Verbindungen her zwischen Fach- und Machtpromotor, aber auch zu anderen relevanten Personen in Organisation und Umwelt (Berater, Lieferanten, Kunden). Er verfügt häufig über keine institutionelle Machtbasis; der Einfluß kann nur geltend gemacht werden, wenn er in seinem Einsatz für das Innovationsprojekt eine hohe Risikobereitschaft besitzt, Führungsqualitäten (Charisma, Begeisterungsfähigkeit etc.) hat und die ganze Klaviatur von Taktiken der Einflußbildung beherrscht (vgl. für entsprechende empirische Resultate Howell & Higgins 1990). Das adäquate *Zusammenspiel* zwischen diesen drei Funktionen ist notwendige Voraussetzung dafür, daß Innovationswiderstände gebrochen werden können, die neue Prozeßtechnologie also tatsächlich eingesetzt wird bzw. das neue Produkt eine Chance erhält, sich im Markt zu bewähren.

2.6 Problemfelder und Entwicklungstendenzen der empirischen Forschungsausrichtung

Die bisherigen Ausführungen des vorliegenden zweiten Kapitels können knapp wie folgt zusammengefaßt werden: Nachdem in den Kapiteln 2.1 und 2.2 der Versuch unternommen worden ist, die theoretischen Perspektiven, die die Diskussionen im Bereich des Strategischen Managements derzeit prägen, abzustek-

---

147. Das hier verwendete "Promotoren"-Sprachspiel ist angelehnt an die bahnbrechende Untersuchung von Witte (1973). Andere Autoren unterscheiden z. B. zwischen "Erfinder" und "Unternehmer" (Schumpeter) oder zwischen "Technical Innovator", "Product Champion", "Business Innovator" und "Chief Executive" (Rothwell et al. 1974).

ken, sind in den Kapiteln 2.3 bis 2.5 die Diskussionsfelder selbst Gegenstand der Überlegungen gewesen. Es wurde eine Vielzahl von Ergebnissen der theoretischen und empirischen Forschung präsentiert, und es wurde gezeigt, daß sich die vorher rekonstruierten Perspektiven zumindest in zwei diese Forschungsfelder (Japan und Technologie & Innovation) widerspiegeln. Die Art der Behandlung des Themas "Strategic Change & Renewal" weicht von der allgemeinen Tendenz ab; hier spielt die ökonomische Theorie eine eher geringe, die sozialwissenschaftliche Organisationsforschung dagegen eine deutlich hervorgehobene Rolle. In Kapitel 1.3 ist darauf hingewiesen worden, daß in der Tat die Forscher, die unter der Headline des "Strategic Change" arbeiten, häufig ein kritisches Verhältnis zum etablierten Mainstream der Forschung besitzen. Die Anzahl dieser Forscher ist allerdings inzwischen recht erklecklich, und so muß man wohl sagen, daß die Change-Forschung selbst ein fester Bestandteil des "Mainstreams" geworden ist. Oder mit J. Kay (1991: 60) formuliert: Das Strategische Management hat sich seine eigene Gegenkultur geschaffen, eine Gegenkultur, die auch in der ansonsten eher auf großzahlige empirische Studien ausgerichteten Forschungslandschaft ein respektables Auskommen hat. Der soeben noch einmal zusammengefaßte *allgemeine Trend* ist damit allerdings nicht in Frage gestellt.

Im folgenden soll, mit der Rekonstruktion der generellen *theoretischen* Perspektiven und den in verschiedenen Forschungsfeldern angesammelten Ergebnissen im Rücken, zur Abrundung ein verallgemeinerter Blick auch auf die *empirische* Ausrichtung der "Mainstream"-Diskussion im Strategischen Management geworfen werden. In der Einleitung (Kap. 1.2) wurde schon kurz erwähnt, daß, nach der fallstudienorientierten Forschung[148] in den sechziger und siebziger Jahren, in den achtziger Jahren die Entwicklung immer mehr in Richtung großzahlig angelegter empirischer Querschnittsuntersuchungen ging, in denen das ganze Arsenal statistischer Methoden genutzt wurde, um zu validen Aussagen über soweit als möglich spezifizierte Variablenzusammenhänge zu kommen. Abbildung 16 zeigt das Schema, nach dem dabei vorgegangen wurde (und heute immer noch vorgegangen wird).[149] Der Aufbau entspricht dem Structure-Conduct-Per-

---

148. Gemeint sind hier einmal mehr vor allem die an der Harvard Business School durchgeführten Arbeiten. Allerdings sind die Fallstudien keineswegs immer auf die Generierung (oder gar Austestung) von Hypothesen (auf "Forschung" im engeren Sinne) ausgerichtet; vielmehr sind sie Bestandteil eines pädagogischen Konzeptes, das noch heute an den meisten amerikanischen Business Schools weit verbreitet ist. Für die Entwicklung des Strategischen Managements haben sie trotzdem (oder gerade deshalb) große Bedeutung besessen.
149. Die Abbildung ist letztlich nichts anderes als eine abstrahierte Fassung von Abbildungen, mit denen Ramanujam & Varadarajan (1989: 526), Hambrick (1989: 7) und Guth & Ginsberg (1989: 7) die Forschungen zu den Themen "Diversifika-

formance-Paradigma der orthodoxen Industrial Organization-Forschung. Statt von "Struktur" ist allerdings von "Kontext-" bzw. "Kontingenzvariablen" die Rede. Damit soll einerseits angedeutet werden, daß es im Rahmen des Strategischen Managements keineswegs nur um Markt- bzw. Branchenstrukturen geht, sondern auch organisationale (z. B. Unternehmensgröße) oder personenbezogene (z. B. Alter des *CEOs*) Variable berücksichtigt werden können. Andererseits handelt es sich tatsächlich nur um *Kontext-* bzw. *Kontingenz*variable: Der Schwerpunkt der Betrachtung liegt deutlich auf dem Verhalten (Conduct) des Systems. Die orthodoxe (nicht aber die "neue") IO-Forschung dagegen neigt(e) dagegen dazu, die Conduct-Komponente zu unterdrücken und einen direkten Zusammenhang zwischen Struktur und Performance herzustellen (siehe oben, Fn. 6).

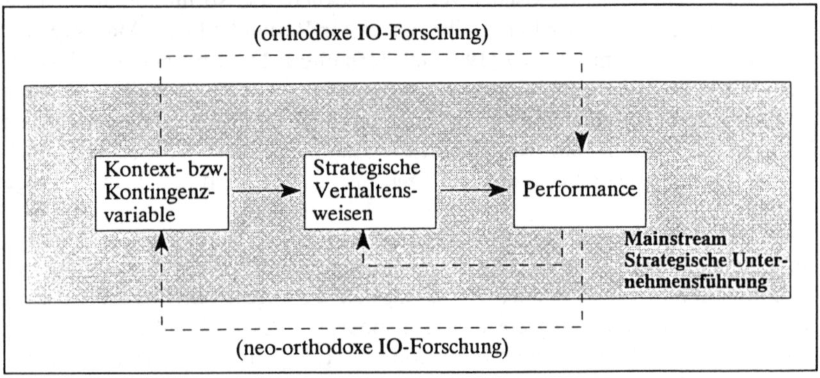

Abb. 16: Schema der großzahligen empirischen Forschung im Strategischen Management

Ähnlich wie in der orthodoxen IO-Forschung besteht im Strategischen Management die Neigung, die Performance als die abhängige und die Struktur/den Kontext sowie das Verhalten als unabhängige Variable zu interpretieren. Die häufig als Regressionsanalysen durchgeführten Untersuchungen (Camerer & Fahey [1988] sprechen von einem "Regression Paradigm") geben über die Kausalrichtung zwar keinen unmittelbaren Aufschluß,[150] und so findet sich zum Ende der Untersuchungen nicht selten eine reflektierende Bemerkung darüber, daß die Kausalkette auch in die umgekehrte Richtung laufen könnte, ebenso wie

tion", "(Strategic) Leadership" und "Corporate Entrepreneurship" im Überblick darstellen.

150. Eine ausführlichere Analyse der hier angesprochenen Problematik folgt in Kap. 2.61.

es auch in Teilen der ("neo"-orthodoxen) IO-Forschung entsprechende Überlegungen gibt (vgl. etwa Phillips 1970). Das Ergebnis der Reflexion läuft aber dann doch meistens nur in die eine Richtung - es bestätigt, was sich schon in den siebziger Jahren als mehr oder weniger *konstitutiv* für die Forschungen im Strategischen Management herauskristallisiert hatte (vgl. Schendel 1992a: 9 ff.). "The final element", so schreiben Summer et al. (1990: 372 f.), "of the Business Policy and Strategy framework is organizational performance. Not every theory in the field adresses performance, nor should it. However, the ultimate aim of the field is to help improve organizations, and, as such, performance is of central concern. In fact, it can be said that the field's fundamental interest in organizational performance is one of the chief ways that it can be distinguished from related fields, such as organization theory and microeconomics, which are more content to describe and analyze organizational characteristics and actions."

Die hier beschriebene Tendenz zur großzahligen, durch die Mittel der statistischen Analyse geprägten empirischen Forschung[151] dominiert wohl auch Anfang der neunziger Jahre noch die unter der Headline des Strategischen Managements angefertigten Arbeiten. Institutionelle Komponenten spielen hier eine wesentliche Rolle: Die wissenschaftliche Ausbildung im Rahmen des Doktorandenstudiums beinhaltet einen Gutteil statistischer Methoden, die für diesen Typ der empirischen Forschung genutzt werden können, und das Begutachtungssystem der etablierten Zeitschriften unterstützt die vermehrte Auswahl von Arbeiten, die sich solcher Methoden bedienen (vgl. Schendel & Cool 1988: 29). Gleichzeitig muß aber auch festgestellt werden, daß es Gegentendenzen gibt, die stärker wieder in Richtung Fallstudien oder gar experimenteller Forschungsmethoden weisen. Ganz sind diese Varianten der empirischen Forschung, darauf wurde in Kapitel 1.2 auch schon hingewiesen, nie aufgegeben worden. Die festzustellenden Gegentendenzen haben aber doch eine neue Qualität. Zum einen zeigen sich nämlich, nach mehr als zehn Jahren Forschungserfahrung, immer mehr auch die Schwachstellen großzahliger empirischer Arbeiten im Strategi-

151. Schwenk & Dalton (1991) bieten eine quantitative Auswertung der 1986/87 in den Zeitschriften *Academy of Management Review*, *Academy of Management Journal*, *Administrative Science Quarterly*, *Strategic Management Journal*, *Management Science* und *Journal of Management* erschienenen Arbeiten. Demnach sind über 72 % der empirischen Forschung als *großzahlig* (Mittelwert: 182.5) zu bezeichnen, die sich einer Vielzahl statistischer Analyseverfahren (allen voran: Korrelations- und Varianzanalyse sowie Multiple Regression) bedienen, unter denen auf Kausalanalyse abstellende Verfahren (zu nennen ist insb. der LISREL-Ansatz) gar nicht erst auftauchen. Mehr als 75 % der Forschung sind zeitpunktbezogene Querschnittsanalysen, und die am meisten verwendete abhängige Variable ist tatsächlich die Performance: "It appears that strategic management research quite often uses performance as the primary variable to be explained" (ebenda: 287).

schen Management. Und zum anderen scheint neuerdings gerade auch die ökonomische Theorie - allen voran Industrial Organization und Spieltheorie - gute Gründe für eine Wende in der empirischen Forschungsausrichtung bereitzustellen.[152] In dem Maße, in dem diese Art der Theoriebildung sich als prägend für das Strategische Management erweist (siehe oben, Kap. 2.1), könnten damit auch Konsequenzen für die hierunter zu subsumierenden Arbeiten verbunden sein.

Die folgenden Abschnitte sollen die hier skizzierte Diagnose im einzelnen ausführen. Kapitel 2.61 zeigt die kritischen Punkte der derzeit dominierenden empirischen Forschung auf, und Kapitel 2.62 beschreibt die "Renaissance der Fallstudienforschung". Kapitel 2.63 enthält schließlich noch einige Anmerkungen zu den Möglichkeiten der experimentellen und simulativen Forschung im Strategischen Management.

2.61 Zur Kritik großzahliger empirischer Forschungen im Strategischen Management

Die an weiten Teilen der empirischen Forschung zum Strategischen Management vorzutragende Kritik läßt sich in vier Punkten zusammenfassen. Es handelt sich (1) um die unzureichende Spezifizierung von Variablenzusammenhängen, (2) um eine unzureichende "statistische Mächtigkeit" vieler Untersuchungen, (3) um Probleme in der Zusammensetzung der verwendeten Datenbasen und (4) um die Fragwürdigkeit der jeweils zugrundegelegten Performance-Maßstäbe.

(1) Der erste Kritikpunkt richtet sich auf die unzureichende Spezifizierung von Variablenzusammenhängen oder, wenn man so will, auf die mangelnde theoretische Fundierung vieler Studien (Camerer 1985a, b, Montgomery et al. 1989). Die meisten statistischen Verfahren, die zur Verfügung stehen, lassen keine kausalen Aussagen zu; Kausalbeziehungen müssen vielmehr *ex ante* spezifiziert sein, um dann zumindest Aussagen derart zu erlauben, daß die gefundenen statistischen Zusammenhängen den theoretischen (Kausal-)Hypothesen *nicht widersprechen.* Die vorliegenden Untersuchungen stellen hierfür aber häufig keine ausreichende Grundlage bereit, und so müssen die de facto vorgeschlagenen Kausalinterpretationen weitgehend Ad hoc-Charakter besitzen.

---

152. Als Indikator mag z. B. die Tatsache genommen werden, daß auch das renommierte *Journal of Finance* seit 1989 wieder eine Sektion für "Clinical Papers" eingerichtet hat, um der Tendenz des Einsatzes immer sophistizierterer ökonometrischer Techniken für die Untersuchung immer irrelevanterer Problemstellungen entgegenzuwirken (vgl. Jensen et al. 1989: 4).

Eine Illustration dieses Kritikpunktes kann an dem Umstand ansetzen, daß nach wie vor Begriffe wie "Fit", "CoAlignment", "Adaption", "Congruence", "Matching" usw. im Vordergrund der Überlegungen stehen, Begriffe, die aus dem Erbe der Harvard Business School stammen und insbesondere die vier Elemente eines Strategischen Managements - Gefahren und Gelegenheiten der ökonomischen und technologischen Umwelt, Stärken und Schwächen des Unternehmens, Werthaltungen des Managements und Anforderungen der gesellschaftlichen Umwelt - miteinander in Beziehung setzen sollen. "Economic strategy will be seen as a match between qualifications and opportunities that positions a firm in its environment", heißt es bei Christensen et al. (1982: 164), und Mintzberg (1990a: 111) folgert entsprechend: "The most essential concept of the model is that of congruence or fit."[153] Die verschiedenen Elemente sollen zueinander passen, aber es wird nicht danach gefragt, wie die *kausalen* Zusammenhänge sind, eine Frage, die aufgrund des mangelnden theoretischen Interesses der Harvard-Schule ursprünglich auch unnötig gewesen sein mag. Die neuere, empirisch ausgerichtete Forschung erhebt hier zwar höhere *Ansprüche*, kann diese aber häufig nicht einhalten. Venkatraman und Camillus (1984) belegen im ersten Schritt, daß der Grundbegriff der gleiche geblieben ist: Auch nach der Umorientierung Ende der siebziger, Anfang der achziger Jahre können letztlich *alle* Ansätze durch ihren Bezug auf das Fit-Konzept geordnet werden. Dieses Konzept wird aber eben, wie Venkatraman (1989) in einem zweiten Schritt zeigt, häufig in einer unpräzisen, mehr oder weniger assoziativen Weise verwendet. Im einzelnen lassen sich sechs Varianten der Operationalisierung unterscheiden:

(a) *Fit as Moderation*: Der Einfluß einer (unabhängigen) Variablen auf eine andere (abhängige) Variable ist abhängig von den Werten einer dritten Variablen ("Moderator"). Die Beziehung zwischen der unabhängigen und der Moderatorvariablen ist also die primäre Determinante der abhängigen Variable, ein Zusammenhang, der sich auch mathematisch formulieren läßt, zum Beispiel als $Y = f(X, Z, X^*Z)$, wobei Y = Performance, X = Strategie und Z = Kontextvariable, die einen "Fit" mit der Strategie besitzen muß, wenn die Performance positiv sein soll. (X^*Z bezeichnet den gemeinsamen Effekt von X und Z.)

(b) *Fit as Mediation*: Die Beziehung zwischen einer abhängigen (z. B. Performance) und einer unabhängigen Variablen (z. B. Strategie) ist nur eine indirekte; dazwischen werden eine oder mehrere intervenierende Variable (z. B. der "Kontext") geschaltet, zu der (dem) ein "Fit" bestehen muß. Formal ausgedrückt: Z ist eine intervenierende Variable in der Wahrscheinlichkeitsbeziehung $Y = f(X)$, wenn Z in einer Wahrscheinlichkeitsbeziehung mit X steht (d. h. $Z = f(X)$) und Y in einer Wahrscheinlichkeitsbeziehung mit Z (d. h. $Y = f(Z)$).

153. Auf die Idee eines "Fits" zwischen verschiedenen Variaben oder, allgemeiner, *zwischen System und Umwelt* wird in Kap. 4.2 noch ausführlicher zurückzukommen sein.

(c) *Fit as Matching*: Zwei Variablen (z. B. Strategie und Struktur) werden als mehr oder weniger zusammenpassend angesehen, ohne daß dabei explizit auf eine Kriterien-Variable (z. B. Performance) Bezug genommen wird. (Das muß nicht ausschließen, daß informell so ein Kriterium doch unterstellt wird; in diesem Sinne lautet ja beispielsweise Chandlers [1962] These, daß diversifizierte Unternehmen, die nicht über eine divisionalisierte Struktur verfügen, administrative Probleme bzw. Effizienznachteile aufweisen.)

(d) *Fit as Gestalts*: Die Ausprägungen einer Vielzahl von Variablen werden als zueinander passend angenommen; das ist allerdings nur möglich, wenn damit eine genauere Spezifikation der Zusammenhänge nicht mehr verbunden sein muß, weil andernfalls (d. h. bei paarweise hergestellten Abhängigkeiten) das Auftreten von Inkonsistenzen nicht sicher vermieden werden kann. Ein gutes Beispiel für diese Vorgehensweise findet sich im Zusammenhang des Mintzbergschen Versuchs, unterschiedliche Gestaltungsvarianten der Organisation - von der "Simple Structure" bis zur "Adhocracy" - zu identifizieren und mit spezifischen Clustern von Merkmalsausprägungen zu verbinden (vgl. insb. Mintzberg 1979a).

(e) *(Mis-)Fit as Profile Deviation*: Hier wird ein Normprofil vorgegeben und gemessen, inwieweit ein tatsächlich gefundenes Profil mit diesem übereinstimmt oder nicht - mit der (impliziten) Leitvorstellung, daß eine Abweichung von diesem Normprofil zu Performanceeinbußen führt.

(f) *Fit as Covariation*: Ziel ist es, ein "Coalignment" mehrerer Variabler nachzuweisen, der seinerseits in einem (durch das Modell selbst allerdings nicht mehr erfaßten) Zusammenhang mit einer Kriterien-Variablen steht. In diesem Sinne geht etwa Thompson (1967) davon aus, daß es eines Coalignments zwischen Domäne, Technologie, Struktur und Aufgabenumwelt bedarf, um die Effizienz der Organisation sicherzustellen.

Das entscheidende Argument besteht nicht darin, daß es so viele Varianten einer Operationalisierung des Fit-Konzeptes *gibt*, sondern daß häufig *keine Rechenschaft* darüber abgegeben wird, welches Fit-Konzept denn nun eigentlich verwendet wird (vgl. auch Venkatraman 1990: 23 f.).[154] Daß diese Art des

---

154. Eine bemerkenswerte Ausnahme findet sich in den Arbeiten der "Configurational School" (Mintzberg 1990a): Dort wird nicht nur die gewählte Operationalisierungsvariante ("Fit as Gestalts") explizit gemacht, sondern auch begründet, warum die Idee der Kausalverhältnisse, wie sie von Venkatraman und anderen verfolgt wird, im Rahmen des Strategischen Managements möglicherweise gar keinen Sinn macht. So heißt es bei Miller & Mintzberg (1983: 63): "*Causation is viewed in the broadest possible terms*. The search is not simply for unidirectional causation between pairs of variables, nor even necessarily for multiple forms of causation. The approach of synthesis is really the search for networks of causation. Each configuration has to be considered as a system in which each attribute can influence all of the others by being an indispensible part of an integrated whole. There are no purely dependent or undependent variables in a system; over time, everything can depend on everything else." (Siehe hierzu auch unten, Kap. 4.34.)

"Loose Reasoning" nicht akzeptabel ist, dürfte kaum weiter diskutiert werden müssen.

(2) Der zweite Punkt betrifft die unzureichende Art der Verwendung statistischer Methoden. Es gibt eine Reihe von Studien, die, nach dem Vorbild von ähnlichen Untersuchungen in der Psychologie (Cohen 1962, Chase & Chase 1976), in den Erziehungswissenschaften (Brewer 1972), in den Kommunikationswissenschaften (Chase & Tucker 1975) sowie im Marketing (Sawyer & Ball 1981), die Frage stellen, inwieweit in den einschlägigen empirischen Arbeiten statistische Verfahren angewendet werden, die etwas über die Validität der jeweiligen Untersuchung aussagen. Die meisten Studien haben dabei die (verhaltenswissenschaftliche) Organisationstheorie im Auge und analysieren Arbeiten, die in den im Hinblick auf diese Theorie wichtigsten Zeitschriften erschienen sind, wobei freilich Überlappungen mit dem Strategischen Management nicht ausgeschlossen sind.[155] Mitchell (1985) entwickelt, im engen Anschluß an Cook und Campbell (1976, 1979), eine Checkliste aus vier Kriterien (interne Validität, Konstruktvalidität, Validität statistischer Schlußfolgerungen und externe Validität)[156] und analysiert vor diesem Hintergrund die Jahrgänge 1979 - 1983 der Zeitschriften *Journal of Applied Psychology, Academy of Management Journal und Organizational Behavior and Human Performance*. Das Ergebnis:

> "[The] data are rather unsettling. They suggest that the typical cross-sectional correlational study uses a convenience sample with an administered questionaire. No response rate is reported, and no comparisons are made between respondents and nonrespondents. The literature on reliability and validity is often cited, but the actual reliability and validity demonstrated is very weak. Alpha predominates as a measure of reliability, and construct validity is infrequently checked. Researchers do seem to be sensitive to the dangers of method variance, but the use of cross-validation or holdout samples is almost nonexistent." (Mitchell 1985: 201)

155. Das gilt vor allem für das *Academy of Management Journal* und das *Administrative Science Quarterly*, die von Autoren wie Schendel & Cool (1988) oder MacMillan (1989, 1991) bzw. MacMillan & Stern (1987) auch zu den wichtigsten Zeitschriften des Strategischen Managements gezählt werden.
156. Cook und Campbell beziehen diese Kriterien ursprünglich nur auf experimentelle Untersuchungen; nach Mitchell lassen sie sich jedoch genauso auf die "normale" Korrelationsforschung anwenden. *Interne Validität* besitzt eine Untersuchung dann, wenn die Variation einer abhängigen Variablen eindeutig auf die Variation einer unabhängigen Variablen zurückgeführt werden kann. Die *Konstruktvalidität* bezeichnet die Eindeutigkeit der operationalen Definition der abhängigen oder unabhängigen Variablen. Die *Validität statistischer Schlußfolgerungen* bezieht sich auf Zusammenhänge, die nur durch die Anwendung ungeeigneter statistischer Verfahren auftreten. Die *externe Validität* gibt schließlich an, in welchem Ausmaß sich die Ergebnisse einer Untersuchung für andere Stichproben und für andere situative Gegebenheiten aufrechterhalten lassen.

Ähnliche Ergebnisse finden sich auch bei Gaither und Glorfeld (1985), die für die Jahre 1976 bis 1981 die drei eben genannten Zeitschriften sowie die *Personal Psychology* und das *Administrative Science Quarterly* untersucht haben: Sie stellen fest, daß in den untersuchten Arbeiten zu über 90 % parametrische Tests (t-Test, F-Test, usw.) verwendet, in den meisten Fällen aber die gegenüber den nicht-parametrischen Tests (Chi-Quadrat-Test, Mann-Whitney-U-Test, usw.) anspruchsvolleren Anwendungsbedingungen nicht vorher abgeprüft werden, oder zumindest keine *Informationen* darüber vorliegen, ob eine solche Prüfung vorgenommen worden ist. Miner (1984) stellt schließlich fest, daß Validität und Nützlichkeit von Theorien keineswegs mit deren Verbreitung in der wissenschaftlichen Gemeinschaft korreliert sind. Auch aus dieser Perspektive erscheint der Stand der Forschung im Bereich der Organisationstheorie bislang also als keineswegs zufriedenstellend.[157]

Mazen et al. (1987) haben auch eine Auswahl der unter der Headline eines Strategischen Managements erschienenen Arbeiten der Jahre 1982 bis 1984 auf ihre "statistische Mächtigkeit" (Statistical Power) hin untersucht. Abbildung 17 zeigt die Parameter, die dabei herangezogen wurden. Mazen et al stellen fest, daß zwar der konventionelle α-Wert von .05 regelmäßig, der vorgeschlagene β-Wert von .20[158] im Mittel aber nur bei hoher Effektgröße erfüllt wird. Bei geringen und mittleren Effektgrößen wird der zulässige Wert hingegen deutlich überschritten. Wenn man davon ausgeht, daß die durch die Strategieforschung postulierten Effektgrößen typischerweise gering sind (vgl. zur Begründung Mazen et al. 1987: 406 ff.), dann ist dies eine ganz und gar unbefriedigende Situation, die man nur durch eine sorgfältigere A priori-Planung des Forschungsdesigns einfangen kann. Mazen et al. (1987: 408 f.) schlagen in diesem Zusammenhang vor, lieber die Stichprobengröße zu reduzieren und die dadurch freiwerdenden Ressourcen beispielsweise für eine sorgfältige Schätzung der Effektgröße, und das heißt letztlich: für eine bessere Anbindung der Forschungshypothesen an schon vorhandene Forschungsergebnisse zu nutzen.

---

157. Es ist in dieser Situation kaum verwunderlich, daß gerade im Bereich der Organisationstheorie immer wieder Arbeiten publiziert werden, die sich mit den Gütekriterien einer solchen Theorie auseinandersetzen. Vgl. hierzu etwa Thomas & Tymon (1982) sowie das (Sonder-)Heft 4 der Zeitschrift *Academy of Management Review* 14 (1989).

158. Der β-Wert bezieht sich auf Fehler der 2. Art, also auf die Möglichkeit, daß eine richtige Hypothese abgelehnt wird. Cohen (1977) hat generell vorgeschlagen, daß man einen solchen Fehler als weniger ernst betrachten sollte als einen Fehler der 1. Art, d. h. die Möglichkeit der Bestätigung einer falschen Hypothese. Ein β-Wert von .20 gibt dann an, daß man einen Fehler der 1. Art mit dem konventionellen Wert von .05 für viermal so ernst befindet als einen Fehler der 2. Art.

1. Statistical power (1 - ß): the *a priori* propability of rejecting H_0. A test is powerful if, when wearing the 'glasses' of the test, one can infer from a sample what truly exists in its population.
2. The significance criterion (α): the expression of the researcher's *policy* with regard to risking the mistaken rejection of H_0. Thus α is a long-term error rate for rejecting when H_0 is true.
3. Effect size: the degree to which the phenomenon is present in the population (i. e. the degree to which the 'null' hypothesis is not really null).
4. Sample size (n): the number of observations per test. Optimally one should specify α, effect size, and desired power and then solve for n. In this form power, like α, becomes a matter of policy; it is to be viewed in regard to *long-term* propability of type II error (ß). Generally, however, n is a codeterminant of power.

Abb. 17: Parameter statistischer Mächtigkeit (aus: Mazen et al. 1987: 404)

Sämtliche hier referierte Studien beziehen sich auf Arbeiten, die Ende der siebziger, Anfang der achziger Jahre publiziert worden sind. Im Bereich des Strategischen Managements, wenn nicht auch im Bereich der Organisationstheorie, hat sich seitdem das methodisch-methodologische Niveau der empirischen Arbeiten zweifellos verbessert. Auf die Vorschläge von Mazen et al. wird allerdings nach wie vor kaum Bezug genommen. Der Verdacht, daß die festgestellten Unzulänglichkeiten auch in den aktuellen Arbeiten noch vorzufinden sind, ist deshalb nicht ganz von der Hand zu weisen. Für die Jahre 1986 und 1987 stellen Schwenk und Dalton (1991: 293) in der Tat fest, daß in fast 71 % der betrachteten Studien keine Angaben zur Konstruktvalidität zu finden sind.

(3) Der dritte Kritikpunkt betrifft die Datenbasen, auf denen die verschiedenen (großzahligen) empirischen Untersuchungen aufsetzen. In den USA spielt hier bekanntlich die PIMS-Datenbank eine besondere Rolle; darüber hinaus stehen etwa die Line-of-business-Daten der *Federal Trade Commission*, die COMPUSTAT-Datenbank der *Standard & Poor's Corporation* sowie die Datenbank des *Center for Research on Security Prices* (CSRP) zur Verfügung (vgl. als Überblick Porter 1980: 368 ff., Young 1989).[159] Diese Datenbasen - vor allem PIMS und Line-of-business (LB) - sind, da sie so vielfältig genutzt werden, verschiedentlich in die Kritik geraten (vgl. z. B. Anderson & Paine 1978, Ramanujam & Venkatraman 1984). Marshall und Buzzell (1990) fassen diese Kritik zusammen und weisen darauf hin, daß die vorgetragenen Kritikpunkte, was die PIMS- und Line-of-business-Daten angeht, weitgehend komplementärer Natur sind (vgl. Abb. 18). Ihre Studie soll dann zeigen, daß trotz der Unterschiede der beiden

159. In *Deutschland* kann etwa die Deutsche Finanzdatenbank genutzt werden; für geschäftsfeldbezogene Daten gibt es allerdings keine einschlägigen Informationsquellen.

Datenbasen die daraus ableitbaren Ergebnisse in die gleiche Richtung weisen, die Kritikpunkte sich also nicht so stark auswirken, wie man dies annehmen könnte. Nur am Ende (1990: 281) heißt es:

> "Despite this evidence that the two programs produce reliable data, a number of idiosyncratic problems were discovered. It was found that PIMS draws disproportionately from more concentrated industries; that in all likelihood PIMS market shares are overstated, while LB market shares are understated; that the LB definition of the market includes irrelevant competitors, and thus is a noisy measure; that PIMS industry variables (industry growth and concentration) for the mid 1970s in many cases were drawn from the 1963-72 Census of Manufactures data, and thus were not contemporaneous with other collected data; and that LB includes observations which are unsuited to analysis of steady-state independently managed and self-contained businesses. Researchers should be cautious of these problems when conducting or using results from the two programs."

Ob die trotz der hier genannten Punkte *positive* Gesamteinschätzung der Datenverläßlichkeit sich wirklich aufrechterhalten läßt, kann man sicherlich bezwei-

	PIMS	**LB**
Sampling	Self-selected	Required by law, with sample designed to ensure minimum coverage for key manufacturing industries
Unit of observation	Operationally self-contained, economically meaningful, subjectively defined	Aggregation for all operating units sharing some primary SIC output, less meaningful economically, but objectively defined
Market, competition	Economically meaningful, subjectively defined as served market, may be too narrowly interpreted	Defined as SIC industry, may be too broadly defined to be economically meaningful
Data cleaning	Audited, cleaned, extreme values compressed, some observations excluded from research data base	Audited cross-sectionally but not longitudinally, no data suppressed. Most researchers did additional cleaning. However, the specific steps varied from researcher to researcher
Incentives to report	Use data for own analysis, so would report honestly	Forced to report, sometimes over strenous objections
Reporting time period	Contemporaneous	Up to 5-year delay

Abb. 18: Einwände gegen die PIMS- und die Line-of-business-Datenbank (aus: Marshall & Buzzell 1990: 273)

feln. Der durchgeführte Vergleich bezieht sich auf die Jahre 1974 - 77, weil nur für diesen Zeitraum die Daten der *Federal Trade Commission* zur Verfügung stehen. Daß auch die neueren PIMS-Daten verläßlich sind, kann also nur auf dem Wege der Extrapolation geschlossen werden. Angesichts der von Marshall und Buzzell genannten, aber auch der sonst möglicherweise auftretenden, kaum kontrollierbaren Verzerrungen scheint eine solche Extrapolation aber einigermaßen riskant zu sein, zumal einige allgemeine Einwendungen nach wie vor Gültigkeit besitzen. So haben etwa Fisher und McGowan (1983) darauf hingewiesen, daß die Verläßlichkeit von Daten, die aus dem Rechnungswesen entnommen sind, durch die unterschiedlichen Bewertungs- und Abschreibungspraktiken sowie die Vernachlässigung wichtiger Kostenkategorien - allen voran die *Kapital*kosten - in Mitleidenschaft gezogen wird (darauf wird gleich noch zurückzukommen sein). Aldrich (1986: 62 f.) zeigt, in welchem Ausmaß letztlich alle angesprochenen Datenbanken eine Verzerrung in Richtung "große" Unternehmen besitzen. Buzzell und Gale (1989: 218) müssen dies für die PIMS-Datenbank bestätigen und sogar noch einige zusätzliche Gesichtspunkte anfügen: Die Auswahl der Daten sei "nicht in dem Sinn repräsentativ, daß sie das gleiche Verhältnis der Geschäftsbereiche (neu/alt, usw.) wie die Grundgesamtheit aufweist. Reife Geschäftseinheiten, Marktführer und große Muttergesellschaften sind, bezogen auf die Auswahl solcher Geschäftseinheiten, in der Datenbank überrepräsentiert. Kleine Unternehmen und neue Produkte und Branchen sind weniger gut repräsentiert."

(4) Der letzte Kritikpunkt hat etwas mit den verwendeten Performance-Maßstäben zu tun. In den meisten empirischen Untersuchungen wird von buchhalterischen Größen wie *Return on Investment* (ROI), *Return on Equity* (ROE), *Earnings per Share* (EPS) usw. ausgegangen (vgl. Venkatraman & Ramanujam 1986: 803 f., Schwenk & Dalton 1991: 288). Mit diesen Erfolgsmaßstäben ist allerdings eine Reihe von Problemen verbunden (vgl. Hofer 1983, Fisher & McGowan 1983, McGuire et al. 1986: 134, Jacobson 1987; zum folgenden insb. Rappaport 1986: 19 ff.): (a) Sie spiegeln nicht die unterschiedlichen Bewertungsmethoden (z. B. Abschreibungsverfahren) wider, auf denen die errechneten Kennzahlen aufruhen. (b) Die Risikokomponente (operatives & finanzielles Risiko) wird nicht berücksichtigt. (c) Die Kennzahlen geben keinen Aufschluß über die für die Erhaltung der Marktposition zu tätigenden Investitionen. (d) Sie geben keine Hinweise über die Dividendenpolitik (Gewinne, die nicht die Kapitalkosten einspielen, sollten *ausgeschüttet* werden). Und (e): Der Zeitwert des Geldes (die Tatsache, daß Investitionsgewinne je mehr Wert haben, je früher sie realisiert werden) bleibt unberücksichtigt.

Die genannten Probleme tragen dazu bei, daß die Verwendung buchhalterischer Erfolgsmaßstäbe theoretisch unbefriedigend und die Vergleichbarkeit der Daten nicht im ausreichendem Maße gegeben ist. Verläßliche empirische Ergebnisse sind auf einer solchen Grundlage kaum zu erwarten. Aber was ist die Alternative? Im Rahmen der ökonomischen Theorie wird vorgeschlagen, von *kapitalmarktorientierten* Kennzahlen auszugehen. Das *Capital Asset Pricing*-Modell (Markowitz 1952, 1959) berechnet zum Beispiel den Erwartungswert der Rendite eines Wertpapieres als die Summe der Rendite einer risikofreien Anlage und einer Risikoprämie, die sich ergibt aus der durchschnittlichen Risikoprämie für den Gesamtmarkt, multipliziert mit dem Kursschwankungskoeffizienten ß.[160] Dieser Erwartungswert repräsentiert den "normalen" Gewinn, den ein Aktionär als Kompensation des von ihm übernommenen Marktrisikos erhalten sollte. Was darüber hinaus geht, spiegelt Ereignisse wider, die spezifisch für das Unternehmen sind und sich, wenn man das will, auf die Leistungen des Managements zurückführen lassen.

Empirisch lassen sich die beiden Gewinnkomponenten durch den sogenannten "Time-Event"-Ansatz aufsplitten (Fama et al. 1969). Dabei werden Kapitalmarktdaten über einen mehr oder weniger langen Zeitraum verfolgt. Die Differenz zwischen den tatsächlich beobachteten Werten und den Erwartungswerten (den "normalen" Gewinnen) wird auf Ereignisse zurückgeführt, die von theoretischem Interesse sind - Ankündigungen von M & A-Aktivitäten, Veränderungen der Kapitalstruktur usw. Vorausgesetzt wird, daß die Kapitalmärkte effizient reagieren, der Preis eines Wertpapiers also die Ertragspotentiale reflektiert.[161]

Der Time-Event-Ansatz erfreut sich auch in den für das Strategische Management relevanten Untersuchungen großer Beliebtheit, und die Ergebnisse schei-

---

160. Formal ausgedrückt:

$$E(R_i) = R_f + ß_i(E(R_m) - R_f); ß_i = COV(R_i, R_m)/VAR(R_m),$$

mit $E(R_i)$ = Erwartungswert der Rendite des Wertpapiers i, $E(R_m)$ = Erwartungswert der Rendite des Marktportfolios, R_f = Rendite einer risikofreien Anlage, R_i = Rendite des Wertpapiers i, R_m = Rendite des Marktportfolios, $ß_i$ = Kursschwankungskoeffizient für das Wertpapier i, $VAR(R_m)$ = Varianz der Rendite des Marktportfolios, $COV(R_i, R_m)$ = Kovarianz zwischen der Rendite des Wertpapiers i und der Rendite des Marktportfolios.

161. Die Annahme effizienter bzw. vollkommener Kapitalmärkte gibt es in drei Varianten (vgl. z. B. Loistl 1990: 63 ff.). Die stärkste Variante postuliert, daß es keinerlei private Information gibt, die am Kapitalmarkt sich bildenden Preise also alle relevanten Einflüsse widerspiegeln. Unsichere Erwartungen über die zukünftigen Kurse der einzelnen Titel sind in diesem Fall ausgeschlossen. In einer mittleren Variante wird demgegenüber postuliert, daß alle öffentlich-zugänglichen Informationen (also keine "Insider"-Informationen) in den Preisen reflektiert sind, und in einer schwachen Variante wird schließlich davon ausgegangen, daß nur die tatsächlich in Umlauf gebrachten Informationen Eingang in die Preise finden. Es ist eine der beiden letztgenannten Varianten, die für die Time-Event-Methode von Bedeutung sind.

nen durchaus einen Unterschied zu markieren. So haben zum Beispiel Fiegenbaum und Thomas (1986) festgestellt, daß das in Kapitel 2.24 erwähnte "Risk-Return-Paradox" nicht auftritt, wenn man statt buchhalterischer Größen kapitalmarktorientierte Erfolgsmaßstäbe verwendet, sich also auf einen solchen Time-Event-Ansatz stützt. Chakravarthy (1986) hat die US-amerikanische Computerindustrie darauf untersucht, ob sich hier tatsächlich so viele "exzellente" Unternehmen zweifelsfrei identifizieren lassen, wie dies Peters und Waterman (1982) behauptet hatten. Auch hier weichen die Ergebnisse je nach verwendetem Ansatz signifikant voneinander ab. Daraus folgt allerdings nicht, daß die Messung kapitalmarktorientierter Erfolgsgrößen zu *verläßlicheren* Resultaten führen müßte. Zweifel werden unter anderem genährt durch Shleifer und Vishnys (1991) Zusammenfassung der Evidenz zur Diversifikationsdiskussion in den sechziger, siebziger und achtziger Jahren (siehe für knappe Hinweise oben, Kap. 2.15). In den Worten von Rumelt et al. (1991: 23 f.):

> "What makes Shleifer and Vishny's paper especially interesting is their treatment of the efficient market hypothesis. Since the stock market responded to conglomerate acquisitions in the 1960s, many researchers have concluded that they created value. This paper argues that the stock market was merely reflecting the *mistaken* beliefs of a majority of investors. ... [I]ts implications extend well beyond the issue of conglomeration. Event studies, using stock market residuals, have become a standard way of investigating the 'value' of various policies and strategies. If these studies do not really measure value, but only what investors think is value, then this whole methodology may be significantly weakened."

Zusammenfassend kann festgestellt werden, daß es bislang offenbar keinen hinreichend vertrauenserweckenden (finanziellen) Performance-Maßstab gibt, und entsprechend auch von hier aus der Wert der vorliegenden empirischen Untersuchungen in Frage gestellt werden kann. Es liegt nahe, nach alternativen Forschungsdesigns zu suchen.

2.62 Die Renaissance der Fallstudienforschung

Die wesentliche Alternative zu den großzahligen Querschnittsuntersuchungen im Strategischen Management ist natürlich die Fallstudienforschung (vgl. programmatisch z. B. Mintzberg 1977, Eisenhardt 1989b sowie Pettigrew 1990). Es wurde mehrfach darauf hingewiesen, daß hierzu eine Tradition vorhanden ist, die sich nicht zuletzt auf Chandler (1962) berufen kann. Die meisten Veröffentlichungen, die es seitdem hierzu gegeben hat, sind *Buch*veröffentlichungen gewesen (einige Beispiele wurden in Kap. 2.4 vorgestellt); die Zeitschriften haben sich als weniger aufnahmewillig für solche Arbeiten erwiesen.[162] In jüngster Zeit scheint sich aber doch eine Trendwende abzuzeichnen. Im folgenden werden zunächst kontingenztheoretische Perspektiven (1) und Entwicklungen in der Industrial Organization-Forschung (2) aufgezeigt, die eine solche Trendwende begründen. Dann werden Merkmale eines Fallstudienansatzes diskutiert (3) und einige Beispiele für entsprechende Arbeiten referiert (4).

(1) Spätestens seit den Arbeiten von Hofer (1975) und Steiner (1979) ist auch im Strategischen Management der Ruf nach einem Kontingenzansatz laut geworden, und zwar aus mindestens zwei Gründen (vgl. Ginsburg & Venkatraman 1985: 421 f.). Zum einen ist das SWOT-Paradigma,[163] von Learned et al. (1965) eingeführt und seither weitgehend als zentral für das Strategische Management akzeptiert (vgl. Mintzberg 1990a: 111, 1990b), von vornherein auf Kontingenz angelegt; es geht ja darum, die Stärken und Schwächen des Unternehmens je nach ihrer "Passung" zu den Gefahren und Gelegenheiten der Umwelt zu realisieren bzw. zu beeinflussen (siehe oben, Kap. 2.61 [1]). Zum anderen muß angesichts der vielfach herausgestellten Komplexität, mit der die Strategische Unternehmensführung konfrontiert ist, die Suche nach einer situationsübergreifenden "Grand Theory" als aussichtslos erscheinen. Realistisch scheint bestenfalls eine "Middle Range Theory" zu sein, die Zusammenhänge zwischen ausgewählten Variablen an dem Vorhandensein bestimmter Randbedingungen relativiert.

Auch und gerade unter der Headline der Kontingenzperspektive scheint sich, wie in der Einleitung zu diesem Kapitel (2.6) gesehen, der Mainstream der Forschung zunächst einmal auf großzahlige, "grobkörnige" (Coarse-Grained) Untersuchungsdesigns zu konzentrieren (vgl. zum Überblick Ginsberg & Venkatraman 1985). Hambrick und Lei (1985) haben den paradox anmutenden Versuch unternommen, in allgemeiner Weise zu zeigen, welche Kontingenzfaktoren als besonders wichtig anzusehen sind.[164] Zugleich weisen sie aber deutlich darauf hin (1985: 764 f.), daß der Kontingenzansatz tatsächlich *zwischen* einem "universalistischen" Ansatz, der nur von *einem* "Competitive Setting" ausgeht und dieses großzahlig untersuchen will, und einem situationsspezifischen Ansatz angesiedelt ist, der eine unendliche Vielfalt von Einzelfällen unterstellt und auf eine in-

---

162. In den von Schwenk & Dalton (1991) untersuchten Zeitschriften konnten nur 5.3 % der Arbeiten dem Fallstudienansatz zugeordnet werden (vgl. ebenda: 285).
163. SWOT - *S*trengths, *W*eaknesses, *O*pportunities, *T*rends.
164. Untersucht werden 10 Einflußfaktoren, die aufgrund der empirischen Ergebnisse in eine "Wichtigkeitsskala" eingeordnet werden können. An der Spitze steht "Consumer vs. Industrial", dann "Purchase Infrequency", "Stage of Product Life Cycle", "Dollar Importance to Customer", "Technological Change", "Product Differentiation", "Industry Imports", "Demand Instability", "Concentration" und "Market Share Instability".

dividuelle Betrachtung dieser Einzelfälle - in Form von Case Studies - dringt.[165] Es liegt deshalb nahe, nach einer entsprechenden, "hybriden" Methodologie zu suchen. In den Worten von Harrigan (1983: 400):

> "Contingency approaches to strategy formulation require hybrid designs, incorporating attributes of both fine- and coarse-grained research methodologies. Coarse-textured studies alone do not incorporate intraindustry competitive nuances well, and fine-textured, single site studies may not be externally valid, particularly if they rely on a maverick firm's strategy and industry aberrations for their generalizations.
>
> By merging these streams of investigation, however, strategy researchers can benefit from the general laws of science regarding validity and statistical inference. They also can isolate the forces salient to an industry that might permit its competitors to attain different performance levels (or the same performance using different strategies). Validation of findings from one data source with other measures of the same phenomenon is suggested ... Moreover the need for robustness in data collection (like fine-grained studies) suggests that multiple data sources, as well as multiple perspectives, are needed to characterize strategy better. The need for replicability and statistically significant findings suggests a large sample (such as in coarse-grained studies). The need to control for key explanatory variables suggests that multifaceted sample designs should be used in strategy research to capture important variances when comparing findings across firms or groups of firms."

Diese Ausführungen sollten ein erstes Mal andeuten, daß es auch jenseits von Operationalisierungsproblemen gute Gründe gibt, warum die großzahlige "Mainstream"-Forschung im Bereich der Strategischen Unternehmensführung unter Druck gerät und nach alternativen Untersuchungsdesigns gesucht wird. Dabei geraten offenbar auch die Case Studies wieder in das Blickfeld, auch wenn nicht behauptet wird, daß die Durchführung von Fallstudien der *einzig* sinnvolle Forschungsansatz im Strategischen Management sei. Die Überlegungen von Harrigan machen vielmehr deutlich, daß im Gegensatz zu früher die Fallstudien mit einem erheblich ausgeprägteren Bewußtsein für die methodisch-

---

165. Bei Ginsberg & Venkatraman (1985: 421) heißt es abweichend, aber ebenfalls das durch den Kontingenzansatz thematisierte Spannungsfeld zwischen großzahliger empirischer Forschung und Fallstudienanalyse ansprechend: "It is perhaps a truism that any theory of corporate or business strategy must be, by definition, contingency-based. Nevertheless, because contingency approaches to strategy have been traditionally investigated through case analyses, which do not employ middle range contingency models (...), relatively little progress has been made towards developing a coherent body of contingency theories of strategy. Although there has been a fairly steady stream of research on the relationship between strategy and a variety of moderating variables, it still is not at all clear whether contingency theories of strategy are indeed generalizable or how a parsimonious, yet relevant, set of contingency relationships can be identified."

methodologischen Aspekte und Probleme verbunden sein sollten. Darauf wird im folgenden noch des öfteren zurückzukommen sein.

(2) Wichtiger als Anstöße aus dem Blickwinkel eines Kontingenzansatzes sind Entwicklungen, die im Bereich der ökonomischen Theorie bzw., spezifischer, der Industrial Organization-Forschung stattgefunden haben und immer noch stattfinden. Die These lautet, daß (a) es hier tatsächlich einen Trend in Richtung Fallstudienforschung gibt, und (b) dieser Trend in dem Maße, wie die Theorie der strategischen Unternehmensführung an ökonomische Theorieideen angeschlossen wird (siehe oben, Kap. 2.1), auch eine Wahrscheinlichkeit besteht, daß auch dort eine Rückorientierung zur Fallstudienforschung stattfindet. Diese These bedarf einer Diskussion, die am besten vielleicht ansetzt an dem von Schmalensee (1989) gegebenen Überblick zur empirischen IO-Forschung. Die folgende Passage kann als Zusammenfassung dienen (Schmalensee 1989: 952):

> "Prior to the seminal work of Bain (1951, 1956), most empirical research in industrial organization involved detailed case studies of particular industries. These were time-consuming, involved a great deal of subjective judgement, and covered only a small sample of industries, in many of which antitrust litigation had made data available. Bain's inter-industry, cross-section approach seemed to make possible rapid and objective analysis of large samples of markets. Research interest accordingly shifted from industry studies to inter-industry work during the 1960s.
>
> In a comprehensive survey written at the start of the 1970s, Weiss (1974) discussed 46 cross-section studies of the correlates of seller concentration. Ten years later, Gilbert (1984) found 45 such studies of the U. S. banking industry alone. But during this same decade a number of critics effectively challenged the data and methods used in inter-industry research, as well as the conventional interpretation of its findings. Interest shifted to work on the theory of imperfectly competitive markets and, more recently, to econometric industry studies employing formal models of conduct. Inter-industry studies are now out of fashion.
>
> While some feel that fashion is unjust because cross-section research can reveal the structural parameters that determine market conduct and performance, others contend that the cross-section approach is inherently incapable of producing anything useful ..."

Die Entwicklung der IO-Forschung wird hier, auf den ersten Blick wenigstens, als eine Rückkehr zu den (vor allem von Ed Mason geprägten) Ursprüngen beschrieben, und das ist nun einmal eine industriebezogene Fallstudienforschung. Freilich wird in den neueren Untersuchungen Abstand genommen von den subjektiven Methoden der früheren Forschung; es soll vielmehr auf die Fortschritte aufgebaut werden, die nicht zuletzt auch durch die von Bain initiierten Forschungen induziert worden sind. In diesem Sinne hat Weiss (1971: 398), die tatsächliche Entwicklung antizipierend, spekuliert, "[that] perhaps the right next step is back to the industry study, but this time with regression in hand." Auf den zweiten Blick erst wird klar, daß man es im Grunde mit einem Zwitter zu tun hat: Auf der Ebene der Industrie handelt es sich tatsächlich um eine Fallstudie; auf der Ebene der dazu gehörigen Unternehmen wird aber letztlich eine ganz "normale", großzahlig ansetzende empirische Untersuchung durchgeführt.

Ein Beispiel hierfür liefert etwa die in Kapitel 2.52 zitierte Arbeit von Arora und Gambardella (1990), in der ein formales Modell zu der Hypothese entwickelt wird, daß im Bereich der Biotechnologie große Firmen weniger auf Eigen-Innovationen setzen, sondern vor allem vier Strategien verfolgen, die sich zueinander *komplementär* verhalten und entsprechend positiv korreliert sind: (a) Forschungs- und Entwicklungskooperationen mit anderen Unternehmen, (b) Forschungskooperationen mit Universitäten, (c) Kapitalbeteiligungen an "neuen" Biotechnologiefirmen, und (d) Akquisition von "neuen" Biotechnologiefirmen. Dieses Modell wird dann empirisch getestet, mit einem Datenset, der immerhin 81 Chemie- bzw. pharmazeutische Unternehmen für einen Zeitraum von annähernd 10 Jahren umfaßt - und damit eben durchaus das Größenniveaus traditioneller *Cross Sectional-Studies* erreicht. Trotzdem bleibt bei dieser Untersuchung deutlich das Bewußtsein vorhanden, daß auf der Ebene der Industrie es sich um eine Fallstudie handelt, deren Verallgemeinerungsfähigkeit erst einmal geprüft werden muß (vgl. ebenda: 362, 374). Das unterscheidet sie von einer Vielzahl anderer Arbeiten, die zwar explizit als "Fallstudien" bezeichnet werden, dann aber abermals "normale" empirische Untersuchungen beinhalten und den Bezug zu anderen "Fällen" gerade *nicht* herstellen (vgl. als Beispiele etwa Trembley & Trembley 1983 sowie Booth et al. 1991).

Ob es sich hier tatsächlich um ein Defizit handelt, ist allerdings gar nicht so leicht zu sagen: Die Antwort hängt davon ab, welche Rolle man der Branchenzugehörigkeit zuschreiben will. Nimmt man als Referenz jene Untersuchungen, die der Branchenzugehörigkeit eine entscheidende Rolle für Verhalten und Performance der Unternehmen zuweisen (vgl. vor allem Schmalensee 1985), dann könnte man zu dem Schluß kommen, daß (a) jegliche empirische Forschung auf der Ebene der Industrie ansetzen muß, (b) eine Verallgemeinerung der Ergebnisse über die Branchengrenzen hinweg aber gerade *nicht* zulässig ist. Die zuletzt genannten Arbeiten würden dann also durchaus konsequent verfahren, wenn sie die Frage der Generalisierung gar nicht erst thematisieren; nur sollten sie durch die Selbstzuschreibung des Labels "Fallstudie" nicht für unnötige Verwirrung sorgen. Geht man hingegen von jenen Untersuchungen aus, die auf die Bedeutung von Firmenunterschieden verweisen (vgl. etwa Cubbin & Geroski 1987, Amel & Froeb 1991), dann stellt sich die Frage der Verallgemeinerungsfähigkeit schon eher; nur ist jetzt die Branchenzugehörigkeit ein nur noch vordergründig plausibles Eingrenzungskriterium für die Stichprobe. Im Grunde könnte man jetzt auch branchenübergreifende Stichproben nehmen, für die jetzt eben - wie bei jeder anderen (großzahligen) empirischen Untersuchung auch - nur untersucht werden muß, ob die Stichprobe "repräsentativ" ist oder nicht. In dieser Situation muß man aber erneut fragen, ob das Label der "Case Study" nicht eher Verwirrung stiftet: Auch jetzt handelt es sich im Grunde doch um ganz "normale" empirische Untersuchungen (vgl. Reid 1987: 46 f.).

Eine Veränderung der Situation ergibt sich, wenn man die konstatierten Einflüsse der Spieltheorie und die Veränderung des Analyseschwerpunktes der "neuen" IO-Forschung - weg von der Industrie, hin zum einzelnen Unternehmen - tatsächlich ernst nimmt und man insbesondere jene (für das Strategische Management wohl besonders interessanten) Modelle betrachtet, die auf der Annahme von asymmetrisch verteilter, "privater" Information aufbauen. Wie Milgrom und Roberts (1987: 191) schreiben:

> "[T]here is the issue of testing these [asymmetric information game, AIG] models. There has, to date, been relatively little empirical work based on AIG models. In part, this may simply be a matter of time. These models are new and have for the most part been developed by theorists; they may simply not have reached the empirists' agenda. However, it seems that there are inherent difficulties in testing. Some of these arise from the multiplicity of equilibria, but the more central one is that the central objective in the theory is, by its very nature, unobservable. How, for example, does one obtain information on what a firm's beliefs about rivals' costs were when it took a particular pricing or entry decision? Note that the sensitivity problem discussed above [vgl. oben, Kap. 2.13 (3)!] exacerbates this difficulty, because the predicted results can depend so finely on both the distributions over private information and the fine details of the modeling.
>
> This suggests two approaches: careful case studies and experimental work."

Vielleicht muß man skeptisch sein, ob Ökonomen die Neigung besitzen, sich von der Ebene der "High Theory" in die Niederungen der (klinischen) Fallstudienarbeit zu begeben. Im Bereich des Strategischen Managements dürfte dies anders sein, bestehen hier doch "immer schon" enge Verbindungen zur Unternehmenspraxis (siehe ausführlich unten, Kap. 4.1). Das Plädoyer von zwei führenden Vertretern der (neuen) IO-Forschung sollte deshalb gerade für diesen Bereich wichtige Impulse für eine etwaige Umorientierung der empirischen Forschung zum Ausdruck bringen.

(3) Es ist, vor dem Hintergrund dieser Überlegungen, an der Zeit, sich die "Essentials" der Fallstudienforschung vor Augen zu führen. Fallstudien beziehen sich, wie der Name schon sagt, auf einzelne Fälle. Untersuchungseinheit können zum Beispiel Personen, Personengruppen, Unternehmungen oder - wie gesehen

- auch ganze Branchen sein. Die Grundidee besteht darin, die Einzelfälle einer vertiefenden Betrachtung zuzuführen und dabei Informationen zutage zu fördern, die der großzahligen, abstrakt angelegten statistischen Analyse notwendig entgehen. Damit ist nicht ausgeschlossen, daß "viele" Fälle herangezogen werden, um die (externe) Validität der Ergebnisse zu sichern. "Zu viele" Fälle werden freilich die Komplexität der Datenerfassung allzu sehr in die Höhe treiben.[166] Eisenhardt (1989b: 545) geht davon aus, daß vier bis zehn Fälle eine Größenordnung darstellen, mit der sowohl Validitäts- als auch Machbarkeitsansprüche hinreichend erfüllt werden können (vgl. dazu kritisch Dyer & Wilkens 1991, aber auch die Replik von Eisenhardt 1991).

Die Fallstudienanalyse kann unterschiedliche Ziele verfolgen, nämlich (a) auf die bloße *Beschreibung* von Sachverhalten oder Entwicklungen, (b) auf die *Generierung von Theorien* und (c) auf den *Theorientest* ausgerichtet sein. Die bloße Beschreibung von Sachverhalten oder Prozessen ist dabei die auf den ersten Blick am wenigsten anspruchsvolle Zielsetzung; es handelt sich letztlich um reine Narrationen, auch wenn diese natürlich auch immer wieder zu (vorläufigen) Generalisierungen führen können.

Die Generierung von Theorien: das ist die Aufgabe, die von Eisenhardt (1989b) der Fallstudienforschung zu allererst zugeschrieben wird (vgl. hierzu auch Yin 1981, 1984). Das von ihr vorgeschlagene Prozeßschema ist in Abbildung 19 wiedergegeben. Wichtig ist hier wohl vor allem, daß mit einer vorher formulierten Forschungsfrage in das Feld hineingegangen wird (das unterscheidet den hier besprochenen Forschungstyp von den erwähnten "Narrationen"). Ohne die Formulierung einer solchen Forschungsfrage ist die Komplexität der Datensituation nicht mehr einzufangen. Es würde freilich dem Ziel der Theorien*generierung* widersprechen, wenn die Forschungsfrage nicht auch noch im Prozeßverlauf verändert werden könnte, und es ist keineswegs ausgemacht, daß die ursprüngliche Forschungsfrage in den am Ende dann zu formulierenden Hypothesenset überhaupt noch eingeht. Die Fiktion ist letztlich die, daß man an die Realität theorienfrei herangeht und entsprechend auch noch unvoreingenommen ist. Auch wenn man weiß, daß dies wirklich nur eine Fiktion ist, sollte man, so Eisenhardt (1989b: 536), wenigstens versuchen, sich nicht zu weit von ihr zu entfernen. Die Flexibilität in der (Um-)Formulierung der interessierenden Forschungsfrage ist hierzu sicherlich eine Vorbedingung.

---

166. Jauch et al. (1980) zeigen, wie Fallstudien auch für eine großzahlige, strukturierte Inhaltsanalyse genutzt werden können. Hier geht es freilich um die Nutzung vorhandener Fallstudien und nicht um Feldforschung, aus der heraus sich erst neue Fallstudien anfertigen lassen. Es sind diese Feldstudien und deren Auswertung, für die sich der Text allein interessiert.

Step	Activity	Reason
Getting Started	Definition of research question	Focuses effort
	Possibly a priori constructs	Provides better grounding of construct measures
	Neither theory nor hypothesis	Retains theoretical flexibility
Selecting Cases	Specified population	Constrains extraneous variation and sharpens external validity
	Theoretical, not random, sampling	Focuses efforts on theoretically useful cases - i.e., those that replicate or extend theory by filling conceptual categories
Crafting Instruments and Protocols	Multiple data collection methods	Strengthens grounding of theory by triangulation of evidence
	Qualitative and quantitative data combined	Synergistic view of evidence
	Multiple investigators	Fosters divergent perspectives and strenghtens grounding
Entering the Field	Overlap data collection and analysis, including field notes	Speeds analysis and reveals helpful adjustments to data collection
	Flexible and opportunistic data collection methods	Allows investigators to take advantage of emergent themes and unique case features
Analyzing Data	Within-case analysis	Gains familiarity with data and preliminary theory generation
	Cross-case pattern search using divergent techniques	Forces investigators to look beyond initial impressions and see evidence thru multiple lenses
Shaping Hypotheses	Iterative tabulation of evidence for each construct	Sharpens construct definition, validity, and measurability
	Replication, not sampling, logic across cases	Confirms, extends, and sharpens theory
	Search evidence for "why" behind relationships	Builds internal validity
Enfolding Literature	Comparison with conflicting literature	Builds internal validity, raises theoretical level, and sharpens construct definitions
	Comparison with similar literature	Sharpens generalizability, improves construct definition, and raises theoretical level
Reaching Closure	Theoretical saturation when possible	Ends process when marginal improvement becomes small

Abb. 19: Prozeß der Theorienbildung bei Fallstudienforschung (aus: Eisenhardt 1989b: 533)

Theoriegenerierende Fallstudienforschung ist natürlich in besonderem Maße mit dem Problem der (externen) Validität konfrontiert. Eisenhardt schlägt deshalb, wie angedeutet, vor, nicht nur *einen* Fall, sondern mehrere Fälle zu analysieren und dabei besonderes Gewicht auf die Auswahl der Fälle zu legen. Bei der theorietestenden Fallstudienforschung ist das Validitätsproblem dagegen weniger virulent, zumindest solange man den Leitlinien eines Falsifikationismus Popperscher Provenienz folgen will. Demnach ist es, mit Huber (1978: 1195) formuliert, "gewiß ein Truismus, wenn man feststellt, daß sich eine wissenschaftliche Hypothese im allgemeinen nicht durch die Untersuchung eines einzigen Falls bestätigen läßt; es reichen aber Stichproben von 10, 100 oder 1000 Fällen auch nicht aus, wenn sich die Gültigkeit einer Hypothese auf eine abzählbare Population von unendlich vielen Individuen erstrecken soll. Auf der anderen Seite genügt *ein* Fall, um eine Hypothese zu widerlegen." Freilich muß sichergestellt werden, daß in dem betrachteten Einzelfall genau jene Korrelation oder gar Kausalität vorliegt, die durch die getestete Hypothese postuliert worden ist. Genau dies ist aber offenbar nicht möglich: Man kann zwar schrittweise versuchen, Alternativhypothesen zu eliminieren bzw. die Möglichkeit der Einwirkung "dritter Variablen" auszuschließen; es kann aber - das ist die Essenz der Popperschen Induktivismuskritik! - niemals die Gewähr dafür übernommen werden, daß es solche Alternativerklärungen bzw. dritte Variablen *nicht gibt*. Dennoch: Auch mit dieser Einschränkung ist das Validitätsproblem beim Theorientest sicherlich weniger virulent als bei der Theoriengenerierung.

Eine weitere, entscheidende Frage im Zusammenhang mit der Durchführung von Fallstudien liegt in der Anwendbarkeit statistischer Methoden, geht es hier doch um die "Wissenschaftlichkeit" des Ansatzes überhaupt - zumindest nach dem traditionellen, "szientistischen" Wissenschaftsverständnis. So heißt es bei Reinecker (1987: 284):

> "Experimentelle Analyse und statistische Auswertung der gewonnenen Daten gelten seit R. A. Fisher (1935) als die zentralen Bestandteile des empirisch-wissenschaftlichen Vorgehens. Auch zur Auswertung von Einzelfallstudien werden statistische Analyseverfahren verwendet, wobei nicht Meßwerte verschiedener Personen [Gruppen, Organisationen etc.], sondern Meßwertreihen bei einer einzelnen Person [Gruppe, Organisation, ...] in verschiedenen Zeitabschnitten (experimentellen Bedingungen) analysiert werden."

Reinecker nennt die graphische Analyse, die Varianzanalyse, faktorenanalytische Auswertungsmöglichkeiten, zeitreihenanalytische Modelle, die Split-middle-Methode, nonparametrische Randomisierungstests, Trend-Tests, die R_n-Statistik sowie Markoff-Analysen als beispielhafte quantitative Verfahren, die auch bei Fallstudien Verwendung finden können. Dabei geht er durchaus auch auf die verschiedenen, in der Literatur vorgetragenen Kritikpunkte ein. So würde zum Beispiel die Anwendung statistischer Verfahren für unnötig gehalten werden, weil klare Effekte sich auch klar zeigen sollten und die darüber hinaus durch statistische Verfahren aufgezeigten Effekte häufig bloße Artefakte seien, mithin also zu Fehlern der 1. Art (Entdeckung von real nicht existierenden Gesetzmäßigkeiten) führten. Ebenso könne die so weitverbreitete Verwendung von (willkürlichen) Signifikanzmaßen für die Reliabilität eines Effektes gerade im wirtschaftlichen oder sozialen Bereich nichts über die *Relevanz* dieses Effektes aussagen. Diesen Einwänden hält Reinecker aber die Pro-Argumente einer Anwendung statistischer Verfahren entgegen: Bei instabilen Ausgangsraten der abhängigen Variablen könnten sie dazu beitragen, einen Trend zu identifizieren; auch aus sachlich zunächst einmal irrelevant erscheinenden Zusammenhängen könnten sich wertvolle Hinweise für die zukünftige Forschung ergeben; und in vielen Fällen seien "klare Effekte" gar nicht zu erwarten, und entsprechend sei ein Verzicht auf statistische Verfahren die Aufgabe von Erklärungsintentionen überhaupt.

Es ist letztlich müßig, diese Argumente gegeneinander auszuspielen. Gerade bei der Tiefenanalyse einzelner Fälle dürfte es sich anbieten, qualitative und quantitative Verfahren miteinander zu kombinieren (vgl. hierzu wieder Eisenhardt 1989b). Dennoch wird man je nach der zugrundeliegenden Forschungsfrage eine Vorliebe für die eine oder andere Grundausrichtung der Untersuchung feststellen können. *Prozeß*orientierte Studien haben eher eine Affinität mit qualitativen Methoden, während Studien, die sich vornehmlich mit "*Content*"-Fragen beschäftigen, mehr Raum auch für die Anwendung quantitativer Methoden geben. Beispiele für die erstgenannte Art von Studien sind in Kapitel 2.4 ausführlich vorgestellt werden. Der folgende Punkt konzentriert sich deshalb auf den zweitgenannten Typ, und zwar auf solche Studien, die auf Modellen der Spieltheorie aufbauen und damit einen Beitrag leisten, das von Milgrom und Roberts (oben) geforderte Forschungsprogramm in die Tat umzusetzen.

(4) Beispiele, die zur Illustration des auch quantitativ orientierten, auf ökonomischen Modellierungen aufbauenden Fallstudienansatz dienen können, sind von R. Porter (1983), M. Slade (1986, 1987) und Bettis und Weeks (1987) vorgelegt worden.

Porter testet die Hypothese der Trigger-Preis-Strategie, die ein kollusives Marktverhalten auch dann sichern soll, wenn nicht beobachtet werden kann, ob ein Preisverfall auf das Verhalten eines Konkurrenten oder einen externen Nachfrageschock zurückzuführen ist. Die Daten sind vom *Joint Executive Committee*, einer Institution, die seinerzeit das Preisverhalten im Eisenbahnverkehr zwischen Chicago und der Ostküste kontrollieren sollte, gesammelt worden, und zwar für die Jahre 1880 - 1886. Die Preise entsprechen dabei den offiziellen Firmenangaben; sie reflektieren also keine geheimen Preisnachlässe und sind damit letztlich Ausfluß unvollkommener Information. Abbildung 20 zeigt, wie sich der Durchschnittspreis entwickelt hat. Dabei wird deutlich, daß sich entsprechend der theoretischen Überlegungen in der Tat starke Schwankungen ergeben haben, das kollusive Marktverhalten, das zu einem deutlich höheren Preis führt, als es dem Nash-Gleichgewicht im One-Shot-Game (P^N) entspricht, sich also mit Perioden des Preiskampfes abwechselt.[167] Ein Einfluß von (negativen) externen Nachfrageschocks konnte allerdings nicht nachgewiesen werden.

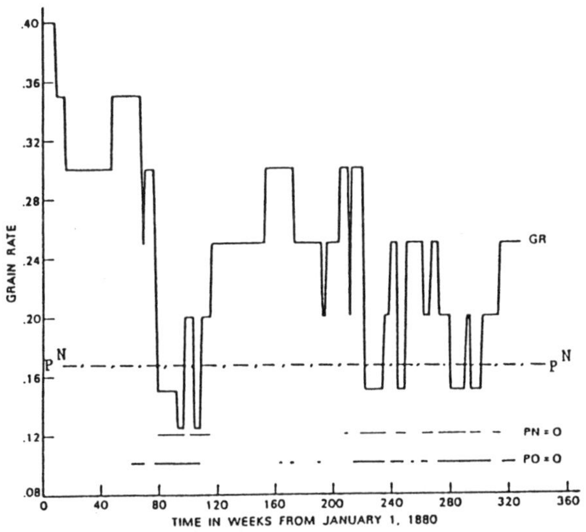

Abb. 20: Wöchentliche Durchschnittspreise im Eisenbahnverkehr zwischen Chicago und der Ostküste der USA, 1880 - 1886 (aus: Slade 1990: 531)

In den Arbeiten von Slade (1986, 1987) werden Daten zu den Benzinpreisen in Vancouver während eines "Preiskrieges" im Jahre 1983 zusammengetragen, um die Hypothesen eines spieltheoretischen Lernmodells zu testen, bei dem strukturelle Parameter - in diesem Fall die Entwicklung der Nachfrage - unbekannt sind bzw. durch alle Spieler als Zufallsvariablen behandelt werden.

167. Die durch "PN = 0" gekennzeichneten Abschnitte sind die Abschnitte, die Porter als "Preiskämpfe" klassifiziert, die durch "PO = 0" gekennzeichneten Abschnitte wurden seinerzeit durch die *Railway Review* solchermaßen klassifiziert.

Preiskriege werden hier zur Informationsansammlung genutzt, um auf dieser Grundlage dann in der nächsten Periode eine neue Gleichgewichtsstrategie festsetzen zu können (eben deshalb handelt es sich um ein *Lern*modell). Mit einem ähnlichen, wiederum quantitativ ausgerichteten Design, wie es auch bei Porter zu finden ist, konnten mit den erhobenen Daten die verschiedenen Einzelhypothesen gestützt werden.

Die Studie von Bettis und Weeks (1987) geht schließlich von derselben Grundeinsicht aus, die schon Milgrom und Roberts formuliert haben (vgl. oben). Sie konstruieren zunächst ein hypothetisches Beispiel einer komplexen strategischen Interaktion mit drei beteiligten Unternehmen, und dann heißt es (1987: 549 f.):

> "A situation such as this hypothetical example cannot be studied using the traditional empirical approaches. However as Porter (1980, Chapters 4, 5) and others have pointed out, such sequences of dynamic competitive moves are an essential component of strategic competition in most industries. Such situations can be partially modeled by the methods of modern game theory and can be studied using clinical research methods (case studies are resplendent with such situations) ..."

Bettis und Weeks wählen den Wettbewerb zwischen *Polaroid* und *Eastman Kodak* im Bereich der Sofortbildkameras in den Jahren 1976 und 1977 als Beispiel, um eine einschlägige strategische Interaktion zu analysieren. Dieses Beispiel eignet sich ihres Erachtens auch deshalb besonders gut, weil die Chronologie der Ereignisse[168] offensichtlich Versuche beinhaltet, Informationen zu manipulieren, also als bewußte Waffe im Wettbewerb einzusetzen - ein Umstand, der gerade für den Bereich der Strategie als typisch angesehen wird (vgl. Bettis & Weeks 1987: 550, Bettis 1983). Auch unter dem Informationsaspekt erfolgt also eine Annäherung an den spieltheoretischen Kontext, in dem Milgrom und Roberts ihr methodisch-methodologisches Plädoyer vortragen. Allerdings geht es Bettis und Weeks im weiteren dann nicht mehr um die Validierung oder gegebenenfalls Fortentwicklung eines bestimmten spieltheoretischen Modells (obwohl auch sie eine - freilich eher informelle - Gefangenendilemma-Modellierung verwenden), sondern um die Frage, wie der Kapitalmarkt auf die verschiedenen "Events" reagiert. Mit den auch in "großzahligen" Untersuchungen verwendeten Techniken (Time Event-Ansatz; siehe Kap. 2.61 [4]) stammenden Techniken kann gezeigt werden, daß infolge der Ereignisse beide Aktienkurse sinken (was übrigens die Gefangenendilemma-Modellierung bestätigt), und zwar in asymmetrischer Weise: *Eastman Kodak* kann letztlich als klarer Verlierer des Wettbewerbs identifiziert werden. Daraus können eine Reihe von Spekulationen über

168. Als Datenbasis wurden ausführliche, ursprünglich für Unterrichtszwecke entwickelte Fallstudien verwendet (vgl. Porter & Fuller 1978, M. Porter 1983a: 98 ff.).

die Bewertung des Verhaltens von *Eastman Kodak* durch den Kapitalmarkt abgeleitet werden. Die für den vorliegenden Zusammenhang interessanteste ist vielleicht die, daß das Kapitalmarktverhalten die *Unglaubwürdigkeit* vieler strategischer Aktionen dieses Unternehmens signalisiert. Damit nehmen Bettis und Weeks wiederum ein spieltheoretisches Thema auf (vgl. oben, Kap. 2.12), wenn auch in einer eher allgemeinen Weise und nicht zur Überprüfung eines spezifischen Modells.

2.63 Zusätzliche Perspektiven: Experimentelle (Labor-) Forschung und Simulation

Die zuletzt als Beispiele referierten Arbeiten, aber auch die in Kapitel 2.4 behandelten Studien sollten einen Eindruck dafür vermitteln, daß man in der Tat von einer "Renaissance der Fallstudienforschung" im Strategischen Management sprechen kann. Diese Art der Forschung wird die großzahlige empirische Forschung, die in den achtziger Jahren so weitgehend im Vordergrund gestanden hat, nicht ganz verdrängen, aber sie dürfte doch in Zukunft immer mehr als "salonfähig" angesehen werden, Aufnahme finden auch in den etablierten Zeitschriften. Die aufgezeigte Allianz mit der ökonomischen Theorie ist sicherlich der entscheidende Faktor, der eine solche Erwartung begründet.

Nun ist die Fallstudienforschung nicht die einzige Alternative zu dem bislang vorherrschenden Forschungansatz. Milgrom und Roberts erwähnen in der oben zitierten Textstelle (1987: 191) auch die *experimentelle* (Labor-)Forschung, die sich für eine Überprüfung und Weiterentwicklung spieltheoretischer Modelle eignen könnte. Er greift damit eine Idee auf, für die sich auch Schelling (1960: 162 ff.) schon eingesetzt hatte. Roth (1991: 107) spekuliert, "[that in future] experimental economics ... is one of the tools - but by no means the only one - that ... will play an important role in helping game theory bridge the gap between the study of ideally rational behaviour and the study of actual behaviour."

Im Bereich des Strategischen Managements hat dieser Forschungsansatz, trotz des eindrücklichen Plädoyers von Schwenk (1982; siehe auch Nees 1983), noch nicht viel Aufmerksamkeit gefunden: Schwenk und Dalton (1991: 285) ordnen nur 2 % der von ihnen betrachteten Arbeiten der Laborforschung zu. In dem Maße aber, in dem dieser Forschungsansatz tatsächlich für die Spieltheorie Bedeutung besitzt und weiterhin von der Prämisse ausgegangen wird, daß die spieltheoretisch geprägte Industrial Organization-Forschung einen bedeutende Stellenwert für die Forschungsarbeiten im Strategischen Management besitzen, könnten sich auch hier die Gewichtungen verändern. Es ist deshalb angebracht, zum Abschluß der methodologisch geprägten Ausführungen dieses Kapitels

(2.6) kurz die Perspektiven der experimentellen Forschung vorzustellen (1)[169] und anschließend auch auf die damit eng verwandte *Simulationsforschung* einzugehen (2).

(1) Die Idee der experimentellen Forschung stammt ursprünglich aus den Naturwissenschaften, hat aber auch in der Psychologie eine lange Tradition. In den Wirtschaftswissenschaften stammen Pionierarbeiten von Siegel und Fouraker, die in den späten fünfziger Jahren die Frage untersuchten, wie bestimmte Umweltparameter das Verhalten in Verhandlungssituationen beeinflussen (vgl. Siegel & Fouraker 1960, Fouraker & Siegel 1963). Unter kontrollierten (Labor-) Bedingungen sollen Variablenzusammenhänge erforscht werden, die sich im "Feld" nicht mit hinreichender Klarheit beobachten lassen.[170] So hängen zum Beispiel die in Verhandlungsmodellen vorhergesagten Verhaltensweisen von Eigenschaften der individuellen Nutzenfunktionen und vom Niveau der Informationsversorgung ab. Da beide Faktoren in einer experimentellen Situation kontrolliert werden können, ist ein Test von theoretischen Hypothesen möglich (vgl. Weigelt et al. 1992: 164). Die *Kontrollierbarkeit* der experimentellen Situation beinhaltet im einzelnen die Forderungen nach Willkürlichkeit, Wiederholbarkeit und Variierbarkeit (vgl. Stapf 1987: 241 f., in Anlehnung an Wundt 1913). *Willkürlichkeit* bedeutet, daß ein Vorgang bzw. ein Verhalten absichtlich herbeigeführt und ausgelöst werden kann. *Wiederholbarkeit* heißt, daß der gleiche Forscher oder aber andere Forscher bei gleicher Versuchsanordnung die gefundenen Ergebnisse reproduzieren können. Diese Forderung ist sicherlich nur näherungsweise erfüllbar, entweder weil bei den gleichen Versuchspersonen Lerneffekte auftreten oder aber andere Versuchspersonen doch nicht in allen relevanten Punkten die gleichen Merkmale aufweisen. Die Forderung nach *Variierbarkeit* besagt allerdings, daß die Situation durch den Forscher doch so gestaltet werden kann, daß eine Vergleichbarkeit weitgehend gegeben ist.

Plott (1989: 1112 ff.) zeigt am Beispiel der Schaffung eines *Marktes*, wie man sich die Gestaltung eines ökonomischen Experiments vorzustellen hat. Wichtig

169. Interessanterweise sind im deutschsprachigen Raum recht frühzeitig die Perspektiven einer experimentellen, wenn nicht der Strategie-, so doch der Entscheidungs- und Organisationsforschung eruiert worden (vgl. Berg 1973, Picot 1975). Wie aufgrund der Sprachbarrieren kaum anders zu erwarten, haben die genannten Arbeiten auf die amerikanische Forschung (leider) keinen Einfluß gehabt.

170. Streng genommen kann man zwischen der Forschungs*strategie* (experimentell/nicht-experimentell) und der Forschungs*umgebung* (Labor/Feld) unterscheiden (vgl. Fromkin & Streufert 1976: 417). Den Gepflogenheiten in der im vorliegenden Zusammenhang interessierenden Literatur (insb. Plott 1989, Weigelt et al. 1992) entsprechend, wird auf diese Unterscheidung im folgenden aber verzichtet und davon ausgegangen, daß experimentelle Forschung Laborforschung ist.

ist, daß die durch eine Transaktion (Kauf oder Verkauf eines Gutes) zu erzielenden Gewinne real sind und in der Höhe die individuellen Opportunitätskosten des Denkens und Handelns übersteigen. Die zu erzielenden Gewinne können aber über die Menge der Einheiten des Gutes variieren, und natürlich ist es möglich, daß die Gewinnchancen einer Transaktion erst unmittelbar vor dieser Transaktion, nicht aber schon zu Beginn des Experiments, bekannt gemacht werden. Die Marktteilnehmer haben meist nur Kenntnis über die *eigenen* Gewinnchancen. Das institutionelle "Setting" kann zum Beispiel dem einer Auktion entsprechen, aber auch andere Formen annehmen und dabei technische Hilfsmittel (Telephon, Computer etc.) einschließen. Die Ähnlichkeit mit außerhalb des Labors vorzufindenden Märkten sollte allerdings auch nicht zu groß sein, weil andernfalls das Verhalten der Versuchspersonen hiervon beeinflußt sein könnte. Es ist deshalb üblich, die zur Beschreibung einzelner Elemente verwendeten Bezeichnungen soweit als möglich neutral zu halten (Aktien werden zu "Zertifikaten", usw.). Das Ziel des Experimentes bleibt den Versuchspersonen unbekannt, und über die eigentlichen Instruktionen hinausgehende Erklärungen werden nach Möglichkeit nicht gegeben.

Ein Überblick über Experimente, die analog zu dem hier beschriebenen Versuchsdesign gestaltet sind, findet sich bei Weigelt et al. (1992: 168 ff.). Viele dieser Experimente sind darauf angelegt, spieltheoretische Modellierungen und Hypothesen einem Test zuzuführen. Phillips und Mason (1992) prüfen zum Beispiel das von Bernheim und Whinston (1990) abgeleitete Ergebnis, daß bei einem auf mehreren Märkten stattfindenden Wettbewerb ("Multiple Point-Competition")[171] zwischen Firmen die Marktstrukturen in diesen Märkten ein asymmetrisches Aussehen haben: Einige Märkte sind kompetitiver und andere Märkte weniger kompetitiv, verglichen mit einer Situation des "Ein-Punkt-Wettbewerbs". Dieses Ergebnis wird durch die Experimente bestätigt. Camerer und Weigelt (1988) konnten auf experimentellem Wege belegen, daß eine fortentwickelte Variante der in Kapitel 2.12 angesprochenen Reputationsmodelle von Kreps und Wilson (1982) oder Milgrom und Roberts (1982b) einigen deskriptiven Wert besitzt. Cooper et al. (1990) konnten schließlich zeigen, daß in Spielen vom Typ des "Kampfes der Geschlechter" (siehe etwa Holler & Illing 1991: 11 f.)

171. Das Konzept des "Multiple Point-Competition" geht auf Karnani & Wernerfelt (1985) zurück (vgl. zum Überblick Witteloostnijn & Wegberg 1992). Im Rahmen einer Theorie der strategischen Unternehmensführung ist es vor allem deshalb interessant, weil es eine Ratio für die unverbundene Diversifikation, die Bildung von Konglomeraten liefern und damit zu einer Anreicherung der bislang etwas unbefriedigenden Diversifikations- bzw. M & A-Diskussion beitragen könnte (vgl. für einige Hinweise oben, Kap. 2.15).

"Cheap Talk" - die nicht verpflichtende Ankündigung von Spielzügen - die Koordinationschancen verbessern kann, sofern nur *ein* Spieler in dieser Weise verfährt. Das bestätigt Vermutungen von Farrell (1987) und anderen, nicht aber die grundlegende Annahme der Theorie nicht-kooperativer Spiele, daß "Cheap Talk" *keine* Rolle spielen sollte. Weigelt et al. (1992: 180) ziehen daraus weitreichende Schlüsse: "The fact that one-way cheaptalk works well in the battle of the sexes experiments, but two-way cheaptalk does not, suggests that a unified voice of authority is important for some kinds of coordination."

Gerade das zuletzt genannte Beispiel deutet an, daß Experimente sich nicht nur zum Test von Theorien eignen, sondern auch zu Beobachtungen von Verhaltensregelmäßigkeiten führen können, für die eine theoretische Erklärung erst noch gefunden werden muß. Experimentelle Forschung kann also auch Bedeutung für den Prozeß der Theorien*generierung* bzw. *-fortentwicklung* besitzen (Smith 1989: 152). Beide Perspektiven kombinierend liegt es nahe, die experimentelle Forschung als ein *Zwischenglied* zwischen Theorienformulierung und Theorienprüfung zu begreifen (vgl. Bruderer & Mitchell 1992: 202). Der eigentlich relevante Test von Theorien wird natürlich in der "Wirklichkeit", im empirischen "Feld" durchgeführt. Eine Theorie unmittelbar einem solchen Test zuzuführen, kann aber kostspielig sein. Die experimentelle Forschung kann dabei helfen, die Theorieentwicklung soweit voranzutreiben, daß sich eine Konfrontation mit dem empirischen Feld lohnen mag. Es ist die *Kombination* der experimentellen Forschung mit der Theoriebildung und der Feldforschung, die den Forschungsprozeß insgesamt vorantreiben könnte. Das gilt für das Strategische Management (Schwenk 1982: 218 ff.) ebenso wie für andere Forschungsdisziplinen (vgl. Plott 1989: 1169).

(2) Von der experimentellen Forschung kann die *Simulations*forschung unterschieden werden. Stapf (1987: 244) charakterisiert die Simulationsmethode in der folgenden Weise (vgl. ähnlich Keys & Wolte 1990: 308):

> "Man versucht, ein gegebenes physisches System (Original) durch ein Modell derart nachzubilden, daß zwischen Original und Modell eindeutige (homomorphe) bzw. umgekehrt eindeutige (isomorphe) Analogiebeziehungen bestehen. Sodann studiert man - stellvertretend für das zu untersuchende System - die Eigenschaften des Modells beispielsweise durch Variation seiner Parameter. Mit Hilfe der Simulationsmethode wird also eine 'Ersatzrealität' geschaffen. Sie ist besonders dann angebracht, wenn dadurch in einfacher, zeitsparender Weise das Verhalten von Objekten erfaßt wird, deren Untersuchung in vivo zu kompliziert (insbesondere bei Mitwirken von Zufallsgrößen), zu teuer und zu riskant wäre." (ohne Lit.-verweis)

Eine besonders interessante Variante der Simulationsmethode ist sicherlich die *Computer*simulation. Das zugrundeliegende Modell besteht hier aus einer Menge von mathematischen Gleichungen, die untereinander verbunden sind, ein "System" bilden. Durch Eingabe von unterschiedlichen Parameterwerten ist es möglich, das Systemverhalten auszutesten und damit auch Aussagen über die Robustheit der Modellierung zu gewinnen.

Die Verbundenheit der Systemelemente durch ein mathematisches Gleichungssystem macht die *dynamische* Komponente des (Computer-)Simulationsmodells aus. Von hier aus leitet sich der potentielle Mehrwert der Simulationsforschung gegenüber der experimentellen Methode ab. Die meisten der unter (1) angesprochenen Arbeiten gehen, so jedenfalls Bruderer und Mitchell (1992: 203), von einer relativ stabilen Grundsituation aus: Entscheidungen würden entweder nur zu *einem* Zeitpunkt getroffen oder sie veränderten sich im Zeitablauf, reagierten dabei aber auf eine fixierte Umwelt. Für eine Analyse von Episoden des *strategischen Wandels* müsse deshalb die experimentelle Methode fortentwikkelt werden, und das schließe eben vor allem die Verwendung von Simulationsmodellen ein.

Es ist in der Tat auffällig, daß Arbeiten, die dem Strategischen Management zuzuordnen sind und sich der Simulationsmethodik bedienen, auf Themen wie "organisatorisches Lernen" oder "Strategic Change & Renewal" konzentriert sind. So verwendet zum Beispiel Lieberman (1987b) ein Computerprogramm, um das von ihm entwickelte Wettbewerbsmodell, das auch Lerneffekte miteinschließt, wenn nicht analytisch, so doch wenigstens numerisch zu lösen: Der Zeitpfad wird in zehn diskrete Perioden aufgeteilt, und für die verschiedenen Parameter des Modells (Neigung der Lernkurve, Diffusionsrate, Diskontierungsrate und Elastizität der Nachfrage) werden verschiedene Werte eingesetzt. Levinthal (1990, 1991a) stützt sich auf die Simulationsmethode, um die Eigenschaften eines Random-Walk-Modells auszutesten und mit gängigen Hypothesen aus der populationsökologischen Literatur zur Frage des organisatorischen Wandels (vgl. oben, Kap. 2.41) in Beziehung zu setzen. (In Levinthal [1991a] werden die Simulationsergebnisse auch mit Daten aus der argentinischen und irischen Zeitungsindustrie konfrontiert, also durch eine "klassische" empirische Untersuchung unterfüttert.) Schließlich benutzen auch Mezias und Glynn (1993) diese Methode "to study the strategic management issues of corporate renewal, change, and innovation" (ebenda: 85). Die Entwicklung des Modells und der dabei zugrundeliegenden Annahmen wird hier in besonders ausführlicher Weise dargestellt.[172]

Natürlich ist auch die Simulationsforschung, ähnlich wie die experimentelle Forschung, Einwänden ausgesetzt. Computer sind nun einmal keine Menschen, und so ist der Grad der Passung der ausgetesteten Modelle auf "reale Kontexte" (ihre externe Validität) keineswegs ausgemacht. Die weitgehenden Voraussetzungen an die Formalisierbarkeit des Modells ist in besonderem Maße wohl auf die Ansprüche der ökonomischen Theorie ausgerichtet; für sozialwissenschaftlich ausgerichtete Theorievorstellungen hat sie ersichtlich weniger zu bieten. (Die soeben zitierten Lernmodelle und der populationsökologische Ansatz der Organisationstheorie mögen allerdings als Theorieangebote gelten, die Brücken schlagen können.) Aber auch die anderen Ansätze der empirischen Forschung im Strategischen Management haben ja ihre Schwächen, und so wird man die Simulationsmethode als einen *komplementären* Forschungsansatz willkommen heißen müssen. Nicht zuletzt aufgrund der zunehmenden Benutzerfreundlichkeit der Computersoftware dürfte sie in Zukunft eine verstärkte Beachtung finden.

172. Andere Beispiele für den Gebrauch von Simulationsmodellen im Kontext von "Strategic Change & Renewal" bzw. organisatorischem Lernen finden sich in Levinthal & March (1981), Herriott et al. (1985) und March (1991).

3. Exkurs: Gibt es einen "deutschen" oder "europäischen" Ansatz zu einer Theorie der strategischen Unternehmensführung?

Die umfangreichen Ausführungen des vorhergehenden Kapitels sollten einen hinreichenden Überblick über den derzeitigen Stand der theoretischen und empirischen Forschung im Bereich der Strategischen Unternehmensführung vermitteln. Es ist zweifellos beeindruckend, wieviel Material zur Verfügung steht und wie vielfältig die Ansätze sind. Sicherlich gibt es eine Reihe von Tendenzen, die der Forschung eine gewisse Einheit geben - die große Bedeutung der ökonomischen Theorie etwa oder das starke Gewicht der großzahligen empirischen Forschung -; daneben gibt es aber eben auch andere Forschungsstränge, die die Einheit des "Mainstreams" aufbrechen und dazu beitragen, daß man am Ende die Einheit der Forschungsbemühungen überhaupt nur noch in der Vielheit finden kann. Aus der Perspektive führender Fachvertreter ist genau dieser Befund allerdings, wie zu Beginn von Kapitel 1.3 gesehen, durchaus problematisch; zumindest zeigt man sich irritiert dadurch, daß es nach mehr als drei Jahrzehnten der Forschung noch nicht gelungen ist, zu einem wirklichen Konsens über die Grundlagen der Disziplin zu gelangen. Vor diesem Hintergrund mußte nach den Anzeichen einer "Paradigmenkrise" nicht mehr lange gesucht werden - Anzeichen, die durch die zuletzt in Kapitel 2.6 diskutierten Gesichtspunkte nur noch verstärkt worden sind. Immerhin konnte hier gezeigt werden, daß im Bereich der Forschungsmethodik derzeit alles im Fluß zu sein scheint und zentrale Grundbegriffe in der Tat alles andere als klar sind; die Begriffe des "Fit" und der "Performance" sind dafür schlagende Beispiele. In dieser durch Verunsicherung gekennzeichneten Situation ist es notwendig, nach neuen Forschungsperspektiven zu suchen. In Kapitel 4 sollen hierfür, wie in der Einleitung (Kap. 1.4) angekündigt, geeignete Ansatzpunkte zur Verfügung gestellt werden.

Bevor dieses Vorhaben begonnen wird, soll allerdings, wie in der Einleitung ebenfalls angekündigt, ein exkursartiger Zwischenschritt eingelegt werden. Dieser Zwischenschritt geht von der Beobachtung aus, daß die in Kapitel 2 dargestellten Forschungen des "Mainstreams" der Strategischen Unternehmensführung im wesentlichen *US-amerikanische* Forschungen sind, die arteigenen Theorietraditionen entstammen und auch einen besonderen Bezug zum wirtschaftlichen Umfeld der USA besitzen. Sicherlich, ganz "reinrassig" sind die Ausführungen nicht gewesen: An mehreren Stellen wurden auch Arbeiten nicht-amerikanischer (insb. europäischer und japanischer) Autoren zitiert oder, einschneidender noch, von Autoren, die nicht in den USA arbeiten und deshalb auch nicht unmittelbar in das amerikanische Wissenschaftssystem eingebunden sind. Am stärksten ist der Einfluß solcher Autoren im Bereich von "Strategic Change & Renewal", wo viele Arbeiten aus England kommen, teils wohl wegen des dort a conto der notorischen englischen Wirtschaftskrise besonders akut vorhandenen Interesses am Thema, teils aber auch wegen der Verfassung des dort üblichen Doktorandenstudiums, das bei weitem nicht so viele Elemente der statistischen Methodenlehre einschließt wie sein amerikanischer Konterpart und darum eher eine Affinität zur Fallstudienforschung unterstützt, die ihrerseits für eine Analyse von Prozessen des strategischen Wandels besonders geeignet zu sein scheint (siehe oben, Kap. 2.4). Aber auch in den USA finden sich eben vergleichbare, in ihrem Gewicht zunehmende Forschungsströme, die sich einerseits auf eigenständige Forschungstraditionen (gemeint ist hier insb. die Fallstudientradition der Harvard Business School) berufen können, andererseits aber auch Beleg dafür sind, daß die amerikanische Forschung natürlich auch Einflüsse von außen aufnimmt. Dieser letztgenannte Aspekt zeigt sich heute auch an der Bereitschaft von Autoren im Umkreis des "Ressourcenorientierten Ansatzes" (Kap. 2.15), die auf Schumpeter zurückgehende Idee des "dynamischen Wettbewerbs" aufzugreifen und weiterzuentwickeln (siehe etwa Barney 1986c: 795 f., Nelson 1990b: 193 ff., Teece 1992: 3 ff.). Jacobson (1992) spricht deshalb ganz explizit von einer "Austrian School of Strategy", die sich inzwischen in den USA breitgemacht hat.

Auch wenn also die Ausführungen des zweiten Kapitels nicht ganz "reinrassig" gewesen sind, so bleibt doch festzustellen, daß das Gros der Forschungen eben in den USA produziert und damit von den Eigenarten des amerikanischen Wissenschaftssystems (mit-)geprägt wird. Autoren aus anderen Ländern müssen sich, wenn sie auch in den USA wahrgenommen werden wollen, normalerweise an die Gepflogenheiten dieses Systems anpassen; zumindest müssen sie in englischer Sprache publizieren. Für Autoren, die aus "kleinen" Ländern (Niederlande, Schweden etc.) kommen, mag dies recht selbstverständlich sein, weil diese Länder nur in geringem Ausmaß einen "eigensprachlichen" Wissenschaftsmarkt bieten, in dem sich reputationsinteressierte Wissenschaftler hinreichend aufgehoben fühlen können.[1] In "größeren" Ländern wie Frankreich, Italien und Deutschland sieht dies schon anders aus: Hier gibt es zum Beispiel Zeitschriften, die einen Großteil der entstandenen Arbeiten absorbieren und wenig Motivation aufkommen lassen, auch in den englischsprachigen Wissenschaftsmarkt vorzustoßen (vgl. hierzu die institutionell angelegte Analyse von Frey & Eichenber-

1. Auch unter solchen Bedingungen ist nicht ausgeschlossen, daß sich eine nationale Forschungsidentität bildet, die sich vom "Mainstream" der amerikanischen Forschung deutlich unterscheidet. Vgl. am Beispiel Schweden Mäkinen (1985), insb. die Gegenüberstellung auf S. 1051.

ger 1993).[2] Dies wird (auch) in den USA vielfach bedauert; da es aber mehr als Bring- denn als Holschuld angesehen wird, diese Arbeiten in den internationalen Wissenschaftsdiskurs einzuspeisen, folgen daraus keine Anstrengungen zu einer Veränderung der Situation.

Es ist in dieser Ausgangslage, das ist nun die Überlegung, naheliegend zu fragen, ob es nicht auch in Europa oder, spezifischer, in Deutschland Forschungstraditionen gibt, die bislang in der US-amerikanischen Theoriediskussion und entsprechend auch in den Darstellungen von Kapitel 2 nur unzureichend berücksichtigt worden sind. Die Darstellungen weisen gleichsam einen "blinden Fleck" auf, den aufzuhellen erst gesonderter Anstrengungen bedarf: Er kann erst ins Blickfeld kommen, wenn man systematisch einen anderen, im vorliegenden Fall also: einen "deutschen" oder "europäischen" Beobachterstandpunkt einnimmt, der sich für das spezifische wirtschaftliche und soziale Umfeld, das in Europa bzw. Deutschland eine Rolle spielen mag, interessiert und darüber hinaus auch nach den daraus möglicherweise resultierenden Eigenarten der Theoriebildung fragt.[3] Eine positive Antwort auf diese Frage würde zunächst zu dem Schluß führen, daß die bisherigen Darstellungen offenbar unvollständig sind und entsprechend ergänzt werden müssen. Darüber hinaus könnte sich hier eine Art "natürlicher Raum" für alternative Theoriekonstruktionen auftun, die die etablierte

---

2. Bemerkenswert ist, daß gerade deutsche Autoren, die im Bereich des Strategischen Managements (in Deutschland) arbeiten, in amerikanischen Zeitschriften kaum publizieren (zu den wenigen Ausnahmen gehören Bühner 1987, Schreyögg & Steinmann 1987, Trautwein 1990 und Schwalbach 1991) und auch auf internationalen Konferenzen vergleichsweise wenig vertreten sind (vgl. hierzu z. B. die Berichte zu den Konferenzen der *Strategic Management Society*, die in verschiedenen Jahrgängen der Zeitschrift *Die Betriebswirtschaft* veröffentlicht sind).
3. Daß diese Fragestellung neuerdings auch in den USA an Interesse gewinnt, wird freilich belegt durch die in Kap. 1, Fn. 56, zitierte Konferenzankündigung der *Strategic Management Society*. Darüber hinaus ist zu verweisen auf Theorieentwicklungen, die das "nationale Element" zunehmend hervorheben. Bestes Beispiel dafür ist M. Porters vielbeachtetes (allerdings auch nicht unumstrittenes) Buch "The Competitive Advantage of Nations" (1990). In Kap. 2.3 sind in grober Anlehnung an den in diesem Buch vorgestellten Bezugsrahmen ("The Diamond") Faktoren diskutiert worden, die den Erfolg japanischer Unternehmen zu erklären helfen. "Japan" bietet sicherlich einen besonders augenfälligen Anknüpfungspunkt für einen auch "nationale" Gesichtspunkte berücksichtigenden Theorieansatz. Porter geht aber davon aus, daß der Ansatz sich verallgemeinern läßt, es also Sinn macht, den "Diamanten" auch für die Analyse anderer Länder anzuwenden. Was nicht thematisiert wird, ist allerdings, daß ein veränderter Gegenstandsbereich auch eine andere Art der Theoriebildung erfordern könnte, und daß diese Theoriebildung dann ihrerseits Bestandteil eines "National Competitive Advantage" sein könnte. Unter diesen Aspekten bedarf das Portersche Konzept noch einer weiteren Ausarbeitung. Eben darauf sind die im nachfolgenden Text angestellten Überlegungen ausgerichtet.

disziplinäre Diskussion bereichern[4] können. Die Ausführungen des 4. Kapitels, die ja zunächst durch die konstatierte Paradigmenkrise motiviert sind, die sich derzeit *innerhalb* der US-amerikanisch dominierten Mainstream-Diskussion auftut, könnten von hier aus - sofern sie in das entsprechende "Regionalbild" pas sen - noch einmal eine Rechtfertigung erfahren. Der dort gewählte Ansatz wird nicht mehr oder weniger zufällig in die Diskussion eingeführt; er ist vielmehr "typisch" für einen Entstehungskontext, der andere Merkmale aufweist als jener Kontext, in den die amerikanisch dominierten Theoriekonstruktionen eingebettet sind.

Die folgenden Überlegungen, die sich mit der Frage nach den möglichen Eigenarten eines "deutschen" oder "europäischen" Ansatzes zu einer Theorie der strategischen Unternehmensführung ausführlich auseinandersetzen, sind auf hohem Abstraktionsniveau angesiedelt und über weite Teile recht spekulativer Natur. Die zitierten Untersuchungen sind aber Teil der wissenschaftlichen Diskussionen zu einer Theorie der strategischen Unternehmensführung und gehören darum auch in den Kontext der vorliegenden Arbeit. Kapitel 3.1 beschäftigt sich zuerst mit der Frage nach dem "Was"; es soll eruiert werden, ob es tatsächlich Anhaltspunkte gibt, von einem "deutschen" oder "europäischen" Management zu sprechen, das sich vom "amerikanischen" Management unterscheidet. Dann wird überlegt, welche Anhaltspunkte sich daraus für ein spezifisches "Wie" der theoretischen Analyse ableiten lassen (Kap. 3.2).[5] Den Abschluß bildet eine Diskussion damit verbundener Problemstellungen (Kap. 3.3).

---

4. Es gibt Autoren, die statt von "bereichern" von "ersetzen" sprechen würden. Diese Autoren haben aus der amerikanischen Wirtschaftskrise in den achtziger Jahren den Schluß gezogen, daß auch die Leistungsfähigkeit der Managementtheorien, auf deren Basis Manager an den Business Schools ausgebildet werden, hinterfragt werden muß (vgl. Bleicher 1989: 61 ff., 289 ff.). "Der Niedergang des US-Management Paradigmas" lautet dann der symptomatische Titel eines von U. Steger (1993a) herausgegebenen Buches, mit dem auch ein neues Selbstbewußtsein europäischer Theorie und Praxis im Management zum Ausdruck gebracht werden soll (der Untertitel heißt tatsächlich: "Die europäische Antwort"). Auch *Die Wirtschaftswoche* (Schnitzler 1993) verweist auf die Erfolge einiger europäischer Unternehmen und behauptet, auf der Ebene der Theorie, daß "Europas leise Management-Vordenker .. ihren lautstarken amerikanischen Kollegen immer mehr den Rang ab[laufen]" (ebenda: 50). Inzwischen passen diese forsch vorgetragenen Thesen nicht mehr ganz so gut in die Stimmung der europäischen Wirtschaftsumwelt: Etwas zurückhaltendere Formulierungen, die den Kern der Argumente gleichwohl bewahren, sind deshalb durchaus angebracht.
5. Der *Gegenstandsbereich* (das "Was") der theoretischen Analyse und die *Art* (das "Wie") der theoretischen Analyse sind, so wurde in Kap. 1.1 argumentiert, zirkulär miteinander verbunden. Der Aufbau des vorliegenden Exkurses spiegelt inso-

3.1 Eigenarten des "deutschen" bzw. "europäischen" Managements

(1) Die Idee, Eigenarten des "deutschen" oder "europäischen" Managements zu identifizieren, gehört in einen Diskussionskontext, in dem "nationale Wettbewerbsvorteile" als Kontrapunkt zur These des "globalen Wettbewerbs" vorgetragen werden. Einschlägige Überlegungen wurden zunächst im Bereich des Marketing angestellt. Levitt (1983) hat hier in einem vielbeachteten Aufsatz in der *Harvard Business Review* die Globalisierungsthese an einer zunehmenden Homogenisierung der Kundenbedürfnisse in den wichtigsten Industrienationen (Nordamerika, Japan, Europa) festgemacht. Es sei deshalb angeraten, die Ländermärkte mit standardisierten Marketingkonzepten zu bearbeiten und durch eine Zentralisierung von Entscheidungskompetenzen Skalen- und Synergievorteile zu nutzen, um die Kosten so weit wie möglich nach unten zu drücken. Meffert (1986) wendet dagegen (unter anderem) ein, daß dies für einige Produkte (Unterhaltungselektronik, Photoapparate etc.) durchaus zutreffen mag, andere Produkte (Nahrungsmittel, Möbel) aber eben auch regional differierende Kundenbedürfnisse befriedigen müssen. Darüber hinaus sei in vielen Bereichen eine zunehmende *Individualisierung* der Lebensstile festzustellen, und dafür sei die empfohlene Standardisierung der Instrumente doch kaum das richtige Erfolgsrezept.

Mefferts Analyse ist nicht zuletzt deshalb interessant, weil sie einerseits die Globalisierungsthese in der von Levitt und anderen postulierten Allgemeinheit verwirft, andererseits aber die Vorstellung *national* differierender Bedürfnisstrukturen unterläuft. Hierin trifft sie sich mit den vieldiskutierten Überlegungen von R. Reich (1991), die im Schwerpunkt freilich weniger auf die Nachfrage- als auf die Angebotsstrukturen gerichtet sind (vgl. zum folgenden Lazonick 1993).[6] Unternehmen hätten heute, so das Argument, keine nationale Basis mehr, und auch umgekehrt sei das Wohl eines Landes nicht mehr von "seinen" Unternehmen abhängig. Reich wörtlich:

> "The standard of living of Americans, as well of the citizens of other nations, is becoming to depend less on the success of the nation's core corporations and industries, or even on something called the 'national economy', than it is on the worldwide demand for their skills and insights." (1991: 77)
>
> "The trend is worldwide. National champions everywhere are becoming global webs with no particular connection to any single nation. As Ameri-

---

fern also eine zentrale Überlegung dieser Arbeit wieder. Zu Beginn von Kap. 3.2 und in Kap. 4 wird darauf noch ausführlich zurückzukommen sein.

6. Auf einer ähnlichen Linie liegen zum Beispiel Arbeiten von R. Vernon (1992) und D. Encarnation (1993), in denen gezeigt werden soll, in welchem Ausmaß die Managementpraktiken (insb. die Globalisierungsstrategien) von amerikanischen, japanischen und europäischen Unternehmen im Zeitablauf konvergieren.

> can corporations increasingly produce or buy from abroad, and foreign-owned firms increasingly produce or buy from America, the two sets of global webs are coming to resemble each other - regardless of their nominal nationality." (1991: 131)

Die Gegenposition wird, wie in der Einleitung (und in Kap. 2.3, oben) angedeutet, am prominentesten durch M. Porter (1990) vertreten. Um auch ihn wörtlich zu zitieren (S. 158):

> "[C]ompetitive advantage in advanced industries is increasingly determined by differential knowledge, skills, and rates of innovation which are embodied in skilled people and organizational routines. The process of creating skills and the important influences on the rate of improvement and innovation are intensely local. Paradoxically, then, more open global competition makes the home base more, not less, important."

Der wichtigste Faktor zur Erklärung dieses Paradoxes ist, auf den ersten Blick wenigstens, der *Wettbewerb* zwischen den Firmen: Er erzeuge den Druck zur Innovation und zur kontinuierlichen Verbesserung aller Funktionen. Am stärksten aber sei der Wettbewerb zwischen den Firmen eines Landes, zwischen Firmen, die lokal eng zusammenliegen, um die knappen Ressourcen konkurrieren und sich jederzeit beobachten können. Je stärker der Wettbewerb im Heimatland sei, desto mehr seien die Unternehmen gezwungen, auch im Ausland das Geschäft aufzubauen, desto besser seien aber gerade dafür auch die Erfolgsaussichten, führe doch der Wettbewerb zu einem "Upgrading of Competitive Advantage" gegenüber den ausländischen Unternehmen (Porter 1990: 118 ff.). Erst auf den zweiten Blick zeigt sich in Porters Analyse auch die Schlüsselrolle der *Kooperation* zwischen diesen Unternehmen (vgl. Lazonick 1993: 4 ff.). Innovationsleistungen sind nur möglich, wenn Informationen ausgetauscht werden und dafür hinreichendes Vertrauen besteht. Porter (1990: 154) nennt die Gesundheitsfürsorge und die Computerindustrie als Beispiele dafür, daß auch in den USA erfolgreiche "Cluster" existieren, die durch solche - den Wettbewerb nicht ausschließenden - Kooperationsbeziehungen gekennzeichnet sind. Auch von Hippel (1987) belegt, daß amerikanische Unternehmen gute Gründe für ein "Know-how Trading" besitzen (siehe oben, Kap. 2.53). Dennoch dürfte die Kooperationsbereitschaft in anderen Ländern stärker ausgeprägt sein - besonders in Japan (siehe oben, Kap. 2.3), aber auch in Italien, Schweden und in Deutschland (vgl. Porter 1990: 154).[7]

Welche der beiden hier skizzierten Sichtweisen ist die richtige, die von R. Reich oder die von M. Porter? Diese Frage ist kaum eindeutig zu beantworten. Es ist zweifellos richtig, daß der Wettbewerb zwischen Unternehmen in vielen Ge

---

7. Auf diesen Punkt wird im folgenden noch mehrfach zurückzukommen sein.

schäften heute eine "globale" Dimension besitzt, aber gleichzeitig ist eben auch bemerkenswert, daß die Unternehmen, die in dieser globalen Dimension erfolgreich sind, aus bestimmten Herkunftsländern kommen - zunehmend *weniger* aus den USA und *mehr* aus Ländern wie Japan, Korea usw. (vgl. Lazonick 1993: 13 ff.).[8] Auch wenn unter einigen Aspekten die Bedeutung nationaler Grenzen zurückgehen mag, scheinen *unter anderen Aspekten* also signifikante Unterschiede zwischen den nationalen Wettbewerbssystemen nach wie vor zu bestehen (vgl. Nelson 1993b: 506 ff., Patel & Pavitt 1994). Wie Nelson und Rosenberg (1993: 14) schreiben:

> "[A]lthough there are many areas of similarity between the systems of countries in comparable economic settings, there are some striking differences as well. Japanese firms in the semiconductor business tend to be different than American, German or French firms. The university systems are different and play different roles in the national R & D systems. The development paths of Korea and Taiwan have been very different and so too are their present organization of industry and structure of R & D. And the reasons for these differences reside, to a significant degree, in differences in national histories and cultures including the timing of a country's entry into the industrialization process. These have profoundly shaped national institutions, laws and policies ... Also, at the present time many national governments are committed to trying to define, and protect, or advance, what are regarded as specifically national technological capabilities in key areas."

Die von Nelson und Rosenberg gegebenen Hinweise sind im wesentlichen auf institutionelle Rahmenbedingungen konzentriert, die für das Handeln von Unternehmen große Bedeutung besitzen (siehe oben, Kap. 2.43). Aber natürlich liegt auch die These nahe, daß zwischen den Unternehmen selbst signifikante Unterschiede bestehen, je nach dem, in welchen Herkunftsländern sie beheimatet sind. Und es liegt die These nahe, daß zwischen den unterschiedlichen Rahmenbedingungen und den unterschiedlichen Organisationsformen ein Abhängigkeitsverhältnis besteht. Beides bedarf einer näheren Untersuchung, wobei der Schwerpunkt, den Zielen des vorliegenden Kapitels entsprechend, auf "Deutschland" bzw. "Europa" zu legen, gleichzeitig aber eine komparative Perspektive beizubehalten ist. Die folgenden Hinweise betreffen zunächst "harte" Faktoren (2a) und dann deren kognitives Pendant in den jeweiligen Länderkulturen (2b).

(2a) Wie im Falle Japans schon einmal durchexerziert (oben, Kap. 2.31), bietet es sich auch im vorliegenden Zusammenhang an, den Blick zunächst in die Wirtschaftsgeschichte zu lenken, mit dem gleichen Argument: Wenn es zutrifft, daß

---

8. Vor dem Hintergrund der neueren Entwicklungen (Stand: September 1994) müßte man im Hinblick auf die USA vielleicht etwas positivere Formulierungen finden. Andererseits ist es sicherlich noch zu früh, diese Entwicklungen abschließend zu beurteilen.

für das einzelne Unternehmen die historische Komponente eine so entscheidende Rolle spielt, sie Voraussetzung dafür ist, daß haltbare Wettbewerbsvorteile aufgebaut (oder nicht aufgebaut) werden können, dann sollte dies umso mehr für die Gesamtheit von Unternehmen-in-einem-Land gelten.

Tatsächlich hat sich gerade Chandler (1990, 1992c) darum bemüht, auch die Entwicklung des englischen und des deutschen "Industrial Capitalism" zu rekonstruieren. Sie entspricht unter wesentlichen Aspekten der des typischen amerikanischen (Groß-)Unternehmens. Dennoch kann im Falle von *England* - dem Mutterland des modernen Industrieunternehmens! - von einem "Personal Capitalism" gesprochen werden, weil hier die für die USA typische Trennung von Eigentum und Kontrolle nicht mit gleicher Konsequenz durchgesetzt worden ist. Der Versuch der Eigentümerfamilien, die Kontrolle über die Unternehmen zu behalten, hat im 19. Jahrhundert dazu geführt, daß das Wachstum der Nachfrage nicht in ein Wachstum der Unternehmen und den dafür erforderlichen Aufbau von "Organizational Capabilities" übersetzt worden ist. Die Eigentümer/Manager-Familien bildeten eine eigene Kaste, in die für Außenstehende nicht leicht einzudringen war. Das elitäre Schul- und Universitätssystem ("Oxbridge") hat diesen Trend unterstützt. Erst nach dem zweiten Weltkrieg hat sich der Trend geändert, wenn auch in etwas unklarem Ausmaß. "By the 1970s", schreibt Chandler (1992c: 152), "the size of the hierarchies, their composition, the organizational structure of the enterprise, the ways of competition, and growth were comparable to those of the large American firm thirty years earlier, except that familiy participation in top management was probably still greater." Lazonick (1992: 148 ff.) betont dagegen weitaus stärker die Rigiditäten des englischen Systems: Nur wenige Unternehmen hätten es geschafft, die notwendigen Anpassungsprozesse vorzunehmen und in ausreichendem Maße in neue Technologien zu investieren. Die englische Wirtschaftsgeschichte scheint doch eine Erblast darzustellen, aus der nur schwer herauszukommen ist (vgl. hierzu noch einmal die Analysen von Pettigrew 1985, Johnson 1987 und Pettigrew & Whipp 1991 [oben, Kap. 2.42]).

Das *deutsche* System wird von Chandler als "Cooperative Managerial Capitalism" rekonstruiert. Gestützt auf ein in den technischen Fächern sehr effizientes Ausbildungssystem (Keck 1993: 116 ff.) wurde der Grundstein der industriellen Entwicklung Ende des letzten Jahrhunderts in der chemischen Industrie und im Maschinenbau gesetzt, in Industrien also, die durch einen hohen Kapitalbedarf gekennzeichnet sind. Dieser Kapitalbedarf konnte nicht von einzelnen Entrepreneuren gedeckt werden, sondern erforderte das Engagement von Banken, die sich dafür Positionen in den Aufsichtsräten der Unternehmen einräumen ließen und von dort aus die Unternehmensentwicklung aktiv zu beeinflussen versuchten. Dieses Spezifikum hat allerdings, so jedenfalls Chandler (1992c: 154), später in dem Maße an Signifikanz verloren, in dem sich das industrielle Portfolio an das der anderen Länder anglich. Chandler wörtlich:

> "Since World War II, convergence has occurred, as it has in Britain. German industrials successfully moved into the mass production of automobiles, appliances, and other consumer durables as well as into the high-volume production of light machinery. The number of producers of branded packaged products in foods and consumer chemicals increased. As the number of firms among the top 200 in industries other than machinery and chemicals grew larger, and as the firms in those older industries diversified into new product lines, the ability of representatives of banks to bypass the inside managers and therefore to participate in top management decisions lessened. Even so, banks still play a more significant role in German enterprises than they do in American, just as British family members are still more important in top management decisions than those in the United States."

Über die Gewichtung von Unterschieden und Gemeinsamkeiten kann man auch hier sicherlich unterschiedlicher Ansicht sein. So hat Scott (1993) eine Typologie von Systemmustern vorgeschlagen, die die Unterschiede von amerikanischen und englischen Unternehmen und deren Rahmenbedingungen herunterspielt, die Differenz zum deutschen System der "Industrial Organization" dafür aber deutlicher markiert.

Amerikanische und englische Unternehmen werden zusammen mit australischen, kanadischen und neuseeländischen Unternehmen unter ein *angloamerikanisches* System subsumiert, das einerseits durch die Existenz einen mehr oder weniger "effizienten" Kapitalmarktes ("The Market for Corporate Control") und andererseits durch die Bedeutung institutioneller Kapitalgeber (Banken, Versicherungsgesellschaften, Pensionsfonds etc.) gekennzeichnet sei.[9] Dazu komme ein sehr ähnliches Rechtssystem.

In allen anderen Systemtypen spiele der Kapitalmarkt eine nur geringe Rolle, mit der Folge, daß statt einer "Markt"kontrolle eine sehr viel direktere Kontrolle des Managements möglich sei. Im *japanischen* System sei der entscheidende Faktor die Kapitalverflechtung, die Tatsache also, daß Unternehmen wechselseitig Kapitalanteile halten, "resulting in an 'alignment' of companies into strong coalitions" (Scott 1993: 12). Im *deutsche*n System (zu dem auch die Schweiz, Österreich und, in einer etwas abgewandelten Form, die skandinavischen Länder gerechnet werden) hätte sich demgegenüber in größerem Maße, als dies

9. Scott bestreitet nicht den nach wie vor vorhandenen Einfluß privater Investoren; der *Trend* gehe aber in Richtung einer erhöhten Bedeutung institutionellen Kapitals (vgl. für die USA z. B. Hansen & Hill 1991: 2). Die Hauptrolle spielten dabei die Banken, die nach und nach ihre Einflußsphäre ausbauten.

Chandler anzunehmen scheint, der dominierende Einfluß der Banken erhalten: 1986 hätten sie in 85 % der großen, börsennotierten Unternehmen einen Anteil von mindestens 25 % besessen, eine feste Grundlage für eine Minderheitskontrolle. Das "*lateinische*" System (Frankreich, Belgien und Italien) basiere auf dem Kapital von Familien, die häufig untereinander verwandt oder in der gleichen lokalen Kommunität ansässig seien und enge Kommunikationsbeziehungen unterhielten.[10] Das (sich zunehmend herausbildende) *chinesische* System (Hong Kong, Südkorea, Taiwan, Singapur, Malaysia) sei schließlich eine Art "Hybrid" zwischen dem lateinischen System mit seinen dominierenden familiären Strukturen und dem japanischen System mit seinen kollektiven Elementen.[11]

Das von Scott vorgestellte Ordnungsschema bestätigt die Vermutung, daß es unterschiedliche Systeme industrieller Organisation gibt, die zumindest grob auch an nationalstaatlichen bzw. -kulturellen Grenzen festgemacht werden können. Mit dem "deutschen" und dem "lateinischen" sind dabei auch zwei Systeme benannt, die im Herzen Europas liegen. Die verwendeten Ordnungskriterien (Effizienz des Kapitalmarktes und Herkunft des Kapitals) bieten freilich nur erste Anhaltspunkte zur Beschreibung der Systeme; sie bedürfen einer Verfeinerung. In Abbildung 21 sind Aspekte genannt, die eine solch verfeinerte Beschreibung wenigstens im Hinblick auf die industrielle Organisation der Länder Deutschland, England und Frankreich erlauben, Länder, die gleichsam als Pars pro toto für das System genommen werden müssen, dem sie zugehören. Die genannten Aspekte machen den in den siebziger und achtziger Jahren offenkundig gewordenen größeren Erfolg und die überlegene Anpassungsfähigkeit deutscher Unternehmen im Vergleich zu ihren englischen und französischen Konkurrenten plausibel (vgl. das Zahlenmaterial in Ballance 1992 sowie Pugel 1992). Den Unterschied zwischen deutschen Unternehmen einerseits und englischen Unternehmen beschreibt Lane (1989) ganz ähnlich, wie Aoki (1988, 1989, 1990) den Unterschied zwischen japanischen und amerikanischen Unternehmen eingegrenzt hat (siehe oben, Kap. 2.33). Wörtlich schreibt sie (1989: 42 f.):

> "German business organizations manage with a relative low overall staffing level because of the way jobs are designed and supervised. Among German manual workers, both skilled and semi-skilled, a high proportion have a

10. Bekanntgeworden sind hier insbesondere die regionalen Netzwerke in der Emilia Romana (Dreieck Florenz-Mailand-Venedig), die Inzerelli (1990) als die (erfolgreiche) "italienische Alternative" zum amerikanischen Großunternehmen bezeichnet. Vgl. dazu die beiden Sonderhefte der Zeitschrift *International Studies of Management & Organization* (Heft 4/1990 und Heft 1/1991).
11. Das "chinesische" System (Stichwort: *Chaebol*) wird aus naheliegenden Gründen neuerdings in der Literatur vielfach behandelt und mit dem japanischen System in Beziehung gesetzt. Siehe etwa Hamilton & Biggart (1988), Hamilton et al. (1990) und Whitley (1990).

	England	Deutschland	Frankreich
Organisationsstruktur	Tendenz zur Finanzholding. Hierarchien und Kontrollspannen mittelmäßig ausgeprägt. Rigide Arbeitsteilung mit unzureichender Kommunikation. Technische Expertise auf der Vorarbeiterebene gering. Einstufiges "Board"-System mit geringen Möglichkeiten der "internen" Kontrolle ("externe" Kontrolle durch den Kapitalmarkt!)	Tendenz zur divisionalen Organisation mit flachen Hierarchien; gute Kommunikation & Integration; Gewicht auf Produktionsbereich; hohe techn. Expertise auf allen Ebenen (insb. auch *Meisterebene*). Ein- oder zweistufiges Modell der Spitzenverfassung (AG: Vorstand und Aufsichtsrat); "interne" Kontrolle des Managements	Tendenz zur funktionalen Organisation mit ausgeprägter Hierarchie und geringen Kontrollspannen; stark verbürokratisiert; technische Kompetenz auf der Vorarbeiterebene gering. Ein- oder zweistufiges Modell der Spitzenverfassung; häufig staatlicher Einfluß mit Tendenz zum Technokratismus
Planung & Kontrolle, Anreize	Gewichtung eher auf (finanzorientierter) Langfrist- denn auf sorgfältiger Kurzfristplanung; Kontrollfunktion wenig ausgebaut (Autonomie der Teileinheiten). Geringe Marktkenntnis. Bevorzugung extrinsischer Anreize, Gehaltsniveau und variable Geh.-anteile aber niedrig. Steigender Trend zu leistungsorientierter Bezahlung.	Gleichermaßen Gewichtung von Lang- und Kurzfristplanung; stark quantitativ, aber nicht nur finanzwirtschaftlich orientiert, mit ausgeprägter Kontrollfunktion. Weitgehende Marktkenntnis. Gehaltsniveau hoch, mit stark ausgeprägter Leistungsorientierung. Bedeutung intrinsischer Anreize ebenfalls hoch.	Planung eher kurzfrist- und operationsorientiert, quantitativ. Kontrollfunktion wird wahrgenommen, möglicherweise aber nicht mit ausreichender Konsequenz. Kenntnis ausländischer Märkte oft gering. Grundeinstellung eher auf intrinsische Anreize ausgerichtet. Gehaltsniveau hoch; wenig leistungsbezogene Anteile.
Arbeitsorganisation	Tayloristische Einflüsse vorhanden, aber nicht so stark wie in Frankreich; neben Elementen der Massenproduktion nach wie vor Elemente handwerklicher Produktion mit geringer Arbeitsteilung. Bedeutung der firmeninternen Ausbildung gering. Aufgabenkontrolle nach dem Prinzip der "minimalen Interaktion".	Relativ schwach ausgeprägte funktionale Differenzierung; Einflüsse des Taylorismus vorhanden, aber nicht alles-beherrschend; Arbeiter bleiben "polyvalent". Grundprinzip der "verantwortlichen Autonomie"; Gewicht auf kultureller Kontrolle.	Stark ausgeprägte Arbeitsteilung und weitgehende Taylorisierung in den größeren Betrieben. In kleineren Betrieben stärkere Tendenz zu paternalistischen Arbeitsbeziehungen; Ausbildungsfunktion wird aber auch hier in geringerem Maße erfüllt als in deutschen Kleinbetrieben.

Abb. 21: Varianten der industriellen Organisation in England, Deutschland und Frankreich (nach Lane 1989)

	England	Deutschland	Frankreich
Manager & Management-stil	Top-Positionen trad. besetzt durch Oberschicht mit wenig management-bezogener oder techn. Ausbildung. Überwiegende Finanzorientierung. Tendenz zur Aufgabendelegation; Vertrauen aber wenig ausgeprägt.	Managementkarrieren besitzen hohes Sozialprestige. Hohes Ausbildungsniveau; soziale Herkunft der Manager breit gestreut. Führungsstil sach- *und* personenorientiert; zunehmend kooperativ.	Managementkarrieren inzw. auch den Absolventen der *Grand Ecoles* angesehen. Ausbildungsniveau hoch, aber theorielastig; Bias zu Ingenieurwissenschaften. Führungsstil autokratisch und/oder paternalistisch.
Beziehungen zu Arbeitnehmern & Mitbestimmungs-regelungen	Trad. starke Stellung der Gewerkschaften; ca. 50 % der Arbeitnehmer sind Mitglieder. Seit den 80er Jahren Versuche, den Einfluß einzudämmen. System der Einheitsgewerkschaft, allerdings mit starker Zersplitterung. Hauptverhandlungsebene sind die Werke. Aggressive Grundeinstellung, allerdings nicht auf Systemveränderung ausgerichtet.	Mäßig starke Stellung der Gewerkschaften; ca. 40 % der Arbeitnehmer sind Mitglieder. System der Einheitsgewerkschaft, unterteilt nach Industrien. Grundeinstellung kooperativ. Möglichkeiten des Arbeitskampfes weitgehend rechtlich geregelt.	Schwache Stellung der Gewerkschaften aufgr. niedriger Mitgliederzahlen (ca. 22 %) und starker Zersplitterung (konkurrierende Gewerkschaften mit unterschiedl. polit. Ausrichtung). Teilweise auf Systemveränderung ausgerichtet; wenig kooperativ. Seit 1982 Anzeichen eines Wandels mit positiven Implikationen für die Arbeitsbeziehungen.
	Formale Mitbestimmungsregelungen bisl. kaum vorhanden (obgl. Gegenstand intensiver Auseinandersetzungen). Einrichtung von Beratungskommitees verbreitet, aber nicht verpflichtend. Teilweise recht weitgehende Möglichkeiten der "Mitbestimmung am Arbeitsplatz".	Relativ weitgehende Mitbestimmungsregelungen auf der betrieblichen Organebene und zur Bildung von Betriebsräten bzw. Sprecherausschüssen (f. ltd. Angestellte); darüber hinaus "Mitbestimmung am Arbeitsplatz". Überbetriebliche Mitbestimmung schwach ausgeprägt.	Möglichkeiten der Mitbestimmung bislang nur sehr eingeschränkt vorhanden in privaten GmbH's und in staatlichen Unternehmen. Bildung von Arbeitskommitees und *Groupes d'expression* auf der Werksebene zur Regelung von Arbeitnehmer-betreffenden Fragen.
Industrie-politik	Offiziell starkes Commitment zur *Laisser-faire*-Politik; inoffiziell werden aber industriepolitische Aktivitäten durchaus unternommen, wenn auch nach kaum einheitlichem Konzept.	Industriepolitik nur schwach ausgeprägt; Staat beschränkt sich weitgehend auf die (sozial-verträgliche) Regulierung von Rahmenbedingungen. Dafür Tendenzen zum Korporatismus (Einfluß der Banken!).	Positives Klima für Industriepolitik. Zentrale Instanzen sind das Finanz-, aber auch das Industrieministerium und die Nationalbank. Implementierung allerdings stark verbürokratisiert und darum oft nicht effektiv.

Abb. 21 (Fortsetzung)

relatively high level of skill, have received an 'all-round' training and display self-motivation. They do not exercise union control over the allocation of tasks. Consequently they can be utilized highly flexible, with operators rotating between all the jobs in the plant, thus blurring the distinction between maintenance and production. Also German workers (chargehands) carry out many supervisory tasks themselves. Together with their foreman they exercise greater discretion than their European counterparts on how jobs are carried out, referring to 'craft' judgement and making informal arrangements. Technical staff, therefore, have a less prominent role on the German shopfloor.

In British ... enterprises, in contrast, worker autonomy as regards works structuring is less, and discretion from 'staff' departments more entrenched. The more rigid division of labour between 'works' and 'staff' in these two societies, particularly where separation of conception from execution is concerned, also means deficient communication and more disputes and hence more time spent on resolving labour disputes and grievances ..."

Natürlich bedürfen die hier aufgezeigten Unterschiede einer vorsichtigen Interpretation. Gerade in England gibt es durchaus Anzeichen einer "Japanization at Work" (Bratton 1992), die Lanes (1989: 181 ff.) These von der begrenzten Wandlungsfähigkeit britischer (und französischer)[12] Unternehmen in Richtung auf eine Strategie der "flexiblen Spezialisierung" konterkarieren. Umgekehrt ist bemerkenswert, daß die in Kapitel 2.32 vorgestellte Studie von Womack et al. (1990) auch *deutsche* Unternehmen auf der Nachteilsseite gegenüber japanischen Automobilherstellern sieht.[13] Auch Keck (1993: 145 ff.) attestiert dem "National System for Technical Innovation in Germany" gravierende Schwachstellen. Die Untersuchungen von Simon (1990, 1992) sind demgegenüber schon wieder eher auf die Stärken deutscher Unternehmen gerichtet, insbesondere die Stärken *mittelständischer* Unternehmen, die einen wesentlichen Teil der deutschen Wirtschaftskraft ausmachten, deren Eigenschaftsprofil aber bislang etwas verdeckt geblieben sei ("Hidden Champions"). Wie immer man diese Hinweise bewertet,[14] klar sollte sein, daß *Unterschiede* sich in der Tat festmachen lassen, deutsche Unternehmen also ein anderes Eigenschaftsprofil aufweisen als engli-

12. Der Wandel französischer Unternehmen wird ebenso ausführlich wie differenziert dargestellt in Schmidt (1993: insb. 88 ff.).
13. *Mercedes*-Chef Helmut Werner beziffert den Produktivitätsnachteil seines Unternehmens im Vergleich zu weltweit führenden Automobilherstellern auch 1993 auf ca. 30 % (*Süddeutsche Zeitung* vom 2.9.1993, S. 23), und *VW*-Chef Ferdinand Piech schätzt, daß die Zeit für die Herstellung eines Autos bei VW auch 1993 noch ca. dreimal so hoch liegt wie bei japanischen Herstellern! (Interview der *Süddeutschen Zeitung* vom 10.8.1993, S. 21)
14. Die vorstehend zitierten Arbeiten sind Beiträge zu der seit den späten achtziger Jahren lebhaft geführten Debatte um den "Wirtschaftsstandort Deutschland". Vgl. hierzu etwa Dierkes & Zimmermann (1989), Kahrmann & Sauerland (1991), Seitz (1991) sowie Henzler (1993).

sche oder französische, aber zum Beispiel auch *amerikanische* Unternehmen. Limprecht und Hayes (1982) sowie Wächter (1992) fassen, auf der Linie der in Abbildung 21 genannten Punkte liegend, die Merkmale "deutschen" Managements durch drei Punkte zusammen, nämlich *erstens* durch die Weltmarktorientierung und durch das Commitment aller Beteiligten/Betroffenen, daß das erste Ziel, dem alles andere unterzuordnen ist (*Korporatismus*: "Wir sitzen alle in einem Boot!"), die Erhaltung der Wettbewerbsfähigkeit auf den Weltmärkten ist, *zweitens* durch die technische Kompetenz auf allen Ebenen des Unternehmens und *drittens* die weitgehende Integration der Arbeitnehmer ("Sozialpartner") in die ökonomischen Entscheidungen (vgl. in diesen Punkten ähnlich Thurow 1992: 28 ff., Albert 1992: 103 ff.). Steger (1993b) weist *viertens* auch auf die verstärkte Umweltorientierung hin, die zwar in den USA in den sechziger und siebziger Jahren ihre Vorreiter gehabt haben mag, unter der Reagan-Administration aber doch in den Hintergrund getreten ist und inzwischen in europäischen und speziell in deutschen Unternehmen, schon aufgrund der engeren Geographie, auf fruchtbareren Boden zu treffen scheint (vgl. ähnlich Hahn 1992a: 63).[15]

(2b) Die vorstehend genannten Punkte zur Charakterisierung eines "deutschen" Managementansatzes sind, mehr als dies in Abbildung 21 der Fall war, statt auf "harte" Gesichtspunkte organisatorischer oder institutioneller Gestaltung eher auf "weiche" Gesichtspunkte, auf *kognitive Orientierungen*, ausgerichtet. Diese kognitiven Orientierungen stehen in einem engen Zusammenhang mit der *Kultur* eines Landes oder Sprachraumes und der dort agierenden Unternehmen. Die kognitiven Orientierungen bzw. die Kultur sind gleichsam das "Spiegelbild" organisatorischer bzw. institutioneller Arrangements; das eine reflektiert, verkörpert und verstärkt das andere (Sharp & Pavitt 1993: 142).[16] Es bietet sich an, sich mit den kognitiv-kulturellen Aspekten der industriellen Organisation von Nationen etwas näher zu beschäftigen, sind diese doch in besonderem Maße dazu geeignet, die *Tiefenstrukturen* zu beleuchten, die "hinter" dem Handeln von Organisationen und/oder Individuen stehen. Wie der Begriff andeutet, sind Tiefenstruk-

15. Die Veränderungen der amerikanischen Umweltpolitik, die mit dem Amtsantritt von Präsident Clinton (und vor allem mit dessen Vizepräsidenten Al Gore!) verbunden sein könnten, sind zum Zeitpunkt der Abfassung dieser Zeilen noch nicht übersehbar gewesen.
16. Etwas anders müßte man wohl formulieren, wenn man davon ausgeht, daß *gleiche Oberflächenstrukturen* mit *unterschiedlichen Tiefenstrukturen* verbunden sein können (und umgekehrt). Child (1981) hat vor einem solchen Hintergrund darauf hingewiesen, daß, oberflächlich betrachtet, Organisationen weltweit immer ähnlicher werden, die individuellen Verhaltensweisen in diesen Organisationen aber nach wie vor divergieren (vgl. Adler 1991: 57). Die im Text gegebene Begründung für eine Betrachtung kognitiv-kultureller Aspekte wird dadurch aber nur unterstützt.

turen nicht leicht zu verändern; sie sind in besonderem Maße "Träger" der *Historizität* eines Systems (siehe oben, Kap. 2.2). In dem Maße, wie Tiefenstrukturen von Kultursystemen sich unterscheiden, ergeben sich somit auch Implikationen über die Nachhaltigkeit der auch "oberflächlich" zu beobachtenden Unterschiede zum Beispiel zwischen deutschen und amerikanischen Unternehmen.

Die bekanntesten Arbeiten sind im Umkreis von G. Hofstede entstanden (siehe die Zusammenfassung in Franke et al. 1991: 166 f.).[17] "Kultur" - "the collective programming of the mind which distinguishes one group or category of people from another" (Hofstede 1993: 89) - wird hier durch vier Faktoren beschrieben und gemessen: durch die *Machtunterschiede* (In welchem Ausmaß akzeptiert eine Gesellschaft die Ungleichverteilung von Macht?), den *Individualismus bzw. Kollektivismus* (Wie eng ist die Einbindung des Einzelnen in die soziale Gemeinschaft?), die *Unsicherheitsvermeidung* (In welchem Ausmaß fühlt sich eine Gesellschaft durch unsichere Handlungssituationen bedroht, inwieweit sucht sie diese zu vermeiden?), die *Maskulinität bzw. Feminität* (Männer sind hart, erfolgreich und wettbewerbsorientiert, Frauen weich, warmherzig und verbindend!) und die *Fristigkeit der Handlungsorientierungen* (Präferenz für Zukunft versus Präferenz für Gegenwart oder gar Vergangenheit). Die für verschiedene Länder gefundenen Werte sind in Abbildung 22 zusammengefaßt.[18]

	MU	IND	UV	MAS	FR
USA	40	91	46	62	29
Europa					
Deutschland	35	67	65	66	31
Frankreich	68	71	86	43	30
England	35	89	35	66	25
Schweden	31	71	29	5	33
Asien					
Japan	54	46	92	95	80
Taiwan	58	17	69	45	87
Südkorea	60	18	85	39	75

MU = Machtunterschiede, IND = Individualismus, UV = Unsicherheitsvermeidung, MAS = Maskulinität, FR = Fristigkeit der Handlungsorientierung.

Abb. 22: Meßwerte für fünf Kulturdimensionen zu acht Ländern (zusammengestellt aus Franke et al. 1991: 168)

17. Hofstede (1980a) hat mehr als 72.000 Mitarbeiter der Firma *IBM* in 40 Ländern befragt, um die nationalkulturellen Unterschiede herauszukristallisieren; andere Untersuchungen basieren auf kleineren bzw. anderen Samples. Die im folgenden gegebene Darstellung "aggregiert" die Ergebnisse dieser Untersuchungen.
18. Eine kritische Diskussion der Ergebnisse von Hofstede findet sich in Singh (1990) und den sich daran anschließenden (im gleichen Heft der *Organization Studies* veröffentlichten) Statements von Hofstede und wieder Singh.

Die Abbildung zeigt für jedes Land spezifische Profile auf, die hier nicht im einzelnen erläutert werden müssen. Besonderes Augenmerk ist aber zu richten auf die Unterscheidung zwischen Individualismus und Kollektivismus, handelt es sich hier doch um die "[p]erhaps .. most important dimension of cultural difference in social behavior, across the diverse cultures of the world" (Triandis 1990: 42). Die aufgeführten Werte zeigen, daß in den USA und in England die Tendenz zu einer individualistischen Handlungsorientierung am stärksten ausgeprägt ist. Die kontinentaleuropäischen Länder nehmen eine Mittelstellung ein, während in den asiatischen Ländern eine kollektivistische Handlungsorientierung überwiegt. Auffällig ist hier, daß die Werte für Taiwan und Südkorea noch deutlich niedriger sind als für Japan. Das könnte ein Indikator dafür sein, daß die Tendenz zum Individualismus mit dem Wohlstandsniveau und der Komplexität einer Gesellschaft ansteigt (ebenda: 44). Die vor allem von Marketingtheoretikern (siehe oben, [1]) und Trendforschern vertretene These einer "Multi-Option Society" (Naisbett 1984: 232), die in *allen* Ländern der "Triade" (Amerika, Europa *und Japan*) Fuß zu fassen beginnt, hätte sonst auch kaum eine Grundlage. Dennoch, auch wenn solche Mechanismen wirken, sind die *relativen* Unterschiede zwischen den Ländern nach wie vor bemerkenswert. Darüber hinaus können die Handlungsorientierungen durchaus individualistische *und* kollektivistische Werte verkörpern. Es hängt dann von dem spezifischen "Setting" ab, welche Handlungsorientierung überwiegt (Triandis 1990: 47). So scheint zum Beispiel für Japan *nach innen hin* eine starke Tendenz zum Kollektivismus zu bestehen ("Alliance Capitalism"), während *nach außen hin* der Wettbewerbsgedanke (ein typisch individualistischer Wert) eine dominierende Rolle spielt (siehe oben, Kap. 2.3).

Die *englische* Variante des Individualismus findet ihren frühen Ausdruck in den Vertragstheorien von J. Locke und T. Hobbes. Freie Individuen schließen, das ist die Grundidee, einen Vertrag, um dadurch ihren individuellen Nutzen zu erhöhen, in Angelegenheiten, die "alleine" sich nicht befriedigend lösen lassen. Bezogen auf die Sphäre von Unternehmen bedeutete dies, so jedenfalls Fox (1983: 22 f.), "a stance which treated the worker as a contracting agent in a purely economic relationship which involved no obligations beyond the 'cash nexus'. The result was the 'us and them' syndrome: a posture of wary mutual inspection by two parties who ... pursued a zero-sum game within an essentially adversary relationship." Das Aufkommen von *Gemeinschaft* (im Sinne etwa von F. Toennies) ist unter solchen Rahmenbedingungen kaum wahrscheinlich. Einflüsse des Staates werden abgelehnt, zumindest wenn es um so etwas wie "Industrial Policy" geht. Wilks (1990: 144 f.) argumentiert, daß es (Ende der dreißiger und Anfang der sechziger Jahre etwa) durchaus Phasen einer größeren Aufgeschlossenheit gegenüber einer solchen "Industrial Policy" gegeben habe, aufgrund von Dilletantismus und Dogmatismus in der Durchführung aber die alte ablehnende Haltung wieder erneuert worden sei. Zumindest der Dilletantismus kann aber seinerseits wohl als Folge einer kulturell eingespielten Untauglichkeit der administrativen Elite zu Eingriffen in das freie Spiel marktlicher Kräfte interpretiert werden. Wilks (1990: 134 f.) zeigt hier einige typische Verhaltensnormen auf: die "Allrounder"-Mentalität, die sich lieber auf eine "Oxbridge"-Ausbildung als auf allzu vertieftes Wissen etwa in einer technischen Disziplin verläßt, das unerschütterliche Selbstbewußtsein ("often wrong, but never in doubt"), die mentalitätsmäßige Distanz zum "Management" von Unternehmen, verbunden mit einer Unterbewertung ökonomischen Erfolges, der Glaube an den Marktmechanismus ("Laisser-faire") und an liberale Werte im allgemeinen. Daß aus diesem Einstellungsmuster keine effektive Industriepolitik entstehen kann, dürfte offensichtlich sein.

Über den *amerikanischen* Individualismus, seine Meriten, aber auch die daraus resultierenden Probleme ist viel schon geschrieben worden (vgl. etwa Spence 1985). Seine Ursprünge liegen zum Teil sicherlich in der englischen Philosophie, darüber hinaus aber auch in dem Protestantismus, der, wie Max Weber (1981) gezeigt hat, seit dem 17. Jahrhundert gerade in den USA starken Widerhall gefunden hat. Unternehmerischer Geist, Erfolgs- und Wettbewerbsorientierung, das sind Eigenschaften, die auf einer solchen Grundlage blühen konnten und den Aufstieg des amerikanisch-kapitalistischen Systems ausgemacht haben (vgl. noch einmal Chandler 1990). Einflüsse des Staates wurden, ähnlich wie in England, immer als Bedrohungen des "Free Enterprise System" gesehen. "[T]he most characteristic, distinctive and persistent belief of American corporate executives", schreibt D. Vogel (1978: 45), "is an underlying suspicion and mistrust of government." Eine politische Elite hat sich vor diesem Hintergrund kaum ausbilden können, und erst recht nicht konnte sie jenes elitäre Bewußtsein annehmen, das für die englische Polit-Elite typisch zu sein scheint. Interessant ist aber, daß einige Merkmale sich auf der Ebene des *Managements* wiederfinden. Dazu zählt insbesondere die Bevorzugung von "Allroundern", wie sie sich in der Ausbildung an führenden amerikanischen Business Schools niederschlägt. Mintzberg (1990b: 187 ff.) hat hierzu kürzlich eine Kritik formuliert, die - anläßlich der offenkundigen Krisenerscheinungen in den amerikanischen Business Schools (*Die Zeit* vom 25.9.1992: 19) - weiten Widerhall gefunden hat.

Kann man also, zusammenfassend, das *anglo-amerikanische* System tatsächlich durch einen ausgeprägten Individualismus, verbunden mit einer skeptischen Einstellung gegenüber Eingriffen des Staates, charakterisieren, so scheinen in *Deutschland* ebenso wie in anderen kontinentaleuropäischen Ländern doch deutlich stärkere Tendenzen zu einem Kollektivismus vorhanden zu sein. "[M]anagement would be sceptical about the unfettered free market and would accept some limitation on managerial autonomy; similarly they would concede the legitimacy of state intervention and would concede a high degree of trust in the competence of state officials" (Wilks 1990: 146 f.). Zwar gebe es, so Wilks (1990: 137 f.), durchaus eine (preußische) Tradition staatlicher Zurückhaltung; diese Tradition sei aber, wie schon hervorgehoben, eingebettet in einer Kultur korporatistischer Selbstorganisation mit kollektivistischen Zügen. Deutschland sei nie eine freie Marktwirtschaft à la Adam Smith gewesen; statt dessen habe man sich (insbesondere in der Wirtschaft) Friedrich Lists Plädoyer für einen "nationalen" Ansatz ökonomischer Entwicklung zu Herzen genommen. "German industry", schreibt Wilks (1990: 138) im Anschluß an Dyson (1983: 32), "shares a concept of good citizenship in which public obligations take precedence over the private Concerns of 'selfish' individuals", und Armstrong (1973: 62) bestätigt: "List's doctrines appealed mainly to entrepreneurs and managers. His doctrine served to strenghten the St. Simonian legitimisation of private entrepreneurs who saw themselves as serving societal interests rather than purely private achievement" (zit. nach Wilks).

Die hier hervorgehobenen Elemente einer kollektivistischen Kultur sind, wie angedeutet, sicherlich schwächer ausgeprägt als in Japan oder gar in den anderen asiatischen Gesellschaften. Das kann man - angesichts des Erfolges insbesondere der japanischen Wirtschaft - bedauern; aber vielleicht bieten die Möglichkeiten der *Kombination* individualistischer und kollektivistischer Kulturelemente bzw. die Begehung eines "Mittelweges" auch eigene Chancen.

(3) In der Tat gibt es neuerdings (einmal mehr recht spekulative) Ansätze, die Konturen eines Mittelweges zwischen "amerikanischem" und "japanischem" Management zu beschreiben. Gegenstand der Überlegungen ist dabei allerdings nicht unbedingt "Deutschland", sondern *Europa*. Bleicher (1993: 80 ff.) sowie Bruhn und Dahlhoff (1993: 122 ff.) charakterisieren die Probleme des (anglo-) amerikanischen Managements ähnlich, wie dies auch in der vorliegenden Arbeit getan worden ist; darüber hinaus versuchen sie aber auch Schwächen des japanischen Managements herauszuarbeiten. Dazu gehöre vor allem die mangelnde Fähigkeit, sich auf differenzierte Kundenbedürfnisse in anderen kulturellen Kontexten wirklich einzustellen, ein Mangel, der vor allem mit der Homogenität der japanischen Gesellschaft und der damit einhergehenden unzureichenden Gewöhnung an "Andersartigkeit" zusammenhängt; und die durch den Kollektivismus bzw. mangelnden Individualismus begründete ungenügende Fähigkeit, "Big bang"-Innovationen hervorzubringen. Europa habe demgegenüber doch eine Reihe von Vorteilen: Die multikulturelle Umwelt biete die einmalige Chance (aber auch die Notwendigkeit!) der Kombination unterschiedlicher "na-

tionaler" Vorteile (mit Bruhn & Dahlhoff [1993: 123]: der "tüchtige Deutsche", der "ideenreiche Franzose", der "geschmackvolle Italiener", usw.); es gebe eine tief verwurzelte Tradition der Qualitätsarbeit und der Orientierung an differenzierten Kundenbedürfnissen; und schließlich sei natürlich auch die örtliche Nähe zu den emergierenden Märkten in Osteuropa ein Vorteil, auf den sich zukünftige wirtschaftliche Erfolge stützen könnten.

Natürlich ist diese Darstellung durch das "Prinzip Hoffnung" getragen. Andere Kommentatoren sehen Europa eher in einer Nachteilsposition, als "Stuck in the Middle" zwischen den beiden Hauptkonkurrenten Japan und Amerika (siehe etwa Makridakis 1991). Darüber hinaus ist fraglich, ob "Europa" überhaupt eine sinnvolle Betrachtungseinheit ist. Auch hier gehen, wie sollte es anders sein, die Ansichten auseinander. Pro-Argumente werden zum Beispiel von Thurow (1992: 75) vertreten. Er schreibt:

> "The world has outgrown the GATT-Bretton Woods trading system and must build a new system based on the realities of a tripolar economic world. If the pressures cannot be relieved in logical ways (a new Bretton Wood conference), they will be relieved in other ways. Since a new Bretton Wood conference cannot be held without a dominant power to force agreements, the European negotiations at Brussels will become the de facto new Bretton Woods conference. As the European Community harmonizes its internal rules and regulations, decides the conditions of access for outsiders, and offers associate memberships to other European nations such as Switzerland or Czecheslovakia, it will effectively be writing the rules of international trade for the next century. Whatever rules it adopts, others will learn to play by those rules.
>
> It is an old axiom of history that the rules of trade are written by those who control access to the world's largest market. Everyone else needs access to that market and has no choice but to play by the rules of the game. It was always thus. Britain wrote the rules of world trade in the nineteenth century. The United States did it in the twentieth century. As the world's largest market, the house of Europe will be writing the rules of world trade in the twenty-first century, and the rest of the world will simply have to learn to play their economic game."

Eine gegenteilige Sichtweise findet sich unter anderem bei Porter (1992b). Dort heißt es:

> "Speaking of Europe and an economic region ... can be misleading. Europe is becoming a critical *market*, but 'Europe' is not the locus of competitive advantage. Advantage grows out of national and even local circumstances in the diamond, one of which is culture. The importance of cultural factors only reinforces the notion that a firm's home base remains crucial even in global competition. European firms will prosper by drawing on and reinforcing their unique national cultures, not by seeking to eliminate them."

Die in Abschnitt (2) vorgetragenen Punkte sprechen eher für die von Porter und anderen vertretene Perspektive. Auch wenn man die Eigenschaften englischer Unternehmen außer Acht läßt, so scheinen doch zum Beispiel zwischen deutschen und französischen Unternehmen und deren institutionellen bzw. kulturellen Umwelten so gravierende Unterschiede zu bestehen, daß eine "europäische" Betrachtungsweise als bloße Fiktion wirken muß. Freilich, die Verhältnisse können sich ändern. Gerade auf dem mehrfach erwähnten Feld der Industriepolitik ist seit den achtziger Jahren eine Gewichtsverschiebung von den nationalen zu den Programmen der Europäischen Gemeinschaft festzustellen (vgl. Sharp & Pavitt 1993: 135 ff.).[19] Andererseits ist zum Beispiel Mitte 1993 das Europäische Währungssystem (EWS) zusammengebrochen, ein Umstand, der "die Zwölfergemeinschaft um Jahre zurück[geworfen]" hat (*Die Zeit* vom 6.8.1993: 15). Die Zukunft erst kann zeigen, wohin die Entwicklung gehen wird. *Erwartungen* über diese Zukunft sind allerdings jetzt schon vorhanden. Es ist offensichtlich, daß es auch in Europa in den letzten Jahren eine Restrukturierungswelle gegeben hat, die sich in einem rapiden Anstieg von M & A-Aktivitäten (Smith & Walter 1992) sowie in einer Vielzahl von "strategischen Allianzen" (Doz 1992, skeptischer Kay 1992: 219 ff.) bemerkbar machen. Sofern damit nationale Grenzen überschritten werden, sind damit auch in zunehmendem Maße "transnationale Fähigkeiten" des Managements gefragt, das heißt (mit Tijmstra & Casler 1992: 33), (a) die Fähigkeit, die europäische Unternehmensumwelt und insbesondere die kulturelle, soziale, politische und ökonomische Komplexität zu verstehen; (b) die Fähigkeit, sich neue, grenzüberschreitende und kulturüberbrückende Geschäftsformen bzw. Organisationseinheiten vorzustellen, sie zu kreiieren und zu gestalten; (c) die Fähigkeit, eine Bindung zu einer Unternehmensidentität und -mission zu entwickeln, die von allen Mitgliedern der Organisation, unabhängig von ihren kulturspezifischen Werten, geteilt wird; (d) die Fähigkeit, die Unterstützung der relevanten Interessengruppen in den verschiedenen Ländern, in denen das Unternehmen operiert, zu gewinnen; und (e) die Fähigkeit, die transnationalen Mobilitätserfordernisse zu akzeptieren und einen europäischen Karrierepfad anzustreben.

Die hier skizzierten Überlegungen legen es nahe, einerseits an der beispielsweise von Porter (1990) vorgeschlagenen "nationalen" Perspektive festzuhalten, andererseits aber auch die Tatsache im Auge zu behalten, daß gerade die europäischen Nationen in einen "multikulturellen" Kontext eingebettet sind, der jegliche Spielart von Provinzialismus verbietet. Oder aus der europäischen Perspek-

---

19. Vielzitierte Beispiele sind das ESPRIT-Programm zur Förderung der Informationstechnologie und EUREKA, das als Rahmen für Initiativen wie JESSI (Halbleiter) und Prometheus (automatische Navigationsssysteme für Kraftfahrzeuge) dient.

tive formuliert: Wenn es eine Einheit gibt, so ist diese nur "in der Vielfalt ihrer Stimmen" (Habermas) zu vernehmen; diese Vielfalt aber stellt in besonderem Maße Ansprüche an das Komplexitätsverarbeitungspotential der dort beheimateten Unternehmen. Dieser Gesichtspunkt ist auch durch die Theorie angemessen zu reflektieren (siehe dazu unten, Kap. 4.3).

3.2 Vom "Was" zum "Wie": Eigenarten der "deutschen" bzw. "europäischen" Forschung

Betreffen die vorstehenden Ausführungen Unterschiede im "Objektbereich" der Theoriebildung - Unterschiede zwischen den Operationsweisen und kulturell-institutionellen Rahmenbedingungen (anglo-)amerikanischer und europäischer bzw. deutscher (und natürlich auch japanischer) Unternehmen -, so stellt sich die Frage, welche Konsequenzen daraus für die Theoriebildung selbst resultieren. Die "komparative" Managementforschung (von Keller 1982, 1989), deren Ergebnisse zum Teil referiert worden sind (insb. Lane 1989), hält hier eine eher gemäßigte Antwort bereit: Es sei zwar sehr wahrscheinlich, daß das Management über die Grenzen von Ländern bzw. Kulturräumen hinweg Unterschiede aufweise; diese Unterschiede könnten aber in einem hinreichend abstrakt gewählten theoretischen Bezugsrahmen abgebildet werden. Die Theorie selbst besitze also, bis zu einem gewissen Grade wenigstens, "universalistische" Züge; sie sei "Culture-free". In Kapitel 1.1, oben, ist demgegenüber eine radikalere Antwort vorgeschlagen worden, in deren Mittelpunkt die sogenannte "Beobachterproblematik" steht. Das "Was" und das "Wie" der theoretischen Analyse hängen, so die These, eng zusammen. Die Eigenarten des "Objektbereichs" prägen unweigerlich auch die Art der Theoriebildung. Da der "Objektbereich" ein *soziales Konstrukt* ist, geht das Abhängigkeitsverhältnis aber auch in die andere Richtung. Es ist der Theoretiker, der den Objektbereich erst konstituiert. Persönliche Interessenlagen oder Wertvorstellungen spielen dabei eine nicht zu unterschätzende Rolle (vgl. Israel 1972, Kirsch et al. 1979: 135 f.).

Der Einfluß der Theorie auf die Konstitution des Objektbereichs läßt sich gerade im vorliegenden Fall leicht nachvollziehen. Ein "deutsches" oder "europäisches" Management existiert nicht von sich aus; es bedarf erst des gesonderten Blickes eines Beobachters, der Unterscheidungen zum "amerikanischen" oder auch "japanischen" Management trifft. Viele Jahre lang ist eine solche Beobachterperspektive entweder nicht vorhanden gewesen oder nicht in das Bewußtsein einer breiteren Gemeinschaft von Theoretikern und/oder Praktikern gedrungen. Dies hat sich inzwischen geändert, unter recht offensichtlichen Interessenlagen: Es wird eine Folie benötigt, um die Stärken oder Schwächen bestimmter

Managementmuster beschreiben zu können. Der amerikanischen Literatur liegen meist Beobachtungen des nachlassenden Erfolges amerikanischer Unternehmen zugrunde. Das ins Auge springende Gegenmodell ist, wie gesehen, "Japan", aber einige Autoren (z. B. Lester Thurow) wenden den Blick eben auch auf den europäischen Kontinent. In Deutschland haben sich bislang vor allem Berater für das Thema engagiert, die sich eine erfolgreiche Zukunft für die hiesigen Unternehmen wünschen.[20] Das Interesse der vorliegenden Arbeit ist demgegenüber mehr theorieorientiert: Es geht darum, die in den USA kaum wahrgenommenen Beiträge der europäischen, vor allem der deutschsprachigen Forschung zu einer Theorie der strategischen Unternehmensführung zur Geltung zu bringen und ihre Anschlußfähigkeit, aber auch die von ihnen ausgehenden Impulse für weitere Theoriearbeit aufzuzeigen.

Die umgekehrte Betrachtungsweise, die Abstimmung des "Wie's" der theoretischen Analyse auf das "Was" der Beobachtung, kann mit Luhmann (1984: 245) als "Realitätsbezug der Erkenntnis" angesehen werden (siehe oben, Kap. 1.1). Als Forderung verstanden bedeutet dies unter anderem, daß die Grundbegriffe der Theorie in ihrer Struktur den Gegebenheiten des "Objektbereichs" angepaßt sein sollten. Der Strategiebegriff ist dafür ein gutes Beispiel. In der amerikanischen Literatur wird dieser Begriff in Übereinstimmung mit den Annahmen eines methodologischen Individualismus verwendet: Die Aktoren sind erfolgsorientiert; es geht um die Maximierung des Eigennutzens. Aktivitäten anderer Aktoren werden nur insoweit in den Kalkül einbezogen, als sie den gewünschten Erfolg in Frage stellen können. Dieses Modell mag, wenn die Annahme einer individualistischen Kultur (Hofstede!) richtig ist, auf die Grundsituation (anglo-) amerikanischer Unternehmen zugeschnitten sein;[21] wenn es aber ebenfalls zutreffend ist, daß zum Beispiel japanische, aber eben auch europäische Unternehmen in einen eher kollektivistischen Kulturkontext eingebettet sind, dann müßte hier auch ein modifizierter Strategiebegriff verwendet werden, oder dem etablierten Strategiebegriff müßte zumindest ein alternativer Begriff zur Seite gestellt werden, der die vielbesprochene Orientierung zur "Sozialpartnerschaft" angemessen zum Ausdruck bringt. J. Habermas (1981a, b) würde etwa von einem *kommunikativen* Handeln sprechen, um Situationen zu bezeichnen, in denen die

---

20. Bemerkenswert sind das neue Buch von H. Henzler (1992a; vgl. auch ders. 1992b), dem Managing Director von *McKinsey & Co.* (Deutschland), aber auch die kürzlich gegründete *Roland Berger & Partner Stiftung für europäische Unternehmensführung*, die Forschungsarbeiten auf diesem Gebiet unterstützen will.
21. Auch dies ist bekanntlich umstritten! Siehe für eine neuere Auflage der Diskussion (am Beispiel organisationsökonomischer Ansätze) die Beiträge von J. Barney und L. Donaldson in der *Academy of Management Review* 15 (1990), Heft 3.

Aktoren eine verständigungsorientierte Einstellung besitzen und nach einer *gemeinsamen* Situationsdefinition suchen, von der ausgehend *alle* Aktoren ihre Handlungspläne verwirklichen können. Dieser Vorschlag ist von einer Reihe von Autoren, die im Bereich des Strategischen Managements arbeiten, aufgegriffen worden.[22]

Gegen die hier angedeutete Forderung nach Strukturgleichheit von Theorie und "Objektbereich" kann man einwenden, daß es sehr wohl möglich sei, auf der Basis falscher Annahmen richtige Voraussagen zu produzieren. Dieses Argument, ursprünglich von Ökonomen vorgetragen (Friedman 1953), wird sogar von Luhmann (1987: 36) mit einer gewissen Sympathie verfolgt, auch wenn dies mit seiner These vom "Realitätsbezug der Erkenntnis" kaum zusammenpaßt. Es ist deshalb naheliegend, sich nicht nur mit der *Forderung* nach Strukturgleichheit von Theorie und "Objektbereich" zu beschäftigen, sondern nachzusehen, ob nicht in der "real vorzufindenden" Theoriearbeit Anzeichen einer solchen Isomorphie vorhanden sind. Wenn man davon ausgeht, daß die Wissenschaft ein Teilsystem der Gesellschaft ist, dann liegt es ja nahe zu vermuten, daß die dort wirksamen Kulturorientierungen auch hier ihre Bedeutung besitzen. Die folgenden Ausführungen gehen dieser Vermutung in vier Schritten nach.

(1) Erste, das ganze Feld der Sozialwissenschaften abdeckende Hinweise finden sich bei J. Galtung (1982): In essayistischer Form werden dort die Eindrücke aus vielen Jahren Forschungserfahrung in allen Teilen der Welt zusammengefaßt. Das Ergebnis ist eine Typologie aus vier Wissenschaftsstilen: "saxonisch", "teutonisch", "gallisch" und "nipponisch".[23]

Der *saxonische* Wissenschaftsstil sei gekennzeichnet zunächst durch eine Art der intellektuellen Debatte, in der gegenteilige Standpunkte im großen und ganzen akzeptiert würden, in der Hoffnung, daß sich durch Zusammenschau der Argumente vielleicht etwas ergebe, das "mehr sei als die Summe seiner Teile". Dann die Beschreibung der Wirklichkeit, die als eine große Stärke saxonischer Wissenschaft anzusehen sei: "Der britische Hang zur Dokumentierung ist so sprichwörtlich wie die US-amerikanische Liebe zur Statistik. Alle Quellen gründlich

---

22. Siehe etwa W. Ulrich (1983), Kirsch (1984: 653 ff., 1992: 31 ff.), Steinmann & Schreyögg (1990: 66 ff.), Wüthrich (1990, 1991), Kirsch & zu Knyphausen (1993a).
23. "Warum diese seltsamen Bezeichnungen? Aus dem einfachen Grund, weil sie nicht mit Britannien, Deutschland, Frankreich und Japan identifiziert werden sollen - da diese als Länder Akteure im internationalen System sind und in sich vielfältige kulturelle Merkmale vereinen. Ich sehe allerdings die Stile, die durch diese Begriffe charakterisiert werden sollen, in den genannten Ländern als vorherrschend an ..." (Galtung 1982: 2).

erforscht zu haben, alle Daten zusammengestellt zu haben, ohne etwas zu verschleiern, ist das entscheidende Kriterium für Wissenschaftlichkeit" (ebenda: 10 f.). Die Theoriebildung, die *Erklärung* der Wirklichkeit stehe demgegenüber eher im Hintergrund; angestebt würden allenfalls "Theorien mittlerer Reichweite" (Merton), die dann - der Stil der intellektuellen Debatte ist kein Zufall! - natürlich auch nebeneinanderstehen könnten, ohne sich zu sehr "ins Gehege zu kommen". Eine "Paradigmendiskussion" sei in dieser Situation vergleichsweise unnötig.

Der *teutonische* Wissenschaftsstil hat, kaum überraschend, eine weitgehend entgegengesetztes Profil. Der Stil der intellektuellen Debatte sei viel aggressiver; immer gehe es darum, ein Weltbild zu verteidigen (entsprechend habe auch die "Paradigmendiskussion" eine größere Bedeutung!). Statt Empirie stehe die *Theorie* im Vordergrund, und zwar die "große" Theorie, die eine große Reichweite besitze, sich gleichzeitig aber auch auf wenige Grundprinzipien (logisch-deduktiv!) zurückführen lasse. Die grundlegende Metapher sei die der Pyramide, an deren Spitze eine "letztes Prinzip" stehe, das allerdings nicht die Form der Einheit haben müsse, sondern im Gegenteil häufig einen Dualismus beinhalte. Die Luhmannsche Systemtheorie spricht hier von "Leitdifferenzen", und es wird dann auch ein Vorschlag gemacht, was die paradigmatische Leitdifferenz für die Systemtheorie sein könnte: die Differenz von Einheit und Differenz! (vgl. Luhmann 1984: 26). Aus ihr soll sich alles andere ableiten lassen ...

Das von Galtung zusammengestellte Profil für den *gallischen* Wissenschaftsstil entspricht dem teutonischen; die einzelnen Elemente sind aber sehr unterschiedlich ausgeformt. Insbesondere werde weniger Wert gelegt auf die logische Stringenz des Theorieaufbaus; wichtiger sei eine "ästhetische Stimmigkeit", die nur ein *Meister* seines Faches zu erzeugen in der Lage sei. Das *nipponische* Profil schließlich hat wieder mehr Ähnlichkeit mit dem saxonischen; die Feinstruktur ist aber auch hier völlig andersartig. Bemerkenswert sei vor allem, daß die fernöstliche Kosmologie dem analytischen Atomismus abendländischer Provenienz entgegenstehe. Die Ausbildung dessen, was man dort als *Wissenschaft* bezeichnen würde, sei deshalb hier viel schwerer (vgl. Galtung 1982: 17).[24]

Das mit dieser Typologie beschriebene Muster der Wissenschaftsstile zeichnet einmal mehr natürlich nur grobe Linien, und es ist darüber hinaus in ständiger Veränderung begriffen (vgl. ebenda: 2). Was die sozialwissenschaftliche Diskussion in Deutschland bzw. Europa angeht, so ist hier zum Beispiel unter dem La-

---

24. Die japanische *Betriebswirtschaftslehre* scheint bislang in der Tat eher auf Theorieimport als auf Produktion eigener Theorieansätze ausgerichtet zu sein. Vgl. hierzu den Überblick von Mori (1987).

bei der "Postmoderne" eine Diskussion in Gang gekommen, die den Wert von umfassenden Theoriegebäuden, "großen Erzählungen" in Frage stellt und sich statt dessen eher für ein "Patchwork" situativ gebundener Theorien, "kleiner Erzählungen" eben, stark macht (vgl. insb. Lyotard 1986).[25] Die eben erwähnte Idee der "Leitdifferenzen" macht zudem zunehmend Schluß mit den Vorstellungen eines linearen Theorieaufbaus, wie er für den teutonischen Wissenschaftsstil ursprünglich typisch gewesen sein mag. Ins Blickfeld kommen vielmehr *selbstreferentiell-paradoxe* Denkfiguren, die durchaus eine Affinität zu der (von Galtung angesprochenen) Kosmologie des fernen Ostens besitzen könnten. In Kapitel 3.3 wird darauf noch kurz zurückzukommen sein.

(2) Die von Galtung vorgeschlagene Typologie ist, wie angedeutet, auf die Sozialwissenschaften als ganze bezogen; für die Managementtheorie - die Theorie der strategischen Unternehmensführung! - ist sie erst noch zu spezifizieren. Was die *amerikanische* "Mainstream"-Diskussion angeht, so können hier drei (miteinander zusammenhängende) Aspekte hervorgehoben werden: die Betonung des Individuums, die Betonung der Bedeutung von marktlichen Transaktionen und die Präferenz für eine Betrachtung des Managements statt der sonstigen Mitarbeiter (vgl. Hofstede 1993: 91 ff., 1994).

Die *Betonung des Individuums* hängt natürlich unmittelbar mit der individualistischen Grundorientierung der (anglo-)amerikanischen Kultur insgesamt zusammen (vgl. oben). Sie kommt insbesondere in den ökonomischen Theorien zum Ausdruck: Die Individuen werden dort als Entscheidungseinheiten behandelt, auf die sich die Ergebnisse marktlicher Prozesse zurückführen lassen. Aber auch die verhaltenswissenschaftliche Organisationstheorie à la March und Simon (1957) baut bekanntlich auf individualistischen Grundprämissen auf, nur daß jetzt danach gefragt wird, wie die Entscheidungen des Individuums *zustandekommen*. Die wichtigsten Erkenntnisse stammen dabei aus der Psychologie, die in den USA typischerweise einen höheren Stellenwert besitzt als zum Beispiel die Soziologie. Hofstede (1980b: 50 ff.) nimmt sich hier in besonderem Maße die Motivationstheorien von McClelland, Maslow, Hertzberg und Vroom heraus, um zu zeigen, daß auch diese als ein Reflex der für die USA typischen kulturellen Orientierungen angesehen werden können. Schon ein Titel wie "The Achievement Motive" (McClelland et al. 1953) spricht hier für sich: Das Individuum wird als jemand gesehen, der - in der Gesellschaft oder in der Organisation - Ziele setzt und diese in konsequenter Weise zu erreichen sucht. Daß umgekehrt

25. Diese Diskussion ist natürlich nicht ganz frei von Paradoxien, hat sie doch ihrerseits einen sehr "grundsätzlichen", paradigmatischen Charakter (das mag ein teutonisches Element sein), gemischt mit der ästhetischen Schreibkunst französischer Intellektueller!

auch die Gesellschaft die Psyche prägt, wie das etwa in der Theorie eines Österreichers, in Freuds Theorie des "Über-ichs" zum Ausdruck kommt, bleibt dagegen eher unterbelichtet (so jedenfalls Hofstede 1980b: 55).

Die *Betonung des Marktes* als einer grundlegenden Organisationsform der Handlungskoordination hängt natürlich wiederum eng mit der dominierenden Stellung der ökonomischen Theorie zusammen. Die Transaktionskostentheorie und die Agency-Theorie sind Beispiele dafür, daß zwar auch alternative Formen der Organisation in die Betrachtung einbezogen werden, daß der Markt aber doch die *Basis* bleibt, von der unter bestimmten Bedingungen *abgewichen* wird (Marktversagen!). Auch die amerikanische Finanzierungstheorie hat bekanntlich eine starke Verzerrung in Richtung Markt, genauer: Richtung *Kapital*markt (vgl. z. B. Rudolph 1979, Jacob 1993). Das paßt gut in eine Gesellschaft hinein, die nicht nur individualistisch orientiert ist, sondern auch eher niedrige Machtunterschiede aufweist, und in der die Individuen Handlungsunsicherheiten nicht in zu starkem Ausmaß zu vermeiden trachten (siehe noch einmal oben, Abb. 20).

Schließlich die *Präferenz für die Betrachtung des Managements.* Wie Hofstede (1993: 92) schreibt:

> "The core element of a work organization around the world is the people who do the work. All the rest is superstructure [...]. In the U. S literature on work organization, however, the core element, if not explicitly then implicitly, is considered the manager. This may well be the result of the combination of extreme individualism with fairly strong masculinity, which has turned the manager into a culture hero of almost mythical proportions. For example, he - not really she - is supposed to make decisions all the time ..."

Es bedarf kaum der Erwähnung, daß die hier skizzierte Sichtweise auch im Zusammenhang mit dem Strategischen Management (*Management*!) eine zentrale Rolle spielt. Wieder einmal ist die Harvard-Schule hierfür das beste Beispiel, nur daß es hier nicht um das Management, sondern um das *Top*-Management geht, das - im Sinne einer "Command-and-Control Mentality" (Hayes 1985: 117) - alle wichtigen Entscheidungen zu treffen und dann für deren Umsetzung zu sorgen hat (vgl. Mintzberg 1990b: 176). Aber auch in den über die Harvard-Schule hinausgehenden Forschungen hat sich die "Choice"-Perspektive als die dominierende erwiesen. Erst in jüngster Zeit kommen alternative Ansätze etwas mehr ins Bewußtsein, sei es die "Environmental School" der Populationsökologen (siehe oben, Kap. 2.41) oder andere Ansätze einer prozessual orientierten Forschung, die sich nicht mehr ausschließlich auf die Analyse strategischer *Ent-*

*scheidungs*prozesse konzentrieren und die Vorstellung eines allgegenwärtigen *Managements* etwas relativieren (vgl. Pettigrew 1992).[26]

(3) Die vorstehenden Ausführungen tragen dazu bei, (a) den US-amerikanischen "Mainstream" in der Forschung etwas näher zu charakterisieren, als dies in der Zusammenfassung zu Beginn des vorliegenden Kapitels geschehen ist, und (b) die tiefsitzende kulturelle Verankerung der verschiedenen Merkmale zu beleuchten. Kann man vor diesem Hintergrund nun einen eigenständigen *europäischen* oder gar "deutschen" Forschungsansatz zu einer Theorie der strategischen Unternehmensführung identifizieren? Diese Frage ist bislang kaum systematisch beantwortet worden. Abgesehen von der Finanzierungstheorie, in der die europäische Forschung als mehr unternehmensbezogen denn kapitalmarktorientiert charakterisiert werden kann (vgl. wieder Rudolph 1979, Jacob 1993), finden sich die klarsten Aussagen wohl in der Industrial Organization-Forschung, in der manche Autoren in der Tat Anhaltspunkte für einen eigenständig europäischen Ansatz sehen (vgl. Carlsson 1987, Schmalensee & Willig 1989: xi). H. W. de Jong (1986: 69) faßt seine Auswertung einschlägiger Forschungen aus verschiedenen Sprachgebieten in Europa wie folgt zusammen:

> "Notwithstanding the differences in thinking between those areas, I have found as a common thread the paradigma of dynamic market development. Behind the given market structures, European economists have, throughout this century and before, detected the entrepreneur, as the moving force, who creates, reforms and destructs the organizational market forms. Such a way of viewing the field, while distinguishing it from other lines of thinking, has implications for the type of analysis. It stresses the importance of some topics and methods, while neglecting others."

Im einzelnen nennt de Jong hier fünf Gesichtspunkte, die sich zwischen 1900 und 1960 herauskristallisiert haben, auf denen aber auch die späteren Forschungen in den verschiedenen Ländern (sicherlich mit unterschiedlichen Schwerpunkten) aufbauen. Diese Gesichtspunkte sind (de Jong 1986: 71 f.):

(a) Das zentrale Organisationsprinzip aller Märkte ist der *Wettbewerb*. Hohe Konzentrationsraten sowie Assoziationen zwischen Unternehmen werden als Phäno-

---

26. Die tiefsitzende kulturelle Verankerung der Choice- bzw. Managementperspektive wird sehr eindrücklich beschrieben bei March (1981a: 236); dort heißt es: "The idea of intelligent choice is a central idea of modern ideology, and organizations are institutions dedicated to that vision of life. Consequently, activities within organizations, and particular decision activities, are part of a set of rituals by which a society assures itself that human existence is built around choice, and that human institutions are manifestations of the intelligent control of human destiny through rational action. The decision process is a ritual by which we recognize saints, socialize the young, reassure the old, recite scripture, and come to understand the nature of our existence."

mene betrachtet, die durch das Wettbewerbsprinzip reguliert werden. Sie werden also nicht als "Abweichungen" oder "Aberrationen" von diesem Prinzip behandelt.

(b) Märkte und ihre Strukturen werden einer *dynamischen Betrachtung* unterzogen, die das *Zeitelement* in sich aufnimmt. Es wird grundsätzlich eine *evolutionäre* Perspektive eingenommen, die das "zerstörerische" Verhalten des Unternehmers (im Sinne Schumpeters) ebenso wie Veränderungen der Nachfragebedingungen berücksichtigt.

(c) Die *internationale Dimension* des Wettbewerbs ist allgegenwärtig: Europa besteht aus einer Anzahl nationaler Märkte, die je für sich relativ klein sind.

(d) Statt großzahliger statistischer Analyse wird verstärkt auf *Fallstudien* sowie auf eine *deduktive Argumentation* zurückgegriffen, die freilich weniger formal ausgerichtet ist wie die entsprechenden Ansätze in den USA.

(e) Der *Staat* wird als ein endogener Faktor des Marktgeschehens berücksichtigt.

Die wenigen Autoren, die sich *direkt* mit der Frage der "European Perspectives on Strategic Management" (McGee & Thomas 1986a) auseinandersetzen, äußern sich über das Vorhandensein eines eigenständigen Ansatzes schon weniger eindeutig. Wiederum in Form von Zitaten:

> "The main conclusions to be drawn from the conference presentations and the papers in this volume is that there is a striking similarity between the interests and concerns of European and American strategic management researchers. There are some differences to be sure - Europeans are more comfortable with the international dimension of strategic management, they are more attuned to the strategic implications of the business government relationships, and they are more likely to conduct in-depth longitudinal studies - but these differences are outweighed by the overlap in our research problems and opportunities." (Snow 1986: 315)

> "[T]he differences in research tradition lie in part with the different competitive and social environment in Europe. To the extent that competitive pressures are felt globally then some of these differences may be eroded. But perhaps a part of the difference lies in the nature of research values. The European tradition is not the conventionally 'publish or perish': it encourages more reflective, longer run research which treats policy problems as somewhat more central than the fine structure of knowledge. A further component of the difference in research traditions arises from the role of government and its concern with national competitive advantage. Here again, the American and European environment may be conveying our time." (McGee & Thomas 1986b: 320)

Die beiden hier aufgeführten Zitate nennen durchaus ähnliche Punkte wie de Jong; nur wird darauf hingewiesen, daß diesseits der festgestellten Unterschiede auch "Striking Similarities" bestehen, die mit der Angleichung, der "Globalisierung" der Wirtschaftsumwelten zusammenhängen. Die Diskussion zu dieser "Globalisierungsthese" ist in Kapitel 3.1, oben, geführt worden, mit einem allerdings skeptischeren Unterton: Eine Reihe von Anhaltspunkten verweist nach wie vor auf die Bedeutung nationaler - allerdings nicht unbedingt "europäischer" - Eigenarten von Unternehmen und deren kulturell-institutionellen Rahmenbedingungen. Das spricht dafür, daß auch die Unterschiede in der Forschungsorientierung erhalten bleiben. Dennoch sind auf der Forschungsseite die Konturen nicht so scharf ausgeprägt, wie man das aufgrund der unterschiedlichen Umweltbedingungen vielleicht erwarten könnte.

Was die amerikanische Forschung angeht, so wurde in Kapitel 2 gezeigt, daß es hier Trends gibt, die in Richtung Europa zeigen - die Fallstudienforschung etwa, oder die Schumpeter-Variante der ökonomischen Theorie, die sich in dem in Kapitel 2.15 vorgestellten "Ressourcenorientierten Ansatz", aber auch in weiten Bereichen der Forschungen zum Thema "Technologie & Innovation" (Kap. 2.5) herauskristallisiert hat.[27] Das Thema "Entrepreneurship" wird auch in der sonstigen Literatur behandelt (siehe oben, Kap. 2.43). Schließlich wird auch das in allen Zitaten hervorgehobene Thema "Inter-" bzw. "Multinationalität" sowohl in der amerikanischen Industrial Organization-Forschung (vgl. zum Überblick Caves 1989, Krugman 1989, Acocella 1992) als auch in den Forschungen zum Strategischen Management i. e. S. bearbeitet (vgl. als Indikatoren noch einmal Porter 1990, aber auch das Sonderheft des *Strategic Management Journal*, Sommer 1991).

Umgekehrt ist es in der aus Europa kommenden Forschung der letzten Jahre kaum gelungen, die vorhandenen Traditionen konsequent auszubauen. In der deutschen betriebswirtschaftlichen Forschung spielt der Name "Schumpeter" bislang keine hervorgehobene Rolle. Auch ist nicht ersichtlich, inwiefern das inter- bzw. multinationale Element *stärker* berücksichtigt sein sollte wie in der amerikanischen Forschung. Die Zitationen beziehen sich fast ausschließlich auf deutsch- oder englischsprachige Arbeiten. Das zeigt, daß auf der Ebene der Forschung es noch kein Pendant zu den im "Objektbereich" festzustellenden Entwicklungen verstärkten interkulturellen Austauschs gibt. Was es gibt, ist ein Import der amerikanischen Ansätze in die Theoriearbeit (siehe die Analysen zur britischen, französischen, deutschen und holländischen Industriesoziologie in Lammers 1990). Der Aufbau einer *eigenständigen* Forschung, die auf den offenbar vorhandenen Theorietraditionen konsequent aufbaut, ist - auf den ersten Blick - bestenfalls ein *Projekt der Zukunft*, nicht aber schon realisiert.

---

27. Freilich muß festgestellt werden, daß die Vertreter der hier genannten Ansätze sich selbst häufig von der etablierteren "Mainstream"-Forschung *abzugrenzen* versuchen. So heißt es etwa bei Nelson & Winter (1982: 4), "that a major reconstruction of the theoretical foundations of our discipline is a precondition for significant growth in our understanding of economic change." Vgl. vom Tenor her ähnlich Rumelt et al. (1991).

Auf den zweiten Blick kann man freilich feststellen, daß die von de Jong, Snow und McGee & Thomas genannten Gesichtspunkte sich im wesentlichen auf die von Hofstede herausgestellte *Marktperspektive* beziehen. Ein europäischer Ansatz, wenn es ihn gäbe, würde die Marktperspektive nicht völlig überwinden, aber sie würde doch stärker auch die Einflüsse des Staates berücksichtigen und stärker die *dynamischen* Aspekte marktlicher Prozesse betonen. Kaum eingegangen wurde dagegen auf die beiden anderen Punkte, die für die amerikanische Forschung typisch sind: auf die individualistische Grundorientierung, die sich unter anderem in einer disziplinären Bevorzugung der Psychologie gegenüber der Soziologie äußert, und auf die "Command-and-Control"-Mentalität, die so sehr auf die Entscheidungen des Managements abhebt. Die im folgenden zu eruierende These lautet, daß gerade in der deutschsprachigen Betriebswirtschaftslehre Ansätze *vorhanden* sind, die unter diesen Gesichtspunkten eine Alternative vorstellen.

(4) Die deutschsprachige Betriebswirtschaftslehre wird in der Tat von manchen Autoren deutlich von der angelsächsischen Managementlehre unterschieden. D. Schneider (1981) hebt, ähnlich wie Galtung (oben), vor allem die stärkere Theorieorientierung hervor; die anwendungsorientierte Managementlehre amerikanischer Provenienz wird gar nicht erst eines eingehenderen Blickes gewürdigt. Staehle setzt sich dagegen gerade mit dieser Managementlehre ausführlich auseinander. Die Mission seines Buches beschreibt er wie folgt (Staehle 1980: 1):

> "Das vorliegende Lehrbuch stellt eine Einführung in die Managementlehre dar, so wie sie im angelsächsischen Raum zur Zeit an Hochschulen und Weiterbildungsinstitutionen vermittelt wird. Es handelt sich also keineswegs um eine Einführung in die Allgemeine Betriebswirtschaftslehre, wie sie etwa von *Wöhe* (1978) vorliegt. Die Deckungsungleichheit zwischen den Stoffgebieten von Betriebswirtschaftslehre und Managementlehre zeigt sich schon rein quantitativ darin, daß *Wöhe* von insgesamt 1.050 Textseiten seines Lehrbuches lediglich 58 (das sind etwa 5,5 %) über den Bereich (er nennt ihn 'Die Betriebsführung') schreibt, dem ich ein ganzes Lehrbuch widme."

Wenn die hier geäußerte Sichtweise zuträfe, wäre die deutschsprachige Betriebswirtschaftslehre zwar distinkt von der amerikanischen Managementlehre; sehr ermutigend wäre das allerdings nicht: Das (durchaus typische) Lehrbuch von Wöhe läßt nicht gerade den Eindruck entstehen, daß hier jener Stoff vermittelt wird, der die weltweiten Forschungsbemühungen zu einer Theorie der strategischen Unternehmensführung in neue Dimensionen führt. Allein: sie trifft nicht zu. Auf S. 51 des Buches von Staehle findet sich eine Abbildung, die den "Objektbereich" von Betriebswirtschaftslehre einerseits und Managementlehre andererseits einzukreisen versucht (vgl. Abb. 23). Dabei zeigt sich, daß es vielleicht etwas unterschiedliche Schwerpunkte geben mag, daß aber kein einziges Thema exklusiv von der einen oder anderen Forschungstradition behandelt wird. Amerikanische Managementlehre und deutschsprachige Betriebswirtschaftslehre sind, so kann man folgern, de facto das Gleiche (vgl. Kirsch 1984: 375 ff.).

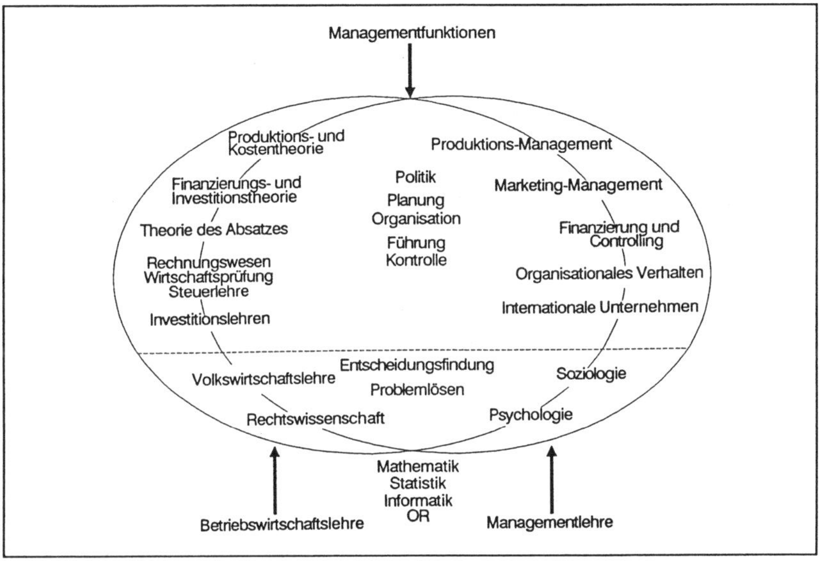

Abb. 23: Objektbereich von Betriebswirtschaftslehre und Managementlehre (aus: Staehle 1980: 51)

Freilich ist die Bestandsaufnahme von Staehle inzwischen ein Dutzend Jahre alt.[28] Seither sind gerade im Bereich des Strategischen Managements und/oder der Organisationsforschung einige Monographien erschienen (Zahn 1979, Milling 1981, Schreyögg 1984, Malik 1984, Scholz 1987, zu Knyphausen 1988, Kasper 1990, Wüthrich 1991, Servatius 1991, Kirsch 1990, 1992 u. a. m.),[29] die über mehrere Auffälligkeiten verfügen:

28. In neueren Auflagen des Buches ist die oben reproduzierte Abbildung nicht mehr enthalten.

29. Darüber hinaus gibt es natürlich zahlreiche Aufsatzveröffentlichungen, die in die gleiche Richtung gehen (vgl. zuletzt etwa Maul 1993). Die Existenz einschlägiger Monographien (die es so in den USA nicht gibt) spiegelt aber vielleicht doch eine von McGee & Thomas (oben) erwähnte spezifisch europäische Tradition wider, "[which] is not the conventionally 'publish or perish': it encourages more reflective, longer run research which treats policy problems as somewhat more central than the fine structure of knowledge."

(a) Sie sind sehr konzeptionell bzw. "grundlagenorientiert" angelegt (vgl. die Untertitel von Zahn, Milling, Schreyögg und Kirsch 1992!); die empirische Orientierung ist dagegen eher gering.

(b) Sie bauen weitgehend auch auf sozialwissenschaftlichen Erkenntnissen auf, und zwar insbesondere auf Erkenntnissen der neueren Systemtheorie, aber auch auf Ansätzen, wie sie beispielsweise von J. Habermas in der Gesellschaftstheorie, aber auch in anderen Anwendungsgebieten (z. B. der Rechtssoziologie bzw. -philosophie) vertreten werden.

(c) Sie brechen mit der in anderen Ansätzen diagnostizierten "Illusion der Machbarkeit" und entwickeln eine Sichtweise, die neuerdings durch das Prädikat "Evolutionäres Management" oder auch "Evolutionäre Führungslehre" gekennzeichnet wird.

Der unter (a) genannte Gesichtspunkt könnte auf den ersten Blick als nicht sehr attraktiv empfunden werden. Die empirische Orientierung dieser Ansätze könnte aber auch eine Frage der Zeit sein; insofern muß ein weiteres Mal auf die Zukunft verwiesen werden. Die beiden anderen Gesichtspunkte sprechen aber eben *existierende* Theorieentwicklungen an, die zu der etablierten (anglo-) amerikanischen Forschung doch einen deutlichen Unterschied markieren: Sie setzen eher auf Soziologie als auf Psychologie, und sie relativieren den "Macho"-Anspruch des Managements.[30] Das soziologische, allgemeiner vielleicht: das sozialwissenschaftliche Interesse reflektiert die im Vergleich zu den USA (und England) schwächer ausgeprägte individualistische Grundorientierung in den deutschsprachigen Ländern; die Tatsache, daß das Interesse für die Psychologie deshalb aber nicht verlorengegangen ist, der Tenor sich nur von der Verhaltens- zur *Handlungs*theorie verschiebt, zeigt aber auch, daß die individualistische Grundeinstellung auch in dieser Art der Forschung nach wie vor ihre Spuren hinterläßt. Auch die "evolutionäre Gelassenheit", die diese Ansätze ausstrahlen, ist nicht reinrassig; sie wird konterkariert durch den Umstand, daß es sich nach wie vor ja noch um ein evolutionäres *Management*, um eine evolutionäre *Führung* handelt. Dennoch mag es überraschen, daß der unter (c) genannte Ge-

30. Einmal mehr ist darauf hinzuweisen, daß es Ausnahmen von der Regel gibt: Natürlich sind auch in den USA Beiträge zu finden, die eine stärkere Ausrichtung auf die im Text genannten Elemente fordern (siehe etwa Pfeffer 1987, Friedland & Alford 1991, Swedberg & Granovetter 1992). Auch in der *Harvard Business Review* ist kürzlich ein Beitrag erschienen, der sich unter anderem in recht enthusiastischer Weise mit dem Bestseller von P. Senge (1990) auseinandersetzt, der durch eine starke Affinität zu systemtheoretischen Ideen gekennzeichnet ist (Freedman 1992). Der Titel des Aufsatzes ist allerdings doch bezeichnend: *Is Management Still a Science?*

sichtspunkt gerade in der deutschsprachigen Forschung aufgekommen ist, obgleich doch in Abbildung 22 für Deutschland in den offenbar relevanten Dimensionen "Maskulinität" und "Unsicherheitsvermeidung" *höhere* Werte als für die USA ausgewiesen sind. Mit Lane (1989: 98 u. ö.) kann dem nur die Vermutung entgegengehalten werden, daß die von Hofstede dokumentierten Ergebnisse für Deutschland zwar einem etablierten Stereotyp entsprechen, die "reale" Situation inzwischen aber doch etwas anders aussieht. In Abbildung 21 konnten daher auch mehr partnerschaftliche, auf langfristige Zielvorstellungen ausgelegte Elemente identifiziert werden, als man es a priori vielleicht erwartet hätte. Zu der *hier* gegebenen Beschreibung paßt die unter (c) zusammengefaßte Theorieperspektive überraschend gut.

3.3 Diskussion: Relativismus & Rationalität

Eine Theorieperspektive, die nicht nur auf (an "Nationen" festgemachte) Unterschiede im Gegenstandsbereich der Theoriebildung verweist, sondern damit einhergehend auch eine unterschiedliche *Art der Theoriebildung* postuliert und propagiert, ist selbst nicht kontextneutral. Der wissenschaftssoziologische Impetus, der damit verbunden ist, ist eine spezifisch "deutsche" Erfindung, "with .. deep roots in .. society and culture" (Stehr & Meja 1984: 5). Sie ist nur bedingt kompatibel mit der in der amerikanischen Forschung (zum Strategischen Management, aber auch darüber hinausgehend) weithin akzeptierten Wissenschaftstheorie, derzufolge es sich bei einer Theorie um einen systematisch verbundenen Satz von Aussagen, einschließlich gesetzesartiger Generalisierungen, handelt, die empirisch testbar sind (vgl. Seth & Zinkhan 1991: 75). Die Daten werden hier als von der Theorie unabhängige Repräsentationen von Realität angesehen, und die Theorien als Mengen von Aussagen, die universelle Gültigkeit besitzen. In der in Kapitel 1 und zu Beginn von Kapitel 3.2 beschriebenen Theorieperspektive sind das "Was" und das "Wie" der theoretischen Analyse hingegen miteinander verschränkt, und der Anspruch auf universelle Gültigkeit wird nicht mehr erhoben. Sie ist "relativistisch": Kontexte können gewechselt werden, und entsprechend kann dann auch die Welt ganz anders aussehen. Das schließt aber nicht aus, daß in Argumentationen, die *in* einem bestimmten Kontext, *in* einer bestimmten Kultur stattfinden, universalistische Ansprüche zu Geltung kommen. Oder anders formuliert: Da die Relativismus-These selbst kontext-relativ ist, besteht für eine universalistische Einstellung, wie sie für die US-amerikanische Forschung charakteristisch ist, weiterhin Platz. Das mag paradox klingen, ist aber eine Folge der selbstreferentiellen Logik, die mit diesem Theoriekonzept verbunden ist (vgl. oben, Kap. 1.1).

Das hier aufscheinende, spannungsreiche Verhältnis von Universalismus und Relativismus der Theoriebildung findet, angesichts der Verschränkungsthese nicht überraschend, auch auf der "Objektebene" - der Ebene der Unternehmenspraxis - seinen Niederschlag. "Universalismus" bedeutet hier, daß in den relevanten Argumentationszusammenhängen mit allem Nachdruck für den eigenen Standpunkt gestritten wird; "Relativismus" hat dagegen etwas damit zu tun, daß man trotzdem weiß, daß aus einer anderen Perspektive alles ganz anders aussehen kann, und man eine Art "evolutionäre Gelassenheit" aufbringt, die das Scheitern der eigenen Bemühungen immer wieder aufzufangen in der Lage ist.

Differenziertere Überlegungen lassen sich unter dem Titel der Rationalität anstellen. Rationalität ist eine grundlegende Orientierungskategorie für jede Art der Theoriebildung; aber auch in Zusammenhängen der Unternehmenspraxis scheint zumindest die *Fiktion* der Rationalität hohe Bedeutung zu besitzen (siehe nach einmal das March-Zitat in Fn. 26). Schließlich können auch Kulturen oder "Lebenswelten" durch die ihnen zugrundeliegenden Rationalstrukturen charakterisiert werden (vgl. Habermas 1981b: 229 ff.). Es ist deshalb bemerkenswert, daß Forschungen, die im Bereich des "Comparative Management" entstanden sind, diese (mit Hofstede gesprochen:) "Dimension" bei der Auszeichnung "nationaler" Identitäten nicht weiter berücksichtigen.[31] Im Bereich der ökonomischen Theorie liegt das Rationalitätsthema dagegen offen zutage; jedes Modell beginnt mit der Spezifizierung der Annahmen über das Akteurverhalten. In der nicht-ökonomischen Organisationsforschung werden diese Annahmen häufig kritisiert; statt auf den "Rational Man" wird dann zum Beispiel auf den "Political Man" verwiesen, der *de facto* das organisationale Verhalten bestimmt (vgl. für ein genaueres Eigenschaftsprofil etwa Bosetzky & Heinrich 1980: 156 [Kap. 2, oben, Fn. 40]). Das Rationalitätsthema fällt damit allerdings ebenso häufig überhaupt unter den Tisch. Erst die oben zitierten "deutschen" Arbeiten (insb. Schreyögg 1984: 213 ff., Servatius 1991: 83 ff., Kirsch 1992) können hier einen Neuanfang bieten (vgl. auch Brantl 1985, Hinder 1986 sowie P. Ulrich 1986, 1988). Die folgenden Hinweise müssen sich auf wenige, für den vorliegenden Zusammenhang relevante Aspekte beschränken.

Ein universalistischer Rationalitätsbegriff kann zunächst als Begriff *kognitiv-instrumenteller* Rationalität rekonstruiert werden. Dieser Begriff, "der über den Empirismus das Selbstverständnis der Moderne stark geprägt hat[,] .. führt die Konnotationen erfolgreicher Selbstbehauptung mit sich, welche durch informierte Verfügung über, und intelligente Anpassung an Bedingungen einer kontingenten Umwelt ermöglicht wird" (Habermas 1981a: 28). Die implizit oder ex-

31. *Berührt*, dann aber *nicht* weiterverfolgt wird der Rationalitätsaspekt bei Pieper (1993: 340).

plizit (z. B. im Rahmen eines theoretischen Diskurses) erhobenen Geltungsansprüche sind die der Wahrheit von Propositionen und der Wirksamkeit teleologischer Handlungen (ebenda: 39, 44). Das zugrundeliegende Handlungsmodell "geht davon aus, daß der Aktor in erster Linie an der Erreichung eines nach Zwecken hinreichend präzisierten Ziels orientiert ist, Mittel wählt, die ihm in der geplanten Situation geeignet erscheinen, und andere vorhersehbare Folgen als Nebenbedingungen des Erfolgs kalkuliert. Der Erfolg ist definiert als das Eintreten eines erwünschten Zustandes in der Welt, der in einer gegebenen Situation durch zielgerichtetes Tun oder Unterlassen kausal bewirkt werden kann. Die eintretenden Handlungseffekte setzen sich zusammen aus Handlungsergebnissen (soweit der gesetzte Zweck realisiert worden ist), Handlungsfolgen (die der Aktor vorhergesehen und mitintendiert bzw. in Kauf genommen hat) und Nebenfolgen (die der Aktor nicht vorhergesehen hat)" (ebenda: 384 f.). Je nach dem, ob das Handeln eher unter dem Aspekt der Befolgung technischer Handlungsregeln oder unter dem Aspekt der Befolgung von Regeln rationaler Wahl betrachtet wird, kann man entsprechend von einem *instrumentellen* oder von einem *strategischen* Handeln sprechen (vgl. ebenda).

Das hier skizzierte Rationalitäts- bzw. Handlungsmodell ist typisch für eine okzidentale Kultur, die durch die Grundeinstellung der *Weltbeherrschung* gekennzeichnet ist (vgl. die Rekonstruktion Max Weberscher Religionssoziologie in Habermas 1981a: 279 ff.). Eine besonders hohe Affinität ergibt sich zu einem kulturellen Kontext, der durch eine individualistische Grundorientierung gekennzeichnet ist; kollektivistische Kulturen passen nicht so gut dazu. "Individualists must conquer frontiers (see Alexander the Great; missionaries; the insistence on making the whole world adopt one's own religion and political system) in order to feel that they are 'good people,' whereas collectivists are satisfied to cultivate their own habitat. When the individualist cannot dominate others, he turns to dominating things (owning objects) or animals (pets). The collectivist is much more interested in maintaining harmony with humans" (Triandis 1990: 45). Es ist deshalb abermals nicht überraschend, daß vor allem in den USA die ökonomische Theorie - die geradezu als *Verkörperung* kognitiv-instrumenteller Rationalität und strategischer Handlungskalküle angesehen werden kann - so bereitwillige Aufnahme gefunden hat; im Bereich der Industrieökonomie und/ oder des Strategischen Managements ergänzt noch durch eine starke *Performance*-Orientierung (vgl. oben, Kap. 2.6). Die individualistische Grundorientierung der amerikanischen Gesellschaft findet eben auch auf der Ebene der Theorie ihren Niederschlag.

Die (erste) Alternative zum Begriff der kognitiv-instrumentellen Rationalität ist der der *kommunikativen* Rationalität. Dieser Begriff steht in einem engen Zusammenhang mit der Theorie des kommunikativen Handelns, die zu Beginn von Kapitel 3.2 kurz angesprochen worden ist. Er "führt Konnotationen mit sich, die letztlich zurückgehen auf die zentrale Erfahrung der zwanglos einigenden, konsensstiftenden Kraft argumentativer Rede, in der verschiedene Teilnehmer ihre zunächst nur subjektiven Auffassungen überwinden und sich dank der Gemeinsamkeit vernünftig motivierter Überzeugungen gleichzeitig der Einheit der objektiven Welt und der Intersubjektivität ihres Lebenszusammenhangs vergewissern" (Habermas 1981a: 28). Aspekte der kognitiv-instrumentellen Rationalität werden mitaufgenommen, aber auch *ergänzt* durch Aspekte einer *moralisch-praktischen* Rationalität, die auf die Richtigkeit der dem Handeln zugrundeliegenden Normen abstellt, und der *ästhetisch-praktischen* Rationalität, die sich an dem Ausmaß der authentischen Artikulation von Meinungen und Bedürfnislagen im Rahmen von Argumentationen bemißt.

Das Konzept der kommunikativen Rationalität ist nach wie vor universalistisch ausgelegt; letztlich geht es darum, die Besonderheiten einer Situation allgemeinen Handlungsregeln zuzuordnen (vgl. ausführlich Spinner 1986).[32] Darüber hinaus besitzt es auch stark individualistische Züge; das individuelle Handlungssubjekt bleibt zentraler Ausgangspunkt, und die Welt der Objekte (einschließlich der Natur! [vgl. Habermas 1984b: 505 ff.]) gilt als etwas, was dem Handlungskalkül *unterworfen* bleibt. Gleichzeitig sind aber eben auch eher kollektivistische Elemente festzustellen, wird doch ein Übergang von der Ebene der Handlungssubjekte auf die Ebene der *Inter*subjektivität einer sozialen Kommunikationsgemeinschaft gefunden. Insbesondere der gemeinsame Verlaß auf oder die kommunikative Verhandlung von Handlungsnormen (beides sind Aspekte einer *moralisch-praktischen* Rationalität) trägt nach Habermas (1981b: 205 ff.) zur Konstitution einer gemeinsamen Lebenswelt, einer "Gesellschaft" bei. Wenn es zutrifft, daß im Vergleich zu den USA in den *europäischen* Gesellschaften *eher* kollektivistische Elemente vorhanden sind und es dort - gerade auch in Deutschland - *eher* einen Trend in Richtung "Korporatismus" oder "Sozialpartnerschaft" gibt (vgl. oben), dann wäre auch auf der theoretischen Ebene der Begriff kommunikativer Rationalität dem der bloß kognitiv-instrumentellen Rationalität vorzuziehen. *Diesen* Umstand spiegeln die erwähnten ("deutschen") Alternativ-Ansätze zu einer Theorie der strategischen Unternehmensführung wider.

---

32. Das Konzept der ästhetisch-praktischen Rationalität fügt sich dieser Charakterisierung nicht ohne weiteres; hier geht es keineswegs nur um Subsumption unter bestehende Regeln, sondern auch um die Produktion von Vorschlägen für neue Handlungsregeln. Vgl. hierzu zu Knyphausen (1992b: 156 ff.).

Das Konzept der kommunikativen Rationalität ist nicht die einzige Alternative zu dem der kognitiv-instrumentellen Rationalität, oder anders ausgedrückt: Auch zum Konzept der kommunikativen Rationalität gibt es Alternativen. Schreyögg (1984: 243 ff.) setzt hier, im Anschluß an Luhmann (1968), auf *Systemrationalität*; gerade die Strategische Unternehmensführung könne sich nicht auf die Kalkulation und Bewertung einzelner *Handlungen* beschränken, sondern müsse das *System als Ganzes* im Auge behalten. Die Systemrationalität sei allerdings nicht dazu geeignet, normativ ausgerichtete Fragen nach dem "Was sollen wir tun" (Kant) zu beantworten; deshalb bestehe für eine Rationalitätskonzeption à la Habermas nach wie vor eine Notwendigkeit. Systemrationalität und kommunikative Rationalität seien *komplementär* zueinander; das eine könne nicht ohne das andere.

Kirsch (1992: 400 ff.) greift das Konzept der Systemrationalität ebenfalls auf, freilich unter stärkerer Berücksichtigung der Perspektiven, die sich aus der "selbstreferentiellen Wende" der neueren Systemtheorie ergeben haben. Rationalität wird hier begriffen als Beobachtung der Differenz von System und Umwelt im System selber - und der Fähigkeit, dieser Selbstbeobachtung dann auch "operative Wirksamkeit" zukommen zu lassen (vgl. ausführlich Luhmann 1984: 593 ff.). Darüber hinaus wird aber auch der Versuch unternommen, das von Spinner (1986) skizzierte Konzept der *okkasionellen* Rationalität fruchtbar zu machen. Die Grundidee besteht darin, daß in Handlungssituationen, die "neu" sind, keinerlei Regeln vorliegen, die dem Akteur hinreichende Orientierung geben. Er kann im Grunde nur versuchen, sich auf die Besonderheiten der Situation einzulassen und zu tun, was *hier und jetzt* das Beste sein mag. Handlungsorientierungen können sich nur aufgrund von *Visionen* ergeben, die der Aktor besitzt, aber noch nicht so artikulieren kann, daß sie in einen kommunikativen, auf Mitteln der Sprache aufruhenden Begründungszusammenhang eingebracht werden können. *Zunächst einmal* haben Visionen eher den Charakter von Bildern und/oder "Narrationen", die einen ästhetischen Reiz ausüben mögen und deshalb zur Gefolgschaft motivieren; erst *im Nachhinein*, und aufgrund gemeinsamer kommunikativer Anstrengungen, besteht eine Chance, doch noch ein rational motiviertes Einverständnis einzuholen, auf das dann in weiteren Handlungszusammenhängen gebaut werden kann (vgl. zu Knyphausen 1992b).

Das Konzept der okkasionellen Rationalität macht natürlich nur Sinn, wenn es reflexiv (selbstreferentiell!) angewendet werden kann, wenn der Aktor also situationsbezogen weiß, wann er von der kommunikativen zur okkasionellen Rationalität "umschalten" muß. Damit wird nun allerdings auch die *relativistische Komponente* klar, die mit diesem Konzept verbunden ist: Man mag durchaus die Argumentationsräume kommunikativer Rationalität ausspielen, aber man muß eben auch wissen, daß es Situationen geben kann, in denen ein Kontextwechsel notwendig ist, um "Dinge voranzutreiben". Dieses souveräne Jonglieren unterschiedlicher Rationalitätszusammenhänge wird von Kirsch als *evolutionäre Rationalität* bezeichnet.

Das Konzept der okkasionellen bzw. evolutionären Rationalität bedeutet, ebenso wie das Konzept der Systemrationalität, überdies einen weiteren Schritt in Richtung einer kollektivistischen, besser vielleicht: *holistischen* Grundorientierung.[33] Es ist deshalb naheliegend, Spekulationen darüber anzustellen, inwieweit diese Konzepte eine Affinität zu den kulturellen Gegebenheiten fernöstlicher Gesellschaften (vor allem Japan) besitzen, deren Weltbild weniger auf Weltbeherrschung als auf *Weltanpassung* ausgerichtet ist (vgl. wieder Habermas 1981a: 279 ff., im Anschluß an Max Weber). "The *evolutionary approach*", heißt es mit dieser Blickrichtung bei E. Jantsch (1975: 84), "establishes union between the observer and the observed and focuses on the 'we', on the identity of the forces acting in the observer and the observed world; the organizing principle is '*tuning-in*' by virtue of this identity, and the results are expressed in terms of *sharing* in a universal *order of process* (namely, *evolution*)." Diese Überlegungen haben einen stark esoterischen Beigeschmack (wie man dann auch bei Gerken 1986 oder Bretz 1988 sieht); das ist der Grund, warum sie, nach den Anfängen in Kirsch (1984: 663 ff.), in Kirsch (1992) nicht mehr aufgegriffen worden sind (vgl. ebenda: 480). Die Konzepte der okkasionellen bzw. evolutionären und der Systemrationalität können, so gesehen, als Versuche interpretiert werden, Merkmale, die auch für das - doch offenbar besonders erfolgreiche - fernöstliche Management von Bedeutung sind, auf eine auch für westliche Wissenschaftstraditionen konsumierbare Weise nachzuvollziehen.

Die Pointe all dieser Überlegungen läßt sich in wenigen Sätzen zusammenfassen. In den USA gibt es, wie in Kapitel 2 gesehen, eine kaum noch zu übersehende Menge wissenschaftlicher Bemühungen um eine Theorie der strategischen Unternehmensführung. All diese Bemühungen sind von hohem Interesse und verdienen Beachtung. Es ist offensichtlich, daß der okzidentale Rationalismus US-amerikanischer Prägung einer Proliferation theoretischer und empirischer Arbeiten ausgesprochen förderlich ist. Voraussetzung ist, daß die Welt in analysierbare Einheiten unterteilbar ist; diese Voraussetzung kann aber in einer

---

33. In bezug auf eine *kollektivistische* Grundorientierung müßte man genauer formulieren, daß die Systemtheorie *sowohl* eine kollektivistische *als auch* eine individualistische Grundorientierung impliziert. Oder noch genauer: Es wird *dem Beobachter überlassen*, ob eine Handlung einem Kollektiv oder einem Individuum *zugerechnet wird*. Siehe für knappe Hinweise hierzu unten, Kap. 4.43 (S. 368) und Kap. 4.62; ausführlich zu Knyphausen (1988: Kap. 3).

Kultur, die von einer individualistische Grundorientierung geprägt ist, als selbstverständlich erfüllt gelten. Der Preis dafür ist, daß man (nicht zuletzt aus der Beobachtung des Erfolges japanischer Unternehmen) zwar weiß, daß "Visionen" und "ganzheitliche Betrachtungsweisen" wichtig sind, zentrale Bestandteile einer "Corporate Strategy" darstellen,[34] hiermit dann aber im weiteren nicht mehr viel anfangen kann (von Mintzbergs Ausflügen in die Gehirnforschung abgesehen! [Mintzberg 1976]). Das Schwergewicht liegt auf dem "Managementprozeß", auf dem auch wissenschaftlich Beherrschbaren. In Japan hat die Situation dagegen ein beinahe entgegengesetztes Profil: Hier scheint man sich, in der Unternehmenspraxis zumindest, weitgehend auch auf visionäre, ganzheitliche Perspektiven zu stützen; eine eigenständige wissenschaftliche Bearbeitung dieser Perspektiven ist aber offenbar gar nicht vorhanden. Kollektive Grundorientierungen, holistische Konzepte lassen sich, so scheint es, nicht ohne weiteres in die individualisierende Struktur sprachlicher Rationalisierung bringen. Die erwähnten europäischen bzw. "deutschen" Ansätze können in dieser Situation aber vielleicht eine Art *Vermittlungsarbeit* leisten: Sie sind einerseits hinreichend individualistisch orientiert und an die Standards des okzidentalen Rationalismus assimiliert, um fruchtbare Wissenschaft treiben zu können; sie sind andererseits aber in eine Kultur eingebettet, die *auch* kollektivistische Elemente besitzt und sich darum mit "Übersetzungen" zum Beispiel fernöstlicher Denkansätze leichter tut. Auch dies mag eine Rechtfertigung sein, sich mit diesen Theorieperspektiven etwas ausführlicher zu beschäftigen, sie in der Tat als eine Alternative zu dem "Mainstream" der amerikanischen Forschungen zum Strategischen Management zuzulassen.

34. Vgl. Lehrbuchdarstellungen wie Hill & Jones (1988: Kap. 2), aber auch stärker theoretisch geprägte Überlegungen, wie sie sich bei Collis & Montgomery (1992) finden.

4. Perspektiven einer systemtheoretisch inspirierten Grundlagendiskussiom

Die vorstehend unter dem Titel "Relativismus & Rationalität" angestellten Überlegungen bieten einen unmittelbaren Ansatzpunkt, wieder zur Hauptargumentationslinie der vorliegenden Arbeit zurückzufinden. Diese Argumentationslinie ist in Kapitel 1.4 ausführlicher dargestellt worden. Die Theorie der strategischen Unternehmensführung ist, so kann man kurz zusammenfassen, nach mehr als drei Jahrzehnten der Forschung in eine Krise geraten, die sich an der intensiven Diskussion diverser Grundlagenprobleme festmachen läßt. Vor diesem Hintergrund hat sich einerseits ein Bedarf ergeben, den Stand der theoretischen und empirischen Forschung in einer möglichst unvoreingenommenen, auch die neueren Entwicklungstendenzen berücksichtigenden Weise zu rekonstruieren, eine Bestandsaufnahme durchzuführen (siehe dazu Kap. 2, oben). Andererseits stellte sich aber natürlich auch die Frage, welche Alternative es denn zu den bisherigen Hauptströmungen der Theoriediskussion geben könnte, wie ein Ansatz aussehen könnte, der die "blinden Flecke" der Mainstream-Diskussion zu erkennen und vielleicht auch zu überwinden hilft (auch wenn dann natürlich wieder neue "blinde Flecke" auftreten können, die dann ihrerseits erst aus einer anderen Theorieperspektive zu erhellen sind).[1] Der Rest dieser Arbeit ist darauf ausgerichtet, auf diese Frage eine Antwort zu finden.

Die *Richtung*, in der nach einer Antwort gesucht wird, ist in Kapitel 1 schon vorgegeben worden. Normalerweise wird eine wissenschaftliche Disziplin mit Grundlagenproblemen *a tergo* konfrontiert; ihre intensive Diskussion ist Anzeichen der paradigmatischen Krise. Nunmehr soll von ausgewählten Grundlagenproblemen *ausgegangen* werden, von Grundlagenproblemen, die im Rahmen einer Theorie der strategischen Unternehmensführung zweifelsfrei (das heißt: auch aus der Perspektive des "Mainstreams" der Theoriediskussion) eine hervorgehobene Rolle spielen und darum eine intensive Behandlung verdienen. Drei Probleme sind es, die im Vordergrund stehen: das prekäre Verhältnis von Theorie und Praxis (Kap. 4.1), von System und Umwelt (Kap. 4.2) und das Problem des Umgangs mit Komplexität (Kap. 4.3). Diese Probleme können fruchtbar nur abgearbeitet werden, wenn man sich des gesamten Potentials der neueren sozialwissenschaftlichen Theoriediskussion bedient. Wesentliche Inspirationen ergeben sich vor allem aus der neueren Systemtheorie, auch wenn diese Theorie unter verschiedenen Aspekten einer Ergänzung bedarf. Wie sich noch zeigen wird, eignet sich insbesondere die von J. Habermas entwickelte "Theorie des kommu-

1. Vgl. hierzu noch einmal die knappen Hinweise in Kap. 1, oben, S. 4 und S. 40.

nikativen Handelns" (1981a, b) als ein Ideenpool, aus dem immer wieder geschöpft werden kann (siehe hierzu aber auch schon die Andeutungen in Kap. 3.3, oben).

Der Grund, warum trotz aller Ergänzungsbedarfe die *Systemtheorie* doch in besonderer Weise hervorgehoben, warum von einer *systemtheoretisch inspirierten* Grundlagendiskussion gesprochen wird, besteht darin, daß in dieser Theorie die beiden (miteinander zusammenhängenden) Gesichtspunkte explizit thematisiert werden, die die Erörterungen zu den genannten Grundlagenproblemen und die daran anschließenden Überlegungen zu einer erweiterten Konstruktion eines Bezugsrahmens für die Theorie der strategischen Unternehmensführung (Kap. 4.4 bis 4.6) wie ein roter Faden durchziehen: die Beobachterproblematik und die Selbstreferentialität der Theoriebildung.[2] Auf beide Gesichtspunkte ist in Kapitel 1.1 schon kurz eingegangen worden, ebenso wie auf die neuere Systemtheorie, die speziell unter diesen Gesichtspunkten kurz vorgestellt wurde. Die *Beobachterproblematik* bezeichnet einfach den Umstand, daß die Theorie (hier: die Theorie der strategischen Unternehmensführung) eine (Unternehmens- bzw. Führungs-)Praxis beobachtet, die ihrerseits die Theorie beobachtet. Die Theorie steht nicht einem neutralen "Objektbereich", einer "Reality Out There" gegenüber; vielmehr ist diesem "Objektbereich" immer schon ein Netz von Beobachtungen umworfen, das jede Theorieanstrengung zu einer Beobachtung von Beobachtungen werden läßt. Das aber bedeutet eben nichts anderes, als daß die Theorie ein *selbstbezügliches Unterfangen* ist, sie im Objektbereich mit sich selbst konfrontiert wird. Die Theorie der strategischen Unternehmensführung ist tatsächlich vor allem eine *Theorie* der strategischen Unternehmensführung. Die vorliegende Arbeit hat von Anfang an diesen Bias in Richtung Theorie übernommen. Die vorstehenden, Ausführungen in Kapitel 1.1 zusammenfassenden Überlegungen sollten zeigen, daß dieser Bias auch theoretisch begründet werden kann.

Eine wichtige Konsequenz der hier angedeuteten Sichtweise besteht zunächst darin, daß gegenüber alternativen Theorieansätzen eine weitestgehende Offenheit besteht, die Vielfalt dieser Ansätze bejaht wird und jeder einzelne Ansatz als legitim angesehen wird, sofern er nur konsistent den in ihm ausgebreiteten Argumentationsfaden durchhält. Die Theorie der strategischen Unternehmens-

2. Ähnlich wie hier wird auch bei Luhmann - jenem Autor, den man vielleicht am ehesten mit der neueren Systemtheorie assoziiert - davon ausgegangen, daß das Label der Systemtheorie nicht überbewertet werden sollte, es vielmehr zahlreiche Verbindungen zum Beispiel zur Handlungstheorie oder zum Strukturalismus gibt: "Systemtheorie" sei nur deshalb "als Firmenbezeichnung bei[zubehalten], weil im Bereich der allgemeinen Systemtheorie die wichtigsten Vorarbeiten für den angestrebten Theorietypus zu finden sind" (Luhmann 1984: 12).

führung wird als eine Theorie begriffen, die sich selbst in ihrem Objektbereich enthält, und das bedeutet eben, daß beobachtet wird, in welchem Ausmaß die Unternehmens- bzw. Führungspraxis mit einer Vielzahl von Theorieansätzen konfrontiert wird, die als "Ideenpool" genutzt werden können, um die Auseinandersetzung mit strategischen Fragestellungen zu erleichtern. Letztlich sind all die Ansätze, die man der "Ökologie der Ideen" zuordnen kann, das Material, das der nunmehr angestrebten, erweiterten Theorienkonstruktion erst ihre Substanz verleiht. Die in Kapitel 2 vorgestellten Forschungen sind und bleiben deshalb auch aus der neuen Perspektive ein unverzichtbarer Bestandteil der Theorie der strategischen Unternehmensführung, auch wenn es - wie sich in den Kapiteln 4.1 bis 4.3 noch zeigen wird - unter einer Reihe von Gesichtspunkten durchaus Ansatzpunkte einer Kritik geben mag, die die Notwendigkeit einer im engeren Sinne *alternativen* Betrachtungsweise begründen. Insgesamt geht es aber eben darum, einen Bezugsrahmen zu entwickeln, der die Lokalisierung des vorhandenen Materials erleichtert. Dieser Bezugsrahmen hat keine "integrierende" Funktion im traditionellen Sinne; die Vielfalt, die Inkommensurabilität der vorhandenen Ansätze soll ja erhalten bleiben. Das Ziel der theoretischen Bemühungen kann entsprechend nur paradox formuliert werden:[3] Es soll eine Einheit in der Vielheit - oder die Vielheit in der Einheit - gefunden werden, und genau dafür bietet, das ist die noch einmal zu wiederholende These, die allem weiteren zugrundeliegt, eine systemtheoretisch inspirierte Grundlagendiskussion, in der die Beobachterproblematik und die Selbstreferentialität der Theoriebildung eine besondere, theoriekonstituierende Rolle spielen, geeignete Perspektiven.

Wie stellen sich all diese Überlegungen unter dem regionalen Aspekt dar, wie er in dem vorangegangenen Exkurs (Kap. 3) diskutiert worden ist, dar? Nun, im Prinzip läßt sich hier natürlich in analoger Weise argumentieren: Auch hier gibt es ein Plädoyer für eine Vielfalt von Perspektiven, die die "Ökologie der Ideen" anreichern und die Theorie der strategischen Unternehmensführung zu einem multinationalen Unterfangen machen. In unterschiedlichen Kontexten können unterschiedliche Perspektiven relevant sein, und es gilt, jeweils die angemessene Perspektive auszuwählen, den geeigneten Ansatz "in Führung" gehen zu lassen - ähnlich, wie man auch auf der "Objektebene" heute an prominenter Stelle empfiehlt, eine Organisationsform zu finden, die in dem einen Fall vielleicht der australischen Tochtergesellschaft eine Führungsrolle zuschreibt, weil hier die relevanten F & E-Fähigkeiten lokalisiert sind, und in dem anderen Fall der englischen Tochter, weil man hier über die relevanten Marketingfähigkeiten verfügt

---

3. Die logische Figur der Paradoxie ist, das sei hier nur angedeutet, gleichsam die natürliche Schwester selbstreferentieller Strukturen. Sie spielt deshalb auch in der neueren Systemtheorie eine bedeutende Rolle. Vgl. dazu ausführlich zu Knyphausen (1988: Kap. 2) mit der dort angegebenen Literatur.

(vgl. Bartlett & Ghoshal 1989). Auch hier ist man allerdings mit dem paradoxen Umstand konfrontiert, daß es doch *eine* Perspektive ist, die dann am Ende den ordnenden Bezugsrahmen zur Verfügung stellen will - die Perspektive einer systemtheoretisch inspirierten Grundlagendiskussion nämlich, die zu dem "deutschen" oder vielleicht auch "europäischen" Kontext eine besondere Affinität zu besitzen scheint (vgl. wieder oben, Kap. 3). Erst aus dieser Perspektive kann, das ist die These, die Einheit in der Vielheit gefunden werden.

Die Rede von einer "Affinität" der systemtheoretisch inspirierten Grundlagendiskussion zu typisch deutschen bzw. europäischen Denktraditionen deutet an, daß die Idee der "Ökologie der Ideen" nicht ausschließlich im Sinne eines frei flottierenden "Ideenpools" interpretiert werden sollte, sondern auch "Beziehungsaspekte" eine Rolle spielen (siehe hierzu und zum folgenden Kirsch 1993c).[4] Ideen sind, wie Wittgenstein formuliert hätte, "verwoben" mit Lebens- und Sprachformen. Das schließt nicht aus, daß auch andere Ideen aufgegriffen werden, die deutschsprachige Betriebswirtschaftslehre also zum Beispiel nach Amerika schielt, um Orientierungspunkte für die eigene Arbeit zu erhalten. Dennoch sind natürlich auch die Chancen zu nutzen, die sich aus dem eigenen Wissenschaftskontext ergeben. Gerade für Deutschland ist bemerkenswert, daß es hier eine intensive sozialwissenschaftliche Grundlagendiskussion gibt (man denke insbesondere an die "Habermas/Luhmann-Kontroverse", die seit Anfang der siebziger Jahre ein wichtiger Bestandteil der soziologischen Diskussion in Deutschland ist), die tief verwurzelt mit der hiesigen Theorietradition ist und sich so in anderen Ländern - einschließlich den USA - nicht ohne weiteres finden läßt.[5] Dazu mag nicht zuletzt auch die Möglichkeit eines längerfristigen Zeithorizontes von Forschungsarbeiten beitragen, die in Deutschland zum Beispiel durch die Abfassung von Habilitationsschriften gegeben ist, in den USA dagegen aufgrund der größeren Bedeutung von Zeitschriftenveröffentlichungen nur in Ausnahmefällen realisiert werden kann.[6] Der in der vorliegenden Arbeit

---

4. Diese Interpretationsweise findet eine Entsprechung in der Drei-Welten-Theorie von Popper (1974), derzufolge die dritte Welt der "Ideen im objektiven Sinne" in einer engen Wechselbeziehung steht zur zweiten Welt der Bewußtseinszustände bzw. der subjektiven, persönlichen Erfahrungen.
5. Natürlich gibt es auch in den USA vergleichbare Diskussionsströme; man denke nur an die vielschichtigen Beiträge von T. Parsons oder J. Alexander zu einer Theorie sozialer Systeme. Freilich sind gerade diese Autoren sehr weitgehend auch in europäischen Theorietraditionen - mit Leitfiguren wie K. Marx, M. Weber u. a. m. - verwurzelt; Parsons jedenfalls hat in Deutschland promoviert!
6. Ein gutes Beispiel für eine solche Ausnahme findet sich in den Arbeiten von H. Mintzberg (eines Kanadiers!), der durch eine Vielzahl von Veröffentlichungen tatsächlich ein längerfristiges Forschungsprogramm abzuarbeiten versucht (siehe hierzu den kurzen Überblick in Mintzberg 1979: IV). *Daß* es sich um eine - allerdings akzeptierte - Ausnahme handelt, wird bestätigt etwa durch die Beobach-

gewählte, im einzelnen noch auszuarbeitende Ansatz versucht, diese Chancen zu nutzen und auf diese Weise die weltweit geführte Diskussion um eine Theorie der strategischen Unternehmensführung anzureichern.

All diese Überlegungen müssen, wenn die These der Selbstreferentialität der Theoriebildung zutreffend sein soll, selbst als Bestandteil einer Theorie der strategischen Unternehmensführung verstanden werden. Umgekehrt ist festzustellen, daß dieser Bestandteil einer Theorie der strategischen Unternehmensführung typisch ist für die grundlagenorientierte Art der Theoriebildung, wie sie in der deutschsprachigen Wissenschaftstradition vorzufinden ist; darauf hatten die Ausführungen in Kapitel 3.3 ja auch hingewiesen. Etwas weitergehend kann man sogar sagen, daß die Ausführungen des *gesamten* Exkurses (Kap. 3) die Selbstbezüglichkeit des Aufbaus auch der vorliegenden Arbeit - die offenkundig in der angesprochenen deutschsprachigen Wissenschaftstradition entstanden ist - widerspiegelt. Das "Was" und das "Wie" der Theoriebildung sind miteinander verschränkt, wie in Kapitel 3 ja auch zu sehen war - und wie auch der nun anschließende Text noch zeigen wird.

Im folgenden sollen, nachdem der Zusammenhang der vorliegenden Arbeit noch einmal etwas ausführlicher entwickelt bzw. in Erinnerung gebracht worden ist (siehe oben, Kap. 1.4), die Perspektiven einer wesentlich systemtheoretisch inspirierten Grundlagendiskussion für eine Theorie der strategischen Unternehmensführung im einzelnen entfaltet werden. Insbesondere die ersten drei Teilkapitel (4.1 bis 4.3) werden auf direktem Wege die Anschlußfähigkeit an Stränge der amerikanisch-dominierten "Mainstream"-Diskussion aufzeigen; aber es sollen eben auch *darüber hinausgehende* Einsichten vermittelt werden, die den Neuansatz rechtfertigen. Begonnen wird, wie mehrfach angekündigt, mit der Behandlung der Theorie/Praxis-Problematik, die in der Theorie der strategischen Unternehmensführung offenbar eine so hervorgehobene Rolle spielt.

4.1 Theorie und Praxis: Zur Anwendungsorientierung der Forschungen im Strategischen Management

Das Theorie/Praxis-Problem ist in Kapitel 1 (oben) schon angesprochen worden: Es bildete den Ausgangspunkt für die vorliegende Arbeit. An ihm ließ sich die selbstreferentielle Struktur der Theorie der strategischen Unternehmensführung in besonders einfacher Weise festmachen: In dem Maße, indem die Theo-

---

tung von J. Kay, der davon spricht, daß das Strategische Management sich *seine eigene Gegenkultur geschaffen habe* (vgl. oben, Kap. 1.2, S. 31).

rie ihre eigene Anwendung in der Praxis reflektiert, oder anders gesagt, mit einer Praxis konfrontiert ist, die "immer schon" von eben dieser Theorie durchdrungen ist, bezieht sie sich notwendig auch auf sich selbst. In der amerikanischen "Mainstream"-Forschung wird diese Konsequenz nicht gezogen, das Theorie/Praxis-Problem letztlich gar nicht thematisiert. Dies ist deshalb bemerkenswert, weil allenthalben die Anwendungsorientierung der Disziplin - ihre Praxisrelevanz - als ein zentrales Merkmal des Selbstverständnisses hervorgehoben wird (siehe etwa Bettis 1991, Camerer 1991: 148, Rumelt et al. 1991: 19 f.). "[S]trategic management is applied in nature", heißt es schlicht bei Lyles (1990: 373). Gleichzeitig wird aber die tatsächliche Praxisrelevanz der Forschungsergebnisse häufig in Zweifel gezogen (vgl. Shrivastava 1987, Montgomery et al. 1989: 194, Bettis 1991). Das Verhältnis von Theorie und Praxis scheint ein *Problem* zu sein - ein Problem, mit dem man sich gerade im Rahmen einer Theorie der strategischen Unternehmensführung ausführlicher beschäftigen sollte.

Die folgenden Ausführungen gehen in vier Schritten vor. Unter der Überschrift "Etablierte Forschungstraditionen" werden zunächst die in der US-amerikanischen "Mainstream"-Diskussion übliche Behandlungsweise des Themas sowie (mit N. Luhmann gesprochen:) "alteuropäische" Sichtweisen des Theorie/Praxis-Zusammenhangs einer etwas genaueren Analyse unterzogen, um zu sehen, was man hier lernen kann, aber auch, welche "Points of Departure" es für einen alternativen Ansatz gibt (Kap. 4.11). Dieser alternative Ansatz baut wesentlich auf systemtheoretischen Einsichten auf, macht sich aber auch Gesichtspunkte zunutze, die von Max Weber und/oder J. Habermas geltend gemacht worden sind (Kap. 4.12). Auf dieser Grundlage können dann Varianten des Theorietransfers identifiziert werden, die sich, aus der Perspektive des Unternehmens (der "Praxis"), zugleich als Steigerungsformen einer "wissenschaftlichen Unternehmensführung" begreifen lassen (Kap. 4.13). Vorschläge zu einer begrifflichen Differenzierung zwischen strategischer *Unternehmensführung* und strategischem *Management* runden die Überlegungen ab (Kap. 4.14).

4.11 Etablierte Forschungstraditionen

(1) Die Anwendungsorientierung der US-amerikanischen "Mainstream"-Forschungen zum Strategischen Management paßt gut in eine Wissenschaftslandschaft, die maßgeblich durch die philosophische Tradition des Pragmatismus (C. Peirce, 1839 - 1914; W. James, 1842 - 1910; J. Dewey, 1859 - 1952) geprägt ist

(vgl. Montgomery et al. 1989: 191).[7] Sie findet institutionelle Unterstützung durch das System der Business Schools, das wesentlich von den Finanzierungsleistungen privater bzw. industrieller Geldgeber abhängig ist. Die Lehrprogramme sind auf Studenten ausgerichtet, die bereits in der Praxis gearbeitet haben und nun - mit Unterstützung ihrer Arbeitgeber - eine zusätzliche Ausbildung erhalten sollen, die ihnen in der Praxis zugute kommt. Dazu kommt die immer wichtiger werdende "Executive Education", die in besonderer Weise auf Verbesserung der "Performance" ausgerichtet ist. Alle bekannten Schulen haben durch prominente "Leaders of Business" besetzte Beiräte eingerichtet, die sich regelmäßig treffen "to advise the dean and faculty on the changing needs of the business community and to comment upon programs and research at the School" (MBA-Prospekt der Stanford Graduate School of Business, Fall 1993: 53). Das Ergebnis all dieser Umstände ist, daß auf Seiten der Forschung immer wieder versucht wird, das Abstraktionsniveau herunterzuschrauben und auch eine "Rhetoric of Application" (Mulkey et al. 1987) zu bemühen, um zumindest den *Eindruck* der Praxisrelevanz zu erwecken.[8] Zeitschriften wie die *Harvard Business Review*, die *California Management Review* und die *Sloan Management Review* scheinen hierfür als Medien gut geeignet zu sein.

Die Anwendungsorientierung der Forschung, wie sie hier beschrieben wird, trifft sich natürlich auch mit der Fokussierung auf Fragen des *Managements* von Unternehmen (vgl. oben, Kap. 3.2). Das Management hat, das ist die Fiktion, alle wesentlichen Entwicklungen des Unternehmens im Griff; es müssen nur die richtigen Entscheidungen getroffen werden, um die gewünschten Effekte zu erzielen. Das erforderliche Wissen aber, wie man erfolgreich in die Welt eingreift, wird durch die Theorie bereitgestellt - Theorie hier verstanden im Sinne eines "systematisch verbundenen Satzes von Aussagen, einschließlich gesetzesartiger Generalisierungen" (oben, Kap. 3.3). Theorien *erklären*, diesem Verständnis zufolge, die Wirklichkeit durch Angabe von Wenn/Dann-Beziehungen, und eben-

---

7. W. James definiert "Pragmatismus" als "'eine Einstellung, die von ersten Dingen, Prinzipien, Kategorien und vermeintlichen Notwendigkeiten absieht und sich auf letzte Dinge, Früchte, Folgen und Tatsachen richtet'. Das Kennzeichnende am Pragmatismus ist sein besonderer Begriff der Wahrheit: Nützlichkeit, Wert, Erfolg sind die Kriterien der Wahrheit. Der Pragmatismus fragt nicht nach dem letzten 'Wesen' der Dinge, wie Scholastik und alte Metaphysik (James lehnt auch die deutsche idealistische Spekulation schroff ab). Er fragt auch nicht nach den letzten Ursprüngen. Er 'verlegt den Ton und blickt nach vorwärts'. Er fragt: Was ist der 'Barwert' (cash-value) einer Vorstellung? Solche typisch amerikanischen Ausdrücke wie profits (Nutzen, Verdienst, Profit), results (Erfolg) sind bei James häufig. 'Wahr ist das, was sich durch seine praktischen Konsequenzen bewährt'." (Störig 1969: 241; vgl. dazu noch einmal die Ausführungen in Kap. 3.2, oben!)
8. Einschlägig hier: der "2x2 Matrix-Approach"! (vgl. Wernerfelt & Karnani 1987: 188)

so ermöglichen sie auch die *Prognose* von Handlungseffekten. Das aber bedeutet eben nichts anderes, als daß Stellschrauben benannt werden, derer sich das Management bedienen kann. Die "starke" Auffassung des Managements findet, mit anderen Worten, eine Entsprechung im Theoriedesign, oder anders formuliert: Wenn immer man von einem solchen Theoriedesign ausgeht und die auf dieser Grundlage gefundenen Ergebnisse ernst nimmt, kann man eigentlich gar nicht mehr anders, als die Anwendung dieses Wissens zu propagieren ("es ist nichts so praktisch wie eine gute Theorie"! [Lewin]). Eine *Problematisierung* des Verhältnisses von Theorie und Praxis ist in dieser Situation nicht notwendig und, wie in der Einleitung (zu diesem Kap. 4.1) festgestellt, de facto auch nicht vorzufinden. Freilich ist man mit dem Problem konfrontiert, daß sehr häufig für einander widersprechende Hypothesen positive empirische Evidenz versammelt werden kann. Der einzelne Forscher, der nur eine dieser Hypothesen testet oder über unterschiedliche Hypothesen den Entscheid herbeiführen will, kann dieses Problem allerdings unter den Tisch fallen lassen: Aus seiner Perspektive ist die Welt, wie sie ist, und es gibt keinen Grund, warum dieser Befund nicht auch handlungsrelevant werden sollte.

(2) Natürlich sind die hier gegebenen Hinweise einmal mehr grob generalisierend; natürlich gibt es auch Autoren, die so nicht in das Bild passen und sich von einer allzu voluntaristischen Sichtweise gerade freizumachen versuchen (vgl. für Beispiele vor allem Kap. 2.4, oben). Darüber hinaus ist bemerkenswert, daß es zumindest *einen* Kontext gibt, in dem Wissenschaft sehr wohl als endogene Komponente eines Theoriezusammenhangs behandelt wird: der Bereich des *Technologiemanagements* nämlich (siehe oben, Kap. 2.53; Rosenberg 1982: 141 ff.). Die Untersuchungen beziehen sich hier regelmäßig auf die Rolle der universitären Forschung im Bereich der Naturwissenschaften und/oder technischen Disziplinen; aber man kann fragen, ob es hieraus nicht etwas zu lernen gibt, wenn man sich statt dessen auf die *Managementwissenschaften* (die Theorie der strategischen Unternehmensführung) bezieht.

Der Tenor der Untersuchungen im Bereich des Technologiemanagements läßt sich knapp in zwei Punkten zusammenfassen. *Erstens*: Die Universitäten spielen für die Forschung eine wichtige Rolle; es werden, in einigen Bereichen (z. B. Biotechnologie) mehr, in anderen (z. B. Computertechnologie) weniger, Ergebnisse produziert, die auch für die Unternehmenspraxis "nützlich" sind. Gleichzeitig kommt aber auch den in den Unternehmen durchgeführten Forschungs- und Entwicklungsaktivitäten hohe Bedeutung zu; vermarktungsfähige Produkte könnten ohne sie kaum konzipiert und hergestellt werden. Oft gehen von hier aus dann neue Fragestellungen aus, die auch die Wissenschaft befruchten. Und *zweitens*: Das relevante Wissen bleibt im allgemeinen eng mit den Wissensträgern verbunden; es ist verwoben mit *Handlungsroutinen* und besitzt weitgehend *impliziten Charakter*. Das gilt selbst für die Wissenschaft, die sich um die Explikation ihrer Forschungsergebnisse bemüht: Die Veröffentlichungen können nur selten als "Blaupausen" benutzt werden, die externen Anwendern die Denkarbeit abnehmen. Noch mehr aber ist das aus kommerziellen Forschungs- und Entwicklungsaktivitäten hervorgegangene Wissen unternehmensspezifisch, aus gutem Grund natürlich: Jegliche Wissensdiffusion gefährdet ja die Haltbarkeit des damit verbundenen Wettbewerbsvorteils.

Was bedeuten diese Punkte für das Verhältnis von Managementtheorie und -praxis? Nun, *zunächst* sollte klar sein, daß die Grenzen zwischen Wissenschaft und Praxis fließend sind, es keineswegs nur die Wissenschaft ist, die Theorie *produziert*, während die Praxis sie nur noch *anwendet*. Die Praxis ist selbst ein Zusammenhang, in dem Theorie produziert wird, und es gibt keinen Grund, warum diese Theorie nicht ernst genommen werden sollte. Die in Kapitel 1.1 verwendete Redeweise von den "Theorien des Managements über das Management" (Staehle & Sydow) hat deshalb einen guten Sinn.

Gleichzeitig konstituieren Wissenschaft und Praxis aber auch unterschiedliche Handlungsbereiche mit je spezifischen Eigenanforderungen. Die Unternehmenspraxis ist in ein Wirtschaftssystem eingebettet, in dem Kosten und Leistungen gewinnträchtig relationiert werden müssen; der Wissenschaft geht es hingegen, auch wenn sie letztlich an der praktischen Nützlichkeit von Theorien interessiert sein mag, zuerst um die Explikation des Wissens, um "Wahrheit".[9] Hierfür ist es sicherlich hilfreich, wenn die Forscher wenigstens zeitweise die Binnenperspektive der Unternehmenspraxis einnehmen; aber man wird kaum davon ausgehen können, daß das dabei aufgenommene Wissen dann in seiner ganzen Reichhaltigkeit sprachlich artikuliert und in eine (wissenschaftliche!) Theorie eingebunden werden kann. Die Distanz ist letztlich unaufhebbar. Vielleicht ist sie im Managementbereich sogar größer als anderswo, weil die in der Wissenschaft produzierten Einsichten zwar auf Fragestellungen gerichtet sind, die für den Manager häufig von hohem Interesse sind, deren Beantwortung aber aufgrund ihres hohen Abstraktionsgrades nicht mehr wirklich verstanden werden kann und darum Abwehrreaktionen verursacht. "[E]ven the more reflective manager has a largely negative image of social analysts", heißt es denn auch bei Pettigrew und Whipp (1991: 203): "In the unlikely event that an executive con-

---

9. Der unter (1) behandelte Trend, unmittelbar von bewährten Hypothesen auf Anwendung überzugehen, bedeutet, so gesehen, einen Kurzschluß: Es sollte mehr Sorgfalt auf die Generierung von auch wissenschaftlich vertretbaren Theorien gelegt werden, bevor *in einem zweiten Schritt* die normativen Implikationen abgeleitet werden (vgl. Montgomery et al. 1989: 193 f.).

sidered the output of such writers, he or she would see the relevance of those findings to their work as remote."

Dieses Urteil muß nicht dazu führen, die Flinte ins Korn zu werfen. "Even if heavy-handed sociological jargon is condemnable this should not obscure the contribution which the discipline has made to the understanding of industry and most expecially its human component" (ebenda). Das bedeutet, daß besondere *Übersetzungsanstrengungen* erforderlich sind. Kirsch (1992: 416 f.) hat vorgeschlagen, dabei von insgesamt vier (!) Sprachebenen auszugehen. "Die Sprachebene 1 umfaßt den begrifflich-theoretischen Bezugsrahmen der grundlagentheoretischen Forschung, wie sie beispielsweise in Organisations- und Entscheidungstheorie betrieben wird. Auf der Sprachebene 2 sind die praxisorientierten (Berater-)Konzepte und Modelle formuliert, wobei oftmals eine vereinfachte Sprachvariante dem Zweck dient, die Vermarktung des Berater-Modells zu erleichtern. Auch Wissenschaftler entwickeln selbstverständlich Konzepte, die auf dieser Sprachebene angesiedelt sind. Auf der Sprachebene 3 findet man demgegenüber die aus den Beratermodellen (und wissenschaftlichen Bezugsrahmen) entwickelten Anwender-Modelle (bzw. Klientenmodelle), wobei ... viele Elemente zu berücksichtigen sind, die der ursprünglichen Sprach- und Lebensform des Anwenders (Klienten) entsprechen (Sprachebene 4)."

Die hier genannten Punkte stellen durchaus eine Grundlage dar, auf der weiter aufgebaut werden kann. Bevor dies geschieht, bietet es sich aber an, kurz noch auf die "alteuropäischen" Traditionen der Thematisierung des Theorie/Praxis-Zusammenhangs einzugehen, um zu sehen, ob man auch hieraus noch lernen kann.[10]

(3) Wenn hier von "alteuropäischer" Tradition gesprochen wird, so bezieht sich dies vor allem auf Aristoteles und daran anknüpfende Philosophen.[11] "Praxis" wird hier als ein normativ aufgeladenes Konzept verstanden, das sich an den Beispielen der politischen, künstlerischen, medizinischen und erzieherischen Praxis rekonstruieren läßt. Sie "trägt ihren Zweck in sich selbst und läßt sich nicht auf zweckrationale Mittelorganisation zurückführen. Die Praxis folgt einem Entwurf, der aber nicht wie eine Theorie der Anwendung vorausgeht, son-

---

10. Die folgenden Ausführungen sind eng angelehnt an zu Knyphausen (1988: 165 ff.).
11. Prominente Schulen sind der Kreis der "Praxisphilosophen" um C. Castoriadis sowie die "Frankfurter" Schule um Horkheimer & Adorno. Hierauf beziehen sich auch die Überlegungen, die vereinzelt in der neueren amerikanischen Organisations- und Managementtheorie zum Thema "Praxis" zu finden sind (vgl. Brown 1978, Benson 1977, 1983). Auf die hier ebenfalls zu nennende Arbeit von Shrivastava (1986) ist in Kap. 1.3, oben, ausführlicher eingegangen worden.

dern als Vorgriff im praktischen Vollzug selbst korrigiert und erweitert werden kann. Die Praxis bezieht sich jeweils auf eine Totalität von Lebensvollzügen, in die sie gleichzeitig eingebettet ist - *als* Totalität entzieht sie sich dem vergegenständlichenden Zugriff. Und schließlich zielt Praxis auf eine Beförderung der Autonomie ab, der sie selbst zugleich entspringt. 'Was angestrebt wird (die Entwicklung der Autonomie), steht in einer inneren Beziehung zu dem, womit es angestrebt wird (der Ausübung dieser Autonomie) ... Zwar muß sie das konkrete Netz von Kausalbeziehungen in Rechnung stellen, die ihr Gebiet durchqueren. Trotzdem kann die Praxis bei der Wahl ihrer Wirkungsweise niemals bloß einem Kalkül folgen - nicht weil dieses zu kompliziert wäre, sondern weil ein solches per definitionem den entscheidenden Faktor außer Acht läßt - die Autonomie.'" (Habermas 1985: 381; Zitat aus Castoriadis 1984: 129).

Sicherlich hat das hier beschriebene Praxiskonzept einen stark utopischen Beigeschmack. Spätestens mit Max Webers Analysen ist klargeworden, daß die Wissenschaft (Theorie) in modernen Gesellschaften sich zu einer eigenständigen "Wertsphäre" ausdifferenziert hat, deren Verbindung zur Praxis problematisch geworden ist. Kritische Rationalisten gehen davon aus, daß die Wissenschaft einfach ein technisches Wissen zur Verfügung zu stellen hat, über dessen Verwendung dann in der Praxis nach den dort relevanten Zielvorgaben entschieden werden kann (vgl. Abel 1978: 170 ff.). Anspruchsvoller drücken sich Steinmann et al. (1976: 51) aus; für sie soll Wissenschaft bzw. Theorie "einen Beitrag zur Verfügbarmachung der Welt oder - anders formuliert - zur Bewältigung von Problemen praktischen Handelns .. leisten". Der erste Teil dieser Aussage erinnert an den kognitiv-instrumentellen Rationalitätskalkül, der in Kapitel 3.3 als typisch für weite Teile der in den USA verfolgten Theorieansätze beschrieben wurde. Der zweite Teil der Aussage macht aber deutlich, daß es letztlich doch um mehr geht; Probleme praktischen Handelns gehen nun einmal nicht in Sachentscheidungen auf, sondern erfordern auch eine Berücksichtigung moralisch-praktischer und vielleicht auch ästhetisch-praktischer Gesichtspunkte (um noch einmal an den von Habermas benannten Rationalitätsdimensionen anzuschliessen). Unter gegebenen Bedingungen kann das mit Schwierigkeiten verbunden sein. Habermas (1971: 10) schreckt deshalb nicht davor zurück zu proklamieren, daß Theorie "bewußt darauf abzielt, das bestehende Institutionenmodell umzuwälzen." Das aber bedeutet, da Theorie ein rationales Unterfangen ist, "daß ihr Geltungsanspruch allein in gelingenden Prozessen der Aufklärung und das heißt: im praktischen Diskurs der Betroffenen eingelöst werden kann" (ebenda). Die wiedergefundene Nähe zu dem aristotelischen Praxiskonzept ist offensichtlich.

Auch in der Reformulierung ist der utopische Zungenschlag des Praxiskonzepts nicht zu übersehen. Der Wunsch auf Veränderung der Institutionen könnte der von Pettigrew und Whipp (oben) festgestellten ablehnenden Haltung des Managements gerade gegenüber soziologischen Theorieansätzen weiter Vorschub leisten. Allerdings könnte es auch umgekehrt sein: daß es gerade der technizistische Charakter vieler Managementtheorien ist, der bei den Praktikern Unbehagen auslöst, und zwar insbesondere dann, wenn sie in einer Umwelt agieren, in der Elemente einer "Sozialpartnerschaft" durchaus von Belang sind (siehe oben, Kap. 3.1). Ein Ausweg aus dieser Situation könnte darin bestehen, daß man die *Einstellungen der Akteure* - der Beobachter - explizit in die Analyse miteinbezieht, also zum Beispiel danach fragt, ob der Theoretiker sich dem "Objektbereich" in erfolgs- oder in verständigungsorientierter Einstellung (die auch moralisch- und/oder ästhetisch-praktische Bezüge zuläßt) nähert, und welche Einstellung umgekehrt der "Praktiker" besitzt, der ein Interesse an den Einsichten der Wissenschaft hat und deshalb die Kommunikation sucht. Darauf wird noch zurückzukommen sein.

4.12 Theoretische Neuanfänge

Die vorstehenden Ausführungen sollten deutlich gemacht haben, daß die US-amerikanische Forschung zum Strategischen Management unmittelbar kaum Ansatzpunkte bietet, das auch für diese Forschung so wichtige Theorie/Praxis-Problem zu thematisieren, daß sich aber Anregungen ergeben, wenn man den Diskussionen zum Beitrag der (Natur-)Wissenschaften für die Wettbewerbsfähigkeit von Volkswirtschaften und den dort agierenden Unternehmen folgt und darüber hinaus auch bei "alteuropäischen" Traditionen der Behandlung dieses Problems Anleihen nimmt. Im folgenden muß es nun darum gehen, diese Anregungen aufzunehmen und zu einem konsistenten Bezugsrahmen zusammenzufügen. Hierzu bietet es sich zunächst an, systemtheoretische Beschreibungen einer differenzierten Gesellschaft zu übernehmen, in der "Wirtschaft" und "Wissenschaft" einerseits spezifischen Eigenlogiken folgen, andererseits aber auch in einen interdependenten Zusammenhang eingebunden bleiben (1). Der (nicht-lineare) Transfer von theoretischem Wissen in die Unternehmen kann dann durch die bekannte Weber-These zum Zusammenspiel von "Ideen" und "Interessen" erklärt werden (2), eine These, die freilich der Präzisierung durch Gesichtspunkte der "Beobachterproblematik" (oben, Kap. 1.1) bedarf (3).

(1) Das Verhältnis von Wissenschaft bzw. Theorie und Praxis läßt sich kaum diskutieren, ohne auf grundlegende Merkmale einer funktional differenzierten Gesellschaft Bezug zu nehmen. Was die Wissenschaft angeht, so wurde vorhin

schon auf die von Max Weber herausgearbeitete Einsicht verwiesen, daß diese sich in modernen Gesellschaften zunehmend zu einer eigenen "Wertsphäre" entwickelt hat, die auf die Produktion *kognitiver Ideen* spezialisiert ist (vgl. hierzu und zum folgenden die Rekonstruktion in Habermas 1981a: 299 ff.). Die Wirtschaft ist demgegenüber auf die Bereitstellung materieller Güter ausgerichtet, und das scheint, wie Adam Smith gezeigt hat, am besten zu funktionieren, wenn die Aktoren sich ganz auf die Maximierung ihres individuellen Nutzens konzentrieren können, von darüber hinausgehenden Handlungsbezügen also entlastet sind (vgl. Kirsch & zu Knyphausen 1988). Die neuere (soziologische) Systemtheorie hat diese Ideen radikalisiert, indem einerseits die "Eigenlogik" verschiedener Subsysteme der Gesellschaft (Wissenschaft, Wirtschaft, Recht und Politik, usw.) stärker spezifiziert wird, andererseits aber auch die Notwendigkeit des *Zusammenspiels* dieser Subsysteme aufgezeigt wird. Willke (1992: 355) skizziert die zugrundeliegende Diagnose wie folgt:

> "[The] actual evolutionary situation shows a profound dilemma of modern societies, a dilemma caused by two evolutionary principles which recursively create problems for each other: on the one hand, the principle of functional differentiation leads to specialization and increasing *interdependencies*, because each specialized subsystem is viable and retains its evolutionary potential only in combination with all other subsystems. And on the other hand, the principle of 'operative closure' radicalizes autonomy and recursiveness and thus increases the subsystems' *independencies*, because with elementary circularity, self-referentiality, and self-reproduction the subsystems become inner-directed not only in the self-organization of their own structure but also in the recreation of their specific elements and operational procedures. Working basically self-referentially, a subsystem will be impressed by events in its environment only very selectively and according to its own selective criteria." (ohne Lit.-angaben)

Neben dem Begriff der Selbstreferenz ist der zentrale Begriff der neueren Systemtheorie der der *Autopoiese*. Die Gesellschaft als ganzes, aber eben auch die verschiedenen Subsysteme - von denen hier vor allem die Wirtschaft[12] und die Wissenschaft interessieren - werden als Systeme beschrieben, die sich aufgrund des kreiskausalen Zusammenhangs ihrer Komponenten (Prozesse, Elemente, Strukturen, identitätsspendende "Leitdifferenzen") fortlaufend "selbst" reproduzieren (vgl. Teubner 1987a). Die *Wirtschaft* erscheint dann als ein System, das im wesentlichen auf *Zahlungen* abstellt (Luhmann 1988: 43 ff.) und in dem die Kommunikationen sich an der Leitdifferenz "Wert" (Leistungen versus Kosten) orientieren (vgl. Hutter 1989: 50 ff.). Die *Wissenschaft* reproduziert sich hinge-

12. Streng genommen geht es nicht nur um die Wirtschaft, sondern um *Unternehmen* (Organisationen), die ihrerseits als *Subsysteme* des Wirtschaftssystems begriffen werden müssen. Im vorliegenden Zusammenhang kann auf diese Differenzierung verzichtet werden; vgl. aber zu Knyphausen (1988: 238 ff.).

gen durch *Publikationen* (Stichweh 1987: 459 ff.), die sich auf andere Publikationen beziehen und, implizit oder explizit, an der Differenz "wahr/unwahr" ausgerichtet sind (Luhmann 1990: 167 ff.).

Das hier angedeutete Theoriekonzept ist sicherlich noch nicht im wünschenswerten Maße ausgereift. Luhmann als der profilierteste Vertreter dieses Konzepts geht von einer Art "Big-Bang"-Theorie (Teubner) aus, derzufolge Systeme *entweder* autopoietisch *oder* allopoietisch sind. Teubner (1987a), Kirsch und zu Knyphausen (1991a) sowie Kirsch (1992: 249 ff.) setzen sich dagegen eher für ein "gradualistisches" Autopoiesekonzept ein, das es zum Beispiel zuläßt, daß neben den genannten Leitdifferenzen auch moralisch-praktische Gesichtspunkte eine Rolle spielen,[13] die theoretische Analyse also auch auf "lebensweltliche" Kategorien rekurriert.[14] Dennoch dürfte die Grundintuition überzeugend sein, daß die Subsysteme der Gesellschaft (hier vor allem Wirtschaft und Wissenschaft) unterschiedlichen Operationslogiken folgen, die die Bedingungen der Möglichkeit intersystemischer Kommunikation verändern. Zwei Aspekte sind dabei bemerkenswert.

Zum einen führt die Theorie selbstreferentieller, autopoietischer Systeme die *hohe Sensibilität für Umweltereignisse* vor Augen. Autopoietische Systeme sind zwar operational geschlossen, funktionieren nach einer Eigenlogik; aber gerade diese Geschlossenheit öffnet das System für die Umwelt (vgl. Luhmann 1984: 63 f., 237). Wenn ein System sich immer nur um sich selbst drehen würde, würde es sich totlaufen - oder gar nicht erst in Gang kommen. Das System muß "enttauto-

---

13. Was das *Wirtschaftssystem* angeht, so scheint diese These, wie in Kap. 3.1 gesehen, gerade bei "deutschen" Unternehmen Sinn zu machen. Freilich kann man die Berücksichtigung "moralischer" Aspekte immer auch als Ausfluß eines "aufgeklärten Eigeninteresses" interpretiert werden: Letztlich diene gerade sie der Bestandserhaltung, bleibe sie den Verwertungsinteressen untergeordnet (vgl. Kirsch & zu Knyphausen 1988: 494). Dem kann aber entgegengehalten werden, daß solche Aspekte sich nicht immer eingrenzen lassen, sie vielmehr eine Tendenz zu einer "funktionalen Verselbständigung" besitzen (vgl. Kirsch & zu Knyphausen 1993a). Im Hinblick auf das *Wissenschaftssystem* kann noch einmal auf die in Kap. 4.11 zitierten Versuche hingewiesen werden, über sachliche Aufklärung hinaus auch normativ aufgeladene Vorschläge zu einer "besseren" Praxis einzubringen. Hier ist nur die Qualifikation angebracht, daß zumindest Habermas in den zitierten Textstellen den eigentlichen Ort der Genese der besseren Praxis *in den praktischen Diskursen mit den Betroffenen* - und nicht in der sterilen Welt der Wissenschaft - sieht. Der Sinn für die "Realität" der Wissenschaft in der Moderne bleibt hier also durchaus erhalten.
14. In Kirsch (1992, 1993a) sowie Kirsch et al. (1993a) wird, in Anlehnung an Habermas (1981b), sogar die These vertreten, daß System- und Lebensweltanalyse sich zueinander *komplementär* verhalten. In Kap. 4.4 und 4.5 wird darauf noch zurückzukommen sein.

logisiert" werden, um nicht zu zerfallen; das aber kann nur gelingen, wenn von außen Energie und/oder Information aufgenommen wird, die als Kristallisationskerne der Asymmetrisierung dienen (vgl. ebenda: 167). Luhmann nimmt als Beispiel das (Parsonssche) Problem der "doppelten Kontingenz", das allen sozialen Systemen zugrundeliegt:[15] Wie kann Ego handeln, wenn er in seinen Handlungskalkül Erwartungen über das Handeln von Alter einbezieht, der seinerseits Erwartungen über das Handeln von Ego hat, der seinerseits ...? Hier ist tatsächlich ein Außeneinfluß notwendig (z. B. die Interessenlage eines Aktoren), die das System zum Laufen bringt, und es müssen weitere Außeneinflüsse dazukommen, um die Reproduktion des System sicherzustellen. Für Wirtschaft und Wissenschaft läßt sich aber Ähnliches leicht zeigen: Man sucht nach jedem nur denkbaren *Bedürfnis*, um die Selbstbezüglichkeit des Zahlungszusammenhanges zu unterbrechen (Wirtschaft), und ebenso werden noch die kleinsten *Probleme* aufgegriffen, um daran den Theorieapparat zu entfalten (Wissenschaft). Das ist sehr allgemein formuliert. Von der Anlage her sollten aber Wirtschaft und Wissenschaft auch *füreinander* eine hohe Sensibilität aufbringen, wechselseitig Chancen aufgreifen, sobald sie sich nur bieten. Damit wird freilich der zweite Aspekt relevant.

Zum anderen nämlich werden, wie im Willke-Zitat schon angedeutet, alle Impulse von außen *nach systemspezifischen Kriterien ausgewählt und verarbeitet*. Die Wirtschaft ist, die Unternehmen sind an allen wissenschaftlichen Ergebnissen, an allen Theorien interessiert, sofern sie sich nur *verwerten* lassen, sie einen Beitrag leisten zur Autopoiesis des (Wirtschafts-)Systems. (In umgekehrter Richtung gilt das Analoge.) *Was* sich verwerten läßt, ist a priori nicht zu sagen; es ist abhängig von dem Zustand, in dem sich das aufnehmende System gerade befindet. Es ist deshalb mißverständlich, von einer "Anwendung" von Forschung (oder, spezifischer, von "angewandter Führungslehre"; Kirsch 1992: Kap. 1) zu sprechen; das unterstellt allzu sehr ein Output/Input-Modell. Aus der Perspektive der Wissenschaft kann es nur um anwendungs*orientierte* Forschung gehen (vgl. Luhmann 1990: 635 ff.): Es kann eine "Ökologie von Ideen" bereitgestellt werden, von der Teile aufgegriffen werden mögen, aber eben in einer Weise, die den Intentionen der Produzenten (der "Theoretiker") nicht entsprechen müssen. Einen "linearen" Theorietransfer kann es unter solchen Umständen nicht geben.

(2) Die zuletzt angestellten Überlegungen verweisen, auch von den Formulierungen her, auf ein Zusammenspiel von "Ideen" und "Interessen", wie es auch

15. Auch die Spieltheorie baut hierauf auf! Siehe für einen knappen Hinweis oben, Kap. 2.13 (S. 70).

von Max Weber beschrieben worden ist.[16] "Interessen ... nicht Ideen beherrschen unmittelbar das Handeln der Menschen", heißt es an einer viel zitierten Stelle (Weber 1963: 252). "Aber: die 'Weltbilder', welche durch 'Ideen' geschaffen wurden, haben sehr oft als Weichensteller die Bahnen bestimmt, in denen die Dynamik der Interessen das Handeln fortbewegte." "Wo Interessen kräftig verfolgt werden, da bildet sich auch eine Ideologie zu ihrer Beseelung, Verstärkung und Rechtfertigung, und diese ist, als ein unentbehrliches Stück des Lebensprozesses selbst, in dem das Handeln besteht, ebenso wirklich wie die 'realen' Interessen selbst. Und andererseits: wo Ideen die Welt erobern wollen, brauchen sie den Vorspann der realen Interessen, die sie dann allerdings häufig mehr oder weniger von ihrem ursprünglichen Ziel ablenken oder sie auch sogar verändern und verfälschen können" (Bendix 1964: 44).[17] Auch hier verdienen zwei Punkte besondere Beachtung.

Zunächst erinnert die hier skizzierte Sichtweise daran, daß die systemische Perspektive noch ein individualistisches Pendant besitzt, das zu einer Verfeinerung der theoretischen Analyse beitragen kann. Natürlich macht es Sinn, ganze Subsysteme einer Gesellschaft einander gegenüberzustellen und zum Beispiel von einem Interesse "der Wirtschaft", "der Unternehmen" an den Ideen "der Wissenschaft" zu sprechen (vgl. Teubner 1985). Insbesondere der Interessenbegriff besitzt aber eben auch stark individualistische Konnotationen. Weber unterscheidet zwischen *materiellen* und *ideellen* Interessen; "die einen zielen auf irdische Güter wie Wohlstand, Sicherheit, Gesundheit, langes Leben usw., die anderen auf Heilsgüter wie Gnade, Erlösung, ewiges Leben oder, innerweltlich, auf die Überwindung von Einsamkeit, Krankheit, Angst vor dem Tode usw." (Habermas 1981a: 264). Die Nähe zu Motivationstheorien à la Maslow sind hier offensichtlich. All diese Interessen, Motive, Bedürfnisse spielen auch *im Unternehmen* eine Rolle. In dem Maße, in dem die Mitglieder der Organisation *unterschiedliche* Interessen verfolgen, können dann aber auch Theorien oder "Ideen" eine unterschiedliche Anziehungskraft ausüben. Darauf wird gleich zurückzukommen sein.

Auch in bezug auf die "Ideen" erscheint es wünschenswert, die Grenzen zwischen Wissenschaft und Praxis nicht zu strikt zu definieren. Auch in Unternehmen werden, wie oben bemerkt, Theorien produziert, die die Weltsichten des "Managements über das Management" beschreiben. Darüber hinaus wird man

16. In Hinder (1986: 551 ff.) und in Kirsch (1990: 532 ff.) wird das Ideen/Interessen-Sprachspiel - vom Ansatz her - nicht nur zur Analyse der Beziehungen zwischen Theorie (Wissenschaft) und Praxis, sondern auch zwischen Praxis und "Kulturbetrieb" und/oder anderen Systemen, in denen "neue Ideen" generiert werden, verwendet. Die folgenden Ausführungen sind enger ausgelegt; aber auch hier wird davon ausgegangen, daß eine Verallgemeinerung der Überlegungen möglich ist.
17. Beide Zitate nach Habermas (1981a: 271 bzw. 265).

davon ausgehen müssen, daß es im Unternehmen "Inseln" gibt, in denen (um eine Redeweise aus der Zielforschung aufzunehmen [Kirsch 1990: 205 ff.]:) "Theorien für das Unternehmen" bereitgehalten werden, auf die das Management zurückgreifen könnte oder sollte. Typische Beispiele für solche "Inseln" mögen etwa die Planungs- oder Personalentwicklungsabteilungen (Wagner & Nolte 1993) sein, in denen sich das theoretische Interesse, ähnlich wie in den technologisch ausgerichteten F & E-Abteilungen, bisweilen verselbständigen mag. Luhmann (1990: 636) rechnet die hier entstehenden "Forschungen" umstandslos zum Wissenschaftssystem und deutet damit an, daß sich die Theorie/Praxis-Problematik auch hier in vollem Umfange stellt. So richtig dies ist, so sehr werden damit doch auch die spezifischen Randbedingungen wirtschaftsorganisationalen Handelns unterschlagen. Der Webersche Ansatz öffnet hier den Blick für eine etwas liberalere Sichtweise, die die Einsichten der Systemtheorie in fruchtbarer Weise ergänzt.

Der zweite Punkt betrifft die *Legitimationsperspektive* und die damit einhergehende politische Problematik. Weber spricht (in dem oben wiedergegebenen Zitat) anstelle von "Ideen" auch von "Weltbildern", die den Rahmen für die Interessendurchsetzung bereitstellen. Habermas (1981a: 271) deutet dies weitgehend im Sinne von normativen Regelungen, auf deren Geltung jedes interessengeleitete Handeln angewiesen bleibt. Diese Interpretation ist vielleicht etwas einseitig; theoretische Ideen bzw. wissenschaftliche Ergebnisse sind häufig nur dazu geeignet, "sachliche" (kognitive) Begündungen für bestimmte Handlungsoptionen verfügbar zu machen. Der *Begründungs*aspekt ist aber in jedem Fall richtungsweisend: Interessengeleitete Aktoren können theoretische Einsichten benutzen, um die von ihnen verfolgten Handlungspläne sozial akzeptabel zu machen. Die Theorie/Praxis-Problematik hat deshalb auch eine *politische Dimension*; es geht darum, die "richtigen" Theorien zu finden, die die eigene, nicht aber die Position des Kontrahenten unterstützen. Wenn es, wie von March (1981a) festgestellt (Kap. 3, Fn. 26, oben), ein fester Bestandteil moderner Organisationsgesellschaften ist, daß Handlungen "rational" begründet werden müssen, dann können persönliche Interessen nicht allzu offensiv in die Entscheidungsprozesse eingebracht werden; es sind tatsächlich "rationale" Begründungen nötig, und diese können offenbar durch theoretische Arbeit beigebracht werden. Gleichzeitig sind allerdings, wie ebenfalls festgestellt, die Theorieangebote häufig mehrdeutig oder gar widersprüchlich, so daß die Auswahl des "richtigen" Angebotes zum Problem wird, das aktiv gehandhabt werden kann und muß. Die auf die "neuen Technologien" abzielenden Thesen der Industriesoziologie (oben, Kap. 1.1) können auch auf das Gebiet der Managementtheorien angewendet (!) werden.

(3) Der Ideen/Interessen-Bezugsrahmen von Weber überschreitet unter einigen Aspekten sicherlich eine systemtheoretische Analyse; unter anderen Aspekten bietet gerade sie aber auch wieder neue Anschlüsse. So ist in Kapitel 1.1 (oben) auf die omnipräsente Stellung hingewiesen worden, die der *Beobachter* in der neueren Systemtheorie besitzt, und es erschien dort "ganz normal, daß man .. [die] Interessen [der Beobachter] mit in Betracht zieht; wenn es zum Beispiel darum geht, zu erklären und gegebenenfalls vorauszusagen, *was* sie beobachten und welche Unterscheidungen sie ihrem Beobachten explizit oder implizit zugrundelegen" (Luhmann 1990: 100 f.). Relevant ist nicht nur, *was* beobachtet wird, sondern auch, *wer* beobachtet und *wie* er beobachtet. Das bedarf einer weiteren Ausarbeitung.

Ausgangspunkt ist die Unterscheidung zwischen Theorieproduzenten und (potentiellen) Theorienachfragern.[18] Theorie*nachfrager* sind die "Interessenten" im Unternehmen. Die Diskussion zu einem "interessenpluralistischen" Ansatz einer Theorie der Unternehmenspolitik (Paul 1977: 332 ff.) bietet Anhaltspunkte, welche Typen von Interessenten abgegrenzt werden können. Kirsch (1990: 104 ff.) bietet zudem eine Unterscheidung von vier Schichten von Aktoren an, die Einfluß auf die Entscheidungsfindung in Organisationen besitzen. Die ersten beiden Schichten konstituieren die "dominierende Koalition"; die erste Schicht besteht aus deren innerem Kreis, dem "eigentliche[n] Top-Management" (ebenda: 105), die zweite Schicht aus den "übrigen Mitgliedern, die immer noch beträchtliche Einflußmöglichkeiten auf die innerorganisatorischen Entscheidungen haben." Zur dritten Schicht gehören Aktoren, die nicht mehr zur dominierenden Koalition zählen, die aber doch Einfluß auszuüben versuchen - wie zum Beispiel die Arbeitnehmervertreter im Rahmen der Mitbestimmung. Zur vierten Schicht schließlich gehören alle übrigen internen und externen Transaktionspartner bzw. "Betroffenen", die sich als Anpasser verhalten, auf aktive Einflußnahme also verzichten. Diese Typologie ist prinzipiell dazu geeignet, Unterschiede im Theorienachfrageverhalten zu erklären bzw. zu prognostizieren: Die unterschiedlichen Interessen sollten einen Einfluß darauf haben, *welche* Theorien als potentiell relevant angesehen werden.

Bei den Theorie*produzenten* ist zunächst zu unterscheiden, ob sie in den Unternehmen (im Wirtschaftssystem) oder in der Wissenschaft ihre "Home Base" besitzen. Auf der Seite des Wissenschaftssystems kann dann weiter auf die etablierte Unterscheidung zwischen "Grundlagenforschung" und "angewandter", oder genauer eben: "anwendungsorientierter" Forschung zurückgegriffen wer-

18. Diese Unterscheidung hat einen Ex ante-Charakter. Ex post ist sie nicht mehr aufrechtzuerhalten, weil im Zuge der "Anwendung" *neue*, mehr oder weniger idiosynkratische Theorievarianten erzeugt werden (siehe Kap. 4.11, oben).

den, im Sinne etwa der von Kirsch (oben) definierten ersten beiden Sprachebenen. Auf der Seite der Unternehmen sind zuerst jene Theorieproduzenten zu nennen, die primär politische Interessen besitzen und in das Entscheidungssystem des Unternehmens in prominenter Weise integriert sind; für sie hat die Wissensproduktion und die Generierung von Theorien oder "Weltsichten" letztlich nur nachgeordnete Bedeutung (das mag grob der vierten Sprachebene entsprechen). Darüber hinaus gibt es aber, wie oben angedeutet, offenbar auch Stellen, bei denen eine gewisse Wahrscheinlichkeit besteht, daß das Wissensinteresse überwiegt; die erfolgsorientierte Umsetzung in unternehmenspolitische Maximen ist erst das nachgeordnete Ziel. Man kann hier von einer "funktionalen Verselbständigung" sprechen, die allerdings keineswegs unerwünscht sein muß. Von Planungsabteilungen (oder ähnlichen Einheiten) etwa wird im allgemeinen wohl *erwartet*, daß sie, bis zu einem bestimmten Grade wenigstens, "rationale" Interpretationsmuster anbieten, wie sie ähnlich auch durch die Wissenschaft produziert werden, nur daß jetzt natürlich die unternehmensbezogenen Aspekte stärker im Vordergrund stehen - ähnlich wie man das auch von den professionellen *Beratungsgesellschaften* erwartet, die im vorliegenden Zusammenhang natürlich auch eine wichtige Rolle spielen (vgl. oben, Kap. 1.2) (dritte oder zweite Sprachebene).

Betreffen diese Überlegungen die Frage, *wer* beobachtet, so interessiert darüber hinaus die Frage, *wie*, das soll hier heißen: *in welcher Einstellung* Beobachter beobachten. Im Anschluß an Habermas (1981a: 385 ff.) kann hier zunächst zwischen einer erfolgs- und einer verständigungsorientierten Einstellung unterschieden werden. *Erfolgsorientierte* Einstellung heißt einerseits, daß der Schwerpunkt bei kognitiven Gesichtspunkten liegt; die Theorie wird als etwas gesehen, was die Welt erklärt und entsprechend unter den Geltungsanspruch der Wahrheit fällt. Andererseits ist mit einer erfolgsorientierten Einstellung auch eine Instrumentalisierung verbunden; die Theorie gilt als etwas, was nützliches Wissen für erfolgreiches Wirtschaften bereitzustellen hat, während umgekehrt die Praxis als bloßer Lieferant von Forschungsgelegenheiten (und als Geldgeber!) gesehen wird. Bei einer *verständigungsorientierten* Einstellung überwiegt dagegen die Bereitschaft zur Kommunikation; hier will man *miteinander* eine Lösung finden, die sowohl für die Nachfrage- als auch für sie Angebots-("Produzenten")seite befriedigend ist. Dabei kann man sich einmal mehr auf kognitive Gesichtspunkte beschränken; darüber hinaus ist aber auch denkbar, daß über moralisch-praktische (und vielleicht auch über ästhetisch-expressive) Fragen ein kommunikativer Austausch entsteht.

In Kirsch (1992: Kap. 2) und in Kirsch und zu Knyphausen (1993a) werden eine Reihe von Argumenten zusammengeführt, die dafür sprechen, daß die Habermassche Dichotomie von erfolgs- und verständigungsorientierter Einstellung unvollständig ist und/oder einer erheblichen Modifikation bedarf. Eine Option besteht zum Beispiel darin, (abgesehen von "Hybriden" bzw. "Einstellungsmischungen") auch noch eine "identifizierende" Einstellung in den Bezugsrahmen mitaufzunehmen. Das Habermassche Kommunikationsmodell baut auf der Prämisse auf, daß es (a) den beteiligten Aktoren möglich ist, sich alle relevanten Gründe für ein bestimmtes Argument vor Augen zu führen, und (b) sie zu den Gründen mit "Ja" oder "Nein" Stellung nehmen. Wenn man an dieser Prämisse zweifelt - unter Hinweis etwa auf beschränkte Informationsverarbeitungskapazitäten und/oder Zeithorizonte -, dann stellt sich die Frage, wie es möglich ist, "trotzdem" zu einem rational motivierten Einverständnis zu kommen, das dann die Basis für das Handeln ("interaktionsfolgenrelevante Verbindlichkeiten") begründet. Die Antwort könnte in der besagten "identifizierenden" Einstellung liegen: Ego akzeptiert auch ohne abschließende Prüfung, was Alter sagt, und ermöglicht damit den Übergang vom Deliberieren der Handlungs*pläne* zum *Handeln*. Es ist das *Vertrauen zu*, die *Identifikation mit* dem Anderen, die diesen Übergang ermöglicht.

Es liegt nahe zu vermuten, daß die identifizierende Einstellung gerade auch in bezug auf das Verhältnis von Theorie und Praxis eine Rolle spielt, und zwar vor allem in Richtung von der Praxis zur Theorie. Theorievorschläge können, wenn sie denn von Nutzen sein sollen, nicht endlos diskutiert und geprüft werden; es muß schon vorher Gründe geben, sich auf sie einzulassen. Ein wichtiger Faktor dabei dürfte die *Erfahrung* sein, die man mit einem bestimmten "Ratgeber" gesammelt hat; sie begründet eine *Reputation*, auf die man sich verläßt, die eine "generalisierte Annahmebereitschaft" (Habermas 1981b: 267 ff.) motiviert. Die Frage, *wer* beobachtet, erhält von hier aus noch einmal einen besonderen Stellenwert (vgl. Luhmann 1989: 225).

4.13 Varianten der Anwendungsorientierung von Theorie und Praxis

Die bis jetzt entwickelten Überlegungen und Unterscheidungen sollten einen geeigneten Rahmen darstellen, innerhalb dessen der Prozeß der Vermittlung von Theorie und Praxis näher analysiert werden kann. Wenn es zutrifft, daß gerade im Managementbereich das Theorie/Praxis-Verhältnis besonders prekär ist, dann kommt einer solchen prozessualen Analyse sicherlich erhöhte Bedeutung zu. Im folgenden sollen mit dieser Blickrichtung drei grundlegende Varianten der Anwendungsorientierung von Theorie und Praxis auseinandergehalten werden, die sich in dem Maße, wie sie sich entfalten, auch als Steigerungsformen einer "wissenschaftlichen Unternehmensführung" begreifen lassen.

(1) Die erste Variante kann als "basale" Beobachtung bezeichnet werden. Dazu gehören zunächst die *Zufälle*: Manager ("Interessenten") lesen, aus welchen Gründen auch immer, Bücher oder Aufsätze, die Anregungen für sie bereithalten, oder sie hören auf Tagungen oder Konferenzen Vorträge von irgendwelchen "Theorieproduzenten", deren Inhalte in allgemeiner Weise faszinieren oder sich direkt für eigene Zwecke verwenden lassen.

Basale Beobachtungen der Theorie werden auch durch die *Aus-* und *Weiterbildung* ermöglicht. Theoriegeleitete Managementausbildungen werden vor allem an den Universitäten und Business Schools vermittelt. Deutsche Universitäten sind seit Wilhelm von Humboldt durch die Idee der Einheit von Forschung und Lehre beseelt (Habermas 1987: 81 ff.), und das heißt auch im Bereich der Managementausbildung nichts anderes, als daß ein theoretisches Wissen vermittelt wird, auf das dann später im Berufsleben zurückgegriffen werden kann, sei es direkt, sei es durch die *Art des Denkens*, die auch für die Bewältigung "neuer" Handlungssituationen hilfreich sein kann. Auch an den amerikanischen und europäischen Business Schools wird Wert auf den Anschluß an den neuesten Stand der Forschung gelegt (siehe oben, Kap. 4.11). In dem Maße, wie die dort ausgebildeten Absolventen in die Unternehmenspraxis eintreten, findet sich also auch hier ein Einfallstor für theoretische Ideen und theoriehaltige "Praktiken" (zum Begriff Kirsch 1992: 75 ff.), die das Problemlösungsverhalten beeinflussen. Das gilt umso mehr noch für die *Executive Education*, die an den Business Schools heute eine verstärkte Rolle spielt und an einigen Schulen die Grenzen zur Beratung schon überschreitet (vgl. die Titelstory der *Business Week* vom 28.10.1991: 106 f.). In japanischen und deutschen Unternehmen ist man grundsätzlich wohl eher "In-house"-orientiert, aber das schließt natürlich nicht aus, daß man auch hier Universitätsprofessoren oder Beraterpersönlichkeiten einlädt, um sich Einsichten aus der Forschung vortragen zu lassen. Wie schon erwähnt, besitzen häufig gerade die für diese Ausbildung verantwortlichen Personalentwicklungsabteilungen eine hohe Affinität zu "neuen" Strömen der Theoriearbeit. Die veranstalteten Seminare bieten dann auch eine Arena für die Reflexion dieser Theoriearbeit, weil hier (und in begleitenden "Kamingesprächen") weitgehend handlungsentlastete Situationen gegeben sind, in denen ruhig auch einmal "gesponnen" werden darf (Kirsch 1992: 82 ff., Kirsch & zu Knyphausen 1993a: 224 f.).

(2) Personalentwicklungsabteilungen stellen schon ein gutes Beispiel dar für die Möglichkeit, bewußt "Beobachterstellen" einzurichten, die neuere Theorieentwicklungen aufspüren und auf ihre Relevanz für das Unternehmen überprüfen. Dabei lassen sich eher passive und eher aktive Varianten unterscheiden. Zu ersteren könnte zum Beispiel die systematische Auswertung von Zeitschriftenartikeln gehören, zu letzteren der Aufbau von Kontakten zu Universitäten bzw.

Lehrstühlen, denen man eine hinreichende Nähe zum "State of the Art" der Managementwissenschaften (der Theorie der strategischen Unternehmensführung!) zutraut. Hinweise für eine genauere Analyse lassen sich im Kontext der Theorie des organisatorischen Lernens finden (oben, Kap. 2.23), wo man von einem "Scanning" der Umwelt, in diesem Fall der Wissenschaftsumwelt, spricht. Huber (1991: 97 f.) unterscheidet hier zwei Literaturkreise. Die "Makro"-Literatur (paradigmatisch: Aguilar 1967) nimmt als Untersuchungseinheit die Organisation als ganzes oder Abteilungen, die auf die genannten Funktionen spezialisiert sind. Hier wird dann zum Beispiel danach gefragt, inwieweit die Einrichtung solcher Abteilungen mit einer Verbesserung der "Performance" des Unternehmens verbunden ist. Die "Mikro"-Literatur (Tushman 1977 u. a. m.) interessiert sich demgegenüber für einzelne Personen, die ein "Boundary-Spanning" betreiben bzw. als "Gatekeeper" auftreten. Im vorliegenden Zusammenhang könnte das bedeuten, daß man die "Einstellung" (im Sinne von Kap. 4.12, oben) der jeweiligen Personen untersucht und nach den damit verbundenen Konsequenzen für die Art des Theorientransfers fragt. Konkrete Untersuchungen hierzu sind allerdings noch nicht vorgelegt worden.

(3) Eine dritte Variante zur Vermittlung zwischen Theorie und Praxis entsteht durch die Einrichtung von "Konversationskreisen" (Hutter 1989: 90 ff.) bzw. "Zwischen-" (Kirsch 1971: 46 f. mit der dort angegebenen Literatur) oder "Kontaktsystemen" (Luhmann 1989: 221). Hier tritt die Wissenschaft bzw. Theorie aus ihrer passiven Rolle heraus; die Wissenschaft wird nicht mehr nur durch die Praxis "ausgesaugt" (wie das unter [1] und [2] letztlich unterstellt wurde), sondern artikuliert (mehr oder weniger deutlich) eigene Interessen, die die Art der Kommunikation beeinflussen. Es werden Projektteams mit gemischter Mitgliedschaft definiert, die die Kommunikation erleichtern sollen, dabei aber auch ein "Eigenleben" entfalten können. Die beiden paradigmatischen Fälle sind die Beratungsprojekte (a) und Formen der Aktionsforschung (b).

(a) Daß die *Beratung* - gemeint ist hier vor allem die *strategische Unternehmensberatung* - etwas mit "Anwendung" von Theorie zu tun hat, ist offensichtlich. "Es mag strittig sein, ob mehr betriebswirtschaftliche, finanzwissenschaftliche, sozialpsychologische oder gar soziologische Ansätze zugrundezulegen sind. Das mag sich nach den Problemen des Einzelfalls richten, und bei komplexen, mehrere Disziplinen berührenden Problemen gelten dann 'interdisziplinäre' Orientierungen als empfehlenswert. Die Grundlage der Beratung ist in all diesen Disziplinen eine spezifische Kompetenz, die sich aus empirisch bewährten Generalisierungen ergibt. Man kennt statistisch gesicherte Wahrscheinlichkeiten und überträgt sie, obwohl sie für den Einzelfall gerade nichts besagen, auf den Einzelfall. Man begeht verschwiegene Fehler und kompensiert dies durch detaillierte Untersuchungen am Objekt, die im seltenen Falle dann auch für Kontrolle und Korrektur der wissenschaftlichen Hypothese ausgewertet werden" (Luhmann 1989: 209).

Beratungsprojekte können direkt von Wissenschaftlern oder von unternehmensinternen Consulting-Abteilungen durchgeführt werden. Besondere Bedeutung kommt aber zweifellos den Unternehmensberatungsgesellschaften zu, die sich als eine spezielle Organisationsform des Theorie/Praxis-Transfers - mit eigenen Systemimperativen - herausgebildet haben. In Kapitel 1.2 wurde mehrfach betont, daß diese Gesellschaften gerade im Bereich des Strategischen Managements auch ihrerseits zu wichtigen Theorieproduzenten geworden sind, die entsprechend auch in der Wissenschaft beobachtet werden. Die Beratungs*ansätze* sind unterschiedlich; sonst könnte es eine "Unique Selling Proposition" nicht geben. Zumindest bis in die achtziger Jahre hinein galt zum Beispiel die *Boston Consulting Group* als eine Beratungsgesellschaft, die konzeptionell anspruchsvolle, "theoriehaltige" Lösungen erarbeitete, den Kontakt zum Klientensystem aber nicht zu eng werden ließ. *McKinsey & Company* hatten dagegen das Image, gerade diesen Kontakt besonders hoch zu bewerten (vgl. Greiner & Nees 1985).

Die Theorie der Beratung ist bislang noch nicht allzu weit ausgebaut (vgl. den Überblick bei Dondl 1992: 39 ff. und 196 ff.). Habermas (1966) hat - im Kontext der Politikberatung - verschiedene *Beratungsphilosophien* identifiziert, die insofern interessant sind, als sie die in Kapitel 4.11 beschriebenen wissenschaftsphilosophischen Positionen recht genau widerspiegeln. So entspricht die *dezisionistische* Beratungsphilosophie genau der Position der kritischen Rationalisten: Der Berater soll das faktische Wissen für eine Praxis bereitstellen, in der die richtungsweisenden Werte gesetzt werden; die theoretische Hinterfragung dieser Werte wird als prinzipiell unmöglich angesehen. Die *pragmatistische* Beratungsphilosophie baut demgegenüber auf dem anspruchsvollen Kommunikationsmodell auf, in dem gemeinsam an institutionellen Veränderungen gearbeitet wird, die an den Interessen *aller* Beteiligten/Betroffenen orientiert sind. Fleischmann (1984) und Kirsch (1990: 413 ff.) unterscheiden, der derzeitigen Beraterlandschaft vielleicht angemessener, zwischen Inhalts- und Prozeßberatung. Die *Inhalts*beratung konzentriert sich auf die Erarbeitung von Problemlösungen; das Gewicht liegt, gemischte Projektteams hin oder her, bei dem Berater, der das entsprechende Know how mitbringt. Die *Prozeß*beratung ist schon eher auf eine symmetrische Berater/Klienten-Beziehung angelegt. "Der Berater bringt die strategischen Methoden und Denkweisen ein und übernimmt die Moderatorfunktion, während die inhaltliche Problemlösung vom Klienten getragen wird. Hierbei ist eine möglichst breite Prozeßbeteiligung vor allem der operativen Führungskräfte notwendig, um die Mobilisierung und Identifikation mit den neuen Methoden und Denkweisen zu fördern" (Kirsch 1990: 414). Aus dem Blickwinkel der neueren Systemtheorie würde man die hier herrschende Grundeinstellung des Beraters paradox formulieren: "Verändere, indem du nicht veränderst. .. Wenn *du* veränderst, verändert sich gar nichts. Denn jede Veränderung muß Selbständerung sein" (Willke 1987a: 350).

Die Diskussionen, die derzeit unter dem Titel einer "systemischen Beratung" - aus dem Blickwinkel der neueren Systemtheorie - geführt werden,[19] sind aus mehreren Gründen von besonderem Interesse.

Erstens wird hier deutlich die erwähnte *politische Dimension* herausgearbeitet. "Fast immer", so die Erfahrung von Exner et al. (1987: 268), "wird man von jemandem geholt, der von dieser Arbeit eine Unterstützung seiner eigenen Interessen erwartet." Einmal im Unternehmen "drin", wird die Situation allerdings kompliziert. "Man wird mit unterschiedlichen Interpretationen konfrontiert und in widersprüchliche Interessenlagen verwickelt; die einen lehnen die Berater ab, die anderen wollen sie in ihre Machtspiele einbeziehen. Wer ist der Klient? Fühlt man sich dem Unternehmen verpflichtet, so hilft nur Distanz. Die wichtigste Hilfe bei den Versuchen, sich nicht ins System hineinziehen zu lassen, stellen klare Hypothesen dar. Theoriegeleitete Annahmen ermöglichen es den Beratern, die Beobachterrolle beizubehalten und auch in Krisensituationen nicht in die Rolle eines Mitakteurs zu verschwinden" (ebenda: 266 f.). Der Berater will durchaus seine Theorien "anwenden", aber diese Theorien ermöglichen es ihm zugleich auch, die Eigenständigkeit zu bewahren, und das ist gut so - für *beide* Parteien.

Zweitens wird reflektiert, daß die Idee einer "direkten" Anwendung, einer *zielgerichteten Kommunikation*, problematisch ist. Wie Willke (1987a: 333 f.) schreibt:

> "Zielgerichtet ist eine Kommunikation dann, wenn eine bestimmte Wirkung beim Kommunikationspartner in das Kalkül der Kommunikation einbezogen ist. Die grundlegende Schwierigkeit zielgerichteter Kommunikation liegt darin, daß sie sich in ihren Wirkungen von einem autonomen Prozeß des Verstehens seitens des intervenierten Systems abhängig machen muß. Das intervenierte System gibt die Kriterien vor, unter denen es bereit ist, sich beeindrucken zu lassen. Aber damit nicht genug. Das intervenierende System kann nicht wirklich wissen, was diese Kriterien sind. Es

---

19. Zentrum dieser Diskussionen ist die in Wien ansässige *Beratergruppe Neuwaldegg*, die nicht nur fortlaufend einschlägige Diskussionsveranstaltungen organisiert, sondern auch diverse Arbeiten zum Thema publiziert hat (vgl. etwa Exner et al. 1987 und den von Königswieser & Lutz herausgegebenen Sammelband [1990]). Anregungen stammen auch aus der "systemischen Familientherapie" der Mailänder Schule um M. Selvini-Palazzoli. (Luhmann [1990: 648 ff.] beschreibt gerade das Theorie/Praxis-Verhältnis nach einem *therapeutischen* Modell!)

> kann nur Unterstellungen produzieren und testen und über erfolgreich getestete Unterstellungen ein hypothetisches Modell der Operationsweise des intervenierten Systems erstellen."

Die hier skizzierte Sichtweise impliziert natürlich auch ein wesentlich "schwächeres" Konzept von Führung bzw. Management, als dies zum Beispiel für die US-amerikanische Forschung typisch ist (vgl. oben, Kap. 3.1 und 4.11). Darüber hinaus ist auffällig, daß für die Anwendung einer Theorie *wiederum eine Theorie* erforderlich ist, weil anders deren Effekte überhaupt nicht mehr zu bestimmen sind. Einmal mehr spiegelt sich darin ein selbstreferentielles Theoriekonzept, das auch für die vorliegende Arbeit (einschließlich Kap. 4.1!) kennzeichnend ist.

Drittens schließlich wird, um auf den Ausgangspunkt zurückzukommen, die Idee der "Zwischensysteme" in besonderer Weise herausgestellt. Dabei geht es allerdings nicht nur um die Projektorganisation als ganzes, sondern auch um die Organisation einzelner "Change"-Episoden. Willke (1987a: 350) argumentiert, "daß Brücken zwischen der Innenwelt der Organisation und der Außenwelt der Berater am ehesten durch den *Aufbau gemeinsamer Grenzzonen* geschlagen werden können - durch Organisationsentwicklungs-Klausuren ... In diesen definieren Berater und Mitglieder des Spitzenmanagements zwei oder drei Tage lang eine Sondersituation, welche den Managern erlaubt, aus ihrer Insider-Perspektive herauszutreten, und die es den Beratern ermöglicht, aus ihrer Beobachtersicht die Innensicht der Organisation kennenzulernen. Entwicklungsberater schaffen damit das funktionale Äquivalent zur 'therapeutischen Situation'; deren Funktion ist es, als Sonderwelt zwar aus dem Normalbetrieb ausgekoppelt zu sein, um einen Freiraum für Grenzübertretungen zu schaffen, zugleich aber die Verbindung zur jeweiligen Realität zu erhalten, damit Transferleistungen möglich bleiben."

(b) Unter *Aktionsforschung* wird seit ihren Anfängen bei J. Collier (1945) und K. Lewin (1946) ein Forschungsansatz verstanden, der die Gewinnung theoretischer Erkenntnisse mit der Lösung praktischer Probleme systematisch zu verbinden versucht (vgl. hierzu und zum folgenden zu Knyphausen 1988: 170 ff.). Dabei geht es nicht um die bloße Anwendung eines vorher schon produzierten Wissens, sondern um eine unmittelbare Verknüpfung von Problemlösungs- und Forschungsprozeß. Praktiker und Wissenschaftler arbeiten zusammen, weil die einen an der Lösung eines spezifischen Problems und die anderen an der Erarbeitung einer spezifischen Theorie anhand dieses Problems interessiert sind. Das Problem ist gewissermaßen der "Kondensationspunkt", an dem, in der Sprache der Systemtheorie, sich *sowohl* die weiteren Operationen des Klientensystems *als auch* die weiteren Operationen des Wissenschaftssystems orientieren können.

Zweifellos ist es, nach den lebhaften Diskussionen in den siebziger und frühen achtziger Jahren, in neuerer Zeit um das Konzept der Aktionsforschung ruhiger geworden. Vielleicht haben die teilweise sozial-revolutionären Perspektiven, die mit diesem Konzept verbunden wurden (siehe etwa Moser 1975), in der Praxis doch zu einem problematischen Image geführt, welches das Interesse an dieser Form der "Theorieanwendung" zurückgehen ließ. Aus der Perspektive der Forschung muß aber festgestellt werden, daß letztlich jede Form der Feldforschung, wenn sie sich denn mit "interessanten" Problemen beschäftigen soll, Aspekte der Aktionsforschung mitaufnehmen muß. Van de Ven (1988: 333), Schein (1991) und Pettigrew (1993; siehe Kap. 2.42, oben) betonen jedenfalls, daß die Feldforschung immer auch für die untersuchten Unternehmen "nützlich" sein muß, der Forscher also durchaus auch die Bereitschaft besitzen sollte, sich in die Binnenperspektive des Klientensystems zu begeben und Beiträge zu den dortigen Problemlösungsbemühungen zu leisten. Es ist keine Frage, daß, aus der Perspektive der Praxis, die in Kapitel 2.6 propagierte Fallstudienforschung unter diesem Gesichtspunkt der "Anwendungsorientierung" eine größere Attraktivität besitzt als die in der Außenperspektive verbleibende großzahlige empirische Forschung. Inwieweit in konkreten Episoden einer solchen Forschung dann doch noch die "progressiveren" Intentionen der Aktionsforschung sich artikulieren können, dürfte einmal mehr mit den grundlegenden "Einstellungen" der Beteiligten zusammenhängen.

4.14 Strategisches "Management" als Inbegriff theoretisch geleiteter Praxis

Nachdem verschiedene Varianten der Anwendungsorientierung von Theorie und Praxis identifiziert und beiläufig sogar als "Steigerungsformen einer wissenschaftlichen Unternehmensführung" bezeichnet worden sind, kann man fragen, was "hinter" diesen Varianten bzw. Steigerungsformen stecken mag. Eine erste Antwort könnte auf grundlegende Systemfähigkeiten verweisen, wie sie in Kapitel 2.22 behandelt worden sind. Die Fähigkeit der Aneignung wissenschaftlicher Theorien läßt sich direkt mit der *Lernfähigkeit* von Unternehmungen in Verbindung bringen, auch wenn beides natürlich nicht deckungsgleich ist (vgl. Kap. 2.23). Auch die von Kirsch (1990 u. ö.) herausgestellte *Responsiveness* kann in entsprechender Weise interpretiert werden; es geht dann um die "Offenheit" der Praxis für die ganze Ökologie der Ideen, die in der Wissenschaft (aber natürlich auch anderswo) angeboten wird. In einer passiven Variante ist hier einfach die theoretische Neugierde der Organisationsmitglieder, aber natürlich auch das Vorhandensein von "Scanning"-Systemen angesprochen (siehe oben); in einer eher aktiven Variante geht es dagegen um die Gestaltung von Arenen, in denen auch "Theoretiker" ihren Platz haben, also partizipieren können. Die (ebenfalls von Kirsch herausgestellte) *Handlungsfähigkeit* verweist schließlich auf ein Vermögen zu beurteilen, wann "Analyse zur Paralyse" wird, wann also die theoretische Durchdringung des Unternehmensgeschehens auch dysfunktionale Folgen haben kann. Damit deutet sich an, daß "wissenschaftliche Unternehmensführung" keineswegs a priori positiv beurteilt werden muß, es vielmehr Situationen geben kann, in denen das "Recht auf Freiheit vor der Wissenschaft" in Anspruch genommen wird (vgl. Kirsch 1984).

Eine zweite, ganz anders gelagerte Antwort hat etwas mit den in einem Unternehmen auftauchenden *Rollenreflexionen* zu tun. Diese Antwort ist deshalb interessant, weil sie erlaubt, die in der vorliegenden Arbeit bislang undifferenziert verwendeten Ausdrücke "(Strategische) *Unternehmensführung*" und "(Strategisches) *Management*" voneinander abzusetzen. Führung von und in Unternehmen nimmt, um es kurz zu sagen, in dem Maße den Charakter von "Management" an, wie in der betrachteten Organisation nachhaltige Reflexionen von Führungsrollen auftauchen und darüber hinaus auch operativ wirksam werden. Die Reflexion von Rollen hat aber wiederum etwas zu tun mit der Nutzung von Theorien oder theoriehaltigen Praktiken; erst sie ermöglicht es, Rollen bzw. "Aufgaben" in professioneller Weise auszufüllen bzw. abzuarbeiten. Die Theorie, die dies reflektiert, zieht genau daraus also Konsequenzen für ihren eigenen Begriffssapparat - eine Folge der selbstreferentiellen Logik, die ihr zugrundeliegt. Angesichts der Bedeutung dieser Logik auch für den Aufbau der vorliegenden Arbeit dürfte es angemessen sein, die vorgeschlagene begriffliche Differenzierung genauer zu erläutern. Die Argumentation gliedert sich in vier Schritte.[20]

(1) Ausgangspunkt ist die Unterscheidung zwischen Führungs*strukturen* und Führungs*praxis*. Führungs*strukturen* geraten in den Blick, wenn man sich dem "Objektbereich" aus einer Außenperspektive nähert. "Führung" erscheint dann als eine überlagernde Handlungsstruktur, die einen sozialen Interaktionszusammenhang in asymmetrischer Weise prägt. In der Kybernetik würde man hierfür die Terminologie von Regelung und Steuerung verwenden; die hier vorgeschlagene Charakterisierung läßt aber auch "weiche" Formen der Führung zu, die man mit solchen Begriffen wie "Kultivieren" oder "Katalysieren" bezeichnet. Die Führungs*praxis* (einschließlich der dazugehörigen "Praktiken") erschließt sich hingegen aus der Binnenperspektive des Teilnehmers der organisatorischen Le-

20. Die folgenden Ausführungen stützen sich auf Kirsch (1992: 153 ff.) bzw. Kirsch & zu Knyphausen (1992). Dort wird auch erläutert, daß die vorgeschlagene Begriffskonzeption so ungewöhnlich nicht ist: Wenn man zum Beispiel zwischen "Personalführung" und "Personalmanagement" unterscheidet, dürfte man letzteres auch umgangssprachlich sehr schnell mit einer "professionellen Abarbeitung von Aufgaben" in Verbindung bringen.

benswelt bzw. der sie konstituierenden Lebens- und Sprachformen. Aus dieser Perspektive kann rekonstruiert werden, was in der Organisation selbst unter "Führung" verstanden wird, woran sich Merkmale von "Leadership" festmachen lassen usw., kurz: wie sich die Organisation selbst unter dem Aspekt der Führung beobachtet und beschreibt. Solche "Selbstbeobachtungen" und "Selbstbeschreibungen" sind mit den verschiedenen Praktiken häufig "verwoben", also nicht Gegenstand einer expliziten Auseinandersetzung. Es gibt aber auch Fälle, in denen man sich um eine explizite Auseinandersetzung mit Merkmalen der organisatorischen Führungspraxis bemüht - abzulesen etwa an "Leitbildern", "Führungsgrundsätzen" etc. Der Begriff der *Reflexion* soll diese Fälle bezeichnen.

(2) Zwei zentrale Begriffe der klassischen Organisationstheorie sind der Begriff der Aufgabe und der der Rolle. Unter einer *Aufgabe* versteht man eine "[d]auerhaft wirksame Aufforderung an Handlungsträger, festgelegte Handlungen wahrzunehmen" (Gabler Wirtschaftslexikon, 13. Aufl., Sp. 224), unter einer *Rolle* die Gesamtheit der "Erwartungen und Ansprüche einer Gruppe .., die an den Inhaber einer bestimmten Position bezüglich seines Verhaltens und äußeren Erscheinungsbildes gestellt werden" (ebenda: Sp. 2851). Der Rollenbegriff ist ein *kognitiver* Begriff; "Aufgaben" liegen hingegen vor, wenn explizite, sprachlich vermittelte Kommunikationen entsprechenden Inhalts vorliegen. Zwar hat auch das Rollenlernen natürlich etwas mit sprachlicher Kommunikation zu tun: Es werden Erwartungen ausgesprochen, Enttäuschungen artikuliert, Bestrafungen und Belohnungen ausgeteilt usw. Dabei dürfte in der Alltagskommunikation bisweilen auch von "Aufgaben" gesprochen werden. In einem engeren Sinne liegen "Aufgaben" aber erst dann vor, wenn nicht mehr nur *in bezug* auf Rollen, sondern *über* Rollen kommuniziert wird, wenn, mit anderen Worten, Rollen in expliziter Weise *reflektiert* werden und diese Reflexionen auch eine gewisse *Nachhaltigkeit* besitzen, sich also auch auf das tatsächliche Rollenverhalten in der Organisation niederschlagen.

(3) Das Auftauchen nachhaltiger Reflexionen von (Führungs-)Rollen in Organisationen ist oben als "Management" bezeichnet worden. Da nicht alle Rollenaspekte reflektiert werden (können), ist der Managementbegriff einerseits weniger "reichhaltig" als der Führungsbegriff. Andererseits bietet die Rollenreflexion aber auch neue Steigerungsmöglichkeiten. Insbesondere ist es eben möglich, sich der gesamten "Ökologie der Ideen" zu bedienen, die in den Managementwissenschaften und anderswo angeboten werden. Die deutschsprachige Organisationslehre zum Beispiel kennzeichnet die Tätigkeit des Organisierens durch die Aufgabenanalyse und -synthese (vgl. Kosiol 1976). Die komplexe Gesamtaufgabe, die in einem Unternehmen zu erfüllen ist, wird, das ist die Vorstellung, nach einer Reihe von Gesichtspunkten in immer kleinere Teilaufgaben zerlegt,

die dann, nach teilweise "querliegenden" Gesichtspunkten, wieder so zusammengesetzt werden, daß Stellenaufgaben, Abteilungsaufgaben, Hauptabteilungsaufgaben usw. entstehen. Die Strategieliteratur hat ergänzend auf die Bedeutung von "Geschäftsfeldern" hingewiesen, die nach strategischen Gesichtspunkten zu bearbeiten sind (vgl. etwa Henzler 1978), und dafür ein entsprechendes Methodenarsenal zur Verfügung gestellt. Interessant sind in diesem Zusammenhang insbesondere Vorschläge zur Einrichtung von "Managementsystemen" (Kirsch & Maaßen 1989), die als Kondensationskern einer professionellen Bearbeitung von Aufgaben der Planung und Kontrolle, der Mitarbeiterentwicklung, der Anreizgestaltung usw. dienen können oder sollen. Letztlich können aber alle Arten von Theorien und daraus abgeleiteten Ideen genutzt werden, um die Rollenreflexion zu unterstützen.

(4) Die bis hierhin angestellten Überlegungen lassen den Schluß zu, daß eine Theorie, die sich mit dem strategischen Management von und in Unternehmen beschäftigt, sich auch mit sich selbst beschäftigt. Nicht so deutlich werden die *paradoxen* Effekte, die mit einer professionellen Abarbeitung von "Aufgaben" verbunden sein können. Was passiert, wenn die Praxis auf Theorien stößt, die die Möglichkeiten einer erfolgreichen Beeinflussung der Unternehmenspolitik *bestreiten* - zum Beispiel also auf den populationsökologischen Ansatz der Organisationstheorie (siehe oben, Kap. 2.41)? Was folgt daraus, daß es einerseits "Systemkonzeptionen" gibt, die besonders auch die Rolle von *Strategischen Managementsystemen* betonen, gleichzeitig aber auch theoriegeleitete Beschreibungen vorhanden sind, die zeigen, daß manche Unternehmen ganz gut auch *ohne* solche Managementsysteme auskommen? Führt sich dann eine Theorie des Strategischen Managements nicht selbst ad absurdum? Diese Fragen können hier nicht beantwortet werden; klar sollte nur sein, daß es sich um Fragen handelt, die ihrerseits im Rahmen einer Theorie der strategischen Unternehmensführung thematisiert werden müssen. Von "strategischer *Unternehmensführung*" ist dabei ganz bewußt die Rede, handelt es sich bei "Führung" doch offenbar um einen *allgemeineren* Begriff als bei "Management". Unter dem Dach dieser Headline ist es möglich, auch die Dysfunktionen einer zu weitgehenden "Rationalisierung" oder "Verwissenschaftlichung" herauszuarbeiten, die mit einem ausgefeilten "Management" verbunden sein können. Die *Differenzierung* zwischen "Führung" und "Management" sollte es erleichtern, dieses Problem angemessen zu bearbeiten, das heißt: das Theorie/Praxis-Verhältnis in seiner ganzen Komplexität zu reflektieren - und damit einen "blinden Fleck" der amerikanischen "Strategic Management"-Forschungen aufzuhellen.[21]

---

21. Der Einwand liegt nahe, daß auch der Begriff der Strategischen Unternehmensführung einen blinden Flecken aufweist: Er unterstellt das Vorhandensein von

4.2 System & Umwelt

Ebenso wie das Theorie/Praxis-Problem konstituiert auch das Verhältnis von System und Umwelt ein wichtiges Grundlagenproblem einer Theorie der strategischen Unternehmensführung. In Kapitel 2.61 (oben) ist kurz auf die zentrale Bedeutung des "Fit"-Konzeptes hingewiesen worden; der "Fit" aber besteht eben - oder sollte bestehen - zwischen dem *System* auf der einen Seite und der *Umwelt* auf der anderen Seite. Begriffe wie "CoAlignment" (Thompson 1967), "Congruence" etc. beziehen sich ebenfalls auf das System/Umwelt-Verhältnis. Ansoff (1987: 501) hebt den Begriff der *Adaption* hervor; er schreibt:

> "Scientific interest in strategic behavior or purposive organizations traces back to the early 1950s. Since then several different and apparently conflicting theoretical explanations of strategic behavior have been offered. Schools of thought have been formed, dedicating to enriching the respective theories and to establishing their superiority over theories proposed by the other schools. *But all of these schools appear to be studying the same problem.* Some of us call it the problem of policy formation, others of strategy formulation. *It concerns the logic which guides the process by which an organization adapts to its external environment.*" (Hervorh. hinzugefügt)

Angesichts des in diesem Zitat zum Ausdruck kommenden zentralen Stellenwertes des System/Umwelt-Problems liegt es nahe, sich auch hiermit ausführlicher zu beschäftigen. Der Gang der Argumentation kann dabei einer ähnlichen Logik folgen wie im vorstehenden Kapitel 4.1. Zuerst wird, über die bisherigen Andeutungen hinaus, gezeigt, wie in der amerikanischen Literatur mit diesem Problem umgegangen wird (Kap. 4.21). Dann wird herausgearbeitet, wie die alternative Behandlungsweise der neueren Systemtheorie - einer Theorie, die *von Anfang an* auf eine Thematisierung der System/Umwelt-Beziehungen angelegt ist - aussieht und welche zusätzlichen Beobachtungen damit möglich werden (Kap. 4.22); und es werden, im groben Anschluß an die von Luhmann eingeführte Unterscheidung zwischen einer Sach-, einer Sozial- und einer Zeitdimension des System/Umwelt-Zusammenhangs, einige für die Theorie der strategischen Unternehmensführung wichtige Gesichtspunkte erläutert (Kap. 4.23). Abschließend folgt dann wieder der Rückbezug auf die Theorie selber, indem das immer wieder sich aufdrängende Theorie/Praxis-Problem noch einmal vor dem Hintergrund der gewonnenen Einsichten zum System/Umwelt-Zusammenhang beleuchtet wird (Kap. 4.24).

Führung und verdrängt die theoretisch zweifellos interessante Tatsache, daß es auch ohne Führung gehen kann, das Auftauchen von (strategischer) Führung jedenfalls etwas ist, was einer Erklärung bedarf. In Kap. 4.43 und in Kap. 4.64 wird darauf noch zurückzukommen sein.

4.21 Zur amerikanischen Diskussion des System/Umwelt-Verhältnisses

(1) Die im Rahmen des Strategischen Managements geführte Diskussion des Zusammenhanges von System und Umwelt hat entscheidende Impulse einmal mehr aus den frühen Veröffentlichungen der Harvard Business School enthalten. Wie in Kapitel 1.3 schon kurz erwähnt, besteht der von Learned et al. (1965) bzw. Andrews (1971) eingeführte Bezugsrahmen aus vier Elementen: den Stärken und Schwächen des Unternehmens, den Gefahren und Gelegenheiten der ökonomischen und technologischen Umwelt, den persönlichen Werten der Führungskräfte sowie den allgemeinen Anforderungen der Gesellschaft. Zwischen all diesen Elementen sollte, das ist die Kernaussage, durch die Unternehmensführung ein "Fit" hergestellt werden.

Wenn man die drei zuletzt genannten Elemente zusammenzieht, wird sofort ersichtlich, daß die Vertreter der Harvard Business School ein ausgesprochen reichhaltiges Konzept der Umwelt im Auge gehabt haben.[22] In den siebziger und achtziger Jahren ist diese Reichhaltigkeit allerdings vielfach wieder verloren gegangen. Gut ablesen läßt sich dies zum einen an den Forschungen, die durch das Industrial Organization-Paradigma geprägt worden sind. Porter (1981) weist jedenfalls darauf hin, daß hier vor allem die Gefahren und Gelegenheiten der ökonomischen und technologischen Umwelt Berücksichtigung finden, die soziale Umwelt sowie die Werte der Manager demgegenüber vernachlässigt werden. Zum anderen sind auch die Portfolio-Konzeptionen der Beratungspraxis, die einen so großen Einfluß auf die disziplinäre Entwicklung gehabt haben (Henzler 1988b), durch ein solchermaßen "verarmtes" Umweltverständnis geprägt. Die Matrizen tragen auf der vertikalen Achse Gesichtspunkte der Umwelt, auf der horizontalen Achse die relative Wettbewerbsposition des Unternehmens ab. Im ursprünglichen Portfolio der *Boston Consulting Group* erscheint dann die Umweltentwicklung nur noch als Marktwachstum, und die Position des Unternehmens wird durch den relativen Marktanteil wiedergegeben. Das von *McKinsey* verwendete Portfolio ist da schon reichhaltiger; im Hinblick auf die Umwelt muß aber auch hier festgestellt werden, daß technisch-ökonomische Kriterien bei der Beurteilung der Marktattraktivität (!) überwiegen, darüber hinausgehende Aspekte eher beiläufig behandelt werden (vgl. z. B. Hinterhuber 1977: 73). Diese Aspekte müssen erst im Nachhinein (das heißt: in der zweiten Hälfte der achtziger Jahre) wieder eingeklagt werden, unter einer Headline, wie sie von Pfeffer (1987) formuliert wird: *Bringing the Environment Back In: The Social*

22. Die Zuordnung der Werte der Führungskräfte zur Umwelt des Unternehmens mag etwas überraschend sein; für eine Systemtheorie à la N. Luhmann ist sie demgegenüber selbstverständlich. Im vorliegenden Zusammenhang dient sie freilich nur der Erleichterung der Argumentation.

Context of Business Strategy. Die Aufmerksamkeit, die die institutionalistische Organisationstheorie (Powell & DiMaggio 1991; vgl. oben, Kap. 2.43) bzw. die "ökonomische Soziologie" (Granovetter 1985, Swedberg & Granovetter 1992) in den letzten Jahren auf sich ziehen konnte, kann vor diesem Hintergrund beinahe als Abbitte für die lange übliche Verkürzung der Betrachtungsweise verstanden werden. Wenn da nur nicht der Trend zur "Neuen Industrieökonomik" wäre ...

Auch wenn es also durchaus Ansätze einer "Rückholung" reichhaltigerer Umweltkonzeptionen gibt, so muß bemerkt werden, daß der besagte "Fit" zwischen System und Umwelt auch und gerade in diesen Ansätzen an dem *Überleben* des Systems bemessen wird. Am deutlichsten zeigt sich dies anhand des populationsökologischen Ansatzes der Organisationstheorie (vgl. oben, Kap. 2.41);[23] aber auch für den institutionalistischen Ansatz läßt sich dies leicht nachweisen (vgl. sehr offensichtlich z. B. Baum & Oliver 1991). Der von der Harvard Business School lancierte Bezugsrahmen bot demgegenüber durchaus noch andere Möglichkeiten: Insbesondere die Einbeziehung der Werte oder "Einstellungen" der Führungskräfte läßt es zu, daß, aus der Binnenperspektive der Beteiligten, "mehr" angestrebt wird als das bloße Überleben (vgl. Kirsch 1990: 439 ff.). Für den überwiegenden Teil der amerikanischen Literatur zum Strategischen Management scheint diese Möglichkeit jedoch ein "blinder Fleck" zu sein, der aus der theoretischen Reflexion ausgeschlossen bleibt.

(2) Die bisherigen Überlegungen sagen etwas aus über mögliche Inhalte einer Umweltkonzeption, aber sie geben wenig Auskunft über die *Beziehungen*, die zwischen System und Umwelt bestehen. Wenn man, wie dies weithin üblich ist, das System zum eigentlichen Bezugspunkt der Analysen macht, lautet die Frage also, was die Umwelt für das System *bedeutet*. Aldrich und Mindlin (1978) unterscheiden zwei Perspektiven der Umweltwahrnehmung (vgl. auch Aldrich 1979: 110 ff.). Wird sie als *Quelle für Informationen* aufgefaßt, so tritt das *Unsicherheits-* bzw. *Komplexitäts*problem in den Vordergrund: Es müssen Modi gefunden werden, wie die Informationsvielfalt angesichts eigener Kapazitätsbeschränkungen verarbeitet werden kann. Dieses Problem wird im nachfolgenden Kapitel 4.3 noch ausführlicher behandelt werden. Wird die Umwelt dagegen als *Pool von Ressourcen* wahrgenommen, so ergibt sich ein *Abhängigkeits*problem: Das System kann nur überleben, wenn es genug Ressourcen mobilisieren kann.

---

23. "[F]itness for any population defined in terms of phenotypes can be defined as the net mortality rate: the ratio of birth rates to death rates", heißt es z. B. bei Hannan & Freeman (1989: 19).

Die Rede von einem "Abhängigkeitsverhältnis" deutet an, daß das Gewicht der Umwelt gegenüber dem System in der etablierten Literatur als "hoch" beurteilt wird. Am stärksten äußert sich diese Sichtweise wiederum in den populationsökologischen Arbeiten, in denen von einem *determinierenden* Einfluß der Umwelt auf das System ausgegangen wird (vgl. Astley & Van de Ven 1983: 249 f.). Der in der Einleitung zu diesem Kapitel (4.2) hervorgehobene Begriff der *Anpassung* läßt schon mehr Raum auch für eine "Strategic Choice"; da es aber immer um Anpassung *an eine Umwelt* geht, ist damit am Ende doch eine asymmetrische Gewichtung verbunden.[24] Erweiternde Perspektiven finden sich allerdings bei Chakravarthy (1982), der - im Anschluß an Simon (1969) - drei Varianten einer solchen Anpassung unterscheidet. Die erste Variante ist von Bedeutung, wenn die relevanten Umwelten extrem instabil sind und das Unternehmen keine ausreichenden Potentiale besitzt, sich hierauf einzustellen. Die typische Strategie ist dann die eines "Verteidigers" (im Sinne von Miles & Snow 1978), der seine Umweltbeziehungen zu minimieren versucht, sich also auf enge Produkt/Markt-Domänen konzentriert, die von den Veränderungen nicht oder nur begrenzt betroffen sind. Bei der zweiten Variante ist die Umwelt zwar auch instabil; das Unternehmen öffnet sich aber der Umwelt, um deren Entwicklungen zu interpretieren und sich daran entsprechend anpassen zu können. Das Unternehmen verhält sich als "Analysierer" (um die Terminologie von Miles & Snow auch hier zu verwenden); das typische Handlungsmuster ist Reaktion. Bei der dritten Variante schließlich ist das Unternehmen selbst ein wesentlicher Verursacher von Umweltveränderungen. Miles und Snow würden hier von einem "Prospektor" sprechen, der Entwicklungen antizipiert und sich proaktiv verhält. Veränderungen der Umwelt bedeuten in dieser Situation keine Bedrohung mehr; vielmehr bringt sich das Unternehmen selbst in eine Lage, in der Monopolgewinne realisiert werden können - solange zumindest, bis die Konkurrenz die notwendigen Anpassungsleistungen nachvollzogen hat.

Die hier vorgeschlagene Typologie kann durch weitere Überlegungen sicherlich noch angereichert werden. Was die Beschreibung der Umweltdynamik angeht, so ist etwa an den bekannten Systematisierungsversuch von Emery und Trist (1965) bzw. dessen Erweiterung durch McCann und Selzky (1984) zu denken; bei den Aktions- bzw. Reaktionspotionen des Unternehmens ist zumindest noch auf die Möglichkeiten des bewußten Manövrierens zwischen verschiedenen Um-

---

24. Die Frage "deterministisch oder voluntaristisch" ist auch in Kap. 2.4, oben, diskutiert worden; nur wurde dort nicht auf die Implikationen eines Anpassungs*begriffs* eingegangen, der von Chakravarthy (1982) als "Promising Metaphor for Strategic Management" eingeführt wird. Vgl. zur weiteren Diskussion auch Mahoney (1993) und zu Knyphausen (1993c: 526 ff.) mit der dort angegebenen Literatur sowie unten, Kap. 4.64.

weltsegmenten und der damit verbundenen Auswahl attraktiver "Nischen" hinzuweisen. Aber auch ohne diese Anreicherungen machen die von Chakravarthy vorgeschlagenen Unterscheidungen deutlich, daß "Anpassung" kein so enger Begriff ist, wie man dies zuerst annehmen mag, und es durchaus Ansätze gibt, die asymmetrische Behandlung von System und Umwelt aufzulösen. Allerdings werden im Rahmen dieser Ansätze kaum Bemühungen unternommen, die Wirkungen des Systems auf die Umwelt aus der Perspektive der Umwelt zu beleuchten, also zum Beispiel danach zu fragen, ob die Handlungen des Systems "moralisch gerechtfertigt" sind oder nicht. Auch hier hat man es also mit einem "blinden Fleck" zu tun, den es zu erhellen gilt.

(3) Die vorstehenden Ausführungen sind zumeist davon ausgegangen, daß sowohl das System als auch die Umwelt objektiv gegeben sind; nur im Zusammenhang mit den Beiträgen von Aldrich und Mindlin (1978) bzw. Aldrich (1979) hat sich angedeutet, daß man auch die *Wahrnehmung* des System/Umwelt-Zusammenhanges bzw. seiner einzelnen Komponenten thematisieren kann. Die Pionierarbeit hierzu stellt wohl die Studie von Lawrence und Lorsch (1967) dar, in der die objektive Meßbarkeit von Umweltmerkmalen bezweifelt und daher direkt nach den jeweiligen Wahrnehmungen der Manager gefragt wird. Jauch und Kraft (1986: 778 ff.) nennen eine Reihe von weiteren Studien, die auf einem ähnlichen Ansatz aufbauen. Im vorliegenden Zusammenhang am interessantesten ist hier die Studie von Smircich und Stubbart (1985), in der die in Kapitel 1.1, oben, herausgestellte kognitive Perspektive zu Ende gedacht wird. Unter der Überschrift "Strategic Management in an Enacted World" arbeiten sie den zentralen Gesichtspunkt heraus: daß man nicht mehr von einer "World Out There" ausgeht, die objektiv vorgegeben ist und deren relevante Dimensionen von der Organisation "richtig" wahrgenommen werden müssen, wenn sie überleben will; vielmehr sind die "Organisation" ebenso wie die "Umwelt", aber auch zum Beispiel die "Probleme", die hier wie dort eine Rolle spielen, *Konstrukte*, die im Prozeß der sozialen Interaktion fortlaufend produziert und reproduziert werden. "An organization is a body of thought thought by thinking thinkers", heißt eine schon zitierte Textstelle bei K. Weick (1979: 42), und das läßt sich eben auch auf die "Umwelt" und andere interessierende Phänomene übertragen. Die Konsequenzen dieser Sichtweise für das Konzept des Strategischen Managements können wie folgt beschrieben werden (vgl. Smircich & Stubbart 1985: 728 ff.):

* Man kann nicht mehr ohne weiteres die (insb. von der "Design School" propagierte) Forderung erheben, eine Organisation solle sich an ihre Umwelt anpassen; dazu fehlt der objektive Bezugspunkt. Statt von "Misfits" muß man deshalb eher davon sprechen, daß sich bestimmte System/Umwelt-Konstruktionen nicht bewährt haben und durch *andere* Konstruktio-

nen ersetzt werden müssen - also ein *kultureller Wandel* eingeleitet werden muß.

* "Beschränkungen", "Gefahren", "Gelegenheiten" bekommen einen anderen Sinn. "Beschränkungen" und "Gefahren" sind nicht objektiv gegeben, sondern können in das kollektiv geteilte Wissen eingehen und gerade dadurch ihren bedrohlichen Charakter verlieren. Umgekehrt ist freilich das, was jeder weiß, keine "Gelegenheit" mehr; neue und erfolgreiche Ansatzpunkte in einem Geschäft werden nur von solchen Unternehmen generiert, die die Welt anders als die anderen sehen und diese Sichtweise dann durchsetzen können.

* Auch die Rolle des (strategischen) Managers verändert sich. Er ist nicht mehr der Datensammler und Rechner, sondern jemand, der den interpretativen Kontext der Organisation - die Werte, die Sprache, die Symbole usw. - prägt. Er hat dafür zu sorgen, daß multiple Realitätskonstruktionen in die Organisation Eingang finden können und entsprechend keine "Erstarrung" eintritt. Das setzt nicht nur voraus, daß man lernt, sondern auch, daß man *ver*lernt (vgl. oben, Kap. 2.23) - und dadurch die Wiederholung des Immergleichen verhindert.

Die hier gegebenen Hinweise deuten an, daß auch in der amerikanischen Literatur das System/Umwelt-Verhältnis heute in einer recht differenzierten Weise diskutiert wird, es zumindest Anregungen gibt, auf denen man aufbauen kann. Nachdem sich in den Abschnitten (1) und (2) einige "blinde Flecke" aufgetan haben, wird nun allerdings klar, daß gerade die kognitive Perspektive auch Spannungen zu der etablierten Sichtweise etwa der "Design School" schafft. In dieser Situation dürfte es zweckmäßig sein, noch einmal nach einem neuen Ansatz zu suchen, der die identifizierten Schwachstellen überwindet und vielleicht noch zusätzliche Beobachtungen ermöglicht, die die Theoriebildung befruchten. Auch und gerade im vorliegenden Zusammenhang lautet die These, daß die neuere Systemtheorie hierfür gute Grundlagen bereitstellt.

4.22 Der Ansatz der neueren Systemtheorie

Die Systemtheorie ist eine Theorie, die gleichsam von Hause aus auf die Thematisierung des Verhältnisses von System und Umwelt spezialisiert ist. "Als Ausgangspunkt jeder systemtheoretischen Analyse hat ... die Differenz von System und Umwelt zu dienen", heißt es schlicht bei N. Luhmann (1984: 35, ohne Hervorh.). Das gilt auch nach dem "Paradigmenwechsel" von der "Open Systems"-Theorie zu einer Theorie selbstreferentieller, "autopoietischer" Systeme. Hier ist die "Leitdifferenz" zwar *nicht* mehr die zwischen System und Umwelt, sondern, wie schon einmal beiläufig angemerkt (Kap. 3.2, oben), die zwischen Identität und Differenz; das heißt aber zu allererst: *Identität des Systems* in *Differenz zur Umwelt.* Das System/Umwelt-Paradigma ist deshalb auch in der neueren Systemtheorie noch "aufgehoben". Wenn es zutrifft, daß das System/Umwelt-Problem ein Grundlagenproblem der Strategischen Unternehmensführung darstellt, liegt es deshalb nahe, sich mit dieser Theorie näher zu beschäftigen. Im folgenden wird zunächst die generelle Perspektive kurz erläutert (1), bevor dann mit "Handlungsfähigkeit" (2) und "Identität" bzw. "Reflexion" (3) zwei Möglichkeiten der Steigerung von System/Umwelt-Differenzen zur Diskussion stehen, die einen ersten Eindruck von der theoretischen Reichhaltigkeit des (an manchen Stellen etwas "geläuterten")[25] systemtheoretischen Bezugsrahmens vermitteln.

(1) Eine Darstellung der systemtheoretischen Behandlung von System und Umwelt kann (noch einmal) mit dem Hinweis beginnen, daß beides als gleich ursprünglich angesehen wird. "Der Begriff der Umwelt darf [also] nicht als eine Art Restkategorie mißverstanden werden. Vielmehr ist das Umweltverhältnis *konstitutiv* für Systembildung. Es hat nicht nur 'akzidentelle' Bedeutung, gemessen am 'Wesen' des Systems. Auch ist die Umwelt nicht nur für die 'Erhaltung' des Systems, für Nachschub von Energie und Information bedeutsam. Für die Theorie selbstreferentieller Systeme ist die Umwelt vielmehr Voraussetzung der Identität des Systems, weil Identität nur durch Differenz möglich ist" (Luhmann 1984: 242 f.; ohne Fn.). System und Umwelt sind, mit anderen Worten, Korrelat von Beobachtungsoperationen, die ja ihrerseits nichts anderes sind als Handhabungen von Unterscheidungen (vgl. oben, Kap. 1.1). Die Unterscheidung zwischen System und Umwelt wird in der neueren Systemtheorie mit der Beobachterproblematik unmittelbar verquickt. Der Beobachter kann ein Wissenschaftler sein, der ein System nach Maßgabe seines Erklärungsergeizes ("rein analytisch") von seiner Umwelt abgrenzt (vgl. dazu Maturana 1982: 236). Der Beobachter kann aber natürlich auch dem System selber zugehörig sein, oder weitergehend formuliert, *das System kann sich selbst beobachten*, und das heißt eben nichts anderes als: sich von der Umwelt abzugrenzen. Umwelt ist, so gesehen, ein *systemrelativer Sachverhalt*; jedes System nimmt nur sich aus einer Umwelt aus, und entsprechend ist die Umwelt eines jeden Systems eine verschiedene (vgl., beinahe wörtlich, Luhmann 1984: 249).

"Umwelt" ist bei all diesen Überlegungen zunächst etwas sehr allgemeines; es handelt sich um nicht mehr als die Negativfassung von "System" (vgl. ebenda). Zur operativen Nutzung der Umwelt müssen aber weitere Unterscheidungen ge-

25. Siehe hierzu noch einmal die knappen Hinweise in der Einleitung zu diesem Kapitel (4); insbesondere auch das Zitat von Luhmann (1984: 12) in Fn. 1.

troffen werden; anders können keine weiteren Beobachtungen angeschlossen werden, kann die Umwelt keinen Informationswert für das System erhalten.[26] Eine naheliegende Unterscheidung ist die zwischen der Umwelt als ganzer und den *Systemen in der Umwelt*. Aus der Perspektive des Unternehmens ist hier natürlich zuerst an andere Unternehmen zu denken, die zum Beispiel als Konkurrenten oder Kooperationspartner Bedeutung besitzen. Unter dem Aspekt der *Reflexion* wird darauf (unter [3] und in Kap. 4.23) noch zurückzukommen sein.

Die Idee der Konstitution von System und Umwelt durch das System bedeutet zweifellos eine Asymmetrisierung der Betrachtungsweise: Zwar sind System und Umwelt gleich ursprünglich; dennoch aber ist das *System* - und nicht die Umwelt - der Ausgangspunkt der Beobachtungen. Diese Asymmetrie wird allerdings überlagert durch eine zweite, umgekehrt laufende Asymmetrie, die sich als *Komplexitätsgefälle* zwischen Umwelt und System artikuliert (vgl. Luhmann 1984: 249 ff.). Die Umwelt ist immer komplexer als das System; wenn dem nicht so wäre, würde die Ausdifferenzierung des Systems gar keinen Sinn machen. Für Luhmann ist damit das Erfordernis der *Selektion* verbunden; das System kann nur einen Teil dessen verarbeiten, was in der Umwelt eine Rolle spielen mag. Die Verarbeitung von Umweltimpulsen erfolgt darüber hinaus, wie in Kapitel 4.12 gesehen, nach systemeigenen (auch durch die Systemgeschichte geprägten) Kriterien, nach Kriterien also, die für einen Außenbeobachter keine einsehbare Logik besitzen müssen, sich jedenfalls von dessen Kriterien weitgehend unterscheiden können. Umweltimpulse sind, so gesehen, keine "Inputs", sondern "Perturbationen", die das System in einer sehr spezifischen Weise "zum Schwingen" bringen. Luhmann (1986: 40 ff.) beschreibt das Verhältnis von System und Umwelt entsprechend denn auch durch den Begriff der *Resonanz*.

Nach Luhmann (1984: 92 ff.) sind alle sozialen Systeme - zu denen auch Organisationen bzw. Unternehmen gehören - "Sinn"-Systeme, Systeme, in denen es ein Bewußtsein dafür gibt, daß angesichts einer komplexen Umwelt selektiert werden muß, es aber immer auch Möglichkeiten anderer Selektionsentscheidungen gibt. Diese Vorstellung ist allerdings mit dem angedeuteten Resonanzkonzept nicht ohne weiteres kompatibel. Resonanz heißt, daß das System Umwelt nach systemeigenen Kriterien verarbeitet. Das System beobachtet die Umwelt aus seiner Perspektive; andere Perspektiven verschwinden im "blinden Fleck", ohne den Beobachtung nicht möglich wäre (vgl. v. Foerster 1985: 26). Daß es sich um eine *Selektion* von möglichen Beobachtungsgegenständen handelt, kann für den Beobachter offensichtlich sein, der von außen beobachtet (und dabei über einen

---

26. Vgl. zu dieser Formulierung Bateson (1985: 488): "Der terminus technicus 'Information' kann .. als irgendein Unterschied, der bei einem späteren Ereignis einen Unterschied ausmacht, definiert werden." (ohne Hervorh.)

anderen "blinden Fleck" verfügt); dem System selbst muß dies aber keineswegs bewußt sein: Zwar mag man immer wieder *Entscheidungen* zwischen verschiedenen Handlungsoptionen unter der Annahme bestimmter Umweltzustände treffen,[27] aber das muß nicht heißen, daß man auch weiß, daß es andere *Kontexte* gibt, aus deren Perspektive alles ganz anders aussieht. Ein solches Wissen ist, so sollte man annehmen, erst Resultante einer höherstufigen Beobachtung von Beobachtungen, die man einmal mehr unter dem Titel der *Reflexion* diskutieren kann. Und wie gesagt: darauf wird noch zurückzukommen sein.

(2) Die Abgrenzung zur Umwelt ist, das haben die vorstehenden Ausführungen gezeigt, die *Conditio sine qua non* für die Systembildung überhaupt. Darüber hinaus kann man aber natürlich fragen, ob es nicht besondere Prozesse oder Mechanismen gibt, die zu einer *Verstärkung* von System/Umwelt-Differenzen führen (vgl. hierzu und zum folgenden Luhmann 1984: 269 ff.). Zu denken ist zuerst an die *interne Differenzierung* des Systems, die zugleich auch die Differenz zur Umwelt erhöht. Ein zweiter Anker, an dem sich so etwas festmachen läßt, hängt mit der *Handlungsfähigkeit* des Systems zusammen. Das bedarf einer etwas ausführlicheren Erläuterung.

Mit "Handlungsfähigkeit" ist die Fähigkeit zu *kollektivem* Handeln gemeint. Das setzt voraus, daß im System Stellen eingerichtet werden, die auf den Umweltkontakt spezialisiert sind und das System als Ganzes gegenüber der Umwelt repräsentieren. Unternehmen bzw. Organisationen sind hierfür geradezu der Paradefall: Hier werden durch die Verfassung "Amtsmacht" bzw. Autorisierungsrechte zugeteilt, die es einzelnen Mitgliedern der Organisation erlauben, unter bestimmten Bedingungen (etwa: Mehrheit der anwesenden Vorstandsmitglieder; bei Pattsituation doppelte Stimme des Vorstandsvorsitzenden) Entscheidungen zu fällen, die für das System verbindlich sind und auch von außen dem System als Ganzem zugerechnet werden dürfen. Es handelt sich um Entscheidungen *des Systems*, um Entscheidungen, für die innerhalb des Systems Unterstützung verlangt werden kann, die aber natürlich auch die Forderungen der Organisationsmitglieder in sich aufnehmen müssen (vgl. Kirsch 1990: 90 ff.). Das System unterwirft sein Handeln einer internen Konditionierung, um damit die Chancen einer Beeinflussung oder gar Kontrolle von Umweltsegmenten zu erhöhen. Der Verstärkungseffekt hinsichtlich der System/Umwelt-Differenz umfaßt also zwei Aspekte. Zum einen führt die Vergabe von Autorisierungsrechten zu einer Umgrenzung der Organisation, zur Konstitution einer Handlungseinheit, die sich

27. Auch diese Annahme ist bekanntlich umstritten; zumindest weist die verhaltenswissenschaftliche Organisationstheorie darauf hin, daß in Organisationen keineswegs über alles entschieden wird, vieles vielmehr Ausfluß von Routinehandlungen ist. Vgl. etwa Kirsch (1988: 163 ff.).

zur Umwelt in ein Verhältnis setzen kann. Zum anderen impliziert die Einrichtung eines "politischen Systems", das für die Produktion autorisierter Entscheidungen zuständig ist, die Ausbildung einer spezifischeren Organisationsidentität, die sich von der Umwelt unterscheidet.

Natürlich dürfen all diese Hinweise nicht kurzschlüssig interpretiert werden. Die Zuteilung von Autorisierungsrechten, die verfassungsmäßige Einrichtung einer "überlagernden Handlungsstruktur, die einen sozialen Interaktionszusammenhang in asymmetrischer Weise prägt" (so die Definition von "Führung", wie sie in Kap. 4.14 vorgeschlagen wurde), führt nicht automatisch schon zu einem handlungsfähigen System. Kirsch (1992: 165 ff.) hat, frühere Formulierungen (in Kirsch 1984: 1022 ff.) revidierend, gezeigt, daß es durchaus "[e]mpirische Konstellationen der 'Entkoppelung' von Führung und organisatorischer Handlungsfähigkeit" geben kann, und das schließt sogar die umgekehrte Möglichkeit mit ein, daß ein System über Handlungsfähigkeit verfügt, obwohl es gerade *keine* ausdifferenzierten Führungsstrukturen besitzt.

Naheliegend ist auch der Versuch, das Konzept der Handlungsfähigkeit über die bloße Fähigkeit der das Gesamtsystem bindenden Entscheidungsfindung hinaus anzureichern. Hinder (1986: 400 ff.) kann hierzu einmal mehr auf die Habermassche "Theorie des kommunikativen Handelns" (1981a, b) zurückgreifen (siehe oben, Kap. 3.3). Leitlinien gibt dabei insbesondere das Modell des "dramaturgischen Handelns", das in einem engen Zusammenhang mit dem Geltungsanspruch der ästhetisch-praktischen bzw. -expressiven Rationalität - der *Authentizität* - zu sehen ist. Im Mittelpunkt stehen "Interaktionsteilnehmer, die füreinander ein Publikum bilden, vor dessen Augen sie sich darstellen. Der Aktor ruft in seinem Publikum ein bestimmtes Bild, einen Eindruck von sich selbst hervor, indem er seine Subjektivität mehr oder weniger gezielt enthüllt. Jeder Handelnde kann den öffentlichen Zugang zur Sphäre seiner eigenen Absichten, Gedanken, Einstellungen, Wünsche, Gefühle usw., zu der nur er einen privilegierten Zugang hat, kontrollieren. Im dramaturgischen Handeln machen sich die Beteiligten diesen Umstand zunutze und steuern ihre Interaktion über die Regulierung des gegenseitigen Zugangs zur jeweils eigenen Subjektivität" (Habermas 1981a: 128).[28] Es geht, mit anderen Worten, um *identitätsgemäßes* Handeln. Dieser Gedanke aber läßt sich auch auf die Ebene von Organisationen übertragen. Der Begriff der *Handlungsfähigkeit* kann dann auch hier daran festgemacht wer-

---

28. Die stilisierte Form des dramaturgischen Handelns ist das Theater-spielen (Goffman 1968). Westley & Mintzberg (1989: 18 ff.) nutzen diesen Modellfall, um daran die Eigenarten visionärer Führung (Leitfrage: Wie schafft es ein Führer, seine Vision in authentischer Weise anderen Personen zu vermitteln, um sich deren Gefolgschaft zu sichern?) festzumachen.

den, inwieweit das System zu einem "identitätsgemäßen Handeln" in der Lage ist und inwieweit die Identität des System ihrerseits durch das Handeln reproduziert werden kann. Die Frage ist also zum Beispiel, inwieweit die Mitglieder der Organisation die Systemidentität "kennen" und welche "operative Wirksamkeit" von einer solchen Kenntnis auf das Handeln ausgehen - eine Frage, die an die Perspektiven des in Kapitel 2.15 skizzierten "Ressourcenorientierten Ansatzes" bzw. der "Organizational Capabilities"-Sichtweise (Kap. 2.2) durchaus anschlußfähig ist. Darüber hinaus besteht (mit diesen Ansätzen ebenfalls kompatibel) auch die Möglichkeit, das Konzept der Handlungsfähigkeit mit der Fähigkeit zur *Veränderung* der Systemidentität in Verbindung zu bringen, mit der Fähigkeit also eine Art "kulturelle Transformation" (Hinder 1986: 524 ff.) einzuleiten, die zu einer verbesserten Wettbewerbsposition führt.

(3) Wenn zuletzt mehrfach von der *Identität* eines Systems die Rede war, so ist damit sicher mehr gemeint als unter (1), als davon gesprochen wurde, daß ein System *als System* sich in Differenz zur Umwelt setzt, also *qua Existenz* eine Identität ausbildet. Der (implizit) hinzukommende Gesichtspunkt besteht darin, daß die Mitglieder des Systems bzw. das System als Ganzes ein *Bewußtsein* über die Differenz zur Umwelt besitzt. Das Aufkommen eines solchen Bewußtseins kann wiederum als eine Möglichkeit der Verstärkung von "immer schon" vorhandenen System/Umwelt-Differenzen interpretiert werden. Es ist deshalb angebracht, auch hierzu vertiefende Überlegungen anzustellen.

Luhmann (1984: 617 ff.) bezeichnet die hier zur Diskussion stehende, anspruchsvollere Form von Identität als *Reflexion*.[29] Reflexion heißt, daß "[e]in System .. die eigenen Operationen an der eigenen Einheit [orientiert]. Hierfür kommt als Leitdifferenz ... die Differenz von System und Umwelt [in Betracht]. Nur innerhalb dieser Differenz ist es möglich, entweder das System oder die Umwelt zu bezeichnen und dadurch die Komplexität, die als System oder als Umwelt bezeichnet wird, als Einheit zu thematisieren. Reflexion erfordert, mit anderen Worten, die Einführung der Differenz von System und Umwelt in das System" (ebenda: 617).

Daß dies geschieht, ist keineswegs selbstverständlich. Luhmann geht ganz allgemein davon aus, daß "soziale Systeme aus zwei Gründen zur Reflexion gebracht [werden], nämlich (1) wenn sie als System handeln müssen, also einzelne Handlungen als das System bindend auszeichnen müssen; und (2) wenn sie den Kon-

---

29. Dieser Begriff wurde auch in Kap. 4.14, oben, benutzt. Die folgenden Ausführungen sind zu der dortigen Begriffsverwendung kompatibel, heben aber andere Gesichtspunkte hervor. Vgl. zur Diskussion Kirsch (1992: 157 f.) bzw. Kirsch & zu Knyphausen (1992: 227).

takt der Anwesenden unterbrechen und ihr Wiederzusammentreffen einrichten, also ihre Identität über latente Phasen durchhalten müssen" (ebenda). Der zweitgenannte Grund dürfte im Falle von Organisationen typischerweise erfüllt sein;[30] auf den erstgenannten Grund wurde im vorhergehenden Abschnitt eingegangen, und es hatte sich gezeigt, daß es im allgemeinen zwar eine verfassungsmäßige Einrichtung von Autorisierungsrechten gibt, dies allein die Handlungsfähigkeit des Systems aber nicht gewährleisten kann. Im vorliegenden Zusammenhang kann dies so reformuliert werden, daß bei *gefährdeter* Handlungsfähigkeit - das heißt: in Krisenzeiten - die Wahrscheinlichkeit für eine bewußte Auseinandersetzung mit Identitätsfragen steigt. In diesem Fall wird man dann zum Beispiel einen Berater engagieren, der eine Stärken/Schwächen-Analyse des Unternehmens durchführt und dabei Anhaltspunkte gewinnt, was die "unverwechselbare Anbietereigenschaft" des Unternehmens ausmacht, was das System also von seiner Umwelt unterscheidet. Auch die Formulierung eines "Unternehmensleitbildes" oder eines "Rahmenkonzeptes" mag sich als Vehikel zur Beantwortung der Frage eignen, was das Unternehmen ist und was es sein soll.[31] Freilich, wenn man weiß, daß in Krisenzeiten diese Arten der Analyse sich bewähren, kann man natürlich auch antizipativ in einer solchen Richtung arbeiten. Die Einrichtung von (strategischen) "Managementsystemen" kann hierfür die notwendige Infrastruktur schaffen, also dafür sorgen, daß die Reflexion auf die Systemidentität fortlaufend auf der Tagesordnung steht (vgl. oben, Kap. 4.14).

Die Systemtheorie interpretiert die verschiedenen Vehikel der Identitätsreflexion als Varianten der Selbstbeschreibung von Systemen (was nicht ausschließt, daß dazu auch Ansätze einer Fremdbeschreibung, wie sie etwa von externen Beratern geliefert werden, herangezogen werden). Selbst*beobachtung* ist, wie unter (1) angedeutet, was in Systemen "immer" vorkommt. Die Selbst*beschreibung* ist offensichtlich anspruchsvoller; es geht um die Produktion von semantischen Artefakten, "auf die sich weitere Kommunikationen beziehen können und mit denen die Einheit des Systems bezeichnet wird" (Luhmann 1984: 618). Die semantischen Artefakte (strategischer Plan, Leitbild, Rahmenkonzept etc.) können allerdings nur in begrenzter Weise wiedergeben, was den "eigentlichen" Kern der Identität eines Systems ausmacht. Kirsch (1992: 133 ff.) weist jedenfalls dar-

30. Eine Ausnahme sind neugegründete Organisationen, die sich aus welchen Gründen auch immer auf Vorgängerorganisationen berufen wollen und deshalb (ex post) explizite Anstrengungen unternehmen zu begründen, inwiefern es sich trotz zwischenzeitlicher Existenzunterbrechung um "dieselbe" Organisation handelt (vgl. dazu auch Kirsch 1992: 136).
31. Vgl. die entsprechenden Überlegungen in Hinder (1986: 315 ff.) und Kirsch & Obring (1991: 376 ff.); für praktische Erfahrungsberichte im Umgang mit diesen Instrumenten Kirsch & zu Knyphausen (1988), Kirsch et al. (1991), Trux et al. (1991: 732 ff.); zusammenfassend Ringlstetter (1995).

auf hin, daß die Rekonstruktion der Identität an den *Tiefenstrukturen* eines Systems anzusetzen hat, an dem, was man die *Lebenswelt* einer Organisation nennen kann. Diese Lebenswelt hat in vielem einen impliziten Charakter; sie ist den Mitgliedern der Organisation als "Tacit Knowledge" gegeben, das sich nicht ohne Bedeutungsverlust in sprachlich-explizite Form bringen läßt (vgl. hierzu auch noch einmal oben, Kap. 2.22). Die semantischen Artefakte, von denen hier die Rede ist, haben also notwendig den Charakter von Abstraktionen, deren Authentizität wohl wesentlich davon abhängt, ob der Rekonstrukteur im Hinblick auf das System bzw. dessen Lebenswelt eine Teilnehmerperspektive einnimmt oder nicht. Je mehr man sich freilich in diese Teilnehmerperspektive einfindet, desto mehr wird man sich auch darüber gewahr werden, daß die organisatorische Lebenswelt ein Amalgam aus unterschiedlichen, sich teilweise überlappenden, teilweise inkommensurablen Lebens- und Sprachformen ist, die sich nur bedingt zu einer einheitlichen Identität zusammenfügen (lassen). Oder anders ausgedrückt: In dem Maße, in dem man wenigstens näherungsweise von einer (*einer*) Identität des Systems reden kann, handelt es sich tatsächlich um eine Sonderleistung des Systems, die nicht selbstverständlich ist, gerade deshalb aber der Aufmerksamkeit bedarf, wenn man die Möglichkeiten der Verstärkung von System/Umwelt-Differenzen theoretisch reflektiert.

4.23 Varianten des System/Umwelt-Zusammenhangs: Sozialdimension, Sachdimension, Zeitdimension

Die vorstehenden Ausführungen sollten ein erstes Mal zeigen, daß ein systemtheoretischer Bezugsrahmen, der sich explizit der Unterscheidung von System und Umwelt annimmt bzw. gar von dieser Unterscheidung *ausgeht*, eine Reihe von Gesichtspunkten beleuchtet, eine Reihe von theoretischen Verbindungen schafft, die für eine Theorie der strategischen Unternehmensführung zweifellos von großem Interesse sind. Bemerkenswert ist zum Beispiel, daß zwei Arten von Systemfähigkeiten angesprochen wurden, die gut in den Kreis der derzeit so rege diskutierten "Organizational Capabilities" (oben, Kap. 2.2) passen: die *Handlungsfähigkeit* und die Responsiveness bzw. *Resonanz*. Der Bezugsrahmen kann offenbar dazu beitragen, theoretische Anhaltspunkte zu generieren, die eine etwas systematischere Identifikation von "Organizational Capabilities" erlauben, als dies in der eher fallstudienorientiert-empirischen Literatur der Fall ist.[32] Im

32. Die *Lernfähigkeit* wurde im Zuge der vorstehenden Ausführungen *nicht* explizit hervorgehoben; jedoch macht es wenig Schwierigkeiten, sie im Kontext der System/Umwelt-Differenz - mit systemtheoretischem Instrumentarium - zu interpretieren. Vgl. z. B. March & Olsen (1975, 1976) sowie Senge (1990).

folgenden sollen einige zusätzliche Gesichtspunkte angesprochen werden, wobei allerdings der Schwerpunkt gewechselt wird: Im Vordergrund steht nicht mehr die Systemseite der System/Umwelt-Differenz, sondern die Umwelt - und die Art und Weise, wie das System die Umwelt behandelt. Die Darstellung kann sich dabei grob an die von Luhmann (1984: 114 ff.) vorgeschlagene Unterscheidung von einer Sozial-, einer Sach- und einer Zeitdimension sozialer Systeme anlehnen, verfolgt dann im einzelnen aber doch sehr eigene Wege.

(1) "Die *Sozialdimension* betrifft das, was man jeweils als seinesgleichen, als 'alter Ego' annimmt, und artikuliert die Relevanz dieser Annahme für jede Welterfahrung und Sinnfixierung" (Luhmann 1984: 119). Das klingt schwieriger, als es ist. Die Frage, was als "alter Ego" angenommen wird, hat etwas mit der (in Kap. 4.22 [1]) schon angesprochenen Unterscheidung zwischen der *Umwelt* als ganzer und *Systemen in der Umwelt* zu tun. Menschen ("psychische Systeme", in der Terminologie Luhmanns) machen im Laufe ihrer Auseinandersetzung mit der Umwelt (im Zuge ihres Sozialisationsprozesses) typischerweise die Erfahrung, daß es *andere Menschen* gibt, die ähnlich wie sie selbst agieren und sich darin von anderen Lebewesen unterscheiden. Diese Differenzierung hat ein Pendant auf der Ebene von Organisationen bzw. Unternehmen. Auch in Organisationen gibt es typischerweise ein Bewußtsein dafür, daß es andere Organisationen gibt, die mit ihnen um knappe Ressourcen konkurrieren und dabei ähnlichen Rationalitätskalkülen folgen. Andere Organisationen - oder die gleichen! - können als Kooperationspartner ins Visier kommen. Darüber hinaus wird man "Kunden" (die ebenfalls Organisationen sein können) aus der Umwelt herausheben und als Transaktionspartner ernst nehmen, wie vielleicht auch staatliche Institutionen, Gewerkschaften, Verbände oder ähnliches; und schließlich mag auch eine interne Umwelt ausdifferenziert werden, in der zum Beispiel die "Arbeitnehmer" als Vertragspartner (oder eben: als "alter Ego") des "Managements" auftauchen.

Die "Relevanz der Alter-Ego-Annahmen für jede Welterfahrung und Sinnfixierung" führt noch einmal zum Thema der *Reflexion*, nun allerdings in einem anspruchsvolleren Sinne.[33] Es geht jetzt nicht mehr nur um die Beobachtung und Beschreibung der systemeigenen Identität, sondern um die Beobachtung und Beschreibung der *Einheit der Differenz von System und Umwelt* (vgl. zum folgenden Luhmann 1984: 640 ff., Willke 1987b: 262 ff., 1989: 120 ff.). "Übersetzt man

33. Luhmann (1984: 637 ff.) bringt den im folgenden beschriebenen, anspruchsvolleren Zugang zum Konzept der Reflexion mit dem *Rationalitäts*begriff in Verbindung. Willke (1987b: 262 ff.) kann aber zeigen, daß diese Verbindung letztlich unnötig ist, es also ausreicht, das Reflexionskonzept - das bei Luhmann mehrdeutig verwendet wird - voll zu entfalten. Das läßt die Möglichkeit offen, den Rationalitätsbegriff anders zu verwenden - z. B. in der Art und Weise, in der dies in Kap. 3.3 geschehen ist.

diese Idee in eine kausaltheoretische Sprache, besagt sie, daß das System seine Einwirkungen auf die Umwelt an den Rückwirkungen auf es selbst kontrollieren muß" (Luhmann 1984: 642). Dabei sind zwei Komponenten zu unterscheiden: die Einwirkungen des Systems auf die Umwelt (a) und die Rückwirkungen der Umwelt auf das System (b).

Eine Beurteilung der Einwirkungen des Systems auf die Umwelt (a), genauer: auf die *Systeme in der Umwelt* (die "alter Egos"), setzt voraus, daß ein Bewußtsein darüber vorhanden ist, daß aus der Perspektive dieser Systeme das System Umwelt ist. Es muß die Fähigkeit vorhanden sein, sich in die Perspektive der anderen Systeme hineinzuversetzen und zu *verstehen*, was die Handlungen des Systems aus deren Perspektive bedeuten und welche Folgewirkungen sie dort auslösen. Oder anders formuliert: Wenn das eigene System ein System-in-einer Umwelt ist, dann muß klar sein, daß diese Einheit von System und Umwelt nur als Differenz von anderen Systemen-in-einer-Umwelt bestehen kann; anders ließe sich die Einheit nicht identifizieren. Die als *Empathie* bezeichnete Fähigkeit, wenigstens zeitweise die Perspektive anderer Systeme-in-einer-Umwelt einzunehmen, dient dann wiederum dazu, die eigene Identität schärfer zu umgrenzen, die eigene Perspektive in Differenz zu den Eigenheiten des Erlebens und Handelns anderer Systeme zu setzen (vgl. Luhmann 1984: 110 f.). Piaget (1973: 222 ff. u. ö.) hat dies für die Identitätsbildung des Kindes rekonstruiert; das gleiche Schema läßt sich aber auch auf Organisationen bzw. Unternehmen anwenden (vgl. Willke 1987b: 265 f., 1989: 122 f.).

Die Berücksichtigung von Rückwirkungen der Umwelt bzw. der dort zu lokalisierenden Systeme auf das System (b) kann sich wegen des Komplexitätsgefälles zwischen System und Umwelt nicht auf alle Aspekte erstrecken; auch hier ist Selektion notwendig. Reflexion erfordert aber, daß zumindest die Aspekte berücksichtigt werden, die für das Überleben des Systems (oder dessen "Autopoiese") von Bedeutung sind. Dabei können unterschiedliche Strategien eingeschlagen werden; so zum Beispiel eine *Maximierungs*strategie, die sich auf die Realisierung kurzfristiger Vorteile für das eigene System konzentriert und Belange anderer Systeme negiert (die Gesamtsituation wird als Nullsummenspiel definiert), oder die *Optimierungs*strategie, die sich langfristig Vorteile für das eigene System ausrechnet, wenn man sich anderen Systemen gegenüber "fair" verhält (die Situation wird als Positivsummenspiel definiert). Das diese oder andere Strategien dem System offenstehen, hat, so jedenfalls Willke (1987b: 266, 1989: 123), wieder etwas mit der Einheit der Differenz von System und Umwelt zu tun: Die beobachteten Systeme-in-der-Umwelt können nämlich auch verschiedene Varianten des eigenen Systems-in-der-Umwelt sein, die wahlweise bei der Generierung von Handlungsplänen zugrundegelegt werden und damit Möglichkeiten des

Vergleichs bieten. Und je nach dem, *welche* Option realisiert werden soll, werden dann auch unterschiedliche Strategien in Betracht kommen.

Gegen die hier vorgetragenen Überlegungen kann man einwenden, daß sie letztlich nur den Strategiekalkül der Spieltheorie rekonstruieren, in dem das Spannungsverhältnis zwischen Wettbewerb und Kooperation ja auch eine wichtige Rolle spielt.[34] Es ist deshalb bemerkenswert, daß zumindest Willke in manchen Formulierungen die Berücksichtigung der Folgen des eigenen Handelns auf die Umwelt postuliert, *ohne* daß der Rückbezug auf die Folgen für das System hergestellt wird (vgl. etwa 1989: 125, am Beispiel der Wissenschaft). Hier schlagen deutlich auch die normativen Konnotationen einer ("geläuterten") Systemtheorie durch, die sich mit dem Luhmannschen "Fürs Überleben genügt Evolution" (1984: 645) nicht mehr begnügen will und eine "Zivilisierung der Evolution" (Willke 1987b: 269) einfordert. Explizit ausgearbeitet werden die Möglichkeiten einer "verselbständigten" Berücksichtigung von Belangen der Umwelt bzw. der dort zu lokalisierenden Systeme allerdings nicht. Ansatzpunkte mögen sich aber ergeben, wenn man (nach Kap. 4.12) einmal mehr an den *Einstellungen* der Beteiligten anknüpft: Es gibt nun einmal Individuen, die den "alter Ego" nicht nur als Mittel zum Zweck, sondern als gleichberechtigten Kommunikationspartner behandeln wollen, das heißt: eine verständigungsorientierte oder gar eine "identifizierende" Einstellung einnehmen. Die Systemtheorie würde gut daran tun, diese Ideen aufzunehmen, um bei ihr auftauchende Leerstellen zu überbrücken.

(2) Die zuletzt gewählten Formulierungen besitzen zweifellos Anklänge an die Kantsche Ethik;[35] sie zeigen, daß auch die neuere Systemtheorie unter dem Aspekt der Sozialdimension sich eher handlungstheoretisch geprägten Themen nähert, ohne dies freilich explizit zuzugeben. Die auf den "Eigensinn" und die damit verbundene Beschränkung der "objektiven" Informationsverarbeitung sozialer Systeme abstellenden, mit skeptischem Unterton ausgestatteten Ausführungen der Kapitel 4.12 und 4.22 werden damit doch mit einem Gegengewicht versehen, auch wenn deren (deskriptive) Bedeutung natürlich nicht in Frage gestellt wird. Es mag vor diesem Hintergrund von Interesse sein, sich kurz auch dem Thema "Natur" zuzuwenden, einem Thema, das in der öffentlichen Diskussion geradezu als *Synonym* für "Umwelt" betrachtet wird, in der Systemtheorie

34. Das gilt insbesondere für die Wiederholungs- und die dynamischen Spiele; vgl. oben, Kap. 2.12.
35. Vgl. insb. die sog. "Selbstzweckformel" des Kategorischen Imperativs: "Handle so, daß du die Menschheit, als in der Person eines jeden anderen, jederzeit zugleich als Zweck, niemals bloß als Mittel brauchest" (Kant 1968: 61; im Orig. gesperrt).

sowie in der amerikanischen Diskussion zu einer Theorie der strategischen Unternehmensführung bislang aber bemerkenswert wenig bearbeitet worden ist. Daß es im europäischen bzw. "deutschen" Kontext um ein *wichtiges* Thema geht, wurde in Kapitel 3.1 angedeutet; und davon zeugt auch eine Reihe von einschlägigen Veröffentlichungen, die in den letzten Jahren erschienen sind.[36]

Die Behandlung der natürlichen Umwelt durch die Gesellschaft bzw. durch Organisationen wird traditionell der *Sachdimension* des Handelns sozialer Systeme subsumiert (vgl. Luhmann 1984: 119). Die Natur ist etwas, was uns als objektiv gegeben scheint; sie gilt als etwas, das, wenn es nicht *beherrscht* werden soll, der instrumentellen Nutzung für individuelle oder soziale Zwecke zugeführt werden kann (vgl. hierzu die knappen Hinweise in Kap. 3.3, oben). Angesichts der offenkundigen Gefährdung der natürlichen Umwelt wird nicht selten versucht, diese Versachlichung der Natur zu revidieren, also Ansätze zu einer Ethisierung der Natur zu liefern, auch hier die *Sozial*dimension herauszustellen. "Do Natural Objects Have a Moral Standing?" (Brennan 1984) ist dann die typische Frage, die zu stellen ist, und deren positive Beantwortung zu einer Ausweitung des Bereichs der "Alter egos" führen soll. Diese Lösung wird von der (Luhmannschen) Systemtheorie verworfen oder zumindest mit weitgehender Distanz betrachtet (vgl. Luhmann 1986: 259 ff.), aus guten Gründen wohl: Man kann sich kaum vorstellen, daß soziale Systeme im Hinblick auf die Natur die oben beschriebene Fähigkeit der Empathie entwickeln; "Natur" bleibt vielmehr etwas Fremdes, das nach Maßgabe der spezifischen Eigenlogik des jeweiligen Systems verarbeitet werden kann (vgl. hierzu kritisch Halfmann 1986 sowie Eder 1989: 39 ff.).

Wenn sich soziale Systeme, hier: Unternehmen, so schwer tun, sich *direkt* auf ökologische Gefährdungen einzustellen, bleibt die Möglichkeit offen, daß es *indirekte* Effekte gibt, die die Unternehmen zu einem Kurswechsel zwingen. Luhmanns These ist, daß gesellschaftliche Kommunikation sich nur durch gesellschaftliche Kommunikation beeindrucken läßt (1986: 68); und das kann man wohl auch auf Organisationen bzw. Unternehmen übertragen. Es ist, mit anderen Worten, für Unternehmen von einiger Bedeutung, wenn in der Gesellschaft ein Bewußtsein für ökologische Gefährdungen sich entwickelt und Unternehmen unter dem Gesichtspunkt beobachtet werden, inwieweit sie Beiträge zum Schutz der Umwelt - oder zur Vermeidung von Umweltschäden - leistet. Wer Ozon produziert, muß mit Zurückhaltung der Käufer, das heißt: mit (negativen) Auswirkungen auf den ökonomischen Erfolg rechnen. Es gibt also einen Mechanismus, durch den ökologische Probleme ihren Eintritt in die eigenlogische "Sprache" der Wirtschaftsunternehmen (und auch anderer Systeme) finden. Das

36. Vgl. etwa Steger (1988), Dyllick (1989), Freimann (1990), Coenen et al. (1991) sowie Stähler (1991).

hat mit Umweltethik (im angesprochenen Sinne) nichts zu tun, wohl aber - wieder einmal - mit *Reflexion*: Wer die Umwelt gefährdet, muß langfristig mit bestandsgefährdenden Rückwirkungen auf das eigene System rechnen.

Auch im vorliegenden Zusammenhang muß freilich auf das Konstrukt der *Einstellungen* verweisen werden. Wenn es in der Gesellschaft Ansätze eines ökologischen Bewußtseins gibt, warum sollten diese nicht auch ihren Niederschlag finden in den Handlungsorientierungen relevanter Aktoren? Warum sollte die überall spürbare "Sinn- und Orientierungskrise" (Walter-Busch 1979) sich nicht auch auf das beobachtbare Handeln und die Selbstbeschreibungen in und von Unternehmen auswirken? Warum sollte es nicht auch hier Aktoren geben, die sich "eins mit der Natur" fühlen und daraus entsprechende Konsequenzen ziehen? Das Konstrukt der Einstellungen gibt Möglichkeiten an die Hand, diese Fragen dem empirischen Test zu überlassen.

(3) Neben der Sozial- und der Sachdimension ist auch die *Zeit*dimension für das System/Umwelt-Verhältnis von Bedeutung (vgl. Luhmann 1984: 253 ff.; zum folgenden zu Knyphausen 1993b). Das Grundproblem besteht darin, daß System- und Umweltentwicklungen auseinanderlaufen können, sich zwischen beidem eine "Zeitschere" auftun kann (vgl. etwa Bleicher 1989: 23 ff.). Ansoff hat oft betont, daß hier geradezu das *konstitutive* Problem für eine strategische Planung bzw. ein strategisches Management liege: daß nämlich die Umwelt sich immer schneller und in immer weniger vorhersagbarer Weise entwickele, und deshalb den Unternehmen immer weniger Zeit bleibe, sich darauf angemessen einzustellen (siehe z. B. 1979: 47 ff.). Der Handhabungsvorschlag für dieses Problem lief dann auf Frühwarnsysteme hinaus, mit denen auch "schwache Signale" eines Wandels eingefangen werden sollten, um die Antwortzeit zu erhöhen (vgl. Müller 1981). Dieser Vorschlag hat - vor allem wohl wegen seiner Tendenz zur "Systemitis" - inzwischen an Attraktivität verloren; das Zeit*problem* ist aber aktueller denn je. Freilich muß es wohl differenzierter behandelt werden, als dies früher der Fall war. Unter prozessualen Aspekten etwa geht man normalerweise davon aus, daß Zeitknappheit zu einer Verringerung der Entscheidungsqualität führt; K. Eisenhardt hat aber an Beispielen aus der amerikanischen Mikrocomputerindustrie gezeigt, daß auch das Gegenteil möglich ist.[37] Auf "Content"-Aspekte ist in Kapitel 2.5 unter der Headline der First/Follower-Problematik eingegangen worden; dort zeigte sich, daß es oft, aber keineswegs immer geraten ist, eine Pionierstrategie zu verfolgen, also als erster am Markt zu sein.

---

37. Literaturhinweise für die beiden hier angedeuteten Sichtweisen finden sich in Kap. 2.24, oben (Fn. 60).

Aus systemtheoretischer Sicht ist bei den hier angesprochenen Ansätzen die "Verobjektivierung" der Zeit zu kritisieren. Zeit ist *Gegenstand* der Beobachtung; sie bildet gleichsam die Struktur, in die das Unternehmen eingebettet ist, an der sich das Unternehmen ausrichten kann und muß, und es wird dann gefragt, welche Verhaltenskonsequenzen sich daraus ergeben mögen: Es wird so getan, als könnte man nach Abwägung aller Vor- und Nachteile eine *Entscheidung* darüber treffen, ob man "früh" oder "spät" auf sich abzeichnende Veränderungen reagieren oder in einen Markt eintreten möchte, und als müsse man diese Entscheidung nur noch in mehr oder weniger trivialer Weise umsetzen, um das gewünschte Resultat zu erreichen. Zeit hat aber doch auch etwas mit einer *offenen Zukunft*, mit der *Entstehung des Neuen* zu tun (zu Knyphausen 1988), sie ist ein Synonym für Evolution, Entwicklung, Kreativität usw. (die immer nur *in der Zeit* statthaben); all dies kann aber nicht in jener Weise verfügbar gemacht werden, wie es die objektivistische Betrachtungsweise suggeriert. Auf Zeit, auf Neues kann man sich im Grunde nur *einlassen*, und man muß sehen, welche (Zeit-)Knappheiten, aber auch welche Auflösungsmöglichkeiten sich im Prozeß selber ergeben.

Der alternative, durch die Systemtheorie favorisierte Ansatz ist der der *Selbstorganisation*.[38] Dieser Ansatz wird in Kapitel 4.33 noch ausführlicher behandelt; es genügen deshalb hier einige knappe Hinweise. Wichtig ist, daß Zeit nicht als Struktur, sondern als Struktur*bildung* begriffen wird (Blaseio 1986: 140), nicht als etwas von außen auf das Unternehmen Zukommendes, sondern als etwas, was in das Unternehmen, das System "eingebaut" ist.

Als Ausgangspunkt der Überlegungen kann die aus der naturwissenschaftlichen Selbstorganisationsforschung bekannte Beobachtung dienen, daß der aus den spezifischen Interaktionen der am Prozeß beteiligten Komponenten resultierende Ordnungszustand "spontan" erreicht wird (vgl. G. Roth 1986: 153 f.). "Spontan" heißt dabei einerseits "nicht von außen aufgezwungen", andererseits aber auch "schnell": Die Interaktionen (im naturwissenschaftlichen Zusammenhang: die chemischen Reaktionen) müssen unmittelbar zum Ergebnis führen, wenn Ordnungsbildung überhaupt möglich sein soll.

Im Falle von Organisationen bezieht sich Selbstorganisation - wie unten noch näher ausgeführt - auf komplexe Prozesse der Problemdefinition und -handhabung. "Spontanität" heißt dann zunächst wiederum "nicht von außen aufgezwungen" (von Hayek 1980: 55 ff.). Unter dem Geschwindigkeitsaspekt muß

38. Das Interesse der *Innovationsforschung* - jener Forschung, die auf Fragen der "Entstehung des Neuen" spezialisiert sind - am Konzept der Selbstorganisation wurde in Kap. 2.54 kurz hervorgehoben.

man demgegenüber wohl, in Anlehnung an eine Idee aus der "Aktionsforschung" (siehe oben, Kap. 4.13), postulieren, daß bestimmte *Echtzeit*anforderungen erfüllt sein müssen (vgl. Kirsch 1992: 272 f.). Im Rahmen der Aktionsforschung ist damit gemeint, daß die Forschungsbeiträge bereitgestellt werden müssen, wenn der Problemlösungszusammenhang der Praxis es erfordert. Im vorliegenden Zusammenhang spielen Grenzen zwischen Wissenschaft und Praxis *keine* Rolle; die relevanten Probleme werden vielmehr im System definiert (und umgekehrt konstituiert bzw. strukturiert sich das System um diese Probleme herum), und in diesem System wird dann auch festgelegt, unter welchen Bedingungen und mit welchem Anspruchsniveau eine Lösung als Lösung akzeptiert wird. Die Offenheit der Zukunft wird also durch das System selbst und nicht von außen (durch die Umwelt)[39] geschlossen, und das kann Zeit brauchen - je nach Kreativität, aber wohl auch nach Beharrungsvermögen und Konfliktbereitschaft der betroffenen Aktoren. Ob zuviel oder zuwenig Zeit, das kann man von außen kaum sagen; wichtig ist, daß das System selbst in der Lage ist, im Hinblick auf seine eigene Reproduktion die "Echtzeitanforderungen" zu erfüllen.

4.24 Noch einmal: Theorie und Praxis

Von einer selbstreferentiellen Theorie kann man erwarten, daß die von ihr getroffenen Aussagen auch auf sie selbst zutreffen. Im vorliegenden Zusammenhang folgt daraus, daß das Theorie/Praxis-Verhältnis noch einmal unter dem System/Umwelt-Aspekt beleuchtet werden muß. Nach den vorstehenden Ausführungen haben die folgenden Punkte freilich in vielem den Charakter einer Zusammenfassung.

(1) Wirtschaft (das heißt hier vor allem: Unternehmen bzw. "die Praxis") und Wissenschaft sind beides Systeme, die einer (unterschiedlichen) Eigenlogik folgen. Füreinander sind die Systeme resonanzerzeugende Umwelten, genauer: Systeme-in-der-Umwelt, nicht die einzigen natürlich: Auch der Staat dürfte, um dieses Beispiel herauszunehmen, normalerweise als System-in-der-Umwelt betrachtet werden, sei es, weil er Standards festlegt (was für die Wirtschaft von primärem Interesse ist) oder Rahmenbedingungen für die Forschungsorganisation vorgibt (das interessiert die Wissenschaft). Die Eingebundenheit in *mehrere* Umwelten kann durchaus zu arteigenen Problemen und Spannungsverhältnissen führen. Die Industrial Organization-Forschung zum Beispiel liefert einerseits Anhaltspunkte für eine Optimierung von Unternehmensstrategien, stützt also

39. Anders formuliert: das System steht nicht einer Umwelt gegenüber, die die Probleme vorgibt; vielmehr wird die Umwelt durch das System selbst konstituiert - siehe oben, Kap. 4.22 (1).

deren Performance-Interessen; andererseits besitzt sie traditionell aber auch eine Ausrichtung auf "Public Policy", auf eine Politik, die hohe ("supernormale") Unternehmensgewinne nur akzeptiert, wenn dies nicht auf Kosten der sozialen Wohlfahrt geht (vgl. Kreps & Spence 1985: 346). Für die Nützlichkeit der Forschung für die Unternehmenspraxis kann ein solcher Loyalitätssplit durchaus irritierend sein, das heißt abermals: Resonanz erzeugen!

(2) Die Differenz zwischen System und Umwelt kann eine Verstärkung erfahren, wenn das System die Fähigkeit zum kollektiven Handeln gewinnt, das heißt (unter anderem) Stellen einrichtet, die auf den Kontakt zur Umwelt spezialisiert sind. In Kapitel 2.53 ist kurz darauf hingewiesen worden, daß es insbesondere im Hinblick auf die technisch-naturwissenschaftlichen Disziplinen Versuche gibt, Kontaktstellen zu etablieren, die der Praxis den Zugang zur Forschung erleichtern und umgekehrt den Forschern verbesserte Möglichkeiten einer Patentierung der von ihnen entwickelten Produkte und Verfahren geben. Insoweit dies der Fall ist, kann man durchaus davon sprechen, daß die Wissenschaft als ganzes - ein System, das an sich ja weitgehend adhokratischen Charakter besitzt, also zum Beispiel nur in einem sehr eingeschränkten Sinne eine "Führung" installiert, die Entscheidungen als für das System (oder Teilen davon) bindend auszeichnen kann - gegenüber anderen Systemen Handlungsfähigkeit und Autonomie gewinnt. Darüber hinaus ist es heute fast schon der Normalfall, daß auf der Mikroebene einzelner Institute, Lehrstühle usw. immer wieder Projektgruppen gebildet werden, die externe Kontraktpartner beraten und damit, bis zu einem gewissen Grade wenigstens, zu einem Transfer von Forschungsergebnissen beitragen. Unter diesem Aspekt gewinnt das Wissenschaftssystem auch auf der Mikroebene Handlungsfähigkeit, und das erleichtert die Selbst- und die Fremdidentifikation des Systems von außen.

(3) Neben der Ausbildung von Handlungsfähigkeit kann auch die Reflexion auf die eigene Identität die Differenz zwischen System und Umwelt verstärken. Diese Möglichkeit gewinnt vor allem dann an Bedeutung, wenn die Handlungsfähigkeit *gefährdet* ist. Daß dies auch im Bereich der Wissenschaft Relevanz besitzt, kann anhand von Erfahrungen des Lehrstuhls erläutert werden, an dem der Verfasser seit Mitte 1985 mitgearbeitet hat.

Ende der achtziger Jahre hat dieser Lehrstuhl sich zunehmend in der Beratungspraxis engagiert, teils infolge von erfolgreich verlaufenen "Praxisorientierten Projektstudien" - die Bestandteil des normalen Ausbildungsprogramms waren und heute immer noch sind -, teils als Folge der Kooperation mit einer Beratungsgesellschaft, der *Strategema GmbH.* Die durchgeführten Projekte haben zu recht umfangreichen Publikationen geführt (vgl. insbesondere den von Kirsch

[1991] herausgegebenen Sammelband); insofern handelte es sich, aus der Perspektive der Wissenschaft, um *mehr* als nur ausbildungsbezogene oder kommerzielle Beratungsprojekte. Gleichzeitig wurde aber auch zunehmend deutlich, daß, in der damaligen Terminologie des Lehrstuhls, "Praxis Forschung frißt", das heißt die Beratungsprojekte einen Zeitdruck erzeugten, der die Handlungsfähigkeit im Bereich der Forschung und damit die gewachsene Identität des Lehrstuhls unterminierte. 1988 wurde deshalb ein lehrstuhlinternes Projekt "Freiraum für Forschung" initiiert und durchgeführt, das die Lehrstuhlidentität rekonstruieren und Vorschläge zu einer Neustrukturierung der Arbeitsweisen formulieren sollte. Schon 1986 war darüber hinaus ein erster Versuch unternommen worden, ein Lehrstuhl-"Leitbild" zu entwickeln, das das Spannungsfeld zwischen Forschung und Beratung (und Lehre!) thematisierte. Von beiden Ansätzen ging nur sehr bedingt "operative Wirksamkeit" aus. 1990 und 1991 wurde aus der immer mehr zunehmenden Frustration heraus ein "Rahmenkonzept" erarbeitet, das (unter anderem) die Grundstrategie in bezug auf Forschung und Beratungsarbeit neu formulieren sollte. Das Ergebnis all dieser Bemühungen war schließlich, daß auf kommerzielle Beratungsprojekte weitgehend verzichtet und statt dessen wieder mehr Gewicht auf die Forschungsarbeit gelegt wurde. Die Grenzziehung zwischen System und Umwelt hat auf diese Weise wieder deutlichere Konturen gewonnen, als dies zwischenzeitlich der Fall war.

(4) Die Sozialdimension des System/Umwelt-Verhältnisses läßt sich wesentlich daran festmachen, inwieweit es einem System gelingt, die Fähigkeit zur Empathie zu entwickeln, sich also in andere Systeme/Umwelt-Verhältnisse einzudenken und aus deren Perspektive die potentiellen Folgen des eigenen Handelns zu "sehen". Mit Blick auf das Theorie/Praxis-Verhältnis ist auf diesen Aspekt - nur ohne Nennung des Empathie-Begriffs - in Kapitel 4.13 eingegangen worden; das muß hier nicht wiederholt werden. Interessant ist aber vielleicht, daß die Möglichkeit einer "Verselbständigung" der Berücksichtigung von Umweltgesichtspunkten, die in Kapitel 4.23 (1) in die Nähe der "Ethik" führte und mit positiven Konnotationen versehen wurde, sich im vorliegenden Zusammenhang eher als *Gefahr* darstellt: Wo es nicht mehr gelingt, den Rückbezug zur Forschung herzustellen, von der Binnenperspektive der Praxis in die Binnenperspektive der Wissenschaft überzuwechseln, besteht eine erhöhte Wahrscheinlichkeit, daß die Beobachtung der Praxis theoretisch folgenlos bleibt, die Theoriearbeit also verkümmert. Und daran sollte eigentlich niemandem gelegen sein.

(5) Die Sachdimension des System/Umwelt-Verhältnisses läßt sich unter anderem an der spezifischen Art der Behandlung von "Natur" ablesen. Es wurde darauf hingewiesen, daß der Begriff der Empathie hierbei keine plausible Anwendung finden kann, die Gefährdung der natürlichen Umwelt in der Unterneh-

menspraxis vielmehr über den Umweg anderer Sozialsysteme - insbesondere wohl der Gesellschaft - auf Resonanz stoßen kann. Für die Wissenschaft stellt sich dies kaum anders dar: Auch sie läßt sich offenbar davon beeindrucken, daß in der öffentlichen Diskussion, aber auch in der Unternehmenspraxis ein zunehmendes Bewußtsein für die Umweltgefährdung zu beobachten ist, und reagiert darauf durch entsprechende Forschungsarbeiten und das Angebot einschlägiger Systemkonzeptionen. Literaturhinweise hierzu sind in Kapitel 4.23 (2) schon gegeben worden.

(6) Bleibt noch, auch einige Worte über den Zeitbezug des Verhältnisses von Theorie und Praxis zu verlieren. Daß die Entwicklungen nicht immer parallel verlaufen, dürfte offensichtlich sein. In der Frühphase der paradigmatischen Entwicklung des Strategischen Managements Ende der fünfziger, Anfang der sechziger Jahre hatte zweifellos die Praxis häufig einen Vorlauf, dem die Theorie Schritt für Schritt nachzufolgen versuchte. In den siebziger Jahren stellte sich dann die Beratungspraxis immer mehr in den Vordergrund; von hier aus kamen die Ideen, die in Theorie und Praxis aufgegriffen und in der einen oder anderen Form weiterverarbeitet wurden. In den achtziger und beginnenden neunziger Jahren hat sich die "Ökologie der Ideen" vielleicht etwas mehr in Richtung Wissenschaft verlagert, und hier ist dann auch nicht selten Enttäuschung darüber vorhanden, daß diese Ideen nicht in der Weise aufgegriffen werden, wie man sich dies erhoffen mag. Freilich, eine selbstreferentielle Theoriekonzeption sollte auch reflektieren, daß die Nutzung dieser Ideen - das heißt: eine zunehmende Rationalisierung der Unternehmenspraxis - auch dysfunktionale Folgen haben kann, man bisweilen gut daran tut, das schon mehrfach zitierte "Recht auf Freiheit vor der Wissenschaft" (Kirsch 1984) in Anspruch zu nehmen. Das Auseinanderlaufen der Zeitpfade der Entwicklungen von Theorie und Praxis muß, so gesehen, nicht problematisch sein; es kann vielmehr bedeuten, daß in Theorie und Praxis das Verhältnis von Theorie und Praxis zur Reflexionskategorie geworden ist.

Die hier beschriebene Konzeptualisierung des Theorie/Praxis-Verhältnisses bedarf, das wurde zum Schluß von Kapitel 4.23 angedeutet, der Ergänzung durch ein systemtheoretisches Konzept der Selbstorganisation. Im vorliegenden Zusammenhang läßt sich dies am besten im Anschluß an das Kuhnsche Paradigmenkonzept erläutern (vgl. für einige verstreute Hinweise hierauf oben, Kap. 1 und Kap. 2.5). Paradigmen sind Forschungsprogramme, die sich um bestimmte Probleme konstituieren und "Rätsel" aufgeben, die nach Maßgabe beispielgebender Musterlösungen ("Exemplars") gelöst werden sollen. Es ist also wiederum das System selbst, das Probleme definiert und Kriterien für die Beurteilung vorgelegter Problemlösungen festlegt. Auch hier gibt es dann "Echtzeitanforderungen", zum Beispiel dergestalt, daß Teillösungen beigeschafft werden müssen, damit an anderen Teillösungen weitergearbeitet werden kann - oder Chancen für die Verlängerung der Projektfinanzierung bestehen. Ob diese Anforderungen mit den Zeitplänen anderer Systeme - zum Beispiel der Unternehmenspraxis - konvergieren, ob also Lösungen dann vorgelegt werden, wenn sie gebraucht werden, kann a priori nicht beantwortet werden - es hängt von den spezifischen Verwertungsmodalitäten und -interessen eben dieser Praxis ab.

4.3 Umgang mit Komplexität

Ein drittes Grundlagenproblem, das im Rahmen einer Theorie der strategischen Unternehmensführung zu behandeln ist, betrifft den *Umgang mit Komplexität*. Dieses Problem hängt einerseits, wie in Kapitel 4.22 auch schon kurz angedeutet wurde, mit dem System/Umwelt-Problem eng zusammen. So heißt es bei Luhmann (1986: 32 f.), "daß der Begriff der Komplexität eine Einheit bezeichnet, die erst im Hinblick auf eine Differenz Bedeutung gewinnt, und zwar im Hinblick auf die Differenz von System und Umwelt. Denn es besagt nicht viel, wenn man die Welt oder ein System als 'komplex' bezeichnet. Unter diesem Gesichtspunkt ist alles, was überhaupt als Bestimmtes vorkommt, Komplexitätsreduktion, und man könnte statt dessen sagen: alles, was ist, kommt nur in der Welt vor. Damit ist nicht viel gewonnen. Ergiebig werden komplexitätsbezogene Aussagen erst, wenn man sie von Einheit auf Differenz umstellt, und dazu dient die Unterscheidung von System und Umwelt" (ohne Fn.). Die Auseinandersetzung mit diesem Problem ist, so gesehen, gleichsam die natürliche Fortsetzung der vorhergehenden Ausführungen. Andererseits wird das Problem des Umgangs mit Komplexität auch in der amerikanischen Literatur als ein konstitutives Problem für das Strategische Management angesehen. "[A]t the policy level", schreibt Mintzberg (1977: 93), "the very complexity of phenomena determines the organization's behavior. In other words, processes such as strategy formulation are characterized by the inherent complexity and dynamic nature of the environments in which they operate ... Management Policy researchers have been forced to study real behavior in real organizations, amidst their complexity."

Im folgenden wird zunächst das Komplexitätskonzept erläutert (Kap. 4.31), bevor dann einmal mehr einige systemtheoretische Einsichten mobilisiert werden, um etablierte Sichtweisen in Frage zu stellen bzw. zu bereichern. In Kapitel 4.32 wird gezeigt, daß Umgang mit Komplexität keineswegs immer *Reduktion*, sondern genauso gut auch *Produktion* von Komplexität bedeuten kann. In Kapitel 4.33 wird das Konzept der Selbstorganisation erläutert, das gleichsam den Inbegriff einer Einstellung der Komplexitätsbejahung darstellt. Kapitel 4.34 schließlich vollzieht wieder den Wechsel auf die Ebene der Theorie und fragt danach, was passiert, wenn man die Theorie des Umgangs mit Komplexität auf die Theorie selber anwendet.

4.31 Zum Konzept der Komplexität

"Komplexität" ist ein Begriff, der in der Alltagskommunikation verwendet wird, um die Kompliziertheit und Unübersichtlichkeit eines Sachverhaltes zu bezeichnen (vgl. La Porte 1975: 3 f.). Im Wissenschaftssystem hat man vor allem in systemtheoretischen Kontexten versucht, hier zu präziseren Bestimmungen zu gelangen. Im folgenden wird hierzu ein knapper Überblick gegeben (1)[40] und dann das von Kirsch (1988 u. ö.) eingeführte Konzept der "komplexen Probleme" erläutert (2). Abschließend erfolgt ein Exkurs zu den mit dem Komplexitätsbegriff verwandten Begriffen der Unsicherheit und des Risikos, zu Begriffen also, die in der neueren amerikanischen Diskussion zum Strategischen Management eine große Rolle spielen und aus deren Verwendung man auch für den vorliegenden Zusammenhang etwas lernen kann (3).

(1) Der Beginn aller Diskussionen ist die Unterscheidung zwischen organisierter und nicht-organisierter Komplexität (vgl. Weaver 1948). Immer geht es um eine Vielzahl von Elementen in einem System. *Nicht-organisierte* Komplexität bezeichnet ein Aggregat von Elementen, die miteinander nur zufällig in Beziehung stehen und deren Verhalten nicht durch wechselseitige Interaktionen systematisch beeinflußt wird. Hier kann man mit statistischen Methoden Wahrscheinlichkeiten des Auftretens eines bestimmten Ereignisses berechnen (vgl. von Hayek 1972: 18 ff.). Im Falle *organisierter* Komplexität ist dies nicht möglich: Hier agieren die Elemente untereinander, und das hat Folgen für das Verhalten des Systems. "[B]y a complex system I mean one made up of a large number of parts that interact in a nonsimple way", heißt es vor diesem Hintergrund bei Simon (1965: 63 f.): "In such systems, the whole is more than the sum of the parts, not in an ultimate, metaphysical sense, but in the important pragmatic sense that, given the properties of the parts and the laws of their interaction, it is not a trivial matter to infer the properties of the whole. In the face of complexity, an in-principle reductionist may be at the same time a pragmatic holist."

Diese wenigen Hinweise zeigen schon, daß Komplexität ein Beobachterphänomen ist. Der Beobachter hat nur eine beschränkte Komplexitätsverarbeitungskapazität und muß deshalb nach Wegen suchen, wie er trotzdem mit der Kom-

40. Ein ausführlicher, allerdings andere Schwerpunkte setzender Überblick über die Komplexitätsforschung findet sich auch bei Schwub-Gwinner (1993: 227 ff.).

plexität umgehen kann. In Kapitel 4.34 wird noch herausgearbeitet, daß dies für die Theorie gilt, die an einer Beschreibung und Erklärung komplexer Systeme interessiert ist. Aber natürlich sind auch die im System lokalisierten Beobachter nicht in einer grundsätzlich anderen Lage, im Gegenteil: Sie *müssen* mit der Komplexität umgehen können, weil anders das Überleben des Systems in Gefahr ist. Hier ist wieder einmal an Einsichten der Harvard-Schule zu erinnern, in der die (Top-)Manager als jene Instanzen angesehen werden, die die notwendigen Syntheseleistungen zu erbringen haben und vor lauter Einzelheiten den Blick für das Ganze nicht verlieren dürfen. Es ist ein erhebliches *Judgement* erforderlich, um diese Syntheseleistung immer wieder erbringen zu können (vgl. Mintzberg 1990b: 177).

Die Einsichten der Harvard-Schule sind auch deshalb interessant, weil sie das Komplexitätsproblem nicht nur auf das System, sondern auch auf die Umwelt und auf das Verhältnis zwischen System und Umwelt (und Systemen-in-der-Umwelt) beziehen. Emery und Trist (1965) haben eine Typologie entwickelt, mit der die Verbindungen zwischen den einzelnen Elementen in diesem Beziehungsgefüge systematisiert werden. Der komplexeste Fall ist der der *Turbulant Fields*, in dem Verbindungen innerhalb des Systems, Verbindungen zwischen System und Umwelt sowie Verbindungen innerhalb der Umwelt zusammenspielen und dem Beobachter verläßliche Prognosen über die Entwicklungen ihn interessierender Teilaspekte so gut wie unmöglich machen.

Ewas andere Perspektiven ergeben sich, wenn man das System als ganzes als Beobachtereinheit nimmt und die Frage stellt, wie diese Einheit mit der noch höheren Komplexität in der Umwelt zurechtkommt. Dies ist die Fragestellung der neueren Systemtheorie; sie geht grundsätzlich von einem *Komplexitätsgefälle* zwischen Umwelt und System aus (vgl. Luhmann 1984: 249). Allerdings wird gleichzeitig auch von "Requisite Variety" gesprochen (Ashby 1956: 202 ff.), das heißt es wird angenommen, daß ein System die Komplexität der Umwelt nur verarbeiten kann, wenn es selbst hinreichend komplex ist, also genügend Möglichkeiten der Beobachtung und der Verarbeitung von Beobachtungen einschließt. Es ist offen, ob und unter welchen Bedingungen es ein *Gesetz* der Requisite Variety geben und wie scharf dieses Gesetz gefaßt werden kann (vgl. zur Diskussion Kirsch 1988: 215 ff.); eine Ausgangsplausibilität kann die Entsprechungsthese aber dennoch für sich beanspruchen, nur eben unter der Qualifikation, daß die Entsprechung sich niemals auf *alle* Aspekte des System/Umwelt-Verhältnisses beziehen, das Komplexitätsgefälle niemals *gänzlich* aufgehoben werden kann.

Je komplexer ein System wird, desto mehr Arten bzw. Dimensionen der Komplexität werden relevant (vgl. Willke 1982: 52 ff., Baecker 1992: 56 f.). *Sachliche*

Komplexität betrifft die Vielzahl und Vielfalt der Systemelemente, *soziale* Komplexität die Unüberschaubarkeit sozialer Beziehungen, die es erforderlich macht zu selektieren, von den beteiligten Individuen nur noch die Ausfüllung bestimmter Rollen, nicht aber mehr die Einbringung der ganzen Person zu erwarten.[41] *Zeitliche* Komplexität kommt ins Spiel, wenn Vergangenheit und Zukunft relevant werden, einerseits also Erfahrungen aufgearbeitet und andererseits zukünftige Ereignisse sowie die darauf bezogenen Erwartungen, Befürchtungen und Hoffnungen wirksam werden - in Form von *Virtual Realities*, sozusagen. *Operative* Komplexität ist die Summe aus sachlicher, sozialer und zeitlicher Komplexität; sie ist die Bedingung dafür, daß ein System sich von unmittelbaren Umweltreizen abkoppeln, daß es ein "Eigenbehavior" (Varela 1984: 25 f.) entwickeln kann. *Hyper*komplexität schließlich bezeichnet die Möglichkeit eines Systems, sich selbst als komplex zu beobachten und zu beschreiben; "denn allein schon der Versuch produziert, da er im System stattfinden und als Selbstbeschreibung festgelegt werden muß, mehr als nur sich selbst. Es erzeugt auch neuartige, nicht vorhergesehene Reaktionsmöglichkeiten. Systemplanung erzeugt zwangsläufig Hyperkomplexität. Eine Planung, die dies erfährt, wird daher versuchen, auch dies noch einzuplanen, das heißt: sich selbst und ihre Effekte miteinzuplanen. So erzeugt Budgetplanung überzogene Bedarfsmeldungen, und dies kann der Planer mitberücksichtigen. Aber für eine reflexive Planung der Planung gilt wiederum dasselbe wie für Planung schlechthin: auch sie kann beobachtet werden und führt daher ihrerseits zu Möglichkeiten, auf die eigene Beobachtung der Planung zu reagieren, aber nicht so zu reagieren, wie eingeplant war" (Luhmann 1984: 637 f.).

(2) Die bisherigen Überlegungen beschäftigen sich in einem recht abstrakten Sinne mit "System-" oder "Umweltkomplexität"; darüber hinaus kann man aber auch die Frage stellen, wie sich diese Komplexitäten auf der "Mikroebene" eines Systems - der Ebene der einzelnen Elemente, sozusagen - bemerkbar machen. Die naheliegende These ist, daß man es hier mit *komplexen Problemen* zu tun hat, die immer wieder kleingearbeitet werden müssen (vgl. zu Knyphausen 1988: 285 ff.). Komplexe Probleme sind, aus der Perspektive der verhaltenswissenschaftlichen Entscheidungs- bzw. Problemlösungstheorie, Probleme, die "schlecht definiert" sind, für die also kein Algorithmus bekannt ist, den man nur verwenden muß, um in überschaubarer Zeit die Problemlösung zu haben oder wenigstens zu wissen, daß es für das Problem gar keine Lösung gibt (vgl. Kirsch 1988: 56 ff.). Darauf aufbauend hat Kirsch (1988: 207 ff.) vorgeschlagen, *komplexe* Probleme dadurch zu charakterisieren, daß *mehrere Kontexte* relevant sind,

41. An dieser Formulierung wird besonders deutlich, daß "Komplexität" nicht nur als Problem, sondern auch als Lösung von Problemen anzusehen ist. In Kap. 4.32 wird darauf noch ausführlicher zurückzukommen sein.

die untereinander *inkommensurabel* sind. Problemdefinitionen haben die Struktur sprachlicher Aussagen, deren Bestandteile Bedeutung erst durch die zugrundeliegenden Kontexte erhalten, in denen die beteiligten Akteure denken, sprechen und handeln.[42] Vor dem Hintergrund der individuellen "Lebensgeschichten" der Akteure sind diese Kontexte und die daraus hervorgehenden Bedeutungszuschreibungen nicht oder nur beschränkt vergleichbar, ähnlich, wie auch die einer wissenschaftlichen Theorie zugrundeliegenden "Paradigmen" kaum miteinander verglichen werden können, kaum Eins-zu-Eins-Entsprechungen aufweisen (Kuhn 1962). Der Ingenieur denkt, spricht und handelt anders als ein Marketingfachmann mit einer betriebswirtschaftlichen Ausbildung. Je mehr solche Kontexte die Problemdefinition beeinflussen, desto komplexer ist das Problem. Oder genauer: Ein Problem ist umso komplexer, (a) je höher die Gesamtzahl der relevanten Kontexte ist, (b) je höher die Anzahl unterschiedlicher Kontexte ist (Problem*varietät*), (c) je größer die Unterschiedlichkeit zwischen den Kontexten ist, (d) je mehr Freiheitsgrade zwischen den Kontexten bestehen und (e) je veränderlicher die Kontexte und ihre Verflechtungen im Zeitablauf sind (Problem*dynamik*).[43]

Ganz unproblematisch ist das hier skizzierte Konzept der Problemkomplexität sicherlich nicht, und dies hängt einmal mehr mit der Beobachterproblematik, genauer: mit der Unterscheidung zwischen einer Binnen- und einer Außenperspektive der Beobachtung, zusammen. Ein Problem gilt, wie gesehen, dann als komplex, wenn es mehrere Kontexte gibt, innerhalb deren das Problem (oder die "Situation") unterschiedlich definiert wird. Man kann dann sagen, daß es mehrere, untereinander nicht unbedingt vergleichbare, "partielle" Problem- bzw. Situationsdefinitionen gibt. Eine solche Aussage ist aber nur möglich, wenn es einen privilegierten Beobachterstandpunkt gibt, von dem aus bestimmt werden kann, was "das" (Gesamt-)Problem oder die "Aufgabe" (um den in Kap. 4.14 verwendeten Terminus noch einmal zu benutzen) eigentlich ist. Aus der Perspektive des einen Kontextes erscheint ja das, was aus der Perspektive des anderen

---

42. Vgl. hierzu im einzelnen, mit zahlreichen Verweisen auf die linguistische Bedeutungstheorie, zu Knyphausen (1990b: 22 ff.). Der Begriff des *Kontextes* steht für eine Klasse familienähnlicher Begriffe wie "Lebenswelt", "Lebens- und Sprachformen", "Praxis", "Paradigma" etc.
43. Die Unterscheidung zwischen (a) und (b) soll dem Umstand Rechnung tragen, daß es auch bei sehr großer Ähnlichkeit von Kontexten zu unterschiedlichen Problemdefinitionen kommen kann - einfach weil die Akteure Meinungsverschiedenheiten besitzen. Punkt (d) hängt mit dem zwischen den Kontexten möglicherweise bestehenden Netz von Korrespondenzen zusammen: Wenn einzelne Aussagen der verschiedenen Kontexte (nach Maßgabe eines Beobachters) "äquivalent" zueinander sind, so werden damit auch Beschränkungen für *andere* Aussagen in diesen Kontexten definiert. Vgl. Kirsch (1988: 209 f.).

Kontextes als Problem definiert wird, gar nicht als Problem; man sieht, was man sieht, aber man sieht nicht, was man nicht sieht. Die partiellen Problemdefinitionen fügen sich deshalb nicht ohne weiteres zu einer Gesamtproblemdefinition zusammen; sie sind und bleiben inkommensurabel (vgl. Balzer 1985: 203). Nur aus der Außenperspektive etwa eines wissenschaftlichen Beobachters ließe sich ein solcher Referenzpunkt ermitteln. Aber es besteht natürlich kein Grund, warum eine solche Außenperspektive gegenüber den Binnenperspektiven privilegiert sein sollte; auch hier handelt es sich ja nur um *eine* Perspektive, in deren Kontext das Problem in spezifischer Weise interpretiert wird - eine Interpretation, die aus der Perspektive anderer Beobachterstellen wie in allen anderen Fällen auch nur als "Müll" (im Sinne von Cohen et al. 1972) erscheinen mag.

Vielleicht bedürfen die hier vorgeführten Überlegungen unter manchen Aspekten einer Relativierung (vgl. ausführlich zu Knyphausen 1990b: 9 ff.); das Grundproblem sollte aber klar sein: Es gibt keinen extramundanen Standpunkt, von dem aus "das" Problem definiert werden könnte, und jede A priori-Begrenzung möglicher Beobachterstandpunkte kann dazu führen, daß fruchtbare, kreative Ideen der Problemdefinition und -lösung unberücksichtigt bleiben. Der einzige "nicht-imperialistische" Weg, mit diesem Problem umzugehen, dürfte darin bestehen, von "Struktur" auf "Struktur*ierung*" umzustellen, das heißt: es dem laufenden Prozeß der Organisation selber zu überlassen, wie die Grenzen "des" Problems gezogen werden. Unter der Überschrift "Selbstorganisation" wird darauf in Kapitel 4.33 noch zurückzukommen sein.

(3) In der US-amerikanischen Literatur zum Strategischen Management ist statt von "Komplexität" häufig auch von "Unsicherheit" und "Risiko" die Rede. Einige Bemerkungen hierzu dürften daher angebracht sein.

Da das Strategische Management sich notwendig mit der Zukunft auseinandersetzen muß, spielt der *Unsicherheits*aspekt immer schon eine wichtige Rolle in allen Entscheidungen, die von und in Unternehmen zu treffen sind (vgl. Wernerfelt & Karnani 1987: 187, 189). In der Entscheidungstheorie wird dabei bekanntlich unterschieden zwischen Entscheidungen unter Risiko und Entscheidungen unter Ungewißheit (vgl. z. B. Steinmann & Schreyögg 1990: 231 ff.). In beiden Fällen steht nicht das System, sondern die Umwelt im Mittelpunkt der Betrachtung. Der Erfolg einer Entscheidung hängt davon ab, welche Umweltzustände bzw. -ereignisse eintreten. Die Menge der möglichen Umweltereignisse wird als bekannt vorausgesetzt. Bei *Entscheidungen unter Risiko* gibt es darüber hinaus eine (objektive) Wahrscheinlichkeitsverteilung über den Eintritt der Ereignisse. Bei *Entscheidungen unter Ungewißheit* hat der Entscheider dagegen keinerlei "objektiv" begründete Vorstellung darüber, welche Umweltentwicklung eintreten wird.

Es dürfte kaum überraschen, daß in der ökonomisch orientierten Literatur zum Strategischen Management die Entscheidungen unter Risiko mehr Interesse gefunden haben als die unter Ungewißheit - sie erlauben einfach erheblich präzisere Modellierungen. Die spieltheoretischen Ansätze (siehe oben, Kap. 2.13) bieten hierfür ebenso ein Beispiel wie die zahlreichen kapitalmarkttheoretisch beeinflußten Arbeiten, die die Messung der Performance des Unternehmens durch Einbeziehung von Risikoaspekten zu verbessern versuchen (vgl. oben, Kap. 2.61; zur Aktualität des Themas den von Bettis & Thomas [1990] herausgegebenen Sammelband). Diese letztgenannten Arbeiten sind allerdings deshalb nicht ganz befriedigend, weil sie die Risiken regelmäßig aus den Performanceschwankungen *der Vergangenheit* berechnen, die Vergangenheitsentwicklung also kontinuierlich in die Zukunft fortschreiben. I. Ansoff hat demgegenüber immer wieder betont, daß Strategisches Management es wesentlich mit *Diskontinuitäten* zu tun hat, die Fortschreibung der Vergangenheit in die Zukunft also gerade *nicht* möglich ist (vgl. Ansoff 1975, 1979, 1980 u. ö.).

Gegenüber dem hier diskutierten Unsicherheits- bzw. Risikokonzept hat das Komplexitätskonzept eine andere Ausrichtung; es geht, im Rahmen der traditionellen Entscheidungstheorie jedenfalls, weniger um die Frage, welche Umweltereignisse eintreten, sondern um die Möglichkeit der Konstruktion eines vollständigen Entscheidungsbaumes überhaupt.[44] Williamson (1975: 23) besteht aber darauf, daß dieser Unterschied letztlich keine Bedeutung hat: "What may be referred to as 'uncertainty' ... is 'uncertainty introduced into a perfectly certain environment by inability - computational inability - to ascertain the structure of the environment. But the result of the uncertainty, whatever its source, is the same: approximation must replace the exactness in reaching a decision' (Simon, 1972, p. 170)." Gegenüber dieser traditionell-entscheidungstheoretisch gefärbten Interpretation muß allerdings bemerkt werden, daß das unter (1) und (2) eingeführte Komplexitätskonzept doch erheblich reichhaltiger ist, also mehr theoretische Optionen eröffnet. Das spricht dafür, im Zusammenhang mit der

---

44. "For even moderately complex problems", schreiben Feldman & Kanter (1965: 615), "the entire decision tree cannot be generated. There are several reasons why this is so: one is the size of the tree. The number of alternative paths in complex decision problems is very large. ... A second reason is that in most decision situations, unlike chess, neither the alternative paths nor the rule for generating them is available. ... A third reason is the problem of estimating consequences. ... For many problems, consequences of alternatives are difficult, if not impossible, to estimate. The comprehensive decision model is not feasible formost interesting decision problems." (zit. nach Williamson 1975: 23)

Klärung von Grundlagenproblemen einer Theorie der strategischen Unternehmensführung dem Komplexitätskonzept gegenüber dem Unsicherheits- bzw. Risikokonzept den Vorzug zu geben.

Trotz oder gerade wegen der hier vorgeschlagenen Präferenz für das Komplexitätskonzept dürfte von Interesse sein, ob man aus den Diskussionen zu den Themen "Unsicherheit" und/oder "Risiko" auch für die Diskussion der Komplexitätsproblematik etwas lernen kann. Zwei (sich teilweise überschneidende) Gesichtspunkte sind hervorzuheben. Zum einen kann man sich insbesondere anhand des Risikothemas wieder einmal klarmachen, daß es einen Unterschied ausmacht, ob man einen Sachverhalt aus der Perspektive des Systems oder der Umwelt betrachtet. Aus der Perspektive des Systems ein Risiko einzugehen heißt, daß es eine Entscheidung gibt, die (positive[45] oder negative) Konsequenzen haben kann, daß es aber eben eine *Entscheidung* ist, die man treffen oder nicht treffen kann. Aus der Perspektive der Umwelt handelt es sich aber um eine Entscheidung, die man nicht selber trifft, sondern der man ausgeliefert ist - um eine *Gefahr* (vgl. Luhmann 1991: 9 ff., 111 ff.). Im Bereich der Hochtechnologie, um dieses Beispiel herauszugreifen (im Nachtrag zu Kap. 2.5, oben), dürfte dieser Unterschied einen großen Teil der Diskussionsbrisanz ausmachen (vgl. ebenda: 93 ff.). Zum anderen gibt es Indikatoren, die darauf verweisen, daß es für das System nicht immer um *Reduktion* von Unsicherheit bzw. Risiko gehen muß. Ein System kann zum Beispiel darauf ausgerichtet sein, in bezug auf die Umwelt fortlaufend Unsicherheit zu schaffen, um dadurch seine eigenen Marktchancen zu erhöhen; aber auch im Hinblick auf das eigene System kann es vorteilhaft sein, Unsicherheit zu produzieren, wenn dadurch verkrustete Strukturen aufgebrochen werden (vgl. Jauch & Kraft 1986: 782 ff.). Der *Unternehmer* setzt sich ebenfalls bewußt der Unsicherheit aus: Er ist ein Risikoträger (vgl. Bretz 1988: 38 ff.). Es ist dieser zweitgenannte Gesichtspunkt, der im folgenden auch für die Komplexitätsproblematik fruchtbar gemacht werden soll.

4.32 Reduktion oder Produktion von Komplexität?

Daß im Zusammenhang mit der Komplexitätsproblematik der produktive Aspekt eine Rolle spielt, hat sich schon angedeutet, als davon gesprochen wurde, daß in einer komplexen Umwelt ein System seine eigene Komplexität auf ein Niveau bringen muß, das einem wie immer locker interpretierten "Law of Requisite Variety" entsprechen muß (siehe Kap. 4.31 [1], oben). Dennoch wird auch in

45. Im Falle positiver Konsequenzen sollte man statt von Risiken vielleicht besser von *Chancen* sprechen.

der Systemtheorie mehr Gewicht auf Komplexitäts*reduktion* gelegt (siehe vor allem Luhmann 1968), und das gilt ebenso für die Beiträge, die sich sehr direkt mit Fragestellungen aus dem Bereich der Strategischen Unternehmensführung auseinandersetzen. Die folgenden Ausführungen sollen dies zunächst belegen (1), dann die Idee der Komplexitäts*produktion* näher ausarbeiten (2) und schließlich diese Idee auf das Konzept der *Problem*komplexität ausweiten (3).

(1) Die Tendenz, das strategische Denken auf Vereinfachung, auf Reduktion von Komplexität auszurichten, kann an mindestens drei Argumentationszusammenhängen festgemacht werden.

Zuerst ist ein letztes Mal an die Harvard-Schule zu erinnern. In Kapitel 4.31 (1) ist darauf hingewiesen worden, daß diese Schule den (Top-)Manager als den zentralen, für das Strategische Management relevanten Aktoren ansieht, und dieser Manager einen Weg finden muß, mit dem Komplexitätsproblem zurechtzukommen. Angesichts seiner begrenzten Informationsverarbeitungskapazität ist dies eine schwierige Aufgabe. Sie kann nur erfüllt werden werden, wenn es gelingt, die Handlungspläne (die "Strategien") einfach zu halten und auf technische Details zu verzichten. "When the variety of what must be known cannot be reduced by a sharply focused strategy to the capacity of a single mind and when the range of a company's activities spans many industries and technologies, the problems of formulating a coherent strategy begin to get out of hand", schreibt Andrews (1987: 182). Zuviel Komplexität gefährdet die Handlungsfähigkeit des Managements; die vor allem Anderen stehende Strategie ist daher die Strategie der Komplexitätsreduktion.

Der zweite Argumentationszusammenhang ist in Kapitel 2.32 ausführlich diskutiert worden - *Lean Production* bzw. *Lean Management*. Überall wird die Kritik erhoben, daß ein "Schlendrian" (Schmalenbach) sich in den Unternehmen eingenistet hat, daß sie "zu fett" geworden sind: Die Führungshierarchie umfaßt zu viele Ebenen, in den Stäben sind zu viele Mitarbeiter beschäftigt, und die Ablaufprozesse nehmen zu viel Zeit in Anspruch. "Lean Production" bzw. "Lean Management" heißt dann, daß man entschlacken und vereinfachen muß. Auch hier wird also eine Perspektive der Komplexitätsreduktion eingenommen; alles gilt es zu halbieren - "half the human effort in the factory, half the manufacturing space, half the investment in tools, half the engineering hours to develop a new product in half the time ... [and] far less than half the needed inventory on side" (Womack et al. 1990: 13).

Der dritte Argumentationszusammenhang hat etwas mit der Erforschung der Möglichkeiten und Grenzen von Differenzierungsstrategien zu tun. Es ist klar, daß es für ein Unternehmen vorteilhaft ist, ein weitgehend differenziertes Produktangebot zu haben, um die Kundenwünsche individuell erfüllen und einen möglichst großen Teil der Konsumentenrente abschöpfen zu können. Mehr Produktdifferenzierung bedeutet aber normalerweise auch höhere Kosten, und zwar vor allem in Form von *Transaktions-* bzw. *Organisations*kosten (vgl. Jones & Butler 1988: 206 f.). Die Komplexität der Organisation steigt, und dafür muß bezahlt werden. Ins Gerede gekommen sind dabei in jüngster Zeit Kosten, die man direkt als *Komplexitäts*kosten bezeichnet (Roever 1991). Dazu zählen insbesondere die Kosten der Produktvielfalt, der Tatsache zum Beispiel, daß für einen *VW Golf* bis vor kurzem über 60 Achsvarianten und für einen *Nissan Laurel* (auch die Japaner sind von dem Übel betroffen!) 84 Wahlmöglichkeiten für das Steuerrad angeboten wurden (vgl. *Business Week* vom 21.12.1992: 37). "Of course, complexity in itself, is not necessarily undesirable. It is often a necessary component of innovation and may play an important role in building, or maintaining, competitive advantage. Managing complexity is a matter of business judgment - weighing its costs against its value to customers and, thus, its potential return on invested resources" (Hagel 1988: 4).

(2) Die Ausrichtung auf Komplexitätsreduktion kann viel Plausibilität auf sich vereinen, und so ist es nicht überraschend, daß sie die etablierte Literatur beherrscht. Mit Hilfe der neueren Systemtheorie läßt sich aber zeigen, daß auch das Gegenteil richtig sein kann, man statt auf Komplexitäts*reduktion* viel mehr auf Komplexitäts*produktion* setzen sollte (vgl. zum folgenden Baecker 1992). Ausgangspunkt ist die Beobachtung, daß trotz aller Vereinfachungsbemühungen des Managements und/oder der Berater die Systeme offenbar immer komplexer werden. In Wahrheit führen die meisten Versuche der Vereinfachung des Komplexen früher oder später zu einer Steigerung der Komplexität; das System "wehrt sich" gegen Eingriffe mit noch mehr Komplexität. Komplexität ist, so gesehen, gar kein Problem, sondern die *Lösung* eines Problems - "die Lösung derjenigen Probleme, die aus Vereinfachungen entstehen, die nicht funktionieren. Oder genauer gesagt: Komplexität ist die Lösung derjenigen Probleme, die aus selektiven Vereinfachungen entstehen, die ihrerseits auf Ausschlüssen beruhen, die sich über Komplexität wieder bemerkbar machen. Komplexität ist ein Hinweis auf die Welt, in der Vereinfachungen vorgenommen wurden" (Baecker 1992: 56).

Wenn Komplexität nicht (nur) ein Problem ist, sondern (auch) die Lösung von Problemen, liegt es nahe, dem Management statt einer Philosophie der Komplexitätsreduktion die Philosophie der Komplexitätsproduktion zu empfehlen. Drei Argumente können diese Empfehlung stützen. Zum einen reagieren Systeme und/oder Menschen oft ganz anders, als man es wünscht oder erwartet. Klare

Vorgaben reizen zum Opponieren, mehrdeutige Vorgaben dazu, Ordnung in das Chaos zu bringen, Strukturen aufzubauen, die sinnvolles Handeln ermöglichen. Zum zweiten ist Komplexität eine Vorbedingung der Fehlerfreundlichkeit. Von außen kommende Störungen können abgefedert werden; sie müssen nicht auf das ganze System durchschlagen. Das System gewinnt Spielräume zum Experimentieren; aus Fehlern kann man lernen (vgl. March 1981b: 572 ff.). Drittens schließlich ermöglicht Komplexität, die Differenz zwischen Operation und Beobachtung aufrechtzuerhalten. Wo alles durchorganisiert ist, gibt es weder die Möglichkeit noch die Notwendigkeit, den Lauf des Systems zu unterbrechen und gegebenenfalls zu verändern, das heißt: zu beobachten, was geschieht. Komplexität eröffnet hier wieder neue Chancen der Differenzbildung. Man kann es jetzt auch mit Vereinfachungen versuchen - warum sollte es in begrenzten Zusammenhängen so etwas nicht geben? -, solange man eben weiß, *daß* es sich um Vereinfachungen handelt. "Jede Beobachtung, die die Komplexität wieder ins Spiel bringt, die in Vereinfachungen sinnvollerweise ausgeschlossen wird, muß ermutigt werden. Denn wenn es die Beobachtungen jetzt nicht tun, tut es die Wirklichkeit wenig später" (Baecker 1992: 60). Oder etwas differenzierter: Es müssen *einerseits* Beobachtungen zugelassen werden, die die Unzulässigkeit von Vereinfachungen im Bewußtsein halten; *andererseits* muß aber auch dafür gesorgt werden, "daß diese Beobachtungen nicht so mächtig werden, daß sie jedes Experiment mit einer Vereinfachung schon im Ansatz blockieren" (ebenda).

Bejahung von Komplexität, Offenheit für Komplexitätsproduktion schlagen sich nieder in einer Reihe von Gestaltungsprinzipien, die sich entlang der in Kapitel 4.23 angesprochenen Sozialdimension, Sachdimension und Zeitdimension ordnen lassen. Die *Sozialdimension* bezieht sich im vorliegenden Fall auf die Präferenz von Kommunikation vor Bürokratie und/oder synoptischer Planung. Bürokratie bzw. synoptische Planung heißt Vorwegregelung aller denkbaren Situationen, Kommunikation dagegen die auf die konkrete Situation abstellende Suche der darauf bezogenen "besten Lösung", also Flexibilität. Die *Sachdimension* hat etwas mit der "losen Koppelung" der Systemteile zu tun, wie sie von Orton und Weick (1990) beschrieben worden ist (vgl., mit Blick auf Managementsysteme, auch Reglin 1993: 225 ff.). Es soll verhindert werden, daß sich Störungen in einem Teil auf andere Teile fortpflanzen; deshalb werden die Teile voneinander abgegrenzt, aber auch Redundanzen und Varietäten angelegt, die den Ausfall eines Teiles oder dessen Unfähigkeit zur Problemlösung nicht gleich zur Überlebensfrage für das Gesamtsystem werden lassen und Möglichkeiten des kontrollierten Lerntransfers (man kann etwas hier ausprobieren und dann sehen, ob man es auch dort anwendet) eröffnet. Unter die *Zeitdimension* schließlich fällt die Umorientierung von der Lösung der Probleme auf die Problematisierung von Lösungen. Eine Problemlösung kann die falsche sein; deshalb birgt jedes

Festhalten an einer Problemlösung auch eine Gefahr. "Die Problematisierung der Lösung dagegen verbindet den Vorteil, es je gegenwärtig mit genau dieser Lösung zu versuchen, aber jederzeit damit zu rechnen, daß andere Lösungen auftauchen, die ebenso sinnvoll oder angesichts der Erwartung künftiger Entwicklungen sinnvoller sind. Die Lösung eines Problems bindet die Gegenwart an die Vergangenheit. Die Problematisierung der Lösung bindet die Gegenwart an die Gegenwart und an eine offene Zukunft" (Baecker 1992: 61 f.).

(3) Die Hinweise von Baecker sind sehr weitgehend im Kontext einer Systemtheorie à la Luhmann formuliert; sie lassen sich aber problemlos auch auf die Konzeption komplexer Probleme übertragen, die in Kapitel 4.31 (2) vorgestellt worden ist: Auch hier kann man schnell erkennen, daß die Idee einer "schlanken", synoptischen A priori-Planung ihre Kehrseiten hat. Die im System realisierten Problemlösungen sind, aus der Perspektive von Aktoren, die das Problem in spezifischer, mehr oder weniger idiosynkratischer Weise interpretieren, möglicherweise gar keine Problemlösungen, sondern Fehler der dritten Art: Man reagiert auf das "falsche" Problem. Entsprechend sind innerhalb des Systems normalerweise Anreize vorhanden, bislang nicht berücksichtigte Aspekte weiterzuverfolgen (vgl. Koreimann 1990: 284). Wenn man so will, "zerschneidet" also jede Entscheidung über die Realisierung einer Problemlösung das System in zwei Teile: einen Teil, der "beherrschte" Problemfelder repräsentiert, und einen Teil, der "unbeherrschte" Problemfelder repräsentiert. Bei der Abarbeitung der (zunächst) "beherrschten" Problemfelder zeigt sich dann, daß diese "Zerschneidung" nicht unproblematisch ist: Es gibt Aktoren, die nicht mitmachen können oder wollen, und das führt dann dazu, daß der ursprüngliche Handlungsplan nicht so realisiert werden kann, wie es eigentlich vorgesehen war. Das System läßt sich doch nicht in der beabsichtigten Weise steuern, und der Blick richtet sich tatsächlich von der Lösung der Probleme auf die Problematisierung der Lösungen.

Aus der Perspektive klassischer Theoriebildung mag man diese Beobachtungen als enttäuschende Abkehr von einem Ideal ansehen; man muß sich offenbar mit einem "bescheidenen" Steuerungs- und Rationalitätsmodell abfinden. Für diese Rücknahme von Ansprüchen gibt es allerdings eine Kompensation, die etwas mit der "Entstehung des Neuen" (zu Knyphausen 1988, Kasper 1990) zu tun hat.

Mit dem synoptischen Planungs- und Entscheidungsmodell ist ja eine Unterstellung verbunden - die Unterstellung, daß es eine lokalisierbare, und das heißt meistens: eine "höchste" Entscheidungseinheit gibt, in der das Wissen der Organisation kulminiert und die daher auch der Ausgangspunkt für Innovationen sein muß;[46] soweit dieses Wissen nicht vorhanden ist, kann es auf dem Wege der (gelingenden) Kommunikation gleichsam "eingeholt" werden. Das hier seinerseits unterstellte mono-kontextuelle Kommunikationsmodell ist aber gerade unter dem Innovationsaspekt eigentümlich steril: Im Grunde geht es ja nur um eine Allokation von Wissen, das im Prinzip schon vorhanden ist; die Produktion von (innovativem) Wissen bleibt dagegen unterbelichtet. Ein mono-kontextuelles Kommunikationsmodell[47] kann also, wenn man davon ausgeht, daß es ohne eine Allokation von Wissen, die auch das Verständlich-Machen von zunächst unverständlichen, innovativ-idiosynkratischen Sprechakten mit einschließt, nicht geht, nur die eine Seite der Medaille sein; die andere (dazu komplementäre) ist, daß Aktoren schon aus "Freude an der Erfindung" (Lyotard 1986: 41) auch unverständliche Sprechakte "erfinden" und sich umgekehrt durch Äußerungen anderer Aktoren "pertubieren", das heißt: sich Anregungen geben lassen, wie der Kontext, in dem man selber denkt, möglicherweise fortentwickelt werden kann. Es ist, mit anderen Worten, die *produktive Relationierung* solcher Kontexte, aus der heraus Innovationen sich entwickeln können (vgl. Röpke 1977: 102 ff.). Eine solche Relationierung ist nur möglich, wenn man zunächst die Unterschiedlichkeit oder eben genauer: die Inkommensurabilität von Kontexten herausstellt. Erst dann kann man überlegen, wie Komplexität gehandhabt werden muß, um daraus produktive Effekte entstehen zu lassen. Eine naheliegende These ist, daß, wenn immer man von einer Philosophie der Komplexitätsbejahung ausgeht, auf Selbstorganisation gesetzt werden sollte. Das wird im folgenden nun näher auszuführen sein.

4.33 Zur Rolle der Selbstorganisation

Wenn ein System viel Komplexität bewältigen muß, stellt sich die Frage, welche Strukturen dafür geeignet sein könnten.[48] Simon (1965) hatte hier seinerzeit auf

46. Mit Blick auf das "Zielmodell" der Organisation wird diese Problematik ausführlicher diskutiert in zu Knyphausen (1988: 188 f.).
47. Auch das in Kap. 3.3 (oben) angesprochene Kommunikationsmodell von Habermas (1981b, 1984c) ist als "mono-kontextuell" einzuordnen, und zwar deshalb, weil es von einem *gemeinsamen* lebensweltlichen Hintergrund der Aktoren ausgeht und unterstellt, daß vor diesem Hintergrund über nicht fraglos akzeptierte Geltungsansprüche tatsächlich eine sinnvolle Auseinandersetzung stattfinden und nach Maßgabe guter Gründe entschieden werden kann. Eine den Innovationsaspekt betonenende Kritik hierzu findet sich bei Waldenfels (1985); die Formulierungen im Text greifen hierauf zurück.
48. Sahal (1982: 253) spricht, sich von Ashby absetzend, von einem *Law of Requisite Structure*: "Success in long-term regulation depends on the system's capability to transform the variety into structure."

Hierarchie gesetzt und damit die Organisationstheorie nachhaltig beeinflußt (vgl. Ochsenbauer 1988: Kap. 2). In Literaturkreisen, die von der Gehirnforschung (McCulloch 1965) bis zur Politik- und Rechtssoziologie (Willke 1983, 1989, Teubner 1989) reichen, hat diese Lösung inzwischen an Überzeugungskraft verloren. Statt dessen ist "Selbstorganisation" zum neuen Paradigma geworden, das sich in einer Vielzahl von Disziplinen zu bewähren scheint (vgl. für Überblicke Krohn et al. 1987, Paslack 1991a, b, Krohn & Küppers 1992). Hiervon hat auch die Managementforschung Notiz genommen; vor allem in Europa sind diverse Beiträge erschienen, die sich - meist mit systemtheoretischem Hintergrund - für eine Abkehr vom traditionellen, hierarchie-geprägten Organisationsverständnis einsetzen (siehe etwa Malik 1984, Probst 1987, Kasper 1990).[49] Die folgenden Ausführungen können auf den Einsichten dieser Beiträge aufbauen. Unter (1) wird zunächst der Prozeß der Selbstorganisation beschrieben, bevor dann gezeigt wird, daß Selbstorganisation natürlich auch nicht alles ist, sondern auf komplementäre Elemente einer Fremdorganisation geradezu *angewiesen* bleibt (2). Abschließend werden einige Konsequenzen für ein "evolutionäres" Führungsverständnis gezogen (3).[50]

(1) Die neuere Systemtheorie behandelt soziale Systeme (einschl. Unternehmen) häufig ex definitione als selbstorganisierende (und "autopoietische") Systeme.[51] Das hat seinen Sinn, wenn man (aus Kap. 4.32!) weiß, daß soziale Systeme ohnehin anders reagieren, als man es aus der Ex ante-Perspektive eines Systemsteuerers (eines "Organisators") berechnen mag. Gleichzeitig ist diese Begriffsstrategie aber auch nicht sehr glücklich, wenn man "Selbstorganisation" tatsächlich mit einer Philosophie der Komplexitätsbejahung in Verbindung bringen will; denn dies setzt ja voraus, daß es auch andere Möglichkeiten, andere Philo-

---

49. In der *amerikanischen* Literatur haben managementorientierte Beiträge zum Thema "Selbstorganisation" bislang dagegen eher Seltenheitswert (ein Beispiel ist Drazin & Sandelands 1992), obgleich man ja am Beispiel der japanischen Unternehmen sehen kann, daß selbstorganisierende Strukturen einen Teil des Erfolges erklären können (siehe Kagono et al. 1985, Nonaka 1988).
50. Die folgenden Ausführungen sind eng angelehnt an zu Knyphausen (1991).
51. Eine Ausnahme findet sich in den früheren Arbeiten von Hejl (1984, 1987 u. ö.); dort wird der Selbstorganisations-Begriff eng am naturwissenschaftlichen Vorbild der Zellbildung definiert und gezeigt, daß dieses Modell sich gerade *nicht* auf soziale Systeme übertragen läßt. In (1992: 285) argumentiert Hejl demgegenüber erheblich aufgeschlossener; soziale Systeme gelten ihm hier als selbstorganisierend, wenn es zu "einer Wechselwirkung zwischen der Ebene der Komponenten [Individuen] und der der Systemorganisation [kommt], bei der beide sich verändern." Soziale Systeme sind dann immer noch nicht *ex definitione* selbstorganisierend; es ist aber doch eine hohe *empirische Wahrscheinlichkeit* gegeben, daß dies der Fall ist.

sophien der Komplexitätsbewältigung gibt (zum Versuch einer Typologisierung vgl. Kirsch 1988: 220 ff., Schwub-Gwinner 1993: 61 ff.). Es bietet sich daher an, eine etwas modifizierte Vorstellung eines selbstorganisierenden Prozesses zu entwickeln, die mit der oben (Kap. 4.31) skizzierten Konzeption komplexer Probleme kompatibel ist.

Ausgangspunkt ist die Idee, daß komplexe Probleme nicht in sozialen Systemen definiert werden, sondern umgekehrt das soziale System sich im Prozeß der Problemdefinition erst bildet. Das "soziale System" ist dabei natürlich nicht die Organisation; eher geht es um etwas, was Luhmann (1984: 560) als "Interaktionssysteme" bezeichnet, als Systeme, die "alles ein[schließen], was als *anwesend* behandelt werden kann, und .. [die] gegebenenfalls unter Anwesenden darüber entscheiden [können], was als anwesend zu behandeln ist und was nicht." Was das bedeutet, kann man sich mit Hilfe der Metapher eines "Schneeball-Systems" klarmachen (vgl. Kirsch 1988: 225 f., zu Knyphausen 1988: 298 ff.).

Es mag zunächst einen Aktoren geben, der im Lichte eines spezifischen Kontextes ein Problem definiert und dabei auch Hypothesen aufstellt, welche anderen Aktoren von diesem Problem betroffen sein könnten. Mit einzelnen dieser Aktoren nimmt er Kontakt auf, um sie im Falle des Interesses in eine potentielle Entscheidungsarena zu integrieren. Diese Aktoren werden aber nun, wenn sie tatsächlich "operational geschlossene Systeme" (im Sinne der Autopoiese-Theorie) sind oder, anders formuliert, in unterschiedlichen Kontexten "leben", das Problem in einer durchaus anderen Weise wahrnehmen: Vielleicht ist es für sie *gar kein* Problem, vielleicht aber auch ein geradezu *existentielles* Problem, für das eine Lösung auf jeden Fall gefunden werden muß; oder es ist ganz einfach ein *anderes* Problem. In jedem Fall wird es wieder Hypothesen darüber geben, wer von *diesem* Problem betroffen ist, und es liegt dann in der Logik des "Schneeball-Systems", daß die nunmehr wahrgenommenen Betroffenen ebenfalls in die Entscheidungsarena "eingeladen" werden - und das Spiel von Neuem beginnen kann. Es kommt zu einer sukzessiven Vergrößerung der Entscheidungsarena, die sich solange fortsetzt, bis die neuerlich Angesprochenen die Einladung dankend ablehnen, weil es sich eben für sie *nicht* um ein Problem handelt, an dessen Lösung sie in irgendeiner Weise interessiert sind bzw. zu dessen Lösung sie sich in eine Entscheidungsarena integrieren lassen wollen. Irgendwann ist die Gesellschaft geschlossen, hat das "Interaktionssystem" seine eigenen Grenzen definiert.

Selbstorganisation hat also, zusammenfassend, sehr viel mit Komplexitätsbejahung oder gar Komplexitätsproduktion zu tun; die Hoffnung ist, daß durch die Integration von interessierten Aktoren, die das Problem aus der Perspektive ihrer Kontexte definieren und auch von hier aus nach Problemlösungen suchen, ein innovatives Potential genutzt werden kann, das anders der Organisation nicht ohne weiteres zur Verfügung steht. Das schließt nicht aus, daß in diesem Prozeß auch immer wieder Komplexität reduziert wird - wenn etwa die Aktoren "Übersetzungsversuche" unternehmen und es dabei zu einer wenigstens partiellen Angleichung ihrer Kontexte kommt, oder sich ein "Mächtiger" herauskristallisiert, der seine eigene Problemdefinition den anderen insoweit als "Pars pro toto" oktroyiert, daß es zu einer vorzeitigen Schließung des Systems kommen kann. Diese "Schließung" ist aber eben ein Produkt eines selbstorganisierenden Prozesses und deshalb mit "Komplexitätsbejahung" durchaus vereinbar - mehr jedenfalls als die *im Ergebnis* möglicherweise "komplexere" Problemdefinition durch einen "liberalen" Mächtigen (zum Beispiel: den patriarchalischen, "sozial verantwortlichen" Unternehmer alter Schule), der zwar eine Vielzahl von Betroffenen sieht, nicht aber, daß andere Augen die Betroffenheit auch ganz anders sehen können.

(2) Schon mit den vorstehenden Überlegungen hat sich angedeutet, daß Selbstorganisation ganz ohne Fremdorganisation, oder wie man auch sagen kann: ohne Führung kaum zu denken ist (Kieser 1994). Es muß immer eine bestimmte Arena *definiert* werden, innerhalb derer "Selbstorganisation" dann ablaufen kann. Darüber hinaus muß Selbstorganisation offenbar keineswegs notwendig einen "herrschaftsfreien Raum" konstituieren: Im Zuge eines selbstorganisierenden Prozesses mag sich ein "Mächtiger" herauskristallisieren, der das Heft in die Hand nimmt. Daraus kann man den Schluß ziehen, daß Selbstorganisation und Fremdorganisation wechselseitig aufeinander verweisen, sie gleichsam "komplementär" zueinander sind.

Wenn man diesen Gedanken vertiefen will, liegt es nahe, ähnlich wie in der Entscheidungstheorie (vgl. Kirsch 1988: 163 ff., Schwub-Gwinner 1993: 44 ff., auch Teubner 1987b: 432 ff.), eine Art "*Episodenbetrachtung*" einzuführen. Episoden kann es nur geben, wenn man weiß, daß es ein Vorher gegeben hat und es auch noch ein Nachher geben wird und hier wie dort die Verhältnisse nicht die Gleichen sind: Sonst würde die Episode ja gar keinen Unterschied markieren. Es kann dann entsprechend auch Episoden in selbstorganisierenden Prozessen geben, in denen passieren mag was wolle - und wenn es die Ausbildung von "Hierarchie" ist! -; aber diese Prozesse müssen einen Anfang und ein Ende besitzen und mithin durch Zäsuren eingegrenzt sein, die offenbar den Wechsel von der Selbst- zur Fremdorganisation bedeuten. Die Beobachtung von Episoden versorgt auf diese Weise das System mit einer Art von *Metastruktur*, durch die auch unwahrscheinliche Muster der Komplexitätsverarbeitung wahrscheinlich werden können (vgl. ähnlich Luhmann 1984: 553): Man kann sich jetzt eben auch einmal auf das Experiment der Selbstorganisation einlassen, denn man weiß ja, daß damit noch nicht aller Tage Abend ist. Die Beobachtung von Episoden kann in diesem Sinne dann als eine Einrichtung interpretiert werden, mit dessen Hilfe soziale Systeme (Organisationen) ihre eigene Komplexität steigern können, um ihre eigene Komplexität in gesteigertem Maße zu verarbeiten.

Nun mag allerdings die Beobachtung von Episoden Selbstorganisation wahrscheinlicher machen, aber das heißt ja nicht, daß nicht die Ausbildung dieser Metastruktur selbst eher unwahrscheinlich ist; man muß wohl fragen, wie es dazu in Organisationen überhaupt kommen kann (vgl. Kirsch 1988: 180 ff.). Grundsätzlich scheint es hier zwei Möglichkeiten zu geben. Zum einen können Anfang und Ende einer Episode von außen festgelegt sein - etwa durch den "Kick Off" zu einem Projekt und die Festlegung von bestimmten Eckterminen (einschließlich des Endtermins), an denen eine "Projektfortschrittskontrolle" erfolgen kann. Oder aber die Episodenabgrenzung ergibt sich aus dem selbstorganisierenden Prozeß selber: Irgendwann "dämmert" es den Beteiligten, daß es so nicht weitergehen kann, daß eine andere Episode im Leben der Organisation beginnen muß. Es kann dann zu einer Art "Verflüssigung" des Systems kommen, zu einer Phase, in der sich die "Initial Conditions" erst herauskristallisieren müssen, an denen Komplexitätsproduktion und -reduktion dann wieder kondensieren können. Dabei kann dieses "Herauskristallisieren" natürlich selbst wieder als der Inbegriff einer selbstorganisierenden Episode beobachtet werden - zu der die "Initial Conditions" von außen gegeben erscheinen und denen sich irgendwann eigentlich nur Episoden der Fremdorganisation anschließen können.

Die hier gewählten Formulierungen machen einmal mehr deutlich, daß Selbstorganisation und Fremdorganisation keine sich ausschließenden Alternativen sind, sondern wechselseitig aufeinander verweisen. Auch von hier aus zeigt sich also, daß Überlegungen zur Selbstorganisation von und in Organisationen keineswegs das Ende jener Führungslehre bedeuten müssen, als die sich die angelsächsische Managementlehre und zum Teil auch die deutschsprachige Betriebswirtschaftslehre (vgl. die Beiträge in Wunderer 1988a) heute präsentieren, im Gegenteil: Die Selbstorganisationsperspektive "zwingt" geradezu dazu, die Führungsproblematik aufzugreifen, aber sie ermöglicht es auch, die Führungsproblematik *in neuer Weise* aufzugreifen, nämlich im Sinne einer "evolutionären" Führungskonzeption. Das soll im folgenden noch kurz ausgeführt werden.

(3) Daß die neuere Systemtheorie zu einem gegenüber etablierten Sichtweisen veränderten Führungsverständnis führt, ist klar. Organisationen werden nicht als "Trivialmaschinen" (H. von Foerster), sondern als Systeme begriffen, die einer eigenen, durch den Lauf der Geschichte geprägten Logik folgen; deshalb kann

Führung nicht nach einem Input/Output-Schema erfolgen, das ein Wissen darüber vermittelt, was genau man tun muß, um die gewünschten Effekte zu erzielen (vgl. Wimmer 1989: 141 ff.). Gefragt sind "weiche" Führungsformen, "not doers and commanders, but catalysts and cultivators of a selforganizing system in an evolving context" (Malik & Probst 1984: 118). Drei Funktionen von Führung sind es, die im Rahmen einer solchermaßen "evolutionären" Konzeption festgemacht werden können.

Die *erste Funktion* ist unter (2) angesprochen worden: Es müssen "Arenen" eingerichtet werden, innnerhalb derer die selbstorganisierenden Prozesse ablaufen können. Ziel ist die "Orchestrierung einer Debatte" (vgl. Checkland 1984: 99), bei der die verschiedenen Kontexte, die für die Definition und "Lösung" von Problemen relevant sein können, zur Geltung kommen. Eingeschlossen sind hier Bemühungen der Konfliktregulierung und der "Übersetzung" von Aussagen des einen Kontextes in Aussagen eines anderen Kontextes. Die Übersetzungsversuche umfassen ihrerseits auch die vorläufige Festlegung von "gemeinsamen" Sprachelementen sowie die probeweise Einführung von neuen Sprachvarianten, die die "Interreferenz" (Willke 1992: 379) zwischen den verschiedenen, an sich ja inkommensurablen Kontexten erhöhen können.

Die Einrichtung von Arenen beschreibt gleichsam eine "prozedurale" Komponente der Führung. Es ist aber nicht einzusehen, warum nicht auch bestimmte substantielle Eingaben erfolgen sollen - solange damit der Selbstorganisation des Systems nicht gleich wieder ein Ende gesetzt wird. Die *zweite Funktion* der Führung besteht also in der Anreicherung des selbstorganisierenden Prozesses durch eigene Beiträge. Das kann durchaus in der Weise geschehen, daß man Rahmendaten - seien es Verrechnungspreise, seien es Mengen oder Termine - vorgibt, an die sich die Aktoren zu halten haben. Interessanter mögen aber Versuche eines "Sinnmanagements" sein, Versuche also, Modelle möglicher Welten ("Visionen") zu formulieren, die dem System normative Orientierungen zu geben versprechen. Solche Modelle lassen sich nicht vorschreiben; sie können nur in das System eingegeben werden, um es der Evolution bzw. dem selbstorganisierenden Prozeß selbst zu überlassen, wie deren weiteres "Schicksal" dann aussieht. Als "Quellen" der Visionen kommen verschiedene Möglichkeiten in Betracht: Es kann sich einfach um die Ideen erfinderischer Unternehmerpersönlichkeiten handeln,[52] aber auch der Kommunikationsprozeß zwischen verschiedenen Personen/Kontexten kann zur Genese von anregenden Zukunftsvorstellungen führen. Schließlich ist es denkbar, daß von außen Ideen aufgegriffen werden - zum Beispiel aus der Wissenschaft, die sich neben aller Beschreibung und

52. Beispielhafte Porträtierungen solcher Persönlichkeiten finden sich bei Sommerlatte (1988) sowie Westley & Mintzberg (1989: 24 ff.).

Erklärung auch mit der "Konstruktion hypothetischer Modelle von möglichen Welten [beschäftigen mag], die existieren könnten, wenn einige der veränderbaren Bedingungen anders gestaltet würden" (Hayek 1980: 33).[53]

Die beiden bisher genannten Funktionen der Führung sind letztlich darauf ausgerichtet, "dem Unternehmen zu einer Richtung zu verhelfen" (Kirsch 1990: 297 ff.) - und sei es nur zu der Richtung "Finden einer Richtung" (im Sinne eines Arbeitsauftrages an selbstorganisierende Arenen). Die *dritte Funktion* besteht einfach darin, den Prozeß in Gang zu halten, also dafür zu sorgen, daß man sich im Unternehmen fortlaufend und immer wieder mit Fragen der Unternehmensentwicklung auseinandersetzt (vgl. ebenda: 307 f.). Das System sollte in dem Zustand der "Verflüssigung" (Bühl 1982: 419 ff.) gehalten werden; es darf nicht "verkrusten". Oder um noch einmal die Formulierung von Baecker (oben, Kap. 4.32) aufzunehmen: Es sind Anreize dafür zu schaffen, daß man gefundene Problemlösungen immer wieder problematisiert, in der Hoffnung, daß man "noch bessere" oder wenigstens veränderten Rahmenbedingungen angepaßte Lösungen findet.

Begreift man die hier aufgeführten Punkte als Merkmale einer *evolutionären* Führungskonzeption, dann kann man davon sprechen, daß es "um eine *Überformung* evolutionärer Selbststrukturierung von Organisationen" (Schimank 1987: 59) geht. Die (durch die Evolutionstheorie typischerweise betonten) Prozesse der Variation, Selektion und Retention sollen also mit zusätzlichen Möglichkeiten ausgestattet werden. Die Eingabe von substantiellen Ideen kann entsprechend als Erhöhung des Variations-, die Schaffung und Gestaltung von Diskussionsarenen als Erhöhung des Selektionspotentials interpretiert werden. Die zuletzt genannte Funktion des In-Gang-haltens der Diskussion stellt allerdings die Retentionsthese geradezu auf den Kopf: Fortgesetzte *Verflüssigung*, nicht Verfestigung, lautet ja die Devise! (vgl. für empirische Hinweise noch einmal die in Kap. 2.43 angesprochene Untersuchung von Barr et al. 1992).

4.34 Theorie als "Modell" für die Komplexitätshandhabung in der Praxis?

Angesichts der Tatsache, daß "Komplexität" ein Problembereich ist, dem eine Theorie der strategischen Unternehmensführung kaum ausweichen kann, ist in den drei vorstehenden Teilkapiteln (4.31 bis 4.33) der Versuch unternommen worden, die Grundzüge einer Theorie des Umgangs mit Komplexität in betriebs-

53. Siehe hierzu etwa das Modell der "fortschrittsfähigen Organisation", das von Kirsch seit einer Anzahl von Jahren vorgeschlagen wird (Kirsch et al. 1979: 128 ff., Kirsch 1990: 471 ff. u. ö.).

wirtschaftlichen Organisationen zu skizzieren. Aufgrund der in der vorliegenden Arbeit schon so häufig postulierten Selbstbezüglichkeit der Theoriebildung stellt sich aber auch im vorliegenden Zusammenhang die Frage, inwieweit die zunächst auf den "Objektbereich" - die Führungspraxis in den Unternehmen - gemünzten Aussagen auch im Bereich der Theorie selber ihren Niederschlag finden. Auch Theorien müssen sich mit komplexen Problemstellungen auseinandersetzen. Wie geschieht dies? Haben die Erkenntnisse über den Umgang mit Komplexität Konsequenzen für die Art und Weise, wie Theorie "gemacht" werden muß? Und wenn ja, ergeben sich daraus dann auch wieder Konsequenzen für die Praxis? Kann die Praxis vielleicht sogar aus der Art der Komplexitätshandhabung in der Theorie lernen? Das sind Fragen, die es zu beantworten gilt. Die Ausführungen sind in drei Abschnitte gegliedert.

(1) Auf der Ebene der Theoriebildung stellt sich das Komplexitätsproblem im wesentlichen unter dem Aspekt der *sachlichen* Komplexität dar. Sachliche Komplexität betrifft, so wurde in Kapitel 4.31 gesagt, die Vielzahl und Vielfalt der Elemente eines Systems. Grundsätzlich muß man davon ausgehen, daß jedes Element mit jedem anderen Element zusammenhängt; genau dies aber führt mit dem Ansteigen der Zahl der Elemente zu einer solchen Menge von Beziehungen, daß selektiert werden muß (vgl. Luhmann 1984: 46). Im Hinblick auf eine Theorie, die Komplexitätsansprüche stellt, heißt dies einerseits, daß man es mit einer Vielzahl von Begriffen zu tun hat, die untereinander in Verbindung stehen und die entsprechend mit Bezug aufeinander bestimmt werden müssen (ebenda: 12); es gibt keine Ein-für-alle-Mal-Definitionen von Begriffen, und erst recht gibt es keine Axiomatik, die nach dem Muster der Hierarchie zentrale Begriffe festlegt und alle weiteren Begriffe daraus "ableitet". Andererseits ist es aber im Normalfall der Theoriedarstellung eben nicht möglich, *jeden* Begriff mit *jedem* anderen zu verbinden; auch hier muß selektiert werden. "Die Theorie praktiziert mithin, was sie empfiehlt, an sich selbst: Reduktion von Komplexität" - so die Schlußfolgerung Luhmanns (1984: 12).

Die Schlußfolgerung Luhmanns ist nicht ganz unproblematisch, empfiehlt doch die Systemtheorie, wie in Kapitel 4.32 gesehen, keineswegs nur Komplexitäts*reduktion*, sondern auch Komplexitäts*produktion*. Unter (2) wird darauf noch zurückzukommen sein. Zunächst aber gilt es festzustellen, daß die skizzierte Sichtweise Affinitäten aufweist zu Denkweisen, die auch im Kontext einer Theorie der strategischen Unternehmensführung heute diskutiert werden, unter Überschriften wie "Vernetztes Denken" oder "Denken in Konfigurationen".

Vernetztes Denken ist eine Methodik, die in St. Gallen entwickelt worden ist, um bei der Bewältigung von Führungsproblemen in Theorie und Praxis Hilfestellung zu leisten, das heißt: "Anleitung für den Umgang mit Komplexität zu geben"

(Gomez et al. 1993: 278).[54] "Ziel der Modellierung ... ist es, die Wirkungszusammenhänge der durch das St. Galler Management-Konzept bereitgestellten Bestimmungsfaktoren abzubilden. Das Netzwerk fördert das Denken in Kreisläufen und in zeitlichen Abhängigkeiten. Seine Bausteine sind die Variablen der wichtigsten Bestimmungsgrößen der abgebildeten unternehmerischen Situation und die Beziehungen zwischen diesen Variablen" (ebenda: 283; ohne Fn.). Das kann nicht "eine vollständige Feldabdeckung, eine Verknüpfung von allem mit allem" bedeuten; vielmehr geht es um die bewußte Abgrenzung eines "Bereiches der Unternehmensrealität in seinen Wirkungsbeziehungen" (ebenda: 273). Auch hier muß Komplexität reduziert werden.

Die Methodik des vernetzten, ganzheitlichen Denkens bezieht sich sicherlich in erster Linie auf das Denken in der Praxis; aber ein Theoriebezug wird auch hergestellt ("Bewältigung von Führungsproblemen in Theorie und Praxis"). Freilich "vermittelt das Konzept keine inhaltlich fixierten Lösungen" (Gomez et al. 1993: 278); es ist theoretisch und empirisch weitgehend gehaltlos. Der *Konfigurationsansatz*, der von Mintzberg und seinen Schülern (allen voran D. Miller) seit einer Reihe von Jahren propagiert wird, ist demgegenüber wesentlich stärker auf Forschungsarbeiten im engeren Sinne ausgerichtet. Angesichts der Komplexität der Realität ist es, so die These (Miller 1981: 3 ff., Miller & Mintzberg 1983: 60 ff.), nicht zweckmäßig, die (theoretische und empirische) Analyse auf bivariate und unidirektionale Variablenbeziehungen zu konzentrieren (wie dies in der etablierten Forschung üblich ist);[55] statt dessen ist das Gewicht auf eine synthetische Betrachtungsweise zu legen, die Konfigurationen von vernetzten Variablenzusammenhängen identifiziert. Das Vorbild für diese Vorgehensweise ist dem täglichen Leben (einschließlich der Führungspraxis) entnommen: "People deal with a complex world by compartmentalizing it in terms of images or clusters, by putting its many attributes into various envelopes, each of which is a convenient storehouse of related information, with its own label. This is what we mean when we use the words 'model', 'stereotype', 'kind', and 'type'" (Miller & Mintzberg

54. Ausführliche Darstellungen der Methodik des vernetzten Denkens finden sich in Gomez & Probst (1987), Ulrich & Probst (1988) sowie in Probst & Gomez (1989). Eng verbunden mit dieser Methodik ist das sog. "St. Galler Management-Konzept", das die drei Ebenen des "normativen", des "strategischen" und des "operativen" Managements miteinander verbinden soll. Vgl. hierzu vor allem Bleicher (1991); zur Einordnung in die Gesamtdiskussion zum Thema "Managementmodelle" auch Jeschke (1992).

55. Was die unidirektionalen Kausalitätsbeziehungen angeht, so muß nach den Ausführungen in Kap. 2.6 angemerkt werden, daß die in herkömmlichen Untersuchungen verwendeten statistischen Methoden im allgemeinen *gar keine* Aussagen über Kausalitätsverhältnisse zulassen, diese vielmehr im Nachhinein und mehr oder weniger ad hoc in die Daten hineininterpretiert werden. Hierbei überwiegt dann allerdings tatsächlich die Betrachtung eindirektionaler Beziehungen.

1983: 66). Der Begriff der "Konfiguration" soll darüber hinaus zum Ausdruck bringen, daß diese Beobachterkonstruktionen auch eine Entsprechung in der Realität finden (vgl. ebenda). Die im Rahmen der Mintzberg-Schule durchgeführten empirischen Arbeiten (Mintzberg 1979a, Miller 1986 u. a. m.) scheinen diese Hypothese zu unterstützen.

(2) Die Ansätze zu einem vernetzten Denken bzw. zu einem "Denken in Konfigurationen" sind Ansätze, die die Komplexität des Unternehmens und seiner Umwelt(en) zwar einerseits sehen und anerkennen, andererseits aber auch auf Komplexitätsreduktion ausgerichtet ist. Es soll eine *integrierende* Sichtweise entwickelt werden. Im Hinblick auf den St. Galler Ansatz spricht der Buchtitel von Bleicher (1991) - *Das Konzept Integriertes Management* - für sich: Zwar wird gegenüber traditionellen Ansätzen durchaus hervorgehoben, daß es sinnvoll sein kann, wenigstens zeitweise die Komplexität zu erhöhen, "um über neue Strukturen den Anschluß an grundsätzlich veränderte Umweltbedingungen zu finden" (15); andererseits wird aber eben auch die integrierende Kraft der vorgeschlagenen Management-Philosophie herausgearbeitet (ebenda: 60 ff.). Mintzberg (1990a) zeigt, daß die Einheit der Forschungsbemühungen zum Strategischen Management *zunächst* in der Vielfalt liegt, es verschiedene "Schools of Thought" gibt, die in sich mehr oder weniger geschlossene Konzeptionen anbieten und untereinander nicht unbedingt vergleichbar ("kommensurabel", in der in Kap. 4.31 verwendeten Terminologie) sein müssen (siehe oben, Kap. 1.2); *dann* bietet er aber mit seinem Konfigurationsansatz doch eine Möglichkeit an, die Anwendbarkeit der einzelnen Denkschulen bestimmten *Situationen* (im Sinne des Kontingenzansatzes) zuzuordnen (vgl. zu Knyphausen 1993c: 536 ff.). Damit wird auch hier letztlich eine integrierende Perspektive gefunden, die die Komplexität reduziert.

Die Luhmannsche Systemtheorie ist unter dem hier angesprochenen Aspekt nicht eindeutig (vgl. zum folgenden Kirsch 1992: 545 ff., 1993b: 565 ff.). Unter (1) wurde eine Textstelle zitiert, in der für die Theorie proklamiert wird, was sie für die Praxis empfiehlt: Reduktion von Komplexität. Das ist zunächst auf Begriffe bezogen, die zueinander in ein Verhältnis gesetzt werden können. Aber auch in bezug auf ganze Forschungsansätze wird von "Totalisierung" gesprochen, von dem Anspruch also, deren Aussagen in den eigenen Ansatz hineinholen zu können (siehe hierzu Luhmann 1978: 17 ff.). Damit ist notwendig eine Absage an die Akzeptanz von Inkommensurabilität verbunden. Gleichzeitig gibt es allerdings auch die These des "blinden Flecks", den jeder Theorieansatz notwendig haben muß, wenn er überhaupt etwas "sehen" will. Dieses Problem läßt sich nur durch eine "Mehrheit von vernetzten Beobachtern" (Luhmann 1990: 62) umgehen, dadurch also, daß es *mehrere* Ansätze gibt, die verschiedene Perspektiven eröffnen. Statt Komplexitätsreduktion kommt damit doch eher ein Bewußtsein für die Notwendigkeit der Komplexitäts*produktion* auf - was ja auch inhaltlich dem Kenntnisstand der neueren Systemtheorie entspricht (oben, Kap. 4.32).[56]

Eindeutigere Bekenntnisse zur Komplexitätsproduktion auch in der Theorie finden sich in der von Kirsch (1992, 1993a, b) vertretenen "evolutionären Führungslehre", die ganz bewußt die Vielfalt inkommensurabler Forschungstraditionen akzeptiert und davon ausgeht, daß sich Probleme der Führungspraxis theoretisch nur beleuchten lassen, wenn man sich die zur Verfügung stehende Vielfalt dieser Traditionen zunutze macht. Interessanterweise findet diese Sichtweise in der amerikanischen "Mainstream"-Literatur durchaus ihre Parallelen. "Business strategy is a complex subject. It not only spans the functional areas in business - marketing, finance, manufacturing, international business, etc. - but it is genuinely interdisciplinary - involving, as it does, economics, politics, organization theory, and aspects of the law", heißt es zum Beispiel bei Williamson (1991a: 75), und andere prominente Autoren würden ihm hier zustimmen (siehe für Hinweise oben, Kap. 1.3, Fn. 39).

Freilich haben Plädoyers dieser Art meist eher programmatischen Charakter; ihrer Realisierung in der tatsächlichen Forschungsarbeit sind demgegeüber enge Grenzen gesetzt. Zu unterschiedlich scheinen die Annahmen und Methoden zu sein, die etwa die ökonomische Theorie auf der einen Seite und die eher sozialwissenschaftlich orientierten Theorieansätze auf der anderen Seite auszeichnen (vgl. Baecker 1988: 17 ff.). Tatsächlich vorzufinden ist deshalb eine disziplinäre Spezialisierung, die, wie in Kapitel 2 gesehen, nicht gleichgewichtig ist: Das Paradigma der ökonomischen Theorie hat gerade in den letzten Jahren weit mehr Aufmerksamkeit und Anhängerschaft gefunden als alle anderen Theorietraditionen. Zajac (1992) weist in dieser Situation mit Recht darauf hin, daß die Verbindung unterschiedlicher, an sich inkommensurabler Forschungsansätze etwas ist, was in der konkreten Theoriearbeit anhand einzelner Probleme immer wieder neu in Angriff genommen und "mit Leben erfüllt" werden muß: Erst anhand solcher Probleme kann die Fruchtbarkeit der verschiedenen Perspektiven aufgezeigt werden, kann sich zeigen, daß die Komplexität des Forschungsproblems nicht nur ein Problem, sondern vielleicht die Lösung ist, die zu einer besseren Lösung führt. Es können probeweise Übersetzungen durchgeführt und Kongruenzen identifiziert werden - auch wenn beides dann angesichts eines anderen

56. Kirsch (1992: 549, 1993b: 569) fragt danach, ob es für die Unternehmenspraxis immer "gut" sein muß, alle blinden Flecke der Theoriebildung aufzulösen. Die Systemtheorie würde hier wohl mit dem Begriff der Latenz arbeiten, die nichts anderes ist als eine Blindheit, die für das System nicht sichtbar werden darf. Siehe dazu im einzelnen Fuchs (1989).

Problems wieder an Überzeugungskraft verliert und eine Neuaufnahme der Bemühungen notwendig macht.

(3) Die zuletzt angesprochenen Überlegungen verweisen natürlich direkt wieder auf die in Kapitel 4.31 diskutierte Konzeption komplexer Probleme. Nicht nur die Unternehmenspraxis, sondern auch die Theorie, die sich mit dieser Unternehmenspraxis auseinandersetzt, hat es mit komplexen Problemen zu tun, die gehandhabt werden müssen. Wenn man davon ausgeht, daß eine Theorie - oder zumindest eine *selbstreferentiell angelegte Theorie* - an sich selbst praktizieren sollte, was sie empfiehlt, kann man sich auch im vorliegenden Zusammenhang eine Art "Schneeballsystem" vorstellen, demzufolge im Zuge der Theoriearbeit immer neue (Theorie-)Kontexte verfügbar gemacht werden, die Anregungen für die Lösung der Probleme, aber natürlich auch für die Problematisierung von Lösungen geben - indem sie bislang etablierte Problemdefinitionen in Frage oder einfach zusätzliche Problemdefinitionen in den Raum stellen, die die bislang möglicherweise vorhandenen Diskussionsgrundlagen aufweichen, Platz für Neues schaffen. Die vorliegende Arbeit kann durchaus als ein Versuch interpretiert werden, auch für die Theorie der strategischen Unternehmensführung immer neue Diskussionskontexte anzusprechen und dadurch die Diskussion dessen, was eine Theorie der strategischen Unternehmensführung ist oder sein könnte, in Bewegung zu halten. Freilich ist diese (punktuelle) Zusammenführung von Diskussionskontexten geprägt durch den spezifischen Kontext, die spezifische "Brille" des Autoren, der zwar Lernerfahrungen darin gesammelt hat, in verschiedenen (Theorie-)Kontexten zu "leben" (im Sinne von Philipps 1975: 38 f.), damit aber nicht alle mit seiner Sozialisation in das Wissenschaftssystem verbundenen "blinden Flecke" überwunden hat. So gesehen würde es durchaus Sinn machen, auch Forschungsprojekte zu einem multi*personalen* Unterfangen zu machen, in dem "echte" Komplexitätsbejahung durch Selbstorganisation stattfinden kann. In der Schlußbetrachtung (Kap. 5) wird darauf noch einmal kurz zurückzukommen sein.

Wenn die Unternehmenspraxis gleichsam als "Modell" für die Vorgehensweise bei der Theoriebildung genommen wird, kann man natürlich auch umgekehrt die Frage stellen, ob nicht die Theoriebildung auch ein Modell für eine komplexitätsbejahende Vorgehensweise in der Unternehmenspraxis sein kann (vgl. Kirsch 1992: 505). Ausgangspunkt könnte etwa die Überlegung sein, daß die Unternehmenspraxis, deskriptiv betrachtet, häufig eher durch eine Philosophie der Komplexitätsverneinung bzw. -reduktion gekennzeichnet ist, und die Theorie auch in einem normativen Sinne Anleitungen geben sollte, wie die Praxis zu verbessern ist (siehe hierzu noch einmal oben, Kap. 4.1). Die Theorie könnte nun also tatsächlich auf sich selbst verweisen: Seht, so müßt Ihr es machen! So plausibel dies klingen mag, so sehr müssen allerdings auch die Risiken einer solchen Betrachtungsweise gesehen werden. Zunehmende Komplexität schafft auch mehr Unsicherheit. Die Wissenschaft hat sich unter den Bedingungen der Moderne inzwischen daran gewöhnt, daß in der Theorie nichts sicher, alles der potentiellen Revision ausgesetzt ist (vgl. hierzu und zum folgenden Giddens 1990: 36 ff.). Mit dem Eindringen der Wissenschaft in die Praxis hat dieses Bewußtsein auch in der Praxis selbst seinen Niederschlag gefunden (vgl. oben, Kap. 1.1, im Anschluß an Beck 1986). Ob die Fähigkeit zum "Aushalten" der damit verbundenen Unsicherheiten allerdings das gleiche Niveau besitzt, wie dies in der Wissenschaft der Fall sein mag, kann bezweifelt werden: In den Selbstbeschreibungen der Praxis spielt das Problem der Handlungsfähigkeit - die Angst vor einer "Paralyse durch Analyse" - möglicherweise doch noch eine andere Rolle, die Spielräume der Reflexion sind vielleicht doch geringer als in der Wissenschaft. Dies kann sich freilich auch ändern: Unterschiede zwischen gängigen Vorgehensweisen in Theorie und Praxis haben immer auch eine historische Komponente (vgl. wieder Kirsch 1992: 305). Die Frage des "Modellcharakters" der Theoriebildung für die Unternehmenspraxis ist deshalb etwas, was man im Auge behalten muß - in der Praxis, aber auch in der Theorie.

4.4. Ansätze zu einem Bezugsrahmen: Der "Wegweiser" von W. Kirsch

Die Ausführungen der vorstehenden Kapitel 4.1 bis 4.3 sollten ein erstes Mal Perspektiven aufzeigen, die sich für die Theorie der strategischen Unternehmensführung ergeben, wenn man Anregungen aus der sozialwissenschaftlichen, insbesondere systemtheoretisch inspirierten Grundlagendiskussion, die gegenwärtig in verschiedenen Disziplinen geführt wird, aufnimmt. Im Mittelpunkt der Überlegungen standen dabei Probleme, die auch in der amerikanisch dominierten "Mainstream"-Diskussion - die die internationalen Forschungsbemühungen um eine Theorie der strategischen Unternehmensführung so weitgehend beherrscht - implizit oder explizit eine konstitutive Rolle spielen. Der Blick auf diese Probleme sollte die *Anschlußfähigkeit* der angestellten Überlegungen aufzeigen. Zugleich sollte aber eben auch klargemacht werden, daß sich unter einer Reihe von Punkten *andere* Einsichten und Hypothesen ergeben, als man sie aus der "Mainstream"-Diskussion derzeit kennt. Immer wieder in den Vordergrund geschoben hat sich vor allem die Theorie/Praxis-Problematik, die man angemessen nur diskutieren kann, wenn man die Theorie der strategischen Unternehmensführung *selbstreferentiell* konstruiert, es also zum Gegenstand der Theoriebildung macht, wie die Theorie in der Praxis aufgenommen wird und welche Konsequenzen daraus dann wieder für die Theoriebildung zu ziehen sind. Wie mehrfach angedeutet, kann man etwas allgemeiner statt von einer Theorie/Praxis-Problematik auch von einer *Beobachterproblematik* sprechen, die die Theorie durchzieht und fruchtbare Perspektiven für die Analyse der Praxis der strategischen Unternehmensführung bietet.

Einen Schritt weitergehend soll im folgenden nun ein Bezugsrahmen entwickelt werden, der die bisher diskutierten Gesichtspunkte in sich aufnimmt, darüber hinaus aber natürlich auch zusätzliche Elemente beschreibt und zueinander in Beziehung setzt. Ziel ist es, auf diese Weise ein Sprachspiel zu erhalten,[57] mit dessen Hilfe "interessante" Probleme für eine Theorie der strategischen Unternehmensführung identifiziert werden können, die sich auch als Grundlage für nachfolgende empirische Untersuchungen eignen könnten (siehe dazu noch unten, Kap. 4.6). Die Einbindung in einen Bezugsrahmen schafft hierfür eine ordnende Perspektive, eine Einheit. Wie im Verlauf dieser Arbeit mehrfach betont wurde und wie gerade auch der Verlauf der Argumentation in den vorangegangenen Kapiteln 4.1 bis 4.3 klarmachen sollte, kann diese Einheit aber nicht das Ende der Vielheit unterschiedlicher Beobachterperspektiven bedeuten. Das Anliegen besteht vielmehr darin, die Vielheit dieser Perspektiven explizit herauszustellen und *genau darin* einen wesentlichen Generator für untersuchungswürdige Probleme zu erkennen. Die Hoffnung ist, daß sich auf diese Weise ein weiteres Mal zeigen läßt, wie fruchtbar ein wesentlich durch die neuere Systemtheorie inspirierter Theorieansatz sein kann, es also Lernpotentiale gibt, deren Nutzung auch aus dem Blickwinkel der amerikanisch dominierten "Mainstream"-Diskussion Sinn machen könnte.

Als "Wegweiser" für dieses Unterfangen bietet sich eine Konzeption an, die unter Federführung von Werner Kirsch am Institut für Organisation der Universi-

---

57. Die Begriffe "Bezugsrahmen" und "Sprachspiel" werden hier etwas undifferenziert verwendet, weil auch die nachfolgenden Ausführungen die damit verbundenen Unterschiede nicht konsequent durchhalten können. Kirsch (1993b: 572 ff.) verwendet den Begriff des *Sprachspiels* - genauer: des *generativen* Sprachspiels - als den allgemeinsten Begriff zur Kennzeichnung von Eigenarten eines selbstreferentiellen, in manchem sogar paradoxen Theoriekonzeptes (vgl. hierzu und zum folgenden auch K. Ulrich 1993: 123 ff.). Festlegungen werden hier noch weitgehend vermieden; worum es geht, ist tatsächlich erst einmal, eine "Sprache" zu finden, in der über den interessierenden Phänomenbereich kommuniziert werden kann. Dabei werden häufig auch Metaphern verwendet, die theoretische "Visionen" zum Ausdruck bringen, im einzelnen aber erst der Ausdeutung bedürfen. Ein *Bezugsrahmen* enthält demgegenüber schon explizitere Festlegungen, verbunden mit einem Konsistenzanspruch, der sich nur durchhalten läßt, wenn man sich auf *Ausschnitte* aus der durch das generative Sprachspiel angebotenen Weltbeschreibung beschränkt. Der Begriff des Bezugsrahmen ist also *enger* als der des Sprachspiels. (Auf den noch engeren Begriff des *Modells* wird in Kap. 4.6 noch kurz zurückzukommen sein.)

tät München in den letzten Jahren entwickelt worden ist.[58] Der mit dieser Konzeption verbundene Bezugsrahmen für eine Theorie der strategischen Unternehmensführung nimmt für sich in Anspruch, eine erheblich größere Reichweite zu besitzen, komplexer zu sein als die amerikanischen Forschungsprojekten zugrundeliegenden Bezugsrahmen.[59] Die folgenden Ausführungen sollen zunächst eine Einführung geben; sie müssen daher einige Komplexität reduzieren (erst in Kap. 4.5, das Einwände, Modifikationen und Ergänzungen zu diesem Bezugsrahmen diskutiert, gibt es wieder Spielräume zur Komplexitätsproduktion). Sie beginnen mit einem Überblick (Kap. 4.41) und diskutieren dann die beiden Komponenten der strategischen Unternehmensführung - das "Strategische" und die "Unternehmensführung". Genauer gesagt geht es zum einen darum, zwischen "Strategien", "strategischen Manövern" und "dem Strategischen" zu differenzieren und damit verbundene Konsequenzen aufzuzeigen (Kap. 4.42), und zum anderen um eine Behandlung der Frage, ob es überhaupt so etwas wie eine "strategische Unternehmensführung" gibt und wie diese aus dem laufenden Prozeß emergiert (Kap. 4.43). Kapitel 4.44 beschäftigt sich schließlich mit Aspekten einer "politischen Ökonomie des Policy Making" - mit dem, was man "polyzentrische Systeme" nennen kann.

4.41 Überblick

Abbildung 24 gibt einen Überblick über den von Kirsch und Mitarbeitern vorgeschlagenen Bezugsrahmen. Die Erläuterungen sollen zunächst sechs Punkte hervorheben (vgl. zum folgenden vor allem Kirsch & Obring 1993: 203 ff.).

(1) Im Zentrum aller Beobachtungen stehen zunächst das organisatorische Feld (F), die strategischen Manöver (M) der betrachteten Einheit (das Unternehmen,

58. Die zunächst in Form von Arbeitspapieren entstandene Konzeption liegt jetzt in zusammengefaßter Form in Kirsch (1993) vor. Vgl. für kurze, auf den Arbeitspapieren aufbauende Darstellungen aber auch Habel (1992: 267 ff.), Obring (1992: 76 ff.) und Näther (1993: 154 ff.).
59. Die amerikanische Forschung stützt sich nur selten auf explizit ausgearbeitete Bezugsrahmen mit hoher Reichweite. Implizit liegt ihr häufig das von Porter (1980) vorgeschlagene "Five Forces"-Modell zugrunde (siehe oben, Kap. 2.1), das jedoch durch die darauf bezugnehmenden Forschungsarbeiten keine Fortentwicklung erfährt. Die in Lehrbüchern à la Hax & Majluf (1984) oder Hill & Jones (1989) zur Strukturierung der Ausführungen (explizit) vorgestellten Bezugsrahmen haben für die theoretische und empirische Forschung keinerlei Relevanz.

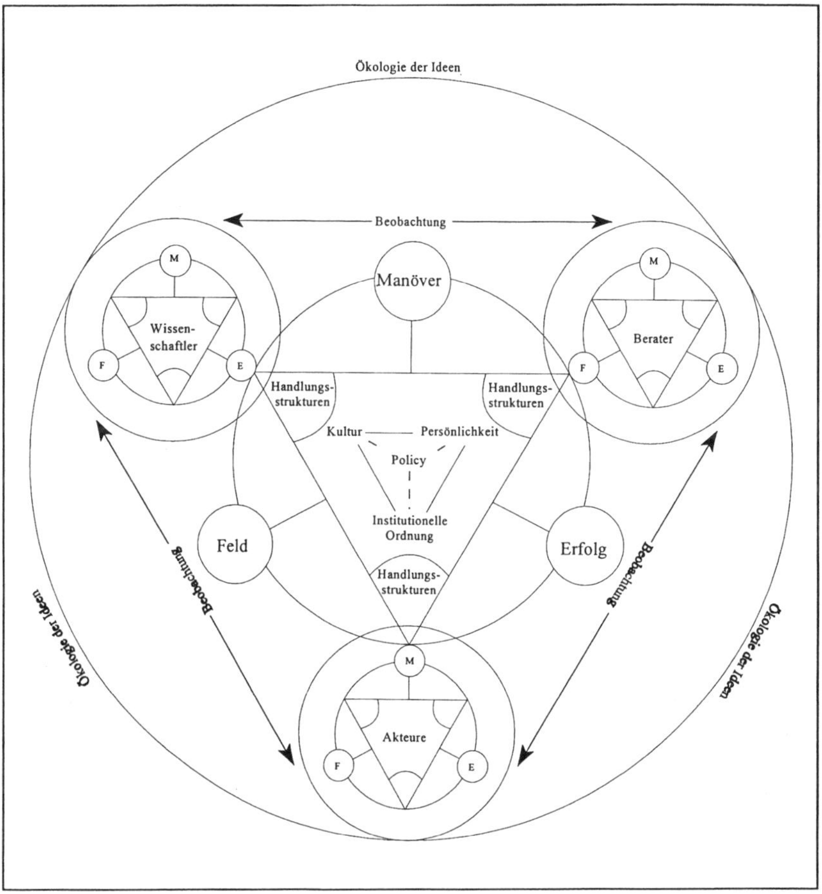

Abb. 24: Bezugsrahmen zur Analyse von Fragen einer Theorie der strategischen Unternehmensführung (aus: Kirsch 1993a: 184)

aber auch Teile des Unternehmens oder Unternehmensverbindungen)[60] und der Erfolg (E). Die Betrachtung dieser drei Komponenten weist durchaus Anklänge an das Structure-Conduct-Performance-Paradigma der Industrial Organization-Forschung auf (siehe oben, Kap. 2.11). Allerdings wird auf eine A priori-Festle-

60. Im folgenden wird vereinfachend häufiger von "Organisation" die Rede sein; die prinzipielle Verallgemeinerungsfähigkeit der Aussagen auf die Ebene organisatorischer Teileinheiten oder Unternehmensverbindungen sollte dabei aber immer im Auge behalten werden.

gung von in eine bestimmte Richtung gehenden Kausalhypothesen verzichtet (dies ist durch die kreisförmige Anordnung der Komponenten symbolisiert). Darüber hinaus sind die Komponenten allgemeiner definiert; sie werden gleichsam als "Platzhalter" verstanden, die aus der Perspektive unterschiedlicher Beobachter auch unterschiedlich ausgefüllt werden können. Ein Vertreter des IO-Ansatzes würde unter "Feld" also allgemeine Rahmenbedingungen wirtschaftlichen Handelns (Preiselastizitäten, Technologieausstattung etc.) und insbesondere die Branchencharakteristika (Markteintrittsbarrieren, Grad der vertikalen Integration etc.), unter "Manöver" die marktbezogenen Handlungsstrategien der Unternehmen (Preispolitik, "Kollusion" etc.) und unter "Erfolg" ökonomische Kennzahlen wie gesamtwirtschaftlicher Output und Beschäftigung, aber auch die Unternehmensrenditen subsumieren. Aus der Perspektive eines anderen Theorieansatzes (z. B. der institutionalistischen Organisationstheorie; vgl. oben, Kap. 2.43) könnte man mit "Feld" aber auch die Handlungsnormen einer Gesellschaft oder einzelner ihrer Segmente, mit "Manöver" die Gestaltung der Organisationsstrukturen und mit "Erfolg" allgemeinere Aspekte der Funktionserfüllung in der Gesellschaft (etwa: Beiträge zur Bedürfnisbefriedigung) verbinden. Das FME-Schema soll für diese und andere Interpretationen eine weitgehende Offenheit bewahren.

(2) Das Zusammenwirken der Komponenten "Feld", "Manöver" und "Erfolg" wird "gebrochen" durch die Handlungsstrukturen der jeweils betrachteten organisatorischen Einheit: Es hängt von diesen Handlungsstrukturen ab, wie sich Feldbedingungen auswirken, welche Art von strategischen Manövern durchgeführt werden und welcher Erfolg daraus resultiert. In Abbildung 24 wird dies durch das Dreieck in der Mitte symbolisiert. Im einzelnen können die Handlungsstrukturen - je nach zugrundegelegter Beobachter- bzw. Theorieperspektive - wiederum sehr unterschiedlich charakterisiert werden. Erstens kann man fragen, ob es Ansätze für *Führungs*strukturen gibt, die die sozialen Interaktionszusammenhänge in asymmetrischer Weise prägen (vgl. oben, Kap. 4.14). Zweitens kann man auf Entscheidungsprozesse Bezug nehmen und dabei die gesamte Mikropolitik der individuellen Verhaltensweisen (Machtausübung, Konfliktbereitschaft, Konsensorientierung usw.) ins Visier nehmen. Dabei ist freilich zu beachten, daß Entscheidungsprozesse nicht alles sind, es also außerhalb von Entscheidungsepisoden noch einen "Basisprozeß" gibt, in dem die für das System relevanten Handlungsregeln reproduziert und fortentwickelt werden (vgl. Kirsch 1993a: 152 ff.). Ferner ist auch an "Managementsysteme" zu denken, die Beobachtungen in der betrachteten organisatorischen Einheit kanalisieren und als eine Art "Handlungsgenerator" (im Sinne von Starbuck 1983) wirken können. Drittens schließlich sind auch "Organizational Capabilities" von Interesse, beschreiben diese doch grundlegende Bedingungen für den Aufbau und die Aufrechterhal-

tung von Wettbewerbsvorteilen (siehe oben, Kap. 2.2). Je nach dem, welche Ausprägungen all die hier genannten Aspekte annehmen, werden sich auch die Beschreibungsweisen des FME-Schemas signifikant verändern.

(3) Die drei Komponenten des FME-Schemas ebenso wie die gerade genannten Aspekte organisatorischer Handlungsstrukturen bezeichnen Variable und Gesichtspunkte, die sich aus der *Außenperspektive* eines Beobachters beschreiben lassen. Man muß auf die Handlungsorientierungen der Systemmitglieder nicht weiter Bezug nehmen; man muß nur sehen, was man sieht - an der Oberfläche, sozusagen. Eine Grundannahme des hier vorgestellten Bezugsrahmens besteht aber darin, daß auch aus der *Binnenperspektive der Teilnehmer* sich wichtige Beobachtungen ergeben, die auch theoretisch verfügbar gemacht werden sollten. Es geht, anders ausgedrückt, nicht nur um ein (Beschreiben und) *Erklären* von sozialen Handlungszusammenhängen, sondern auch um ein *Verstehen* derselben. Im Anschluß an Habermas (1981b) läßt sich der Rekurs auf die Teilnehmerperspektive als Inbegriff einer *Lebenswelt*betrachtung von Organisationen begreifen, im Gegensatz zu der *System*betrachtung, die an der Außenperspektive der Beobachtung ansetzt.[61] Beide Perspektiven sind notwendig, um das Ganze einer organisatorischen Einheit zu erfassen; beide Perspektiven verhalten sich *komplementär* zueinander (vgl. zu Knyphausen 1988: 112 ff., Kirsch et al. 1993a).

In Abbildung 24 wird die binnenperspektivische Betrachtung zunächst durch die Nennung der drei "strukturellen Komponenten der Lebenswelt" (Habermas 1981b: 209) zum Ausdruck gebracht - durch "Kultur", "institutionelle Ordnung" und "Persönlichkeit". Habermas bezeichnet mit *Kultur* "den Wissensvorrat, aus dem sich die Kommunikationsteilnehmer, indem sie sich über etwas in der Welt verständigen, mit Interpretationen versorgen." *Institutionelle Ordnungen* sind für ihn der Inbegriff dessen, worüber "die Kommunikationsteilnehmer ihre Zugehörigkeit zu sozialen Gruppen regeln und damit Solidarität sichern." *Persönlichkeit* schließlich bezeichnet "die Kompetenzen, die ein Subjekt sprach- und handlungsfähig machen, also instandsetzen, an Verständigungsprozessen teilzunehmen und dabei die eigene Identität zu behaupten" (alle Zitate ebenda). Habermas entwickelt diese Unterscheidungen in bezug auf die Gesellschaft; sie lassen sich aber im Prinzip auch auf Organisationen übertragen. Allerdings sind hier noch einige zusätzliche Differenzierungen notwendig (vgl. Kirsch 1992: 59 ff., Kirsch et al. 1993a).

61. Der Systembegriff wird hier nicht in der selben Weise verwendet wie in der neueren Systemtheorie, die durchaus auch Aspekte einer binnenperspektivischen Beobachtung mitumfaßt (vgl. hierzu Berger 1987: 132 und 138 ff.).

So läßt sich unterscheiden zwischen einer "originären" und einer "derivativen" Lebenswelt. Die *originäre* Lebenswelt entspricht weitgehend dem, was auch Habermas als "Lebenswelt" bezeichnet; ihre Einbeziehung auch in die Organisationstheorie macht klar, daß die relevanten Akteure innerhalb und außerhalb der Organisation natürlich auch in eine solche Lebenswelt eingebunden sind und von dort Einflüsse auf die Organisation zukommen (vgl. oben, Kap. 4.23). Die *derivative* Lebenswelt ist demgegenüber der Inbegriff von Lebens- und Sprachformen, die sich mit der Ausdifferenzierung von Organisationen als einem spezifischen Typ sozialer Systeme herausgebildet haben und *Praktiken* umfassen, die sich in so gut wie allen Organisationen auffinden lassen, in signifikant ähnlicher Form aber natürlich auftreten in spezifischen Organisationsgruppierungen, also zum Beispiel in einer Branche oder Teilsegmenten davon ("strategische Gruppen" im Sinne von Porter [1980] u. a.). Die *organisatorische* Lebenswelt schließlich ist die Lebenswelt der einzelnen Organisation. Auch sie ist ein Amalgam aus inkommensurablen Lebens- und Sprachformen mit daraus resultierenden Komplexitäten; nur kann es gleichzeitig natürlich auch Elemente "geteilter" oder "gemeinsamer" Lebens- und Sprachformen geben, an denen sich dann auch so etwas wie die "Identität" der Organisation festmachen läßt (vgl. oben, Kap. 4.22).

Die hier genannten Differenzierungen sind in Abbildung 24 nur unzureichend erfaßt. Sie müssen aber im Auge behalten werden, wenn man die Reichhaltigkeit des vorgeschlagenen Bezugsrahmens nutzen will. In den weiteren Ausführungen wird darauf denn auch noch mehrfach zurückzukommen sein.

(4) Im Zentrum einer lebensweltlichen Betrachtung von Organisationen stehen die *Policies* oder *Strategien* (im weiteren Sinne). Dazu gehören alle Arten von Einzelhandlungen übergreifenden Grundsätzen, Zielen und Wegbeschreibungen, wie die Ziele zu erreichen sind (Strategien im engeren Sinne). Policies bringen *Handlungsorientierungen* zum Ausdruck. Es handelt sich also um kognitive Konstrukte, deren Inhalte und deren Bedeutung sich nur aus der Binnenperspektive eines Teilnehmers der organisatorischen Lebenswelt erschließen. Da die organisatorische Lebenswelt, wie gesehen, als Inbegriff verschiedener, mehr oder weniger inkommensurabler Lebens- und Sprachformen gesehen werden muß, muß die etwaige Rekonstruktion dieser Handlungsorientierungen freilich keineswegs eindeutig sein. Es ist deshalb häufig tatsächlich angebracht, von Policies bzw. Strategien im Plural zu reden. Nur unter besonderen Bedingungen wird man davon ausgehen können, daß Unternehmen "eine" Policy bzw. Strategie verfolgen.

Die Herausstellung dieser Handlungsorientierungen läßt unter anderem die Frage entstehen, ob und inwieweit die (aus einer Außenperspektive) beobachtbaren strategischen Manöver (z. B. der Kauf eines Unternehmens) tatsächlich Ausfluß von ex ante vorhandenen Strategien sind (darauf wird in Kap. 4.42 noch zurückzukommen sein). Wenn man umgekehrt von dem Vorhandensein solcher Strategien ausgeht, läßt sich (wie in Abb. 24 angedeutet) fragen, inwieweit diese Strategien in den strukturellen Komponenten der Lebenswelt verankert sind, inwieweit sie also in den Werten, Deutungsschemata und geteilten Wissenselementen verankert sind, die die Kultur der Organisation ausmachen, inwieweit sie als Bestandteil der institutionellen Ordnung bzw. als legitim angesehen werden und inwieweit sie sich schließlich auf die Motivationen und individuellen Fertigkeiten der "Persönlichkeit" niederschlagen. Idealtypisch lassen sich hier drei Fälle unterscheiden. Von einer *Adsorption* (Anlagerung) kann gesprochen werden, wenn die Strategie(n) bloße Artefakte sind, die in den etablierten Lebens- und Sprachformen keinerlei Entsprechung finden.[62] Um eine *Absorption* (Verschlingung) handelt es sich, wenn die Strategie(n) in eine oder mehrere etablierte Lebens- und Sprachformen eingegangen ist (sind), es darüber hinaus aber eben auch noch andere Lebens- und Sprachformen gibt, die für den "Ongoing Process" der Organisation Bedeutung besitzen und für die die Strategie(n) nach wie vor Artefaktcharakter hat (haben).[63] Eine *Resorption* (Verschmelzung) liegt schließlich vor, wenn die Lebens- und Sprachform(en), mit der die Strategie(n) verbunden ist (sind), in der Organisation *dominiert* (*dominieren*).

(5) Nachdem schon soviel von "Beobachtung" die Rede war, bietet es sich an, diesen Gesichtspunkt auch explizit in den Bezugsrahmen aufzunehmen und Anhaltspunkte zu geben, *wer* beobachtet. In einem ersten Zugriff kann hier zwischen Wissenschaftlern, Beratern und "Akteuren" unterschieden werden. Daß im Kontext der Strategischen Unternehmensführung *Berater* eine große Rolle spielen, wurde schon mehrfach hervorgehoben (vgl. insb. Kap. 1.2, oben). Die Herausstellung der *Wissenschaftler* hat ebenfalls etwas mit der offenkundigen Bedeutung zu tun, die diese im hier interessierenden Gesamtkontext besitzen; darüber hinaus spiegelt sich hierin aber natürlich auch der selbstreferentielle Charakter der Theoriebildung: Es geht um die Erarbeitung eines Bezugsrahmens zur Theorie der strategischen Unternehmensführung, um eine Aktivität also, bei der Wissenschaftler eine zentrale Rolle spielen; genau diese Wissenschaftler tauchen nun aber auch im Bezugsrahmen selber auf, und das läßt nicht zuletzt auch

---

62. Das muß nicht nachteilig sein: Von adsorbierten Strategien kann ein "Verfremdungseffekt" ausgehen, der verkrustete Strukturen aufbricht (vgl. Kolb 1988: 88 ff.). Die im Text genannten Steigerungsformen einer lebensweltlichen Verankerung von Strategien implizieren keinerlei A priori-Bewertung.
63. Ein Beispiel für die hier genannte Konstellation wird in der Literatur unter dem Titel der "strategischen Steuerung" diskutiert: Wie kann es gelingen, die Ideen der "strategischen Spitze" (Mintzberg 1979a) in die Kategorien des operativen Managements so zu übersetzen, daß dann auch "operative Wirksamkeit" von diesen Ideen ausgeht? (siehe hierzu etwa Trux et al. 1984b).

die Möglichkeit entstehen, den Einfluß der Wissenschaft auf Aktivitäten der strategischen Unternehmensführung in und von Unternehmen als empirische Frage zu behandeln. Es bleibt mithin nicht bei einer bloßen Programmatik, wie sie in Kapitel 1.1 (oben) skizziert wurde; die Theoriebildung wird vielmehr in einer Weise vorangetrieben, wie es auch für die amerikanische "Mainstream"-Diskussion typisch wäre - nur daß jetzt eben auch neue Gesichtspunkte hinzukommen, die in diesem "Mainstream" bislang *nicht* (ausreichend) thematisiert werden.

Neben den Beratern und den Wissenschaftlern sind auch "Akteure" in den Bezugsrahmen eingezeichnet. In einem gewissen Sinne handelt es sich dabei um eine Restkategorie - angesprochen sind zum Beispiel die Politik, Gewerkschaften, Banken, die Öffentlichkeit, all jene also, die auch als Beobachter von Organisationen auftreten und daraus möglicherweise Konsequenzen ziehen. Die Zusammenfassung zu *einem* Akteur-Kreis läßt freilich keine Rückschlüsse auf eine möglicherweise geringere Relevanz zu. Vor allem für die *internen* Akteure wird man vermuten können, daß sie als Beobachter auftreten und aus den Beobachtungen ebenfalls Konsequenzen ziehen. Auch in der Organisation gibt es, mit anderen Worten, Versuche, organisatorische Einheiten im Feld zu positionieren, Manöver zu rekonstruieren und Erfolge abzulesen, ebenso wie natürlich auch Policies bzw. Strategien geplant werden, um den Manövern "eine Richtung zu geben" (Kirsch). All dies kann wildwüchsig geschehen, aber auch eine systematische Komponente haben. Managementsysteme etwa können, um den unter (3) gegebenen Hinweis noch einmal aufzunehmen, dazu anleiten, in Reflexionsprozesse einzutreten und dabei auch so etwas wie eine "Außenperspektive" einzunehmen. In dem Maße aber, in dem dies selbstverständlich, das heißt zu einem festen Bestandteil der etablierten Lebens- und Sprachformen wird, kann, paradoxerweise, die Außenperspektive einen engen Bezug zur Binnenperspektive eines Teilnehmers besitzen: Beides verweist auf-, ist komplementär zueinander.

Die genannten Aspekte bedürfen einer differenzierteren Behandlung, als sie hier möglich ist. Im Anschluß an Überlegungen in Kapitel 4.1 (oben) wird man zum Beispiel auf die *Einstellungen* verweisen wollen, die für die Art der Beobachtung eine Rolle spielen. Für den Moment muß der zusammenfassende Hinweis genügen, daß alle Beobachter bzw. Akteure ihrerseits nach dem komplexen Schema analysiert werden können, das in den Punkten (1) bis (4) im Hinblick auf eine "fokale" organisatorische Einheit entwickelt worden ist. Die stilisierte Wiederholung der Formen und Kategorien aus dem inneren Kreis in den die Beobachter bzw. Akteure repräsentierenden Kreisen der Abbildung 24 soll dies andeuten.

(6) Bleibt noch zu bemerken, daß die Beobachter bzw. Akteure nicht nur das fokale System, sondern sich auch *gegenseitig* beobachten. Im Zusammenspiel dieser wechselseitigen Beobachtungen entsteht die schon häufiger erwähnte "Ökologie der Ideen", auf die das System zurückgreifen kann. Ob es dies tut, hängt von Bedingungen ab, die wiederum zum Gegenstand der Theoriebildung gemacht werden müssen (vgl. dazu oben, Kap. 4.14). Die Möglichkeit, daß Beobachtungen im fokalen System "operativ wirksam" werden, ist in Abbildung 24 durch die partielle Überlappung des mittleren durch die die Beobachter bzw. Akteure repräsentierenden Kreise kenntlich gemacht.

4.42 Strategien, Strategische Manöver und der Begriff des Strategischen

Die bisherigen Ausführungen konnten nur einen groben Überblick über den vorgeschlagenen Bezugsrahmen geben; sie waren im wesentlichen darauf ausgerichtet, die in Abbildung 24 genannten Begriffe und Verbindungslinien zu erläutern. Im folgenden muß es nun darum gehen, einzelne Gesichtspunkte weiter auszubauen und auf diese Weise die Fruchtbarkeit des Bezugsrahmens vor Augen zu führen. Dabei bietet es sich an, die Kategorie des "Strategischen" zum Ausgangspunkt der Überlegungen zu machen. In der vorliegenden Arbeit, die sich mit der Theorie der *strategischen* Unternehmensführung auseinandersetzt, ist diese Kategorie (von knappen Hinweisen zum Ende von Kap. 2.13 abgesehen) noch nicht explizit thematisiert worden; es wurde davon ausgegangen, daß die Vielfalt der Forschungsbemühungen sich ohne einschränkende Vorab-Definitionen von Begriffen besser erfassen läßt. Nun ist es aber an der Zeit, das Versäumte nachzuholen. Die Ausführungen beginnen mit Hinweisen zum Gebrauch des Adjektivs "strategisch" (1) und gehen dann ausführlicher auf das Konstrukt der "Strategie" ein, als dies in Kapitel 4.41 (4) der Fall sein konnte (2). Unter der Überschrift "Genese von Strategien" wird schließlich erörtert, welche theoretischen Optionen sich aus den Begriffsentscheidungen ergeben (3).[64]

(1) In der gängigen Literatur wird der Begriff "strategisch" meist im Sinne von "auf Strategien gerichtet" bzw. "auf die Entwicklung und Umsetzung von Strategien gerichtet" verwendet. Aussagen einer Theorie der strategischen Unternehmensführung haben damit gleichsam automatisch etwas mit dem Vorhandensein von Strategien zu tun, deren Auswirkungen sich dann empirisch messen lassen. Buzzell und Gale (1989: 25) zum Beispiel übersetzen das "Conduct" der orthodoxen IO-Forschung einfach als "Strategie & Taktiken" und bauen darauf ihre

---

64. Der folgende Text ist wieder eng angelehnt an Kirsch (1993a) bzw. Kirsch & Obring (1993). Siehe darüber hinaus auch Kirsch et al. (1993b).

empirischen Studien zur Erklärung des Unternehmenserfolges auf. Aber ist es nicht denkbar, daß sich *strategische Manöver* - der Kauf eines Unternehmens, der Aufbau einer ausländischen Tochtergesellschaft, die interne Reorganisation - beobachten lassen, die *nicht* auf solche Strategien zurückführbar sind und sich bestenfalls *im Nachhinein* einem einigermaßen stimmigen Muster der Unternehmensentwicklung zuordnen lassen? Die Fallstudien von H. Mintzberg und Mitarbeitern (zusammenfassend: Mintzberg & Waters 1985) sprechen dafür, diese Frage mit "Ja" zu beantworten. Es ist deshalb notwendig, den begrifflichen Rahmen so einzurichten, daß man von "strategischen" Problemstellungen sprechen kann, ohne daß damit bereits das Vorhandensein von Strategien impliziert wird.

Der alternative Zugang läuft darauf hinaus, den Begriff des Strategischen durch "die Erfolgspotentiale (signifikant) betreffend" zu definieren. Damit sind zwei Gesichtspunkte verbunden. "Einerseits beinhaltet die offene Begriffsfassung 'betreffend' keinerlei A-priori-Festlegungen, ob eine resultierende Veränderung der Handlungsmöglichkeiten bzw. Erfolgspotentiale tatsächlich intendiert war (i. S. v. Strategie) oder gleichsam zufälliges Nebenprodukt operativer Tätigkeiten ist. Auf der anderen Seite verweist diese Formel auf ein Kriterium der Signifikanz. Es ist unschwer vorstellbar, daß wohl jegliches Handeln in und von Unternehmen in letzter Konsequenz irgendwelche Auswirkungen auf igendwelche Erfolgspotentiale zeitigt. All diesen jedoch strategischen Charakter attribuieren zu wollen, wäre zweifelsohne verfehlt. ... [A]ls 'strategisch' [soll also nur etwas] bezeichne[t werde]n, wenn die Erfolgspotentiale *signifikant* betroffen sind. Der darin eingeräumte Unschärfebereich ist hierbei gleichermaßen gewollt wie notwendig" (Kirsch et al. 1993b: 298 f.; ohne Fn.).

Natürlich ist der Schlüsselbegriff des hier vorliegenden Definitionsvorschlages der des *Erfolgspotentials*. Dieser Begriff ist seinerseits nicht leicht zu umgrenzen. Gälweiler (1987: Kap. 1) betrachtet Erfolgspotentiale als Steuerungsgrößen, die den finanzwirtschaftlichen Maßstäben der operativen Führung - Erfolg und Liquidität - vorgelagert sind. Als Orientierungsgrundlagen gelten ihm Kategorien wie "Marktposition" oder "Position auf der Erfahrungskurve". Damit wird angeknüpft an etablierte Konzeptionen, die "Chancen" dort sehen, wo es dem Unternehmen gelingt, einen "Fit" zwischen System und Umwelt herzustellen (vgl. oben, Kap. 4.21). Daraus könnte man ableiten, daß empirische Forschungsbeiträge, die als abhängige Variable rechnungswesenorientierte Performancemaßstäbe (ROI, ROA usw.) einsetzen, letztlich einen Kategorienfehler begehen.[65]

65. Für *kapitalmarktorientierte* Erfolgsmaßstäbe, die in der neueren Forschung vielfach verwendet werden (vgl. oben, Kap. 2.61), gilt diese Kritik nicht in gleichem Maße, weil - bei vollkommenem Kapitalmarkt - in den Kurswerten der Aktien

Bei genauerem Hinsehen zeigt sich allerdings, daß diese Kritik zu vorschnell ist. Die Erkennung und Herstellung eines "Fit" zwischen System und Umwelt erfordert nämlich, darauf weist die neuere Theoriediskussion hin (vgl. oben, Kap. 2.2), bestimmte *Fähigkeiten* oder gar *Meta-Fähigkeiten* des Unternehmens, also zum Beispiel Handlungsfähigkeit, Lernfähigkeit und Responsiveness (vgl. Kirsch 1990). Solche Fähigkeiten können aber ihrerseits das Ergebnis finanzwirtschaftlicher Erfolge in der Vergangenheit sein: Wer genug Geld in der "Kriegskasse" hat, ist auch "handlungsfähig". Finanzwirtschaftliche Steuerungsgrößen und "strategische" Vorsteuergrößen sind also zirkulär miteinander verbunden, und deshalb muß der angedeutete empirische Forschungsansatz keineswegs "falsch" sein.[66] Näther (1993: 108 f.) weist allerdings darauf hin, daß es letztlich doch notwendig ist, den *gesamten* (zirkulären) Zusammenhang zu betrachten, der in sich "stimmig" sein muß: Das Herausgreifen einzelner Glieder aus der Kausalkette könnte zu einer falschen Einschätzung der Erfolgspotentiale eines Unternehmens führen.

Der Hinweis auf das Erfordernis der "Stimmigkeit" führt natürlich wieder zurück auf das "Fit"-Konzept. In Kapitel 4.21 wurde gezeigt, daß dieses Konzept in der Literatur häufig so verwendet wird, als läge ein "objektiver", aus der Außenperspektive eines Beobachters ablesbarer Erfolgsmaßstab vor. Das aber ist eine einseitige Betrachtungsweise; aus der Binnenperspektive der Teilnehmer eines Systems kann "Stimmigkeit" oder "Erfolg" durchaus etwas anderes heißen als "Gewinn" (oder welchen finanzwirtschaftlichen Erfolgsmaßstab man auch immer heranziehen will). Auch im vorliegenden Zusammenhang muß also zwischen einer binnen- und einer außenperspektivischen Beobachtungsweise unterschieden werden. Erst danach kann man dann zum Beispiel fragen, ob die in der Theorie verwendeten Erfolgsmaßstäbe auch in die Praxis eingedrungen sind und welche Konsequenzen damit für die theoretische und empirische Forschung verbunden sind - eine Fragestellung, wie sie ja für ein selbstreferentielles Theoriekonzept typisch wäre. Auch und gerade im Zusammenhang einer Diskussion des Konzepts des "Erfolgspotentials" - oder allgemeiner formuliert: der Definition des "Strategischen" - macht sich die Logik dieses Theoriekonzeptes bemerkbar.

(2) Die vorgeschlagene Fassung des Begriffs des Strategischen ermöglicht es, wie gesagt, den Begriff der *Strategie* (als Substantiv) in einer spezifischeren Weise zu

---

sämtliche Informationen über zukünftige Ertragschancen enthalten sind. Gerade deshalb ist allerdings bemerkenswert, daß in der finanzwirtschaftlichen Diskussion die Bedeutung von *Optionen* für zukünftiges Handeln neuerdings gesondert hervorgehoben und gefordert wird, auch die empirischen Untersuchungen hierauf auszurichten. Vgl. Bühner & Weinberger (1990: 204 ff.) sowie Bowman & Hurry (1992).

66. Vgl. aber die zusätzlichen Kritikpunkte, die in Kap. 2.61 genannt wurden!

verwenden, als dies in der Literatur üblich ist. Insbesondere ist es möglich, zwischen Strategien und "strategischen Manövern" zu unterscheiden. Strategische Manöver sind alle Aktivitäten von und in Unternehmen, die sich "von außen" beobachten lassen und die nach Einschätzung des Beobachters die Erfolgspotentiale des Unternehmens in signifikanter Weise betreffen. Strategien bezeichnen dagegen Handlungsorientierungen, die in der organisatorischen Lebenswelt eine Rolle spielen; sie ergeben nur aus der Binnenperspektive des Teilnehmers dieser Lebenswelt einen Sinn. Der Zusammenhang zwischen strategischen Manövern und Strategien ist offen. Es ist denkbar, daß strategische Manöver beobachtet werden, ohne daß Strategien dahinterstehen, und es kann auch Strategien geben, die nicht in Form von Manövern sichtbar werden. Und wenn es beides gibt und ein Zusammenhang besteht, kann die "Reihenfolge" unterschiedlich sein: Es kann strategische Manöver geben, die Strategien "nachfolgen" (dies ist der üblicherweise unterstellte Zusammenhang), aber es kann auch Strategien geben, die strategischen Manövern "nachfolgen". Um dies verständlich zu machen, sind freilich zusätzliche Erläuterungen erforderlich, die den Begriff der Strategie und die Frage nach der Genese von Strategien (3) betreffen.

Zunächst kann unterschieden werden zwischen Individualstrategien, Strategien *für* das Unternehmen und Strategien *des* Unternehmens.[67] *Individualstrategien* sind Strategien, die das einzelne Individuum durch Teilnahme an oder Mitgliedschaft in der Organisation realisieren will. Strategien *für* das Unternehmen sind Strategien, von denen Individuen oder Gruppen von Individuen wünschen, daß sie Strategien *des* Unternehmens werden. Sie werden als Forderungen an die politischen Kernorgane des Unternehmens herangetragen. Aus der Perspektive dieser Individuen wäre es wohl der Idealfall, wenn die von ihnen präferierte Strategie offiziell verabschiedet, durch die Kernorgane also als für die Organisation verbindlich ausgezeichnet werden würde. In diesem Fall hätte man es mit einer *formulierten* Strategie zu tun. Aufgrund der *verschiedenen* Forderungen, die an die Kernorgane herangetragen werden, und den damit einhergehenden Konflikten wird es freilich zu solchen offiziellen Autorisierungen häufig nicht kommen. Will man daraus nicht die Konsequenz ziehen, daß Strategien *des* Unternehmens empirisch gar keine Rolle spielen, bietet es sich an, mit dem Konzept der *formierten* Strategie zu arbeiten. Damit soll der Intuition Rechnung getragen werden, daß die beobachtbaren strategischen Manöver durchaus einem mehr oder weniger konsistenten Muster von Handlungsorientierungen folgen können, auch wenn darüber nicht explizit entschieden worden ist und entsprechend kei-

67. Diese Unterscheidung hat ihre Ursprünge in der Zielforschung, wo zwischen Individualzielen, Zielen *für* das Unternehmen und Zielen *des* Unternehmens differenziert wird. Vgl. Kirsch (1971: 129).

nerlei Schriftstücke vorliegen, aus denen ein solches Muster herausgelesen werden kann.

Schon diese knappen Andeutungen sollten die These eines *begriffsstrategischen Primats* formierter Strategien plausibel machen (vgl. Kirsch 1993a: 108 ff.). Sofern es überhaupt eine oder mehrere Strategien des Unternehmens gibt, wird man davon ausgehen müssen, daß diese weitgehend impliziten Charakter besitzt (besitzen). Das schließt nicht aus, daß im Prozeß der Strategienformierung auch Prozesse der Strategien*formulierung* eine wichtige Rolle spielen können. So mag etwa ein Berater engagiert werden, der einschlägige Dokumente erarbeiten und Diskussionen über den zukünftigen Kurs des Unternehmens in Gang setzen soll. Aber man wird aber wohl nicht davon ausgehen können, daß die in den Dokumenten vorgeschlagenen Strategieformulierungen die formierten Strategien vollständig ersetzen können: Sie sind nur *ein* Element in dem noch weitere Elemente umfassenden Prozeß der Strategiengenese.

Wann kann man vor dem Hintergrund dieser Überlegungen von einer Strategie *des* Unternehmens sprechen? Kirsch (1993a: 110 ff., 151) nennt vier Bedingungen:

(a) Es handelt sich um lebensweltliche Handlungsorientierungen, die implizit oder explizit die *Erfolgspotentiale* bzw. die Entwicklung von Erfolgspotentialen betreffen.

(b) Die Handlungsorientierungen haben den Charakter von *Prinzipien.*

(c) Diesen Prinzipien wird ein *politischer Wille* attribuiert.

(d) Bei den Beteiligten liegt ein *gemeinsames Wissen* über die Merkmale (a) - (c) vor.

Bedingung (a) wurde in Abschnitt (1) ausführlich erläutert. Bedingung (b) bringt zusätzlich zum Ausdruck, daß die Rede von einer Strategie der Unternehmung (oder einer anderen sozialen Einheit) nur Sinn macht, wenn die Handlungsorientierungen einen hohen Grad der Generalisierung besitzen und dazu geeignet sind, der Generierung weiterer Handlungsorientierungen bzw. -regeln eine Richtung zu geben. Die Bedingungen (c) und (d) beschreiben schließlich eine gewisse Nachhaltigkeit, die mit den Handlungsorientierungen verbunden sein muß. Ohne eine solche Nachhaltigkeit besteht kaum eine Chance, daß die Strategien auch "operativ wirksam" werden können. Freilich ist es nach wie vor möglich, daß die Prinzipien vor dem Hintergrund unterschiedlicher Lebens- und Sprachformen auch unterschiedlich interpretiert werden. Die Nachhaltigkeit von Handlungsorientierungen ist deshalb immer auch konterkarierenden Einflüssen ausgesetzt.

(3) Auch wenn man davon ausgeht, daß Strategien nicht immer in formulierter Form vorliegen (müssen), handelt es sich bei den "Strategien des Unternehmens" (oder einer anders definierten sozialen Einheit) um ein so anspruchsvolles Konstrukt, daß sich die Frage nach den Bedingungen der Möglichkeit, die Frage nach der *Genesis* solcher Strategien stellt. Die unter (2) zunächst vorgeschlagenen Unterscheidungen (Individualstrategien, Strategien *für* das Unternehmen, Strategien *des* Unternehmens [i. e. S.]) verweisen auf eine Mikrostruktur politischer Entscheidungsprozesse, an deren Ende ein bestimmter "Output" stehen mag. Schon aus der an Easton (1965a, b) anschließenden Analyse politischer Entscheidungsprozesse kann man freilich wissen, daß vom "Output" ein "Outcome" zu unterscheiden ist, der das im laufenden Prozeß der Organisation tatsächlich erreichte Ergebnis bezeichnet (vgl. Kirsch 1990: 76 f.). Nicht alles obliegt der Kontrolle solcher Entscheidungsprozesse; vieles hat auch den Charakter von "Selbstorganisation". Das aber heißt, so Kirsch (1990: 77), daß "die Policies, die aus diesem Prozeß hervorgehen, .. nicht nur die tatsächlich formulierten Ziele, Strategien und Grundsätze [umfassen], sondern .. - zumindest zum Teil - einen lediglich formierten Charakter [haben]".

Die These vom begriffsstrategischen Primat formierter Strategien führt hier offenbar zu einer Umgewichtung: Es sind nicht mehr die politischen Entscheidungsprozesse, die zu allererst betrachtet werden; in den Vordergrund rückt vielmehr das, was sich als "Basisprozeß" einer organisatorischen Einheit bezeichnen läßt (vgl. Kirsch 1993a: 152 ff.). Dieser Basisprozeß kann ganz allgemein als ein Prozeß der Reproduktion und Fortentwicklung lebensweltlicher Strukturen und damit verbundener Handlungsregeln verstanden werden. Von einer *Entfaltung* des Basisprozesses kann gesprochen werden, wenn Reflexionen auftauchen, die die hinter den Strukturen und Regeln stehenden "Prinzipien" zu rekonstruieren und gegebenenfalls zu verändern versuchen.[68] Die Aktivitäten des Unternehmens werden beobachtet, und man stellt Überlegungen an, ob hinter diesen Aktivitäten eine Logik steckt und ob diese Logik "vernünftig" ist. Dabei ist es möglich, daß implizit oder explizit auch auf "Erfolgspotentiale" Bezug genommen wird. Die Aktivitäten des Unternehmens werden also als *strategische Manöver* beobachtet, für deren Analyse es spezifischer Argumentationsformen bedarf, die man sich zum Beispiel durch das Studium der Literatur zur Theorie der strategischen Unternehmensführung aneignen kann. Je mehr solche Reflexionspro-

---

68. Die folgenden Ausführungen lassen offen, wodurch das Auftauchen der angesprochenen Reflexionsprozesse *erklärt* werden kann. Kirsch (1993a: 163 ff.) bzw. Kirsch & Obring (1993: 233) spekulieren hier über den Eintritt *prominenter Ereignisse* und das Auftauchen bestimmter *Persönlichkeiten*, halten sich aber auch für komplexere Erklärungsmuster offen. Siehe für analoge Überlegungen auch oben, Kap. 4.22.

zesse in Gang kommen, je mehr über Prinzipien des Handelns unter dem Aspekt der Entwicklung und Umsetzung von Erfolgspotentialen kommuniziert wird, desto eher können auch Ansätze eines *gemeinsamen Wissens* über diese Prinzipien und Rudimente eines *politischen Willens* entstehen. "Können" heißt freilich nicht "müssen": Es ist auch denkbar, daß mit zunehmender Reflexion auch konfliktäre Sichtweisen zutage treten, die die Entwicklung wirksamer Handlungsorientierungen von vornherein paralysieren. Vielleicht wird man in einer solchen Situation doch versuchen, eine *Entscheidung* herbeizuführen, die die Handlungsfähigkeit - so gut es eben geht - sicherstellt.

Politische Entscheidungsprozesse werden, wie man hier sieht, auch in einem Bezugsrahmen thematisiert, der Strategien im wesentlichen als *formierte* Strategien begreift; nur sind sie jetzt eben eingebunden in eine allgemeinere Betrachtung des laufenden Prozesses der Organisation. Zu dieser allgemeineren Betrachtung gehört darüber hinaus, wie in Kapitel 4.41 angedeutet, die Berücksichtigung von *Managementsystemen*.

In bezug auf den Basisprozeß können Managementsysteme - gemeint sind hier vor allem *Planungs- und Kontrollsysteme* (Kirsch & Maaßen 1989) - "als Vehikel fungieren, mit deren Hilfe interne Akteure der Unternehmung in mehr oder weniger professioneller Weise Beobachtungen der strategischen Manöver des eigenen Unternehmens und seiner Wettbewerber (aber natürlich auch darüber hinausgehend) anstellen, um sie für die Planung bzw. Kontrolle von Strategien nutzbar zu machen oder aber im Vorfeld zu solchen Planungs- und Kontrollprozessen Reflexionen innerhalb des Basisprozesses auszulösen" (Kirsch 1993a: 158 f.).

In bezug auf Episoden politischer Entscheidungsprozesse haben Managementsysteme eine konstitutive und eine Unterstützungsfunktion. Die *konstitutive* Funktion hängt vor allem mit den strategischen Managementsystemen zusammen, deren Output gleichsam "Anlässe" schafft, sich mit Fragen der Unternehmensentwicklung systematisch auseinanderzusetzen. Die *Unterstützungsfunktion* betrifft strategische und operative Managementsysteme. *Strategische* Managementsysteme dienen dazu, Analysen durchzuführen, Pläne zu erarbeiten und Aktivitäten der strategischen Steuerung zu initiieren; sie leisten einen Beitrag zur Entwicklung *formulierter* Strategien, die ihrerseits wiederum als "perturbierende" Elemente im Prozeß der Strategienformierung angesehen werden müssen (siehe oben). *Operative* Managementsysteme dienen nicht der expliziten Erarbeitung von Strategien; im Zuge der Aushandlung von Zielvereinbarungen und sonstiger mit dem Betrieb dieser Systeme verbundenen Aktivitäten können sich aber natürlich wiederum Beobachtungen ergeben, die sich dann in den Episoden politischer Entscheidungsprozesse artikulieren, also wiederum den Prozeß der Strategienformierung beeinflussen.

Wenn man von einem Primat *formierter* Strategien ausgeht, steht, wie gesagt, die Analyse des Basisprozesses im Vordergrund. Im vorliegenden Zusammenhang bedeutet dies, daß die *wesentliche* Funktion von Managementsystemen darin gesehen werden muß, daß sie Beobachtungen strategischer Manöver kanalisieren. Damit sollte klar sein, in welchem Sinne es möglich ist, daß Strategien strategischen Manövern "nachfolgen" können. Die Betonung dieser Möglichkeit war der Punkt gewesen, an dem zu Beginn von (2) die vorstehend skizzierten Überlegungen zum Zusammenhang zwischen Strategien, strategischen Manövern (und auch dem Begriff des Strategischen) festgemacht wurden.

4.43 Strategische Unternehmensführung als erklärungsbedürftiges Phänomen

"Strategische Unternehmensführung" umfaßt nicht nur den Begriff des "Strategischen", sondern auch den der "Unternehmensführung", der Führung von und in Unternehmen. Im Rahmen einer Theorie der strategischen Unternehmensführung bedarf auch dieser Begriff einer Erläuterung. In Kapitel 4.33 ist von "Führung" im Kontext einer normativen Konzeption die Rede gewesen, die auf selbstorganisierende Prozesse zur Handhabung komplexer Probleme in Organisationen setzt. Jenseits solcher normativen Konzeptionen ist aber zu fragen, ob es - in einem deskriptiven Sinne - überhaupt so etwas wie eine strategische Führung gibt, genauer: welche Bedingungen erfüllt sein müssen, damit man von einer "strategischen Führung" von und in Unternehmen sprechen kann. Der wesentliche Impuls für diese Frage entsteht dadurch, daß "Führung" oder gar "Management" nicht so selbstverständlich zu sein scheint, wie das in der US-amerikanischen "Mainstream"-Literatur häufig unterstellt wird (vgl. Kap. 3.2 und 4.14): Es sind auch alternative Formen der Steuerung bzw. Koordination von sozialen Systemen denkbar (man denke etwa an den Marktmechanismus, aber auch an "Solidarität" und "Verhandlung" [Gotsch 1987]), und dort, wo man a priori vielleicht von dem Vorhandensein einer Führung ausgehen möchte - in Prozessen des strategischen Wandels nämlich -, zeigt sich, daß die mit einer solchen Führung verbundenen Machbarkeitsansprüche sich häufig nicht so realisieren lassen, wie man sich dies aus der Perspektive der Führenden wünschen mag (siehe oben, Kap. 2.4). Daß man auch ex post von einer "strategischen Unternehmensführung" sprechen kann, ist also ein *erklärungsbedürftiges Phänomen.* Die folgenden Ausführungen sollen hierzu einige Überlegungen zusammentragen.

(1) In allgemeinster Weise bezeichnet "Führung" eine überlagernde Handlungsstruktur, die einen sozialen Interaktionszusammenhang in asymmetrischer Weise prägt (vgl. oben, Kap. 4.14). Das ist eine sehr formale Charakterisierung, die ihre Ursprünge im Regelkreisparadigma der Kybernetik hat (vgl. Kirsch 1976). Führungsstrukturen werden dort in der Weise abgebildet, daß man Regelkreise konstruiert, die wie eine Folie über die Organisation gelegt werden. In der Sprache des Radikalen Konstruktivismus - der "Kybernetik der 2. Ordnung" (Bühl 1982: 417 ff.) - würde man heute sagen, daß "Führung" als das Ergebnis einer spezifischen Wirklichkeitskonstruktion gesehen wird, die ein Beobachter vornimmt, wenn er ein soziales System zu beschreiben bzw. zu erklären versucht. Es handelt sich um eine Fiktion, eine Fiktion, die freilich sehr real werden kann - dann nämlich, wenn sie sich in Handlungszusammenhängen bewährt, wenn sie *operative Wirksamkeit* erlangt.

Woran können Beobachtungen kondensieren, wenn Führungshandlungen identifiziert werden sollen? Es liegt nahe, dafür an "strategischen Manövern" anzusetzen. "Jedes Handeln", heißt es bei Kirsch und Obring (1993: 275), "das in einer Ex-post-Betrachtung die Erfolgspotentiale bzw. Handlungsmöglichkeiten des Systems in einer signifikanten Weise beeinflußt hat, ist ... Ausdruck einer strategischen Führung. Solche Führungshandlungen können intendiert oder nicht-intendiert sein. Damit ist die *Absicht* des Führungshandelns in einer Ex-ante-Betrachtung angesprochen. Wenn das Führungshandeln ursprünglich auf diese Veränderung der Erfolgspotentiale bzw. Handlungsmöglichkeiten gerichtet war, kann man von einer *strategischen* Führung im engeren Sinne sprechen, wenn dies nicht der Fall war, von einer strategischen Führung im weiteren Sinne" (siehe auch Obring 1992: 328).

Die verschiedenen Aspekte, die hier genannt sind - die Orientierung an den Erfolgspotentialen (a), das Erfordernis einer ex post festzustellenden operativen Wirksamkeit der Führungshandlungen (b), die ex ante vorhandene Intentionalität (c) und die Bezugnahme auf ein spezifisches "System" (d) - werden von Kirsch und Obring (1993: 275 ff.) ausführlich erläutert, aber auch problematisiert.[69] Insbesondere weisen sie immer wieder darauf hin, daß es letztlich nicht ausreicht, sich auf eine außenperspektivische Beobachtung strategischer Manöver zu konzentrieren, der Beobachter vielmehr fortlaufend gezwungen ist, sich auch in die Binnenperspektive des Systems zu begeben und von dort aus ein Verständnis für die relevanten Elemente eines Führungshandelns zu erarbeiten.

69. Punkt (d) verweist auf das sogenannte "Polyzentrismus"-Problem, das in Kap. 4.44 noch näher erläutert wird. Der in der gleich zitierten Textstelle auftauchende Hinweis auf "Partialzentren" wird erst vor dem Hintergrund dieser Erläuterungen verständlich sein.

Das entscheidende Problem hängt aber wohl mit der Zurechnung von strategischen Manövern auf Führungshandlungen zusammen. "[E]ine Zurechnung .. beobachteter Potentialveränderungen zu den strategischen Handlungen einzelner Akteure bzw. Partialzentren [ist nämlich] mit erheblichen Schwierigkeiten verbunden. Aus einer Außenperspektive stellt sich ein ex-post beobachtetes strategisches Manöver immer als Ergebnis des Zusammenwirkens verschiedener erfolgspotential-relevanter (intendierter oder nicht-intendierter) Bemühungen dar. Deren Zusammenwirken mit spezifischen strukturellen Gegebenheiten des Feldes erklärt das strategische Handlungsmuster. Eine analytische De- bzw. Rekomposition der Bedeutung einzelner Aktivitäten ist praktisch nicht möglich. Dies gilt insbesondere, wenn bereits die Führungshandlungen nur aus dem spezifischen Zusammenwirken verschiedener Partialzentren erklärbar sind" (ebenda: 277).

Wenn all dies so ist, muß allerdings gefragt werden, warum überhaupt strategischen Manöver Führungshandlungen zugerechnet werden oder werden sollen. "Ein so stark unrealistisches Verhalten", heißt es dazu bei N. Luhmann (1984: 229), "kann nur mit einem Bedarf für Reduktion von Komplexität erklärt werden." Die Zurechnung auf Führungshandlungen von Akteuren dient dazu, Verantwortungen zuzuordnen, und das gibt dem System vor allem in Krisenzeiten[70] ein hohes Maß an Flexibilität: Es ist möglich, Personen auszutauschen, ohne daß Strukturen verändert werden müssen. Das Rechtssystem sowie die gesellschaftliche Ideologie unterstützen solche Zurechnungen: Auch hier werden Verantwortungen definiert (z. B. im Aktiengesetz, darüber hinaus aber auch in der *Verfassung* eines Systems), und auch hier gilt es als "Normalfall", daß jedwede Handlung dem (rationalen!) Kalkül von identifizierbaren Akteuren folgt (siehe noch einmal das Zitat von J. March in Kap. 3, Fn. 26; oben).

Nun ist Komplexitätsreduktion nicht alles. In Kapitel 4.32 wurde gezeigt, daß sogar der Praxis bisweilen Offenheit für mehr Komplexität anzuempfehlen ist,[71] aber das gilt natürlich um so mehr noch für die Theorie, die von den Handlungszwängen eines Unternehmens weitgehend freigestellt ist. Im vorliegenden Zusammenhang bedeutet dies, daß man sich von einer allzu engen Orientierung am Modell des individuellen Führungshandelns - wie sie auch in der Textstelle von Kirsch und Obring noch zum Ausdruck kommt - lösen und statt dessen die Kon-

---

70. Der hier angesprochene *asymmetrische* Effekt (Krisenzeiten versus Blütephasen) ist sprichwörtlich: "Der Erfolg hat viele Väter, der Mißerfolg nur einen!"
71. Auch bei der sogenannten "systemischen Beratung" (vgl. oben, Kap. 4.13) besteht der entscheidende Ansatz darin, die Beobachtungen nicht mehr an Personen, sondern an Strukturen festzumachen, sich also von "allzu einfachen" Handlungszurechnungen frei zu machen. Vgl. Exner et al. (1987: 267).

zentration konsequent auf Führungs*strukturen* legen muß, die, um die Formulierung von oben zu wiederholen, "einen sozialen Interaktionszusammenhang in asymmetrischer Weise prägen". Es bietet sich an, hierzu wiederum auf das Konstrukt der *Strategie* zurückzugreifen, das in Kapitel 4.42 ausführlich erläutert wurde. Dieses Konstrukt ist einerseits dazu geeignet, asymmetrische Handlungsstrukturen von Augen zu führen, und andererseits komplex genug, die ganzen Feinheiten einer Rede von der "strategischen Führung von und in Unternehmen" zu explizieren. Eine "strategische Führung" liegt nach diesem Vorschlag also genau dann vor, wenn Strategien des Unternehmens (bzw. der betrachteten organisatorischen Einheit) existieren, die in hinreichendem Maß operativ wirksam sind, das heißt: sich auf strategische Manöver auswirken. Strategien sind nicht gleichsam automatisch vorhanden, sondern das Resultat von genetischen Prozessen, in denen eine Vielzahl von Variablen relevant sind. Dazu gehören insbesondere auch Beobachtungen strategischer Manöver durch die internen Akteure des Systems. Aus der Anbindung des Konzepts der strategischen Führung an den Begriff der Strategie läßt sich folgern, daß auch Führung ein emergentes Phänomen ist, bei dem Beobachtungen eine große Bedeutung besitzen. Auf die Einsichten einer "Kybernetik der 2. Ordnung" kann auch im Zusammenhang von "Führung" nicht verzichtet werden (siehe oben).

(2) Legen die vorstehenden Ausführungen in allgemeiner Weise Bedingungen fest, die vorliegen müssen, wenn man von einer "strategischen Führung" von und in Unternehmen sprechen will, so kann man darüber hinaus natürlich nach Merkmalen fragen, die diese Führung realistischerweise besitzen wird. Freilich sind die Überlegungen hier noch nicht sehr weit fortgeschritten; es sind zunächst nur *Metaphern*, die heuristische Hinweise geben können. Kirsch und Obring (1993: 252 ff.) nennen einerseits die Metapher des "Gummibandes" und andererseits die Metapher der "Resultante".

Mit der Metapher des *Gummibandes* wird der Versuch unternommen, eine Mittelposition zwischen einer deterministischen und einer voluntaristischen Position zu umschreiben. Die deterministische Position, die am pronounciertesten sicherlich durch den populationsökologischen Ansatz der Organisationstheorie vertreten wird (siehe oben, Kap. 2.41), bestreitet letztlich jeden Handlungsspielraum des Unternehmens; es ist die Umwelt, die alles festlegt. Die voluntaristische Position, die einer "Managementperspektive" entspricht, geht von der Allmacht des Managements aus. "Mit der Metapher des Gummibandes wird dagegen angedeutet, daß zwar einerseits externe Zwänge existieren, die den Handlungsspielraum begrenzen. Dieser Spielraum ist freilich veränderbar; das Gummiband kann durch die Organisation 'gedehnt' werden. Freilich impliziert die Metapher des Gummibandes auch Restriktionen hinsichtlich der Ausweitung des Gummibandes: Es kann nicht an allen Stellen gleichzeitig geweitet werden, und bei einer gewissen 'Ausdehnung' stellen sich die Zwänge des Umfeldes 'stahlbandähnlich' dar. Schließlich besteht dann die Gefahr der 'Überdehnung'. Der Versuch, den strategischen Handlungsspielraum in zu starkem Maße zu erweitern, kann dazu führen, daß 'das Gummiband reißt' bzw. der Marktmechanismus greift und die Organisation tatsächlich selektiert wird. Der Punkt einer solchen Überdehnung läßt sich jedoch nicht eindeutig bestimmen. Neben der 'Beschaffenheit des Gummibandes' hängt er auch von der Art der Beeinflussung und des Ausmaßes der Belastung an anderen Stellen ab" (Obring 1992: 165 f.; ohne Fn.).

Die Metapher der *Resultante* soll in Kurzform beschreiben, wie man sich das Verhältnis zwischen Strategien und strategischen Manövern "im Normalfall" vorzustellen hat. "Das Spektrum der unterschiedlichen Strategien kann im Sinne dieser Metapher als *Kräftefeld* interpretiert werden. Die unterschiedlichen Strategien sind dabei mit unterschiedlichen Kräften vergleichbar. Während die individuellen Strategien eher geringe Kräfte darstellen, repräsentieren Strategien *für* die Organisation, die von einer Koalition vertreten werden, bereits stärkere Kräfte, die wiederum übertroffen werden von der Stärke der Kraft autorisierter Strategien. Es ist stets eine Frage der empirischen Kräfteverteilung, welche Strategien (Kräfte) die Resultante (also die tatsächlich beobachtbare Kraft) in welcher Weise beeinflussen. Die Stärke der einzelnen Kräfte ist selbst von vielfältigen Faktoren abhängig, etwa von den Macht- und Konsenspotentialen derjenigen, die eine bestimmte Strategie vertreten. Die einzelnen Kräfte sind dabei keineswegs an die Grenzen der Organisation bzw. des betrachteten Systems gebunden. Auch externe Interessenten können Kräfte repräsentieren, die die Resultante mehr oder weniger stark beeinflussen. Dabei können sich einzelne Kräfte gegenseitig verstärken oder (zumindest partiell) aufheben. Die resultierende Kraft, die letztlich die strategische Entwicklung .. prägt, ergibt sich aus dem Zusammenwirken dieser verschiedenen, unterschiedlich starken Kräfte" (Obring 1992: 196 f. bzw. Kirsch & Obring 1993: 256 f.).

Die Metapher der Resultante besitzt sicherlich besondere Überzeugungskraft, wenn man sich vor Augen führt, daß Organisationen häufig als Systeme mit *mehreren Machtzentren* gesehen werden können, die sich gegenseitig teilweise behindern, teilweise unterstützen, in jedem Fall aber dazu beitragen, daß das Bild einer klar identifizierbaren "Richtung des Unternehmens" aus den Fugen gerät. Unter der Headline "polyzentrischer Systeme" wird darauf in Kapitel 4.44 noch zurückzukommen sein.

(3) Zum Abschluß der hier vorgestellten Überlegungen zur Erklärungsbedürftigkeit des Phänomens einer strategischen Führung mag eine kurze terminologi-

sche Zwischenbemerkung angebracht sein. In Kapitel 4.14 wurde argumentiert, daß der Begriff der *Führung* gegenüber dem des *Managements* der allgemeinere ist, Führung also erst den Charakter von "Management" annimmt, wenn bestimmte Bedingungen erfüllt sind (die nachhaltige Existenz von operativ wirksamen "Rollenreflexionen"). Im vorliegenden Zusammenhang könnte man analog argumentieren, daß auch von einer (strategischen) "Führung" nur gesprochen wird, wenn spezifische Bedingungen erfüllt sind (insbesondere: das Vorhandensein einer oder mehrerer Strategien), und deshalb wiederum ein allgemeinerer Begriff gesucht werden sollte, der nicht schon das *Vorhandensein* einer Führung *unterstellt*. Die Theorie der strategischen Unternehmensführung wäre demnach also einzubinden in eine Theorie der *Unternehmensentwicklung* (Kirsch 1993b: 551, 560, Kirsch & Obring 1993: 196), der *Unternehmensdynamik* (Perich 1992) - oder was immer man sonst als Leitbegriff nehmen möchte.

Dieser Argumentation wird hier *nicht* gefolgt. Bei allen Einschränkungen und Relativierungen wird doch davon ausgegangen, daß ein grundlegendes Interesse besteht zu wissen, in welchem Maße Entwicklungen willentlich gesteuert werden und welche Methoden dafür zum Einsatz kommen können. Der Begriff der *strategischen Unternehmensführung* hält dieses erkenntnisleitende Interesse in Erinnerung. Wie unter (2) gesehen, ist dieser Begriff darüber hinaus sehr eng assoziiert mit dem Konzept der *Strategie*. Die Frage nach der *Genese von Strategien* - das ist es, worauf der Begriff der strategischen Unternehmensführung sehr schnell dann die Forschungsaktivitäten lenkt. Die in Kapitel 4.42, aber auch im nachfolgenden Kapitel 4.44 angestellten Überlegungen sollten belegen, daß es sich hier um eine ausgesprochen fruchtbare Fragestellung handelt, die durch den Leitbegriff der strategischen Unternehmensführung hervorzuheben durchaus angemessen sein dürfte.

4.44 Die politische Ökonomie des Policy Making - Polyzentrische Systeme

Der Prozeß der Genese von Strategien ist, das sollte in den vorhergehenden Abschnitten klar geworden sein, ein *politischer Prozeß*, für dessen Analyse sich sozialwissenschaftliche, am besten politikwissenschaftliche Kategorien eignen. Dies ist, wie man an den Beiträgen zur "Political School" einer Theorie der strategischen Unternehmensführung ablesen kann, im Prinzip nichts Neues (vgl. Mintzberg 1990a: 159 ff.). Neu ist aber doch die Einsicht, daß die politische Problematik in besonderer Weise virulent wird in Systemen, die sich durch *polyzentrische Strukturen* beschreiben lassen (Obring 1992). Organisationssysteme können demnach häufig nicht mehr nach dem traditionellen Hierarchiemodell begriffen werden, in dem es eine "politische Spitze" gibt (Ochsenbauer 1988); vielmehr gibt es *mehrere Zentren*, die auf Teilbereiche der Organisation besonderen

Einfluß ausüben und untereinander in einem komplexen Interaktionszusammenhang stehen. Doz und Prahalad (1991: 146 f.) haben gezeigt, daß eine solche Konstellation in divisional organisierten "Multinationals" heute der Normalfall ist (vgl. ähnlich auch Hedlund 1986, Seitz 1993), und Ringlstetter (1995) argumentiert, daß dies generell auch für *Konzerne* gilt, und zwar auch dann, wenn eine Konzernholding als Dachorganisation existiert.[72] Schließlich ist auch an *Organisationsverbindungen* ("Strategische Allianzen") zu denken, die in Japan (vgl. oben, Kap. 2.3), aber auch in Europa (Doz 1992) derzeit Aktualität besitzen. Es besteht daher Anlaß, sich mit der politischen Ökonomie[73] polyzentrischer Systeme ausführlicher zu beschäftigen und damit die Darstellung des von Kirsch und Mitarbeitern vorgeschlagenen Bezugsrahmens abzurunden.[74]

Im folgenden wird zunächst der Begriff des "polyzentrischen Systems" kurz erläutert (1) und dann gezeigt, wie sich die besondere politische Problematik hier artikuliert (2, 3).

(1) Polyzentrische Systeme sind Systeme, die eine Art "dritten Weg" zwischen den beiden idealtypisch zu unterscheidenden Organisationsformen "Markt" und "Hierarchie" (Williamson 1975) darstellen. Genauer gesagt stehen sie zwischen pluralistischen Systemen einerseits und monozentrischen Systemen andererseits. *Pluralistische* Systeme werden dezentral koordiniert; für einen Beobachter macht es normalerweise keinen Sinn, eine überlagernde Handlungsstruktur zu rekonstruieren, die die Interaktionszusammenhänge asymmetrisiert. *Monozentrische* Systeme werden zentral koordiniert, und zwar in einer Weise, die sich durch die Existenz *einer* überlagernden Handlungsstruktur, eines Führungszentrums be-

---

72. Anregungen zu dieser Sichtweise kommen einmal mehr aus der neueren Systemtheorie, die die traditionelle Idee eines starken Staates als logische Spitze einer Gesellschaft entzaubert, d. h. den Staat (bzw. das Rechtssystem) nur noch als *ein* Teilsystem unter anderen Teilsystemen (Wirtschaft, Wissenschaft etc.) in der Gesellschaft begreift. Vgl. vor allem Willke (1983) sowie Teubner & Willke (1984).
73. Der Begriff der *politischen Ökonomie* bezeichnet ursprünglich die Art und Weise, in der sich die Dynamik des Wirtschaftssystems auf die Gesellschaft und deren staatliche Organisation auswirkt (vgl. Habermas 1981a: 19; zu einem Überblick Voggenreiter 1988). In eher organisationstheoretisch orientierten Arbeiten interessiert man sich dagegen für das interorganisationale Netzwerk, das aus den kollektiven Handlungen von Unternehmen entsteht und in dem nicht zuletzt Machtaspekte eine besondere Rolle spielen (vgl. etwa Benson 1975). Die Polyzentrismus-These läßt sich an diese Arbeiten relativ zwanglos anschließen; daher hier und in der Überschrift zu diesem Kapitel (4.44) die Verwendung des Begriffs ("politische Ökonomie").
74. Die folgenden Ausführungen sind angelehnt an Obring (1992) bzw. Kirsch & Obring (1993: 259 ff.). Sie spezifizieren die Handlungsstrukturen, die in Abb. 24 durch das Dreieck in der Mitte symbolisiert sind.

schreiben läßt. *Polyzentrische* Systeme sind demgegenüber durch eine *multilaterale Koordination* gekennzeichnet, bei der - aus Sicht eines Beobachters - *mehrere überlagernde Handlungsstrukturen* eine Rolle spielen. Diese Handlungsstrukturen werden ihrerseits nicht zentral koordiniert; vielmehr findet eine wechselseitige Abstimmung, ein "Partisan Mutual Adjustment" (Lindblom 1965) statt, bei dem - empirisch gesehen - alle Spielarten der Machtausübung, der Aufklärung und der Konsenserzielung eingesetzt werden können.

Natürlich ist die Unterscheidung zwischen pluralistischen, monozentrischen und polyzentrischen Systemen idealtypisch. Verschiedene Segmenten eines Systems werden sich von einen Beobachter möglicherweise durch unterschiedliche Führungsstrukturen beschreiben lassen. Darüber hinaus ist denkbar, daß sich im Zeitablauf Veränderungen ergeben, die Entwicklungen *einer* Episode sich möglicherweise also am besten durch das Vorhandensein *einer* überlagernden Handlungsstruktur, *eines* "Controlling Overlayer" (Etzioni) rekonstruieren lassen, während die Entwicklungen anderer Episoden in einem polyzentrischen Bezugsrahmen erklärt werden können. Stabilere Muster bedürfen deshalb einer besonderen Kennzeichnung. Seitz (1993: 109 f.) spricht von einem *gemäßigten* Polyzentrismus dann, wenn monozentrische Strukturen dominieren, in einzelnen Episoden aber auch Tendenzen erkennbar sind, Entscheidungen autorisierter Kernorgane in Frage zu stellen, so daß in bezug auf diese Episoden dann von einer polyzentrischen Struktur gesprochen werden kann. So mögen ausländische Tochtergesellschaften ab und an "ihre Muskeln spielen" lassen, ohne damit *aufs Ganze gesehen* aber die dominierende Stellung einer zentralen Einheit zu erodieren. Ein *extremer* Polyzentrismus liegt demgegenüber vor, wenn ein durch die Unternehmensverfassung etabliertes Führungs- und Entscheidungssystem bei einzelnen Einheiten *immer wieder* die Begrenztheit seines Einflusses erkennen muß - sei es, weil es selber aufgrund unüberbrückbarer Meinungsverschiedenheiten gar nicht mehr zu koordinierten Handlungen in der Lage ist (*Zentral*polyzentrismus), sei es, weil die verschiedenen Einheiten von sich aus (einzeln oder koordiniert) fortlaufend "den Aufstand wagen" (*Basis*polyzentrismus).[75]

---

75. Auch die Unterscheidung zwischen gemäßigtem und extremem Polyzentrismus kann wieder einer dynamischen Betrachtung unterworfen werden, die z. B. den gemäßigten Polyzentrismus mit Phasen der Stabilität und den extremen Polyzentrismus mit Phasen des tiefgreifenden Wandels in Verbindung bringt. Anhaltspunkte hierfür ergeben sich aus dem Stadienmodell von Mintzberg (1983: 430 ff.), in dem Phasen stabiler Machtkonfigurationen durch Episoden unterbrochen werden, in denen ein Konflikt zwischen mehreren, mehr oder weniger gleich starken Koalitionen von Interessenträgern manifest wird ("Complete Political Arena"). Diese Episoden können aber eben nur *Übergangsphasen* darstellen: Andernfalls würde die Organisation zerbrechen.

Bleibt noch, darauf hinzuweisen, daß polyzentrische Strukturen keineswegs als defiziente Strukturen wahrgenommen werden müssen. Die neuerdings gehandelten Vorschläge zu einem *heterarchischen* Aufbau der Organisation (Hedlund 1986, Schimank 1987) sowie zu einer *transnationalen Lösung* des Koordinationsproblems multinationaler Konzerne (Bartlett & Ghoshal 1989) können durchaus in der Weise interpretiert werden, daß man *absichtlich* verschiedene, relativ gleichgewichtige Machtzentren etabliert, die sich nach den Erfordernissen der Situation abstimmen müssen. Seitz (1993: 109) spricht in diesem Fall von einem *Steuerungs*polyzentrismus, im Gegensatz zum *Emergenz*polyzentrismus, bei dem die mehrgipflige Führungsstruktur gleichsam "ungeplant" entsteht.

(2) Die vorstehenden Unterscheidungen sind Beobachtungen, die sich aus einer Außenperspektive ergeben. Bei Einnahme einer Binnenperspektive kommen dagegen die Lebens- und Sprachformen in den Blick, die die handlungsleitenden Tiefenstrukturen eines Systems ausmachen und damit auch das Medium konstituieren, in dem "Strategien" eine Rolle spielen. In den Kapiteln 4.41 und 4.42 ist schon mehrfach darauf hingewiesen worden, daß die in Organisationen vorzufindenden Lebens- und Sprachformen normalerweise *inhomogen* oder gar *inkommensurabel* sind: Es gibt immer unterschiedliche Traditionen oder "Weltbilder", auf die sich die Mitglieder bzw. Teilnehmer der Organisation berufen (können), und die dabei jeweils relevanten Kategorien können nicht ohne weiteres ineinander übersetzt werden. In dem Maße freilich, in dem die Organisation eine eigene Identität ausbildet, wird man wohl davon ausgehen können, daß sich auch Ansätze einer organisatorischen Lebenswelt herausbilden, deren Elemente von den Mitgliedern bzw. Teilnehmern weitgehend "geteilt" werden. All dies hat dann unmittelbare Auswirkungen auch auf die Strategiekonstrukte, die der Beobachter erschließen kann: Auch sie werden unterschiedliche Facetten aufweisen, die nur vor dem Hintergrund spezifischer Lebens- und Sprachformen einen Sinn machen; gleichzeitig wird es aber natürlich auch Strategieelemente geben, die für nahezu *alle* Mitglieder bzw. Teilnehmer der Organisation handlungsleitende Kraft entfalten können. Je mehr dies der Fall ist, desto mehr hat auch die Rede von einer oder mehreren Strategie(n) *der* Organisation ihre Berechtigung.

Polyzentrische Systeme zeichnen sich nun dadurch aus, daß die Tendenz zu Inhomogenität und Inkommensurabilität signifikant stärker und die Tendenz zur Entwicklung geteilter Elemente von Lebens- und Sprachformen signifikant schwächer ausgebildet sind als bei "normalen" Systemen, deren prototypischer Fall sicherlich die monozentrische Struktur ist. Jede Teilstruktur, die den Unterbau zu einem je eigenen "Gipfel" darstellt, ist gekennzeichnet durch spezifische Handlungsregeln, die sich mit den Handlungsregeln anderer Partialstrukturen nicht vergleichen lassen. Man kann hier in einem engeren Sinne von *multikultu-*

rellen Systemen sprechen (vgl. zu Knyphausen 1992c). Was das bedeutet, läßt sich am besten vielleicht ablesen an den Integrationsproblemen, die mit der Akquisition eines Unternehmens häufig verbunden sind: Die angestrebten Synergieeffekte lassen sich nicht realisieren, weil in dem akquirierenden und in dem akquirierten Unternehmen unterschiedlich gedacht und gehandelt wird und Wege der fruchtbaren Kommunikation erst mühsam entwickelt werden müssen (vgl. Haspeslagh & Jemison 1992: 129 ff.). Zunächst einmal dominieren unterschiedliche Denkhaltungen, Ziele und Geschäftspraktiken. In besonders starkem Maße dürfte dies der Fall sein, wenn die Tätigkeitsgebiete weit auseinanderliegen, es sich also um "unverbundene" Akquisitionsaktivitäten handelt. Es gibt dann nur in eingeschränktem Maße so etwas wie eine geteilte "derivative" (das heißt hier: *branchenbezogene*) Lebenswelt, die "vorgängig vorhandene Kategorien" (Kirsch 1993a: 65 ff.) für den Prozeß der Strategienformierung bereitstellt. Das System stellt sich in der Tat als ein "polyzentrisches" System dar.

Eine zusätzliche Problematik entsteht daraus, daß die Partialsysteme nicht nur eigene Strategien verfolgen, sondern diese Strategien auch auf eine Beeinflussung der Stellung des Partialsystems im Gesamtsystem bzw. gegenüber den anderen Partialsystemen ausgerichtet sein können. Möglicherweise werden bewußt Strategien verfolgt, deren Realisierung strategische Manöver anderer Partialsysteme (einschließlich einer etwaigen "Organisationsspitze") neutralisieren oder gar unterminieren sollen. Die Formierung von Strategien *der* Organisation gestaltet sich vor einem solchen Hintergrund entsprechend komplex. "Die ausgeprägte Interessenpluralität der einzelnen, relativ 'souveränen' Partialsysteme führt somit dazu, daß einerseits faktisch kein Koordinationszentrum existiert, das eine Abstimmung der Strategien sicherstellen kann, und andererseits die einzelnen Partialzentren erhebliche Zentrifugalkräfte entwickeln. In dieser Situation erscheint es äußerst unwahrscheinlich, daß die verschiedenen Strategien der Partialzentren in einem in sich stimmigen Verhältnis zueinander stehen. Man hat die Existenz einer Vielzahl sich wechselseitig verstärkender oder konterkarierender, autorisierter und nicht autorisierter, individueller oder kollektiver strategischer Maximen in die Betrachtung mit einzubeziehen, die die Handlungsorientierungen in polyzentrischen Strukturen zum Ausdruck bringen" (Kirsch & Obring 1993: 263).

(3) Die verschiedenen Partialsysteme eines polyzentrischen Systems müssen sich, da (ex definitione) kein zentraler "Controlling Overlayer" existiert, der für eine hierarchische Koordination sorgt, in ihrem Manövrieren aufeinander abstimmen, weil anders die Interdependenzen zwischen diesen Systemen nicht gehandhabt werden können. Für eine Analyse ist es hilfreich, die möglichen Interdependenzbeziehungen genauer zu klassifizieren. Vorschläge hierzu stammen

unter anderem von Thompson (1967: 54 f.), der zwischen gepoolter, sequenzieller und reziproker Interdependenz unterscheidet. *Gepoolte* Interdependenz beschreibt eine Situation, in der die verschiedenen Teilsysteme einen Beitrag zu einem gemeinsamen Ganzen leisten, umgekehrt das Gesamtsystem aber auch die verschiedenen Teile unterstützt. Fehlleistungen des einen Teilsystems haben also (negative) Konsequenzen für das Gesamtsystem und damit auch für die anderen Teilsysteme, zum Beispiel weil sie den Ruf des Unternehmens schädigen und es damit anderen Divisionen, die mit denselben Kunden ganz andere Transaktionsbeziehungen unterhalten, schwerer machen. Es handelt sich also um *indirekte* Effekte, die etwas mit der *Vernetzung von Handlungsfolgen* zu tun haben und außerhalb des Horizontes der Akteure liegt: Sie lassen sich dem *Outcome* eines politischen Systems zuordnen. *Sequenzielle* und *reziproke* Interdependenzbeziehungen bezeichnen dagegen *direkte Input/Output*-Beziehungen, etwa wenn eine Einheit an die andere Teile liefert, die jene zur Erstellung ihrer Leistung benötigt. (Dies kann einseitig oder wechselseitig der Fall sein; daher die Unterscheidung zwischen sequenzieller und reziproker Interdependenz.) Statt um Vernetzung von Handlungsfolgen handelt es sich hier um *Verflechtungen* verschiedener Teilsysteme.

Sofern Vernetzungen und Verflechtungen wahrgenommen werden, besteht eine hohe Wahrscheinlichkeit dafür, daß *Forderungen* entstehen, die das eine Teilsystem an das andere stellt. Man kann dann von einer *politischen Verkoppelung* verschiedener Partialsysteme sprechen, weil über diese Forderungen im Rahmen der jeweiligen Führungsstrukturen entschieden werden muß, und das hat aufgrund des hohen Wertinputs eben häufig eine *politische Komponente*. (Anders als bei *administrativen* oder gar *operativen* Entscheidungen fehlen vorgegebene Entscheidungskriterien, die dann nur noch abgearbeitet werden müssen [vgl. Kirsch 1990: 72 ff.].) In den politischen Systemen der verschiedenen Teileinheiten müssen also Wege gefunden werden, nicht nur mit den Forderungen interner, sondern auch mit den Forderungen externer Akteure zurechtzukommen, ein Umstand, der natürlich auch den Prozeß der Strategienformierung komplexer werden läßt.

Das Modell, mit dem das Problem der externen Interessenregulierung analysiert werden kann, ist das des *politischen Tausches* (vgl. Traxler 1988).[76] Die Forde-

---

76. Die Tauschtheorie hat, ausgehend von Homans (1961), im Rahmen der sozialwissenschaftlichen Organisationsforschung eine lange Tradition. Ein knapper Überblick über die Forschungsarbeiten findet sich bei Sydow (1992: 193 ff.); dort wird in besonderer Weise auch der Netzwerkaspekt berücksichtigt, der als Inbegriff einer Organisationsform "zwischen Markt und Hierarchie" auch im vorliegenden Zusammenhang eine Rolle spielt (vgl. dazu Obring 1992: 232 ff.).

rungen eines anderen Teilsystems werden (partiell) berücksichtigt, wenn dafür auch die eigenen Forderungen an dieses Teilsystem (partiell) berücksichtigt werden. Ein große Bedeutung kommt in diesem Tauschprozeß der *politischen Unterstützung* zu, die man sich durch Erfüllung von Forderungen sichern kann (vgl. Obring 1992: 245). Dies kann sich insbesondere bemerkbar machen bei dem Versuch der Durchsetzung von Forderungen gegenüber Dritten: Es gibt dann Ansätze zu einer *Koalitionsbildung*, die natürlich die Machtverteilung und damit die Durchsetzungschancen verändern. Der politische Tausch kann somit eine entscheidende Rolle spielen, wenn es darum geht, die eigene Position im Gesamtgefüge der Partialsysteme zu bestimmen und zu fördern (siehe oben).

Wie die Verhandlungsprozesse, in denen getauscht wird, ablaufen, ist, das sei abschließend hier bemerkt, eine Frage, die ihrerseits einer umfangreichen theoretischen Erörterung bedarf (vgl. dazu Obring 1992: 260 ff.).[77] Kirsch (1988: 155) unterscheidet (im Anschluß an March & Simon 1958) grundsätzlich zwischen vier Arten der Konflikthandhabung: "Problem Solving", "Persuasion", Bargaining" und "Politics". Diese Arten der Konflikthandhabung beschreiben ein Kontinuum, das von hoher Kooperationsbereitschaft (Problem Solving) bis zur mehr oder weniger rücksichtslosen Ausspielung von Macht (Politics) reicht. Die politische Ökonomie polyzentrischer Systeme wird wesentlich dadurch bestimmt, welche Position auf diesem Kontinuum die Aktoren jeweils einnehmen.

4.5 Einwände, Modifikationen und Ergänzungen

Der von Kirsch und Mitarbeitern vorgeschlagene Bezugsrahmen zu einer Theorie der strategischen Unternehmensführung ist zweifellos sehr komplexer Natur. Die vorstehende Darstellung mußte einige Komplexität unterdrücken, um wenigstens die groben Konturen sichtbar werden zu lassen. Gleichzeitig ist es keine Frage, daß trotz aller Vorarbeiten (Kirsch 1988, 1990, 1992 u. a. m.) ein Bedarf für Präzisierungen und Weiterentwicklungen besteht. Die folgenden Ausführungen sollen hierzu einige Gesichtspunkte diskutieren. Am Beginn stehen methodologische Erörterungen zur Unterscheidung einer Binnen- und einer Außenperspektive der Beobachtung (Kap. 4.51) sowie zur hinter der Beobachterproblematik stehenden Epistemologie eines Radikalen Konstruktivismus (Kap. 4.52). Dann wird die Unterscheidung zwischen strategischen Manövern auf der einen und Strategien auf der anderen Seite problematisiert (Kap. 4.53). Den Ab-

77. Interessante Einsichten werden hier neuerdings auch durch die *kooperative Spieltheorie* vermittelt, die in Kap. 2.13 erwähnt, aber nicht behandelt worden ist. Vgl. zum Überblick noch einmal Holler & Illing (1991: 261 ff.).

schluß bilden Überlegungen zur Systematisierung von Beobachtern und Akteuren (Kap. 4.54).

4.51 Zur Unterscheidung von Binnen- und Außenperspektive

Die Unterscheidung zwischen einer Binnen- und einer Außenperspektive der Beobachtung und die These der *Komplementarität* dieser beiden Perspektiven stellt den methodologischen Kern des vorgeschlagenen Bezugsrahmens dar. Im folgenden wird zunächst auf eine mögliche Fehlinterpretation hingewiesen, die mit der Darstellungsweise von Abbildung 24 verbunden ist (1). Anschließend wird auf Beziehungen eingegangen, die zwischen den in der (im wesentlichen: organisatorischen) Lebenswelt verwendeten Kategorien und Begriffsmuster auf der einen Seite und den in der Theorie verwendeten Kategorien und Begriffsmustern auf der anderen Seite bestehen (2). Zuletzt folgt eine Diskussion zu dem mit der Unterscheidung von Binnen- und Außenperspektive eng verbundenen Problem der *Grenzen* eines Systems (3).[78]

(1) In Abbildung 24 wurde versucht, die mit der Binnenperspektive des Teilnehmers eines sozialen Interaktionszusammenhanges gleichgeschaltete Lebensweltbetrachtung dadurch zur Geltung zu bringen, daß die drei von Habermas (1981b) herausgearbeiteten "strukturellen Komponenten der Lebenswelt" genannt werden - Kultur, institutionelle Ordnung und Persönlichkeit. Diese drei Komponenten sind gleichsam die Folie, auf der sich die lebensweltliche Verankerung von Policies bzw. Strategien ablesen läßt. Bildlich gesprochen kann man sagen, daß die hier genannten Elemente die "Rückseite" des Dreieckes in der Mitte der Abbildung darstellen, während sich an der "Vorderseite" all jene Aspekte zeigen, die sich aus einer Außenperspektive beobachten lassen: die Führungsstrukturen (vgl. Kirsch & Obring 1993: 225).

Die Problematik dieser Darstellungsweise liegt nicht in dieser, im Rahmen eines zweidimensionalen Schaubildes sicherlich immer etwas gewagten Vorderseiten/Rückseiten-Konstruktion, sondern in der Tatsache, daß die strukturelle Beschreibung der Lebenswelt eine Beschreibung aus der *Außenperspektive* des Wissenschaftlers ist. Dieser Einwand ist auch gegen Habermas vorgetragen worden, der für den hier interessierenden Teil des Bezugsrahmens ja als Pate dient: Auch bei ihm geht es um eine Theorie *der* Lebenswelt und ihrer *Funktionen* für die soziale Reproduktion (vgl. Misgeld 1985: 63). Die Lebenswelt wird zwar, auf

78. Weitergehende Auseinandersetzungen mit der System/Lebenswelt-Unterscheidung und den Implikationen für die Theoriekonstruktion finden sich in zu Knyphausen (1988: 81 ff.), Kirsch (1992: 119 ff.) sowie Kirsch et al. (1993a).

der Ebene der Teilnehmer dieser Lebenswelt, durch den kulturell überlieferten und sprachlich organisierten Vorrat an Deutungsmustern sowie durch den Fundus gemeinsamer Normen und individueller Fertigkeiten charakterisiert, vor deren Hintergrund dann Ausschnitte der Lebenswelt thematisiert und problematisiert werden können. Gerade diese Ebene der Teilnehmer aber müsse, so Habermas (1981b: 206), *überwunden* werden, wenn es darum geht, den Begriff der Lebenswelt für eine Abgrenzung des sozialwissenschaftlichen Objektbereichs heranzuziehen (vgl. hierzu und zum folgenden Joas 1986: 167 f.). Das könne zunächst dadurch geschehen, daß man an alltagsweltlichen Erzählungen ansetzt, in denen die Erzähler ihre eigene Rolle gleichsam *objektivieren* müssen. Wirkliche theoretische Fruchtbarkeit ließe sich aber erst gewinnen, "wenn es gelingt, daraus ein Bezugssystem für Beschreibungen und Erklärungen zu entwickeln, die eine Lebenswelt im ganzen, und nicht nur Begebenheiten betreffen, die sich in ihr zutragen. Während sich die narrative Darstellung auf Innerweltliches bezieht, soll die theoretische Darstellung die Reproduktion der Lebenswelt selbst erklären" (Habermas 1981b: 207). Ergebnis dieses Objektivierungsversuches ist die Behauptung, die Lebenswelt erfülle die Funktionen der kulturellen Reproduktion, der sozialen Integration und der Sozialisation. Und das strukturelle Pendant dazu sind dann eben die genannten Komponenten: Kultur, Institutionelle Ordnung (bei Habermas: Gesellschaft) und Persönlichkeit.

Die hier auf Habermas bezogenen Überlegungen lassen sich auf den vorgeschlagenen Bezugsrahmen zu einer Theorie der strategischen Unternehmensführung direkt übertragen. Auch in diesem Kontext muß auf die Notwendigkeit verwiesen werden, immer wieder in die Binnenperspektive des Teilnehmers eines Unternehmens, eines sozialen Systems zu wechseln; anders ließen sich die Erkenntnisse und Erfahrungen nicht gewinnen, die man braucht, um das theoretische Kategoriengerüst auszufüllen, also zum Beispiel Aussagen zu machen, ob die rekonstruierten Policies "adsorbiert", "absorbiert" oder "resorbiert" sind (vgl. oben, Kap. 4.41). Die Zuordnung zu dem theoretischen Kategoriengerüst selber ist aber etwas, was aus der *Außenperspektive* vorgenommen wird, eben der Außenperspektive *des Theoretikers*. In bezug auf das System, für das man sich theoretisch interessiert (Unternehmen, Allianzen etc.),[79] besteht mithin, bei aller Auf-

79. Diese Einschränkung soll dem Einwand vorbeugen, daß der Theoretiker sich immer, wenn er "theoretisiert", selbst in der Binnenperspektive seiner eigenen Lebenswelt befindet. Joas (1986: 169) und Schnädelbach (1986: 28 ff.) folgern daraus, daß auch für den Theoretiker die Lebenswelt letztlich unhintergehbar sei - und man deshalb auf eine außenperspektivisch ansetzende Systembeschreibung à la Habermas gleich ganz verzichten könne.

geschlossenheit für binnenperspektivische Beobachtungen, doch ein Bias in Richtung Außenperspektive; *dafür handelt es sich nun einmal um Theorie.*

Freilich ist im Rahmen einer selbstreferentiellen Theoriekonstruktion zu berücksichtigen, daß der Bezugsrahmen, um den es hier geht, in die Praxis, über die sie spricht, eindringen und sich kommunikationsprägend auswirken kann. Das muß allerdings nicht mit einem Umschlag von der Außen- in die Binnenperspektive des Teilnehmers zusammenhängen. Zwischen Operation (Praxis) und Beobachtung (Theorie) bleibt immer eine Differenz bestehen. Das heißt hier: Man kann kommunizieren; die Interpretation dieser Kommunikationen in den Kategorien des Lebensweltkonzeptes und seiner strukturellen Komponenten ist aber immer etwas, was der Kommunikation selber äußerlich bleibt, eben Bestandteil einer (theoretischen) Beobachtung und nicht operativer Vollzug (Praxis) ist. Auch unter diesem komplizierenden Gesichtspunkt gilt also, daß *alle* Elemente des theoretischen Bezugsrahmens letztlich Bestandteil einer außenperspektivischen Beobachtungsweise sind. Die Darstellung in Abbildung 24 - die, um es zu wiederholen, auch *binnen*perspektivische Aspekte zur Geltung bringen soll - kann insofern zu einer Fehlinterpretation führen, die man vermeiden sollte.[80]

(2) Die zuletzt angesprochenen Aspekte betreffen schon die Frage, in welchem Verhältnis die in der Theorie verwendeten Kategorien und Begriffsmuster und die in der Praxis verwendeten Kategorien und Begriffsmuster zueinander stehen. Diese Frage wird in traditionellen Theorieangeboten nicht behandelt. Gerade in der empirisch ausgerichteten Forschung wird regelmäßig der Versuch unternommen, "operationale" Begriff zu finden, die eine Messung bestimmter, theoretisch interessierender Sachverhalte zulassen. Es handelt sich also um Beobachterkonstrukte, die nach den Kriterien eines aus der Außenperspektive ansetzenden Theoretikers gebildet werden. Kirsch et al. (1993b: 322 ff.) ziehen als Beispiel Forschungen heran, die sich mit der Messung von *Performancewirkungen* strategischer Manöver beschäftigen. Ihre These ist, daß diese Forschungen insofern "blinde Flecke" aufweist, als nicht berücksichtigt wird, welche Erfolgsmaßstäbe in der Praxis selbst Verwendung finden. Es könne durchaus sein, daß diese Maßstäbe von den Maßstäben des Theoretikers abweichen. Man solle deshalb auch begrifflich zwischen der Performance und dem Erfolg des Unternehmens unter-

80. Die vorstehenden Ausführungen sind übrigens auch für die These der *Inkommensurabilität* von Lebens- und Sprachformen relevant. Die Feststellung der Inkommensurabilität ist immer eine außenperspektivische Beobachtung; in dem Moment, in dem man selber kommuniziert (sich also in der Binnenperspektive eines Teilnehmers befindet), geht man aber gerade von der Fiktion einer *Gemeinsamkeit* des lebensweltlichen Bezugssystems aus (vgl. Habermas 1984a: 180).

scheiden. Die *Performance* bezeichne Fremddefinitionen der Unternehmensleistung aus der Außenperspektive des Wissenschaftlers, *Erfolg* dagegen Eigendefinitionen aus der Binnenperspektive des Unternehmens selbst. Erst wenn diese Unterscheidung getroffen sei, könne man dann wieder fragen, wie beides zusammenhänge, wie also die Eigendefinitionen durch Fremddefinitionen von Wissenschaftlern oder Beratern beeinflußt werden (und umgekehrt).

Die hier eingenommene Position entspricht jener Sichtweise, die auch in der vorliegenden Arbeit immer wieder eingenommen worden ist. Gerade deshalb ist aber die Bemerkung angebracht, daß *nicht alle* Kategorien und Begriffsmuster, die theoretisch relevant sind, an den Verwendungsweisen in der Praxis relativiert werden können. Kirsch et al. interessieren sich für das Konzept des Erfolgspotentials und fragen nach den kategorialen Pendants in der Unternehmenspraxis. Gleichzeitig werden aber zum Beispiel die anspruchsvollen Bedingungen, die es einem Beobachter erlauben, von (einer) "Strategie(n) *des* Unternehmens" zu sprechen, *nur* aus der Außenperspektive einer sich besonders anspruchsvoll und reflektiert darstellenden Theorie der strategischen Unternehmensführung festgelegt. Warum sollte man nicht den Aussagen eines Managers in einem Zeitschrifteninterview trauen, die beteuern, es *gebe* eine Strategie des Unternehmens, die man zusammen mit einem Beratungsunternehmen formuliert hätte und die sehr wohl "operativ wirksam" sei? Offensichtlich ist man hier geneigt, tiefergehende Fragen zu stellen, das heißt das Reflexionspotential der Wissenschaft zu nutzen und vor diesem Hintergrund "kritisch" an die Selbstbeschreibungen der Praxis heranzugehen. Genau dies könnte man aber auch den "Performance"-orientierten Forschungen zugute halten. Die Kritik an ihrer Vorgehensweise ist insofern vielleicht doch etwas einseitig. Zumindest bedarf sie ihrerseits der Reflexion.

Die Reflexion kann (wieder einmal) an dem Umstand ansetzen, daß *jede* Beobachtung blinde Flecke aufweist: Man sieht, was man sieht, aber man sieht nicht, was man nicht sieht (von Foerster 1985: 26). Im vorliegenden Zusammenhang bedeutet dies, daß zu einem gegebenen Zeitpunkt einige, aber nicht alle Begriffskategorien und Festlegungen problematisiert werden können. Es gibt immer einen Hintergrund, ohne den es nicht möglich wäre, etwas in den Vordergrund zu schieben, also zum Gegenstand einer Problematisierung zu machen. Gegenüber dem, was problematisiert wird, bleibt der Hintergrund äußerlich. Dem Theoretiker geht es hier nicht anders als anderen Beobachtern. Er hat einen theoretischen Bezugsrahmen, der als Kontext dient, um die ihn interessierenden Fragen zu stellen. Kirsch und Mitarbeiter besitzen Vorstellungen darüber, was man mit dem Begriff des "Strategischen", mit "Strategie" und mit "strategischen Manövern" verbinden sollte, und das dient ihnen als Rahmen dafür, um den Begriff der Performance zu problematisieren und zu fordern, sich auch die Binnenperspektive der Teilnehmer eines Systems zu eigen zu machen. Der Rahmen selbst bleibt aber eben außen vor - wenn dem nicht so wäre, wäre keine Beobachtung möglich.

Zusammenfassend kann gesagt werden, daß es für einen beobachtenden Theoretiker nicht möglich wäre, die Binnenperspektive eines Systems einzunehmen, wenn es nicht gleichzeitig immer auch eine Außenperspektive gäbe, die Halt verspricht. Vielleicht kann man dies als Ausdruck der Komplementarität von System und Lebenswelt, von Teilnehmerperspektive und Außenperspektive der Beobachtung interpretieren. Allerdings dürfte auch hier letztlich ein Bias in Richtung Außenperspektive bestehen - aus den Gründen, die am Schluß von (1) angesprochen worden sind.

(3) Wenn man zwischen einer Binnen- und einer Außenperspektive der Beobachtung von sozialen Systemen unterscheiden will, liegt es, auf den ersten Blick wenigstens, nahe, nach den *Grenzen* dieser Systeme zu fragen. Wenn die Grenzen weit gesteckt sind, sind auch viele Beobachter in das System einbezogen, und für diese Beobachter ist das, was geschieht, zum System gehörig, Gegenstand einer binnenperspektivisch ansetzenden Beobachtung. Bei einer engen Grenzziehung ist das Gegenteil der Fall. In dieser Situation besteht die Notwendigkeit, die Systemgrenzen näher zu bestimmen, wenn die Unterscheidung zwischen Binnen- und Außenperspektive hinreichende Klarheit besitzen soll.

Kirsch (1992: 128 f.) macht, wie andere Organisationstheoretiker auch (siehe z. B. Vanberg 1983), die Grenzen einer Organisation an der Existenz einer *Verfassung* fest. Die Verfassung regelt in erster Linie Autorisierungsrechte, die in einem engen Zusammenhang mit der Zuteilung des Mediums "Amtsmacht" stehen. Die Entscheidung zur Mitgliedschaft in der Organisation bedeutet, sich diesen Autorisierungsrechten zu unterwerfen, das heißt Entscheidungen, die als für die Organisation verbindlich ausgezeichnet werden, letztlich auch zu akzeptieren (vgl. Teubner 1987a: 117 f.).

Angesichts der in Kapitel 4.4 eingeführten Unterscheidung zwischen *formulierten* und *formierten* Strategien und der These eines Primats *formierter* Strategien ist diese Festlegung von Systemgrenzen offenkundig nicht sehr befriedigend. Die durch die Verfassung festgelegten Entscheidungs- bzw. Autorisierungsrechte können dazu genutzt werden, *formulierte* Strategien zu verabschieden, aber dies ist eben annahmegemäß nicht alles: Es gibt zum Beispiel auch Strategien *für* die Organisation, die von Aktoren eingebracht werden, die der Verfassung der Organisation gerade *nicht* unterliegen - zum Beispiel von Bankenvertretern. Wenn man also formierte Strategien von Unternehmen erfassen will und hierfür die Einnahme einer Binnenperspektive für unabdingbar hält (Strategien sind ex definitione binnenperspektivische Konstrukte!), dann müssen die Grenzen des Systems über den Geltungsbereich der Verfassung ausgedehnt werden. Hierzu bietet sich der Begriff des *organisatorischen Feldes* an (vgl. Kirsch 1992: 129). Dieser Begriff ist offen genug, um verschiedene Typen sozialer Systeme (z. B. "Gruppen", "Kollektive", "Koalitionen" etc.) einzuschließen, auf die der Theoretiker sich je nach Untersuchungszusammenhang in spezifischer Weise beziehen kann. Eine besondere Rolle spielt hier sicherlich die "Kontextgemeinschaft", die all jene Aktoren umfaßt, "die eine spezifische Lebens- und Sprachform und insofern einen spezifischen Kontext teilen" (ebenda).

Eine Kontextgemeinschaft hat freilich ihrerseits offene Grenzen. So, wie sie gerade eben definiert worden ist, ist sie vermutlich empirisch irrelevant: Man muß zulassen, daß Kontextgemeinschaften Lebens- und Sprachformen umfassen, die zumindest inhomogen, wenn nicht gar in Teilbereichen inkommensurabel sind. Der Begriff der Kontextgemeinschaft nähert sich auf diese Weise letztlich wieder dem Begriff der Lebenswelt an, der seinerseits verschiedene *Typen* der Lebenswelt umfaßt. In Kapitel 4.41 wurde zum Beispiel unterschieden zwischen der *originären* und der *derivativen* Lebenswelt einerseits und der *organisatorischen* Lebenswelt andererseits. Der Begriff der *organisatorischen* Lebenswelt ist problematisch, weil er wieder den Begriff der *Organisation* voraussetzt (siehe oben). Der Begriff der *derivativen* Lebenswelt ist hier sicherlich befriedigender; nur muß man sich dabei im klaren sein, daß diesem Begriff auch Teile der Wissenschaft subsumiert werden können, wird doch hier ein Teil jener Praktiken vermittelt, die eine derivative Lebenswelt ausmachen. Sobald man aber die Wissenschaft mit einbezieht, wird es wieder schwieriger, zwischen einer außenperspektivischen Beobachtung und einer binnenperspektivischen Beobachtung des Theoretikers zu unterscheiden. Und das war doch wohl der Ausgangspunkt der Überlegungen gewesen ...

Es ist angesichts der hier auftauchenden Schwierigkeiten wohl kaum möglich, die Unterscheidung zwischen einer Binnen- und einer Außenperspektive der Beobachtung an den Grenzen eines Systems festzumachen: Man muß versuchen, andere Bedingungen zu finden, die diese Unterscheidung absichern. Kirsch (1992: 120 ff.) hat hierzu Vorschläge entwickelt, die die Theoriebildung vorantreiben, gleichzeitig aber auch zu erheblichen Relativierungen führen und die Tragfähigkeit der Unterscheidung in Zweifel ziehen. In dem Maße, in dem diese Unterscheidung als wichtiger Bestandteil des vorgeschlagenen Bezugsrahmens zu einer Theorie der strategischen Unternehmensführung angesehen wird, wäre hier eine festere Basis sicherlich wünschenswert. Weitere Grundlagenarbeiten sind deshalb erforderlich.

4.52 Zur Epistemologie des Radikalen Konstruktivismus

Die Unterscheidungen zwischen Binnen- und Außenperspektive bzw. zwischen Lebenswelt und System, die in dem von Kirsch und Mitarbeitern vorgeschlagenen Bezugsrahmen zu einer Theorie der strategischen Unternehmensführung eine so prominente Rolle spielen, sind wesentlich beeinflußt worden durch den Theorieansatz von J. Habermas (1981a, b), der diese Differenzen auf der Ebene der Gesellschaftstheorie zu einer Einheit bringen will. Sie sind aber auch kompatibel mit Ansätzen zur Thematisierung der Beobachterproblematik, die durch die neuere Systemtheorie sowie die Epistemologie des "Radikalen Konstruktivismus" vorgelegt worden sind. Die neuere Systemtheorie ist in der vorliegenden Arbeit - insbesondere in den Kapiteln 4.1 bis 4.3 - schon in starkem Maße behandelt und auf ihr Potential für die Theoriebildung befragt worden. In Anbetracht des im Vergleich zur Systemtheorie insgesamt doch stärkeren Bekenntnisses von Kirsch zur Epistemologie des Radikalen Konstruktivismus ist es aber vielleicht angebracht, sich auch mit den hiermit verbundenen Implikationen auseinanderzusetzen und zu sehen, was man hieraus lernen kann. Abschnitt (1) interpretiert knappe Formulierungen, die sich in den Arbeiten von Kirsch (1992: 503, 1993b: 558) finden. Abschnitt (2) behandelt in kritischer Weise den "neuen Pragmatismus", der mit dem Radikalen Konstruktivismus verbunden ist, und Abschnitt (3) fragt schließlich nach Konsequenzen für die Konzeption einer empirischen Forschung im Bereich der Strategischen Unternehmensführung.

(1) Die zentrale Aussage des sogenannten "Radikalen Konstruktivismus" (Schmidt 1987a, 1992) besteht sicherlich darin, daß die Realität, wenn es sie gibt, für uns als Menschen nicht zugänglich ist; wir können nur *Konstruktionen* der Welt anfertigen, an denen wir uns orientieren und die *für uns* die Welt *sind.* Wie Kirsch (1992: 503) schreibt: "Die verschiedenen Konstruktionen der Welt können funktionieren oder nicht. Das wird bei Glasersfeld (1985) durch die folgende Metapher erläutert: Jemand, der durch den Wald läuft, kann über eine Konstruktion der Welt verfügen, die ihn in die Lage versetzt, durch den Wald zu kommen, ohne gegen Bäume zu laufen. Demgegenüber mag sich ein anderer mit seiner Konstruktion der Welt ständig eine blutige Nase holen. Man kann dann zwar nicht sagen, daß die erste Konstruktion der Welt ein 'wahres' Abbild des Waldes ist und die zweite nicht. Man kann nur sagen, unter bestimmten Bedingungen funktioniere die erste Konstruktion der Welt besser als die zweite."

Die hier skizzierte Sichtweise hat Bedeutung sowohl für die Theorie als auch für die Praxis. Was die Theorie angeht, so macht sie Schluß mit der Vorstellung, die Forschung können wahre Aussagen über die Welt generieren bzw. theoretische Hypothesen an der Realität testen. Die Theorie kann nur Modelle bereitstellen, die es dem Theoretiker - oder einem anderen Beobachter, der sich das Modell zu eigen macht - erleichtern, sich in der Welt zu orientieren. In Zusammenhängen der "Praxis" ist die Situation nicht anders: Auch hier stehen die Akteure ("Manager") nicht einer Realität gegenüber, die sie begreifen können oder nicht; auch hier handelt es sich um kognitive Konstruktionen, die funktionieren können oder nicht, über die Welt "an sich" aber eben keinerlei Gewißheit vermitteln.

Freilich, was heißt es, daß eine Weltkonstruktion "funktioniert" oder "nicht funktioniert"? Heißt das, daß man, auch wenn man die Welt "an sich" nicht kennt, doch erfolgreich in sie eingreifen kann, und daß das entscheidende Kriterium zur Beurteilung einer Weltkonstruktion darin liegt, inwieweit sie eine Orientierung dafür gibt, Eingriffe in die Welt erfolgreich durchzuführen? Entwirft auch der Konstruktivismus - und die Theorie der strategischen Unternehmensführung, die auf einer solchen Epistemologie aufbaut - unter der Hand eine Welt, die sich nach dem Modell einer "Trivialmaschine" (H. von Foerster) formen läßt, einer Maschine, die in der Tat "funktioniert"? Handelt es sich um einen Rückfall in ein kognitiv-instrumentelles Rationalitätsmodell, wie es in Kapitel 3.3 (kritisch) beschrieben worden ist?

All diese Fragen lassen sich nur dadurch entschärfen, daß man nicht nur die Sachdimension, sondern auch die Sozial- und die Zeitdimension des Handelns und Beobachtens berücksichtigt (vgl. zur Unterscheidung dieser Dimensionen oben, Kap. 4.23).

Sozialdimension heißt hier, daß man beobachtet, *aus wessen Perspektive* eine Konstruktion der Welt funktioniert oder nicht funktioniert. *Wer beobachtet?* Eine weitverbreitete, vor allem in den USA ansässige Theorietradition macht sich bekanntlich die Perspektive des *Managements* zu eigen (vgl. oben, Kap. 3.2); die Konsequenz ist dann ein Steuerungsmodell der Organisation, das durchaus die angedeutete Ähnlichkeit mit einem Maschinenmodell besitzt (siehe zur Kritik Malik 1984, Schimank 1987, Wimmer 1989 u. a. m.). Die Alternative ist, *mehr Perspektiven zuzulassen*, sich positiv auf die Produktion von Komplexität einzustellen (vgl. oben, Kap. 4.32). Aus jeder Perspektive wird sich das, was "funktioniert", anders darstellen. Die Theorie sollte diese Vielfalt aufnehmen und sehen, welche Möglichkeiten sich aus der Konfrontation und/oder Relationierung dieser Perspektiven ergeben. Steuerungsabsichten sind damit nicht mehr leicht zu realisieren, aber es besteht die Chance, daß "bessere", kreativere Problemlösungen erarbeitet werden können. Es ist *diese* Grundeinstellung, die auch die Konstruktion des vorgeschlagenen Bezugsrahmens zu einer Theorie der strategischen Unternehmensführung prägt.[81]

Eine Berücksichtigung der *Zeitdimension* bedeutet, in Rechnung zu stellen, daß Modelle bzw. "Konstruktionen" der Welt nicht hier und jetzt funktionieren müssen, sondern als Option für die Zukunft zur Verfügung stehen. Der vorgeschlagene Bezugsrahmen beinhaltet als ein wesentliches Element die Idee einer "Ökologie von Ideen", die aufgegriffen werden können, sobald dies aus der Perspektive eines fokalen Systems Sinn macht. Jede Konstruktion der Welt - einschließlich einer Konstruktion, wie sie durch den vorgeschlagenen Bezugsrahmen zur Verfügung gestellt wird - erweitert den "Pool" einer solchen Ökologie der Ideen. Ob eine bestimmte Konstruktion aufgegriffen wird, ist eine Frage evolutionärer Prozesse; sie kann a priori nicht beantwortet werden. Einmal mehr zeigt sich damit, daß "funktionieren" nicht in einem vordergründig-instrumentellen Sinne begriffen werden muß - und daß der vorgeschlagene Bezugsrahmen dies auch nicht tut.

(2) Die Orientierung an "funktionierenden" Konstruktionen der Welt, die für den Radikalen Konstruktivismus und darauf aufbauende theoretische Bezugsrahmen kennzeichnend ist, legt eine Abkehr von klassischen Erkenntnisidealen nahe. "Denn", so beschreibt Schmidt (1987b: 37 f.) die sich abzeichnende Grundposition, "wenn die Idee der Erkennbarkeit einer absoluten Wirklichkeit ihren Sinn verliert, kann das Streben nach absoluter Wahrheitserkenntnis nicht mehr - wie noch heute in der sogenannten Grundlagenforschung oder reinen (sic!) Forschung - als Legitimation wissenschaftlicher Tätigkeit dienen. Vielmehr muß sich jede Forschungstätigkeit in jedem Falle hinsichtlich ihres Nutzens für menschliches Leben ausweisen. In diesem Sinne vertritt der Radikale Konstruktivismus ein pragmatisches Wissenschaftskonzept". Das läßt sich, so scheint es, auf die Managementlehre direkt übertragen. So heißt es jedenfalls bei H. Ulrich (1984: 203): "Nicht die Wahrheit wissenschaftlicher Aussagen ist das Regulativ des Prozesses angewandter Forschung, sondern der Nutzen der zu erschaffenden Entwürfe für die Praxis."

Bedeutet der hier aufscheinende "neue Pragmatismus" (H. Ulrich) am Ende, so paradox es klingen mag, eine Rückwendung zu jener Art Wissenschaftspragmatismus, wie er in Kapitel 4.11 als typisch für die empirisch ausgerichtete amerikanische Forschung zur Theorie der strategischen Unternehmensführung beschrieben und kritisiert worden ist? Die Ausführungen unter (1) sollten deutlich

81. Zu den hier aufscheinenden Parallelen der Möglichkeiten einer Komplexitätshandhabung in Theorie und Praxis vgl. noch einmal oben, Kap. 4.34.

machen, daß dies zumindest nicht der Fall sein *muß*. Völlig entledigen kann man sich des Verdachts aber wohl erst, wenn man die Epistemologie des Radikalen Konstruktivismus konsequent mit einer Theorie sozialer Systeme verbindet (vgl. oben, Kap. 4.12). Diese Theorie macht darauf aufmerksam, daß Beobachterkonstruktionen nicht ganz unabhängig sind von den spezifischen Eigenlogiken jener sozialen Systeme, in denen sie vorkommen. Die von einem Wissenschaftler unter Beachtung von wissenschaftssystemimmanenten Regeln konstruierten Modelle mögen der Orientierung der Wissenschaftler selber dienen, aber daraus folgt noch lange nicht, daß diese Modelle für die Unternehmenspraxis - für Organisationssysteme also, die unter den Bedingungen des Wirtschaftssystems operieren, gleichzeitig aber auch selbst spezifische Regeln konstituieren, die die Operationsweisen der und in der Organisation steuern - unmittelbar "nützlich" sein müssen. Auf der Grundlage des Radikalen Konstruktivismus angefertigte Weltbeschreibungen sind hier gegenüber Konstruktionen, die auf anderen epistemologischen Positionen aufbauen, nicht in einer grundsätzlich privilegierten Situation: Auch sie können ihre eigene Nützlichkeit nicht herbeireden, sondern nur Beiträge zur Ökologie der Ideen leisten, über deren Nutzung dann nach systemeigenen Kriterien entschieden wird - zum Beispiel nach Maßgabe der Interessen, an denen die relevanten Akteure ihr eigenes Handeln orientieren.

(3) Die Abgrenzung der Epistemologie des Radikalen Konstruktivismus von Positionen, die sich an der Existenz einer "real" gegebenen, objektiven Welt orientieren, läßt natürlich die Frage aufkommen, welche Rolle vor dem Hintergrund einer solchen Erkenntnistheorie die empirische Forschung noch spielen kann. Konkreter: Bedeutet die Entwicklung eines Bezugsrahmens für die Theorie der strategischen Unternehmensführung, der auf der Epistemologie des Radikalen Konstruktivismus aufbaut, etwa das Ende all jener Forschungsbemühungen, wie sie gerade für den amerikanischen "Mainstream" der letzten dreißig Jahre typisch gewesen sind? Ist der Versuch, Theorien empirisch abzutesten, grundsätzlich ein sinnloses Unterfangen? Die Ausführungen von Kirsch (1993a: 134 ff.) und Kirsch und Obring (1993: 284 ff.) zeigen, daß, bei aller Kritik an den existierenden empirischen Arbeiten, eine positive Antwort auf diese Fragen weit über das Ziel hinaus schießen würde, empirische Forschung also nach wie vor als wichtiger Bestandteil der Forschungsarbeit angesehen wird. Diese Sichtweise sollte allerdings durch eine entsprechende Position des Radikalen Konstruktivismus - der, um es noch einmal zu sagen, eine wichtige Grundlage des von Kirsch und Mitarbeitern vorgeschlagenen Bezugsrahmens darstellt - abgesichert werden.

Am ausführlichsten mit dem konstruktivistischen Verständnis empirischer Forschung hat sich wohl G. Rusch (1987) beschäftigt. Schon auf der Ebene der "alltagsweltlichen" Erfahrung unterscheidet er zwischen ontologischem und empirischem Wissen. "Unter *ontologischem* Wissen versteht er .. das Realitäts- oder Weltwissen, das wir in unseren Konzeptionen von Objekten, Zuständen, Ereignissen, Folgen von Ereignissen usw. nach zeitlichen, räumlichen, konditionalen oder kausalen Aspekten organisiert haben. Wenn wir nun - systematisch oder unsystematisch - erproben, welche Folgen, Resultate und Konsequenzen die Konstruktion dieser Objekte und Ereignisse im Prozeß unserer Kognition bezogen auf uns zeitigt, dann entsteht *empirisches* Wissen: empirisches Wissen ist operationales, an Tätigkeiten oder Handlungen gebundenes Wissen. Empirisches Wissen wird dadurch ausgedrückt, daß wir die Arten und Weisen beschreiben, in denen unsere Tätigkeiten uns selbst, unsere Denk- und Handlungsmöglichkeiten betreffen: 'In diesem Sinne ist empirisches Wissen Erfahrungswissen. Indem wir in den Begriffen unserer Kognition erleben, was uns während und infolge unserer Tätigkeiten widerfährt, machen wir Erfahrungen. Und nur diese Erfahrungen machen unser empirisches Wissen aus' (a. a. O., 242)'" (Schmidt 1987b: 36; Hervorh. hinzugefügt, Quellenhinweis aktualisiert).

Nach diesen Bestimmungen ist empirisches Wissen personen- oder subjektbezogenes, nicht aber "realitätsbezogenes" Wissen. Das schließt freilich die Erfahrung nicht aus, daß andere Personen parallele Erfahrungen, ein paralleles empirische Wissen besitzen. Aus der Perspektive des Subjekts ist daher empirisches Wissen durchaus *intersubjektivierbar*. Je mehr dies der Fall ist, desto mehr Vertrauen kann der Einzelne zu seinem Erfahrungswissen gewinnen. Als empirisches Wissen kann deshalb letztlich nur das Wissen angesehen werden, *das wir mit anderen teilen* (vgl. Schmidt 1987b: 37).

Wann kann man von einem *wissenschaftlichen Erwerb* empirischen Wissens sprechen? Rusch (1987: 262 f.) nennt hierfür folgende Bedingungen: "[a] [D]ie Ziele des Wissenserwerbs müssen explizit sein, ihre Verfolgung sollte als sinnvoll oder nützlich plausibel gemacht werden können; [b] es müssen explizite Bedingungen dafür angegeben werden, wann ein Ziel als erreicht gilt; [c] die zielorientierten Strategien, Verfahren usw. müssen (sprachlich) explizierbar und in geeigneter Form dokumentiert sowie intersubjektiv lehr- oder lernbar sein; [d] die entwikkelten Strategien und Verfahren müssen daraufhin geprüft werden, ob die intendierten Ziele durch ihre Anwendung in entsprechenden Handlungszusammenhängen intersubjektiv erreicht werden können; [e] diese Prüfverfahren müssen intersubjektiv ausführbar, lehr- und lernbar sowie intersubjektiv zugänglich dokumentiert werden" (Schmidt 1987a: 37).

Das Interessante an den hier genannten Bedingungen ist, daß sie sich letztlich nicht von dem unterscheiden, was auch im Rahmen der "normalen" empirischen

Forschung als Grundvoraussetzung wissenschaftlichen Arbeitens angesehen wird. Trotz alle Unterschiede in der zugrundeliegenden Epistemologie sieht, auf den ersten Blick wenigstens, eine konstruktivistisch angeleitete empirische Forschung *im Ergebnis* auch nicht wesentlich anders aus, als man dies zum Beispiel aus den in Kapitel 2 (oben) angeführten Arbeiten zur Strategischen Unternehmensführung kennt. Auf den zweiten Blick bedürfen allerdings zwei Aspekte zumindest einer besonderen Betonung.

Zum einen muß, vor dem Hintergrund der Bemerkungen unter (2), darauf hingewiesen werden, daß eine empirische Untersuchung sozialer Systeme nur dann sinnvoll ist, wenn man ein Wissen über die Eigenlogik der "Weltkonstruktionen" dieser Systeme und in diesen Systemen besitzt. Die empirische Forschung kann es also bei einer außenperspektivischen Betrachtung nicht bewenden lassen; sie muß vielmehr wenigstens zeitweise sich auch die Binnenperspektive der Teilnehmer dieser Systeme zu eigen machen. Das entspricht auch der These von der Komplementarität von System und Lebenswelt, oder wie man hier etwas spezifischer sagen kann: zwischen dem *Erklären* und dem *Verstehen* eines sozialen Systems (vgl. Kirsch 1992: 126 und 365 ff. mit der dort angegebenen Literatur). Das Verstehen eines sozialen Systems ist dabei freilich ein zeitaufwendiges Unterfangen, das unter forschungspragmatischen Gesichtspunkten gesehen auf eine beschränkte Zahl von Fällen konzentriert werden muß. Das sich auch in der amerikanischen Forschung langsam durchsetzende Plädoyer für den Fallstudienansatz (vgl. oben, Kap. 2.62) erfährt daher von hier aus noch einmal eine Unterstützung.

Zum anderen erhält gerade dann, wenn das "Verstehen" eines sozialen Systems (einer Organisation) eine Rolle zu spielen beginnt, das Problem der *Reflexion der Anwendungsbedingungen* seine Virulenz. Jede Teilnahme am System verändert auch das System. In besonders starkem Maße ist dies bei *Aktionsforschungsprojekten* der Fall, wie sie in Kapitel 4.13 beschrieben worden sind. Die Reflexion der Anwendungsbedingungen ist hier konstitutiver Bestandteil der Projektorganisation. Insbesondere geht es darum, tatsächlich *Erfahrungen* mit theoretischen Modellen, mit spezifischen Weltkonstruktionen zu machen. Ob man diese Art der Forschung immer noch in einem Atemzug mit der traditionell durchgeführten empirischen Forschung nennen will, mag hier dahingestellt bleiben.

Zusammenfassend kann festgestellt werden, daß ein theoretischer Bezugsrahmen zur Theorie der strategischen Unternehmensführung, der auf einer Epistemologie des Radikalen Konstruktivismus aufbaut, nicht das Ende der empirischen Forschung impliziert. Vielleicht muß man einige Vorgehensweisen und Forschungsmethoden etwas verändern; grundsätzlich aber wird es als sinnvoll angesehen, theoretische Hypothesen einem Test an konkreten Handlungszusammenhängen auszusetzen. In Kapitel 4.6 wird darauf noch ausführlich zurückzukommen sein. Im folgenden soll aber erst einmal die methodologische Ebene der Diskussion des von Kirsch und Mitarbeitern vorgeschlagenen Bezugsrahmens verlassen und statt dessen auf einige eher "metatheoretische" Aspekte eingegangen werden, die mit der Begriffsbildung und den damit verbundenen theoretischen Implikationen zusammenhängen.

4.53 Strategien und strategische Manöver

Die vermutlich wichtigste Begriffsentscheidung des hier zur Diskussion stehenden Bezugsrahmens liegt in der Unterscheidung zwischen Strategien auf der einen Seite und strategischen Manövern auf der anderen Seite. *Strategien* (Policies) bezeichnen Handlungsorientierungen, die nur aus der Binnenperspektive einer fokalen Lebenswelt zugänglich sind; *strategische Manöver* dagegen sind Erfolgspotentiale betreffende Aktivitäten, die aus der Außenperspektive des Systems beobachtet werden können. Die Unterscheidung dieser beiden Begriffe erlaubt es, auch empirisch die Hypothese zu vertreten, daß beides voneinander getrennt auftreten kann (vgl. oben, Kap. 4.42). Es ist also denkbar, daß sich strategische Manöver beobachten lassen, hinter denen keinerlei strategische Absicht steckt, genauso wie umgekehrt auch Handlungsorientierungen im Sinne von Strategien vorhanden sein können, aus denen keine beobachtbaren und hinreichend klar zuordenbaren Manöver folgen. Es ist diese Hypothese, die im folgenden erläutert, aber auch kritisch beleuchtet werden soll. Die Argumentation gliedert sich in drei Schritte.

(1) Zunächst ist die Frage zu beantworten, warum es möglich sein soll, daß aus Strategien keine strategischen Manöver folgen. Zumindest wenn man es mit Strategien *des* Unternehmens zu tun hat, hat man es - ex definitione (siehe oben) - mit Handlungsorientierungen zu tun, denen ein politischer Wille attribuiert wird, und es gibt ein gemeinsames Wissen darüber, daß dies der Fall ist. Warum sollten dann *trotzdem* keine beobachtbaren Handlungen im Sinne von strategischen Manövern damit verbunden sein? Warum sollten diese Handlungsorientierungen also nicht zu Prämissen von administrativen oder operativen Entscheidungen werden, deren Resultate dann auch an der Oberfläche sichtbar werden?

Kirschs Antwort ist recht simpel: "Wer das Ziel hat, an Gewicht abzunehmen, wird dennoch gelegentlich oder sogar häufig seinem Vorsatz untreu. In Organisationen können die geteilten Vorstellungen u. U. als Bestandteil der Rollen angesehen werden, die die relevanten Aktoren ausfüllen. Unternehmensstrategien sind dann an diesen Rollen festzumachen. Und das Verhalten der Aktoren muß keineswegs durch Konformität geprägt sein. Man wird wohl sagen müssen, daß Unternehmensstrategien erst dann vorliegen, wenn 'hinreichend häufig' die Maßnahmenentscheidungen durch diese geteilten Vorstellungen geprägt werden" (1993a: 60 f.).

Diese Antwort ist ersichtlich am Modell des individuellen Aktors orientiert. In der Tat ist in der Handlungstheorie lange die Frage diskutiert worden, ob man von der Intention aufs Handeln schließen darf. Autoren wie W. Dray (1957) oder G. H. von Wright (1974) sprechen hier von einer *intentionalistischen Erklärung*, die für die Sozial-, oder etwas enger: für die Geschichtswissenschaften konstitutiv sei, im Unterschied zu den Naturwissenschaften, wo man mit allgemeinen Gesetzeshypothesen argumentiere.[82] Nach Meinung von v. Wright und anderen sind im Falle einer intentionalistischen Erklärung allgemeine Gesetzeshypothesen nicht notwendig; mit Hilfe des auf Aristoteles zurückgehenden "Praktischen Syllogismus" könne man direkt von den Absichten auf das Handeln schließen, wenn auch nur *im Nachhinein*. Vertreter einer nomologischen Position (z. B. Tuomela 1978) bestehen demgegenüber auf solchen Gesetzeshypothesen, der Art etwa, daß jemand, der eine bestimmte Absicht hat, *nach Maßgabe von psychologischen, biologischen, physikalischen usw. Allgemeinsätzen* in einer der Absicht entsprechenden/nicht-entsprechenden Weise handelt (vgl. Stegmüller 1979: 113 ff.).

Wenn man sich an einem handlungstheoretischen Modell orientiert und die Umsetzung von Strategien in strategische Manöver für ein erklärungsbedürftiges Phänomen hält, bedeutet dies, sich im Prinzip der nomologischen Position anzuschließen. Freilich ist Kirsch keineswegs Verfechter eines szientistischen Wissenschaftsverständnisses; die Suche nach allgemeinen Gesetzeshypothesen gilt ihm in den Sozialwissenschaften als ein von vornherein verfehltes Unterfangen (vgl. Kirsch 1992: 367). Die Möglichkeit "abweichenden Verhaltens" muß dann auf anderem Wege erklärt werden. Eine Variante - die für den oben angesprochenen Fall einer beabsichtigten Gewichtsabnahme relevant ist - könnte darin bestehen, daß man auf *irrationales Handeln* verweist: Der Aktor hat einen Handlungsplan, aber er realisiert ihn nicht, weil er in der konkreten Situation die guten Vorsätze "vergißt" und zum Beispiel in alte Gewohnheiten zurückfällt.[83]

---

82. In einer anderen Formulierung kann man sagen daß es sich hier um eine rationale Rekonstruktion der Erklären/Verstehen-Kontroverse handelt, die ja - zumindest implizit - zum Ende von Kap. 4.52 angesprochen worden ist.
83. J. Elster (1987) würde im vorliegenden Zusammenhang eher von *Willensschwäche* sprechen und überlegen, in welcher Weise Aktoren Vorkehrungen treffen

Eine andere Alternative wäre zu fragen, ob nicht gerade das flexible Sich-einstellen auf die Gegebenheiten einer Situation Ausdruck eines *rationalen*, genauer: eines *okkasionell*-rationalen Handelns sein könnte (vgl. hierzu oben, Kap. 3.3). Der von Kirsch und Mitarbeitern vorgeschlagene Bezugsrahmen ist wohl offen genug, beide Alternativen in sich aufzunehmen.

Freilich liefern die am Modell des individuellen Aktors ansetzenden Überlegungen nur einen Teil der Erklärung, warum aus Strategien, wenn sie denn vorhanden sind, nur sehr bedingt entsprechende strategische Manöver folgen müssen. Organisationen sind Kollektivphänomene, in denen Verflechtungen und Vernetzungen eine Rolle spielen, die den Handlungshorizont der einzelnen Akteure schnell überschreiten (siehe Kap. 4.44, oben). Sie sorgen dafür, daß zwischen Intention und Ausführung ein "Unterbrechungsspielraum" eingebaut ist: Vieles kommt anders, als man sich das vorher gedacht hat, aus Gründen, die man nicht sich selbst, sondern der (internen und externen) Umwelt zurechnen kann oder muß. Diese Abkehr von einer voluntaristischen Sichtweise durchzieht wesentliche Teile des von Kirsch und Mitarbeitern vorgeschlagenen Bezugsrahmens. Sie bedarf jedoch im vorliegenden Zusammenhang noch einmal einer besonderen Betonung.

(2) Sind die vorstehenden Ausführungen zunächst einmal auf die Präzisierung von Positionen gerichtet, so kann auch kritisch gefragt werden, ob die Unterscheidung zwischen Strategien und strategischen Manövern in praktischen Forschungszusammenhängen tatsächlich durchgehalten werden kann. Wenn es möglich sein soll, den Zusammenhang zwischen Strategien und strategischen Manövern als erklärungsbedürftiges Phänomen zu begreifen und zum Gegenstand empirischer Analysen zu machen, muß vorausgesetzt werden, daß beides unabhängig voneinander beobachtet werden kann. Die Beobachtung strategischer Manöver scheint auf den ersten Blick nicht sehr problematisch zu sein, weil hier aus einer Außenperspektive heraus angesetzt werden kann. Ob und in welchem Sinne es sich dann tatsächlich um *strategische* Manöver handelt, dies zu beantworten setzt allerdings Interpretationsleistungen des Forschers voraus, die auch binnenperspektivische Momente in sich tragen und insofern auch problematisch werden können. Wie dem im einzelnen aber auch sei, es gibt zunächst keinen Anlaß zu vermuten, daß für die Beobachtung strategischer Manöver auf das Konstrukt der Strategie *zurückgegriffen* werden müßte.

Die "autonome" Rekonstruktion von Strategien könnte demgegenüber schon eher auf Schwierigkeiten stoßen. Der entscheidende Punkt besteht darin, daß

---

können, sich vor einem Nachgeben dieser Schwächen zu schützen, das heißt für ihn: *strategisch* zu handeln (vgl. hierzu auch oben, Kap. 2.21).

Strategien *authentisch* rekonstruiert werden müssen. Ansatzmöglichkeiten für eine Rekonstruktion von Strategien finden sich in den Aussagen von Führungskräften, die mündlich geäußert werden oder schriftlich in irgendwelchen Dokumenten festgehalten sind. Kirsch (1993a: 164 ff.) erinnert auch an die Verfahren einer Werteforschung, die hier möglicherweise heranzuziehen sind. Aber was gibt die Gewähr dafür, daß es sich hier nicht nur um "Lippenbekenntnisse" handelt? Woher kann der Forscher wissen, daß die relevanten Personen meinen, was sie sagen? Was ermöglicht ihm den Schluß, daß er es tatsächlich mit *Handlungsorientierungen* zu tun hat, die auch eine gewisse *Nachhaltigkeit* besitzen?

Die deutlichste Antwort auf diese Fragen erhält man, wenn man noch einmal einen Blick auf die Theorie des kommunikativen Handelns wirft, die J. Habermas (1981a, b) vorgestellt hat (vgl. zum folgenden oben, Kap. 3.3). Habermas unterscheidet zwischen drei Geltungsansprüchen, die im Zuge von Episoden kommunikativen Handelns erhoben werden: propositionale *Wahrheit*, *normative Richtigkeit* und *Wahrhaftigkeit*. Die ersten beiden Geltungsansprüche können, so Habermas, diskursiv eingelöst werden, das heißt man kann sich sprachlich darüber verständigen, ob die kognitiven Wissensbestandteile und normativen Handlungsregeln, die im kommunikativen Handeln vorausgesetzt werden, tatsächlich Anspruch auf Akzeptanz besitzen dürfen. Die Einlösung des Geltungsanspruchs der *Wahrhaftigkeit* bzw. *Authentizität* - jenes Geltungsanspruchs also, der hier ja von besonderem Interesse ist - unterliegt demgegenüber einer anderen Logik: "*Wahrhaftigkeitsansprüche können nur in Handlungszusammenhängen eingelöst werden.* Weder Verhöre noch analytische Gespräche zwischen Arzt und Patient dürfen im Sinne kooperativer Wahrheitssuche als Diskurse gelten. *Ob jemand seine Intentionen wahrhaftig ausdrückt oder in seinen manifesten Äußerungen die zugerechneten Intentionen bloß vorspiegelt (und sich in Wahrheit strategisch verhält), das muß sich, wenn wir die Interaktionen mit ihm nur lange genug fortsetzen, in seinen Handlungen zeigen*" (Habermas 1984a: 139; Hervorh. hinzugefügt).

Wenn man dieses Modell auf die Ebene der Organisation überträgt, sind Aussagen über die Authentizität von Handlungsorientierungen bzw. "Strategien" also nur möglich, wenn man zugleich auch die damit verbundenen "strategischen Manöver" betrachtet. Die Rekonstruktion einer Strategie ist, forschungspraktisch gesehen, *abhängig* von dem Konstrukt des strategischen Manövers, ein Umstand, der die Möglichkeit, *empirische Fragen* zum Zusammenhang zwischen Strategien und strategischen Manövern zu stellen, natürlich empfindlich stört. Etwas differenzierter formuliert: *Entweder* können Strategien authentisch rekonstruiert werden; dann muß auf strategische Manöver zurückgegriffen werden. *Oder* man sieht - vor dem Hintergrund etwa der Ausführungen in Abschnitt (1) -, daß zwischen Strategien und strategischen Manövern ein "Unterbrechungsspielraum" besteht, der einen empirisch abzutestenden Erklärungsbedarf zum Zusammenhang zwischen Strategien und Manövern aufkommen läßt; dann aber gibt es keine Gewähr dafür, daß das Authentizitätsproblem gelöst werden kann.

(3) Bei den zuletzt angestellten Überlegungen hat sich im Vergleich zu Abschnitt (1) der Argumentationszusammenhang implizit schon umgedreht: Während dort die Frage im Mittelpunkt stand, ob den Strategien strategische Manöver nachfolgen, ging es hier mehr und mehr um die Frage, ob Strategien strategischen Manövern "nachfolgen", oder etwas enger: ob sie aus ihnen "abgeleitet" werden können. Im Prinzip soll es auch hier um einen empirischen Zusammenhang gehen. Es wird, mit anderen Worten, als ein erklärungsbedürftiges Phänomen angesehen, ob "in und um die Organisation herum" (Mintzberg) Beobachtungen auftauchen, die sich auf die Rekonstruktion von etwaigen "Mustern" konzentrieren, die "hinter" den beobachtbaren strategischen Manövern stecken oder stecken könnten. Lassen sich solche Muster rekonstruieren, kann der Beobachter davon sprechen, daß das Unternehmen "eine Richtung verfolgt", wobei diese Richtung nicht unbedingt ganz eindeutig sein muß: Kirsch (1993a: 67 ff.) zufolge ist es auch denkbar, daß aus der Perspektive des Beobachters verschiedene Maximen eine Rolle spielen, die sich nicht zu einem konsistenten Ganzen aggregieren lassen, zumal dann, wenn er sich die Offenheit für die verschiedenen, teilweise inkommensurablen Kontexte bewahrt, die solchen Maximen erst einen Sinn verleihen. Die Richtung könnte auch darin bestehen, mehreren oder immer neuen Richtungen zu folgen. Man mag dann (auf hohem Abstraktionsniveau) etwa von einem "opportunistischen Reagierer" oder von einem "Innovator" sprechen.

Ob Muster-rekonstruierende Beobachtungen in und um die Organisation herum auftauchen, ist sicherlich eine empirische Frage. *Wenn* sie aber auftauchen, handelt es sich dann immer noch um eine empirische Frage, ob den strategischen Manövern Strategien "nachfolgen"? Die Antwort lautet "Nein". Zwar ist es natürlich völlig offen, ob im Anschluß an die beschriebenen Rekonstruktionen Versuche einer expliziten *Formulierung* von Strategien gemacht werden. Formulierte Strategien sind aber ex definitione nur ein Spezialfall des allgemeineren Phänomens *formierter* Strategien (vgl. oben, Kap. 4.42). Rekonstruktionen von Mustern sind Strategien *für* die Organisation; sie sind Kandidaten für das, was als Strategien *der* Organisation formuliert werden könnte. Auch wenn es zu solchen Formulierungen nicht kommt, die Beteiligten sich dagegen sträuben, (aus der Sicht eines Beobachters) implizit vorhandene Strategien explizit niederzuschreiben, kann man ihnen - wiederum aus Sicht des Beobachters - sogar einen "politischen Willen" attribuieren. In jedem Fall aber konstituieren die rekonstruierten Muster Kontexte, die den Lebens- und Sprachformen im organisatorischen Feld zuzuordnen sind. Es gibt mithin mindestens *eine* Lebens- und Sprachform, innerhalb derer sogar ein "gemeinsames Wissen" über den politischen Willen, aber auch über den Prinzipiencharakter und über den Bezug dieser Prinzipien auf etwaige Erfolgspotentiale. Wenn man davon ausgeht, daß formierte Strategien ohnehin eine inhomogene oder gar inkommensurable Menge von Maximen und dahinterstehenden Lebens- und Sprachformen umfassen, gibt es gerade im vorliegenden Zusammenhang keinen Grund, *nicht* von dem Vorhandensein einer formierten Strategie zu sprechen - zumindest geben die von Kirsch und Mitarbeitern (bisher) vorgeschlagenen Begriffsfassungen einen solchen Grund nicht an die Hand.

Zusammenfassend muß man also wohl sagen, daß strategischen Manövern Strategien "nachfolgen", aber eben nicht aus empirischen, sondern aus begrifflich-konzeptionellen Gründen. Dieser Schluß widerspricht den eigentlichen Intentionen des von Kirsch und Mitarbeitern vorgeschlagenen Bezugsrahmens. Man wird daher eingrenzende Überlegungen abwarten müssen, die dem aufgezeigten Problem abhelfen können (vgl. vielversprechend hier Broich 1994).

4.54 Zur Systematisierung von Beobachtern und Akteuren

Ein letztes Problemfeld, das im Zusammenhang einer Diskussion des von Kirsch und Mitarbeitern vorgeschlagenen Bezugsrahmens noch kurz anzusprechen ist, betrifft die Frage der Systematisierung von Beobachtern und Akteuren. In Abbildung 24 waren hierzu drei Kreise eingezeichnet. Die ersten beiden Kreise sollten Beobachtungen der Wissenschaft einerseits und der Beratungspraxis andererseits abbilden. Der dritte Kreis sollte demgegenüber Platzhalter für "Akteure" sein. Angesprochen waren damit vor allem interne Akteure, aber auch externe Akteure wie Banken, das Politiksystem und andere mehr (vgl. oben, Kap. 4.41).

Die Herausstellung der wissenschaftlichen Beobachter und der Beratungspraxis erklärt sich durch die Bedeutung, die diesen beiden Beobachtergruppierungen im Zusammenhang mit Phänomenen der strategischen Unternehmensführung zugeschrieben wird. Sie bringt darüber hinaus die selbstreferentiellen Bezüge zum Ausdruck, die durch den Bezugsrahmen hergestellt werden sollen. Das entspricht vom Ansatz her der hier vorliegenden Arbeit.

Dennoch liegen Kritikpunkte auf der Hand. Warum werden gerade Wissenschaftler und Berater aus dem Kreis der Akteure herausgezogen, nicht aber andere Beobachter, die ebenfalls hohe Bedeutung besitzen (können) - zum Beispiel interne Planungsabteilungen? Ist es nicht eine *empirische* Frage, welche Beobachtergruppierungen hohe Bedeutung besitzen, eine Frage, die entsprechend nicht "qua Bezugsrahmen" vorabentschieden werden sollte? Könnte es nicht erfolgreiche Unternehmen geben, die weder von wissenschaftlichen noch von beraterinduzierten Beobachtungen etwas wissen und trotzdem erfolgreich sind?

Eine positive Beantwortung dieser Fragen ist durch den vorgeschlagenen Bezugsrahmen grundsätzlich sicherlich nicht ausgeschlossen. Abbildung 24 vermittelt aber doch einen etwas schiefen Eindruck, und das sollte vermieden werden.[84] Es liegt deshalb nahe, nach einer alternativen Typologisierung von Beobachtern bzw. Akteuren zu suchen. Abbildung 25 gibt eine solche alternative Typologisierung wider. Auf der einen Seite wird hier unterschieden, ob die beobachtenden Systeme auf Beobachtungen spezialisiert sind oder nicht; auf der anderen Seite, ob es sich um interne oder externe Beobachter bzw. Akteure handelt. Die Eintragungen in den Feldern der Matrix sind illustrativ; sie beschreiben eine offene Liste von Möglichkeiten, die innerhalb des Bezugsrahmens thematisiert werden können. Im einzelnen sind vier Punkte bemerkenswert:

(1) Auf die Beobachtung spezialisierte Akteure sind Beobachter im engeren Sinne. Dazu zählen Wissenschaftler und Berater, aber auch zum Beispiel eine unternehmensinterne Einheit, die für die Planung von Strategien zuständig ist. All diesen Personen bzw. Einheiten wird keine operative Handlungsverantwortung zugeschrieben. Es besteht daher eine gewisse Wahrscheinlichkeit dafür, daß die Beobachtungen ein "Eigenleben" entwickeln, das heißt daß beobachtereigene Kriterien und Standards ausgebildet werden, denen die Beobachtungen genügen müssen. Insbesondere besteht die Erwartung, daß die Beobachtungen nach einem intersubjektiv nachvollziehbaren Verfahren produziert werden, also in einen Begründungskontext eingebunden sind, der eine argumentative Auseinandersetzung unterstützt.

"Normale" Akteure befinden sich eher in einer Situation, in der ihnen Handlungsverantwortung zugemutet wird. Auch diese Akteure beobachten, stellen also zum Beispiel Überlegungen zum zukünftigen Kurs des Unternehmens an. Je höher sie in der Unternehmenshierarchie angesiedelt sind, desto mehr werden sie vielleicht sogar solche Beobachtungen bzw. Überlegungen als den Kern

84. Freilich ist es möglich, die Verzerrung in Abb. 24 einfach dadurch aufzuheben, daß man, anstatt die Beobachter konkret zu benennen, sie einfach mit einem Index versieht, also von $Beobachter_1$, $Beobachter_2$ usw. spricht. Diese Vorgehensweise entbindet allerdings nicht davon, im Rahmen der angestrebten Theoriekonstruktion genauere Hypothesen zur Identität und den Perspektiven potentieller Beobachterstellen zu entwickeln. Vgl. dazu nun oben im Text.

	auf Beobachtung	
	spezialisiert	nicht-spezialisiert
interner Beobachter	* Planungs-abteilung * Marktforschung * Interne Research * ...	* Mitglieder der dominierenden Koalition * ...
externer Beobachter	* Wissenschaft * Beratungspraxis * Wirtschaftspresse * ...	* Kunden * Konkurrenten * Banken * Politik * ...

Abb. 25: Eine Typologie von Beobachtern und Akteuren

ihrer Aufgabe ansehen. Die Koppelung mit Handlungsverantwortung schafft freilich eine arteigene Qualität, einen Pragmatismus, ohne den der Fortlauf des Systems möglicherweise gefährdet wäre. Statt von spezialisierter Beobachtung sollte man deshalb doch besser von *mitlaufender* Beobachtung sprechen.

(2) Die Unterscheidung zwischen internen und externen Akteuren bzw. Beobachtern stellt Bezüge her zu den Überlegungen, die in Kapitel 4.51 die Frage nach den Grenzen eines Systems (einer Organisation) thematisierten. Im vorliegenden Zusammenhang können freilich die Komplikationen, die entstehen, wenn man eine binnenperspektivische von einer außenperspektivischen Beobachtungsweise unterscheiden will, vernachlässigt werden. *Interne* Akteure bzw. Beobachter können dann einfach dadurch charakterisiert werden, daß sie eine Mitgliedschaftsentscheidung getroffen haben und entsprechend den durch die Verfassung zugeteilten Autorisierungsrechten der Kernorgane des Systems unterliegen. Bei *externen* Akteuren bzw. Beobachtern ist dies nicht der Fall. Sie gehören anderen Systemen an bzw. konstituieren selbst Systeme, die eine Eigenlogik besitzen, also Verhaltensimperative definieren, denen im Rahmen dieser Systeme Folge zu leisten ist. Für das Wissenschaftssystem ist dies in Kapitel 4.1 ausführlicher gezeigt worden; aber es ist klar, daß beispielsweise auch Banken,

wenn sie Beobachtungen anstellen und in Handlungszusammenhänge eingreifen (sich bei einem krisengefährdeten Unternehmen etwa für eine neue Führungsspitze einsetzen), damit gleichzeitig auch den Direktiven der eigenen Systeminteressen folgen.[85] Natürlich besitzen auch die schon erwähnten Planungsabteilungen eigene Interessen, die den beobachtenden Blick lenken; jedoch kann man wohl (im Normalfall) davon ausgehen, daß diese Interessen durch das Gesamtinteresse des Unternehmens - der fokalen Einheit - "gezähmt" werden. Es ist erst die Unterscheidung zwischen internen und externen Akteuren bzw. Beobachtern, die einen Unterschied ausmacht.

(3) Die vier durch Abbildung 25 unterschiedenen Felder konstituieren Beobachtereinheiten, die aus einer Außenperspektive in den Kategorien des FME-Schemas analysiert und auf ihre je eigenen Führungsstrukturen untersucht werden können (vgl. hierzu und zum folgenden noch einmal oben, Kap. 4.41). Gleichzeitig bezeichnen sie Lebens- und Sprachformen, die sich einem Beobachter nur aus der Binnenperspektive eines Teilnehmers erschließen. Schließlich ist von Bedeutung, daß sich all die genannten Beobachtereinheiten auch gegenseitig beobachten können. Eine Bank, die den Aufsichtsratsvorsitzenden einer deutschen Aktiengesellschaft stellt, mag beispielsweise eine schlechter werdende Performance eines Unternehmens beobachten und daher auf die dominierende Koalition im Unternehmen einwirken, die Planungsabteilung mit der Erstellung einer Studie zu beauftragen, die neue Strategieoptionen aufzeigt und dabei Anregungen aufnimmt, die neuerdings in der theoretischen Diskussion eine Rolle spielen (man denke etwa an das Konzept der "Kernkompetenzen" [Prahalad & Hamel 1990]). Im Prinzip ist jede Art der Vernetzung von Beobachtungen denkbar. Freilich sind nicht alle Beobachtungsrichtungen gleich wahrscheinlich. Insbesondere die Aktivitäten der internen, auf Beobachtung spezialisierten Einheiten ziehen wohl nur in Sonderfällen Beobachtungen oder gar gestaltende Eingriffe externer Beobachter bzw. Akteure auf sich. Von außen interessieren vor allem das Unternehmen als ganzes und die strategischen Manöver, die dieser Handlungseinheit zugerechnet werden können. Und es sind, wie in Kapitel 4.43 angedeutet, Akteure von Interesse, denen man die Verantwortung für die beobachteten Manöver zurechnen kann. Der gierige Blick der Wirtschaftspresse auf die Erfolgs- oder Mißerfolgsstories von Führungspersönlichkeiten gibt dafür das beste Beispiel.

(4) Welche der in den einzelnen Feldern von Abbildung 25 genannten Akteure bzw. Beobachter eine prominente Rolle spielen - und daher auch eine Beobachtung durch die Theorie verdienen -, ist eine Frage, die nur auf empirischem

85. Eine systemtheoretische Studie zum "Geschäft" der Banken und zu deren Rolle im Wirtschaftssystem ist von D. Baecker (1991) vorgelegt worden.

Wege beantwortet werden kann. Eine der in der vorliegenden Arbeit immer wieder in Anschlag gebrachten Hypothesen lautet, daß im Bereich der Strategischen Unternehmensführung sowohl der Wissenschaft als auch der Beratungspraxis hohes Gewicht zukommt, auch wenn ja gleichzeitig (im Anschluß an Kirsch 1984) postuliert wurde, daß es Fälle geben kann, in denen ein "Recht auf Freiheit vor der Wissenschaft" in Anspruch genommen wird. In bezug auf externe, nicht-spezialisierte Akteure bzw. Beobachter wurden in Kapitel 3 Gesichtspunkte herausgearbeitet, die für systematische Bedeutungsunterschiede von Beobachtereinheiten *in verschiedenen Regionen* sprechen. Insbesondere wurde die These vertreten, daß in zentraleuropäischen Ländern (Deutschland, Frankreich), aber auch in Japan die Aktivitäten des politischen Systems sowie der Banken eine größere Rolle spielen als im angelsächsischen Kulturraum, in dem Kunden & Konkurrenten als konstitutive Aktoren eines "Free Market System" gelten dürfen. Analoge Überlegungen lassen sich auch im Hinblick auf die internen Akteure bzw. Beobachter anstellen.

Natürlich können sich im Zeitablauf Gewichtungen auch verschieben. Das beste Beispiel dafür sind vielleicht die Planungseinheiten, die in den sechziger und siebziger Jahren in beinahe allen Unternehmen eingerichtet wurden und daher auch in der theoretischen Beobachtung einen besonderen Platz einnahmen, später aber wieder in Verruf geraten sind ("The notion that an effective strategy can be constructed by someone in an ivory tower is totally bankrupt", hieß es dazu z. B. in der *Business Week* vom 17.9.1984, S. 62).[86] Beobachtungen der Wissenschaft haben demgegenüber möglicherweise eine länger anhaltende Bedeutung. Aber auch dies könnte empirisch falsifiziert werden.

4.6 Ansätze zu einer Operationalisierung

Die vorstehenden Ausführungen haben gezeigt, daß der von Kirsch und Mitarbeitern vorgeschlagene Bezugsrahmen zu einer Theorie der strategischen Unternehmensführung sicherlich noch einiger Präzisierungen, Ergänzungen und Modifikationen bedarf, um die Ansprüche, die mit ihm verbunden sind, zu befriedigen. Auch wenn es sich also nach wie vor um einen "Work in Progress" handelt, ist schon jetzt die Frage zu stellen, welche Anschlußmöglichkeiten sich vom Bezugsrahmen zur empirischen Forschung ergeben. Der Bezugsrahmen ist, mit anderen Worten, ausschnittsweise in Modelle zu überführen, die verschie-

---

86. Ein ausführlicherer Überblick über die empirischen Arbeiten zum Aufstieg und Fall unternehmensinterner Planungseinheiten findet sich in zu Knyphausen (1993c: 402 ff., 411 ff.) sowie Mintzberg (1994: Kap. 3). Siehe für einige knappe Hinweise auch oben, Kap. 1.2.

dene Variable in einen spezifischeren Zusammenhang bringen, als dies auf der Ebene des Bezugsrahmens der Fall ist. Der empirische Test kann einzelne Hypothesen abtesten, die durch die jeweils zugrundegelegten Modelle impliziert sind. Die Ergebnisse können und sollten dazu geeignet sein, den Bezugsrahmen weiterzuentwickeln. Im Hinblick auf den Bezugsrahmen hat die empirische Forschung also eine *explorative* Funktion: Sie soll dazu dienen, Fehler aufzuzeigen und neue Anregungen zu generieren (vgl. Kirsch 1993b: 572 ff.).

Die Frage nach den Operationalisierungsmöglichkeiten des hier im Mittelpunkt stehenden Bezugsrahmens hat natürlich auch den Sinn, Brücken zu der amerikanischen "Mainstream"-Diskussion zu schlagen und insoweit auch Kommunikationsangebote zu unterbreiten. Vor dem Hintergrund der grundlagenorientierten, konzeptionellen Art der Forschung, wie sie für die in Kapitel 3.2 angesprochenen deutschsprachigen Arbeiten zu einer Theorie der strategischen Unternehmensführung typisch ist, ist dies keine Selbstverständlichkeit (Schwaninger 1989: 71), ebenso wie im Rahmen der für diese Arbeiten allgemein, insbesondere aber auch für die vorliegende Arbeit so wichtigen neueren Systemtheorie, die jede Menge "semantischer Hochseilartistik" (Wieland 1988: 26) bereitstellt, bislang aber nur zu wenig empirischen Forschungen geführt hat (vgl. zur Kritik Haferkamp 1987: 57 f.). Die folgenden Ausführungen haben daher ihrerseits explorativen Charakter. Zum Teil begnügen sie sich damit, Verbindungen zu bestehenden, nicht system- oder "grundlagentheoretisch" ausgerichteten Forschungsarbeiten herzustellen und durch ihre Positionierung in dem in Kapitel 4.4 vorgeschlagenen Bezugsrahmen in ein neues Licht zu setzen. Vier Problemkreise werden herausgegriffen: die Genese von Strategien (Kap. 4.61), die Rollen von Akteuren bzw. Beobachtern (Kap. 4.62), das Aufgreifen von Ideen (Kap. 4.63) und das Auftauchen von Führung (Kap. 4.64).[87]

4.61 Problemkreis 1: Genese von Strategien

Die Genese von Strategien ist als Thema in den Kapiteln 4.4 und 4.5 relativ extensiv angesprochen worden. Insbesondere ist auch auf Schwierigkeiten hingewiesen worden, die entstehen, wenn man die zur Untersuchung von Geneseprozessen erforderlichen Konstrukte der "Strategie" und der "strategischen Manöver" operationalisieren will. Gerade deshalb mag es für den vorliegenden Zusammenhang angemessen und ausreichend sein, Arbeiten zu identifizieren, die

---

87. Auf methodische Fragen wird im folgenden nicht näher eingegangen. Vgl. dazu aber noch einmal die Hinweise in Kap. 4.52, oben.

als Beiträge zur Erforschung des Themas angesehen werden können.[88] Als Grundlage kann ein vereinfachter Bezugsrahmen - der gleichsam als Zwischenschritt zur Konstruktion eines "Modells" begriffen werden kann - dienen, wie er in Abbildung 26 wiedergegeben ist. Im Zentrum des Interesses steht die Frage, welche Zusammenhänge es zwischen Strategien und strategischen Manövern gibt und welche Rolle dabei (Planungs-, Anreiz- usw.) Systeme, Methoden und vielleicht auch "Philosophien" spielen. Die Pfeile (1) bis (6) stellen mögliche Zusammenhangsrichtungen dar. Gibt es nun also Forschungen, die als Ansätze zur Operationalisierung bzw. Untersuchung der einen oder anderen Zusammenhangsrichtung interpretiert werden können?

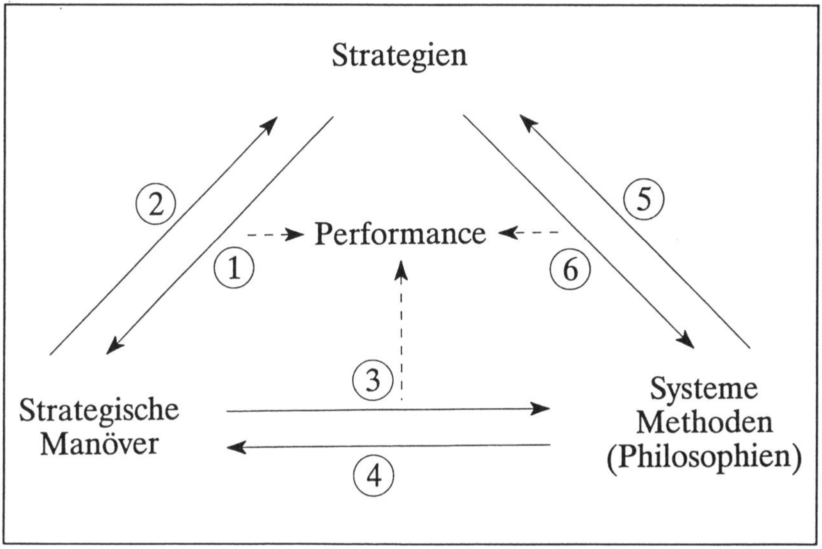

Abb. 26: Ein vereinfachter Bezugsrahmen zur Erforschung der Genese von Strategien (in Anlehnung an Kirsch & zu Knyphausen 1993b: 86)

(1) Die erste sich stellende Frage lautet, inwieweit strategische Manöver als Ausfluß von Strategien verstanden werden können. Diese Frage ist, wie in Kapitel 4.42 angedeutet, besonders interessant, wenn man den vielfachen Klagen Glauben schenkt, denen zufolge mit viel Aufwand (und oft unter Heranziehung eines externen Beraters) strategische Dokumente erstellt werden, die dann hinterher aber in irgendwelchen "Schubladen verschwinden", die also keine opera-

88. Die folgenden Ausführungen sind weitgehend angelehnt an Kirsch & zu Knyphausen (1993b: 92 ff.).

tive Wirksamkeit entfalten. Empirische Ergebnisse liegen hierzu allerdings bislang kaum vor. Was die "externen", nach außen gerichteten Manöver angeht, so kann nur die Studie von Birley (1976) genannt werden, in der untersucht wird, inwieweit Unternehmensakquisitionen Ausfluß einer Strategie sind oder sich "anarchisch" in Folge von mehr oder weniger zufälligen Gelegenheiten ergeben. Die Ergebnisse laufen darauf hinaus, daß diese Aktivitäten tatsächlich häufig Zufallsprodukte sind und über Ziele und Gründe relativ wenig systematisch reflektiert wird. Freilich wird man infolge des M & A-"Booms" der letzten Jahre hier inzwischen eine veränderte Konstellation erwarten können; es wäre daher interessant, die von Birley untersuchte Fragestellung mit einem aktuelleren Datenset zu wiederholen.

Im Hinblick auf die "internen", nach innen gerichteten Manöver könnte man im ersten Zugriff an die empirischen "Strategy and Structure"-Beiträge denken, sofern sie auf ein "Structure *follows* Strategy" hinauslaufen (Chandler 1962). Sowohl die älteren (vgl. zum Überblick Gabele 1979) als auch die neueren Studien zu diesem Thema (z. B. Miller 1986, 1987) geben auf die Frage, inwieweit vorgängig vorhandene Strategien bei den durchgeführten Reorganisationsmaßnahmen tatsächlich eine Rolle spielen, allerdings wenig Aufschluß; bestenfalls wird ein zeitliches Nacheinander festgestellt, aus dem ein solcher Einfluß dann (in spekulativer Weise) *geschlossen* werden könnte. Im vorliegenden Zusammenhang ist eine solche Vorgehensweise natürlich kaum befriedigend; wünschenswert wären Untersuchungen, die den kausalen Zusammenhang stärker spezifizieren.

(2) Das Verhältnis von strategischen Manövern und Strategien kann natürlich auch in umgekehrter Richtung analysiert werden; die Frage ist dann, ob die verschiedenen strategischen Manöver sich zu Strategien "verdichten" können. Wenn man von der in Kapitel 4.42 eingeführten Unterscheidung zwischen form*ulier*ten und form*ier*ten Strategien ausgeht, dann kann das zum einen zu der Frage konkretisiert werden, inwieweit die Manöver schließlich in explizite, auch schriftlich dokumentierte Strategien eingehen. Hierzu liegen nach Wissen des Verfassers keine empirischen Studien vor. Zum anderen kann aber auch die Frage gestellt werden, inwieweit sich wenigstens implizit solche Strategien ableiten lassen. Diese Frage ist die Frage eines Theoretikers, der ein Unternehmen von außen beobachtet und dessen Handlungen in einer möglichst konsistenten Weise rekonstruieren möchte. Hier ist empirisches Material schon eher vorhanden.

Erste Anhaltspunkte ergeben sich aus Untersuchungen, die sich mit dem Thema der *generischen* Strategien beschäftigen (vgl. für knappe Hinweise oben, Kap. 2.11). Dort werden nämlich keineswegs immer vorgängig vorhandene Kategorien (etwa: "Kostenführerschaft", "Differenzierung" usw.) abgefragt; vielmehr wird - in einigen Untersuchungen jedenfalls; vgl. etwa Galbraith & Schendel (1983) sowie Robinson & Pearce (1988) - eine Vielzahl von Einzelvariablen erfaßt, die dann erst zu übergeordneten Mustern zusammengezogen werden. Sehr viel deutlicher ist die Frage nach der Formierung von Strategien allerdings von Mintzberg und Mitarbeitern angegangen worden; in den verschiedenen, in Kap. 2.4 (Abb. 13) aufgeführten Fallstudien mit a priori ganz unterschiedlich einzuschätzenden Unternehmen bzw. Behörden (sie reichen, in der Terminologie Mintzbergs, von der "Machine Bureaucracy" bis zur "Adhocracy") wird hier untersucht, welche Varianten der Strategiengenerierung sich identifizieren lassen. Zusammenfassend werden acht Varianten unterschieden, deren Extreme die "Planned" und die "Imposed Strategy" bilden. Damit ist schon angedeutet, daß die hier angesprochenen Ergebnisse nicht nur das Verhältnis von strategischen Manövern und Strategien betreffen, sondern natürlich auch den Einfluß von (Planungs-) Systemen auf die Strategienbildung (siehe dazu unten, [5]). Zugleich wird herausgearbeitet, daß es "rein emergente", das heißt sich aus den strategischen Manövern gleichsam unbewußt ergebende Strategien nicht gibt, Elemente der Planung beinahe immer vorhanden sind (vgl. Mintzberg & Waters 1985). Das muß freilich nicht bedeuten, daß immer auch Planungs*systeme* vorhanden sind, und es muß auch nicht bedeuten, daß es immer eine Art von "Gesamtplan" gibt. Bei der Studie über das *National Film Board of Canada* (Mintzberg & McHugh 1985) zeigt sich beispielsweise, daß die einzelnen Organisations*einheiten* sehr bewußte Strategien verfolgen, daraus aber keineswegs eine konsistente Gesamtstrategie abgeleitet wurde.

(3) Über den Einfluß strategischer Manöver auf die Nutzung und Ausgestaltung von Systemen und Methoden sowie auf die "Gestalt" von Philosophien ist bislang nur wenig empirisches Material gesammelt worden. Eine Ausnahme sind Studien, die sich mit dem Einfluß des Diversifikationsverhaltens auf die Ausgestaltung von Anreizsystemen beschäftigen. Kerr (1985) identifiziert generell drei Muster der Ausgestaltung von Anreizsystemen ("Hierarchy-Based", "Performance-Based" und "Mixed Systems"), stellt dann aber fest, daß von einem in den Kategorien von Rumelt (1974) beschriebenen Diversifikationsverhalten (mit den Dimensionen "Type of Diversification" und "Pattern of Linkage between Units") gerade *kein* signifikanter Einfluß ausgeht. Ein Einfluß geht aber aus von der *Art des Diversifikationsprozesses*, davon also, ob die Diversifikation auf dem Weg interner Entwicklung oder (externer) Akquisitionen erfolgt: "Hierarchy-Based Systems" finden sich vor allem bei Unternehmen mit interner Entwicklung, "Performance-Based Systems" dagegen bei Unternehmen, die über Akquisitionen diversifizieren, und die "Mixed Systems" schließlich bei etwas differenzierter zu charakterisierenden Verhaltensweisen. Die Studie von Napier und Smith (1987)

ist auf die Gestaltung der Anreizsysteme der für die Einheiten jeweils verantwortlichen Manager fokussiert; im einzelnen werden drei Hypothesen getestet: (a) Stärker diversifizierte Unternehmen verwenden als Grundlage vermehrt objektive Performance-Maßstäbe; (b) der Anteil der erfolgsabhängigen Boni ist in stärker diversifizierten Unternehmen größer; und (c) die Verteilung der Boni richtet sich in stärker diversifizierten Unternehmen vermehrt nach objektiven Regeln. Bestätigt werden konnte allerdings nur Hypothese (b). Dabei wird aber ausdrücklich darauf hingewiesen, daß der Stand der Forschung noch wenig ausgereift ist und ein Bedarf für weitere Arbeiten besteht.

(4) Auch die Frage, wie Systeme, Methoden oder auch Philosophien sich auf strategische Manöver auswirken, ist bislang überraschend wenig untersucht worden. Der Überblicksaufsatz von Armstrong (1982) scheint sich zwar - im Hinblick auf Planungssysteme - vom Titel her auf die hier interessierende Problemstellung zu beziehen; bei den von ihm referierten empirischen Studien geht es aber meist weniger um die Konsequenzen von Planungsprozessen auf strategische *Entscheidungen*, sondern um deren Performance-Wirkungen. Eine interessante neue Studie ist allerdings von Sinha (1990) vorgelegt worden. Dort wird festgestellt, daß bei strategischen Entscheidungen das Planungssystem *insgesamt* zwar relativ wenig zur Unterstützung herangezogen wird, daß aber gerade bei den als *wichtig* und *riskant* empfundenen Entscheidungen der Einfluß doch größer ist (mit Ausnahme allerdings von Entscheidungen über *Technologien* und *neue Produkte*). Darüber hinaus konnten keine signifikanten Unterschiede in bezug auf den Einfluß des Planungssystems bei Entscheidungen in verwandten bzw. neuen Bereichen (mit Ausnahme der neuen Produkte) gemessen werden. Das widerspricht einer Vermutung von Kiechel (1982), daß Planungssysteme eine Tendenz zum Konservativismus induzieren, ebenso aber wohl auch der Erfahrung von Mintzberg et al. (1986: 38), daß die Existenz eines solchen Systems ein *strategisches Denken* geradezu verhindert.

(5) Der inhaltliche und/oder prozessuale Einfluß von Systemen/Methoden/ Philosophien auf die Strategienformulierung ist bislang noch nicht nennenswert erforscht worden; die Hinweise, die sich aus den unter (2) genannten Arbeiten von Mintzberg und Mitarbeitern ergeben, müssen auch schon als die wesentlichen Anhaltspunkte zu diesem Forschungsfeld genommen werden.

(6) Inwieweit beeinflussen (Produkt/Markt-)Strategien die Ausgestaltung von Systemen? Werden im Zusammenhang mit solchen Strategien bestimmte Methoden eher herangezogen als andere? Wird die "Philosophie" bzw. das "Denken" durch diese Strategien in spezifischer Weise geprägt? Auf diese Fragen gibt es nur relativ wenige empirische Antworten.

Den Einfluß der "Grand Strategy" auf die Ausgestaltung von Planungssystemen haben Pearce et al. (1987) untersucht, wenn auch nur auf der Grundlage *einer* Hypothese: "There are no significant differences in the levels of strategic planning formality across grand strategy types" (S. 127). Diese Hypothese konnte bestätigt werden. In bezug auf Anreizsysteme wird eine strategiegerechte Ausgestaltung schon seit einiger Zeit gefordert (vgl. etwa Roberts & Wolf 1983); empirische Ergebnisse dazu finden sich bei Balkin und Gomez-Mejia (1990). Demnach lassen sich in Abhängigkeit sowohl von der Unternehmensstrategie (gemessen nach dem Grad der Diversifikation) als auch der Geschäftsfeldstrategien (Wachstum versus Halten; andere Strategien konnten mit den vorliegenden Daten nicht ausgewertet werden) zwei Muster erkennen. Das erste Muster ist eher "mechanistisch" und findet sich vor allem in Unternehmen mit einer Diversifizierungsstrategie einerseits und einer "Halten"-Strategie andererseits; das zweite ist demgegenüber eher "organisch" und findet sich zumeist in der komplementären Strategie-Konstellation. Bart (1986) schließlich hat die Rolle generischer Produktstrategien ("Growth/Defend" versus "Harvest/Divest") im Hinblick auf die Ausgestaltung von Stellenbeschreibungen, Planungssystemen, Personaleinsatzsystem und Anreizssystem untersucht, mit allerdings weitgehend negativem Ergebnis: Von den Produktstrategien geht *kein* wesentlicher Einfluß auf die Gestaltung dieser Systeme aus.

Zusammenfassend kann festgestellt werden, daß der Problemkreis "Genese von Strategien" sicherlich noch nicht in ausreichendem Maß empirisch abgetestet worden ist. Zwar gibt es eine Reihe von Arbeiten, die Einzelhypothesen formulieren und auf die sich entsprechend aufbauen läßt; insgesamt aber ist der Forschungsstand doch unbefriedigend. Freilich sind die theoretischen Grundlagen bislang noch nicht hinreichend ausgearbeitet gewesen, um wenigstens ein ausreichendes Problemverständnis zu entwickeln. Die Ausführungen in den Kapiteln 4.4 und 4.5 sollten hier allerdings zu einer Verbesserung der Situation führen, die auch die empirische Forschung auf diesem Gebiet befruchten kann.

4.62 Problemkreis 2: Rollen von Akteuren bzw. Beobachtern

Ein zweiter Problemkreis, der durch den von Kirsch und Mitarbeitern vorgeschlagenen Bezugsrahmen angesprochen wird, betrifft die Rolle von Akteuren bzw. Beobachtern. Abbildung 25 hat gezeigt, wie diese Akteure bzw. Beobachter typologisiert werden können. Die folgenden Ausführungen konzentrieren sich auf drei Gruppen von Akteuren bzw. Beobachtern - auf Interessenvertretungen von Arbeitnehmern, auf Banken und auf die Politik. Die Selektion dieser drei Gruppen erklärt sich in starkem Maße durch die Bedeutung, die ihnen gerade im Bereich der deutschen "Industrial Organization" zugeschrieben wird und signifikante Unterschiede zu den Operationsweisen zum Beispiel amerikanischer Unternehmen ausmachen sollen (vgl. oben, Kap. 3.1).[89]

(1) Im Rahmen der etablierten Strategieforschung sind empirische Ergebnisse, die Aspekte der *Interessenvertretung von Arbeitnehmern* berühren, in prominenter Weise nur im Rahmen des PIMS-Projektes vorgelegt worden (vgl. Buzzell & Gale 1989: 57 ff.). Genauer gesagt ist hier nach dem Einfluß gewerkschaftlicher Organisierung auf die Rentabilität der Unternehmen gefragt worden. Die Evidenz läuft auf einen *negativen* Zusammenhang hinaus, der sich vor allem auf die höhere Wachstumsrate der Löhne zurückführen läßt, die mit einem steigenden gewerkschaftlichen Organisierungsgrad verbunden ist. Die Auswirkungen auf die Produktivität (gemessen als Wertschöpfung pro Arbeitnehmer) sind auf den ersten Blick nicht ganz so eindeutig: Sie steigt bis zu einem gewerkschaftlichen Organisierungsgrad von ca. 60 % zunächst an und fällt erst bei noch höheren Anteilen organisierter Arbeitnehmer ab. Buzzell und Gale (1989: 58) verweisen aber darauf, "daß höhere gewerkschaftliche Organisierung mit höherer Automatisierung, gemessen als Wert der Betriebsanlagen pro Arbeitnehmer, einhergeht. (Gewerkschaftliche Organisierung und Automatisierung bedingen sich möglicherweise gegenseitig.) Wenn wir diese Wechselwirkung berücksichtigen, tritt der negative Einfluß eines hohen gewerkschaftlichen Organisierungsgrades noch klarer hervor."

Die im Rahmen des PIMS-Projektes durchgeführten Untersuchungen beziehen sich im wesentlichen auf amerikanische Unternehmen; in bezug auf die Verhältnisse in deutschen Unternehmen geben sie keinerlei Auskunft. Interessant sind in diesem Zusammenhang aber die Erhebungen von Kirsch et al. (1984: 493 ff.), auch wenn diese sich nicht mit dem Grad gewerkschaftlicher Organisierung von Arbeitnehmern, sondern mit deren Mitbestimmungsmöglichkeiten in den Aufsichtsorganen deutscher Großunternehmen beschäftigen, und der Performancemaßstab nicht in einer finanziellen Kennziffer wie dem Return on Investment oder der Umsatzrentabilität besteht, sondern in einer bzw. mehreren "Vorsteuergrößen" (Organizational Capabilities), nämlich der Handlungsfähigkeit und der Responsiveness (vgl. hierzu die Hinweise in Abb. 8, oben). Vor dem Hintergrund der in den siebziger Jahren geführten Mitbestimmungsdiskussion sind vor allem die Ergebnisse in bezug auf die Handlungsfähigkeit bemerkenswert: Entgegen den Erwartungen gefährdet eine erweiterte Mitbestimmung (bis hin zur paritätischen Mitbestimmung, wie sie durch das Montan-Mitbestimmungsgesetz festgelegt wird) *nicht* die Handlungsfähigkeit; vielmehr gibt es zwischen einer er-

89. Auf die Bedeutung wissenschaftlicher Beobachtungen, die im Kontext dieser Arbeit immer wieder betont wurde, wird im anschließenden Kap. 4.63 noch eingegangen.

weiterten Mitbestimmung und der Handlungsfähigkeit einen *positiven Zusammenhang*, der sich - wiederum überraschend - nicht auf eine erleichterte Entscheidungs*implementierung*, sondern auf Vorteile bei der Entscheidungs*findung* zurückführen läßt. Die Erklärung hierfür ist nicht ganz leicht zu geben; die plausibelste Ursache findet sich wohl in einem produktiveren Konflikthandhabungsstil, der mit einer weitgehend paritätischen Mitbestimmungsregelung (einfaches "Druck-ausüben" ist in einer solchen Situation kaum zielführend!) einhergeht (vgl. im einzelnen Kirsch et al. 1984: 550 ff.).

Die Untersuchungen von Buzzell und Gale (1989) sowie von Kirsch et al. (1984) geben, auch wenn sie im einzelnen kaum miteinander vergleichbar sein mögen, Indizien dafür, daß die Hypothese zutreffen könnte, daß in deutschen Unternehmen eher Aspekte eines "Sozialpaktes" (positive) Wirksamkeit besitzen als in amerikanischen Unternehmen (vgl. oben, Kap. 3.1). Freilich gibt es gerade in neuerer Zeit Hinweise darauf, daß der Sozialpakt brüchig geworden und die produktive Zusammenarbeit gefährdet ist.[90] Es sind daher Erhebungen notwendig, die die betreffenden Fragestellungen erneut aufgreifen und einer systematisch-vergleichenden Untersuchung zuführen. Als Ausgangsbasis könnte sich dafür ein Modell eignen, wie es in Abbildung 27 dargestellt ist. Im Mittelpunkt dieses Modells steht die Frage, inwieweit ein Involvement von Arbeitnehmervertretern in strategische Entscheidungsprozesse die Performance des Unternehmens erhöht. Pfad A postuliert, daß ein Involvement aufgrund der erweiterten Wissensbasis zu einer Verbesserung der Entscheidungsqualität führt, Pfad B, daß ein erhöhter Konsens die Implementierung der Entscheidungen erleichtert. Sofern die Performance sich tatsächlich verbessert, wird man wohl davon ausgehen können, daß das Experiment der Integration in die Entscheidungsprozesse auch in Zukunft angestellt wird (in der Abb. durch den rückwärts laufenden Pfeil angedeutet). Die empirischen Hypothesen lassen sich zunächst wie folgt formulieren (vgl. Wooldridge & Floyd 1990: 233):

> *H1: Es gibt einen positiven Zusammenhang zwischen dem Involvement von Arbeitnehmervertretern in die strategischen Entscheidungsprozesse und der Performance des Unternehmens.*
>
> *H2: Es gibt einen positiven Zusammenhang zwischen dem Involvement von Arbeitnehmervertretern in die strategischen Entscheidungsprozesse und der Qualität des Outputs dieser Entscheidungsprozesse.*

---

90. Aufsehenerregende Beispiele für diesen Trend sind etwa jüngste Entscheidungen der Automobilunternehmen *BMW* und *Mercedes Benz*, Produktionsstandorte in bestimmten Regionen der USA aufzubauen, in denen die Einflußmöglichkeiten der Gewerkschaften und die Möglichkeiten der Mitbestimmung deutlich niedriger ausgeprägt sind als in Deutschland.

H3: Es gibt einen positiven Zusammenhang zwischen dem Involvement von Arbeitnehmervertretern in die strategischen Entscheidungsprozesse und dem Konsens in bezug auf die angestrebte Unternehmensentwicklung.

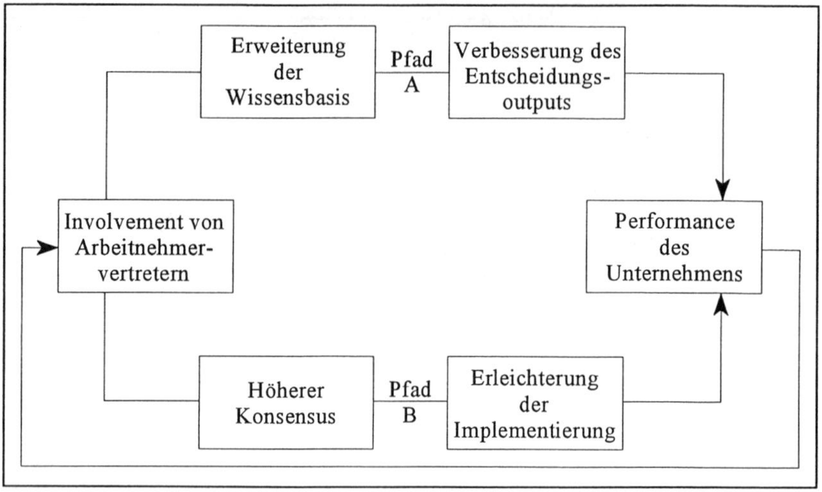

Abb. 27: Modell zur Analyse der Auswirkungen eines Involvements von Arbeitnehmervertretern in strategische Entscheidungsprozesse (in Anlehnung an Wooldridge & Floyd 1990: 232)

Die vorhin angesprochene regionale Komponente kann wie folgt berücksichtigt werden:

H4: Die in H1 bis H3 postulierten Zusammenhänge sind in deutschen Unternehmen signifikant stärker ausgeprägt als in amerikanischen Unternehmen.

H5: Die in H4 postulierten Unterschiede haben sich in der jüngeren Vergangenheit - sagen wir: in den letzten zehn Jahren - abgeschwächt.

(2) Die Rolle, die *Banken* als Akteure und Beobachter der Unternehmensführung insbesondere in Deutschland spielen,[91, 92] ist von A. Chandler schon für das Ende des letzten Jahrhunderts beschrieben worden (siehe dazu auch oben, Kap.

91. Natürlich können Banken auch selbst als Zentrum strategischer Führungsaktivitäten beobachtet werden (vgl. noch einmal oben, Abb. 24). Als Beispiele zur umfangreichen Literatur auf diesem Gebiet vgl. etwa Savona & Sutija (1987), Küspert (1990) und den Kurzüberblick bei Benölken & Wings (1984/85).
92. Eine ähnlich wichtige Rolle spielen die Banken in Japan; im Rahmen der *Keiretsus* gehören sie zu den zentralen Instanzen. Siehe hierzu insb. die in Kap. 2.33, oben, referierten Analysen von Aoki (1988, 1989, 1990).

3.1). Ein längeres Zitat faßt die wichtigsten Punkte zusammen (Chandler 1990: 417 ff.):

> "The representatives of the German Grossbanken participated to a greater extent in the top-level decision-making of new industrial companies than did representatives of financial institutions in the United States and Britain. There were two reasons for this. First, the Grossbanken were larger than American investment banks in terms of assets and personnel, precisely because they were all-purpose banks. The American and British investment-banking firms consisted of little more than a few partners with a tiny secretarial staff, but the German Grossbanken had extensive staffs. As the banks moved into industrial finance, these staffs came to include specialists with extensive knowledge of specific industries. In fact, by the turn of the century members of the Vorstand of the Deutsche Bank were industry specialists responsible for the bank's relationships with firms in major industries.
>
> Second, because the German banks had played a larger role in financing the new industrial enterprises, they had more opportunities for participation in top-level decision-making. As major shareholders and representatives of other shareholders, they sat on the Supervisory Boards of the new or greatly enlarged companies. Even when such representation was shared with the founder or his familiy, the banks often had a significant say (particularly in the early years of a company's history) in investment decisions, in the selection of top and even middle managers, in establishing administrative procedures, and in reviewing the internal financial management of the enterprises that they had helped to finance. Because the banks controlled many shares on their own account and also voted the proxies of many of the investors who had purchased these securities, they had stronger legal and administrative ways to supervise internal auditing, accounting procedures, and external financing than did the representatives of financial institutions on the boards of American companies." (ohne Fn.)

Die hier wiedergegebenen Befunde besitzen auch hundert Jahre später noch Gültigkeit:[93] Die deutschen Großbanken besitzen eine Vielzahl von qualifizier-

---

93. Nähere Informationen zu den folgenden Aussagen finden sich in den aktuellen Ausgaben des *Hoppenstedt*. Eine empirische Untersuchung zur Aktionärsstruktur in den Top-100 der deutschen Industrie hat Iber (1985) durchgeführt; sie belegt, daß der Aktienbesitz von Banken zwischen 1963 und 1983 leicht (von 6.1 auf 7.7 %) und der Anteil der Mehrheitsbeteiligungen von Banken stark (von 7.6 auf 12.2 %) gestiegen ist. Der Anteil des privaten Aktienbesitzes ist demgegenüber leicht gesunken, was vermittels des Depotstimmrechtes den Einflußzuwachs der Banken wieder etwas reduziert. Iber zeigt darüber hinaus allerdings auf, daß der Anteil *von Unternehmen* am Aktienvermögen anderer Unternehmen im benannten Zeitraum stark gestiegen ist, eine Entwicklung, die den *Verflechtungsgrad* der deutschen Industrie wesentlich erhöht und die Vermutung aufkommen läßt, daß ähnlich wie in Japan (siehe oben, Kap. 2.3) auch in Deutschland zunehmend korporatistische Netzwerke unter Führung der Großbanken entstanden sind, deren genaue Struktur freilich kaum wirklich durchschaubar ist (vgl. Wenger 1992: 78 f.

ten Beteiligungen an namhaften Industrieaktiengesellschaften und können durch Ausübung des Depotstimmrechtes auch wesentliche Teile des Streubesitzes auf den Aktionärsversammlungen vertreten. In zahlreichen Großunternehmen besetzen Vertreter dieser Banken Aufsichtsratsposten, und natürlich können insbesondere die "Hausbanken" auch ihren Status als Kreditgeber dieser Unternehmen geltend machen. Vor diesem Hintergrund ist in den siebziger Jahren eine lebhafte Debatte über die "Macht der Banken" geführt worden, an der sich nicht nur eine Menge "linker Systemkritiker (siehe etwa Jürgens & Lintner 1974), sondern auch das Bundesministerium der Finanzen durch Einsatz einer Studienkommission "Grundsatzfragen der Kreditwirtschaft" beteiligte, die den Konsequenzen der Machtanhäufung nachgehen sollte (vgl. Bundesministerium der Finanzen 1979).[94] Diese Debatte ist Ende der achtziger Jahre wieder aufgeflammt (vgl. Kantzenbach 1990) und hat gegenwärtig im Rahmen der Diskussionen um die durch das deutsche Aktienrecht gegebenen Möglichkeiten der Kontrolle von Unternehmen bzw. deren Leitungsorganen neuerliche Aktualität erhalten (vgl. hierzu die dieser Problematik gewidmete Serie von Artikeln in der *Frankfurter Allgemeinen Zeitung*, Winter 1993/94).

Wenn man einmal von der zuletzt angesprochenen, gegenwärtig aktuellen Diskussionsvariante absieht (sie wird weiter unten noch kurz berührt), kann man sicherlich behaupten, daß die angeführten Beiträge die Macht der Banken in erster Linie aus der *Perspektive der Gesellschaft* behandeln und nach damit verbundenen Wohlfahrtsverlusten fragen. Dieser Perspektive ist die Perspektive *des Unternehmens* bzw. *des Managements* (der "dominierenden Koalition", in den Kategorien von Abb. 26 [oben]) gegenüberzustellen. Cable (1985) sowie Neuberger und Neumann (1992) argumentieren, daß die Integration von Banken in die Entscheidungsfindung des Unternehmens, ihre Beteiligung am Aktionärsvermögen des Unternehmens sowie die Zuteilung von Aufsichtsratsmandaten gerade aus dieser Perspektive als Ausdruck einer rationalen Strategie erscheinen, die mit Effizienzgewinnen bzw. erhöhter Profitabilität verbunden sind. Als Hypothese formuliert:

> *H6: Die Beteiligung von Banken an den Entscheidungsprozessen im Unternehmen führt zu Effizienzgewinnen, die sich an einer verbesserten Performance ablesen lassen.*

[Fn. 25]; für quantitative Schätzungen der tatsächlichen "Voting Power" der Banken auch Cable 1985: 120 f.).

94. Vgl. auch den Bericht der Monopolkommission (1976), in dem unter anderem eine Beschränkung des Aktienanteils von Banken an Unternehmen auf 5 % vorgeschlagen wurde - ähnlich wie das in Japan ja realisiert worden ist (vgl. oben, Kap. 2, Fn. 78).

Die Begründung, die die genannten Autoren für diese Hypothese geben, basiert auf der Agency-Theorie. Für das Management bestehen je mehr Anreize, eine risikoreiche Strategie einzuschlagen, je mehr das Unternehmen fremdfinanziert ist. Die Antizipation dieses "Moral Hazard" führt normalerweise zu einer Absage von Kreditanfragen bzw. zu erhöhten Zinsforderungen der Kreditgeber, das sind hier: die Banken. Die (Opportunitäts-)Kosten dieser Reaktion müssen letztlich die Unternehmen tragen, weil nicht mehr alle profitablen Investments realisiert werden können. Daraus folgt, daß das Management selbst ein Interesse daran besitzt, Kontrollmechanismen einzubauen, die der Versuchung des "Moral Hazard" entgegenwirken, das heißt: die Agency-Kosten verringern. Und einer dieser Kontrollmechanismen besteht eben darin, die Banken direkt in die Entscheidungsprozesse einzubinden, und zwar dadurch, daß man ihnen Eigenkapitalanteile offenhält und die Besetzung von Aufsichtsratspositionen zugesteht.

Die hier skizzierte, von Cable (1985) auch empirisch bestätigte "Internal Capital Market Hypothesis" unterstellt offensichtlich einen Gleichklang der Interessen des Managements und der Banken, die, sofern sie Eigenkapitalanteile übernehmen, als Pars pro toto für die Aktionäre schlechthin genommen werden. Diese zuletzt genannte Unterstellung ist allerdings nicht unproblematisch, weil die Banken ja nicht nur als Eigentümer von Aktienpaketen auftreten, sondern darüber hinaus auch ihre Rolle als Fremdkapitalgeber beibehalten (diese Doppelfunktion ist ein typisches Merkmal von *Universal*banken, wie sie sich in Deutschland, nicht aber etwa in den USA finden). Es ist in dieser Situation durchaus möglich, daß Banken an Investitionsprojekten eines Unternehmens interessiert sind, auch wenn diese *keinen* "Shareholder Value" generieren, der normale Aktionär also besser dastünde, wenn ihm das Geld ausgezahlt würde und er es anderweitig anlegen könnte. Dies wäre genau dann der Fall, wenn die Gewinne aus einer mit diesem Investment verbundenen Kreditvergabe die "Shareholder Value"-Verluste überkompensieren. Es kommt, anders formuliert, zu einem *Interessenbruch* zwischen den Banken und den anderen Aktionären, insbesondere den *Klein*aktionären, die ihre Unternehmensanteile nur solang halten, wie sie befriedigende Dividenden erhalten und/oder der Kurswert der Aktien steigt; wenn diese Bedingungen nicht gegeben sind, ist der Verkauf der Aktie die einzig rationale Option. Eben dies sieht aber nun aus der Perspektive der (Universal-) Banken anders aus: "Niedrige Dividenden und damit hohe Selbstfinanzierung erhöhen ceteris paribus die Haftungsmasse für gewährte Kredite; eine Liquidation dagegen führt zur Beendigung bestehender Geschäftsbeziehungen, ohne daß die Gewähr besteht, daß die an die Aktionäre ausgekehrten Mittel an anderer Stelle für die Aufnahme neuer Geschäftsbeziehungen mit denselben Banken verwendet werden" (Wenger 1992: 82 f.; ohne Fn.).[95] Als Hypothese formuliert:

H7: Je höher der Anteil der vergebenen Kredite im Verhältnis zu den Eigenkapitalanteilen der Banken sind, desto stärker weicht die Eigenkapitalrendite negativ von der erwarteten Mindestrendite eines "normalen" Aktionärs ab.

Die hier vorgestellten Hypothesen zur Rolle der Banken können natürlich durch eine Vielzahl weiterer Hypothesen ergänzt und verfeinert werden. So mag es zum Beispiel interessant sein, sich klar zu machen, in welchen Situationskontexten der Einfluß der Banken tatsächlich ausgespielt wird. Im Zusammenhang mit der Japan-Diskussion in Kap. 2.33 wurde kurz die These von Aoki referiert, derzufolge der Eingriff der Banken vor allen in Krisenzeiten relevant wird. Auf der Ebene von Aktivitäten im Aufsichtsrat kann diese These hier schon deshalb übernommen werden, weil die Bankenvertreter (und natürlich auch andere "professionelle" Aufsichtsräte) häufig eine so große Zahl von Mandaten innehaben, daß eine kontinuierliche Ausübung von Einflußrechten in allen Unternehmen unrealistisch bleiben muß.[96] Darüber hinaus kann man vermuten, daß zum Beispiel auch bei Änderungen der Rechtsform eines Unternehmens - beim Gang eines mittelständischen Unternehmens an die Börse etwa (Christians 1983)[97] - die Banken in besonderer Weise als "Player" auftreten. Daraus folgt:

H8: Der Einfluß von Banken auf die Unternehmenspolitik wird insbesondere in Zeiten der Unternehmenskrise und/oder bei Rechtsformentscheidungen geltend gemacht.

(3) Es steht außer Zweifel, daß im Kontext der Strategischen Unternehmensführung neben den Interessenvertretern der Arbeitnehmer und den Banken auch der *Staat* eine so wichtige Rolle als Beobachter bzw. Akteur spielt, daß er seinerseits zum Gegenstand von Beobachtungen gemacht werden sollte. Das gilt

---

95. Die hier angesprochenen Zusammenhänge sind ein wesentlicher Bestandteil der oben erwähnten neuesten Diskussionsrunde zum Thema "Macht der Banken". Siehe z. B. die *Wirtschaftswoche* vom 4.2.1994, S. 88 ff.
96. Material zur Anzahl der durchschnittlich besetzten Aufsichtsratsposten in Deutschland findet sich bei Bleicher et al. (1989: 81). Ein Beispiel, wie der Einfluß der Banken in Krisenzeiten geltend gemacht wird, bieten die jüngsten Ereignisse um die *Metallgesellschaft*; vgl. etwa die *Wirtschaftswoche* vom 14.1.1994, S. 36 ff., oder *Business Week* vom 21.3.1994, S. 16 ff.
97. In den Stellungnahmen von M. Bierich und anderen (*Die Betriebswirtschaft* 43 [1983], S. 487 ff.) auf den Aufsatz von F. Christians (1983) zur Rolle der Banken bei der Börseneinführung mittelständischer Unternehmen wird übrigens darauf verwiesen, daß infolge der Kreditgeberfunktion die Hausbank normalerweise eine ambivalente Interessenlage besitzt und deshalb die Börseneinführung nicht selten *zu spät* einleitet. Das entspricht offensichtlich der oben vorgestellten Argumentation!

nicht nur für die unternehmensrelevanten Rechtsvorschriften, die der Staat erläßt und gegebenenfalls durchsetzt; auch die staatliche Politik im allgemeinen (Außenpolitik, Innenpolitik, Finanzpolitik etc.) kann für das Unternehmen von hoher Bedeutung sein. Von besonderem Gewicht sind aber wohl die Wettbewerbspolitik und das, was man als "Industriepolitik" bezeichnet. Beide Varianten der Politik sind heute ein wesentlicher Bestandteil der "Standortdebatte", die in den achtziger Jahren insbesondere in den USA und England, seit Ende der achtziger Jahre aber auch in Kontinentaleuropa und neuerdings sogar in Japan Konjunktur hat(te) (siehe für einige Hinweise hierzu oben, Kap. 3.1, aber auch Kap. 2.4). Als *Wettbewerbspolitik* bezeichnet man eine Art von Politik, bei der der Staat die Leistungsfähigkeit von Unternehmen indirekt durch strukturelle Interventionen beeinflußt, ohne dabei den Selektionsmechanismus des Marktes außer Kraft zu setzen. *Industriepolitik* zielt demgegenüber in direkter Weise auf die Herbeiführung gewünschter Ergebnisse ab; der Marktmechanismus wird ganz oder teilweise außer Kraft gesetzt (vgl. Dankbaar et al. 1990b: 21). Die folgenden Ausführungen sind (zunächst) auf diese Art der Politik konzentriert.

Das paradigmatische Beispiel für eine konsequent durchgeführte Industriepolitik ist sicherlich die Politik des japanischen *Ministery of International Trade and Industry* (MITI), die in Kap. 2.31 kurz beschrieben worden ist. Aber auch in Europa und in den USA steht die Industriepolitik auf der Tagesordnung.

In *Europa* wird Industriepolitik auf nationaler, in den letzten Jahren aber natürlich auch zunehmend auf der Ebene der europäischen Gemeinschaft betrieben (vgl. den Hinweis in Kap. 3.1, oben [S. 254]). Rothwell und Dodgson (1992) unterscheiden drei Phasen. Phase 1 (fünfziger und sechziger Jahre) ist die Phase der *Industriepolitik im engeren Sinne*. Hier werden noch keine Verbindungen zwischen Industrie und Wissenschaft geknüpft. Es werden ausgewählte industrielle Forschungsprojekte unterstützt, Maßnahmen zur industriellen Restrukturierung ergriffen sowie damit einhergehende Schulungsbedarfe befriedigt. Das Schwergewicht liegt bei größeren Unternehmen und bei ausgewählten Prestigeprojekten (Stichwort: *Concorde*). Phase 2 (Mitte siebziger bis Mitte achtziger Jahre) ist die Phase der *Innovationspolitik*. Hier wird nicht mehr nur die Forschung & Entwicklung im engeren Sinne betrachtet, sondern die gesamte Wertkette eines neuen Produktes. Forschungsinstitute werden involviert, und auch die Nachfrageseite wird zu stimulieren versucht. Das Interesse auch an kleineren und mittleren Unternehmen beginnt zu erwachen. Phase 3 (Mitte der achtziger Jahre bis heute) schließlich bringt den Übergang zur *Technologiepolitik*. Der Schwerpunkt liegt jetzt auf den inter-institutionellen Verbindungen, Verbindungen also zwischen Unternehmen und Universitäten und Verbindungen zwischen Unternehmen, die in einer präkompetitiven Phase gemeinsame Forschungs- und Entwicklungsprojekte betreiben sollen (Beispiel *Jessi*). Noch mehr als schon in Phase 2 werden jetzt kleine und mittlere Unternehmen - *New Technology-Based Firms* - involviert, weil diesen eine wesentliche Rolle im Prozeß der Technologieentwicklung zugeschrieben wird. Insgesamt kann man vielleicht sagen, daß die *Wettbewerbsorientierung* zugenommen hat, die oben beschriebenen Grenzen zwischen Wettbewerbspolitik einerseits und Industriepolitik andererseits fließend geworden ist. Das Augenmerk wird zunehmend auf die *Rahmenbedingungen* (einschließlich präkompetitiver Phasen) gelegt, während der Wettbewerb selbst möglichst ungehindert belassen werden soll.

Chiang (1991) beschreibt in einer etwas anders ausgerichteten Zusammenfassung die in Europa vorzufindende Industriepolitik - ebenso übrigens wie die japanische - als *diffusionsorientiert*. Angestrebt werde ein längerfristiger Prozeß, in dem sich die Unternehmen eines Landes schrittweise an ein neues Technologiegebiet heranarbeiten.[98] Statt einer Pionierstrategie werde eher die Strategie eines "Smart Followers" verfolgt. Die Industriepolitik *in den USA* sei demgegenüber ursprünglich eher *missionsorientiert*, auf radikale Innovationen ausgelegt gewesen; man habe zum Beispiel (unter R. Reagan) das berühmte *SDI*-Programm initiiert, um die Verteidigungsposition der USA auf ein neues Niveau zu bringen, in der Hoffnung, daß damit dann auch zahlreiche zivile "Spin-Offs" verbunden seien, die sich dann auch ökonomisch auszahlten. Erst in den letzten Jahren habe sich - angesichts doch enttäuschender Spin-Offs - eine Veränderung der Policy in Richtung auf eine diffusionsorientierte Industriepolitik ergeben. Es habe, anders formuliert, in den letzten Jahren einen weltweiten Konvergenzprozeß in der Ausrichtung der Industriepolitik gegeben. Allerdings tue man sich in den USA aufgrund der andersartigen kulturellen Voraussetzungen zum Beispiel schwer damit, die Logik "präkompetitiver Kollaboration" wirklich zu verstehen und in die Tat umzusetzen. Es müsse deshalb zumindest noch einige Zeit vergehen, bis die Konvergenz auch real vollzogen sei (vgl. Chiang 1991: 349).

Dieser zuletzt genante Befund paßt natürlich gut in den in Kapitel 3 (oben) vorgestellten Argumentationszusammenhang. Vor diesem Hintergrund läßt sich unmittelbar die folgende These formulieren:

---

98. "[D]iffusion-oriented policy ... attempts to increase value-added for existing products by improving quality, increasing efficiency or entering niche markets, rather than to create brand new industries. ... [R]elatively lower cost and lower risk fields are first targeted, and then used as stepping stones to accumulate experience and economic profits for competing in the next higher-end products and, ultimazely, in new frontier fundamental research, highly aggregate and complex systems, and even high-end military products." (Chiang 1991: 340)

H9: Die Erfolgsaussichten einer Industriepolitik hängen in starkem Maße von den kulturellen Voraussetzungen und Traditionen eines Landes ab. Eine diffusionsorientierte Industriepolitik bedarf einer kollektivistischen Kultur, die die Zusammenarbeit zwischen den Institutionen unterstützt.

Freilich darf nicht darüber hinweggesehen werden, daß auch in kollektiven Kulturen, die zu einer auf Kooperation abstellenden Industriepolitik eigentlich gut passen sollten, die beobachtenden Experten (aus der Wissenschaft) die bisherigen Ergebnisse der Industriepolitik keineswegs besonders positiv beurteilen (vgl. etwa Keller 1992, I. Schmidt 1992). In Europa zum Beispiel wird darauf verwiesen, daß bei der großangelegten Halbleiterinitiative *Jessi* führende Unternehmen wie *Siemens* und *Philips* bereits wieder ausgeschieden sind und statt auf europäische Partner lieber auf die Zusammenarbeit mit japanischen Halbleiterherstellern setzen. "Tatsache ist, daß die Ansprüche und Ergebnisse weit auseinanderklaffen. Keines der großen "Flaggschiffe" von Jessi ist in Fahrt gekommen. Im Gegenteil, die Flotte ist schon fast untergegangen", heißt es in einem Interview mit H. Kurz, dem Leiter des Instituts für Halbleitertechnik in Aachen (*Süddeutsche Zeitung* vom 17.3.1994, S. 32). Noch mehr in der Kritik stehen Wiederbelebungsversuche der "alten" Industriepolitik aus den fünfziger und sechziger Jahren, die auf eine staatlich gelenkte Umstrukturierung ganzer Branchen abzielen. So zeigt etwa Wienert (1990), daß die europäische Stahlkrise Ende der achtziger Jahre zwar überwunden werden konnte, daß dies aber eher auf Nachfragebelebungen als auf die - im einzelnen sehr ineffiziente - interventionistische Industriepolitik zurückzuführen war.

Wie können diese Mißerfolge erklärt werden, und worauf ist es zurückzuführen, daß trotz dieser Mißerfolge immer wieder neuerliche Anwendungen alter Rezepte versucht werden? Die traditionelle ökonomische Theorie tut sich nicht ganz leicht, diese Fragen zu beantworten (vgl. zum folgenden Dankbaar et al. 1990b: 20 ff.). Auf den ersten Blick herrscht zwar immer schon ein skeptischer Unterton gegenüber allen Durchbrechungen des freien Spiels marktlicher Kräfte. Aber es gibt eben auch Fälle des "Marktversagens" (Stichworte: Öffentliche Güter, Externe Effekte usw.), und in diesem Fällen muß, auch aus dem Blickwinkel der Neoklassik, die Politik einspringen ("Government by Exception"; Tyson & Zysman 1983). Den institutionellen Eigenheiten des politischen Systems ist damit allerdings noch wenig Rechnung getragen, und entsprechend kann der Erklärungsgehalt der ökonomischen Neoklassik hier kaum befriedigen, ebenso wie übrigens auch die Transaktionskostentheorie, die sich zwar für institutionelle Fragestellungen interessiert, dem Staat aber bislang kaum sehr viel Aufmerksamkeit hat zuteil werden lassen (vgl. Dow 1987; für neuere Ansätze allerdings Gerlach 1989 sowie die Beiträge in Jorde & Teece 1992).

Die neuere Systemtheorie, die für die Ausführungen des vorliegenden 4. Kapitels die wesentlichen Inspirationen geliefert hat, bietet demgegenüber recht offenkundige Ansatzpunkte. Politik und Wirtschaft werden in dieser Theorie als Funktionssysteme der Gesellschaft beschrieben, die zunehmend an Autonomie gewinnen, gerade deshalb aber auch aufeinander angewiesen, in einen Interdependenzzusammenhang eingebettet bleiben (vgl. hierzu noch einmal das Zitat von Willke, oben S. 286). "Autonomie" heißt, daß jedes System eine Eigenlogik ausbildet - die Wirtschaft die Logik von Zahlen und Nicht-Zahlen, die Politik die Logik von Macht-haben und -nicht-haben (vgl. Luhmann 1986: 101 ff. und 167 ff.). Aus der Perspektive des jeweils anderen Systems bleibt diese Eigenlogik letztlich undurchschaubar. Es ist deshalb auch nicht möglich, im strengen Sinne miteinander zu "kommunizieren". Signale des anderen Systems haben vielmehr die Qualität von "Störungen" (Perturbationen), die eine Bedeutung nur dadurch gewinnen können, daß sie in den Kreislauf des eigenen Systems eingepaßt, auf die Erfordernisse der Produktion und Reproduktion (der "Autopoiese") dieses Systems ausgerichtet werden. "Interdependenz" heißt, daß die einzelnen Systeme auf die Leistungen anderer Funktionssysteme angewiesen bleiben und auch selbst für andere Systeme Leistungen erbringen müssen (vgl. Luhmann 1988: 63). Die Wirtschaft kann nicht existieren, ohne daß die Politik für bestimmte Rahmenbedingungen sorgt; und die Politik kann nicht existieren, ohne daß die Wirtschaft die materielle Basis hierfür - zum Beispiel in Form von Steuergeldern! - bereitstellt.

Wenn man die These "autopoietischer", nach unterschiedlichen Eigenlogiken funktionierender Systeme ernstnimmt, ist klar, daß die Politik bei Marktversagen nicht einfach einspringen kann (Luhmann 1988: 325), wie das die Neoklassik anzunehmen scheint (siehe oben); und erst recht ist klar, daß jede Art der politischen Steuerung des Wirtschaftssystems, jede Art der Industriepolitik ein heikles Unterfangen ist, das zunächst einmal der Logik des *politischen Systems* (in Bonn, Brüssel oder anderswo) genügen muß, bevor es in einem zweiten Schritt den eigensinnigen Beobachtungen des Wirtschaftssystems ausgesetzt wird. Teubner (1984) spricht in einem analogen Zusammenhang von einem *regulatorischen Trilemma*, dem jede Industriepolitik - und jede andere Art wirtschaftsrelevanter Politik - ausgesetzt ist: Entweder sind die Impulse so schwach, daß sie überhaupt nicht wahrgenommen werden, den Ongoing Process der Wirtschaft überhaupt nicht stören; oder die Impulse sind so stark, daß Abläufe in der Wirtschaft *auch aus dessen Binnenperspektive* "gestört" werden; oder aber es kommt zu desintegrierenden Folgen im politischen System selber, etwa weil man hier an der eigenen Leistungsfähigkeit zu zweifeln beginnt und "Politikversagen" ein beherrschendes Thema werden läßt.

Das hier beschriebene "regulatorische Trilemma" läßt, wie man sieht, in der Tat nur einen schmalen Pfad für eine "erfolgreiche" Industriepolitik offen. Diesen Pfad zu finden ist eine schwierige Aufgabe, die Zeit beansprucht und intensive Interaktionsbeziehungen zwischen Politik und Wirtschaft voraussetzt. In einer funktional differenzierten Gesellschaft kann die Politik nicht mehr eine Spitzenstellung beanspruchen, der alle anderen Systeme sich unterordnen müssen; vielmehr müssen prinzipiell gleichrangige Systeme eine Art "Kontrolle der Kontrolle" konstituieren - "etwa in Form von Verhandlungssystemen, reflektierten neokorporatistischen Strukturen oder anderen integrativen Mechanismen, in denen die Interdependenzen funktional differenzierter Teile austariert werden" (Teubner & Willke 1984: 6). Es ist diese Idee, die die jüngste Phase der europäischen Industrie- bzw. Technologiepolitik bestimmt, insofern die Beziehungen insbesondere zwischen Wissenschaft und Unternehmen, aber auch zwischen Unternehmen gefördert werden sollen (vgl. oben sowie Willke 1988). Diese Idee ist aber nun auf die Beziehungen zwischen Politik und Wirtschaft auszudehnen. Die Hypothese lautet also:[99]

> *H10: "Erfolgreiche" Industriepolitik setzt voraus, daß zwischen Politik und Wirtschaft "Konversationskreise" mit weitgehend stabilen Systemgrenzen gebildet werden, innerhalb derer nach Lösungen gesucht werden kann, die für beide Systeme aussichtsreich sind.*

Freilich kann man vermuten, daß der Zeitaufwand, der mit der Einrichtung und dem Betrieb solcher Konversationskreise verbunden ist, gerade aus der Perspektive des politischen Systems nicht unter allen Umständen akzeptabel ist. Insbesondere in Zeiten der ökonomischen Krise besteht die Tendenz, Verantwortungen zuzurechnen, um die Komplexität zu reduzieren und dem System Reaktionsflexibilität zu sichern (siehe oben, S. 368): Wer jetzt nicht handelt, handelt verantwortungslos und verdient (zumindest aus dem Blickwinkel der politischen Opposition), abgesetzt zu werden. Der oben beschriebene "schmale Pfad" gerät unter solchen Umständen besonders schnell aus der Fassung. Die Erklärung, warum wider besseren Wissens immer wieder eine "falsche" Art der Politik verfolgt wird (siehe oben), kann ensprechend so formuliert werden:

> *H11: In Zeiten der ökonomischen Krise reagiert das politische System durch "zu starke" Eingriffe in das Wirtschaftssystem und leistet damit einen eigenen Beitrag zur Verschärfung der ökonomischen Krisensituation.*

---

99. Der im folgenden verwendete Begriff der "Konversationskreise" geht auf Hutter (1989) zurück (vgl. auch oben, Kap. 4.13). In dieser Arbeit wird auch eine Fallstudie vorgelegt, die als "Exemplar" für die Überprüfung der Hypothese verwendet werden kann.

4.63 Problemkreis 3: Aufgreifen von Ideen

Ein dritter Problemkreis des von Kirsch und Mitarbeitern vorgeschlagenen Bezugsrahmens betrifft die Frage, unter welchen Bedingungen "neue Ideen" aufgegriffen und handlungsrelevant werden, die in der internen und externen Umwelt - zur ersteren mag man zum Beispiel Planungsabteilungen,[100] zur letzteren insbesondere die Wissenschaft rechnen - produziert werden. In Kapitel 4.1 ist hierzu eine Reihe von theoretischen Überlegungen entwickelt worden. Die folgenden Ausführungen können hieran zum Teil anschließen; zum Teil heben sie aber auch neue Aspekte hervor. Sie sind in drei Abschnitte gegliedert.

(1) Zunächst liegt es nahe, an dem "Ideen und Interessen"-Bezugsrahmen anzuknüpfen, der in Kapitel 4.12 im Anschluß an M. Weber und J. Habermas vorgestellt worden ist (vgl. zum folgenden Kirsch 1992: 324 ff.). Die Grundthese besteht darin, daß neue Ideen dann aufgegriffen werden, wenn sie sich mit den Interessen der beteiligten Individuen verbünden. Dieses Bündnis aber ist, so Habermas, genau dann wahrscheinlich, wenn das System in eine Krisensituation gerät, die auf der Grundlage des bestehenden Wissensfundus nicht mehr aufgelöst werden kann. Für evolutionäre Lernvorgänge von Organisationen können demnach, in den Worten von Habermas (1982: 36 f.),[101]

> "... zwei Reihen von Ausgangsbedingungen .. [angenommen werden]: auf der einen Seite ungelöste Systemprobleme, die Herausforderungen darstellen, und auf der anderen Seite neue Lernniveaus, die auf der Ebene der Weltbilder schon erreicht sind und latent bereitstehen, die aber den Handlungssystemen noch nicht einverleibt sind und daher institutionell noch unwirksam bleiben.
>
> Systemprobleme äußern sich als Störungen des Reproduktionsprozesses einer (...) Organisation. Ob Probleme auftreten, die die strukturell begrenzte Steuerungskapazität einer Organisation überfordern, ist kontingent; wenn Probleme dieser Art auftreten, ist die Reproduktion der Organisation in Frage gestellt, es sei denn, sie nimmt die evolutionäre Herausforderung an und verändert die etablierte Form der Sozialintegration, die den Einsatz und die Entwicklung von Ressourcen begrenzt."

---

100. Planungsabteilungen oder auch Personalentwicklungsabteilungen, in denen typischerweise eine Affinität zu "neuen Ideen" besteht, besitzen, genau genommen, einen doppelten Status: Aus der Perspektive der dominierenden Koalition bzw. der zentralen Entscheidungseinheit(en) gehören sie zur (internen) Umwelt, die auf neue Ideen gleichsam "abgesucht" werden kann; aus der Perspektive des Wissenschaftssystems gehören sie dagegen zum System selber - zu einem System, das die *externe* Umwelt im angedeuteten Sinne auf neue Ideen "absucht".

101. Das der Habermasschen Analyseebene entsprechende Wort "Gesellschaft" wird im folgenden durch "Organisation" ersetzt.

Habermas konzentriert sich hier auf "neue Weltbilder", die in einem spezifischen Zusammenhang mit dem Problem der Sozialintegration stehen und insofern einen engen Bezug zur Frage der institutionellen Ordnung eines Sozialsystems und zu moralisch-praktischen Wissensbestandteilen aufweisen (vgl. für knappe Andeutungen oben, Kap. 4.41 und Kap. 3.3). Diese Einschränkung ist im vorliegenden Zusammenhang unnötig; hier interessieren im Prinzip *alle* Arten des Wissens (kognitiv-instrumentell, moralisch-praktisch *und* ästhetisch-praktisch), die sich für den Fortbestand einer Organisation bzw. die erfolgreiche Handhabung von Systemproblemen als hilfreich erweisen. Allerdings ist es gerade für empirische Zwecke sinnvoll, sich nicht auf "irgendwelche" Ideen zu fokussieren, sondern auf solche, die tatsächlich "neue Weltbilder" induzieren, das heißt: zu einem *Paradigmenwechsel* führen.[102] Die erste der für den vorliegenden Kontext relevanten Hypothesen läßt sich mithin wie folgt formulieren:

> *H12: Grundlegende, vorhandene Denkhaltungen im Unternehmen fundamental verändernde Ideen werden bevorzugt in ökonomischen Krisensituationen aufgegriffen.*

Was eine "ökonomische Krisensituation" ist, ist nun allerdings keineswegs klar definiert. Es ist durchaus denkbar, daß auch in Zeiten hoher Gewinne von einer "Krise" gesprochen werden kann - zumindest von einer *sich abzeichnenden* Krise. So könnte etwa argumentiert werden, daß gegenwärtig der Gewinn nur deshalb so hoch sei, weil im Unternehmensportfolio vorwiegend "Milchkühe" existieren, die "gemolken" werden können, daß aber keine neuen, erfolgversprechenden Geschäfte vorhanden seien, die auch in Zukunft die Ertragskraft des Unternehmens absichern. In einer solchen Situation könnte man auch gegenwärtig schon von einer "Krise" sprechen, die nur hinreichend ins Bewußtsein gerückt werden muß. Es ist, anders gesagt, wieder einmal eine Frage der Art und Weise, wie bestimmte Entwicklungen im Unternehmen oder in dessen Umwelt beobachtet werden, und welche "operative Wirksamkeit" diese Beobachtungen dann im Unternehmen haben, die darüber entscheidet, ob man es mit einer "Krise" zu tun hat, die sich nur bewältigen läßt, wenn "neue Ideen" aufgegriffen werden. Kirsch (1992: 327) sieht es als ein starkes Indiz von "Leadership", wenn es einer Person oder einer Personengruppierung gelingt, ihre Krisenbeobachtungen im Unternehmen zu verankern. Das kann unter anderem mit der folgenden Hypothese verknüpft werden:

---

102. Damit ist nicht ausgeschlossen, daß "kleine Ideen große Wirkungen" haben können. Vgl. hierzu noch einmal das in Kap. 2.52 vorgestellte Konzept der "Trajektorien"; darüber hinaus auch die Idee der "Architectural Innovation" bei Henderson & Clark (1990).

H13: Grundlegende, vorhandene Denkhaltungen im Unternehmen fundamental verändernde Ideen werden aufgegriffen, wenn sie von Personen eingeführt werden, denen es gelingt, im Unternehmen ein umfassendes Krisenbewußtsein zu generieren.

Auch diese Hypothese bleibt insgesamt natürlich dem krisentheoretischen Szenario verhaftet, das Habermas mit dem "Ideen und Interessen"-Bezugsrahmen in Verbindung bringt (siehe oben). Ein solches Szenario sollte allerdings nicht allzusehr verabsolutiert werden. Es ist nämlich naheliegend, auch umgekehrt zu vermuten, daß neue Ideen gerade in Zeiten der wirtschaftlichen *Prosperität* eine Chance besitzen, aufgegriffen zu werden. Cyert und March (1963) verwenden den Begriff des "Organizational Slack", um zum Ausdruck zu bringen, daß im Unternehmen auch überschüssige Ressourcen vorhanden sein können, Ressourcen also, die nicht unmittelbar für die materielle und immaterielle Reproduktion des Systems benötigt werden und darum für andere Zwecke zur Verfügung stehen. Es ist dann zum Beispiel denkbar, daß man eine Tagung organisiert, auf der auch Wissenschaftler ihre theoretischen Erkenntnisse vortragen können, ohne unmittelbar den Anspruch zu erheben, auf drängende Tagesprobleme eine Antwort zu geben. Aus der Perspektive des Unternehmens handelt es sich hier um "handlungsentlastete Interaktionszusammenhänge" (Kirsch 1992: 326), innerhalb derer mit Ideen gespielt und auf die man sich probeweise einlassen kann, ohne das Risiko einer Gefährdung der Handlungsfähigkeit des Unternehmens heraufzubeschwören (vgl. auch Kirsch & zu Knyphausen 1993a). Genau damit kann dann auch die Möglichkeit verbunden sein, daß sich spezifische "Subkulturen" bilden, die diese Ideen weiterverfolgen und operationalisieren - soweit vielleicht, bis es der Mehrheit der dominierenden Koalition der Organisation "dämmert", daß man vielleicht organisationsweit die kognitiven Muster umstellen sollte. Kurzum, Krisensituationen und "Organizational Slack" können im Hinblick auf das Aufgreifen neuer Ideen offenbar funktional äquivalent sein, und ebenso wie H12 und H13 sollte auch H14 einer empirischen Exploration bzw. Überprüfung zugeführt werden:

H14: Grundlegende, die vorhandenen Denkhaltungen im Unternehmen fundamental verändernde Ideen haben eine erhöhte Chance, aufgegriffen zu werden, wenn es in der Organisation handlungsentlastete Interaktionszusammenhänge gibt, in denen diese Ideen diskutiert werden können.

(2) Nachdem die bisherigen Ausführungen sich darauf konzentriert haben, einige allgemeine Situationsbedingungen zu beschreiben, unter denen die Aufnahme auch in einem fundamentaleren Sinne "neuer Ideen" an Wahrscheinlichkeit gewinnt, liegt es nahe, auch nach der Relevanz von "Personen" für den Transfer neuer Ideen bis in die Machtzentren der Organisation hinein zu fragen. H13 hat diese Frage zwar schon berührt; vor dem Hintergrund der Überlegungen in Ka-

pitel 4.12 können aber natürlich auch noch einige weitergehende Hypothesen formuliert werden.

Zunächst ist auf die Theorie*nachfrager* einzugehen, auf Mitglieder oder Teilnehmer der Organisation also, die an Wissen bzw. Ideen interessiert sind, um damit ihre Argumente im Prozeß der politischen Auseinandersetzungen in und um die Organisation herum abzustützen, oder die selbst eher an der (machtpolitischen) Peripherie der Organisation sitzen, mit ihren Ideen und Analysen aber den Mitgliedern der "dominierenden Koalition" oder um diese herumgruppierten Aktoren gleichsam "zuarbeiten" (müssen) und deshalb (auch) die Umwelt - und hier insbesondere die Wissenschaftsumwelt - nach relevanten Beiträgen absuchen. Welche Faktoren können herangezogen werden, um die Aufgeschlossenheit, die "Responsiveness" des angesprochenen Personenkreises gegenüber neuen Ideen zu erklären?

Am einfachsten lassen sich Hypothesen gewinnen, wenn man an Beiträge anschließt, die sich mit der Rolle von "Leadership" im Rahmen von Prozessen des strategischen Wandels beschäftigen (vgl. oben, Kap. 2.43). Dort wird zum Beispiel postuliert, daß die Wahrscheinlichkeit eines Wandels steigt, wenn ein neuer *CEO* von außen - möglichst sogar von außerhalb der Branche - in das Unternehmen kommt (siehe etwa Hambrick et al. 1993). Ein neuer Top-Manager mag sich darum bemühen, "frischen Wind" in das Unternehmen hereinzubringen, und daher - das ist der im vorliegenden Zusammenhang relevante Gesichtspunkt - eine verstärkte Bereitschaft besitzen, neue Ideen aufzugreifen, die die etablierten Denkweisen im Unternehmen verändern (sollen). Beispielsweise wird ein "Strategy Review" initiiert, für dessen Erarbeitung unter anderem auch die neuesten Erkenntnisse der einschlägigen wissenschaftlichen Forschung fruchtbar gemacht werden sollen. Daraus folgt

> *H15: Die Empfänglichkeit eines verantwortlichen Managers für neue Ideen ist umso höher, je kürzer er im Unternehmen ist und je mehr sich ihm die Aufgabe eines strategischen Wandels im Unternehmen stellt.*

Die Aufgeschlossenheit insbesondere gegenüber wissenschaftlichen Forschungsergebnissen und neuen Ideen dürften ferner von der Art der Ausbildung und von der Zeitdauer abhängen, die seit Beendigung der Ausbildung vergangen sind:[103] In dem Maße, in dem mit Erfolg eine qualifizierte akademische Ausbildung (z.

103. Diese Überlegung bezieht sich nicht nur auf die in H15 angesprochenen Top-Manager - auf Mitgllieder der "dominierenden Koalition" eines Unternehmens -, sondern auch auf die im Text (oben) angesprochenen "peripheren" Organisationsteilnehmer, also z. B. Mitarbeiter in Planungsstäben oder Personalentwicklungsabteilungen.

B. einschließlich Promotion) absolviert wurde, dürfte normalerweise auch eine gewisse Affinität zu wissenschaftlichen Erkenntnissen bestehen. Freilich verliert sich diese Affinität häufig je mehr, je länger die Universitätsausbildung her ist, je länger also die Handlungszwänge der Praxis das Denken beeinflußt haben. Als (zusammenhängende) Hypothese formuliert:

> *H16: Die Empfänglichkeit für Erkenntnisse bzw. neue Ideen aus dem Wissenschaftssystem ist umso höher, je qualifizierter die akademische Ausbildung der betreffenden Person ist und je weniger Zeit seit Beendigung dieser Ausbildung vergangen ist.*

Betreffen die bisherigen Ausführungen die "Theorie*nachfrager*", so ist darüber hinaus natürlich auch auf die "Theorie*produzenten*" einzugehen. Gemäß Kapitel 4.12 (oben) sind dazu einerseits Forscherpersönlichkeiten oder -gruppen zu zählen, die im Wissenschaftssystem ihre "Home Base" besitzen (a), und andererseits Persönlichkeiten oder Gruppierungen, die in den Unternehmen (im Wirtschaftsystem) agieren, sei es, indem sie selbst über Autorisierungsrechte verfügen und im Zusammenhang mit den alltäglichen politischen Auseinandersetzungen Argumente ("Theorien") generieren, die die von ihnen verfolgte Position unterstützen (b), oder sei es, indem sie als Angehörige spezifischer Teilsysteme (z. B. einer Planungsabteilung) systematisches Wissen generieren, um es anderen Personen zu deren Verwertung zur Verfügung zu stellen (c). Im vorliegenden Zusammenhang sind besonders die unter (a) und (c) genannten Personenkreise von Interesse. Die Frage ist, ob es spezifische Eigenschaften oder Merkmale dieser Personenkreise gibt, die über das Aufgreifen der von ihnen vertretenen Theorien oder Ideen durch die relevanten Akteure in der Unternehmenspraxis ("Theorienachfrager") mitentscheiden. Eine Antwort, die sich schon in Kapitel 1.1 und dann im weiteren Verlauf der vorliegenden Arbeit immer wieder angedeutet hat, läuft auf *Reputation* hinaus. Man wird kaum davon ausgehen können, daß die jeweils in Frage stehenden Theorien oder Ideen von den an ihnen interessierten Personen in allen Einzelheiten geprüft und verglichen werden können. Es ist deshalb von Bedeutung, *wer* etwas sagt: Wenn man weiß, daß von *diesem* Theorieproduzenten auch schon in der Vergangenheit hilfreiche Beiträge gekommen sind, wird man möglicherweise dessen neue Ideen oder Theorien stärker beachten und ihnen a priori ein gewisses Gewicht zusprechen. Es ist eben nicht gleichgültig, ob es M. Porter ist, der eine bestimmte Idee vertritt, oder irgendeine andere Person, die sich bislang noch keinen Namen machen konnte. Die zu explorierende Hypothese könnte also wie folgt formuliert werden:

> *H17: Neue Ideen oder Theorien werden umso eher aufgegriffen, je höher die Reputation der Personen ist, die diese Ideen oder Theorien generiert bzw. erarbeitet haben.*

Natürlich stellt sich die Frage, in welchem Forum die interessierenden Theorieproduzenten ihre Reputation besitzen. Eine hohe Reputation im Wissenschaftssystem selber - in einem System also, das über eine grundsätzliche andere Art der "Eigenlogik" verfügt als das Wirtschaftssystem - dürfte für sich genommen kaum ausreichend sein; die Reputationseffekte müssen vielmehr für die Theorienachfrager unmittelbar beobachtbar sein. Unterstützend hierfür könnten sich beispielsweise Publikationen in breit streuenden Medien wie etwa dem *Harvard Business Review* (oder auch in dessen deutschem Pendant, dem *Harvard Manager*) auswirken. Darüber hinaus ist zweifellos das direkte Involvement der Theorieproduzenten in Beratungs- und vielleicht auch Aktionsforschungsprojekte von Bedeutung. Darauf wird gleich noch kurz zurückzukommen sein.

(3) Neben personenbezogenen Variablen muß auch eine Reihe organisations- bzw. systembezogener Variabler berücksichtigt werden, wenn man das Aufgreifen von neuen Ideen bzw. Theorien und dessen Bestimmungsgründe erforschen will. Hier bietet die Literatur zum Thema "organisatorisches Lernen" (siehe oben, Kap. 2.23) einige Anhaltspunkte.

Zu denken ist zunächst an das Vorhandensein von auf Beobachtung der relevanten Umwelten spezialisierten Einheiten und Systemen. Im Zuge der vorhergehenden Ausführungen ist mehrfach von Planungs- und Personalentwicklungseinheiten gesprochen worden, die wohl in besonderem Maße Aufgaben der Umweltbeobachtung wahrnehmen (müssen). Mit der Einrichtung von Planungseinheiten ist häufig die Erwartung verbunden, daß Beiträge zur Rationalisierung der Unternehmensführung geleistet werden und dafür der Ideenpool der Wissenschaft (und der Unternehmensberater!) ausgenutzt wird. Personal- oder auch Organisationsentwicklungseinheiten müssen sich ebenfalls systematisch mit der Frage auseinandersetzen, was die zentralen Inhalte sind, die in und um die Organisation herum in Zukunft eine Rolle spielen und entsprechend in Lernprogramme eingebaut werden müssen; das aber ist kaum denkbar, ohne daß man auch zu etwas "esoterischen" Theorierichtungen Bezüge herstellt und auf die besagten "neuen Ideen" absucht (siehe hierzu etwa die Arbeiten in Sattelberger 1991). Einige Unternehmen (z. B. die *BASF*) unterhalten darüber hinaus Organisationseinheiten, die explizit unter die Headline der "Hochschulbeziehungen" gestellt sind und den Kontakt zur Wissenschaft herstellen bzw. aufrechterhalten sollen. All diese Einheiten können sich spezifischer "Scanning"-Systeme bedienen, die die Absuche der Wissenschaftsumwelt (und vielleicht auch weiterer, auf Wissensproduktion spezialisierter Umwelten) erleichtern (man denke etwa an ein Literaturrecherche-System). Die Einrichtung solcher Einheiten und der Betrieb solcher Systeme kann als Ausdruck für die Tatsache interpretiert werden, daß in der Organisation insgesamt ein Wissen um den potentiellen Wert neuer

Ideen und Theorien vorhanden ist und den Überlegungen und Empfehlungen, die von den genannten Einheiten mit systematischer Unterstützung produziert werden, mit einer gewissen Aufgeschlossenheit begegnet wird. Die Hypothese lautet also:

> *H18: Die Wahrscheinlichkeit für die Aufnahme neuer Ideen ist umso höher, je mehr das Unternehmen auf die Beobachtung der Wissenschaftsumwelt oder anderer auf Wissensproduktion ausgerichteter Umweltsysteme spezialisierte Organisationseinheiten besitzt und/oder je mehr formale "Scanning"-Systeme existieren, die die Absuche dieser Umwelt(en) unterstützen.*

In Ergänzung zu den in dieser Hypothese angesprochenen "harten", an der Oberfläche sichtbaren Komponenten einer Erklärung des Aufgreifens von neuen Ideen bzw. Theorien durch die Organisation kann und muß auch untersucht werden, welche "weichen" Aspekte der Tiefenstruktur der Organisation in diesem Zusammenhang eine Rolle spielen könnten. Anregungen gibt zum Beispiel das Konzept der "doktrinenbedingten Informationspathologien", demzufolge es in der Kultur buw. in den Symbolstrukturen einer Organisation Widerstände gegen allzusehr vom Status Quo abweichende "neue Ideen" geben kann (vgl. Wilensky 1967, Sorg 1982). In eine etwas andere Richtung geht die Argumentation der neueren Systemtheorie, der die vorliegende Arbeit die wesentlichen Perspektiven verdankt. In dieser Theorie wird postuliert, daß die Art und Weise, wie ein System durch seine Umwelt "perturbiert" wird, im starken Maße abhängig ist von dem Gegenwartszustand des Systems (vgl. wieder oben, Kap. 4.12). Cohen und Levinthal (1989, 1990) diskutieren ganz analog ein Konzept der "Absorptive Capacity": Die Fähigkeit von Organisationen, neue Ideen bzw. Theorien aufzunehmen, wird ganz wesentlich dadurch geprägt, welche Ideen und Theorie in der Organisation bereits vorhanden sind und welche Entwicklungspfade ("Trajektorien", im Sinne von Dosi 1982 [siehe Kap. 2.52, oben]) damit verbunden sind (vgl. oben, Kap. 2.23). Das führt zu

> *H19: Die Bereitschaft und Fähigkeit einer Organisation, in einer Periode P neue Ideen bzw. Theorien aufzugreifen, ist umso größer, je mehr diese Bereitschaft bzw. Fähigkeit in der Vorperiode P_{-1} vorhanden war.*

Bleibt noch, kurz auch *prozessuale Gesichtspunkte* zu beleuchten, die für das Aufgreifen von Ideen bzw. Theorien eine Rolle spielen können. In Kapitel 4.13 ist hier unter anderem auf die Möglichkeit der Einrichtung von "Zwischensystemen" eingegangen worden, die eine Art "Interreferenz" zwischen Wissenschaft und Wirtschaft bzw. Unternehmen schaffen können:[104] Sie erleichtern es, (bis zu einem gewissen Grade) eine gemeinsame Sprache zu finden, die die Kommuni-

104. Analoge Überlegungen sind oben (Kap. 4.62) zum Verhältnis von Politik und Wirtschaft angestellt worden; vgl. insb. H10.

kation und damit den Wissenstransfer unterstützt. Besondere Bedeutung haben hier natürlich die Beratungs- und Aktionsforschungsprojekte, an denen viele Wissenschaftler heute beteiligt sind. Diese Projekte ermöglichen es den Wissenschaftlern, Ideen oder Theorien auf konkrete Situationskontexte anzuwenden und damit auch bei den beteiligten Unternehmen ein gewisses Vertrauen in die Leistungsfähigkeit der Theorie aufzubauen, auf das dann in nachfolgenden Episoden immer wieder rekurriert werden kann (vgl. oben). Die letzte für den vorliegenden Zusammenhang relevante Hypothese lautet also wie folgt:

H20: Neue Ideen bzw. Theorien, die im Wissenschaftssystem generiert worden sind, werden in der Unternehmenspraxis umso eher aufgegriffen, je mehr sie durch Beratungs- oder Aktionsforschungsprojekte vermittelt werden.

4.64 Problemkreis 4: Auftauchen von Führung

Ein vierter und letzter hier anzusprechender Problemkreis des in Kapitel 4.4 vorgestellten Bezugsrahmens betrifft die Frage des Auftauchens von Führung. Die allgemeine These besteht darin, daß Führung - das heißt hier insbesondere: *strategische* Führung - keineswegs etwas Selbstverständliches, immer schon Gegebenes ist; ihr Auftauchen aus dem "Ongoing Process" ist vielmehr ein erklärungsbedürftiges Phänomen, das gerade im Bereich der Theorie der strategischen Unternehmensführung behandelt werden sollte. Die folgenden, in besonderem Maße explorativ angelegten Ausführungen sind grob an den Argumentationsfaden in Kapitel 4.43 angelehnt.

(1) "Führung" bezeichnet, so wurde oben gesagt, eine überlagernde Handlungsstruktur, die einen sozialen Interaktionszusammenhang in asymmetrischer Weise prägt. Sie ist ein Beobachterphänomen, ein Konstrukt, das einem Beobachter dazu dient, die Handlungen bzw. (*strategischen*) "Manöver" eines Systems zu beschreiben oder zu erklären. Nicht selten wird dabei auch einzelnen Führungspersönlichkeiten Verantwortung zugerechnet; ihre Aktivitäten werden als ursächlich für beobachtbare Handlungen angesehen. Aus der Außenperspektive zum Beispiel eines Wissenschaftlers, der die Situation ganzheitlich zu überblikken versucht, ist eine solche Einzelzurechnung häufig unrealistisch: Man weiß, daß es noch viele andere Bedingungen der Möglichkeit der jeweiligen Handlungen bzw. Manöver gegeben hat. Die Zurechnung von Verantwortung ist deshalb ihrerseits ein erklärungsbedürftiges Phänomen, etwas, was auf den Bedarf für *Reduktion von Komplexität* verweist. Und dieser Bedarf tritt nun, so wurde in Kapitel 4.43 argumentiert, insbesondere in ökonomischen Krisensituationen auf, in denen nach Auswegen gesucht werden muß, die einerseits die Krisensituation auflösen, die andererseits aber möglichst geringfügige Eingriffe in die Funk-

tionsweisen des Systems implizieren. Personen lassen sich ersetzen; und wenn sie ersetzt werden, ist dies im Zweifelsfall mit weniger unbeabsichtigten Nebenfolgen verbunden als beispielsweise eine Veränderung der Organisationsstruktur (die dann freilich durch die "neue" Führungspersönlichkeit immer noch initiiert werden mag). Die Hypothese lautet also:

> *H21: Die Wahrscheinlichkeit, daß strategische Manöver individuellen Führungspersönlichkeiten zugerechnet werden, ist umso höher, je problematischer die wirtschaftliche Situation des Unternehmens ist.*

Die alleinige Orientierung an strategischen Manövern und deren Zurechnung auf einzelne Aktoren bietet erst die Grundlage für einen relativ weit gefaßten Begriff der strategischen Führung. *Strategische Führung im engeren Sinne* bezeichnet demgegenüber die Möglichkeit, in einer Ex ante-Betrachtung die Intentionalität des Handelns herauszustellen und davon auszugehen, daß die jeweiligen Intentionen dann auch operativ wirksam werden, sich also in entsprechenden strategischen Manövern niederschlagen (vgl. wieder oben, Kap. 4.43). Intentionen müssen nicht unbedingt explizit formuliert sein; darauf hat die These vom *begriffsstrategischen Primat formierter Strategien* hingewiesen (vgl. Kap. 4.42, oben). Dennoch kann man vermuten, daß gerade in Zeiten der ökonomischen Krise und/oder der Gefährdung der Handlungsfähigkeit des Unternehmens (vgl. zum Konzept und den Operationalisierungsmöglichkeiten Kirsch et al. 1984: 499 ff.) der Druck wächst, Anstrengungen zu einer expliziten Formulierung des strategisch Gewollten zu unternehmen, um die Situation wieder "in den Griff zu bekommen". So mag etwa der Aufsichtsrat einer Aktiengesellschaft den Vorstand ultimativ auffordern, ein Turnaround-Konzept vorzulegen, das der bisherigen Agonie ein positives Ende setzt. Wiederum als Hypothese formuliert:

> *H22: Die Wahrscheinlichkeit, daß in einem Unternehmen explizite Strategien formuliert werden, die für das weitere Handeln operative Wirksamkeit besitzen, steigt in ökonomischen Krisensituationen bzw. bei Gefährdungen der Handlungsfähigkeit des Unternehmens.*

Die hier formulierte Hypothese ist, ebenso wie die vorhergehende (H21), ersichtlich auf ein krisentheoretisches Szenario ausgerichtet. Ähnlich, wie dies auch im Zusammenhang mit der Frage nach dem "Aufgreifen von Ideen" diskutiert wurde (vgl. oben, Kap. 4.63 [1]), ist freilich auch hier die entgegengesetzte Vermutung naheliegend, daß das Vorhandensein von "Organizational Slack" die Wahrscheinlichkeit erhöht, daß man sich in expliziter Weise darum bemüht, Strategien zu formulieren, die für alles weitere Handeln richtungsweisend sein sollen. Es mag einfach die *Zeit* vorhanden sein, sich mit grundlegenden Fragen der Unternehmensentwicklung ausführlicher auseinanderzusetzen, und darüber hinaus mag es *materielle Ressourcen* geben, die zum Beispiel die Erarbeitung von systematischen Marktanalysen erlauben. Allerdings mag zweifelhaft sein, ob die auf diese Weise zustandekommenden Konzepte oder "Intentionen" in gleicher Weise operativ wirksam werden, als dies unter Krisenbedingungen der Fall wäre: Im Moment ist man erforlgreich, und es wäre den Betroffenen nur schwer klarzumachen, warum in einer solchen Situation der bisherige Kurs verlassen werden soll. Die folgende, im vorliegenden Zusammenhang letzte Hypothese ist deshalb schwächer formuliert als die vorhergehende (H22):

> *H23: Die Wahrscheinlichkeit, daß in einem Unternehmen explizite Strategien formuliert werden, ist umso höher, je mehr "Organizational Slack" im Unternehmen vorhanden ist.*

(2) Zur weiteren Beschreibung von Merkmalen einer strategischen Führung sind in Kapitel 4.43 zwei Metaphern verwendet worden: die Metapher des "Gummibandes" und die Metapher der "Resultante". Der Gebrauch dieser Metaphern sollte in besonderer Weise klarmachen, daß die theoretischen Überlegungen noch nicht sehr weit fortgeschritten und empirische Hypothesen entsprechend noch in weiter Ferne sind. Die Metapher des "Gummibandes" steht allerdings in einem Zusammenhang mit der Voluntarismus/Determinismus-Debatte, die im Bereich des Strategischen Managements eine lange Tradition besitzt und auch heute noch aktuell ist (vgl. Mahoney 1993; für knappe Hinweise auch oben, Kap. 1.3 [S. 40 f.] sowie Kap. 2.41). Es geht um die Frage, in welchem Maße die (strategische) Unternehmensführung das Geschehen willentlich steuern kann, in welchem Maße also das Unternehmen tatsächlich unter dem Einfluß der Führung steht. Die folgenden Ausführungen beschränken sich darauf, einige "externe" konzeptionelle Überlegungen und Forschungsergebnisse zu referieren, die diese Frage zu beantworten helfen und damit zu einer Ausdeutung der Gummiband-Metapher beitragen können.

Die interessantesten konzeptionellen Überlegungen sind von Hrebiniak und Joyce (1985) vorgelegt worden. "Strategic Choice" und "Environmental Determinism" sollten, so ihre Idee, nicht als Eckpunkte *eines* Kontinuums, sondern als *zwei* unabhängige Dimensionen gesehen werden, die miteinander kreuztabelliert werden können. Das Ergebnis ist dann eine 4-Felder-Matrix, die als kontingenztheoretischer Bezugsrahmen interpretiert werden kann (vgl. Abb. 28).

Die Felder I und III stellen die traditionell diskutierten Fälle dar. Geringe Handlungsspielräume (Feld I) bestehen in hoch-kompetitiven, "perfekten" Märkten; hier muß man letztlich immer eine *Low Cost-Strategy* fahren, wenn man nicht aus dem Geschäft gedrängt werden will. Aber auch in Nischengeschäften, in Geschäften also, die durch bestimmte Randbedingungen - zum Beispiel: Zugang zu Vertriebskanälen - definiert sind, bestehen wenig Möglichkeiten: Entweder man hat den Zugang, oder man hat ihn nicht; wenn man ihn hat, kann man nur "verteidigen" (im Sinne von Miles & Snow 1978). Ganz anders ist die Situation hingegen, wenn es nur geringe Abhängigkeiten gibt und die Umwelt sehr weitgehend nach internen Kriterien gestaltet werden kann (Feld III). Hier kann man verschiedene Varianten einer Differenzierungsstrategie verfolgen und häufig auch die strategische Grundhaltung eines "Prospektors" (wieder im Sinne von Miles & Snow 1978) einnehmen.

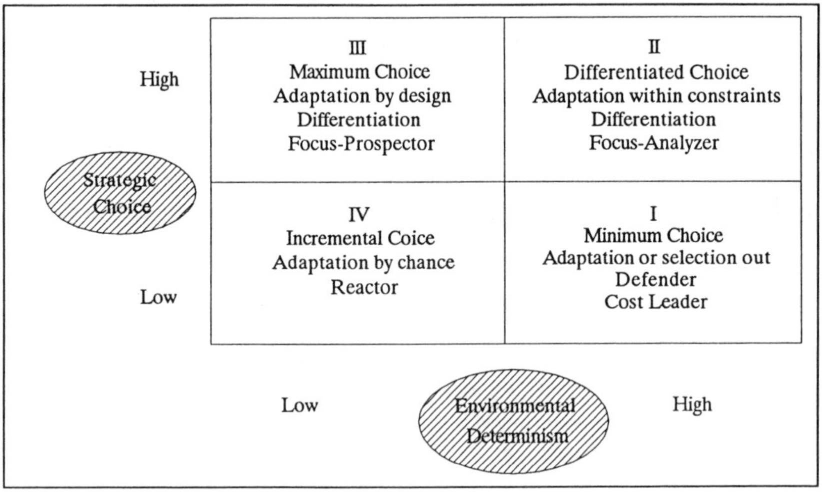

Abb. 28: "Strategic Choice" versus "Environmental Determinism": ein Bezugsrahmen (Quelle: Hrebiniak & Joyce 1985: 339)

"Neu" sind nun die Felder II und IV. In Feld II finden sich, so Hrebiniak und Joyce (1985: 340), entweder Unternehmen, die zwar in Nischen sitzen und sich bestimmten Randbedingungen unterwerfen müssen, zugleich aber zum Beispiel aufgrund ihrer Unternehmensgröße erhebliche Marktmacht und entsprechende Optionen besitzen, oder aber Unternehmen, die in verschiedenen Segmenten mit unterschiedlichen Bedingungen tätig sind, gerade daraus aber Vorteile (genauer: *Economies of Scope*!) ziehen oder zumindest zwischen diesen Segmenten situationsspezifisch hin-und-her-manövrieren können. In Porterschen Kategorien ausgedrückt (oben, Kap. 2.1), kann man hier eine Differenzierungs- oder eine Fokusstrategie erwarten. In Feld IV sind Unternehmen angesiedelt, die demgegenüber ihr Heil nur im Reagieren suchen und sich mehr oder weniger "durchwursteln". Diese Unternehmen besitzen häufig keinen wirklichen Wettbewerbsvorteil und daher keine Basis, von der aus sie eigenständig operieren können. Das Risiko des Verdrängt-Werdens ist deshalb hier auf Dauer gesehen besonders hoch, und entsprechend muß dieses Feld IV als ein prinzipiell *instabiles* Feld angesehen werden (vgl. Hrebiniak & Joyce 1985: 342 f.).

Lawless und Finch (1989) haben die von Hrebiniak und Joyce formulierten Hypothesen einer empirischen Untersuchung zugeführt. Die Resultate lassen sich wie folgt zusammenfassen:

* Im Hinblick auf die Unternehmen, die in Feld I positioniert sind, ließ sich die signifikant-höchste Performance-Rate nicht, wie prognostiziert, bei einer Low Cost-, sondern bei einer Differenzierungs- bzw. Innovationsstrategie feststellen. Allerdings waren diesem Feld (bei N = 146) auch nur sieben Unternehmen zuzuordnen. Die Eingangshypothese kann vor diesem Hintergrund wohl nicht ohne weiteres als falsifiziert gelten; die Frage ist eher, ob man aus der geringen Zahl der dem Feld zuzuordnenden Firmen irgendwelche Schlüsse ziehen kann. "[T]he existence of only seven single-industry firms in this environment may support the proposition by Hrebiniak and Joyce (1985) that firms will either exit this environment or be selected out" (Lawless & Finch 1989: 359).
* Für Feld II wurde postuliert, daß eine Differenzierungsstrategie zu einer höheren Performance führt. Diese Hypothese ließ sich nach der Datenlage nicht halten. Zwar wurden hier keine Unternehmen mit einer Low Cost-Strategy (und auch nicht mit einer Strategie der Minimierung des Anlagevermögens [*Asset Parsimony*; Miller 1986]) ausfindig gemacht; es konnten aber keine signifikanten Unterschiede zwischen einer Differenzierungsstrategie und einer allen Regeln zuwiderlaufenden Strategie des "Muddling Through" festgestellt werden.
* Auch für die Unternehmen in Feld III wurde die höchste Performance für Differenzierer prognostiziert. Diese These ließ sich aber nicht bestätigen: Im Hinblick auf die fünf laut Untersuchungsdesign möglichen Strategien ließen sich keine signifikanten Unterschiede nachweisen.
* Abgelehnt wurde schließlich auch die Hypothese, daß unter den Bedingungen des Feldes IV *keine* Strategie signifikante Vorteile aufweist. Je nach Indikator ergab sich, daß bestimmte Mischstrategien zu einer deutlich besseren Performance führen als andere.

Mit diesen Ergebnissen kann der von Hrebiniak und Joyce vorgelegte Bezugsrahmen sicherlich noch nicht endgültig ad acta gelegt werden; dazu ist die empirische Basis bislang zu klein, und es kann natürlich nicht ausgeschlossen werden, daß es auch methodische Mängel sind, die für diese Ergebnisse verantwortlich sind.[105] Vor dem Hintergrund der Ausführungen in Kapitel 4.4 ist allerdings bedenklich, daß nicht streng zwischen "Strategien" und "strategischen Manövern" unterschieden und damit auch der politischen Problematik im Unternehmen - die zum Beispiel etwas mit unterschiedlichen Handlungsorientierungen (Strategien) bei einzelnen Personen oder Entscheidungszentren (Stichwort: Polyzentrismus!) zu tun hat - nicht ausreichend Rechnung getragen wird. Eine Berück-

105. Vgl. dazu die Kommentare bei Bedeian (1990), aber auch die Antwort von Lawless und Finch Tegarden (1990).

sichtigung dieser Aspekte würde nicht nur erlauben, den mit der Metapher des "Gummibandes" verbundenen Assoziationen näherzukommen, sondern auch eine heuristische Nutzung der "Resultanten"-Metapher ermöglichen (siehe hierzu noch einmal oben, Kap. 4.43).

(3) In Kapitel 4.43 (3) wurde kurz auch noch einmal auf die Unterscheidung zwischen (strategischer Unternehmens-) *Führung* auf der einen und (strategischem) *Management* auf der anderen Seite eingegangen, die in Kapitel 4.14 ausführlicher begründet worden ist. Die Grundidee besteht darin, daß man von einem "Management" erst sprechen sollte, wenn in der Organisation explizite Rollenreflexionen auftauchen, die auch eine gewisse Nachhaltigkeit besitzen. Genauso wie "Führung" muß also auch "Management" als ein emergentes Phänomen begriffen werden, als ein Phänomen, das die Theorie der strategischen Unternehmensführung nicht als selbstverständlich gegeben annehmen sollte. Ein wesentliches Merkmal der erwähnten Rollenreflexionen besteht darin, daß man sich der gesamten "Ökologie der Ideen" bedient, die in der Wissenschaft, aber auch anderswo angeboten werden, um die Praxis der strategischen Unternehmensführung zu unterstützen. Eine empirische Exploration des Auftauchens von "Management" müßte deshalb an der Art und Weise sowie an den Bedingungen ansetzen, in der bzw. unter denen im Unternehmen Ideen aufgegriffen und fruchtbar gemacht werden. Genau dies war allerdings das Thema der Ausführungen in Kapitel 4.43. Eine neuerliche Behandlung der Frage nach dem Auftauchen von "Management" mag sich daher hier erübrigen.

5. Zusammenfassung und Ausblick

Die vorstehend diskutierten "Ansätze zur Operationalisierung" eines Bezugsrahmens, der auf einer im wesentlichen systemtheoretisch inspirierten Grundlagendiskussion aufsetzt und auf diesem Wege versucht, neue Perspektiven für die Theorie der strategischen Unternehmensführung zu entwickeln, können ohne Zweifel nur erste Schritte auf einem langen Weg darstellen. Viele Hypothesen sind vage formuliert, und in keinem Fall können sie das Spektrum der theoretischen Überlegungen abdecken, das im Verlaufe des 4. Kapitels aufgezeigt worden ist. Immerhin mögen die Ausführungen aber deutlich machen, daß der vorgeschlagene Bezugsrahmen grundsätzlich auch in empirische Forschung einmünden und dabei unter vielerlei Gesichtspunkten an den "Mainstream" der Forschungen zu einer Theorie der strategischen Unternehmensführung angeschlossen werden kann. Die dort entstandene "Ökologie der Ideen" ist auch für den hier vorgestellten Bezugsrahmen von hohem Wert. Einige dieser Ideen werden freilich durch die Einordnung in den Bezugsrahmen auch in neuer Weise beleuchtet. Das entspricht der Doppelintention der vorliegenden Arbeit, einerseits den State of the Art der Forschungen ernstzunehmen und auf ihm aufzubauen, andererseits aber eben auch neue Perspektiven aufzuzeigen, die die Theoriediskussion vorantreiben.

Es dürfte an dieser Stelle zweckmäßig sein, den Aufbau der vorliegenden Arbeit und ihre wesentlichen Ergebnisse im Rückblick noch einmal etwas ausführlicher darzustellen und zusammenzufassen, um auf dieser Grundlage dann knapp einige Leitlinien bzw. Prämissen für die weitere, in jedem Fall notwendige theoretische und empirische Forschung im Bereich der Strategischen Unternehmensführung festzurren zu können.

Die Argumentation in Kapitel 1 begann mit einer einfachen Beobachtung: daß der Titel der vorliegenden Arbeit - *Theorie der strategischen Unternehmensführung* - zweideutig ist, die Einheit einer Differenz bezeichnet. Zum einen geht es um Fragestellungen im Objektbereich, um die Art und Weise also, wie in der Unternehmenspraxis strategisch geführt wird oder werden sollte. Zum anderen geht es aber auch um die Theorie selber, um die Art und Weise, wie in der Wissenschaft das Phänomen der Strategischen Unternehmensführung theoretisch und empirisch behandelt wird. Eine *Einheit* bilden diese beiden Interpretationsweisen dann, wenn man die Unternehmenspraxis im wesentlichen als eine *kognitive* Praxis begreift, in der die Art und Weise der strategischen Unternehmensführung dadurch bestimmt wird, wie über strategische Problemstellungen *gedacht* wird. Die Unternehmenspraxis bildet sich selbst Theorien über die für sie relevante "Welt" und die Möglichkeiten, in diese erfolgversprechend einzugreifen. In dem Maße nun aber, in dem die Unternehmenspraxis eingebettet ist in einen institutionellen Kontext, in dem auch die Wissenschaften - das heißt hier insbesondere: die *Management*lehre - eine zentrale Rolle spielen, kann man vermuten, daß die Theorien der Unternehmenspraxis beeinflußt bzw. geprägt sind durch die Theorien bzw. "Ökologie der Ideen", die in der Wissenschaft unter professionellen Bedingungen produziert und diskutiert werden. Genau dieser Umstand ist dann aber natürlich auch wieder theoretisch relevant: Wenn die Theorie sich mit der Praxis der strategischen Unternehmensführung auseinandersetzen will, muß sie sich offenbar auch damit auseinandersetzen, wie sie selbst in der Unternehmenspraxis rezipiert und verarbeitet wird. Die Theorie, die die Praxis beobachtet, beobachtet, wie die Praxis die Theorie beobachtet, und das führt dazu, daß sie *sich selbst beobachtet*: Sie ist eine *selbstreferentielle Theorie*.

Die hier skizzierten, unter den (offenbar zusammenhängenden) Gesichtspunkten der "Beobachterproblematik" und der "Selbstreferentialität der Theoriebildung" firmierenden Überlegungen haben - auch wenn sich eine Anschlußfähigkeit zu bekannten Theoriekontexten durchaus herstellen ließ - die Argumentation von vornherein auf ein recht abstraktes Niveau gehoben, einen Ton angeschlagen, der für den grundlagenorientierten Theorieansatz, der im 4. Kapitel entwickelt wurde, typisch ist. Die Ausführungen haben insofern einen frühen Ausblick auf das gegeben, was sehr viel später noch sehr ausführlich behandelt werden sollte. *Für den Moment* bestand die wesentliche Absicht der Überlegungen allerdings darin zu begründen, warum schon der in Kapitel 1.2 gegebene Überblick über die "Meilensteine der disziplinären Entwicklung" so stark auf die Gesichtspunkte der *Theorie*entwicklung zentriert war, der Blick also vor allem auf die Wissenschaft selbst (und auf die auf Beobachtung spezialisierte Beratungspraxis) gerichtet und danach gefragt wurde, wie seit den ersten Beiträgen Ende der fünfziger Jahre die theoretische Behandlung des Themas sich verändert hat, welche Einzelthemen behandelt und welche Methoden dabei verwendet worden sind, welche institutionellen Rahmenbedingungen dafür ausschlaggebend gewesen sein mögen, usw. Und in *diesem* Kontext konnten dann auch die Anzeichen einer "Paradigmenkrise" ausgemacht werden, die in Kapitel 1.3 dargestellt wurden und den Bedarf aufkommen ließen, einerseits sich des Standes der Forschung Anfang der neunziger Jahre in einer umfassenderen Weise, als dies bislang der Fall gewesen ist, zu vergewissern, andererseits aber auch neue Perspektiven für die disziplinäre Diskussion aufzuzeigen. Es sind, anders formuliert, zunächst einmal *Probleme der Theorieentwicklung* gewesen, die zu der Aufgabenstellung der vorliegenden Arbeit - die ihrerseits ein Beitrag zur Theoriebildung sein will und dem Wissenschaftssystem zugeordnet werden muß - geführt haben. Erst in einem daraus abgeleiteten Sinne kann davon ausgegangen werden, daß die Bearbeitung der Aufgabenstellung auch für die Praxis einen Wert hat - wenn sie denn entsprechend in der Praxis rezipiert wird ...

Dem Bedarf für eine systematische Bestandsaufnahme der bisherigen Bemühungen um eine Theorie der strategischen Unternehmensführung - oder Bausteine hierzu - wurde in Kapitel 2 ausführlich Rechnung getragen. Die Gliederung orientierte sich grob und in stark verdichtender Form an Gesichtspunkten, die in der Überblicksdarstellung von Kapitel 1.2 sich abgezeichnet hatten: Es wurden zunächst die wichtigsten theoretischen Perspektiven dargestellt (Kap. 2.1 und 2.2), dann einige "Sachthemen" erörtert (Kap. 2.3 bis 2.5), und schließlich auch methodisch-methodologische Fragen diskutiert, die für die einschlägige Literatur eine so hohe Bedeutung besitzen.

Die wichtigsten *theoretischen Perspektiven* der "Mainstream"-Diskussion werden derzeit zweifellos durch die ökonomische Theorie abgesteckt (Kap. 2.1). Dieser Trend war schon in den achtziger Jahren absehbar, als im Anschluß an die bahnbrechende Arbeit von M. Porter (1980) zunehmend versucht wurde, Entwicklungen in der Industrial Organization-Forschung nachzuvollziehen, die auf der Grundlage des von Bain geprägten "Structure-Conduct-Performance"-Paradigmas eine fruchtbare Verbindung zwischen ökonomischer Theorie und empirischer Forschung zustandegebracht hatte. Seit Beginn der neunziger Jahre beginnen sich allerdings auch Impulse bemerkbar zu machen, die auf der nach-Bainschen "Second Wave" der Industrial-Organization-Forschung beruhen, auf Arbeiten nämlich, die die theoretische Basis der Untersuchungen durch Ausnutzung von Instrumentarien zu verbessern suchen, die in der neueren Spieltheorie entwickelt worden sind. Diese Entwicklungen bedeuten nicht nur eine stärkere Formalisierung der Theorie, sondern implizieren auch eine Hinwendung auf eine andere Analyseeinheit: Es steht nicht mehr so sehr die Struktur der Branche im Vordergrund, wie das bei Bain und seinen Schülern noch der Fall gewesen war; wichtiger ist nunmehr das strategische Verhalten des einzelnen Unternehmens, das mit anderen Unternehmen auf den Güter- und Ressourcenmärkten konkurriert. Es bedarf kaum der Erwähnung, daß dies im Kontext einer Theorie der strategischen Unternehmensführung, die von Hause aus mehr an den Handlungsoptionen einzelner Unternehmen als an abstrakten Branchencharakteristika interessiert ist, eine sehr attraktive Umgewichtung der Forschungsinteressen darstellt. Der vermehrt feststellbare Rückgriff auf die Vorarbeiten dieser "neuen" IO-Forschung im Rahmen von Beiträgen, wie sie beispielsweise im *Strategic Management Journal* in den letzten Jahren festzustellen ist, ist entsprechend kaum verwunderlich. Freilich ist die "Ökologie der Ideen", die im Bereich der IO-Forschung entwickelt worden ist, so reichhaltig, daß auch in Zukunft noch mit einer Vielzahl von Beiträgen gerechnet werden kann, die in eine solche Richtung gehen.

Die "neue", spieltheoretisch inspirierte Industrial Organization-Forschung ist sicherlich nicht der einzige Ideenpool, den die ökonomische Theorie den Bemühungen im Bereich des Strategischen Managements anbieten kann. In Kapitel 2.14 wurde zum Beispiel auf den interessanten Beitrag von J. Sutton (1990) verwiesen, der die auch oft geäußerte Kritik an den spieltheoretischen Ansätzen ernstnimmt und eine Art "Mittelweg" zwischen "neuer" und "alter" IO-Forschung zu gehen versucht. Interessant sind aber insbesondere transaktionskostentheoretische Beiträge, die sich auf Vorarbeiten von R. Coase, O. Williamson und anderen berufen können, sowie die neuen Arbeiten zu einer "ressourcenorientierten" Sichtweise, die der Wachstumstheorie von E. Penrose (1959) wieder zu neuem Leben verhilft. Für eine größer werdende Anzahl von Autoren ist die zuletzt genannte Sichtweise ein vielversprechender Kandidat für das so lange vermißte "Paradigma" des Strategischen Managements. Die ausführlichere Darstellung in Kapitel 2.15 entsprach insofern einem sehr aktuellen Forschungstrend, auch wenn diese Darstellung dann am Ende doch stärker, als dies bei den Vorreitern der "Resource Based-View" zu finden ist, die *Komplementaritäten* hervorhob, die zu den vorher referierten IO-Ansätzen bestehen.

Die ressourcenorientierte Sichtweise ist auch deshalb interessant, weil sie eine enge Verwandtschaft zu dem "Organizational Capabilities"-Approach besitzt, zu einem Ansatz, der die Organisation des Unternehmens als entscheidende Quelle langfristig haltbarer Wettbewerbsvorteile begreift. In Kapitel 2.2 wurde gezeigt, daß auch andere ökonomische Ansätze - insbesondere die Transaktionskosten- und die Agency-Theorie - zunehmend das (in der Neoklassik ja weitgehend vernachlässigte) Organisationsthema für sich entdecken; darüber hinaus wurde aber doch eine Reihe von Einsichten präsentiert, den dem Organizational Capabilities-Ansatz (der im übrigen mit den anderen genannten Ansätzen durchaus kombiniert werden kann) eine besondere Bedeutung verleiht. Im vorliegenden Zusammenhang lag die Pointe der Überlegungen vielleicht darin, daß dieser Ansatz Wurzeln in der ökonomischen Theorie besitzt, zugleich aber auch Verbindungen schafft zu eher verhaltens- bzw. organisationstheoretisch orientierten Ansätzen, die in der "Mainstream"-Diskussion des Strategischen Managements natürlich auch eine wichtige Rolle spielen, die im Rahmen eines Gesamtüberblicks herausgearbeitet werden muß. Zentraler Kondensationspunkt dafür mag die Theorie des organisatorischen Lernens sein, zu der inzwischen viele Beiträge vorgelegt worden sind und die nach wie vor große Aktualität besitzt. In Kapitel 2.24 wurden in aller Knappheit aber auch andere Themenfelder benannt, die durch die verschiedenen Organisationstheorien beleuchtet werden. Angesprochen wurden insbesondere die auf H. Simon zurückgehende "Administrative Behavior"-Schule, die Kontingenztheorie sowie der "Resource Dependence"-Ansatz von Pfeffer und Salancik (1978). Andere Ansätze, die für die Organisationstheorie wichtig sind - der populationsökologische Ansatz, der interpretative Ansatz sowie die institutionalistische Organisationstheorie - sollten an anderer Stelle der vorliegenden Arbeit noch aufgegriffen werden (siehe dazu die noch folgenden Ausführungen).

Nachdem also in Kapitel 2.1 und 2.2 die wichtigsten theoretischen Perspektiven der "Mainstream"-Diskussion zum Strategischen Management aufgezeigt wurden, haben sich die nachfolgenden drei Teilkapitel (2.3 bis 2.5) eher mit inhaltlichen Fragestellungen beschäftigt, auch wenn die Behandlung dieser Fragestellungen dann sehr schnell zeigen konnte, daß die benannten Theorieperspektiven sich natürlich auch in den nunmehr heranzuziehenden Beiträgen unmittelbar widerspiegeln. Kapitel 2.3 hatte zunächst die Erfolgsstory der japanischen Unternehmen zum Gegenstand, die insbesondere in den siebziger und achtziger Jahren die Gemüter der amerikanischen und auch europäischen Unternehmenspraxis beunruhigte und entsprechend auch für die Forschung ein erklärungsbedürftiges Phänomen darstellte. In neuerer Zeit mag sich hier zwar ein gewisser Umschwung angedeutet haben, der gerade die amerikanischen Unternehmen wieder in eine verbesserte Wettbewerbsposition gebracht hat; dieser Umschwung ist aber zum Teil darauf zurückzuführen, daß die Lektionen aus der japanischen Erfolgsstory gelernt worden sind, und zu einem anderen Teil hinsichtlich seiner Nachhaltigkeit noch kaum zu beurteilen.[1] Es konnte deshalb mit einiger Berechtigung davon ausgegangen werden, daß das Thema "Japan" nach wie vor aktuell ist und man gut daran tut, sich die Ergebnisse der Fachdiskussion vor Augen zu führen. Dazu bot es sich an, zunächst einen kurzen Überblick zu geben, der auch die institutionellen und historischen Rahmenbedingungen berücksichtigte, innerhalb derer die japanischen Unternehmen ihren Siegeszug erst antreten konnten (Kap. 2.31). Anschließend wurden Fallstudien behandelt, die, wenn man so will, das in Kapitel 2.2 vorgestellte Konzept der "Organizational Capabilities" mit konkreten Inhalten füllten (Kap. 2.32), bevor dann auch auf stärker theoretisch

---

1. Ein ganz aktuelles Beispiel dafür mag das Automobilunternehmen *Toyota* sein, das die Geburtsstätte des Konzepts der "Lean Production" war und über viele Jahre als *das* erfolgreiche Automobilunternehmen schlechthin galt, bevor es Anfang der neunziger Jahre dann - zusammen mit der japanischen Volkswirtschaft insgesamt - in die Krise geriet. "Toyota: Back on Track" heißt nun aber schon wieder eine aktuelle Titelstory der *Business Week* vom 4.4.1994: "Recession and the yen have taken their toll, but Toyota's underlying strenghts - and $14 billion in cash - are making themselves felt: Relentless design-and-manufacturing thrift should shave $ 1.5 billion off costs this year, global output is doubling, new models are on the way, and yes, profits are on the upswing, too." (ebenda: 2).

orientierte Beiträge eingegangen wurde (Kap. 2.33). Im Vordergrund dabei standen, nicht weiter überraschend, die Erklärungsangebote der ökonomischen Theorie; erst im Zusammenhang mit der Behandlung der Frage nach der Übertragbarkeit japanischer Managementmethoden auf andere, nicht-japanische Unternehmen (Kap. 2.34) wurden dann auch einige *kulturalistische Perspektiven* eingespielt, die naturgemäß einen stärkeren Bezug zu verhaltens- bzw. organisationstheoretischen Diskussionskontexten besitzen.

In Kapitel 2.4, das sich mit dem vieldiskutierten Thema "Strategic Change & Renewal" beschäftigte, standen demgegenüber die Ansätze der Organisationstheorie von Anfang an im Vordergrund. Von grundlegender Bedeutung sind hier zum Beispiel die "populationsökologisch" ausgerichteten Beiträge von Hannan und Freeman (1977, 1989) und anderen, die die Möglichkeit eines strategischen Wandels von Unternehmungen in starkem Maße in Zweifel ziehen (Kap. 2.41). Die empirische Ergebnisse sind allerdings nicht so eindeutig, daß eine Betrachtung von Fallbeispielen zum strategischen Wandel sich schon erübrigen würde. Wie in Kapitel 2.42 gezeigt wurde, gibt es in der Tat eine Vielzahl von Studien, die die Bedingungen der Möglichkeit des Wandels einzugrenzen versuchen. Die etwas ausführlicher behandelte Arbeit von Pettigrew und Whipp (1991) machte allerdings klar, daß es sich um komplexe, miteinander vielfältig verbundene Bedingungen handelt, die sich ex ante nicht ohne weiteres "herstellen" lassen: Gerade aus der Betrachtung von Episoden des strategischen Wandels von Unternehmen kann man lernen, daß eine voluntaristische Grundhaltung des "Managements" häufig überzogen ist, man seine gestalterischen Ansprüche zurückschrauben muß. In Kapitel 2.43 wurden einige der von Pettigrew und Whipp (1991) betrachteten Faktoren einer genaueren Betrachtung unterzogen und Verbindungen hergestellt zu neueren organisationstheoretischen Ansätzen, insbesondere zu der vorhin schon einmal erwähnten interpretativen und zur institutionalistischen Organisationstheorie, die beide interessante Gesichtspunkte zur Erklärung des organisatorischen Wandels beizutragen haben, ebenso wie natürlich auch die Forschungsarbeiten, die sich mit der Rolle der "Leadership" in den Prozessen des Wandels auseinandersetzen. Ausführlicher referiert wurden schließlich noch Arbeiten, die jenseits solcher Einflußfaktoren sich für die Muster des Wandels interessieren und dabei teilweise auf evolutionstheoretische Argumentationsfiguren zurückgreifen (Kap. 2.44). Diese Arbeiten sind entsprechend gut gut dazu geeignet, sich die theoretische Offenheit vor Augen zu führen, mit der einzelne Fachvertreter an die von ihnen erforschten Fragestellungen herangehen.

Auf den ersten Blick eng verwandt mit dem Thema "Strategic Change & Renewal" ist das Thema "Technologie & Innovation", das in der Literatur eine so große Rolle spielt, daß es im Rahmen eines State of the Art-Überblicks nicht fehlen durfte. Aus den Ausführungen in Kapitel 2.5 sollte allerdings deutlich geworden sein, daß hier die ökonomische Theorie wieder die dominierende Rolle spielt und die verhaltens- bzw. organisationstheoretischen Ansätze zumindest in den letzten Jahren doch etwas in den Hintergrund geraten sind. Explizit behandelt wurde die Innovationsproblematik zunächst vor allem in den an Schumpeter anschließenden Theorieansätzen, die die Neoklassik insofern herausforderten, als sie die Auswirkungen monopolistischer Praktiken auf die Wohlfahrt einer Volkswirtschaft doch deutlich entideologisiert behandelt haben. Inzwischen hat die orthodoxe ökonomische Theorie hier zweifellos Boden gut gemacht, wie sich anhand der nunmehr existierenden spieltheoretischen Ansätze leicht zeigen läßt - anhand von Ansätzen, die aus dem Blickwinkel des Strategischen Managements nicht zuletzt deshalb Bedeutung besitzen, weil sie einen engen Bezug zu der sogenannten "First/Follower-Problematik" aufweisen, zu der Frage also, ob es für ein Unternehmen günstig oder ungünstig ist, "früh" auf einem Markt präsent zu sein (Kap. 2.51). Kapitel 2.52 ging demgegenüber auf einige Aspekte der Evolution von Technologien ein. Diese Ansätze weisen statt zur Industrial Organization-Forschung eher Verbindungen auf zu der angesprochenen ressourcenorientierten Sichtweise des Strategischen Managements, während die in Kapitel 2.53 vorgestellten Arbeiten zur organisationalen Einbindung von F & E-Aktivitäten (Sollen diese innerhalb des Unternehmens durchgeführt werden oder über den Markt "gekauft" werden?) zumeist einen transaktionskostentheoretischen Hintergrund besitzen. Erst in Kapitel 2.54 wurde dann doch noch auf einige eher organisationstheoretisch orientierte Beiträge zum Thema eingegangen. Interessant mögen hier unter anderem die Anspielungen auf die Selbstorganisationsforschung gewesen sein, die dann ja im 4. Kapitel noch ausführlicher behandelt werden sollten.

Die Auseinandersetzung mit dem Thema "Technologie & Innovation" konnte immer noch als eine Auseinandersetzung mit *Sachfragen* begriffen werden, die im Bereich des Strategischen Managements - in der Theorie ebenso wie in der Unternehmenspraxis - eine hohe Bedeutung erlangt haben. In Kapitel 2.6 wurde dagegen der Scheinwerfer gewechselt: Hier wurde der *methodisch-methodologische Aspekt* in den Vordergrund gestellt und gezeigt, welche Rolle die empirische Forschung für die disziplinäre Diskussion seit Ende der fünfziger Jahre gespielt hat. Am Anfang überwogen klar die Fallstudien; erst in den achtziger Jahren gab es - im Anschluß an das erwähnte Buch von M. Porter (1980) - eine Tendenzwende in Richtung großzahliger empirischer Forschung, die freilich die fallstudienorientierten Arbeiten nie gänzlich verdrängen konnte - wie die in Kapitel 2.3 und 2.4 referierten Studien ja auch deutlich gemacht haben. Bemerkenswert ist allerdings, daß es gerade in der ökonomischen Theorie neuerdings Anzeichen einer Renaissance der zwischenzeitlich verpönten Fallstudienforschung gibt. Das mag die Erwartung rechtfertigen, daß diese Art der Forschung - ebenso übrigens wie die experimentelle und die Simulationsforschung - zukünftig auch in theoretisch anspruchsvollen Beiträgen ein größeres Gewicht bekommt und damit eine Alternative für die doch unter vielerlei Gesichtspunkten kritikwürdige großzahlige Forschung bereitgestellt wird.

Der in Kapitel 2 gegebene, hier noch einmal zusammengefaßte Überblick über den State of the Art der theoretischen und empirischen Forschung im Bereich des Strategischen Managements konnte zweifellos eine überwältigende Menge an Material zutage fördern und eine Vielzahl äußerst interessanter Einsichten vermitteln. Es fällt schwer, davon nicht beeindruckt zu sein. Allerdings kann auch nicht übersehen werden, daß - wie in Kapitel 2.6 angedeutet - die empirischen Ergebnisse auf kaum einem Gebiet wirklich verläßlich sind, und die theoretischen Arbeiten keineswegs immer ausreichend klare Leitlinie vorgeben. Insbesondere die Arbeiten, die sich des Instrumentariums der modernen Spieltheorie bedienen, sind nicht selten dem Einwand ausgesetzt gewesen, daß auf dieser Grundlage letztlich alles und jedes bewiesen werden kann, sofern man nur die Annahmen in geeigneter Weise modifiziert (siehe für Einzelheiten noch einmal Kap. 2.13, oben). Es ist insofern letztlich doch nicht so überraschend, daß auch bei führenden Vertretern der Forschungs-Community ein Unbehagen aufgekommen ist und sich Anhaltspunkte einer "Paradigmenkrise" auffinden lassen, in der auch und gerade die Grundlagen der Forschungsarbeit neu überdacht werden (siehe noch einmal Kap. 1.3, oben). Die Frage ist, welche Alternative zu den bisherigen Forschungsansätzen es geben könnte und/oder wie der Vielfalt dieser Ansätze doch so etwas wie eine "Einheit" gegeben werden könnte.

Ein Kandidat, der von vielen Fachvertretern heute als aussichtsreich empfunden wird, ist der erwähnte "Ressourcenorientierte Ansatz"; ein anderer die von H. Mintzberg (1990a) vorgeschlagene Neuauflage der Kontingenztheorie ("Configurational School"; vgl. oben, Abb. 2), die den verschiedenen Forschungsperspektiven komplex beschriebene *Situationen* zuordnen will, innerhalb derer sie ihre Berechtigung besitzen mögen. In der vorliegenden Arbeit sollte ein dritter Ansatz ausgearbeitet werden, der am konsequentesten die Vielfalt der vorhandenen Theorieangebote *akzeptiert* und gerade *in dieser Vielfalt* nach einer Einheit sucht. Der Zugang sollte darin bestehen, bestimmte Grundlagenprobleme, die normalerweise *a tergo* auf eine Disziplin zukommen (und als "störend", als Anzeichen der Krise empfunden werden), zum *Ausgangspunkt der Theoriebildung* zu nehmen. Es sollte also um einen *grundlagenorientierten Ansatz* gehen, der sich, so wurde weiter präzisiert, wesentlich inspirieren läßt durch eine neuere Systemtheorie, die ihrerseits geprägt ist durch die Gesichtspunkte der Beobachterproblematik und der Selbstreferentialität der Theoriebildung, wie sie schon zu Beginn von Kapitel 1 kurz angesprochen wurden. Diese Sichtweise sollte es unter anderem ermöglichen, die in Kapitel 2 vorgestellten Theorieansätze als eine "Ökologie der Ideen" zu begreifen, die durch die relevanten Interessenten (insbesondere in der Unternehmenspraxis, aber auch die Theorie selber) in vielfältiger Weise genutzt werden kann; zugleich sollte sie aber natürlich auch erweiternde Perspektiven und neue Fragestellungen eröffnen.

Vor die Ausarbeitung dieses Ansatzes in Kapitel 4 wurde allerdings noch ein Exkurs gestellt, der von der Beobachtung ausging, daß die meisten der in Kapitel 2 vorgestellten Ansätze in der *US-amerikanischen* Forschungslandschaft entstanden und durch diese geprägt sind, und daraufhin die Frage diskutierte, ob es demgegenüber auch so etwas wie einen "deutschen" oder "europäischen" Ansatz zu einer Theorie der strategischen Unternehmensführung geben könnte. Diese Frage besitzt derzeit sicherlich politische Bedeutung, da gerade die deutschsprachige Betriebswirtschaftslehre international in den letzten Jahren etwas in die Isolation geraten ist (gemessen zum Beispiel an den Veröffentlichungen in hochklassigen englischsprachigen Managementzeitschriften, oder auch an der Präsenz deutscher Fachvertreter auf internationalen Fachtagungen) und entsprechend ein Bedarf besteht, eine mögliche "Unique Selling Proposition" zu bestimmen, die diese Siuation verändert.

Aus dem Blickwinkel der "Mainstream"-Diskussion besitzt die genannte Frage insofern eine gewisse Aktualität, als hier zumindest auf der "Objektebene" die Idee eines "Competitive Advantage of Nations" (Porter 1990) auf der Agenda steht - wie am Beispiel "Japan" sich ja auch in Kapitel 2.3 schon angedeutet hatte. Wenn man die einschlägigen Beiträge als Bestandteile des Themas "Global Strategy" begreift, das in Kapitel 1.2 als ein zentrales Thema der Theoriediskussion herausgestellt wurde, dann bedeutete die etwas systematischere Behandlung der angesprochenen Fragestellung also eine Art "Nachtrag" zu Kapitel 2, in dem dieses Thema einen natürlichen Platz gehabt hätte. Zugleich bedeutete die Übertragung zentraler Einsichten über die "Objektebene" auf die *Ebene der Theorie* aber auch einen Vorgriff auf das selbstreferentielle Theoriekonzept, das in Kapitel 4 dann ja Gegenstand und Zielpunkt der Erörterungen sein sollte. Die Theorie spricht eben nicht nur über eine "Reality Out There", sondern sie spricht auch über sich selbst und überlegt, welche Implikationen aus den Einsichten über den Objektbereich für die Theorie folgen. Das "Was" der Beobachtung und das "Wie" der Beobachtung werden als *miteinander verschränkt* begriffen, genau so, wie das in Kapitel 1.1 schon angedeutet worden war. Die Ausführungen des 3. Kapitels konnten vor diesem Hintergrund schon einmal der Einübung in eine Sichtweise dienen, die für die in Kapitel 4 angestrebte Theoriekonstruktion zentralen Stellenwert besitzt.

Kapitel 3.1 wandte sich zunächst dem "Was"-Aspekt der Fragestellung zu: Es wurde untersucht, inwieweit sich auf der "Objektebene" Eigenarten eines "deutschen" oder "europäischen" Managements identifizieren lassen. Angesichts des hohen Abstraktionsniveaus der Fragestellung ist es nicht überraschend, daß man hier zu unterschiedlichen Antworten kommen kann. R. Reich zum Beispiel hat in seinem vielbeachteten Buch über "The Work of Nations" (1991) sehr dezidiert die Ansicht vertreten, daß es am Ende des 20. Jahrhunderts nur noch eine globale Weltwirtschaft gibt, Gesichtspunkte nationalen Wirtschaftens also ihre Bedeutung verloren haben. Dem steht eine Mehrzahl von Beiträgen gegenüber, die sehr wohl signifikante Unterschiede zwischen den in verschiedenen Ländern praktizierten Managementmethoden herausarbeiten. Zu denken ist etwa an die Ansätze von Wirtschaftshistorikern wie A. Chandler und anderen, die die "Industrial Organization" der USA vergleichen mit den Spielarten des Kapitalismus in England, Deutschland und anderen Ländern und dabei auf Aspekte der Sozialpartnerschaft, des Involvements von Banken und der Umweltorientierung verweisen, die für deutsche Unternehmen, nicht aber unbedingt für US-amerikanische Unternehmen typisch sind. Diese Analysen sind vielleicht etwas zu stark geprägt von dem relativen Erfolg, den deutsche Unternehmen in den achtziger Jahren noch gehabt haben; die Tatsache, daß überhaupt systematische Unterschiede herausdestilliert werden können, ist aber allemal bemerkenswert. Die festgestellten Merkmale passen im übrigen gut zu Ergebnissen aus der vergleichenden Kulturforschung, die (unter anderem) auf die Unterschiede einer weitgehend individualistischen Grundorientierung in den USA und einer doch eher kollektivistischen Grundorientierung in einigen kontinentaleuropäischen Ländern (einschließlich Deutschland), mehr noch allerdings in den fernöstlichen Ländern verweisen. *Europa* konnte in den meisten dieser Studien noch nicht als sinnvolle Einheit der Betrachtung identifiziert werden; aber das könnte natürlich, so wurde zum Schluß von Kapitel 3.1 argumentiert, auch eine Frage der Zeit sein. Oder die Einheit liegt in der Vielheit: Europa als multikulturalistischer Verbund, in dem nur der erfolgreich ist, der verschiedene Sprachen spricht, unterschiedliche Rechtsysteme kennt, usw.

In Kapitel 3.2 wurde der Übergang auf den "Wie"-Aspekt vollzogen: Es wurde untersucht, ob es auch Anhaltspunkte gibt, einen spezifischen "deutschen" oder "europäischen" *Theorieansatz* auszumachen. Auch hier muß natürlich mit Vorsicht argumentiert werden; aber unplausibel klingt es nicht, wenn ein Autor wie G. Hofstede (1980b, 1993) zeigt, wie sehr etwa die in den USA dominierende ökonomische Theorie auf die vorhin herausgestellte individualistische Grundorientierung und die Managementtheorie auf den amerikanischen Pragmatismus abgestimmt ist, während in Europa und vor allem in Deutschland doch eine stärker konzeptionell-theoretische Art der Forschung vorherrschend sei, die zum Beispiel mit der vermehrten Berücksichtigung des Staates als einer relevanten Handlungseinheit auch kollektivistische Elemente in sich aufnehme. Diese Hinweise wurden unterstützt durch eine Auswertung einiger deutschsprachiger Beiträge zum *Strategischen Management*, die über eine ausgeprägt sozialwissenschaftliche, primär systemtheoretische Ausrichtung verfügen und im Vergleich zu amerikanischen Arbeiten einen sehr viel stärker grundlagenorientierten und sehr viel weniger empirisch ausgerichteten Diskussionston anschlagen.

All diese Überlegungen besitzen einen wissenschaftssoziologischen Impetus, der seinerseits spezifisch deutschsprachigen Theorietraditionen entspricht. Sie sind also nicht kontextneutral, sondern Bestandteil eben des "Objektbereichs", auf den sie sich beziehen. In Kapitel 3.3 wurde diese selbstreferentielle Logik der Argumentation unter dem Titel von "Relativismus & Rationalität" weiter ausgedeutet. Es sollte klargemacht werden, daß die Kontextgebundenheit aller Theorieansätze Ansprüche von "absoluter" Geltung von vornherein zunichte macht. Auch die im Schwerpunkt amerikanischen Theorieansätze, wie sie in Kapitel 2 vorgestellt worden sind, besitzen deshalb (einschließlich der mit ihnen meist implizierten "universalistischen" Geltungsansprüche!) "immer schon" ihre Berechtigung; sie müssen *akzeptiert* werden. Nur sollte eben ein Bewußtsein dafür wachgehalten werden, daß es auch andere Perspektiven geben kann, die ihrerseits Berechtigung besitzen und dazu beitragen können, "blinde Flecke" zu vermeiden, die sich ergeben, wenn man nur auf einen oder auf wenige Beobachterstandpunkte verläßt. Dieses Bewußtsein und die damit verbundene "evolutionäre Gelassenheit" bezüglich der Geltungsansprüche von Theorie wachzuhalten fällt aber eben leichter vor dem Hintergrund einer Theorietradition, die einerseits durchaus Verbindungen und Verwandtschaften besitzt zu der in den USA üblichen Art der Theoriebildung, die sich aber andererseits auch auf kulturell eingespielte Denkweisen und Rationalitätsformen abstützen kann, die einem solchen Bewußtsein förderlich sind. Hierin liegt, so wurde zum Schluß von Kapitel 3.3 spekuliert, eine besondere *Chance*, die gerade mit deutschsprachigen Theorieansätzen verbunden sein könnte.

Es entspricht der auch jetzt wieder mehrfach angesprochenen selbstreferentiellen Argumentationslogik der vorliegenden Arbeit, daß der in dieser Arbeit vorgeschlagene Theorieansatz den Einsichten über den "Objektbereich" folgt: Es handelt sich nun einmal um eine deutschsprachige, in einer spezifischen Theorietradition angelegte Arbeit, und damit paßt eben gut zusammen, daß der Ansatz *grundlagentheoretisch* angelegt ist und sich darüber hinaus auch *der neueren*

Systemtheorie bedient, die zu dem hiesigen kulturellen Kontext offenbar eine gewisse Affinität besitzt, die sich, wie vorhin noch einmal wiederholend festgestellt, auch in der Ausrichtung einiger wichtiger deutschsprachiger Beiträge zum *Strategischen Management* niedergeschlagen hat. Etwas anmaßender könnte man vielleicht auch formulieren, daß der hier entwickelte Ansatz als *exemplarisch* für einen solchen "deutschsprachigen" Ansatz (die "europäische" Komponente mag hier einmal vernachlässigt werden) gelten kann. Angesichts des doch sehr weitgehend spekulativen Charakters der Überlegungen in Kapitel 3 sollte man diesen Punkt freilich auch nicht überstrapazieren. In Kapitel 4 wurde das "nationale" Element deshalb zwar gleichsam "eingelegt", aber nicht als tragender Gesichtspunkt herausgestellt. Zumindest vordergründig sollte dieses Kapitel als Angebot zur Auflösung jener "Paradigmenkrise" gelesen werden, die die "Mainstream"-Diskussion im Strategischen Management derzeit durchzieht. Die Grundthese besteht letztlich einfach darin, daß eine wesentlich systemtheoretisch inspirierte Grundlagendiskussion den disziplinären Bemühungen im Bereich des Strategischen Managements neue Impulse vermitteln und zu einem Rahmen führen kann, der die Vielfalt der bislang vorgelegten "Ökologie der Ideen" angemessen zu lokalisieren erlaubt.

Als Ausgangspunkt für die Diskussion wurden drei Grundlagenprobleme ausgewählt, die auch im Rahmen der "Mainstream"-Diskussion eine prominente Rolle spielen: die Theorie/Praxis-Problematik (Kap. 4.1), das Verhältnis von System und Umwelt (Kap. 4.2) sowie die Frage nach dem Umgang mit Komplexität (Kap. 4.3).

Das *Theorie/Praxis-Problem* (Kap. 4.1) ist aus der Perspektive der etablierten Theoriediskussion virulent, weil man einerseits gerade für die Forschungen im Bereich des Strategischen Managements den Anspruch der Praxisrelevanz erhebt, andererseits aber feststellen muß, daß genau dieser Anspruch aus der Perspektive der Unternehmenspraxis häufig nicht erfüllt werden kann. Eine *theoretische Auseinandersetzung* mit diesem Problem ist aber bislang so gut wie gar nicht vorzufinden - vielleicht, weil man die Implikation scheut, daß dann die Theorie sich auch mit sich selber beschäftigen muß. Die neuere Systemtheorie führt hier zu einer wesentlich aufgeschlossneren Einstellung. Es wird davon ausgegangen, daß sowohl die Wissenschaft als auch die Wirtschaftspraxis "autopoietische", selbstbezügliche Handlungszusammenhänge darstellen, die einerseits in starkem Maße aufeinander angewiesen sind, andererseits aber aufgrund der jeweiligen "Eigenlogik" von Systemoperationen füreinander undurchdringlich sind. Operationen anderer Systeme können nur als "Störungen" aufgefaßt werden, die erst an die spezifischen Operationsweisen des Systems angepaßt werden müssen, bevor sie einen "Sinn" ergeben. Vor diesem Hintergrund ist es kein Wunder, daß die Beobachtung der Theorie durch die Praxis nicht dem entspricht, was die Theorie erwartet: Die Verwertungsinteressen der Wirtschaft bzw. der in ihr operierenden Unternehmen sind nun einmal anders als die an Wahrheit orientierten Interessen, die an den Beobachtungen (in) der Wissenschaft kondensieren.

Die hier skizzierten, durch die neuere Systemtheorie inspirierten Überlegungen wurden weiter verfeinert durch einen Ideen-und-Interessen-Bezugsrahmen, wie er durch Max Weber und J. Habermas vorgeschlagen worden ist. Die neuere Systemtheorie bot hier freilich Möglichkeiten, auf der Grundlage einer Unterscheidung zwischen Theorie*nachfragern* und Theorie*produzenten* zusätzliche Gesichtspunkte einzuspielen und die Frage zu thematisieren, *wer* im Prozeß der Vermittlung zwischen Theorie und Praxis als Beobachter auftritt, *in welcher Einstellung* beobachtet wird und wie dann der Vermittlungsprozeß im einzelnen aussieht (hier wurden unter anderem die Rolle von Beratungsprojekten und Aktionsforschung behandelt). Mit der Unterscheidung zwischen Strategischer Unternehmens*führung* und Strategischem *Management* wurden schließlich - auf der Ebene der Theorie - auch begriffliche Konsequenzen aus dem Umstand abgeleitet, daß in der Praxis Rollen systematisch reflektiert werden und dabei auch die "Ökologie der Ideen" aufgegriffen wird, die die Wissenschaft zur Unterstützung der Unternehmenspraxis zur Verfügung stellt. Die Selbstreferentialität der Theoriebildung sollte hier unmittelbar einsichtig werden.

Kapitel 4.2 behandelte das Verhältnis von *System und Umwelt* und damit ein Problem, das zum Beispiel schon dem klassichen *SWOT*-Bezugsrahmen eingeschrieben ist, der in den sechziger Jahren an der Harvard Business School entwickelt worden ist. Die Systemtheorie ist auf dieses Problem gewissermaßen von Hause aus spezialisiert; sonst würde es sich nicht um die *System*theorie handeln. Entsprechend konnte hier ein gegenüber der herkömmlichen Diskussion stark verfeinertes Sprachspiel ausgearbeitet werden, das zum Beispiel den Begriff der *Reflexion* in unterschiedlichen Spielarten hervorhob und mehrere *Dimensionen* des System/Umwelt-Verhältnisses differenzierte (Sachdimension, Sozial- und Zeitdimension). Analog zu Kapitel 4.1 wurde dieses Sprachspiel abschließend auch wieder auf die Wissenschaft selbst angewendet, unter anderem durch Bezugnahme auf ein Beispiel aus der Geschichte jenes Lehrstuhls, in dem die vorliegende Arbeit beheimatet ist (Lehrstuhl Prof. Kirsch in München).

Kapitel 4.3 widmete sich schließlich der Frage des *Umgangs mit Komplexität*. Wenn man davon ausgeht, daß Strategische Unternehmensführung es in der Tat mit komplexen Problemen und/oder mit unsicheren Handlungssituationen zu tun hat, liegt es ja nahe, auch hierin einen Kondensationspunkt für die Theoriebildung zu sehen. Die neuere Systemtheorie kann hier nicht nur, wie die Ausführungen gezeigt haben, Beiträge zu einem präziseren Verständnis des Komplexitätskonzepts und des Konzepts der *komplexen Probleme* leisten, sondern auch eine Reihe von Argumenten bereitstellen, die statt auf Komplexitäts*reduktion* auf Komplexitäts*produktion* abzielen und damit eine etablierte Sichtweise auf den Kopf stellen. Von hier aus boten sich gute Anschlüsse zu einer Theorie der Selbstorganisation sozialer Systeme, die auch für die Theorie der strategischen Unternehmensführung von hoher Bedeutung sein sollte. Und ein drittes Mal konnte gezeigt werden, daß die Ebene des "Objektbereichs" und die Ebene der Theorie miteinander verschränkt sind, daß sich Einsichten über die Komplexitätshandhabung in der Unternehmenspraxis auch auf die Art der Komplexitätshandhabung in der Theorie anwenden lassen und umgekehrt. Auch hier machte sich also die Selbstreferentialität der Theoriebildung sehr direkt bemerkbar.

Die in den Kapitel 4.1 bis 4.3 vorgestellte Behandlung von wichtigen, übrigens auch eng zusammenhängenden Grundlagenproblemen einer Theorie der strategischen Unternehmensführung sollte eine Vielzahl von Gesichtspunkten zusammentragen, die in der etablierten Theoriediskussion so nicht vorzufinden sind, und damit die *Fruchtbarkeit* einer wesentlich (aber nicht nur) systemtheoretisch inspirierten Grundlagendiskussion für die Theorie der strategischen Unternehmensführung erweisen. Freilich blieben die Ausführungen noch zu abstrakt, um die insgesamt entstehenden, erweiternden Perspektiven wirklich vor Augen zu führen und gleichzeitig zu zeigen, wie auch die Anschlußfähigkeit an den "Mainstream" hergestellt werden kann (und umgekehrt!). In den Kapiteln 4.4 bis 4.6 wurde deshalb der Versuch unternommen, einen Bezugsrahmen zu entwickeln, der soweit operationalisierbar ist, daß daran auch empirische Forschungen anschließen können, die aus den verschiedenen Blickwinkeln als interessant anzusehen sind.

Wesentlich erleichtert wurde die Aufgabe dadurch, daß an Vorschläge angeknüpft werden konnte, die von W. Kirsch und Mitarbeitern in den letzten Jahren erarbeitet worden sind (Kap. 4.4). Der hier ins Auge gefaßte Bezugsrahmen wurde in Abbildung 24 im Überblick dargestellt und anschließend erläutert. Zentrale Merkmale des Bezugsrahmens bestehen unter anderem darin, daß verschiedene Beobachter und/oder Akteure in ihm vorkommen und damit auch die Möglichkeit gegeben ist, die Wissenschaft bzw. die Theorie in der Theorie der strategischen Unternehmensführung zu thematisieren; daß von einer "Ökologie der Ideen" die Rede ist, die durch die Wissenschaft, aber auch durch andere Beobachtungssysteme (z. B. Unternehmensberatungsgesellschaften) zur Verfügung gestellt wird und durch andere Beobachtungssysteme (einschließlich der Unternehmenspraxis) rezipiert werden kann; und daß zwischen einer Binnen- und einer Außenperspektive der Beobachtung unterschieden wird, um Gesichtspunkte der Genese von Strategien und von strategischen Manövern behandeln zu können. Die zuletzt genannten Gesichtspunkte wurden auch ausführlicher diskutiert und in einen Zusammenhang mit dem "Begriff des Strategischen" gestellt, über den man sich im Rahmen einer Theorie der strategischen Unternehmensführung natürlich Klarheit verschaffen sollte. In einem analogen Sinne wurde anschließend argumentiert, daß auch die Idee einer strategischen (Unternehmens-) *Führung* nicht als allzu selbstverständlich genommen werden sollte, daß vielmehr gerade im Rahmen einer Theorie der strategischen Unternehmensführung das Auftauchen einer Führung als *erklärungsbedürftiges Phänomen* begriffen werden und dabei ausführlich die Frage thematisiert werden sollte, welche Möglichkeiten der Beeinflussung strategischer Aktivitäten aus dem Blickwinkel der Führung eigentlich bestehen. Angesichts der *politischen Problematik*, die sich zum Beispiel in einer Konzernorganisation - in einem "polyzentrischen" System - gewöhnlich stellen, bestehen nämlich, so wurde abschließend gezeigt, begründete Zweifel an der Annahme, daß es in solchen Unternehmen ein Handlungszentrum gibt, das die Unternehmensentwicklung "in den Griff bekommen kann".

Der hier stichwortartig dargestellte Bezugsrahmen ist sicherlich noch nicht so weit ausgereift, daß er umstandslos operationalisiert und in empirische Forschung umgesetzt werden kann. In Kapitel 4.5 wurden deshalb einige Einwände, Modifikationen und Ergänzungen diskutiert, die den derzeitigen Stand der Überlegungen vorantreiben sollen. Am Beginn standen dabei einige Reflexionen zu der ursprünglich von Habermas (1981a, b) angeregten Unterscheidung zwischen einer Binnen- und einer Außenperspektive der Beobachtung bzw., in der Formulierung von Habermas selber, zwischen einer Lebenswelt- und einer Systembetrachtung von Organisationen (oder anderen sozialen Zusammenhängen). Es wurde gezeigt, daß bei aller Offenheit für binnenperspektivische Beobachtungen letztlich doch ein Bias in Richtung einer außenperspektivischen Betrachtungsweise besteht, und zwar deshalb, weil die Wissenschaft darauf angewiesen ist, alle lebensweltlichen Phänomene immer wieder in die Sprache der Theorie zu übersetzen und in dieser Sprache einer Erklärung zuzuführen.[2] Die Theorie kann ihre eigene Haut nicht verlassen; sie bleibt immer auf sich selbst bezogen. Die Idee einer "Komplementarität" von System und Lebenswelt bedarf vor diesem Hintergrund also noch einmal einer neuerlichen Behandlung, die dann möglicherweise auch Konsequenzen für eine Reihe von Einzelgesichtspunkten des vorgeschlagenen Bezugsrahmens hätte (siehe hierzu Kap. 4.51). Anschließend (Kap. 4.52) wurde eingegangen auf die Epistemologie des "Radikalen Konstruktivismus", die in vielem Affinitäten zur neueren Systemtheorie aufweist,

2. Diese Argumentation entspricht übrigens dem Bias in Richtung Theorie, der in Kap. 1 der vorliegenden Arbeit schon eine Rolle spielte und die Vorgehensweise bestimmte.

angesichts ihrer Bedeutung für die von Kirsch vorgelegten Arbeiten aber auch eine eigenständige Behandlung verdiente. Im Vordergrund stand dabei die Frage, welche Rolle im Rahmen einer solchen Epistemologie die empirische Forschung spielen kann, ob es, schärfer formuliert, in einer Welt, die nicht "für sich" existiert, sondern immer nur als Beobachterkonstrukt begriffen werden kann, überhaupt so etwas wie empirische Forschung geben kann. Der Tenor der Argumentation konnte hier durchaus positiv ausfallen, ein Umstand, der natürlich auch für die Bemühungen in Kapitel 4.6 von einiger Bedeutung war. Kapitel 4.53 ging ein auf Probleme der Operationalisierung der Unterscheidung zwischen "Strategien" auf der einen und "strategischen Manövern" auf der anderen Seite, Probleme, die allerdings kaum einer Lösung zugeführt werden konnten und entsprechend noch weiterer Auseinandersetzungen bedürfen. In Kapitel 4.54 wurden schließlich auch noch einige knappe Hinweise zur Systematisierung von Beobachtern und Akteuren gegeben. Das Ziel bestand darin, Unklarheiten zu beseitigen, die mit der graphischen Darstellung in Abbildung 24 verbunden sein könnten. Prinzipielle Bedeutung für die Gestalt des Bezugsrahmens hatten diese Hinweise freilich nicht.

Im abschließenden Kapitel 4.6 wurde der Versuch unternommen, in explorativer Weise einige Ansätze zur Operationalisierung des vorgeschlagenen Bezugsrahmens aufzuzeigen und Anschlüsse an die empirische Forschung herzustellen, die ja für den "Mainstream" der disziplinären Bemühungen um die Theorie der strategischen Unternehmensführung eine so große Rolle spielt (vgl. noch einmal oben, Kap. 2.6). Vier Problemkreise wurden herausgegriffen: die Genese von Strategien (Kap. 4.61), die Rollen von Akteuren bzw. Beobachtern (Kap. 4.62), das Aufgreifen von Ideen (Kap. 4.63) und das Auftauchen von Führung (Kap. 4.64). In den Kapiteln 4.62 bis 4.64 wurden dabei auch verschiedene empirische Hypothesen formuliert, die einem Test zugeführt werden könnten. Mehrfach wurde allerdings betont, daß diese Hypothesen sehr vorläufiger Natur sind und sicherlich noch einer weiteren Ausarbeitung bzw. Verfeinerung bedürfen. Der Rahmen der vorliegenden Arbeit ist dafür nicht mehr ausreichend.

Insgesamt muß festgestellt werden, daß die Arbeit an einer Theorie der strategischen Unternehmensführung, trotz aller Vorarbeiten, die dazu geleistet worden sind, nun erst richtig losgehen sollte. Drei Leitlinien bzw. Prämissen mögen dabei von Bedeutung sein.

(1) Die erste Leitlinie bzw. Prämisse läßt sich unter die Überschrift eines *Primats der Bezugsrahmendiskussion* bringen (vgl. zum folgenden Kirsch 1984: 751 ff.). In den Kapiteln 4.4 und 4.5 stand die Bezugsrahmendiskussion eindeutig im Vordergrund. Dort hat sich auch gezeigt, daß der vorgeschlagene Bezugsrahmen

unter diversen Aspekten noch einer weiteren Ausarbeitung bedarf. Die These vom Primat der Bezugsrahmendiskussion könnte zunächst so interpretiert werden, daß diese Ausarbeitung gegenüber der weiteren Verfeinerung der bislang nur explorativ formulierten empirischen Hypothesen in Kapitel 4.6 den Vorzug erhalten sollte.

Eine Begründung des Primats der Bezugsrahmendiskussion ergibt sich freilich erst, wenn man sieht, daß die Bezugsrahmendiskussion auf der einen und die Entwicklung und Austestung von Kausalmodellen, die die Grundlage für exakt formulierte empirische Hypothesen darstellen, auf der anderen Seite in einem engen Wechselverhältnis zueinander stehen. Im Hinblick auf den Bezugsrahmen hat die Modellierung und Formulierung von Hypothesen immer eine explorative Funktion. Ein Bezugsrahmen enthält eine Reihe theoretischer Begriffe sowie einige sehr allgemeine Gesetzeshypothesen, die meist nur tendenzielle Zusammenhänge zwischen einzelnen Variablen andeuten. Die damit verbundene Vagheit ist notwendig, wenn die Reichweite des Bezugsrahmens aufrechterhalten werden soll. Eine konkretisierende Modellierung ist normalerweise nur möglich, wenn einzelne Zusammenhänge vernachlässigt werden (oder zum Gegenstand von *Ceteris Paribus*-Annahmen werden!), man sich also auf wenige Variablen konzentriert. Eine solche Modellierung ist sehr hilfreich, um den Bezugsrahmen Schritt für Schritt fortzuentwickeln - solange der Rückbezug zum Bezugsrahmen tatsächlich immer wieder hergestellt wird.

Die im Bereich des Strategischen Managements vorzufindenden Forschungsaktivitäten bergen, wie anderswo einzuordnende Forschungsaktivitäten auch, sicherlich die Gefahr in sich, den Rückbezug von der Modellierung und empirischen Austestung zum Bezugsrahmen zu "vergessen". Sie entwickeln eine Eigendynamik, indem man sich zum Beispiel an methodologischen Fragen "festbeißt" oder vorhandene Datenbasen überstrapaziert, um ja noch weitere Zusammenhänge zwischen irgendwelchen Variablen zu finden. Kirsch (1984: 766) spricht hier von einer Art "Greshamschen Gesetz". "'Silber verdrängt Gold': Das Bemühen, aus einer empirischen Datenbasis heraus 'signifikante' Hypothesen bzw. Modelle zu entwickeln, verdrängt explizit dokumentierte Aktivitäten zur Weiterentwicklung des zugrunde liegenden Bezugsrahmens." Die Tatsache, daß prominente Autoren des "Mainstreams" der Strategischen Unternehmensführung in kurzer Abfolge Untersuchungen zu sehr unterschiedlichen Problemstellungen publizieren, ohne diese miteinander in Beziehung zu setzen, und bei Falsifikation einzelner Hypothesen keineswegs sich daran machen, ein *neues* Modell zur gleichen Problemstellung zu entwickeln und auszutesten, ist ein guter Beleg für die Gültigkeit dieses "Gesetzes".

Die Problematik einer Verselbständigung von Modellierungs- bzw. Testaktivitäten liegt nicht zuletzt darin begründet, daß in den Sozialwissenschaften raum/zeitunabhängige Gesetzeshypothesen offenbar nicht existieren (auch vom Greshamschen "Gesetz" gibt es Ausnahmen!). Es gibt kaum Forschungsgebiete, in denen die empirischen Ergebnisse wirklich robust sind. Sofern es nur kreative Persönlichkeiten gibt, können bestehende Kausalzusammenhänge immer wieder "gebrochen" werden (Galtung 1978). Im Bereich des Strategischen Managements würde man hier vielleicht sogar von einem "New Game" sprechen, das die bisherigen Spielregeln verändert und - zumindest aus der Sicht des Innovators - höchst erwünscht sein dürfte, birgt es doch die Chance der Abschöpfung von Monopolgewinnen in sich.

All die hier aufscheinenden Probleme können, zusammenfassend, nur vermieden werden, wenn man die Modellierung und Austestung von Hypothesen konsequent in den Dienst einer Bezugsrahmendiskussion stellt. Die Modellierung und Austestung von Hypothesen ist notwendig und sinnvoll, aber der Primat der Bezugsrahmendiskussion sollte doch erhalten bleiben.

(2) Die zweite, schon oft betonte, hier aber noch einmal zu wiederholende Leitlinie bzw. Prämisse besteht in einer größtmöglichen Offenheit für unterschiedliche Forschungsansätze und Disziplinen. Es sollte die ganze "Ökologie der Ideen" genutzt werden, die im Bereich der Wissenschaften, aber auch in der Unternehmenspraxis und in anderen sozialen Zusammenhängen produziert und verbreitet wird. Nur so kann vermieden werden, daß sich allzu viele "blinde Flecke" ergeben, die die Beobachtung zwar einerseits erst ermöglichen, andererseits aber den Blick auch eingrenzen und den Fortschritt der Forschung behindern. In der vorliegenden Arbeit wurde gezeigt, welche Einsichten sich ergeben, wenn man zum Beispiel auf die neuere Systemtheorie, aber auch auf andere sozialwissenschaftliche Grundlagendisziplinen und -theorien zurückgreift. Das Beispiel sollte dazu ermutigen, auch andere Disziplinen und Theorien zu nutzen und auf ihre Fruchtbarkeit für die Theorie der strategischen Unternehmensführung zu befragen. Ein prominenter Kandidat dafür ist sicherlich die moderne Evolutionstheorie, die ja tatsächlich auch schon in einigen, der Strategischen Unternehmensführung zuzuordnenden Beiträgen aufgearbeitet worden ist (vgl. etwa Strasser 1991, Kirsch 1992, Van de Ven 1992 [oben, Kap. 2.44]).

Der zuletzt genannte Autor (A. Van de Ven) ist ein Beispiel dafür, daß auch in der (US-amerikanischen) "Mainstream"-Diskussion durchaus die Offenheit besteht, die hier eingefordert wird. Zugleich ist freilich noch einmal daran zu erinnern, daß es auch einen Trend gibt, sich auf einzelne Disziplinen zu spezialisieren und den dort etablierten Standards zu folgen (siehe oben, Kap. 1.3). "Schuster, bleib bei deinen Leisten" lautet das zugrundeliegende Argument: Wer sich nicht spezialisiert, könne im Grunde nur zweitklassige Forschung betreiben und Probleme nur oberflächlich behandeln. In einem etwas erweiterten Zusammenhang vermutet demgegenüber Egner (1984: 429), daß der damit implizierte "Dilettantismusvorwurf Teil einer Strategie der 'Vorwärts-Verteidigung' ist, mit der im Kernbereich arbeitende Mitglieder der wissenschaftlichen Gemeinschaft ihre Arbeiten gegen die potentielle Konkurrenz durch neuentwickelte Ansätze abzuschirmen versuchen." Die Suche nach innovativen Ideen und Theoriebausteinen erfordere nun einmal den Mut, disziplinäre Grenzen zu überschreiten - ein Umstand, der sich gerade in den Disziplinen, aus denen solche Argumente kommen, immer wieder bewahrheitet habe (man denke etwa an die Mathematisierung der ökonomischen Theorie, die ursprünglich ja auch alles andere als selbstverständlich gewesen ist). Das Plädoyer für weitestgehende Offenheit der Forschung impliziert deshalb auch ein Plädoyer für eine Art des Generalismus, die dem entsprechen mag, was auch in *praktischen* Zusammenhängen der Strategischen Unternehmensführung immer wieder als notwendig erachtet wird (siehe hierzu noch einmal die einschlägigen Stellungnahmen der prominenten Harvard-Autoren!).

(3) Die dritte und letzte hier anzusprechende Leitlinie bzw. Prämisse betrifft die Bildung von multidisziplinären und multinationalen Forschungsteams. Wenn man das vorhin diskutierte Dilettantismus-Argument auch nicht ganz vom Tisch wischen will, ist klar, daß die Qualität der Forschungsarbeit nur gewinnen kann, wenn sich Wissenschaftler aus unterschiedlichen Disziplinen und/oder wissenschaftlichen Schulen - und interessierte Persönlichkeiten aus der Unternehmenspraxis - zusammentun und gemeinsam an Forschungsprojekten arbeiten. Wie aus den exkursartigen Überlegungen in Kapitel 3 deutlich geworden sein sollte, gilt dies auch auf der "nationalen" Ebene: "Blinde Flecke" könnten vermieden werden, wenn man auch hier Grenzen überschreitet. Gerade aus dem Blickwinkel der deutschsprachigen Betriebswirtschaftslehre scheint hier noch einiger Nachholbedarf zu bestehen, sind doch Forscher aus diesem Kontext bislang nur wenig in multinationale Aktivitäten eingebunden.[3] Wenn man - zum Beispiel nach dem Lesen der vorliegenden Arbeit! - davon ausgeht, daß aus dieser Perspektive Beiträge erbracht werden können, die auch aus der Perspektive der (um diese hier wieder herauszustellen:) US-amerikanischen "Mainstream"-Diskussion von Interesse sein dürften, dann müßten hier wohl Aktivitäten einer verbesserten Kommunikation der potentiellen Beiträge initiiert werden, die etwa die Teilnahme an internationalen Konferenzen und Workshops, die Publi-

---

3. Eine bemerkenswerte Ausnahme stellt das "New Winners?"-Projekt dar, an dem G. Müller-Stewens und P. Gomez (St. Gallen) derzeit zusammen mit Partnern aus sechs Ländern arbeiten (siehe Gomez & Müller-Stewens 1994).

kation von Artikeln in englischsprachigen Zeitschriften einschließen, aber auch eine stärkere Öffnung der betriebswirtschaftlichen Fakultäten für ausländische Wissenschaftler, als dies bislang der Fall gewesen ist. Unter diesem Aspekt könnte der institutionelle Kontext, in den die amerikanische "Mainstream"-Diskussion eingebettet ist, vielleicht doch einmal als nachahmenswertes Beispiel dienen.

Literatur:

Aaker, D. (1989), Managing Assets and Skills: The Key to a Sustainable Competitive Advantage, in: California Management Review 32 (1989), Winter, S. 91 - 106

Abegglen, C. (1958), The Japanese Factory: Aspects of Its Social Organization, Glencoe (Ill.) 1958

Abel, B. (1978), Betriebswirtschaftslehre und praktische Vernunft - Zwei Modelle, in: Steinmann, H. (Hrsg.), Die Betriebswirtschaftslehre als normative Handlungswissenschaft, Wiesbaden 1978, S. 161 - 191

Abernathy, W./ Clark, K./ Kantrow, A. (1981), The New Industrial Competition, in: Harvard Business Review 59 (1981), September/October, S. 69 - 81

Abernathy, W./ Clark, K./ Kantrow, A. (1983), Industrial Renaissance: Producing a Competitive Future for America, New York 1983

Abreu, D./ Rubinstein, A. (1988), The Structure of Nash Equilibrium in Repeated Games with Finite Automata, in: Econometrica 56 (1988), S. 1259 - 1281

Ackoff, R. (1970), A Concept of Corporate Planning, New York 1970

Ackroyd, S. (1992), Paradigms Lost: Paradise Regained?, in: Reed & Hughes (1992), S. 102 - 119

Acocella, N. (1992), The Multinational Firm and the Theory of Industrial Organization, in: Del Monte (1992), S. 232 - 251

Adams, J./ Spencer, S. (1986), Introduction: The Strategic Leadership Perspective, in: Adams, J. (Hrsg.), Transforming Leadership. From Visions to Results, Alexandria 1986, S. 5 - 12

Adler, N. (1991), International Dimensions of Organizational Behavior, 2. Aufl., Boston (Mass.) 1991

Adler, P. (1989), Technology Strategy: A Guide to the Literature, in: Research on Technological Innovation, Management and Policy 4 (1989), S. 25 - 151

Aguilar, F. (1967), Scanning the Business Environment, New York 1967

Albert, M. (1992), Kapitalismus kontra Kapitalismus, Frankfurt/M. & New York 1992

Aldrich, H. (1979), Organizations and Environments, Englewood Cliffs (N. J.) 1979

Aldrich, H. (1986), A Population Perspective on Organizational Strategy, in: ders. (Hrsg.), Population Perspectives in Organization, Uppsala 1986, S. 61 - 76

Aldrich, H. (1992), Incommensurable Paradigms? Vital Signs from Three Perspectives, in: Reed & Hughes (1992), S. 17 - 45

Aldrich, H./ Auster, E. (1986), Even Dwarfs Started Small: Liabilities of Size and Age and Their Strategic Implications, in: Staw, B./ Cummings, L. (Hrsg.), Research on Organizational Behavior 8, Greenwich (Conn.) 1986, S. 165 - 198

Aldrich, H./ Mindlin, S. (1978), Uncertainty and Dependence: Two Perspectives on Environment, in: Karpik, L. (Hrsg.), Organization and Environment: Theory, Issues and Reality, London 1978, S. 149 - 170

Alic, J./ Miller, J./ Hart, J. (1991), Computer Software: Strategic Industry, in: Technology Analysis & Strategic Management 3 (1992), S. 177 - 190

Allen, F. (1993), Strategic Management and Financial Markets, in: Strategic Management Journal 14 (1993), Special Issue (Winter), S. 11 - 22

Allen, P. (1988), Evolution, Innovation and Economics, in: Dosi et al. (1988), S. 95 - 119

Amel, D./ Froeb, L. (1991), Do Firms Differ Much?, in: Journal of Industrial Economics 39 (1991), S. 323 - 331

Amit, R. (1986), Cost Leadership Strategy and Experience Curves, in: Strategic Management Journal 7 (1986), S. 281 - 292

Amit, R./ Livnat, J. (1988), Diversification Strategies, Business Cycles and Economic Performance, in: Strategic Management Journal 9 (1988), S. 99 - 110

Amit, R./ Schoemaker, P. (1993), Strategic Assets and Organizational Rent, in: Strategic Management Journal 14 (1993), S. 33 - 46

Anasuma, B. (1989), Manufacturer-Supplier Relationships in Japan and the Concept of Relation-Specific Skill, in: Journal of the Japanese and International Economies 3 (1989), S. 1 - 30

Anderson, C./ Paine, F. (1978), PIMS: A Reexamination, in: Academy of Management Review 3 (1978), S. 602 - 611

Anderson, P./ Tushman, M. (1990), Technological Discontinuities and Dominant Designs: A Cyclical Model of Technological Change, in: Administrative Science Quarterly 35 (1990), S. 604 - 633

Andrews, K. (1971), The Concept of Corporate Strategy, Homewood (Ill.) 1971

Andrews, K. (1977), The Concept of Corporate Strategy, 2. Aufl., Homewood (Ill.) 1977

Anshen, M./ Guth, W. (1973), Strategies for Research in Policy Formulation, in: Journal of Business 46 (1973), S. 499 - 511

Ansoff, I. (1965), Corporate Strategy. An Analytical Approach to Business Policy for Growth and Expansion, New York 1965

Ansoff, I. (1975), Managing Strategic Surprise by Response to Weak Signals, in: California Management Review 18 (1975), S. 21 - 33

Ansoff, I. (1977), The Changing Shape of the Strategic Problem, Paper Presented at a Special Conference on Business Policy and Planning Research: The State of the Art, Pittsburgh 1977 (später veröffentlicht in Schendel & Hofer 1979, S. 30 - 43)

Ansoff, I. (1979), Strategic Management, London & Basingstoke 1979

Ansoff, I. (1980), Strategic Issue Management, in: Strategic Management Journal 1 (1980), S. 131 - 148

Ansoff, I. (1984), Implanting Strategic Management, Englewood Cliffs (N. J) 1984

Ansoff, I. (1987), The Emerging Paradigm of Strategic Behavior, in: Strategic Management Journal 8 (1987), S. 501 - 516

Ansoff, I. (1991), Strategic Management in a Historical Perspective, in: International Review of Strategic Management 12 (1991), S. 3 - 69

Ansoff, I./ Declerk, R./ Hayes, R. (Hrsg., 1976), From Strategic Planning to Strategic Management, New York 1976

Ansoff, I./ Stewart, J. (1967), Strategies for a Technology-Based Business, in: Harvard Business Review 45 (1967), November/December, S. 71 - 83

Aoki, M. (1988), Information, Incentives, and Bargaining in the Japanese Economy, Cambridge (Mass.) et al. 1988

Aoki, M. (1989), The Nature of the Japanese Firm as a Nexus of Employment and Financial Contracts: An Overview, in: Journal of the Japanese and International Economies 3 (1989), S. 345 - 366

Aoki, M. (1990), Toward an Economic Model of the Japanese Firm, in: Journal of Economic Literature 28 (1990), S. 1 - 27

Argyris, C./ Schön, D. (1978), Organizational Learning: A Theory of Action Perspective, Reading (Mass.) 1978

Armstrong, J. (1973), The European Administrative Elite, Princeton (N. J.) 1973

Armstrong, J. (1982), The Value of Formal Planning for Strategic Decisions: Review of Empirical Research, in: Strategic Management Journal 3 (1982), S. 197 - 211

Arora, A./ Gambardella, A. (1990), Complementarity and External Linkages: The Strategies of Large Firms in Biotechnology, in: Journal of Industrial Economics 38 (1990), S. 361 - 379

Arrow, K. (1962), Economic Welfare and the Allocation of Resources for Invention, in: NBER Conference No. 13, The Rate and Direction of Inventive Activity: Economic and Social Factors, Princeton (N. J.) 1962, S. 609 - 625

Arrow, K. (1971), Essays in the Theory of Risk Bearing, Chicago 1971

Arrow, K./ Honkopohja, S. (Hrsg., 1985), Frontiers of Economics, Oxford 1985

Arthur, W. B. (1989), Competing Technologies, Increasing Returns and Lock-In by Historical Events, in: Economic Journal 99 (1989), S. 116 - 131

Asanuma, B. (1989), Manufacturer-supplier Relationships in Japan and the Concept of Relation Specific Skill, in: Journal of the Japanese and International Economics 3 (1989), S. 1 - 30

Ashby, W. R. (1956), An Introduction to Cybernetics, London 1956

Astley, G./ Van de Ven, A. (1983), Central Perspectives and Debates in Organization Theory, in: Administrative Science Quarterly 28 (1983), S. 245 - 273

Aumann, R. (1985), What is Game Theory Trying to Accomplish?, in: Arrow & Honkopohja (1985), S. 28 - 76

Aumann, R. (1987), Game Theory, in: Eatwell, J. et al. (Hrsg.), The New Palgrave. A Dictionary of Economics, Vol. 2, London 1987, S. 460 - 482

Aupperle, K./ Acar, W./ Booth, D. (1986), An Empirical Critique of *In Search of Excellence*: How Excellent are the Excellent Companies?, in: Journal of Management Studies 12 (1986), S. 499 - 512

Baecker, D. (1988), Information und Risiko in der Marktwirtschaft, Frankfurt/M. 1988

Baecker, D. (1991), Womit handeln Banken? Eine Untersuchung zur Risikoverarbeitung in der Wirtschaft, Frankfurt/M. 1991

Baecker, D. (1992), Fehldiagnose "Überkomplexität". Komplexität ist die Lösung, nicht das Problem, in: gdi impuls 10 (1992), Heft 4, S. 55 - 62

Baecker, D./ Markowitz, J./ Stichweh, R./ Tyrell, H./ Willke, H. (Hrsg., 1987), Theorie als Passion. Niklas Luhmann zum 60. Geburtstag, Frankfurt/M. 1987

Bälz, U. (1974), Einheit und Vielheit im Konzern, in: Baur, E. et al. (Hrsg.), Funktionswandel der Privatrechtsinstitutionen. Festschrift für Ludwig Raiser, Tübingen 1974, S. 287 - 338

Bahrami, H./ Evans, S. (1987), Stratocracy in High-Technology Firms, in: California Management Review 30 (1987), Fall, S. 51 - 66

Bain, J. (1951), Relation of Profit Rate to Industry Concentration: American Manufacturing, 1936 - 1940, in: Quarterly Journal of Economics 46 (1951), S. 293 - 324

Bain, J. (1956), Barriers to New Competition, Cambridge (Mass.) 1956

Bain, J. (1968), Industrial Organization, 2. Aufl., New York 1968

Balassa, B./ Noland, M. (1989), The Changing Comparative Advantage of Japan and the United States, in: Journal of the Japanese and International Economies 3 (1989), S. 174 - 188

Baldwin, C./ Clark, K. (1991), Capabilities and Capital Investment: New Perspectives on Capital Budgeting, Arbeitspapier an der Harvard Business School, Cambridge (Mass.) 1991

Balkin, D./ Gomez-Mejia, L. (1990), Matching Compensation and Organizational Strategies, in: Strategic Management Journal 11 (1990), S. 153 - 169

Ballance, R. (1992), European Economic Restructuring: Retrospect and Prospect, in: Cool et al. (1992), S. 25 - 56

Balzer, W. (1985), Was ist Inkommensurabilität?, in: Kant-Studien 76 (1985), S. 196 - 213

Bamberger, I. (1982), Langfristige Zielplanung - Planbarkeit und Rationalität unternehmenspolitischer Ziele, unveröffentl. Habilitationsschrift, Mannheim & Rennes 1982

Barley, S./ Freeman, J. (1992), Strategic Alliances in Commercial Biotechnology, in: Nohria & Eccles (1992), S. 311 - 347

Barney, J. (1986a), Strategic Factor Markets: Expectations, Luck, and Business Strategy, in: Management Science 32 (1986), S. 1231 - 1241

Barney, J. (1986b), Organizational Culture: Can It Be a Source of Sustained Competitive Advantage?, in: Academy of Management Review 11 (1986), S. 656 - 665

Barney, J. (1986c), Types of Competition and the Theory of Strategy, in: Academy of Management Review 11 (1986), S. 791 - 800

Barney, J. (1991), Firm Resources and Sustained Competitive Advantage, in: Journal of Management 17 (1991), S. 99 - 120

Barney, J. (1992), Integrating Organizational Behavior and Strategy Formulation Research: A Resource-Based Analysis, in: Advances in Strategic Management 8 (1992), S. 69 - 96

Barr, P./ Stimpert, L./ Huff, L. (1992), Cognitive Change, Strategic Action, and Organizational Renewal, in: Strategic Management Journal 13 (1992), Special Issue (Summer), S. 15 - 36

Bart, C. (1986), Product Strategy and Formal Structure, in: Strategic Management Journal 7 (1986), S. 293 - 312

Bartlett, C./ Ghoshal, S. (1989), Managing Across Borders: The Transnational Solution, Boston 1989

Bartlett, C./ Ghoshal, S. (1991), Global Strategic Management: Impact on the New Frontiers of Strategy Research, in: Strategic Management Journal 12 (1991), Special Issue (Sommer), S. 5 - 16

Basalla, G. (1988), The Evolution of Technology, Cambridge (Mass.) et al. 1988

Bateson, G. (1985), Eine Überprüfung von "Batesons Regel", in: ders., Ökologie des Geistes. Anthropologische, psychologische, biologische und epistemologische Perspektiven, Frankfurt/M. 1985, S. 586 - 509

Baum, J./ Oliver, C. (1991), Institutional Linkages and Organizational Mortality, in: Administrative Science Quarterly 36 (1991), S. 187 - 218

Baumol, W./ Panzar, J./ Willig, R. (1982), Contestable Markets and the Theory of Industry Structure, San Diego 1982

Beck, U. (1986), Risikogesellschaft. Auf dem Weg in eine andere Moderne, Frankfurt/M. 1986

Bedaian, A. (1990), Choice and Determinism: A Comment, in: Strategic Management Journal 11 (1990), S. 571 - 574

Bendix, R. (1964), Max Weber. Das Werk, München 1964

Benham, L. (1972), The Effects of Advertising on the Price of Eyeglasses, in: Journal of Law and Economics 15 (1972), S. 337 - 352

Benölken, H./ Wings, H. (1984/85), Strategisches Bank-Controlling I und II, in: Die Bank 1984, S. 579 - 581, und Die Bank 1985, S. 19 - 24

Benson, J. K. (1975), The Interorganizational Network as a Political Economy, in: Administrative Science Quarterly 20 (1975), S. 229 - 249

Benson, J. K. (1977), Innovation and Crisis in Organizational Analysis, in: Sociological Quarterly 22 (1977), S. 1 - 21

Benson, J. K. (1983), Paradigm and Praxis in Organizational Analysis, in: Research in Organizational Behavior 5 (1983), S. 33 - 56

Berg, C. (1973), Individuelle Entscheidungsprozesse. Laborexperimente und Computersimulation, Wiesbaden 1973

Berger, J. (1987), Wie "systemisch" ist die Theorie sozialer Systeme?, in: Haferkamp & Schmid (1987), S. 129 - 152

Berger, P./ Luckmann, T. (1969), Die gesellschaftliche Konstruktion der Wirklichkeit, Frankfurt/M. 1969

Berle, A./ Means, G. (1932), The Modern Corporation and Private Property, New York 1932

Bernheim, D./ Shoven, J. (1992), Comparing the Cost of Capital in the United States and Japan, in: Rosenberg, N./ Landau, R./ Mowery, D. (Hrsg.), Technology and the Wealth of Nations, Stanford (Cal.) 1992, S. 151 - 174

Bernheim, D./ Whinston, M. (1990), Multimarket Contact and Collusive Behavior, in: Rand Journal of Economics 21 (1990), S. 1 - 26

Bernstein, J. (1988), Costs of Production, Intra- and Inter-Industry R & D Spillovers: Canadian Evidence, in: Canadian Journal of Economics 21 (1988), S. 324 - 347

Bernstein, J./ Nadiri, M. (1989), Research and Development and Intraindustry Spillovers: An Empirical Application of Dynamic Duality, in: Review of Economic Studies 56 (1989), S. 249 - 269

Besen, S./ Saloner, G. (1988), The Economics of Telecommunications Standards, in: Crandall, R./ Flamm, K. (Hrsg.), Changing the Rules: Technological Change, International Competition, and Regulation in Communications, Washington D. C. 1988, S. 177 - 220

Bettis, R. (1983), Modern Financial Theory, Corporate Strategy, and Public Policy: Three Conundrums, in: Academy of Management Review 8 (1983), S. 406 - 415

Bettis, R. (1991), Strategic Management and the Straightjacket: An Editorial Essay, in: Organization Science 2 (1991), S. 315 - 319

Bettis, R./ Thomas, H. (Hrsg., 1990), Strategy and Risk, Greenwich (Conn.) 1990

Bettis, R./ Weeks, D. (1987), Financial Returns and Strategic Interaction: The Case of Instant Photography, in: Strategic Management Journal 8 (1987), S. 549 - 563

Binmore, K. (1990), Aims and Scope of Game Theory, in: Binmore, K., Essays on the Foundation of Game Theory, Cambridge (Mass.) & Oxford 1990, S. 1 - 42

Birley, S. (1976), Acquisition Strategy or Acquisition Anarchy?, in: Journal of General Management 3 (1976), Heft 3, S. 67 - 73

Blaseio, H. (1986), Das Kognos-Prinzip. Zur Dynamik sich-selbst-organisierender wirtschaftlicher und sozialer Systeme, Berlin 1986

Blau, P. (1964), Exchange and Power in Social Life, New York 1964

Bleicher, K. (1989), Chancen für Europas Zukunft. Führung als internationaler Wettbewerbsfaktor, Frankfurt/M. & Wiesbaden 1989

Bleicher, K. (1991), Das Konzept Integriertes Management, Frankfurt/M. 1991

Bleicher, K. (1993), Managementphilosophien als internationaler Wettbewerbsfaktor, in: Steger (1993a), S. 77 - 98

Boeker, W. (1991), Organizational Strategy: An Ecological Approach, in: Academy of Management Journal 34 (1991), S. 613 - 635

Bogaschewsky, R. (1992), Lean Production - Patentrezept für westliche Unternehmen?, in: Zeitschrift für Planung 4 (1992), S. 275 - 298

Booth, D./ Kanetkar, V./ Vertinsky, I./ Whistler, D. (1991), An Empirical Model of Capacity Expansion and Pricing in an Oligopoly with Barometric Price Leadership: A Case Study of the Newsprint Industry in North America, in: Journal of Industrial Economics 39 (1991), S. 255 - 276

Bosetzky, H./ Heinrich, P. (1980), Mensch und Organisation. Aspekte bürokratischer Organisation. Eine praxisorientierte Einführung in die Soziologie und Sozialpsychologie der Verwaltung, Köln 1980

Boston Consulting Group (1970), Perspectives on Experience, Boston (Mass.) 1970

Boston Consulting Group (1972), Perspectives on Experience, Boston (Mass.) 1972

Boston Consulting Group (1978), Cross Sectional Experience Curves, Boston (Mass.) 1978

Bower, J. (1982), Business Policy in the 1980s, in: Academy of Management Review 7 (1982), S. 630 - 638

Bowman, E. (1980), A Risk/Return Paradox for Strategic Management, in: Sloan Management Review 22 (1980), Summer, S. 17 - 31

Bowman, E. (1990), Strategy Changes: Possible Worlds and Actual Minds, in: Fredrickson (1990a), S. 9 - 37

Bowman, E. (1992), Strategy History: Through Different Mirrors, Arbeitspapier an der Wharton School der University of Pennsylvania, 1992

Bowman, E./ Hurry, D. (1992), Strategy Through the Option Lens: An Integrated View of Resource Investments and the Incremental Choice Process, Arbeitspapier an der Wharton School, University of Pennsylvania, Philadelphia 1992

Boyd, B. (1991), Strategic Planning and Financial Performance: A Meta-analytic Review, in: Journal of Management Studies 28 (1991), S. 353 - 374

Bracker, J. (1980), The Historical Development of the Strategic Management Concept, in: The Academy of Management Review 5 (1980), S. 219 - 224

Brantl, S. (1985), Management und Ethik. Unternehmenspolitische Rahmenplanung und moralisch-praktische Rationalisierung der Unternehmensführung, München 1985

Bratton, J. (1992), Japanization at Work. Managerial Studies for the 1990s, Houndsmill & London 1992

Braverman, H. (1974), Labor and Monopoly Capital, New York 1974

Brennan, A. (1984), The Moral Standing of Natural Objects, in: Environmental Ethics 6 (1984), S. 35 - 56

Bresnahan, T. (1989), Empirical Studies of Industries with Market Power, in: Schmalensee & Willig (1989), Vol. 2, S. 1011 - 1107

Bresnahan, T. (1992), Sutton's *Sunk Costs and Market Structure: Price Competition, Advertising, and the Evolution of Concentration*, in: Rand Journal of Economics 23 (1992), S. 137 - 152

Bresnahan, T./ Schmalensee, R. (1987), The Empirical Renaissance in Industrial Economics: An Overview, in: Journal of Industrial Economics 35 (1987), S. 371 - 378

Bretz, H. (1988), Unternehmertum und Fortschrittsfähige Organisation. Wege zu einer Betriebswirtschaftlichen Avantgarde, München 1988

Brewer, J. (1972), On the Power of Statistical Tests in the American Educational Research Journal, in: American Educational Research Journal 9 (1972), S. 391 - 401

Britz, A. (1991), Strategisches Management - Geschichte einer Disziplin -, Diplomarbeit, München 1991

Brockhoff, K./ Picot, A./ Urban, C. (Hrsg., 1988), Zeitmanagement in Forschung und Entwicklung, Sonderheft der Zeitschrift für betriebswirtschaftliche Forschung 23

Brockhoff, K. (1993), Technologiemanagement - Das S-Kurven-Konzept, in: Hauschildt & Grün (1993), S. 327 - 353

Broich, A. (1994), Die Genese von Unternehmenstrategien. Zur Neuorientierung der Theoriediskussion, Diss. München 1994

Bromiley, P. (1990), On the Use of Financial Theory in Strategic Management, in: Advances in Strategic Management 6 (1990), S. 71 - 98

Brown, C. (1992), Organization Studies and Scientific Authority, in: Reed & Hughes (1992), S. 67 - 84

Brown, R. (1978), Bureaucracy as Praxis: Toward a Political Phenomenology of Formal Organizations, in: Administrative Science Quarterly 23 (1978), S. 365 - 382

Bruderer, E./ Mitchell, W. (1992), Commentary: The Use of Experimental Economics in Strategy Research (K. Weigelt, C. F. Camerer, and M. Hanna), in: Advances in Strategic Management 8 (1992), S. 201 - 205

Bruhn, M./ Dahlhoff, H. D. (1993), Marketing statt Qualität - kann das funktionieren?, in: Steger (1993a), S. 117 - 136

Buaron, R. (1981), New Game-Strategies, in: The McKinsey Quarterly 1981, Spring, S. 24 - 40

Bühl, W. (1982), Struktur und Dynamik des menschlichen Sozialverhaltens, Tübingen 1982

Bühner, R. (1987), Assessing Diversification of West German Corporations, in: Strategic Management Journal 8 (1987), S. 25 - 37

Bühner, R. (1990), Das Management-Wert-Konzept. Strategien zur Schaffung von mehr Wert im Unternehmen, Stuttgart 1990

Bühner, R./ Weinberger, H.-J. (1991), Cash Flow und Shareholder Value, in: Betriebswirtschaftliche Forschung und Praxis 21 (1991), S. 187 - 208

Bülow, I. v. (1988), Systemgrenzen als Problem der Systemmethodik im Management von Institutionen. Der Beitrag der Weichen Systemmethodik zum Problembearbeiten, Diss. Sankt Gallen 1988

Bulow, J./ Geanakoplos, J./ Klemperer, P. (1985), Multimarket Oligopoly: Strategic Substitutes and Complements, in: Journal of Political Economy 93 (1985), S. 488 - 511

Bundesministerium der Finanzen (Hrsg., 1979), Bericht der Studienkommission "Grundsatzfragen der Kreditwirtschaft", Bonn 1979

Burgelman, R. (1983), A Process Model of Internal Venturing in the Diversified Major Firm, in: Administrative Science Quarterly 36 (1991), S. 223 - 244

Burgelman, R. (1990), Strategy-Making and Organizational Ecology, in: Singh (1990), S. 164 - 181

Burgelman, R. (1991), Intraorganizational Ecology of Strategy Making and Organizational Adaption: Theory and Field Research, in: Organization Science 2 (1991), S. 239-262

Burkhardt, M./ Brass, D. (1990), Changing Patterns or Patternes of Change: The Effects of a Change in Technology on Social Network Structure and Power, in: Administrative Science Quarterly 35 (1990), S. 104 - 127

Burns, T./ Stalker, G. (1961), The Management of Innovation, London 1961

Buzzell, R./ Gale, B. (1989), Das PIMS-Programm - Strategien und Unternehmenserfolg, Wiesbaden 1989

Cable, J. (1985), Capital Market Information and Industrial Performance: The Role of West German Banks, in: Economic Journal 95 (1985), S. 118 - 132

Camerer, C. (1985a), Redirecting Research in Business Policy and Strategy, in: Strategic Management Journal 6 (1985), S. 1 - 16

Camerer, C. (1985b), Thinking Economically About Strategy, in: Pennings et al. (1985), S. 64 - 75

Camerer, C. (1991), Does Strategy Research Need Game Theory?, in: Strategic Management Journal 12 (1991), Special Issue, S. 137 - 152

Camerer, C./ Fahey, L. (1988), The Regression Paradigm: A Critical Appraisal and Suggested Directions, in: Grant, J. (Hrsg.), Strategic Management Frontiers, Greenwich (Conn.) 1988, S. 443 - 459

Camerer, C./ Vepsalainen, A. (1988), The Economic Efficiency of Corporate Culture, in: Strategic Management Journal 9 (1988), Special Issue, S. 115 - 126

Camerer, C./ Weigelt, K. (1988), Experimental Tests of a Sequential Equilibrium Reputation Model, in: Econometrica 56 (1988), S. 1 - 36

Cameron, K. (1986), Effectiveness as Paradox: Consensus and Conflict in Conceptions of Organizational Effectiveness, in: Management Science 32 (1986), S. 539 - 553

Cameron, K./ Whetten, D. (Hrsg., 1983), Organizational Effectiveness. A Comparison of Multiple Models, New York et al. 1983

Cangelosi, V./ Dill, W. (1965), Organizational Learning: Observations Toward a Theory, in: Administrative Science Quarterly 10 (1965), S. 175 - 203

Carlsson, B. (1987), Reflections on "Industrial Dynamics", in: International Journal of Industrial Organization 5 (1987), S. 135 - 148

Carlsson, B. (Hrsg., 1989), Industrial Dynamics: Technological, Organizational, and Structural Changes in Industries and Firms, Dordrecht 1989

Castoriadis, C. (1984), Gesellschaft als imaginäre Institution. Entwurf einer politischen Philosophie, Frankfurt/M. 1984

Caves, R. (1984), Economic Analysis and the Quest for Competitive Advantage, in: American Economic Review 74 (1984), Papers & Proceedings, S. 127 - 132

Caves, R. (1989), International Differences in Industrial Organization, in: Schmalensee & Willig (1989), Band 2, S. 1225 - 1250

Caves, R./ Ghemavat, P. (1992), Identifying Mobility Barriers, in: Strategic Management Journal 13 (1992), S. 1 - 12

Caves, R./ Porter, M. (1977), From Entry Barriers to Mobility Barriers, in: Quarterly Journal of Economics 9 (1977), S. 241 - 267

Caves, R./ Williamson, P. (1985), What Is Product Differentiation, Really?, in: Journal of Industrial Economics 34 (1985), S. 113 - 132

Chakravarthy, B. (1982), Adaptation: A Promising Metaphor for Strategic Management, in: Academy of Management Review 7 (1982), S. 35 - 44

Chakravarthy, B. (1986), Measuring Strategic Performance, in: Strategic Management Journal 7 (1986), S. 437 - 458

Chakravarthy, B./ Doz, Y. (1992), Strategy Process Research: Focusing on Corporate Self-Renewal, in: Strategic Management Journal 13 (1992), Special Issue (Summer), S. 5 - 14

Chamberlin, E. (1933), The Theory of Monopolistic Competition, Cambridge (Mass.) 1933

Chandler, A. (1962), Strategy and Structure: Chapters in the History of the Industrial Enterprise, Cambridge (Mass.) 1962

Chandler, A. (1977), The Visible Hand. The Managerial Revolution in American Business, Cambridge (Mass.) 1977

Chandler, A. (1990), Scale and Scope. The Dynamics of Industrial Capitalism, Cambridge (Mass.) & London 1990

Chandler, A. (1992a), Managerial Enterprise and Competitive Capabilities, in: Business History 34 (1992), S. 11 - 41

Chandler, A. (1992b), Organizational Capabilities and the History of the Industrial Enterprise, in: Journal of Economic Perspectives 6 (1992), Nr. 3, S. 79 - 100

Chandler, A. (1992c), The Emergence of Managerial Capitalism, in: Granovetter (1992), S. 131 - 158 (zuerst erschienen in: Business History Review 58 [1984], S. 473 - 503)

Chase, J./ Chase, B. (1976), A Statistical Power Analysis of Applied Psychological Research, in: Journal of Applied Psychological Research 61 (1976), S. 234 - 237

Chase, L./ Tucker, R. (1975), A Power-Analytic Examination of Contemporary Communication Research, in: Speech Monographs 42 (1975), S. 29 - 41

Chatterjee, S./ Wernerfelt, B. (1991), The Link Between Resources and Type of Diversification: Theory and Evidence, in: Strategic Management Journal 12 (1991), S. 33 - 48

Checkland, P. (1984), Systems Thinking in Management. The Development of Soft Systems Methodology and Its Implications for Social Science, in: Ulrich & Probst (1984), S. 94 - 104

Checkland, P. (1985), Systemdenken im Management. Die Entwicklung der "weichen" Systemmethodik und die Bedeutung für die Sozialwissenschaften, in: Probst, G./ Siegwart, H. (Hrsg.), Integriertes Management. Bausteine eines systemorientierten Managements, Bern & Stuttgart 1985, S. 217 - 234

Checkland, P. (1987), Weiches Systemdenken, in: Die Unternehmung 41 (1987), S. 117 - 133

Chiang, J.-T. (1991), From "Mission-Oriented" to "Diffusion-Oriented" Paradigm: The New Trend of U. S. Industrial Technology Policy, in: Technovation 11 (1991), S. 339 - 356

Child, J. (1972), Organizational Structure and Performance: The Role of Strategic Choice, in: Sociology 3 (1972), S. 1 - 22

Child, J. (1981), Culture, Contingency and Capitalism in the Cross-National Study of Organizations, in: Research in Organizational Behavior 3 (1981), S. 303 - 356

Christensen, C./ Andrews, K./ Bower, J./ Hamermesh, G./ Porter, M. (1982), Business Policy: Text and Cases, 5. Aufl., Homewood (Ill.) 1982

Christians, F. (1983), Die Heranführung von Familienunternehmen an die Börse. Vorbereitende Analysen in einer Universalbank, in: Die Betriebswirtschaft 43 (1983), S. 177 - 182

Chung, K./ Rodgers, R./ Lubatkin, M./ Owers, J. (1987), Do Insiders Make Better CEOs than Outsiders?, in: Academy of Management Executives 1 (1987), S. 325 - 331

Clark, K. (1985), The Interaction of Design Hierachies and Market Concepts in Technological Innovation, in: Research Policy 14 (1985), S. 235 - 251

Clark, K./ Fujimoto, T. (1991), Product Development Performance. Strategy, Organization, and Management in the World Auto Industry, Boston 1991

Clark, K./ Fujimoto, T. (1992), Product Development and Competitiveness, in: Journal of the Japanese and the World Economies 6 (1992), S. 101 - 143

Clegg, S./ Reeding, S. (Hrsg., 1990), Capitalism in Contrasting Cultures, Berlin & New York 1990

Clifford, D./ Cavanagh, R. (1985), The Winning Performance, New York 1985

Coase, R. (1992), The Institutional Structure of Production, in: American Economic Review 82 (1992), S. 713 - 719

Coenen, A./ Weise, E./ Eckrich, K. (Hrsg., 1991), Ökologie-Management als strategischer Wettbewerbsfaktor, Stuttgart 1991

Coenenberg, A./ Günther, T. (1990), Der Stand des strategischen Controlling in der Bundesrepublik Deutschland, in: Die Betriebswirtschaft 50 (1990), S. 459 - 470

Coffee, J./ Lowenstein, L./ Rose-Ackerman, S. (Hrsg., 1988), Knights, Raiders and Targets - The Impact of the Hostile Takeover, New York & Oxford 1988

Cohen, J. (1962), The Statistical Power of Abnormal Social Psychological Research: A Review, in: Journal of Abnormal and Social Psychology 65 (1962), Heft 3, S. 145 - 153

Cohen, J. (1977), Statistical Power Analysis for the Bahavioral Sciences, New York 1977

Cohen, M. (1991), Individual Learning and Organizational Routine: Emerging Connections, in: Organization Science 2 (1991), S. 135 - 139

Cohen, M./ March, J./ Olsen, P. (1972), A Garbage Can Model of Organizational Choice, in: Administrative Science Quarterly 17 (1972), S. 1 - 25

Cohen, W./ Levin, R. (1989), Empirical Studies of Innovation and Market Structure, in: Schmalensee & Willig (1989), Band 2, S. 1059 - 1107

Cohen, W./ Levinthal, D. (1989), Innovation and Learning: The Two Faces of R & D. Implications for the Analysis of R&D Investment, in: Economic Journal 99 (1989), S. 569 - 596

Cohen, W./ Levinthal, D. (1990), Absorptive Capacity: A New Perspective on Learning and Innovation, in: Administrative Science Quarterly 35 (1990), S. 128 - 152

Collier, J. (1945), United States Indian Administration as a Laboratory of Ethnic Relations, in: Social Research 12 (1945), S. 265 - 303

Collis, D. (1986), The Value Added Structure and Competition Within Industries, Dissertation an der Harvard University, Cambridge (Mass.) 1986

Collis, D. (1990), Commitment Opportunities and the Structure-Conduct-Performance Paradigm, Arbeitspapier an der Harvard Business School, Cambridge (Mass.) 1986

Collis, D. (1991a), A Resource-Based Analysis of Global Competition: The Case of the Bearings Industry, in: Strategic Management Journal 12 (1991), Special Issue (Summer), S. 49 - 68

Collis, D. (1991b), Organizational Capability as a Source of Profit, Arbeitspapier an der Harvard Business School, Cambridge (Mass.) 1991

Collis, C./ Montgomery, C. (1992), What Is a Good Corporate Strategy, and Why Do You Need One?, Arbeitspapier an der Harvard Business School, Cambridge (Mass.) 1992

Cook, T./ Campbell, D. (1976), The Design and Conduct of Quasi-Experiments and True Experiments in Field Settings, in: Dunnette, M. (Hrsg.), Handbook of Industrial and Organizational Psychology, Skokie (Ill.) 1976, S. 223 - 326

Cook, T./ Campbell, D. (1979), Quasi-Experimentation: Design and Analysis Issues for Field Settings, Chicago 1979

Cool, K./ Neven, D./ Walter, I. (Hrsg., 1992), European Industrial Restructuring in the 1990s, New York 1992

Cooper, R./ DeJong, D./ Forsythe, R./ Ross, T. (1990), Selection Criteria in Coordination Games: Some Experimental Results, in: American Economic Review 80 (1990), S. 218 - 234

Cottrell, T. (1994), Fragmented Standards and the Development of Japan's Microcomputer Software Industry, in: Research Policy 23 (1994), S. 143 - 174

Cremer, J. (1989), Common Knowledge and the Coordination of Economic Activities, in: Aoki, M./ Gustafsson, B./ Williamson, O. (Hrsg.), The Firm as a Nexus of Treaties, London 1989, S. 53 - 76

Crozier, M. (1965), The Bureaucratic Phenomenon, New York 1965

Cubbin, J./ Gerosky, P. (1987), The Convergence of Profits in the Long Run: Inter-Firm and Inter-Industry Comparisons, in: Journal of Industrial Economics 35 (1987), S. 427 - 442

Culnan, M./ Markus, L. (1987), Information Technologies, in: Jablin, F./ Putnam, L./ Roberts, K./ Porter, L. (Hrsg.), Handbook of Organizational Communication, Newbury Park (Cal.), S. 420 - 443

Cusumano, M. (1985), The Japanese Automobile Industry: Technology and Management at Nissan and Toyota, Cambridge (Mass.) 1988

Cusumano, M. (1988), Manufacturing Innovation: Lessons from the Japanese Auto Industry, in: Sloan Management Review 30 (1988), Fall, S. 29 - 39

Cusumano, M. (1991a), Japan's Software Factories: A Challenge to U.S. Management, New York 1991

Cusumano, M. (1991b), From Auto Factories to Software Factories: The "Essence" of Japanese Technology Management, Arbeitspapier an der Sloan School of Management, Cambridge (Mass.) 1991

Cusumano, M. (1992), Shifting Economies: From Craft Production to Flexible Systems and Software Factories, in: Research Policy 21 (1992), S. 453 - 480

Cusumano, M./ Kemerer, C. (1990), A Quantitative Analysis of U.S. and Japanese Practice and Performance in Software Development, in: Management Science 36 (1990), S. 1384 - 1406

Cusumano, M./ Mylonadis, Y./ Rosenbloom, R. (1991), Strategic Maneuvring and Mass-Market Dynamics: The Triumph of VHS over Beta, Arbeitspapier, Sloan School of Management, Cambridge (Mass.) 1991

Cusumano, M./ Nobeoka, K. (1992), Strategy, Structure and Performance in Product Development: Observations from the Auto Industry, in: Research Policy 21 (1992), S. 265 - 293

Cusumano, M./ Takeishi, A. (1991), Supplier Relations and Management: A Survey of Japanese, Japanese-Transplant, and U.S. Auto Plants, in: Strategic Management Journal 12 (1991), S. 563 - 588

Cyert, R./ March, J. (1963), A Behavioral Theory of the Firm, Englewood Cliffs (N. J.) 1963

Daft, R./ Buenger, V. (1990), Hitching a Ride on a Fast Train to Nowhere: The Past and Future of Strategic Management Research, in: Fredrickson (1990a), S. 81 - 103

Daft, R./ Weick, K. (1984), Toward a Model of Organizations as Interpretations Systems, in: Academy of Management Review 9 (1984), S. 284 - 295

Dankbaar, B./ Groenewegen, J./ Schenk, H. (Hrsg., 1990a), Perspectives in Industrial Organization, Dordrecht 1990

Dankbaar, B./ Groenewegen, J./ Schenk, H. (1990b), Recent Economic Developments and the Prospects of Industrial Organization, in: Dankbaar et al. (1990a), S. 1 - 26

Darby, M./ Karni, E. (1973), Free Competition and the Optimal Amount of Fraud, in: Journal of Law and Economics 16 (1973), S. 67 - 88

David, P. (1985), Clio and the Economics of QWERTY, in: American Economic Review 75 (1985), Papers & Proceedings, S. 332 - 337

DeBresson, C./ Amesse, F. (1991), Networks of Innovators: A Review and Introduction to the Issue, in: Research Policy 20 (1991), S. 363 - 379

deGeus, A. (1988), Planning as Learning, in: Harvard Business Review 66 (1988), March/April, S. 70 - 74

Delacroix, J./ Swaminathan, A. (1991), Cosmetic, Speculative, and Adaptive Change in the Wine Industry: A Longitudinal Study, in: Administrative Science Quarterly 36 (1991), S. 631 - 661

DeLamarter, R. (1986), Big Blue: IBM's Use and Abuse of Power, New York 1986
Del Monte, A. (Hrsg., 1992), Recent Developments in the Theory of Industrial Organization, Ann Arbor (Mich.) 1992
Demsetz, H. (1973), Industry Structure, Market Rivalry, and Public Policy, in: Journal of Law and Economics 16 (1974), S. 1 - 10
Dess, G./ Davis, P. (1984), Porter's Generic Strategies as Determinants of Strategic Group Membership and Organizational Performance, in: Academy of Management Journal 27 (1984), S. 467 - 488
Deutschmann, C. (1989), Reflexive Verwissenschaftlichung und kultureller "Imperialismus" des Managements, in: Soziale Welt 40 (1989), S. 374 - 396
Dierickx, I./ Cool, K. (1989), Asset Stock Accumulation and Sustainability of Competitive Advantage, in: Management Science 35 (1989), S. 1504 - 1511
Dierickx, I./ Cool, K. (1990), A Resource Based Perspective on Competitive Strategy, Arbeitspapier, Fontainebleau 1990
Dierkes, M./ Zimmermann, K. (Hrsg., 1989), Wirtschaftsstandort Bundesrepublik, Frankfurt/M. 1989
Dietl, H. (1993), Institutionen und Zeit, Tübingen 1993
DiMaggio, P./ Powell, W. (1983), The Iron Cage Revisited: Institutional Isomorphism and Collective Rationality in Organizational Fields, in: American Sociological Review 48 (1983), S. 147 - 160
DiMaggio, P./ Powell, W. (1991), Introduction, in: Powell & DiMaggio (1991), S. 1 - 38
Dixit, A. (1979), A Model of Duopoly Suggesting a Theory of Entry Barriers, in: Bell Journal of Economics 10 (1979), S. 20 - 32
Dixit, A. (1980), The Role of Investment in Entry Deterrence, in: Economic Journal 90 (1980), S. 95 - 106
Dixit, A./ Nalebuff, B. (1991), Thinking Strategically. The Competitive Edge in Business, Politics, and Everyday Life, New York & London 1991
Dollinger, M. (1984), Environmental Boundary Spanning and Information Processing Effects on Organizational Performance, in: Academy of Management Journal 27 (1984), S. 351 - 368
Dondl, P. (1992), Angewandte Wissenschaft und Theorie autopoietischer Systeme, München 1992
Dore, R. (1973), British Factory - Japanese Factory: The Origins of National Diversity in Industrial Relations, Berkeley 1973
Dore, R. (1986), Flexible Rigidities: Industrial Policy and Structural Adjustment in the Japanese Economy 1970 - 80, London 1986
Dore, R. (1987), Taking Japan Seriously, Stanford 1987
Dosi, G. (1982), Technological Paradigms and Technological Trajectories: A Suggested Interpretation of the Determinants and Directions of Technical Change, in: Research Policy 11 (1982), S. 147 - 162
Dosi, G. (1984), Technical Change and Industrial Transformation, London 1984
Dosi, G. (1988), Sources, Procedures, and Microeconomic Effects of Innovation, in: Journal of Economic Literature 26 (1988), S. 1120 - 1171
Dosi, G./ Freeman, C./ Nelson, R./ Silverberg, G./ Soete, L. (Hrsg., 1988), Technical Change and Economic Theory, London 1988

Dosi, G./ Gianetti, R./ Toninelli, P. (Hrsg., 1992a), Technology and Enterprise in a Historical Perspective, Oxford 1992

Dosi, G./ Teece, D./ Winter, S. (1992b), Toward a Theory of Corporate Coherence: Preliminary Remarks, in: Dosi et al. (Hrsg., 1992a), S. 185 - 211

Dow, G. (1987), The Function of Authority in Transaction Cost Economics, in: Journal of Economic Behavior & Organization 8 (1987), S. 13 - 38

Doz, Y. (1992), The Role of Partnerships and Alliances in the European Industrial Restructuring, in: Cool et al. (1992), S. 294 - 327

Doz, Y./ Prahalad, C. (1988), A Process Model of Strategic Redirection in Large Complex Firms: The Case of Multinational Corporations, in: Pettigrew (1988), S. 63 - 83

Doz, Y./ Prahalad, C. (1991), Managing DMNCs: A Search for a New Paradigm, in: Strategic Management Journal 12 (1991), Special Issue (Summer), S. 145 - 164

Dray, W. (1957), Laws and Explanation in History, Oxford 1957

Drazin, R./ Sandelands, R. (1992), Autogenesis: A Perspective on the Process of Organizing, in: Organization Science 3 (1992), S. 230 - 249

Dunning, J. (1993), Multinational Enterprises and the Global Economy, Wokingham et al. 1993

Dunphy, D. (1987), Convergence/Divergence: A Temporal Review of the Japanese Enterprise and Its Management, in: Academy of Management Review 12 (1987), S. 445 - 459

Dutta, B./ King, W. (1980), Metagame Analysis of Competitive Strategy, in: Strategic Management Journal 1 (1980), S. 357 - 370

Dutton, J./ Duncan, R. (1987a), The Creation of Momentum for Change Through the Process of Strategic Issue Diagnosis, in: Strategic Management Journal 8 (1987), S. 279 - 295

Dutton, J./ Duncan, R. (1987b), The Influence of the Strategic Planning Process on Strategic Change, in: Strategic Management Journal 8 (1987), S. 103 - 116

Dutton, J./ Ottensmeyer, E. (1987), Strategic Issue Management Systems: Forms, Functions, and Contexts, in: Academy of Management Journal 12 (1987), S. 355 - 365

Dutton, J./ Thomas, A. (1984), Treating Progress Functions as a Managerial Opportunity, in: Academy of Management Review 9 (1984), S. 235 - 247

Dyer, W. G./ Wilkens, A. (1991), Better Stories, Not Better Constructs, to Generate Better Theory: A Rejoinder to Eisenhardt, in: Academy of Management Review 16 (1991), S. 613 - 619

Dyllick, T. (1989), Management der Umweltbeziehungen. Öffentliche Auseinandersetzung als Herausforderung, Wiesbaden 1989

Dyson, K. (1983), The Cultural, Ideological and Structural Context, in: Dyson, K./ Wilks, S. (Hrsg.), Industrial Crisis: A Comparative Study of the State and Industry, Oxford 1983, S. 26 - 66

Easton, D. (1965a), A Framework for Political Analysis, Englewood Cliffs (N. J.) 1965

Easton, D. (1965b), A Systems Analysis of Political Life, New York et al. 1965

Eaton, B. C./ Lipsey, R. (1989), Product Differentiation, in: Schmalensee & Willig (1989), Band 1, S. 723 - 768

Ebers, M. (1985), Organisationskultur: Ein neues Forschungsprogramm?, Wiesbaden 1985

Eckberg, D./ Hill, L. (1979), The Paradigm Concept and Sociology: A Critical Review, in: American Sociological Review 44 (1979), S. 925 - 937

Eder, K. (1989), Die Vergesellschaftung der Natur. Studien zur sozialen Evolution der praktischen Vernunft, Frankfurt/M. 1989

Egner, H. (1984), Über "grenzüberschreitendes wissenschaftliches Arbeiten" und die Dilettantismusgefahr, in: Zeitschrift für betriebswirtschaftliche Forschung 36 (1984), S. 421 - 431

Eisenhardt, K. (1989a), Agency Theory: An Assessment and Overview, in: Academy of Management Review 14 (1989), S. 57 - 74

Eisenhardt, K. (1989b), Building Theories from Case Study Research, in: Academy of Management Review 14 (1989), S. 532 - 550

Eisenhardt, K. (1989c), Making Fast Strategic Decisions in High Velocity Envronments, in: Academy of Management Journal 32 (1989), S. 543 - 576

Eisenhardt, K. (1990), Speed and Strategic Choice: How Managers Accelerate Decision Making, in: California Management Review 32 (1990), Spring, S. 39 - 54

Eisenhardt, K. (1991), Better Stories and Better Constructs: The Case for Rigor and Comparative Logic, in: Academy of Management Review 16 (1991), S. 620 - 627

Eisenhardt, K./ Zbaracki, M. (1992), Strategic Decision Making, in: Strategic Management Journal 13 (1992), Special Issue (Winter), S. 17 - 37

Elschen, R. (1991), Gegenstand und Anwendungsmöglichkeiten der Agency-Theorie, in: Zeitschrift für betriebswirtschaftliche Forschung 43 (1991), S. 1002 - 1012

Elster, J. (1987), Subversion der Rationalität, Frankfurt/M. & New York 1987

Emery, F./ Trist, E. (1965), The Causal Texture of Organizational Environments, in: Human Relations 18 (1965), S. 21 - 32

Encarnation, D. (1993), A Common Evolution? A Comparison of United States and Japanese Transnational Corporations, in: Transnational Corporations 2 (1993), S. 7 - 31

Encaoua, D./ Geroski, P./ Jaquemin, A. (1986), Strategic Competition and the Persistence of Dominant Firms: A Survey, in: Stiglitz, J./ Mathewson, F. (Hrsg.), New Developments in the Analysis of Market Structure, Cambridge (Mass.) 1986, S. 55 - 89

Esser, W.-M./ Höfner, K./ Kirsch, W./ Wieselhuber, H. (1984), Der Stand der strategischen Unternehmensführung in der Bundesrepublik Deutschland und West-Berlin, in: Trux, W./ Müller-Stewens, G./ Kirsch, W., Das Management strategischer Programme, Band 2: Erfahrungen und Erkenntnisse aus der Unternehmenspraxis, München 1984, S. 495 - 566

Etzioni, A. (1968), The Active Society. A Theory of Societal and Political Processes, London & New York 1968

Evered, R. (1980), [Rezension zu:] Schendel, D./ Hofer, C. W., Strategic Management: A New View of Business Policy and Planning, in: Administrative Science Quarterly 25 (1980), S. 536 - 543

Exner, A./ Königswieser, R./ Titscher, S. (1987), Unternehmensberatung - systemisch. Theoretische Annahmen und Interventionen im Vergleich zu anderen Ansätzen, in: Die Betriebswirtschaft 47 (1987), S. 265 - 284

Fahey, L./ Christensen, K. (1986), Evaluating the Research on Strategy Content, in: Journal of Management 12 (1986), S. 167 - 183

Fama, E. (1970), Efficient Capital Markets: A Review of Theory and Empirical Work, in: Journal of Business 38 (1970), S. 383 - 417

Fama, E./ Fisher, F./ Jensen, M./ Roll, R. (1969), The Adjustments of Stock Prices to New Information, in: International Economic Review 10 (1969), S. 1 - 21

Farrell, J. (1987), Cheap Talk, Coordination, and Entry, in: Rand Journal of Economics 18 (1987), S. 34 - 39

Farrell, J./ Saloner, G. (1985), Standardization, Compatibility and Innovation, in: Rand Journal of Economics 16 (1985), S. 70 - 83

Farrell, J./ Saloner, G. (1986), Installed Base and Compatibility: Innovation, Product Preannoncement, and Predation, in: American Economic Review 76 (1986), S. 940 - 955

Farrell, J./ Shapiro, C. (1992), Standard Setting in High-Definition Television, in: Brookings Papers on Economic Activity: Microeconomics, 1992, S. 1 - 76

Feldman, J./ Kanter, H. (1965), Organizational Decision Making, in: March, J. (Hrsg.), Handbook of Organizations, Chicago 1965, S. 614 - 649

Fichman, M./ Levinthal, D. (1988), Honeymoons and the Liability of Adolescence: A New Perspective on Duration Dependence in Social and Organizational Relationships, Arbeitspapier, Carnegie Mellon University, Pittsburgh 1988

Fiegenbaum, A. (1990), Prospect Theory and the Risk-Return Association. An Emprical Estimation in 85 Industries, in: Journal of Economic Behavior & Organization 14 (1990), S. 187 - 203

Fiegenbaum, A./ Thomas, H. (1986), Dynamic and Risk Measurement Perspectives on Bowman's Risk-Return Paradox for Strategic Management: An Empirical Study, in: Strategic Management Journal 7 (1986), S. 395 - 407

Fiegenbaum, A./ Thomas, H. (1988), Attitudes toward Risk and the Risk-Return Patadox: Prospect Theory Explanations, in: Academy of Management Journal 31 (1988), S. 85 - 106

Fiol, C./ Lyles, M. (1985), Organizational Learning, in: Academy of Management Review 10 (1985), S. 803 - 813

Fisher, R. (1935), The Design of Experiments, London 1935

Fisher, F. (1989), Games Economists Play: A Noncooperative View, in: Rand Journal of Economics 20 (1989), S. 113 - 124

Fisher, F./ McGowan, J. (1983), On the Misuse of Accounting Rates of Return to Infer Monopoly Profits, in: American Economic Review 73 (1983), S. 82 - 92

FitzRoy, F./ Acs, Z. (1992), The New Institutional Economics of the Firm and Lessons from Japan, in: Japan and the World Economy 4 (1992), S. 129 - 143

Flaherty, T. (1991), Unexploited Opportunities and an Administration Disconnect: Causes of and Cures for Malaise in U. S. Semiconductor Manufacturing, Arbeitspapier an der Harvard Business School, Cambridge (Mass.) 1991

Flavell, J. (1972), An Analysis of Cognitive-Developmental Sequences, in: Genetic Psychology Monographs 86 (1972), S. 279 - 350

Fleischmann, P. (1984), Prozeßorientierte Beratung im Strategischen Management, Diss. München 1984

Florida, R./ Kenney, M. (1991), Transplanted Organizations: the Transfer of Japanese Industrial Organization to the U. S., in: American Sociological Review 56 (1991), S. 1 - 18

Floyd, S./ Wooldridge, B. (1992), Middle Management Involvement in Strategy and Its Association with Strategic Type: A Research Note, in: Strategic Management Journal 13 (1992), S. 153 - 167

Foerster, H. von (1985), Sicht und Einsicht. Versuche zu einer operativen Erkenntnistheorie, Braunschweig & Wiesbaden 1985

Fombrun, C. (1992), Turning Points. Creating Strategic Change in Corporations, New York 1992

Foray, D. (1991), The Secrets of Industry Are in the Air: Industrial Cooperation and the Organizational Dynamics of the Innovative Firm, in: Research Policy 20 (1991), S. 393 - 405

Fouraker, L./ Siegel, S. (1963), Bargaining Behavior, New York 1963

Fox, A. (1983), British Management and Industrial Relations: The Social Origins of a System, in: Earl, M. (Hrsg.), Perspectives on Management, Oxford 1983, S. 6 - 39

Franke, R./ Edlund, T./ Oster, F. (1990), The Development of Strategic Management: Journal Quality and Article Impact, in: Strategic Management Journal 11 (1990), S. 243 - 253

Franke, R./ Hofstede, G./ Bond, M. (1991), Cultural Roots of Economic Performance: A Research Note, in: Strategic Management Journal 12 (1991), Special Issue (Summer), S. 165 - 173

Frankel, J. (1991), The Cost of Capital in Japan: Update, in: Business Economics 26 (1991), April, S. 25 - 31

Franko, L. (1989), Global Corporate Competition: Who's Winning, Who's Losing, and the R & D Factor as One Reason Why, in: Strategic Management Journal 10 (1989), S. 449 - 474

Fredrickson, J. (Hrsg., 1990a), Perspectives on Strategic Management, Grand Rapids et al. 1990

Fredrickson, J. (1990b), Introduction: The Need for Perspectives, in: Fredrickson (1990a), S. 1 - 8

Fredrickson, J./ Hambrick, D./ Baumrin, S. (1988), A Model of CEO Dismissal, in: Academy of Management Review 13 (1988), S. 255 - 270

Fredrickson, J./ Iaquinto, A. (1989), Inertia and Creeping Rationality in Strategic Decision Processes, in: Academy of Management Journal 32 (1989), S. 516 - 542

Fredrickson, J./ Mitchell, T. (1984), Strategic Decision Processes: Comprehensiveness and Performance in an Industry with an Unstable Environment, in: Academy of Management Journal 27 (1984), S. 399 - 423

Freedman, D. (1992), Is Management Still a Science?, in: Harvard Business Review 70 (1992), November/December, S. 26 - 38

Freeman, C. (1991), Networks of Innovators: A Synthesis of Research Issues, in: Research Policy 20 (1991), S. 499 - 514

Freeman, J./ Barley, S. (1990), The Strategic Analysis of Inter-organizational Relations in Biotechnology, in: Loveridge, R./ Pitt, M. (Hrsg.), The Strategic Management of Technological Innovation, Chichester et al. 1990, S. 127 - 156

Freeman, R./ Lorange, P. (1985), Theory Building in Strategic Management, in: Advances in Strategic Management 3 (1985), S. 9 - 38

Freimann, J (Hrsg., 1990), Ökologische Herausforderung der Betriebswirtschaftslehre, Wiesbaden 1990

French, W./ Bell, C. (1990), Organization Development, Englewood Cliffs (N. J.) 1990

Frey, B./ Eichenberger, R. (1993), American and European Economics and Economists, in: Journal of Economic Perspectives 7 (1993), Heft 4, S. 185 - 193

Friedland, R./ Alford, R. (1991), Bringing Society Back In: Symbols, Practices, and Institutional Contradictions, in: Powell & DiMaggio (1991), S. 232 - 263

Friedman, J. (1986), Game Theory with Applications to Economics, New York & Oxford 1986

Friedman, M. (1953), Essays in Positive Economics, Chicago 1953

Fritz, W./ Förster, F./ Raffee, H./ Silberer, G. (1985), Unternehmensziele in Industrie und Handel, in: Die Betriebswirtschaft 45 (1985), S. 375 - 394

Fritz, W./ Förster, F./ Wiedmann, K.-P./ Raffee, H. (1988), Unternehmensziele und strategische Unternehmensführung, in: Die Betriebswirtschaft 48 (1988), S. 567 - 586

Fromkin, H./ Streufert, S. (1976), Laboratory Experimentation, in: Dunette, M. (Hrsg.), Handbook of Industrial and Organizational Psychology, Chicago 1976, S. 415 - 416

Fuchs, P. (1989), Blindheit und Sicht. Vorüberlegungen zu einer Schemarevision, in: Luhmann & Fuchs (1989), S. 178 - 208

Fudenberg, D./ Tirole, J. (1984), The Fat Cat Effect, the Puppy Dog Ploy and the Lean and Hungry Look, in: American Economic Review 74 (1984), Papers & Proceedings, S. 361 - 368

Fudenberg, D./ Tirole, J. (1985), Preemption and Rent Equalization in the Adoption of New Technology, in: Review of Economic Studies 52 (1985), S. 383 - 401

Fudenberg, D./ Tirole, J. (1987), Understanding Rent Dissipation: On the Use of Game Theory in Industrial Organization, in: American Economic Review 77 (1987), Papers & Proceedings, S. 176 - 183

Fudenberg, D./ Tirole, J. (1989), Non-cooperative Game Theory for Industrial Organization: An Introduction and Overview, in: Schmalensee & Willig (1989), Band 2, S. 259 - 327

Gabele, E. (1979), Unternehmensstrategie und Organisationsstruktur, in: Zeitschrift für Organisation 48 (1979), S. 181 - 190

Gabele, E./ Kretschmer, H. (1985), Unternehmensgrundsätze. Empirische Erhebung und praktische Erfahrungsberichte zur Konzeption, Einrichtung und Wirkungsweise eines modernen Führungsinstrumentes, Bamberg 1985

Gabriel, R./ Timm, H. (1992), Grundlegende konzeptionelle Überlegungen beim Aufbau leistungsfähiger Expertensysteme in der betrieblichen Praxis, in: Zeitschrift für Planung 43 (1992), S. 353 - 378

Gälweiler, A. (1987), Strategische Unternehmensführung, zusammengestellt, bearbeitet und ergänzt von M. Schwaninger, Frankfurt/M. & New York 1987

Gaither, N./ Glorfield, L. (1985), An Evaluation of the Use of Tests of Significance in Organizational Behavior Research, in: Academy of Management Review 10 (1985), S. 787 - 793

Galaskiewicz, J./ Wasserman, S. (1989), Mimetic Processes Within an Interorganizational Field: An Empirical Test, in: Administrative Science Quarterly 34 (1989), S. 454 - 479

Galbraith, C./ Schendel, D. (1983), An Empirical Analysis of Strategy Types, in: Strategic Management Journal 4 (1983), S. 153 - 173

Galbraith, K. (1967), The New Industrial State, Boston 1967

Gallini, N. (1984), Deterrence by Market Sharing: A Strategic Incentive for Licensing, in: American Economic Review 74 (1984), S. 931 - 941

Gallini, N./ Winter, R. (1985), Licensing in the Theory of Innovation, in: Bell Journal of Economics 16 (1985), S. 237 - 252

Galtung, J. (1978), Methodologie und Ideologie, Frankfurt/M. 1978

Galtung, J. (1982), Struktur, Kultur und intellektueller Stil. Ein vergleichender Eassay über sachsonische, teutonische, gallische und nipponische Wissenschaft, Berlin 1982

Garud, R./ Kumaraswamy, A. (1993), Changing Competitive Dynamics in Network Industries: An Exploration of Sun Microsystems' Open System Strategy, in: Strategic Management Journal 14 (1993), S. 351 - 370

Garvin, D. (1988), Managing Quality, New York 1988

Geringer, J. M./ Beamish, P./ daCosta, R. (1989), Diversification Strategy and Internationalization: Implications for MNE Performance, in: Strategic Management Journal 10 (1989), S. 109 - 119

Gerken, G. (1986), Der neue Manager, Freiburg 1986

Gerlach, M. (1989) Alliances and the Social Organization of Japanese Business, Berkeley (Cal.) 1989

Ghemawat, P. (1986), Sustainable Advantage, in: Harvard Business Review 64 (1986), September/October, S. 53 - 58

Ghemawat, P. (1991a), Commitment. The Dynamic of Strategy, New York 1991

Ghemawat, P. (1991b), Resources and Strategy: An IO Perspective, Arbeitspapier, Cambridge (Mass.) 1991

Ghemawat, P./ Caves, R. (1986), Capital Commitment and Profitability: an Empirical Investigation, in: Morris, D./ Sinclair, P./ Slater, M./ Vickers, J. (Hrsg.), Strategic Behaviour and Industrial Competition, Oxford 1986, S. 94 - 110

Ghoshal, S./ Westney, D. (1991), Organizing Competitor Analysis Systems, in: Strategic Management Journal 12 (1991), S. 17 - 32

Gibbs, P. (1993), Determinants of Corporate Restructuring: The Relative Importance of Corporate Covernance, Takeover Threat, and Free Cash Flow, in: Strategic Management Journal 14 (1993), Special Issue (Summer), S. 51 - 68

Giddens, A. (1990), The Consequences of Modernity, Stanford (Cal.) 1990

Gilbert, D. (1992), The Twilight of Corporate Strategy. A Comparative Ethical Critique, New York & Oxford 1992

Gilbert, D./ Hertman, E./ Mauriel, J./ Freeman, E. (1988), A Logic for Strategy, Cambridge (Mass.) 1988

Gilbert, R. (1984), Bank Market Structure and Competition: A Survey, in: Journal of Money, Credit and Banking 16 (1984), S. 617 - 645

Gilbert, R. (1989), Mobility Barriers and the Value of Incumbency, in: Schmalensee & Willig (1989), Band 1, S. 475 - 535

Gilfillan, S. (1935), The Sociology of Invention, Cambridge (Mass.) 1935

Ginsberg, A./ Venkatraman, N. (1985), Contingency Perspectives of Organizational Strategy: A Critical Review of the Empirical Research, in: Academy of Management Review 10 (1985), S. 421 - 434

Gioia, D./ Chittipeddi, K. (1991), Sensemaking and Sensegiving in Strategic Change Initiation, in: Strategic Management Journal 12 (1991), S. 433 - 448

Glasersfeld, E. von (1985), Einführung in den radikalen Konstruktivismus, in: Watzlawick (1985), S. 16 - 38

Glagow, M./ Willke, H. (Hrsg., 1987), Dezentrale Gesellschaftssteuerung: Probleme der Integration polyzentrischer Gesellschaft, Pfaffenweiler 1987

Gluck, F./ Kaufmann, S./ Walleck, A. S. (1980), Strategic Management for Competitive Advantage, in: Harvard Business Review 58 (1980), July/August, S. 154 - 161

Goffman, E. (1968), Wir spielen alle Theater. Die Selbstdarstellung im Alltag, München 1968

Gomez, P./ Müller-Stewens, G. (1994), Corporate Transformation. Zum Management fundamentalen Wandels großer Unternehmen, in: Gomez, P./ Hahn, D./ Müller-Stewens, G./ Wunderer, R. (Hrsg.), Unternehmerischer Wandel. Konzepte zur organisatorischen Erneuerung, Wiesbaden 1994, S. 135 - 198

Gomez, P./ Probst, G. (1987), Vernetztes Denken im Management, Bern 1987

Gomez, P./ Bleicher, K./ Brauchlin, E./ Haller, M. (1993), Multilokales Management: Zur Interpretation eines vernetzten Systems, in: Haller et al. (1993), S. 273 - 294

Goodman, P./ Kurke, L. (1982), Studies of Change in Organizations: A Status Report, in: Goodman, P. and Associates (Hrsg.), Change in Organizations. New Perspectives on Theory, Research, and Practice, San Francisco et al. 1982, S. 1 - 46

Goodstein, J./ Boeker, W. (1991), Turbulence at the Top: A New Perspective on Governance Structure Changes and Strategic Change, in: Academy of Management Journal 34 (1991), S. 306 - 330

Gordon, R./ Howell, J. (1959), Higher Education for Business, New York 1959

Gort, M./ Klepper, S. (1982), Time Paths in the Diffusion of Product Innovations, in: Economic Journal 92 (1982), S. 630 - 653

Gotsch, W. (1987), "Soziale Steuerung" - zum fehlenden Konzept einer Debatte, in: Glagow & Willke (1987), S. 27 - 44

Granovetter, M. (1985), Economic Action and Social Structure: The Problem of Embeddedness, in: American Journal of Sociology 91 (1985), S. 481 - 510

Granovetter, M. (Hrsg., 1992), The Sociology of Economic Life, Boulder (Col.) 1992

Grant, R. (1990), Resources, Competition and the Basis of Competitive Advantage, Arbeitspapier, San Luis Obispo (Cal.) 1990

Grant, R. (1991a), Contemporary Strategy Analysis. Concepts, Techniques, Applications, Oxford & Cambridge (Mass.) 1991

Grant, R. (1991b), The Resource-Based View of Competitive Advantage: Implications for Strategy Formulation, in: California Management Review 33 (1991), Heft 3, S. 114 - 135

Grant, R. (1991c), Porter's "Competitive Advantage of Nations": An Assessment, in: Strategic Management Journal 12 (1991), S. 535 - 548

Gray, W./ Rizzo, H. (Hrsg., 1973), Unity Through Diversity: A Festschrift für Ludwig von Bertalanffy, New York 1973

Green, E./ Porter, R. (1984), Noncooperative Collusion Under Imperfect Price Information, in: Econometrica 52 (1984), S. 87 - 100

Greenwood, R./ Hinings, C. (1993), Understanding Strategic Organizational Change: the Potential Contribution of Institutional Theory, Arbeitspapier, University of Alberta 1993

Greiner, L. (1972), Evolution and Revolution as Organizations Grow, in: Harvard Business Review 52 (1972), July/August, S. 165 - 174

Greiner, L./ Bhambri, A. (1989), New CEO Intervention and Dynamics of Deliberate Strategic Change, in: Strategic Management Journal 10 (1989), Special Issue (Summer), S. 67 - 86

Greiner, L./ Nees, D. (1985), Seeing Behind the Look-Alike Management Consultants, in: Organizational Dynamics 14 (1985), Heft 4, S. 68 - 79

Grimm, C./ Smith, K. (1991), Management and Organizational Change: A Note on the Railroad Industry, in: Strategic Management Journal 12 (1991), S. 557 - 562

Grinyer, P./ McKiernan, P. (1990), Generating Major Change in Stagnating Companies, in: Strategic Management Journal 11 (1990), S. 131 - 146

Grinyer, P./ Spender, J. (1979), Turnaround, London 1979

Grossman, S. (1981), An Introduction to the Theory of Rational Expectations Under Asymmetric Information, in: Review of Economic Studies 41(1981), S. 541 - 559

Grossman, S./ Hart, O. (1986), The Costs and Benefits of Ownership: A Theory of Vertical and Lateral Integration, in: Journal of Political Economy 94 (1986), S. 691 - 719

Gutenberg, E. (1979), Grundlagen der Betriebswirtschaftslehre, Band 1: Die Produktion, 21. Aufl., Berlin et al. 1975

Guth, W./ Ginsberg, A. (1989), Guest Editors' Introduction: Corporate Entrepreneurship, in: Strategic Management Journal 10 (1989), Special Issue (Winter), S. 5 - 15

Guth, W./ MacMillan, I. (1986), Strategy Implementation vs. Middle Management Self-Interest, in: Strategic Management Journal 7 (1986), S. 313 - 327

Habel, S. (1992), Strategische Unternehmensführung im Lichte der empirischen Forschung. Bestandsaufnahme und kritische Würdigung eines komplexen Forschungsfeldes, München 1992

Habermas, J. (1966), Verwissenschaftlichte Politik in demokratischer Gesellschaft, in: Krauch, H./ Kunz, W./ Rittel, H. (Hrsg.), Forschungsplanung, München & Wien 1966, S. 130 - 144

Habermas, J. (1971), Einleitung zur Neuausgabe: Einige Schwierigkeiten beim Versuch, Theorie und Praxis zu vermitteln, in: ders., Theorie und Praxis. Sozialphilosophische Studien, Frankfurt/M. 1971, S. 9 - 47

Habermas, J. (1981a), Theorie des kommunikativen Handelns, Band 1: Handlungsrationalität und gesellschaftliche Rationalisierung, Frankfurt/M. 1981

Habermas, J. (1981b), Theorie des kommunikativen Handelns, Band 2: Zur Kritik der funktionalistischen Vernunft, Frankfurt/M. 1981

Habermas, J. (1982), Zur Rekonstruktion des Historischen Materialismus, 3. Aufl., Frankfurt/M. 1982

Habermas, J. (1984), Vorstudien und Ergänzungen zur Theorie des kommunikativen Handelns, Frankfurt/M. 1984

Habermas, J. (1984a), Wahrheitstheorien (1972), in: Habermas (1984), S. 127 - 183

Habermas, J. (1984b), Replik auf Einwände (1980), in: ders. (1984), S. 475 - 570

Habermas, J. (1984c), Erläuterungen zum Begriff des kommunikativen Handelns (1982), in: ders. (1984), S. 571 - 606

Habermas, J. (1985), Der philosophische Diskurs der Moderne. Zwölf Vorlesungen, Frankfurt/M. 1985

Habermas, J. (1987), Die Idee der Universität - Lernprozesse, in: ders., Eine Art Schadensabwicklung. Kleine politische Schriften VI, Frankfurt/M. 1987, S. 73 - 99

Haferkamp, H. (1987), Autopoietisches soziales System oder konstruktives soziales Handeln? Zur Ankunft der Handlungstheorie und zur Abweisung empirischer Forschung in Niklas Luhmanns Systemtheorie, in: Haferkamp & Schmid (1987), S. 51 - 88

Haferkamp, H./ Schmid, M. (Hrsg., 1987), Sinn, Kommunikation und soziale Differenzierung. Beiträge zu Luhmanns Theorie sozialer Systeme, Frankfurt/M. 1987

Hagedoorn, J./ Schakenraad, J. (1990), Strategic Partnering and Technological Cooperation, in: Dankbaar et al. (1990a), S. 171 - 194

Hagel III, J. (1988), Managing Complexity, in: McKinsey Quarterly, Spring 1988, S. 2 - 23

Hahn, D. (1992a), US-amerikanische Konzepte strategischer Unternehmensführung, in: Hahn & Taylor (1992), S. 52 - 65

Hahn, D. (1992b), Zweck und Entwicklung der Portfolio-Konzepte in der strategischen Unternehmensplanung, in: Hahn & Taylor (1992), S. 221 - 253

Hahn, D./ Taylor, B. (Hrsg., 1992), Strategische Unternehmensplanung, Strategische Unternehmensführung. Stand und Entwicklungstendenzen, 6., aktualisierte Aufl., Heidelberg 1992

Halfmann, J. (1986), Autopoiesis und Naturbeherrschung, in: Unverferth, H.-J. (Hrsg.), System und Selbstproduktion. Zur Erschließung eines neuen Paradigmas in den Sozialwissenschaften, Frankfurt/M. et al. 1986

Hall, R. (1982), The Importance of Lifetime Jobs in the U.S. Economy, in: American Economic Review 72 (1982), S. 716 - 724

Hall, R. (1992), The Strategic Analysis of Intangible Resources, in: Strategic Management Journal 13 (1992), S. 135 - 144

Hall, W. (1980), Survival Strategies in a Hostile Environment, in: Harvard Business Review 58 (1980), September/October, S. 75 - 85

Haller, M./ Bleicher, K./ Brauchlin, E./ Pleitner, H.-J./ Wunderer, R./ Zünd, A. (Hrsg., 1993), Globalisierung der Wirtschaft - Einwirkungen auf die Betriebswirtschaftslehre. 54. Wissenschaftliche Jahrestagung des Verbandes der Hochschullehrer für Betriebswirtschaft e. V. vom 9.-13. Juni 1992 in St. Gallen, Bern et al. 1993

Hambrick, D. (1983), High Profit Strategies in Mature Capital Goods Industries: A Contingency Approach, in: Academy of Management Journal 26 (1983), S. 687 - 707

Hambrick, D. (1989), Guest Editor's Introduction: Putting Top Managers Back in the Strategy Picture, in: Strategic Management Journal 10 (1989), Special Issue (Summer), S. 5 - 16

Hambrick, D. (1990), The Adolescence of Strategic Management, 1980 - 1985: Critical Perceptions and Reality, in: Fredrickson (1990a), S. 237 - 261

Hambrick, D./ Geletkanycz, M./ Fredrickson, J. (1993), Top Executive Commitment to the *Status Quo*: Some Tests of Its Determinants, in: Strategic Management Journal 14 (1993), S. 401 - 418

Hambrick, D./ Lei, D. (1985), Toward an Empirical Prioritization of Contingency Variables for Business Strategy, in: Academy of Management Journal 28 (1985), S. 763 - 788

Hamel, G. (1991), Competition for Competence and Inter-Partner Learning Within International Strategic Alliances, in: Strategic Management Journal 12 (1991), Special Issue, S. 83 - 104

Hamilton, G./ Biggart, N. (1988), Market, Culture, and Authority: A Comparative Analysis of Management and Organization in the Far East, in: American Journal of Sociology 94, Supplement, S. S52 - S94

Hamilton, G./ Zeile, W./ Kim, W.-J. (1990), The Network Structures of East Asian Economies, in: Clegg & Redding (1990), S. 105 - 129

Hamilton, W./ Singh, H. (1992), The Evolution of Corporate Capabilities in Emerging Technologies, in: Interfaces 22 (1992), S. 13 - 23

Hannan, M./ Carroll, G. (1992), Dynamics of Organizational Populations. Density, Legitimation, and Competition, New York & Oxford 1992

Hannan, M./ Freeman, J. (1977), The Population Ecology of Organizations, in: American Journal of Sociology 82 (1977), S. 929 - 964

Hannan, M./ Freeman, J. (1984), Structural Inertia and Organizational Change, in: American Sociological Review 49 (1984), S. 149 - 164

Hannan, M./ Freeman, J. (1989), Organizational Ecology, Cambridge (Mass.) & London 1989

Hansen, G./ Hill, C. (1991), Are Institutional Investors Myopic? A Time-series Study of Four Technology-driven Industries, in: Strategic Management Journal 12 (1991), S. 1 - 16

Hansen, G./ Wernerfelt, B. (1989), Determinants of Firm Performance: The Relative Importance of Economic and Organizational Factors, in: Strategic Management Journal 10 (1989), S. 399 - 411

Harper, S. (1992), The Challenges Facing CEO's: Past, Present, and Future, in: Academy of Management Executive 6 (1992), Heft 3, S. 7 - 25

Harrigan, K. (1983), Research Methodolgies for Contingency Approaches to Business Strategy, in: Academy of Management Review 8 (1983), S. 398 - 405

Harris, E. (1990), Antitakeover Mearsures, Golden Parachutes, and Target Firm Shareholder Welfare, in: Rand Journal of Economics 21 (1990), S. 614 - 625

Harsanyi, J. (1967/68), Games with Incomplete Information Played by "Bayesian" Players, Part I (1967), II, III (1968), in: Management Science 14 (1967), S. 159 - 182, und 15 (1968), S. 320 - 334, 486 - 502

Harsanyi, J. (1973), Games with Randomly Disturbed Payoffs: A New Rationale for Mixed-strategy Equilibrium Points, in: International Journal of Game Theory 2 (1973), S. 1 - 23

Harsanyi, J. (1977), Rational Behaviour and Bargaining Equilibrium in Games and Social Situations, Cambridge (Mass.) 1977

Harsanyi, J. (1982), Subjective Probability and the Theory of Games: Comments on Kadane and Larkey's Paper, in: Management Science 28 (1982), S. 120 - 124

Harsanyi, J./ Selten, R. (1988), A General Theory of Equilibrium Selection in Games, Cambridge (Mass.) 1988

Harvey, C./ Jones, G. (1992), Introduction: Organizational Capability and Competitive Advantage, in: Business History 34 (1992), S. 1 - 10

Hashimoto, M./ Raisian, J. (1985), Employment Tenure and Earning Profiles in Japan and the United States, in: American Economic Review 75 (1985), S. 721 - 735

Haspeslagh, P. (1982), Portfolio Planning: Uses and Limits, in: Harvard Business Review 60 (1982), January/February, S. 58 - 73

Haspeslagh, P./ Jemison, D. (1992), Akquisitionsmanagement. Wertschöpfung durch strategische Neuausrichtung des Unternehmens, Frankfurt/M. & New York 1992

Hatten, K./ Schendel, D./ Cooper, A. (1978), A Strategic Model of the U. S. Brewing Industry: 1952 - 1971, in: American Management Journal 21 (1978), S. 592 - 610

Hatten, K./ Hatten, M. (1988), Effective Strategic Management: Analysis and Action, Englewood Cliffs (N. J.) 1988

Hauschildt, J. (1993), Innovationsmanagement, München 1993

Hauschildt, J./ Grün, O. (Hrsg., 1993), Ergebnisse empirischer betriebswirtschaftlicher Forschung. Zu einer Realtheorie der Unternehmung, Stuttgart 1993

Haveman, H. (1992), Between a Rock and a Hard Place: Organizational Change and Performance under Conditions of Fundamental Environmental Transformation, in: Administrative Science Quarterly 37 (1992), S. 48 - 75

Hax, A./ Majhuf, H. (1984), Strategic Management. An Integrated Perspective, Englewood Cliffs (N. J.) 1984

Hayek, F. von (1972), Die Theorie komplexer Phänomene, Tübingen 1972

Hayek, F. von (1980), Recht, Gesetzgebung und Freiheit, Band 1: Regeln und Ordnung, München 1980

Hayes, R. (1985), Strategic Planning - Forward in Reverse?, in: Harvard Business Review 63 (1985), November/December, S. 111 - 119

Hayes, R./ Abernathy, W. (1980), Managing Our Way to Industrial Decline, in: Harvard Business Review 58 (1980), July/August, S. 69 - 77

Hayes, R./ Wheelwright, S. (1984), Restoring Our Competitive Edge: Competing Through Manufacturing, New York 1984

Hedberg, B. (1981), How Organizations Learn and Unlearn, in: Nystrom, P./ Starbuck, W. (Hrsg.), Handbook of Organizational Design, Vol. 1, New York 1981, S. 3 - 27

Hedberg, B./ Nystrom, P./ Starbuck, W. (1976), Camping on Seasaws: Presciptions for a Self-Designing Organization, in: Administrative Science Quarterly 21 (1976), S. 41 - 65

Hedlund, G. (1986), The Hypermodern MNC - A Heterarchy?, in: Human Resource Management 25 (1986), S. 9 - 35

Heinen, E. (1966), Grundfragen betriebswirtschaftlicher Entscheidungen. Das Zielsystem der Unternehmung, Wiesbaden 1966

Hejl, P. (1984), Towards a Theory of Social Systems: Self-Organization and Self-Maintenance, Self-Reference and Syn-Reference, in: Ulrich & Probst (1984), S. 60 - 78

Hejl, P. (1987), Konstruktion der sozialen Konstruktion: Grundlinien einer konstruktivistischen Sozialheorie, in: S. Schmidt (1987a), S. 303 - 339

Hejl, P. (1992), Selbstorganisation und Emergenz in sozialen Systemen, in: Krohn & Küppers (1992), S. 269 - 292

Helmich, D./ Brown, W. (1972), Succession Type and Organizational Change in the Corporate Enterprise, in: Administrative Science Quarterly 17 (1972), S. 371 - 381

Henderson, R./ Clark, K. (1990), Architectural Innovation: The Reconfiguration of Existing Product Technologies and the Failure of Established Firms, in: Administrative Science Quarterly 35 (1990), S. 9 - 30

Hendry, J. (1992), Business Strategy and Business History: A Framework for Development, in: Advances in Strategic Management 8 (1992), S. 207 - 225

Henzler, H. (1978), Strategische Geschäftseinheiten (SGE): Das Umsetzen von strategischer Planung in Organisation, in: Zeitschrift für Betriebswirtschaft 10 (1978), S. 912 - 919

Henzler, H. (Hrsg., 1988a), Handbuch Strategische Führung, Wiesbaden 1988

Henzler, H. (1988b), Von der strategischen Planung zur strategischen Führung: Versuch einer Positionsbestimmung, in: Zeitschrift für Betriebswirtschaft 58 (1988), S. 1286 - 1307

Henzler, H. (1988c), Strategische Unternehmensführung: Schwerpunkte aus der Sicht der Beratung, in: Verein zur Förderung der Führungslehre und der Betriebswirtschaftslehre der Industrie an der Ludwig-Maximilians-Universität München (Hrsg.), Angewandte Führungslehre und Betriebswirtschaftslehre der Industrie an der Universität München, München 1988, S. 31 - 42

Henzler, H. (1992a), Europreneurs. Europas Unternehmer melden sich zurück, Wiesbaden 1992

Henzler, H. (1992b), The New Era of Eurocapitalism, in: Harvard Business Review 70 (1992), July/August, S. 57 - 68

Henzler, H. (1993), Kritische Würdigung der Debatte um den Wirtschaftsstandort Deutschland, in: Zeitschrift für Betriebswirtschaft 63 (1993), S. 5 - 21

Herriott, S./ Levinthal, D./ March, J. (1985), Learning from Experience in Organizations, in: American Economic Review 75 (1985), S. 298 -302

Hesterly, W./ Liebeskind, J./ Zenger, T. (1990), Organizational Economics: An Impeding Revolution in Organization Theory?, in: Academy of Management Review 15 (1990), S. 402 - 420

Hickson, D./ Pugh, D./ Pheysey, D. (1969), Operations, Technology and Organization Structure: An Empirical Reappraisal, in: Administrative Science Quarterly 14 (1969), S. 378 - 397

Hill, C. (1988), Differentiation Versus Low Cost or Differentiation and Low Cost: A Contingency Framework, in: Academy of Management Review 13 (1988), S. 401 - 412

Hill, C./ Hansen, G. (1991), A Longitudinal Study of the Cause and Consequences of Changes in Diversification in the U. S. Pharmaceutical Industry 1977 - 1986, in: Strategic Management Journal 12 (1991), S. 187 - 200

Hill, C./ Jones, G. (1988), Strategic Management: An Integrated Approach, Dallas et al. 1988

Hill, C./ Phan, P. (1991), CEO Tenure as a Determinant of CEO Pay, in: Academy of Management Journal 34 (1991), S. 707 - 717

Hinder, W. (1986), Strategische Unternehmensführung in der Stagnation. Strategische Programme, Unternehmenspolitischer Rahmen und Kulturelle Transformation, München 1986

Hinings, C./ Greenwood, R. (1988), The Dynamics of Strategic Change, Oxford 1988

Hinterhuber, H. (1977), Strategische Unternehmensführung, Berlin & New York 1977

Hippel, E. von (1976), The Dominant Role of Users in the Scientific Instrument Innovation Process, in: Research Policy 5 (1976), S. 212 - 239

Hippel, E. von (1978), Successful Industrial Products from Customer Ideas, in: Journal of Marketing 42 (1978), S. 39 - 49

Hippel, E. von (1987), Cooperation Between Rivals: Informal Know-how Trading, in: Research Policy 16 (1987), S. 291 - 302

Hirsch, P./ Friedman, R./ Koza, M. (1990), Collaboration or Paradigm Shift?: Caveat Emptor and the Risk of Romance with Economic Models for Strategy and Policy Research, in: Organization Science 1 (1990), S. 87 - 97

Hitt, M./ Hoskisson, R./ Harrison, J. (1991), Strategic Competitiveness in the 1990s: Challenges and Opportunities for U.S. Executives, in: Academy of Management Executive 5 (1991), Nr. 2, S. 7 - 22

Hitt, M./ Tyler, B. (1991), Strategic Decision Models: Integrating Different Perspectives, in: Strategic Management Journal 12 (1991), S. 327 - 351

Hodder, J. (1991), Is the Cost of Capital Lower in Japan?, in: Journal of the Japanese and International Economies 5 (1991), S. 86 - 100

Hofer, C. (1975), Toward a Contingency Theory of Business Strategy, in: Academy of Management Journal 18 (1975), S. 784 - 810

Hofer, C. (1976), Research on Strategic Planning: A Survey of Past Studies and Suggestions for Future Efforts, in: Journal of Economics and Business 28 (1976), S. 261 - 286

Hofer, C. (1983), ROVA: A New Measure for Assessing Organizational Performance, in: Advances in Strategic Management 2 (1983), S. 43 - 55

Hofer, C./ Schendel, D. (1978), Strategy Formulation: Analytical Concept, St. Paul et al. 1978

Hofstede, G. (1980a), Culture's Consequences: International Differences in Work Related Values, Beverly Hills (Cal.) 1980

Hofstede, G. (1980b), Motivation, Leadership, and Organization: Do American Theories Apply Abroad?, in: Organizational Dynamics 9 (1980), Summer, S. 42 - 63

Hofstede, G. (1993), Cultural Constraints in Management Theories, in: Academy of Management Executive 7 (1993), S. 81 - 93

Hofstede, G. (1994), Management Scientists Are Human, in: Management Science 40 (1994), S. 4 - 13

Holler, M./ Illing, G. (1991), Einführung in die Spieltheorie, Berlin et al. 1991

Holstrom, B./ Tirole, J. (1989), The Theory of the Firm, in: Schmalensee & Willig (1989), Band 1, S. 61 - 133

Homans, G. (1961), Social Behavior: Its Elementary Forms, New York 1961

Honneth, A./ Joas, H. (Hrsg., 1986), Kommunikatives Handeln. Beiträge zu Jürgen Habermas' "Theorie des kommunikativen Handelns", Frankfurt/M. 1986

Hotelling, H. (1929), Stability in Competition, in: Economic Journal 39 (1929), S. 41 - 57

Howell, J./ Higgens, C. (1990), Champions of Technological Innovation, in: Administrative Science Quarterly 35 (1990), S. 317 - 341

Hrebiniak, L./ Joyce, W. (1985), Organizational Adaption: Strategic Choice and Environmental Determinism, in: Administrative Science Quarterly 30 (1985), S. 336 - 349

Huber, H. (1978), Kontrollierte Fallstudie, in: Pongratz, L. (Hrsg.), Handbuch der Psychologie, Band 8: Klinische Psychologie, 2. Hlbd., Göttingen 1978, S. 1153 - 1199

Huber, G. (1991), Organizational Learning: The Contributing Processes and the Literatures, in: Organization Science 2 (1991), S. 88 - 115

Huff, A. (Hrsg., 1990), Mapping Strategic Thought, New York 1990

Huff, A./ Reger, R. (1987), Review of Strategic Process Research, in: Journal of Management 13 (1987), S. 211 - 236

Huff, J./ Huff, A./ Thomas, H. (1992), Strategic Renewal and the Interaction of Cumulative Stress and Inertia, in: Strategic Management Journal 13 (1992), Special Issue (Summer), S. 55 - 75

Hussey, D. (1990), Developments in Strategic Management, in: International Review of Strategic Management 1 (1990), S. 3 - 25

Hutter, M. (1989), Die Produktion von Recht. Eine selbstreferentielle Theorie der Wirtschaft, angewandt auf den Fall des Arzneimittelpatentrechts, Tübingen 1989

Iber, B. (1985), Zur Entwicklung der Aktionärsstruktur in der Bundesrepublik Deutschland (1963 - 1983), in: Zeitschrift für Betriebswirtschaft 55 (1985), S. 1101 - 1119

Imai, K. (1989), Evolution of Japans Corporate and Industrial Networks, in: Carlsson (1989), S. 123 - 155

Immershein, A. (1977), Organizational Change as a Paradigm Shift, in: The Sociological Quarterly 18 (1977), Winter, S. 33 - 43

Inzerelli, G. (1990), The Italian Alternative: Flexible Organization and Social Management, in: International Studies of Management & Organization 20 (1990), Heft 4, S. 6 - 21

Israel, J. (1972), Stipulation and Construction in the Social Sciences, in: ders./ Taijfel, H. (Hrsg.), The Context of Social Psychology - A Critical Assessment, London 1972, S. 123 - 211

Itami, H. (1987), Mobilizing Invisible Assets, Cambridge (Mass.) 1987

Itami, H./ Numagami, T. (1992), Dynamic Interaction Between Strategy and Technology, in: Strategic Management Journal 13 (1992), Special Issue (Winter), S. 119 - 136

Ito, K./ Pucik, V. (1993), R & D Spending, Domestic Competition, and Export Performance of Japanese Manufacturing Firms, in: Strategic Management Journal 14 (1993), S. 61 - 75

Iwata, G. (1974), Measurement of Conjectural Variations in Oligopoly, in: Econometrica 42 (1974), S. 947 - 966

Jacob, A.-F. (1993), Amerikanische und europäische Paradigmen: Konsequenzen für Finanzierungstheorie und Finanzierungspraxis, in: Steger (1993a), S. 99 - 115

Jacobson, R. (1987), The Validity of ROI as a Measure of Business Performance, in: American Economic Review 77 (1987), S. 470 - 478

Jacobson, R. (1988), Distinguishing Among Competing Theories of the Market Share Effect, in: Journal of Marketing 52 (1988), S. 68 - 80

Jacobson, R. (1992), The "Austrian" School of Strategy, in: Academy of Management Review 17 (1992), S. 782 - 807

Jacobson, R./ Aaker, D. (1985), Is Market Share All that It's Cracked Up to Be?, in: Journal of Marketing 49 (1985), S. 11 - 22

Jacquemin, A. (1986), Industrieökonomik. Strategie und Effizienz des modernen Unternehmens, Frankfurt/M. & New York 1986

James, D./ Soref, M. (1981), Profit Constraints on Managerial Autonomy: Managerial Theory and the Unmaking of the Corporate President, in: American Sociological Review 46 (1981), S. 1 - 18

Jantsch, E. (1975), Design for Evolution, New York 1975

Jauch, L. (1983), An Inventory of Selected Academic Research in Strategic Management, in: Advances in Strategic Management 2 (1983), S. 141 - 176

Jauch, L./ Kraft, K. (1986), Strategic Management of Uncertainty, in: Academy of Management Review 11 (1986), S. 777 - 790

Jauch, L./ Osborn, R./ Martin, T. (1980), Structured Content Analysis of Cases: A Complementary Method for Organizational Research, in: Academy of Management Review 5 (1980), S. 517 - 525

Jauch, L./ Osborne, R. (1981), Toward an Integrated Theory of Strategy, in: Academy of Management Review 6 (1981), S. 491 - 498

Jegers, M. (1991), Prospect Theory and the Risk-Return Relation: Some Belgian Evidence, in: Academy of Management Journal 34 (1991), S. 215 - 225

Jemison, D. (1981a), The Importance of an Integrated Approach to Strategic Management Research, in: Academy of Management Review 6 (1981), S. 601 - 608

Jemison, D. (1981b), The Contributions of Administrative Behavior to Strategic Management, in: Academy of Management Review 6 (1981), S. 633 - 642

Jensen, M. (1988a), Takeovers: Their Causes and Consequences, in: Journal of Economic Perspectives 2 (1988), Heft 1, S. 107 - 116

Jensen, M. (1988b), The Takeover Controversy: Analysis and Evidence, in: Coffee et al. (1988), S. 314 - 354

Jensen, M./ Fama, E./ Long, J./ Ruback, R./ Schwert, G. W./ Smith, C./ Warner, J. (1989), Editorial: Clinical Papers and Their Role in the Development of Financial Economics, in: Journal of Finance 24 (1989), S. 3 - 6

Jensen, M./ Ruback, R. (1983), The Market for Corporate Control - The Scientific Evidence, in: Journal of Financial Economics 11 (1983), S. 5 - 50

Jeschke, W. (1992), Managementmodelle. Ein kritischer Vergleich, München 1992

Joas, H. (1986), Die unglückliche Ehe von Hermeneutik und Fuktionalismus, in: Honneth & Joas (1986), S. 144 - 176

Johnson, C. (1982), MITI and the Japanese Miracle. The Growth of Industrial Policy 1925 - 1975, Stanford (Cal.) 1982

Johnson, G. (1987), Strategic Change and the Management Process, Oxford 1987

Johnson, G. (1988), Rethinking Incrementalism, in: Strategic Management Journal 9 (1988), S. 75 - 91

Jones, G./ Butler, J. (1988), Cost, Revenue, and Business-Level Strategy, in: Academy of Management Review 13 (1988), S. 202 - 213

Jong, H. de (1986), European Industrial Organization: Entrepreneurial Economics in an Organizational Setting, in: de Jong & Shepherd (1986), Book 1, S. 69 - 112

Jong, H. de/ Shepherd, W. (Hrsg., 1986), Mainstreams in Industrial Organization, 2 Bände, Dordrecht et al. 1986

Jorde, T./ Teece, D. (Hrsg., 1992), Antitrust, Innovation, and Competitiveness, New York 1992

Jorgenson, D./ Kuroda, M./ Nishimizu, M. (1987), Japan-U.S. Industry Level Productivity Comparisons, 1960 - 1979, in: Journal of the Japanese and International Economies 1 (1987), S. 1 - 30

Joskow, P. (1988), Asset Specifity and the Structure of Vertical Relationships: Empirical Evidence, in: Journal of Law, Economics and Organization 4 (1988), S. 95 - 117

Jürgens, U./ Lindner, G. (1974), Zur Funktion und Macht der Banken, in: Kursbuch 36 (1974), Juni, S. 121 - 160

Kadane, J./ Larkey, P. (1982a), Subjective Probability and the Theory of Games, in: Management Science 28 (1982), S. 113 - 120

Kadane, J./ Larkey, P. (1982b), Reply to Professor Harsanyi, in: Management Science 28 (1982), S. 124

Kadane, J./ Larkey, P. (1983), The Confusion of Is and Ought in Game Theoretic Contexts, in: Management Science 29 (1983), S. 1365 - 1379

Kagono, T./ Honaka, I./ Sakakibara, K./ Okumura, A. (1985), Strategic vs. Evolutionary Management. A U.S.-Japan Comparison of Strategy and Organization, Amsterdam et al. 1985

Kahneman, D./ Tversky, A. (1979), Prospect Theory. An Analysis of Decisions under Risk, in: Econometrica 47 (1979), S. 263 - 291

Kahrmann, V./ Sauerland, D. (Hrsg., 1991), Made in Germany - Die internationale Wettbewerbsfähigkeit der deutschen Wirtschaft, Stuttgart 1991

Kalai, E./ Stanford, W. (1988), Finite Rationality and Interpersonal Complexity in Repeated Games, in: Econometrica 56 (1988), S. 397 - 410

Kamien, M./ Schwartz, N. (1982), Market Structure and Innovation, Cambridge (Mass.) 1982

Kant, I. (1968), Grundlegung zur Metaphysik der Sitten. Werkausgabe Band VII, hrsg. von W. Weischedel, Frankfurt/M. 1968

Kanter, R. M. (1983), The Change Masters, London 1983

Kanter, R. M. (1989), When Giants Learn to Dance, New York 1989

Kantzenbach, E. (1990), Die Macht der Banken, in: Wirtschaftswissenschaftliches Studium - WiST 19 (1990), S. 105

Karnani, A./ Wernerfelt, B. (1985), Multiple Point Competition, in: Strategic Management Journal 6 (1985), S. 87 - 96

Kasper, H. (1990), Die Handhabung des Neuen in organisierten Sozialsystemen, Berlin & Heidelberg 1990

Katz, M./ Shapiro, C. (1986), Technology Adoption in the Presence of Network Externalities, in: Journal of Political Economy 94 (1986), S. 822 - 841

Kaufer, E. (1980), Industrieökonomik. Eine Einführung in die Wettbewerbstheorie, München 1980

Kawasaki, S./ McMillan, J. (1987), The Design of Contracts: Evidence from Japanese Subcontracting, in: Journal of the Japanese and International Economies 1 (1987), S. 327 - 349

Kay, J. (1991), Economics and Business, in: Economic Journal 101 (1991), S. 57 - 63

Kay, N. (1988), The R and D Function: Corporate Strategy and Structure, in: Dosi et al. (1988), S. 282 - 294

Kay, N. (1992), Collaborative Strategies of Firms: Theory and Evidence, in: Del Monte (1992), S. 201 - 231

Keck, O. (1993), The National System of Technical Innovation in Germany, in: Nelson (1993a), S. 115 - 157

Keegan, W. (1984), International Competition: The Japanese Challenge, in: Journal of International Business Studies 15 (1984), S. 189 - 193

Keller, D. (1992), Eine gezielte Förderung von Schlüsselbranchen für Europa?, in: Wirtschaftsdienst 72 (1992), S. 183 - 189

Keller, E. von (1982), Management in fremden Kulturen, Bern & Stuttgart 1982

Keller, E. von (1989), Comparative Management, in: Macharzina, K./ Welge, M. (Hrsg.), Handbuch Export und internationale Unternehmung, Stuttgart 1989, Sp. 231 - 241

Kelly, D./ Amburgey, T. (1991), Organizational Inertia and Momentum: A Dynamic Model of Strategic Change, in: Academy of Management Journal 34 (1991), S. 591 - 612

Kennedy, P. (1993), In Vorbereitung auf das 21. Jahrhundert, Frankfurt/M. 1993

Kernstock, J. (1995), Beobachter in der Theorie der strategischen Unternehmensführung. Bausteine einer pluralistischen und selbstbezüglichen Theoriekonstruktion, München 1995

Kerr, J. (1985), Diversification Strategies and Managerial Rewards: An Empirical Study, in: Academy of Management Journal 28 (1985), S. 155 - 179

Kerr, J./ Bettis, R. (1987), Boards of Directors, Top Management Compensation, and Shareholder Returns, in: Academy of Management Journal 30 (1987), S. 645 - 664

Keys, B./ Wolte, J. (1990), The Role of Management Games and Simulations in Education and Research, in: Journal of Management 16 (1990), S. 617 - 632

Khandwalla, P. (1992), Innovative Corporate Turnarounds, New Delhi et al. 1992

Khazam, J./ Mowery, D. (1994), The Commerzialization of RISC: Strategies for the Creation of Dominant Designs, in: Research Policy 23 (1994), S. 89 - 102

Kiechel, W. (1982), Corporate Strategists Under Fire, in: Fortune, 27 December 1982, S. 34 - 39

Kieser, A. (1994), Fremdorganisation, Selbstorganisation und evolutionäres Management, in: Zeitschrift für betriebswirtschaftliche Forschung 46 (1994), S. 199 - 228

Kiesler, S./ Sproull, L. (1982), Managerial Response to Changing Environments: Perspectives on Problem Sensing from Social Cognition, in: Administrative Science Quarterly 27 (1982), S. 548 - 570

Kim, W./ Hwang, P./ Burgers, W. (1993), Multinationals' Diversification and the Risk-Return Trade-off, in: Strategic Management Journal 14 (1993), S. 275 - 286

Kirsch, W. (1970), Entscheidungsprozesse, Bd. 1: Verhaltenswissenschaftliche Ansätze der Entscheidungstheorie; Bd. 2: Informationsverarbeitungstheorie des Entscheidungsverhaltens, Wiesbaden 1970

Kirsch, W. (1971), Entscheidungsprozesse, Bd. 3: Entscheidungen in Organisationen, Wiesbaden 1971

Kirsch, W. (1976), Organisatorische Führungssysteme. Bausteine zu einem verhaltenswissenschaftlichen Bezugsrahmen, München 1976

Kirsch, W. (1984), Wissenschaftliche Unternehmensführung oder Freiheit vor der Wissenschaft? Studien zu den Grundlagen der Führungslehre, München 1984

Kirsch, W. (1985), Soziale Systeme im Lichte neuerer systemtheoretischer Ansätze, Arbeitspapier, München 1985

Kirsch, W. (1988), Die Handhabung von Entscheidungsproblemen. Einführung in die Theorie der Entscheidungsprozesse, 3., völlig überarb. und erw. Aufl., München 1988

Kirsch, W. (1990), Unternehmenspolitik und strategische Unternehmensführung, München 1990

Kirsch, W. (Hrsg., 1991), Beiträge zum Management strategischer Programme, München 1991

Kirsch, W. (1992), Kommunikatives Handeln, Autopoiese, Rationalität. Sondierungen zu einer evolutionären Führungslehre, München 1992

Kirsch, W. (1993), Wegweiser zur Konstruktion einer Theorie der strategischen Unternehmensführung, Manuskript, München 1993

Kirsch, W. (1993a), Wegweiser zur Konstruktion einer Theorie der strategischen Unternehmensführung, in: ders. (1993), S. 1 - 187

Kirsch, W. (1993b), Theorie der strategischen Unternehmensführung und evolutionäre Wissenschaftskonzeption, in: ders. (1993), S. 551 - 583

Kirsch, W. (1993c), Ökologie der Ideen und "multinationale" Theorie der strategischen Unternehmensführung, Arbeitspapier, München 1993

Kirsch, W./ Habel, S. (1991), Das strategische Manövrieren von Unternehmen, in: Kirsch (1991), S. 411 - 458

Kirsch, W./ Knyphausen, D. zu (1986), Jenseits der Zielforschung, unveröffentl. Arbeitspapier, München 1986

Kirsch, W./ Knyphausen, D. zu (1988), Unternehmen und Gesellschaft. Die "Standortbestimmung" des Unternehmens als Problem des Strategischen Managements, in: Die Betriebswirtschaft 48 (1988), S. 489 - 508

Kirsch, W./ Knyphausen, D. zu (1991a), Unternehmungen als "autopoietische" Systeme?, in: Staehle, W./ Sydow, J. (Hrsg.), Managementforschung 1, Berlin & New York 1991, S. 75 - 101

Kirsch, W./ Knyphausen, D. zu (1991b), Die fortschrittsfähige Unternehmung. Vorstudien und Fragmente zu einem Buchprojekt, Arbeitspapier, München 1991

Kirsch, W./ Knyphausen, D. zu (1992), Führung und Management. Begriffsstrategische Überlegungen am Beispiel des Personalmanagements, in: Zeitschrift für Personalforschung 6 (1992), S. 217 - 237

Kirsch, W./ Knyphausen, D. zu (1993a), Gibt es in betriebswirtschaftlichen Organisationen ein verständigungsorientiertes Handeln? Zu den handlungstheoretischen Grundlagen der Organisationstheorie, in: Die Betriebswirtschaft 53 (1993), S. 221 - 234

Kirsch, W./ Knyphausen, D. zu (1993b), Strategische Unternehmensführung, in: Hauschildt & Grün (1993), S. 83 - 114

Kirsch, W./ Maaßen, H. (Hrsg., 1989), Managementsysteme. Planung und Kontrolle, München 1989

Kirsch, W./ Obring, K. (1991), Rahmenkonzepte und Programme, in: Kirsch (1991), S. 361 - 410

Kirsch, W./ Obring, K. (1993), Bausteine einer Theorie der strategischen Unternehmensführung, in: Kirsch (1993), S. 190 - 289

Kirsch, W./ Obring, K. (1994), Grundrisse einer Theorie der strategischen Unternehmensführung, in: Engelhard, J./ Rehkugler, H. (Hrsg.), Strategien für nationale und internationale Märkte. Konzepte und praktische Gestaltung, Wiesbaden 1994, S. 3 - 34

Kirsch, W./ Esser, W.-M./ Gabele, E. (1979), Das Management des geplanten Wandels von Organisationen, Stuttgart 1979

Kirsch, W./ Knyphausen, D. zu/ Reglin, B. (1993a), System und Lebenswelt: Zu den Grundlagen einer Theorie der Strategischen Unternehmensführung, Arbeitspapier, München 1993

Kirsch, W./ Knyphausen, D. zu/ Ringlstetter, M. (1991), Strategie und Struktur in der Unternehmenspraxis, in: Kirsch (1991), S. 297 - 335

Kirsch, W./ Näther, C./ Wolfrum, U. (1993b), Erfolgspotentiale und der Begriff des Strategischen, in: Kirsch (1993), S. 291 - 381

Kirsch, W./ Scholl, W./ Paul, G. (1984), Mitbestimmung in der Unternehmenspraxis. Eine empirische Bestandsaufnahme, München 1984

Klein, B./ Crawford, R./ Alchian, A. (1978), Vertical Integration, Appropriable Rents, and the Competitive Contracting Process, in: Journal of Law and Economics 21 (1978), S. 257 - 285

Klein, J./ Edge, G./ Kass, T. (1991), Skill-Based Competition, in: Journal of General Management 16 (1991), Heft 4, S. 1 - 15

Knyphausen, D. zu (1988), Unternehmungen als evolutionsfähige Systeme. Überlegungen zu einem evolutionären Konzept für die Organisationstheorie, München 1988

Knyphausen, D. zu (1990a), Die Blindheit des ökonomischen Blicks. Überlegungen zur Fundierung einer betriebswirtschaftlichen Organisationstheorie, Arbeitspapier, München 1990

Knyphausen, D. zu (1990b), Kontext und Inkommensurabilität. Variationen zum Problem der komplexen Probleme, Arbeitspapier, München 1990

Knyphausen, D. zu (1991), Selbstorganisation und Führung. Systemtheoretische Beiträge zu einer evolutionären Führungskonzeption, in: Die Unternehmung 45 (1991), S. 47 - 64

Knyphausen, D. zu (1992a), Wertorientiertes Strategisches Management, in: Zeitschrift für Planung 3 (1992), S. 331 - 352

Knyphausen, D. zu (1992b), Paradoxien und Visionen. Visionen einer paradoxen Theorie der Entstehung des Neuen, in: Rusch, G./ Schmidt, S. (Hrsg.), Konstruktivismus: Geschichte und Anwendung. DELFIN 1992, Frankfurt/M. 1992, S. 140 - 159

Knyphausen, D. zu (1992c), Was ist "Multikulturelles Management"? Annäherungen an ein Forschungsfeld, in: Witten/Herdecker Wirtschaftsgespräche, Heft 20 (1992), S. 7 - 18

Knyphausen, D. zu (1993a), "Why Are Firms Different?" Der "Ressourcenorientierte Ansatz" im Mittelpunkt einer aktuellen Kontroverse im Strategischen Management, in: Die Betriebswirtschaft 53 (1993), S. 661 - 682

Knyphausen, D. zu (1993b), Überleben in turbulenten Umwelten: Zur Behandlung der Zeitproblematik im Strategischen Management, in: Zeitschrift für Planung 4 (1993), S. 143 - 162

Knyphausen, D. zu (1993c), Strategische Unternehmensführung: Historische Entwicklungen und Hauptströmungen einer wissenschaftlichen Disziplin, in: Kirsch (1993), S. 383 - 550

Knyphausen, D. zu (1993d), Industrial Organization, Spieltheorie und Strategische Unternehmensführung, Arbeitspapier, München 1993

Knyphausen, D. zu/ Ringlstetter, M. (1991), Wettbewerbsumfeld, Hybride Strategien und Economies of Scope, in: Kirsch (1991), S. 539 - 557

Königswieser, R./ Lutz, C. (Hrsg., 1990), Das systemisch-evolutionäre Management: Der neue Horizont für Unternehmer, Wien 1990

Kogut, B. (1991), Country Capabilities and the Permeability of Borders, in: Strategic Management Journal 12 (1991), Special Issue (Summer), S. 33 - 48

Kogut, B./ Zander, U. (1992), Knowledge of the Firm, Combinative Capabilities, and the Replication of Technology, in: Organization Science 3 (1992), S. 383 - 397

Kohlberg, E./ Mertens, J.-F. (1986), On the Strategic Stability of Equilibria, in: Econometrica 54 (1986), S. 1003 - 1037

Koike, K. (1988), Understanding Industrial Relations in Modern Japan, London 1988

Kolb, D. (1988), Die Veränderung von Organisationskulturen durch verfremdende Beratung, München 1988

Koreimann, D. (1990), Strategien zur Komplexitätsreduzierung, in: Fisch, R./ Boos, M. (Hrsg.), Vom Umgang mit Komplexität in Organisationen. Konzepte - Fallbeispiele - Strategien, Konstanz 1990, S. 283 - 298

Kosiol, E. (1976), Organisation der Unternehmung, 2. Aufl., Wiesbaden 1976

Krafcik, J./ MacDuffie, J. (1989), Explaining High Performance Manufacturing: The International Automotive Assembly Plant Study, Arbeitspapier am Massachusetts Institute of Technology, Cambridge (Mass.) 1989

Kreps, D. (1989), Out-of-equilibrium Beliefs and Out-of-equilibrium Behaviour, in: Hahn, F. (Hrsg.), The Economics of Missing Markets, Information, and Games, Oxford 1989, S. 7 - 45

Kreps, D. (1990a), A Course in Microeconomic Theory, Princeton (N. J.) 1990

Kreps, D. (1990b), Game Theory and Economic Modelling, Oxford 1990

Kreps, D. (1990c), Corporate Culture and Economic Theory, in: Alt, J./ Shepsle, K. (Hrsg.), Perspectives on Positive Political Economy, Cambridge (Mass.) 1990, S. 90 - 143

Kreps, D./ Milgrom, P./ Roberts, J./ Wilson, R. (1982), Rational Cooperation in the Finitely Repeated Prisoners' Dilemma, in: Journal of Economic Theory 27 (1982), S. 245 - 252

Kreps, D./ Spence, M. (1985), Modelling the Role of History in Industrial Organization and Competition, in: Feiwel, G. (Hrsg.), Issues in Contemporary Microeconomics and Welfare, Albany 1985, S. 340 - 378

Kreps, D./ Wilson, R. (1982), Reputation and Imperfect Information, in: Journal of Economic Theory 27 (1982), S. 253 - 279

Krohn, W./ Küppers, G. (Hrsg., 1992), Emergenz: Die Entstehung von Ordnung, Organisation und Bedeutung, Frankfurt/M. 1992

Krohn, W./ Küppers, G./ Paslack, R. (1987), Selbstorganisation - Zur Genese und Entwicklung einer wissenschaftlichen Revolution, in: S. Schmidt (1987a), S. 441 - 465

Krugman, P. (1989), Industrial Organization and International Trade, in: Schmalensee & Willig (1989), Band 2, S. 1179 - 1223

Kubota, H./ Witte, H. (1990), Strukturvergleich des Zulieferwesens in Japan und in der Bundesrepublik Deutschland, in: Zeitschrift für Betriebswirtschaft 60 (1990), S. 383 - 406

Kuhn, T. (1962), The Structure of Scientific Revolutions, Chicago 1962

Küpper, W./ Ortmann, G. (1986), Mikropolitik in Organisationen, in: Die Betriebswirtschaft 46 (1986), S. 590 - 602

Küspert, A. (1990), Bildung und Bewertung strategischer Geschäftsfelder im Privatkundengeschäft einer Universalbank, Diss. München 1990

Lado, A./ Boyd, N./ Wright, P. (1992), A Competency-Based Model of Sustainable Competitve Advantage: Toward a Conceptual Integration, in: Journal of Management 18 (1992), S. 77 - 91

Laffont, J./ Tirole, J. (1992), A Theory of Incentives, Regulation, and Procurement, Cambridge (Mass.) & London 1992

Lamb, R. (Hrsg., 1984), Competitive Strategic Management, Englewood Cliffs (N. J.) 1984

Lambkin, M. (1988), Order of Entry and Performance in New Markets, in: Strategic Management Journal 9 (1988), Special Issue, S. 127 - 140

Lammers, C. (1990), Sociology of Organizations Around the Globe. Similarities and Differences Between American, British, French, German and Dutch Brands, in: Organization Studies 11 (1990), S. 179 - 205

Lancaster, K. (1966), A New Approach to Consumer Theory, in: Journal of Political Economy 74 (1966), S. 132 - 157

Lane, C. (1989), Management and Labour in Europe. The Industrial Enterprise in Germany, Britain and France, Hants & Brookfield (Vermont) 1989

Langlois, R. (Hrsg., 1986), Economics as a Process: Essays in the New Institutional Economics, New York 1986

Langlois, R. (1989), Economic Change and the Boundaries of the Firm, in: Carlsson (1989), S. 85 - 107 (zuerst in: Journal of Institutional and Theoretical Economics [ZgS] 144 [1988], S. 635 - 657)

Langlois, R. (1992), Transaction-cost Economics in Real Time, in: Industrial and Corporate Change 1 (1992), S. 99 - 127

La Porte, T. (1975), Organized Social Complexity: Explication of a Concept, in: ders. (Hrsg.), Organized Social Complexity. Challenge to Politics and Policy, Princeton (N. J.) 1975, S. 3 - 39

Lawless, M./ Finch, L. (1989), Choice and Determinism: A Test of Hrebiniak and Joyce's Framework of Strategy-Environment Fit, in: Strategic Management Journal 19 (1989), S. 351 - 365

Lawless, M./ Finch-Tegarden, L. (1990), Choice and Determinism: A Reply, in: Strategic Management Journal 11 (1990), S. 575 - 578

Lawrence, P./ Lorsch, J. (1967), Organization and Environment. Managing Differentiation and Integration, Boston (Mass.) 1967

Lazonick, W. (1992), Business Organization and Competitive Advantage: Capitalist Transformations in the Twentieth Century, in: Dosi et al. (1992a), 119 - 163

Lazonick, W. (1993), Industry Clusters versus Global Webs: Organizational Capabilities in the American Economy, in: Industrial and Corporate Change 2 (1993), S. 1 - 24

Learned, E./ Christensen, C./ Andrews, K./ Guth, W. (1965), Business Policy: Text and Cases, Homewood (Ill.) 1965

Leblebici, H./ Salancik, G./ Copey, A./ King, T. (1991), Institutional Change and the Transformation of Interorganizational Fields: An Organizational History of the U.S. Radio Broadcasting Industry, in: Administrative Science Quarterly 36 (1991), S. 333 - 363

Leonard-Barton, D. (1992), Core Capabilities and Core Rigidities: A Paradox in Managing New Product Development, in: Strategic Management Journal 13 (1992), Special Issue (Summer), S. 111 - 125

Leontiades, M. (1982), The Confusing Words of Business Policy, in: Academy of Management Review 7 (1982), S. 45 - 48

Levin, R./ Klevorick, A./ Nelson, R./ Winter, S. (1987), Appropriating the Returns from Industrial R & D, in: Brookings Papers on Economic Activity: Microeconomics, 1987, S. 783 - 820

Levinthal, D. (1990), Organizational Adaptation, Environmental Selection, and Random Walks, in: Singh (1990), 201 - 223

Levinthal, D. (1991a), Random Walks and Organizational Mortality, in: Administrative Science Quarterly 36 (1991a), S. 397 - 420

Levinthal, D. (1991b), Organizational Adaptation and Environmental Selection - Interrelated Processes of Change, in: Organization Science 2 (1991), S. 140 - 145

Levinthal, D. (1992), Surviving Schumpeterian Environments: An Evolutionary Perspective, in: Industrial and Corporate Change 1 (1992), S. 427 - 443

Levinthal, D./ March, J. (1981), A Model of Adaptive Organizational Search, in: Journal of Economic Behavior & Organization 2 (1981), S. 307 - 333

Levitt, T. (1983), The Globalisation of Markets, in: Harvard Business Review 61 (1983), May/June, S. 92 - 102

Lewin, K. (1946), Action Research and Minority Problems, in: Journal of Social Issues 2 (1946), Heft 2, S. 34 - 46

Lewin, K. (1947), Frontiers in Group Dynamics, in: Human Relations 1 (1947), S. 5 - 41

Lieberman, M. (1984), The Learning Curve and Pricing in the Chemical Processing Industries, in: Rand Journal of Economics 15 (1984), S. 213 - 228

Lieberman, M. (1987a), Excess Capacity as a Barrier to Entry: An Empirical Appraisal, in: Journal of Industrial Economics 35 (1987), S. 607 - 627

Lieberman, M. (1987b), The Learning Curve, Diffusion, and Competitive Strategy, in: Strategic Management Journal 8 (1987), S. 441 - 452

Lieberman, M. (1989), The Learning Curve, Technological Barriers to Entry, and Competitive Survival in the Chemical Processing Industries, in: Strategic Management Journal 10 (1989), S. 431 - 447

Lieberman, M./ Jau, L./ Williams, M. (1990), Firm-Level Productivity and Management Influence: A Comparison of U.S. and Japanese Automobile Producers, in: Management Science 36 (1990), S. 1193 - 1215

Lieberman, M./ Montgomery, D. (1988), First-Mover Advantages, in: Strategic Management Journal 9 (1988), Special Issue, S. 41 - 58

Limprecht, J./ Hayes, R. (1982), Germany's World Class Manufacturers, in: Harvard Business Review 60 (1982), November/December, S. 137 - 145

Lincoln, J. (1990), Japanese Organization and Organization Theory, in: Research in Organizational Behavior 12 (1990), S. 255 - 295

Lincoln, J./ Hanada, M./ McBride, K. (1986), Organizational Structures in Japanese and U.S. Manufacturing, in: Administrative Science Quarterly 31 (1986), S. 338 - 364

Lindblom, C. (1959), The Science of "Muddling Through", in: Public Administration Review 19 (1959), S. 79 - 88

Lindblom, C. (1965), The Intelligence of Democracy, New York & London 1965

Lippens, R. (1991), The Cost of Capital: A Summary of Results for the U.S. and Japan in the 1980s, in: Business Economics 26 (1991), April, S. 19 - 24

Lippman, S./ Rumelt, R. (1982), Uncertain Imitability: An Analysis of Interfirm Differences in Efficiency Under Competition, in: Bell Journal of Economics 13 (1982), S. 418 - 438

Loistl, O. (199C), Zur neueren Entwicklung der Finanzierungstheorie, in: Die Betriebswirtschaft 50 (1990), S. 47 - 84

Lounamaa, P./ March, J. (1987), Adaptive Coordination of a Learning Team, in: Management Science 33 (1987), S. 107 - 123

Luce, R./ Raiffa, H. (1957), Games and Decisions, New York 1957

Luhmann, N. (1968), Zweckbegriff und Systemrationalität. Über die Funktion von Zwecken in sozialen Systemen, Tübingen 1968

Luhmann, N. (1978), Soziologie der Moral, in: ders./ Pfürtner, S. (Hrsg.), Theorietechnik und Moral, Frankfurt/M. 1978, S. 8 - 116

Luhmann, N. (1984), Soziale Systeme. Grundriß einer allgemeinen Theorie, Frankfurt/M. 1984

Luhmann, N. (1986), Ökologische Kommunikation. Kann die moderne Gesellschaft sich auf ökologische Gefährdungen einstellen?, Opladen 1986

Luhmann, N. (1987), Die Richtigkeit soziologischer Theorie, in: Merkur 41 (1987), S. 36 - 49

Luhmann, N. (1988), Die Wirtschaft der Gesellschaft, Frankfurt/M. 1988

Luhmann, N. (1989), Kommunikationssperren in der Unternehmensberatung, in: Luhmann & Fuchs (1989), S. 209 - 227

Luhmann, N. (1990), Die Wissenschaft der Gesellschaft, Frankfurt/M. 1990

Luhmann, N. (1991), Soziologie des Risikos, Berlin & New York 1991

Luhmann, N./ Fuchs, P. (1989), Reden und Schweigen, Frankfurt/M. 1989

Lutz, B. (1987), Das Ende des Technikdeterminismus und die Folgen - soziologische Technikforschung vor neuen Aufgaben und Problemen. Verhandlungen des 23. Deutschen Soziologentages in Hamburg 1986, Frankfurt/M. & New York 1987, S. 34 - 52

Lyles, M. (1988), Learning Among Joint-Venture Sophisticated Firms, in: Management International Review 28 (1988), S. 85 - 98

Lyles, M. (1990), A Research Agenda for Strategic Management in the 1990s, in: Journal of Management Studies 27 (1990), S. 363 - 375

Lyotard, J.-F. (1986), Das postmoderne Wissen. Ein Bericht, Graz & Wien 1986

MacMillan, I. (1989), Delineating a Forum for Business Policy Scholars, in: Strategic Management Journal 10 (1989), S. 391 - 396

MacMillan, I. (1991), The Emerging Forum for Business Scholars, in: Strategic Management Journal 12 (1991), S. 161 - 165

MacMillan, I./ Stern, I. (1987), Delineating a Forum for Business Policy Scholars, in: Strategic Management Journal 8 (1987), S. 183 - 186

Mäkinen, V. (1985), Betriebswirtschaftslehre in Skandinavien, in: Zeitschrift für Betriebswirtschaft 55 (1985), S. 1043 - 1065

Mahoney, J. (1992), Organizational Economics Within the Conversation of Strategic Management, in: Advances in Strategic Management 8 (1992), S. 103 - 155

Mahoney, J. (1993), Strategic Management and Determinism: Sustaining the Conversation, in: Journal of Management Studies 30 (1993), S. 173 - 191

Mahoney, J./ Pandian, J. R. (1992), The Resource-Based View Within the Conversation of Strategic Management, in: Strategic Management Journal 13 (1992), S. 363 - 380

Maidique, M./ Patch, P. (1988), Corporate Strategy and Technological Policy, in: Tushman, M./ Moore, W. (Hrsg.), Readings in the Management of Innovation, Cambridge (Mass.) 1988, S. 273 - 285

Majorne, G./ Wildavsky, A. (1978), Implementation as Evolution, in: Policy Studies Review Annual 2 (1978), S. 103 - 117

Makridakis, S. (1991), Competition and Competitors: How the European Community Compares with the United States and Japan, in: Makridakis, S. and Associates (Hrsg.), Single Market Europe. Opportunities and Challenges for Business, San Francisco (Cal.) & Oxford 1991, S. 27 - 69

Malerba, F./ Orsenigo, L. (1993), Technological Regimes and Firm Behavior, in: Industrial and Corporate Change 2 (1993), S. 45 - 71

Malik, F. (1984), Strategie des Managements komplexer Systeme. Ein Beitrag zur Management-Kybernetik evolutionärer Systeme, Bern & Stuttgart 1984

Malik, F./ Probst, G. (1984), Evolutionary Management, in: Ulrich & Probst (1984), S. 105 - 120 (zuerst in: Cybernetics and Systems 13 [1982], S. 153 - 174)

Mancke, R. (1974), Causes of Interfirm Profitability Differences: A New Interpretation of the Evidence, in: Quarterly Journal of Economics 88 (1974), S. 181 - 193

Mansfield, E. (1968), Industrial Research and Technological Innovation: An Econometrical Analysis, New York 1968

Mansfield, E. (1985), How Rapidly Does New Industrial Technology Leak Out?, in: Journal of Industrial Economics 34 (1985), S. 217 - 223

Mansfield, E. (1986), Patents and Innovation: An Empirical Study, in: Management Science 32 (1986), S. 173 - 181

Mansfield, E. (1988), Industrial R&D in Japan and the United States: A Comparative Study, in: American Economic Review 78 (1988), Papers & Proceedings, S. 223 - 228

Mansfield, E. (1991), Academic Research and Industrial Innovation, in: Research Policy 20 (1991), S. 1 - 12

March, J. (1981a), Decisions in Organizations and Theories of Choice, in: Van de Ven, A./ Joyce, W. (Hrsg.), Perspectives on Organization Design and Behavior, New York et al. 1981, S. 205 - 244

March, J. (1981b), Footnotes to Organizational Change, in: Administrative Science Quarterly 26 (1981), S. 563 - 577

March, J. (1991), Exploration and Exploitation in Organizational Learning, in: Organization Science 2 (1991), S. 71 - 87

March, J./ Olsen, J. (1976), Organizational Learning and the Ambiguity of the Past, in: dies. (Hrsg.), Ambiguity and Choice in Organizations, Bergen et al. 1976, S. 54 - 68

March, J./ Olsen, J. (1985), The Uncertainty of the Past: Organizational Learning under Ambiguity, in: European Journal of Political Research 3 (1975), S. 141 - 171

March, J./ Simon, H. (1957), Organizations, New York 1957

Markowitz, H. (1952), Portfolio Selection, in: Journal of Finance 7 (1952), S. 77 - 91

Markowitz, H. (1959), Portfolio Selection. Efficient Diversification of Investments, New York 1959

Marshall, C./ Buzzell, R. (1990), PIMS and the FTC Line-of-Business Data: A Comparison, in: Strategic Management Journal 11 (1990), S. 269 - 282

Marthur, S. (1986), Strategy: Framing Business Intentions, in: Journal of General Management 12 (1986), S. 77 - 97

Mason, E. (1939), Price and Production Policies of Large Scale Enterprises, in: American Economic Review 29 (1939), Papers & Proceedings, S. 61 - 74

Masuch, M. (1985), Vicious Cycles in Organizations, in: Administrative Science Quarterly 30 (1985), S. 14 - 33

Matthews, R. (1986), The Economics of Institutions and the Sources of Economic Growth, in: Economic Journal 96 (1986), S. 903 - 918

Maturana, H. (1982), Erkennen: Die Organisation und Verkörperung von Wirklichkeit, Braunschweig & Wiesbaden 1982

Maul, C. (1993), Der Beitrag der Systemtheorie zum strategischen Führungsverhalten in komplexen Situationen, in: Zeitschrift für Betriebswirtschaft 63 (1993), S. 715 - 740

May, A. (1991), Zum Stand der empirischen Forschung über Informationsverarbeitung am Aktienmarkt - ein Überblick, in: Zeitschrift für betriebswirtschaftliche Forschung 43 (1991), S. 313 - 335

Maynard Smith, J. (1982), Evolution and the Theory of Games, Cambridge (Mass.) et al. 1982

Mazen, A. M./ Hemmasi, M./ Lewis, M. (1987), Assessment of Statistical Power in Contemporary Strategy Research, in: Strategic Management Journal 8 (1987), S. 403 - 410

McCann, J./ Selzky, J. (1984), Hyperturbulence and the Emergence of Type 5 Environments, in: Academy of Management Review 9 (1984), S. 460 - 470

McCardle, K. (1985), Information Acquisition and the Adoption of New Technology, in: Management Science 31 (1985), S. 1372 - 1389

McCaskey, M. (1988), The Challenge of Managing Ambiguity and Change, in: Pondy et al. (1988), S. 1 - 16

McCauley, R./ Zimmer, S. (1991), Cost of Capital for Industry and Banks, in: Business Economics 26 (1991), April, S. 14 - 18

McClelland, D./ Atkinson, J./ Clark, R. (1953), The Achievement Motive, New York 1953

McCulloch, W. (1965), Embodiments of Mind, Cambridge (Mass.) 1965

McGee, J./ Thomas, H. (Hrsg., 1986a), Strategic Management Research. A European Perspective, Chichester et al. 1986

McGee, J./ Thomas, H. (1986b), Concluding Comments, in: McGee & Thomas (1986a), S. 319 - 320

McGee, J./ Thomas, H. (1986c), Strategic Groups: Theory, Research and Taxonomy, in: Strategic Management Journal 7 (1986), S. 141 - 160

McGee, J./ Thomas, H. (1989), Technology and Strategic Management: Progress and Future Directions, in: R & D Management 19 (1989), S. 205 - 213

McGuire, J./ Schneeweis, T./ Hill, J. (1986), An Analysis of Alternative Measures of Strategic Performance, in: Advances in Strategic Management 4 (1986), S. 127 - 154

McKinsey, J. (1932), Adjusting Policies to Meet Changing Conditions. American Management Association General Management Series, AM116, New York 1932

Meffert, H. (1986), Marketing im Spannungsfeld von weltweitem Wettbewerb und nationalen Bedürfnissen, in: Zeitschrift für Betriebswirtschaft 56 (1986), S. 689 - 712

Melin, L./ Hellgren, B. (1991), Patterns of Strategic Change Processes - Two Typologies, Arbeitspapier, Linköping 1991

Meyer, A. (1991), What Is Strategy's Distinctive Competence?, in: Journal of Management 17 (1991), S. 821 - 833

Meyer, J./ Rowan, B. (1977), Institutional Organizations: Formal Structure as Myth and Ceremony, in: American Journal of Sociology 80 (1977), S. 340 - 363

Mezias, S./ Glynn, M. (1993), The Three Faces of Corporate Renewal: Institution, Revolution, and Evolution, in: Strategic Management Journal 14 (1993), S. 77 - 101

Miles, R./ Snow, C. (1978), Organizational Strategy, Structure and Process, New York et al 1978

Milgrom, P./ Roberts, J. (1982a), Limit Pricing and Entry under Incomplete Information: An Equilibrium Analysis, in: Econometrica 50 (1982), S, 443 - 458

Milgrom, P./ Roberts, J. (1982b), Predation, Reputation, and Entry Deterrence, in: Journal of Economic Theory 27 (1982), S. 280 - 312

Milgrom, P./ Roberts, J. (1987), Informational Aymmetries, Strategic Behavior, and Industriai Organization, in: American Economic Review 77 (1987), Papers & Proceedings, S. 184 - 193

Milgrom, P./ Roberts, J. (1992), Economics, Organization and Management, Englewood Cliffs (N. J.) 1992

Miller, D. (1981), Toward a New Contingency Approach: The Search for Organizational Gestalts, in: Journal of Management Studies 18 (1981), S. 1 - 26

Miller, D. (1986), Configurations of Strategy and Structure: Towards a Synthesis, in: Strategic Management Journal 7 (1986), S. 233 - 250

Miller, D. (1987), The Structural and Environmental Correlates of Business Strategy, in: Strategic Management Journal 8 (1987), S. 55 - 76

Miller, D. (1990), The Icarus Paradox: How Exceptional Companies Bring About Their Own Downfall, New York 1990

Miller, D./ Friesen, P. (1984), Organizations: A Quantum View, Englewood Cliffs (N. J.) 1984

Miller, D./ Friesen, P. (1986a), Porter's Generic Strategies and Performance: An Empirical Examination with American Data, Part I: Testing Porter, in: Organization Studies 7 (1986), S. 37 - 55

Miller, D./ Friesen, P. (1986b), Porter's Generic Strategies and Performance: An Empirical Examination with American Data, Part II: Performance Implications, in: Organization Studies 7 (1986), S. 255 - 261

Miller, D./ Mintzberg, H. (1983), The Case of Configuration, in: Morgan, G. (Hrsg.), Beyond Method, Beverly Hills et al. 1983, S. 57 - 73

Milling, P. (1981), Systemtheoretische Grundlagen zur Planung der Unternehmenspolitik, Berlin 1981

Minderlein, M. (1990), Markteintrittsbarrieren und strategische Verhaltensweisen, in: Zeitschrift für Betriebswirtschaft 60 (1990), S. 155 - 178

Miner, A./ Amburgey, T./ Stearns, T. (1990), Interorganizational Linkages and Population Dynamics: Buffering and Transformation Shields, in: Administrative Science Quarterly 35 (1990), S. 689 - 713

Miner, J. (1984), The Validity and Usefulness of Theories in an Emerging Organizational Science, in: Academy of Management Review 9 (1984), S. 296 - 306

Mintzberg, H. (1976), Planning on the Left Side and Managing on the Right, in: Harvard Business Review 54 (1976), July/August, S. 49 - 58

Mintzberg, H. (1977), Policy as a Field of Management Theory, in: Academy of Management Review 2 (1977), S. 88 - 103

Mintzberg, H. (1979a), The Structuring of Organizations, Englewood Cliffs (N. J.) 1979

Mintzberg, H. (1979b), An Emerging Strategy of "Direct" Research, in: Administrative Science Quarterly 24 (1979), S. 582 - 589

Mintzberg, H. (1981), What is Planning Anyway?, in: Strategic Management Journal 2 (1981), S. 319 - 324

Mintzberg, H. (1983), Power In and Around Organizations, Englewood Cliffs (N. J.) 1983

Mintzberg, H. (1989), Mintzberg on Management. Inside Our Strange World of Organizations, New York 1989

Mintzberg, H. (1990a), Strategy Formation: Schools of Thought, in: Fredrickson (1990a), S. 105 - 235

Mintzberg, H. (1990b), The Design School: Reconsidering the Basic Premises of Strategic Management, in: Strategic Management Journal 11 (1990), S. 171 - 195

Mintzberg, H. (1994), The Rise and Fall of Strategic Planning, New York 1994

Mintzberg, H./ Brunet, P./ Waters, J. (1986), Does Planning Impede Strategic Thinking? Tracking the Strategies of Air Canada from 1937 to 1976, in: Advances in Strategic Management 4 (1986), S. 3 - 41

Mintzberg, H./ McHugh, A. (1985), Strategy Formation in an Adhocracy, in: Administrative Science Quarterly 30 (1985), S. 160 - 197

Mintzberg, H./ Otis, J./ Shamsie, J./ Waters, J. (1988), Strategy of Design - A Study of "Architects in Co-Partnership", in: Grant, J. (Hrsg.), Significant Developments in Strategic Management, Greenwich (Conn.) 1988, S. 311 - 359

Mintzberg, H./ Raisinghani, D./ Theorêt, A. (1976), The Structure of 'Unstructured' Decision Processes, in: Administrative Science Quarterly 21 (1976), S. 264 - 275

Mintzberg, H./ Rose, J. (i. V.), Strategic Management Upside Down: A Study of McGill University from 1829 to 1980, in Vorbereitung

Mintzberg, H./ Waters, J. (1982), Tracking Strategy in an Entrepreneurial Firm, in: Academy of Management Journal 25 (1982), S. 465 - 499

Mintzberg, H./ Waters, J. (1984), Researching the Formation of Strategies: The History of Canadian Lady 1939 - 1976, in: Lamb (1984), S. 62 - 93

Mintzberg, H./ Waters, J. (1985), Of Strategies, Deliberate and Emergent, in: Strategic Management Journal 6 (1985), S. 257 - 272

Mintzberg, H./ Westley, F. (1992), Cycles of Organizational Change, in: Strategic Management Journal 13 (1992), Special Issue (Winter), S. 39 - 59

Misgeld, D. (1985), Critical Hermeneutics vs. Neoparsonianism? A Critique of the Distinction between System and Lifeworld in Habermas' Theory of Communicative Action (Vol. II), in: New German Critique 35 (1985), S. 55 - 82

Mitchell, T. (1985), An Evaluation of the Validity of Correlational Research Conducted in Organizations, in: Academy of Management Review 10 (1985), S. 192 - 205

Mitchell, W. (1989), Whether and When? Probability and Timing of Incumbents' Entry into Emerging Industrial Subfields, in: Administrative Science Quarterly 34 (1989), S. 208 - 230

Mitchell, W. (1991), Using Academic Technology: Transfer Methods and Licensing Incidence in the Commercialization of American Diagnostic Imaging Equipment Research, 1954 - 1988, in: Research Policy 20 (1991), S. 203 - 216

Mody, A. (1993), Learning Through Alliances, in: Journal of Economic Behavior & Organization 20 (1993), S. 151 - 170

Monopolkommission (1976), Mehr Wettbewerb ist möglich, 1. Hauptgutachten 1973/75, Baden-Baden 1976

Montgomery, C. (1988), Guest Editor's Introduction to the Special Issue on Research in the Content of Strategy, in: Strategic Management Journal 9 (1988), Special Issue, S. 3 - 8

Montgomery, C./ Hariharan, S. (1991), Diversified Expansion by Large Established Firms, in: Journal of Economic Behavior & Organization 15 (1991), S. 71 - 89

Montgomery, C./ Wernerfelt, B. (1988), Diversification, Ricardian Rents, and Tobin's q, in: Rand Journal of Economics 19 (1988), S. 623 - 632

Montgomery, C./ Wernerfelt, B. (1991), Sources of Superior Performance: Market Share Versus Industry Effects in the U. S. Brewing Industry, in: Management Science 37 (1991), S. 954 - 959

Montgomery, C./ Wernerfelt, B./ Balakrishnan, S. (1989), Strategy Content and the Research Process: A Critique and Commentary, in: Strategic Management Journal 10 (1989), S. 189 - 197

Montgomery, D. (1991), Understanding the Japanese as Customers, Competitors, and Collaborators, in: Japan and the World Economy 3 (1991), S. 61 - 91

Mori, A. (1987), Zum Stand der Betriebswirtschaftslehre in Japan, in: Zeitschrift für Betriebswirtschaft 57 (1987), S. 921 - 939

Moser, H. (1975), Aktionsforschung als kritische Theorie der Sozialwissenschaften, München 1975

Moss, S. (1981), An Economic Theory of Business Strategy, Oxford 1981

Mowery, D. (1983), The Relationship Between Intrafirm and Contractual Forms of Industrial Research in American Manufacturing, 1900 - 1940, in: Explorations in Economic History 20 (1983), S. 351 - 374

Mowery, D./ Rosenberg, N. (1989), Technology and the Pursuit of Economic Growth, Cambridge (Mass.) 1989

Müller, G. (1981), Strategische Frühaufklärung, München 1981

Müller, G. (1984), Trends im Strategischen Management, in: Harvard Manager 6 (1984), S. 102 - 106

Mukhodpadhyay, A. (1985), Technological Progress and Change in Market Concentration in the U. S. 1963 - 77, in: Southern Economic Journal 52 (1985), S. 141 - 149

Mulkey, M./ Pinch, T./ Ashmore, M. (1987), Colonizing the Mind: Dilemmas in the Application of Social Science, in: Social Studies of Science 17 (1987), S. 231 - 256

Murray, A. (1988), A Contingency View of Porter's "Generic Strategies", in: Academy of Management Review 13 (1988), S. 390 - 400

Muth, J. (1961), Rational Expectations and the Theory of Price Movement, in: Econometrica 29 (1961), S. 315 - 335

Nadler, D./ Tushman, M. (1988), Strategic Organization Design. Concepts, Tools & Processes, Glenview (Ill.) & London 1988

Näther, C. (1993), Erfolgsmaßstäbe in der Theorie der strategischen Unternehmensführung, Diss. München 1993

Naisbett, J. (1984), Megatrends, Bayreuth 1984

Nakagawa, K. (1993), Business Management in Japan - A Comparative Historical Study, in: Industrial and Corporate Change 2 (1993), S. 25 - 44

Nakamura, M./ Nakamura, A. (1989), Inventory Management Behavior of American and Japanese Firms, in: Journal of the Japanese and International Economies 3 (1989), S. 270 - 291

Napier, N./ Smith, M. (1987), Product Diversification, Performance Criteria and Compensation at the Corporate Manager Level, in: Strategic Management Journal 8 (1987), S. 195 - 202

Nees, D. (1983), Simulation: A Complementary Method for Research on Strategic Decision-making Processes, in: Strategic Management Journal 4 (1983), S. 175 - 185

Nelson, P. (1970), Information and Consumer Behaviour, in: Journal of Political Economy 78 (1970), S. 311 - 329

Nelson, R. (1990a), U. S. Technological Leadership: Where Did It Come From and Where Did It Go?, in: Research Policy 19 (1990), S. 117 - 132

Nelson, R. (1990b), Capitalism as an Engine of Progress, in: Research Policy 19 (1990), S. 193 - 214

Nelson, R. (1991), Why Do Firms Differ, and How Does It Matter?, in: Strategic Management Journal 12 (1991), Special Issue (Winter), S. 61 - 74

Nelson, R. (1992), The Roles of Firms in Technical Advance: A Perspective from Evolutionary Theory, in: Dosi et al. (1992a), S. 164 - 184

Nelson, R. (Hrsg., 1993a), National Innovation Systems: A Comparative Study, New York 1993

Nelson, R. (1993b), A Retrospective, in: Nelson (1993a), S. 505 - 523

Nelson, R. (1994), The Co-Evolution of Technologies and Institutions, in: England, R. (Hrsg.), Evolutionary Concepts in Contemporary Economics, Ann Arbor (Mich.) 1994, S. 139 - 156

Nelson, R./ Rosenberg, N. (1993), Technical Innovation and National Systems, in: Nelson (1993a), S. 3 - 21

Nelson, R./ Winter, S. (1978), Forces Generating and Limiting Concentration Under Schumpeterian Competition, in: Bell Journal of Economics 9 (1978), S. 524 - 548

Nelson, R./ Winter, S. (1982), An Evolutionary Theory of Economic Change, Cambridge (Mass.) 1982

Neubauer, C. (1993), Strategisch orientierte Kostenrechnung. Programmatik, Problemfelder und Lösungsansätze, Diss. München 1993

Neuberger, D./ Neumann, M. (1992), Banking and Antitrust: Limiting Industrial Ownerships by Banks?, in: Journal of Institutional and Theoretical Economics (ZgS) 147 (1992), S. 188 - 199

Neumann, J. von/ Morgenstern, O. (1947), Theory of Games and Economic Behaviour, 2. Aufl., Princeton 1947

Newman, W./ Summer, C./ Warren, E. (1982), The Process of Management: Concepts, Behaviour and Practice, 2. Aufl., Englewood Cliffs (N. J.) 1982

Newman, W. (1951), Administrative Action: The Techniques of Organization and Management, Englewood Cliffs (N. J.) 1951

Newman, W. (1985), Formulating an Integrated View of Strategic Management, in: Pennings et al. (1985), S. 431 - 439

Newmann, W./ Summer, C./ Warren, E. (1967), The Process of Management Concepts, Behavior, and Practice, 2. Aufl., Englewood Cliffs (H. J.) 1967

Nohria, N./ Eccles, R. (Hrsg., 1992), Networks and Organizations, Boston 1992

Nonaka, I. (1988), Creating Organizational Order Out of Chaos: Self-Renewal in Japanese Firms, in: California Management Review 30 (1988), Nr. 3, S. 57 - 73

Nonaka, I./ Johansson, J. (1985), Japanese Management: What About the "Hard" Skills?, in: Academy of Management Review 10 (1985), S. 181 - 191

Nutt, P. (1992), Managing Planned Change, New York 1992

Obring, K. (1992), Strategische Unternehmensführung und polyzentrische Strukturen, München 1992

Ochsenbauer, C. (1988), Organisatorische Alternativen zur Hierarchie. Überlegungen zur Überwindung der Hierarchie in Theorie und Praxis der betriebswirtschaftlichen Organisation, Diss. München 1988

Odagiri, H. (1992), Growth through Competition, Competition through Growth. Strategic Management and the Economy in Japan, Oxford 1992

Odagiri, H./ Goto, A. (1993), The Japanese System of Innovation: Past, Present, and Future, in: Nelson (1993a), S. 76 - 114

Ohmae, K. (1982), The Mind of the Strategist, New York 1982

Oliver, C. (1991), Strategic Responses to Institutional Processes, in: Academy of Management Review 16 (1991), S. 145 - 179

Olson, M. (1968), Die Logik des kollektiven Handelns, Tübingen 1968

Ordeshook, P. (1986), Game Theory and Political Theory: An Introduction, Cambridge (Mass.) 1986

Orton, J./ Weick, K. (1990), Loosely Coupled Systems: A Reconceptualization, in: Academy of Management Review 15 (1990), S. 203 - 223

Oster, S. (1990), Modern Competitive Analysis, New York & Oxford 1990

Ouchi, W. (1981), Theory Z: How American Business Can Meet the Japanese Challenge, Reading (Mass.) 1981

Oviatt, B. (1988), Agency and Transaction Cost Perspectives on the Manager-Shareholder Relationship: Incentives for Congruent Interests, in: Academy of Management Review 13 (1988), S. 214 - 225

Parker, M. (1992), Post-Modern Organizations or Postmodern Organization Theory?, in: Organization Studies 13 (1992), S. 1 - 18

Pascale, R. (1990), Managing on the Edge. How the Smartest Companies Use Conflict to Stay Ahead, New York et al. 1990

Pascale, R./ Athos, A. (1981), The Art of Japanese Management, New York 1981

Paslack, R. (1991a), Urgeschichte der Selbstorganisation. Zur Archäologie eines wissenschaftlichen Paradigmas, Braunschweig & Wiesbaden 1991

Paslack, R. (1991b), Kurze Geschichte der Selbstorganisation, in: gdi impuls 9 (1991), Heft 3, S. 48 - 54

Patel, P./ Pavitt, K. (1994), The Nature and Economic Importance of National Innovation Systems, in: STI Review 14 (1994), S. 9 - 32

Paul, G. (1977), Bedürfnisberücksichtigung durch Mitbestimmung, München 1977

Pautzke, G. (1989), Die Evolution der organisatorischen Wissensbasis. Bausteine zu einer Theorie des organisatorischen Lernens, München 1989

Pavitt, K. (1984), Sectoral Patterns of Technical Change: Towards a Taxonomy and a Theory, in: Research Policy 13 (1984), S. 343 - 373

Pavitt, K. (1991), What Makes Basic Research Economically Useful?, in: Research Policy 20 (1991), S. 109 - 119

Pavitt, K. (1992), Some Foundations for a Theory of the Large Innovating Firm, in: Dosi et al. (Hrsg., 1992a), S. 212 - 228

Pay, D. de (1988), Die Organisation von Innovationen, Diss. Bonn 1988

Pay, D. de (1989), Die Organisation von Innovationen: Die Anwendung des Dekompositionsprinzips von Williamson, in: Albach, H. (Hrsg.), Organisation. Mikroökonomische Theorie und ihre Anwendungen, Wiesbaden 1989, S. 289 - 320

Pearce, J./ Robbins, D. K./ Robinson, R. (1987), The Impact of Grand Strategy and Planning Formality on Financial Performance, in: Strategic Management Journal 8 (1987), S. 125 - 134

Pelkmans, J./ Beuter, R. (1987), Standardization and Competitiveness: Private and Public Strategies in the E. C. Color TV Industry, in: Gabel, H. (Hrsg.), Product Standardization and Competitive Strategy, Amsterdam 1987, S. 29 - 46

Peltzman, S. (1977), The Gains and Losses from Industrial Concentration, in: Journal of Law and Economics 20 (1977), S. 229 - 263

Pennings, J. and Associates (Hrsg., 1985), Organizational Strategy and Change, San Francisco et al. 1985

Pennings, J. (1992), Structural Contingency Theory: A Reappraisal, in: Research in Organizational Behavior 14 (1992), S. 267 - 309

Penrose, E. (1959), The Theory of the Growth of the Firm, Oxford 1959

Perich, R. (1992), Unternehmungsdynamik. Zur Entwicklungsfähigkeit von Organisationen aus zeitlich-dynamischer Sicht, Bern et al. 1992

Perrow, C. (1967), A Framework for the Comparative Analysis of Organization, in: American Sociological Review 32 (1967), S. 194 - 208

Perry, M. (1989), Vertical Integration: Determinants and Effects, in: Schmalensee & Willig (1989), Band 1, S. 183 - 255

Peteraf, M. (1993), The Cornerstones of Competitive Advantage: A Resource-Based View, in: Strategic Management Journal 14 (1993), S. 179 - 192

Peters, M./ Robinson, V. (1984), The Origins and Status of Action Research, in: Journal of Applied Behavioral Science 20 (1984), S. 113 - 124

Peters, T. (1987), Thriving on Chaos. Handbook of a Management Revolution, New York et al. 1987

Peters, T./ Waterman, R. (1982), In Search of Excellence. Lessons from America's Best-Run Companies, New York 1982

Pettigrew, A. (1985), The Awakening Giant: Continuity and Change in ICI, Oxford 1985

Pettigrew, A. (Hrsg., 1988), The Management of Strategic Change, Oxford 1988

Pettigrew, A. (1990), Longitudinal Field Research on Change: Theory and Practice, in: Organization Studies 1 (1990), S. 267 - 291

Pettigrew, A. (1992), The Character and Significance of Strategy Process Research, in: Strategic Management Journal 13 (1992), Special Issue (Winter), S. 5 - 16

Pettigrew, A. (1993), On Studying Strategic Change Processes, Vortrag auf dem Warwick/Venice-Workshop "Perspectives on Strategic Change", University of Warwick, Mai 1993

Pettigrew, A./ Whipp, R. (1991), Managing Change for Competitive Success, Oxford & Cambridge (Mass.) 1991

Pettigrew, D./ Ferlie, E./ McKee, L. (1992), Shaping Strategic Change: Making Change in Large Organizations. The Case of the National Health System, London 1992

Pfeffer, J. (1987), Bringing the Environment Back In: The Social Context of Business Strategy, in: Teece (1987), S. 119 - 135

Pfeffer, J./ Salancik, G. (1978), The External Control of Organizations: A Resource Dependence Perspective, New York 1978

Philipps, D. (1975), Paradigms and Incommensurability, in: Theory and Socity 2 (1975), S. 37 - 61

Phillips, A. (1966), Patents, Potential Competition, and Technical Progress, in: American Economic Review 56 (1966), S. 301 - 310

Phillips, A. (1970), Structure, Conduct and Performance - and Performance, Conduct and Structure?, in: Markham, J./ Papanek, G. (Hrsg.), Industrial Organization and Economic Development: In Honor of E. S. Mason, Boston 1970, S. 26 - 37

Phillips, A. (1971), Technology and Market Structure, Lexington (Mass.) 1971

Phillips, A./ Stevenson, R. (1974), The Historical Development of Industrial Organization, in: History of Political Economy 6 (1974), S. 324 - 342

Phillips, O./ Mason, C. (1992), Mutual Forbearence in Experimental Conglomerate Markets, in: Rand Journal of Economics 23 (1992), S. 395 - 404

Piaget, J. (1973), Das moralische Urteil beim Kinde, Frankfurt/M. 1973

Picot, A. (1975), Experimentelle Organisationsforschung. Methodische und wissenschaftstheoretische Grundlagen, Wiesbaden 1975

Picot, A. (1982), Transaktionskostenansatz in der Organisationstheorie: Stand der Diskussion und Aussagewert, in: Die Betriebswirtschaft 42 (1982), S. 267 - 284

Picot, A. (1984), Organisation, in: Vahlens Kompendium der Betriebswirtschaftslehre, München 1984, Band 2, S. 95 - 158

Picot, A. (1991a), Ein neuer Ansatz zur Gestaltung der Leistungstiefe, in: Zeitschrift für betriebswirtschaftliche Forschung 43 (1991), S. 336 - 357

Picot, A. (1991b), Ökonomische Theorien der Organisation. Ein Überblick über neuere Ansätze und deren betriebswirtschaftliches Anwendungspotential, in: Ordelheide, D./ Rudolph, B. (Hrsg.), Ökonomische Theorie und Betriebswirtschaftslehre, Stuttgart 1991, S. 143 - 170

Picot, A./ Franck, E. (1993), Vertikale Integration, in: Hauschildt & Grün (1993), S. 179 - 219

Pieper, A. (1993), Die methodischen Schwierigkeiten der international vergleichenden Managementforschung und ein Vorschlag zu ihrer Überwindung, in: Haller et al. (1993), S. 333 - 348

Pierson, F. (1959), The Education of American Businessmen: A Study of University-College Programs in Business Administration, New York 1959

Piore, M./ Sabel, C. (1984), The Second Industrial Devide: Possibilities for Prosperity, New York 1984

Pisano, G. (1990), The R & D Boundaries of the Firm: An Empirical Analysis, in: Administrative Science Quarterly 35 (1990), S. 153 - 176

Pisano, G. (1991), The Governance of Innovation: Vertical Integration and Collaborative Arrangements in the Biotechnology Industry, in: Research Policy 20 (1991), S. 237 - 249

Pisano, G./ Teece, D. (1989), Collaborative Arrangements and Global Technology Strategy: Some Evidence from Telecommunications Equipment Industry, in: Research on Technological Innovation, Management and Policy 4 (1989), S. 227 - 256

Plott, C. (1989), An Updated Review of Industrial Organization: Applications of Experimental Methods, in: Schmalensee & Willig (1989), Band 2, S. 1109 - 1176

Polanyi, M. (1967), The Tacit Dimension, Garden City (N. Y.) 1967

Pondy, L./ Boland, R./ Thomas, H. (Hrsg., 1988), Managing Ambiguity and Change, Chichester et al. 1988

Poole, M./ Van de Ven, A. (1989), Using Paradox to Build Management and Organization Theories, in: Academy of Management Review 14 (1989), S. 562 - 578

Popper, K. (1974), Objektive Erkenntnis. Ein evolutionärer Entwurf, Hamburg 1974

Porter, M. (1979), The Structure Within Industries and Companies Performance, in: Review of Economics and Statistics 58 (1979), S. 214 - 228

Porter, M. (1980), Competitive Advantage. Techniques for Analyzing Industries and Competitors, New York 1980

Porter, M. (1981), The Contributions of Industrial Organization to Strategic Management, in: Academy of Management Review 6 (1981), S. 609 - 620

Porter, M. (1983a), Cases in Competitive Strategy, New York 1983

Porter, M. (1983b), The Technological Dimensions of Competitive Strategy, in: Research on Technological Innovation, Management and Policy 1 (1983), S. 1 - 33

Porter, M. (1985), Competitive Advantage. Creating and Sustaining Superior Performance, New York 1985

Porter, M. (1987), From Competitive Advantage to Corporate Strategy, in: Harvard Business Review 65 (1987), May/June, S. 43 - 59

Porter, M. (1990), The Competitive Advantage of Nations, New York 1990

Porter, M. (1991), Towards a Dynamic Theory of Strategy, in: Strategic Management Journal 12 (1991), Special Issue (Winter), S. 95 - 117

Porter, M. (1992a), Capital Disadvantage: America's Failing Capital Investment System, in: Harvard Business Review 70 (1992), September/October, S. 65 - 82

Porter, M. (1992b), A Note on Culture and Competitive Advantage: Response to Van den Bosch and Van Prooijen, in: European Management Journal 10 (1992), S. 178

Porter, M./ Fuller, M. (1978), Polaroid Kodak B-2 through B-10, HBS Case Services, Cambridge (Mass.) 1978

Porter, R. (1983), A Study of Cartel Stability: The Joint Executive Committee, 1880 - 1886, in: Bell Journal of Economics 14 (1983), S. 301 - 314

Postrel, S. (1990), Competing Networks and Proprietary Standards: The Case of Quadrophonic Sound, in: Journal of Industrial Economics 39 (1990), S. 169 - 185

Postrel, S./ Rumelt, R. (1992), Incentives, Routines, and Self-Command, in: Industrial and Corporate Change 1 (1992), S. 397 - 425

Powell, T. (1990), Organizational Skill - A Neglected Source of Competitive Advantage, Arbeitspapier, Montreal 1990

Powell, T. (1992), Strategic Planning as Competitive Advantage, in: Strategic Management Journal 13 (1992), S. 551 - 558

Powell, W. (1991), Expanding the Scope of Institutional Analysis, in: Powell & DiMaggio (1991), S. 183 - 203

Powell, W. (1993), The Social Construction of an Organizational Field: The Case of Biotechnology, Arbeitspapier an der University of Arizona, Tucson 1993

Powell, W./ Brantley, P. (1992), Competitive Cooperation in Biotechnology: Learning Through Networks?, in: Nohria & Eccles (1992), S. 366 - 394

Powell, W./ DiMaggio, P. (Hrsg., 1991), The New Institutionalism in Organizational Analysis, Chicago & London 1991

Prahalad, C./ Hamel, G. (1990), The Core Competence and the Corporation, in: Harvard Business Review 68 (1990), May/June, S. 79 - 91

Prahalad, C./ Hamel, G. (1994), Strategy as a Field of Study: Why Search for a New Paradigm?, in: Strategic Management Journal 15 (1994), Special Issue (Summer), S. 5 - 16

Prescott, J./ Kohli, A./ Venkatraman, N. (1986), The Market Share-Profitability Relationship: An Empirical Assessment of Major Assertions and Contradictions, in: Strategic Management Journal 7 (1986), S. 377 - 394

Pries, L. (1991), Betrieblicher Wandel in der Risikogesellschaft, Opladen 1991

Pries, L. (1992), Betrieblicher Wandel als reflexive Modernisierung: Die Chancen der Risikogesellschaft, in: Österreichische Zeitschrift für Soziologie 17 (1992), Heft 2, S. 17 - 31

Probst, G. (1987), Selbstorganisation. Ordnungsprozesse in sozialen Systemen aus ganzheitlicher Sicht, Berlin & Hamburg 1987

Probst, G./ Gomez, P. (1991), Vernetztes Denken - Ganzheitlich führen in der Praxis, 2. Aufl., Wiesbaden 1991

Pugel, T. (1992), A Comparative Analysis of Industrial Restructuring in Europe, the U. S. and Japan, in: Cool et al. (1992), S. 57 - 76

Pugh, D./ Hickson, D. (1976), Organizational Structure in Its Context: The Aston Programme I, Lexington (Mass.) 1976

Putnam, L./ Pacanowsky, M. (Hrsg., 1983), Communication and Organizations. An Interpretive Approach, Beverly Hills et al. 1983

Quinn, J. (1980), Strategies for Change. Logical Incrementalism, Homewood (Ill.) 1980

Quinn, J. (1984), Managing Strategies Incrementally, in: Lamb (1984), S. 35 - 61

Ramanujam, V./ Varadarajan, P. (1989), Research on Corporate Diversification: A Synthesis, in: Strategic Management Journal 10 (1989), S. 523 - 551

Ramanujam, V./ Venkatraman, N. (1984), An Inventory and Critique of Strategy Research Using the PIMS Data Base, in: Academy of Management Review 9 (1984), S. 138 - 151

Rappaport, A. (1986), Creating Shareholder Value. The New Standard for Business Performance, New York & London 1986

Rasmusen, E. (1989), Games and Information: An Introduction to Game Theory, Oxford 1989

Reed, M./ Hughes, M. (Hrsg., 1992), Rethinking Organization. New Directions in Organization Theory and Analysis, London et al. 1992

Reed, R./ DeFilippi, R. (1990), Causal Ambiguity, Barriers to Imitation, and Sustainable Competitive Advantage, in: Academy of Management Review 15 (1990), S. 88 - 102

Reger, R./ Huff, A. (1993), Strategic Groups: A Cognitive Perspective, in: Strategic Management Journal 14 (1993), S. 103 - 124

Reglin, B. (1993), Managementsysteme. Eine organisationstheoretische Fundierung, München 1993

Reich, R. (1991), The Work of Nations: Preparing Ourselves for 21st-Century Capitalism, New York 1991

Reid, G. (1987), Theories of Industrial Organization, Oxford & New York 1987

Reilley, E. (1955), Planning for Strategy of the Business, in: Advanced Management, Dezember 1955, S. 8 - 12

Reinecker, H., (1987), Einzelfallanalyse, in: E. Roth (1987), S. 277 - 291

Reinganum, J. (1981a), On the Diffusion of New Technology: A Game Theoretic Approach, in: Review of Economic Studies 48 (1981), S. 395 - 405

Reinganum, J. (1981b), Market Structure and the Diffusion of New Technology, in: Bell Journal of Economics 12 (1981), S. 618 - 624

Reinganum, J. (1989), The Timing of Innovation: Research, Development, and Diffusion, in: Schmalensee & Willig (1989), Band 1, S. 849 - 908

Reinganum, M. (1985), The Effect of Executive Succession on Stockholder Wealth, in: Administrative Science Quarterly 30 (1985), S. 46 - 60

Richardson, J. (1993), Parallel Sourcing and Supplier Performance in the Japanese Automobile Industry, in: Strategic Management Journal 14 (1993), S. 339 - 350

Richardson, R. (1987), Directorship Interlocks and Corporate Profitability, in: Administrative Science Quarterly 32 (1987), S. 367 - 386

Ringlstetter, M. (1995), Konzernentwicklung. Rahmenkonzepte zu Strategie, Struktur und System, München 1995

Ringlstetter, M./ Knyphausen, D. zu (1992), Ansatzpunkte zur Beschreibung und Veränderung von Wettbewerbsstrukturen, in: Zeitschrift für Planung 3 (1992), S. 125 - 144

Roberts, E. (1962), Toward a New Theory for Research and Development, in: Industrial Management Review 4 (1962), Heft 1, S. 29 - 40

Roberts, E. (1967), Facts and Folklore in Research and Development Management, in: Industrial Management Review 8 (1967), Heft 2, S. 5 - 18

Roberts, E. (1991), The Technological Base of the New Enterprise, in: Research Policy 20 (1991), S. 299 - 313

Roberts, E. (1992), Strategic Management of Technology: Global Benchmarks, Präsentationsunterlagen, Massachusetts Institute of Technology, Dezember 1992

Roberts, J. (1987), Battles for Market Share: Incomplete Information, Aggressive Strategic Pricing, and Competitive Dynamics, in: Bewly, T. (Hrsg.), Advances in Economic Theory. Fifth World Congress, New York et al. 1987, S. 157 - 195

Roberts, R./ Wolf, M. (1983), Human Resources Strategy, in: Albert, K. (Hrsg.), The Strategic Management Handbook, New York et al. 1983, Kapitel 15, S. 1 - 22

Robinson, R./ Pearce, J. (1988), Planned Patterns of Strategic Behavior and Their Relationsship to Business-Unit Performance, in: Strategic Management Journal 9 (1988), S. 43 - 60

Robinson, W. (1988), Sources of Market Pioneer Advantages: The Case of Industrial Goods Industries, in: Journal of Marketing Research 25 (1988), February, S. 87 - 94

Robinson, W./ Fornell, C. (1985), The Sources of Market Pioneer Advantages in Consumer Goods Industries, in: Journal of Marketing Research 22 (1985), S. 297 - 304

Röpke, J. (1977), Die Strategie der Innovation. Eine systemtheoretische Untersuchung der Interaktion von Individuum, Organisation und Markt im Neuerungsprozeß, Tübingen 1977

Roever, M. (1991), Tödliche Gefahr, in: Manager Magazin, Oktober 1991, S. 218 - 232

Roll, R. (1988), Empirical Evidence on Takeover Activity and Shareholder Wealth, in: Coffee et al. (1988), S. 241 - 252

Rosenberg, N. (1982), Inside the Black Box: Technology and Economics, Cambridge (Mass.) 1982

Rosenberg, N. (1990), Why do Firms do Basic Research (with Their Own Money)?, in: Research Policy 19 (1990), S. 165 - 174

Rosenberg, N. (1992), Science and Technology in the Twentieth Century, in: Dosi et al. (1992a), S. 63 - 96

Rosove, P. (1967), Developing Computer-Based Information Systems, New York et al. 1967

Rossi, P./ Freeman, H. (1989), Evaluation: A Systematic Approach, Newbury Park (Cal.) 1989

Roth, A. (Hrsg., 1987), Laboratory Experimentation in Economics: Six Points of View, New York 1987

Roth, A. (1991), Game Theory as a Part of Empirical Economics, in: Economic Journal 101 (1991), S. 107 - 114

Roth, E. (Hrsg., 1987), Sozialwissenschaftliche Methoden. Lehr- und Handbuch für Forschung und Praxis (unter Mitarbeit von K. Heidenreich), 2. Aufl., München & Wien 1987

Roth, G. (1986), Selbstorganisation - Selbsterhaltung - Selbstreferentialität: Prinzipien der Organisation der Lebewesen und ihre Folgen für die Beziehung zwischen Organismus und Umwelt, in: Dress, A./ Hendrichs, H./ Küppers, G. (Hrsg.), Selbstorganisation. Die Entstehung von Ordnung in Natur und Gesellschaft, München 1986, S. 149 - 180

Roth, G. (1987), Autopoiese und Kognition: Die Theorie H. R. Maturanas und die Notwendigkeit ihrer Weiterentwicklung, in: S. Schmidt (1987a), S. 256 - 286

Rothwell, R./ Dodgson, M. (1992), European Technology Policy Evolution: Convergence Towards SMEs and Regional Technology Transfer, in: Technovation 12 (1992), S. 223 - 238

Rothwell, R./ Gardiner, P./ Horsley, A./ Jervis, V./ Robertson, A./ Townsend, J. (1974), SAPPHO Updated - Project SAPPHO Phase II, in: Research Policy 3 (1974), S. 258 - 291

Rubinstein, A. (1991), Comment on the Interpretation of Game Theory, in: Econometrica 59 (1991), S. 909 - 924

Rudolph, B. (1979), Zur Theorie des Kapitalmarktes. Grundlagen, Erweiterungen und Anwendungsbereiche des "Capital Asset Pricing Model (CAPM)", in: Zeitschrift für Betriebswirtschaft 49 (1979), S. 1034 - 1067

Rumelt, R. (1974), Strategy, Structure and Economic Performance, Boston (Mass.) 1974

Rumelt, R. (1984), Towards a Strategic Theory of the Firm, in: Lamb (1984), S. 556 - 570

Rumelt, R. (1987), Theory, Strategy, and Entrepreneurship, in: Teece (1987), S. 137 - 158

Rumelt, R. (1991), How Much Does Industry Matter?, in: Strategic Management Journal 12 (1991), S. 167 - 186

Rumelt, R./ Schendel, D./ Teece, D. (1990), Fundamental Issues in Strategy: A Research Agenda for the 1990, Arbeitspapier, West Lafayette (Ind.) 1990

Rumelt, R./ Schendel, D./ Teece, D. (1991), Strategic Management and Economics, in: Strategic Management Journal 12 (1991), Special Issue (Winter), S. 5 - 29

Rumelt, R./ Schendel, D./ Teece, D. (Hrsg., 1994), Fundamental Issues in Strategy, Boston (Mass.) 1994

Rumelt, R./ Wensley, R. (1980), In Search of the Market Share Effect, Working Paper MGL-61, University of California, Los Angeles 1980

Rusch, G. (1987), Erkenntnis, Wissenschaft, Geschichte. Von einem konstruktivistischen Standpunkt, Frankfurt/M. 1987

Ryle, G. (1949), The Concept of Mind, London 1949

Ryll, A. (1989), Die Spieltheorie als Instrument der Gesellschaftsforschung, MPIFG Discussion Paper 89/10, Köln 1989

Sackman, H. (1967), Computers, Systems Science and Evolving Society, New York et al. 1967

Sahal, D. (1981), Patterns of Technological Innovation, New York 1981

Sahal, D. (1982), Structure and Self-Organization, in: Behavioral Science 27 (1982), S. 249 - 258

Sahal, D. (1985), Technology Guideposts and Innovation Avenues, in: Research Policy 14 (1985), S. 61 - 82

Saloner, G. (1991), Modelling, Game Theory, and Strategic Management, in: Strategic Management Journal 12 (1991), Special Issue (Winter), S. 119 - 136

Sattelberger, T. (Hrsg., 1991), Die lernende Organisation. Konzepte für eine neue Qualität der Unternehmensentwicklung, Wiesbaden 1991

Saunders, C./ Thompson, J. (1980), A Survey of the Current State of Business Policy Research, in: Strategic Management Journal 1 (1980), S. 119 - 130

Savona, P./ Sutija, G. (Hrsg., 1987), Strategic Planning in International Banking, New York 1987

Sawyer, A./ Ball, D. (1981), Statistical Power and Effect Size in Marketing Research, in: Journal of Marketing Research 18 (1981), S. 275 - 290

Saxenian, A. (1991), The Origins and Dynamics of Production Networks in Silicon Valley, in: Research Policy 20 (1991), S. 423 - 437

Scharpf, F. (1989), Games Real Actors Could Play: The Problem of Complete Information, MPIFG Discussion Paper 89/9, Köln 1989

Schein, E. (1984), Soll und kann man eine Unternehmenskultur verändern?, in: gdi impuls 2 (1984), Heft 2, S. 31 - 43

Schein, E. (1991), Legitimizing Clinical Research in the Study of Organizational Culture, Arbeitspapier an der Sloan School of Management, Cambridge (Mass.) 1991

Schelling, T. (1960), The Strategy of Conflict, London 1960

Schelling, T. (1984), Egonomics, or the Art of Self-Management, in: American Economic Review 68 (1984), Papers & Proceedings, S. 290 - 294

Schendel, D. (1991a), Introduction to the Special Issue on Global Strategy, in: Strategic Management Journal 12 (1991), Special Issue (Sommer), S. 1 - 3

Schendel, D. (1991b), Editor's Comment on the Winter Special Issue, in: Strategic Management Journal 12 (1991), Special Issue (Winter), S. 1 - 3

Schendel, D. (1992a), Strategy Futures: What's Left to Worry About?, Paper Prepared for the Conference on "Integral Strategy" at the Graduate School of Business, Indiana University, September 1992

Schendel, D. (1992b), Introduction to the Summer 1992 Special Issue on "Strategy Process Research", in: Strategic Management Journal 13 (1992), Special Issue (Summer), S. 1 - 4

Schendel, D. (1994), Introduction to the Summer 1994 Special Issue 'Strategy: Search for New Paradigms', in: Strategic Management Journal 15 (1994), Special Issue (Summer), S. 1 - 4

Schendel, D./ Cool, K. (1988), Development of the Strategic Management Field: Some Accomplishment and Challenges, in: Grant, J. (Hrsg.), Strategic Management Frontiers, Greenwich (Conn.) 1988, S. 17 - 32

Schendel, D./ Hatten, K. (1972), Business Policy or Strategic Management: A Broader View for an Emerging Discipline, Paper Submitted to the Academy of Management National Meetings - August 1972, Division of Business Policy and Planning

Schendel, D./ Hofer, C. (Hrsg., 1979), Strategic Management: A New View of Business Planning and Policy, Boston 1979

Schendel, D./ Hofer, C. (1979a), Introduction, in: Schendel & Hofer (1979), S. 1 - 22

Schendel, D./ Hofer, C. (1979b), Research Needs and Issues in Strategic Management, in: Schendel & Hofer (1979), S. 515 - 530

Scherer, F. (1967), Market Structure and the Employment of Scientists and Engineers, in: American Economic Review 57 (1967), S. 524 - 531

Scherer, F. (1980), Industrial Market Structure and Economic Performance, 2. Aufl., Chicago 1980

Scherer, F. (1985), Stand und Perspektiven der Industrieökonomik, in: Bombach, G./ Gahlen, B./ Ott, A. (Hrsg.), Industrieökonomik: Theorie und Empirie, Tübingen 1985, S. 3 - 17

Scherer, F. (1992), International High-Technology Competition, Cambridge (Mass.) & London 1992

Scherer, F./ Ross, D. (1990), Industrial Market Structure and Economic Performance, 3. Aufl., Boston (Mass.) 1990

Schimank, U. (1987), Evolution, Selbstreferenz und Steuerung komplexer Organisationssysteme, in: Glagow & Willke (1987), S. 45 - 64

Schimank, U. (1988), The Contribution of University Research to the Technological Innovation of the German Economy: Societal Auto-Dynamic and Political Guidance, in: Research Policy 17 (1988), S. 329 - 340

Schlesinger, L./ Dyer, D./ Clough, T./ Landau, D. (1987), Chronicles of Corporate Change. Management Lessons from AT&T and Its Offspring, Lexington (Mass.) & Toronto 1987

Schmalensee, R. (1981), Economies of Scale and Barriers to Entry, in: Journal of Political Economy 89 (1981), S. 1228 - 1238

Schmalensee, R. (1982), The New Industrial Organization and the Economic Analysis of Modern Markets, in: Hildenbrand, W. (Hrsg.), Advances in Economic Theory, Cambridge (Mass.) 1982, S. 253 - 285

Schmalensee, R. (1985), Do Markets Differ Much?, in: American Economic Review 75 (1985), S. 341 - 351

Schmalensee, R. (1988), Industrial Economics: An Overview, in: Economic Journal 98 (1988), S. 643 - 681

Schmalensee, R. (1989), Inter-Industry Studies of Structure and Performance, in: Schmalensee & Willig (1989), Band 2, S. 951 - 1009

Schmalensee, R. (1992), in: Sunk Costs and Market Structure: A Review Article, in: Journal of Industrial Economics 40 (1992), S. 125 - 134

Schmalensee, R./ Willig, R. (Hrsg., 1989), Handbook of Industrial Organization, 2 Bände, Amsterdam et al. 1989

Schmidt, I. (1990), EG-Integration: Industrie- versus Wettbewerbspolitik, in: Wirtschaftsdienst 72 (1992), S. 628 - 635

Schmidt, S. (1987b), Der Radikale Konstruktivismus: Ein neues Paradigma im interdisziplinären Diskurs, in: S. Schmidt (1987a), S. 11 - 88

Schmidt, S. (Hrsg., 1987a), Der Diskurs des Radikalen Konstruktivismus, Frankfurt/M. 1987

Schmidt, S. (Hrsg., 1992), Der Diskurs des Radikalen Konstruktivismus 2, Frankfurt/M. 1992

Schmidt, V. (1993), An End to French Economic Exceptionalism? The Transformation of Business under Mitterand, in: California Management Review 36 (1993), Fall, S. 75 - 94

Schmiegelow, M./ Schmiegelow, H. (1989), Strategic Pragmatism: Japanese Lessons in the Use of Economic Theory, New York 1989

Schnädelbach, H. (1986), Transformation der kritischen Theorie, in: Honneth & Joas (1986), S. 15 - 34

Schneider, D. (1981), Geschichte betriebswirtschaftlicher Theorie. Allgemeine Betriebswirtschaftslehre für das Hauptstudium, München 1981

Schnitzler, L. (1993), Mentales Aerobic. Europas Management-Vordenker laufen ihren lautstarken amerikanischen Kollegen immer mehr den Rang ab, in: Die Wirtschaftswoche Nr. 6 vom 5.2.1993, S. 50 - 53

Schoemaker, P. (1990), Strategy, Complexity and Economic Rent, in: Management Science 36 (1990), S. 1178 - 1192

Scholz, C. (1986), Strategisches Management: Auf zu neuen Ufern? (Sammelrezension), in: Die Betriebswirtschaft 45 (1986), S. 625 - 637

Scholz, C. (1987), Strategisches Management. Ein integrativer Ansatz, Berlin & New York 1987

Schön, D. (1966), Technology and Change, New York 1966

Schrader, S. (1991), Informal Technology Transfer Between Firms: Cooperation Through Information Trading, in: Research Policy 20 (1991), S. 153 - 170

Schrader, S. (1993), Kooperation, in: Hauschildt & Grün (1993), S. 223 - 254

Schrader, S./ Lüthje, C. (1993), Das Ausscheiden der Spitzenführungskraft aus der Unternehmung: Eine empirische Analyse, Manuskripte an den Instituten für Betriebswirtschaftslehre an der Universität Kiel Nr. 325, Kiel 1993 (erscheint in: Zeitschrift für Betriebswirtschaft)

Schreyögg, G. (1984), Unternehmensstrategie. Grundfragen einer Theorie strategischer Unternehmensführung, Berlin & New York 1984

Schreyögg, G. (1989), Zu den problematischen Konsequenzen starker Unternehmenskulturen, in: Zeitschrift für betriebswirtschaftliche Forschung 41 (1989), S. 94 - 113

Schreyögg, G. (1992), Zur Logik der Strategischen Unternehmensführung, in: Management Revue 3 (1992), S. 199 - 212

Schreyögg, G./ Steinmann, H. (1987), Strategic Control: A New Perspective, in: Academy of Management Review 12 (1987), S. 91 - 103

Schulze, W. (1992), The Two Resource-Based Models of the Firm: Definitions and Implications for Research, in: Academy of Management Best Papers Proceedings 1992, S. 37 - 41

Schumpeter, J. (1950), Kapitalismus, Sozialismus und Demokratie, München 1950

Schumpeter, J. (1952), Theorie der wirtschaftlichen Entwicklung, 5. Aufl., Berlin 1952

Schütte, H. (1992), Competing and Cooperating with Japanese Firms, in: Leuenberger, T./ Weinstein, M. (Hrsg.), Coorperation and Competition: Europe, Japan and America in the 1990s, Heidelberg et al. 1992, S. 38 - 68

Schwab, R./ Ungson, G./ Brown, W. (1985), Redefining the Bundary Spanning-Environment Relationship, in: Journal of Management 11 (1985), S. 75 - 86

Schwalbach, J. (1991), Profitability and Market Share: A Reflection on the Functional Relationship, in: Strategic Management Journal 12 (1991), S. 299 - 306

Schwaninger, M. (1989), Zur Zukunft der systemorientierten Managementforschung, Diskussionsbeitrag Nr. 13, Hochschule St. Gallen 1989

Schwenk, C. (1982), Why Sacrifice Rigour for Relevance? A Proposal for Combining Laboratory and Field Research in Strategic Management, in: Strategic Management Journal 3 (1982), S. 213 - 225

Schwenk, C./ Cosier, R. (1980), Effects of the Expert, Devil's Advocate, and Dialectical Inquiry Methods on Prediction Performance, in: Organizational Behavior and Human Performance 26 (1980), S. 409 - 424

Schwenk, C./ Dalton, D. (1991), The Changing Shape of Strategic Management Research, in: Advances in Strategic Management 7 (1991), S. 277 - 300

Schwub-Gwinner, G. (1993), Strategische Unternehmensführung und kollektive Entscheidungsprozesse, Diss. München 1993

Scott, J. (1984), Firm Versus Industry Variability in R & D Intensity, in: Griliches, Z. (Hrsg.), R & D, Patents, and Productivity, Chicago 1984, S. 233 - 248

Scott, J. (1993), International Variations in Corporate Control, Arbeitspapier, Leicester 1993

Scott, W. R. (1987), The Adolescence of Institutional Theory, in: Administrative Science Quarterly 32 (1987), S. 493 - 511

Scott, W. R. (1992), Organizations: Rational, Natural, and Open Systems, 3. Aufl., Englewood Cliffs (N. J.) 1992

Seitz, K. (1991), Die japanisch-amerikanische Herausforderung. Deutschlands Hochtechnologie-Industrien kämpfen ums Überleben, 4. Aufl., München 1991

Seitz, P. (1993), Strategische Managementsysteme im internationalen Unternehmen, Diss. München 1993

Selten, R. (1985), Comment, in: Arrow & Honkopohja (1985), S. 77 - 87

Selznick, P. (1957), Leadership in Administration: A Sociological Interpretation, New York 1957

Senge, P. (1990), The Fifth Discipline. The Art & Practice of the Learning Organization, New York et al. 1990

Servatius, K. (1991), Vom strategischen Management zur evolutionären Unternehmensführung, Stuttgart 1991

Seth, A. (1990), Value Creation in Acquisitions: A Re-examination of Performance Issues, in: Strategic Management Journal 11 (1990), S. 99 - 116

Seth, A./ Zinkhan, G. (1991), Strategy and the Research Process: A Comment, in: Strategic Management Journal 12 (1991), S. 75 - 82

Shapiro, C. (1989a), The Theory of Business Strategy, in: Rand Journal of Economics 20 (1989), S. 125 - 137

Shapiro, C. (1989b), Theories of Oligopoly Behavior, in: Schmalensee & Willig (1989), Band 1, S. 329 - 414

Sharp, M./ Pavitt, K. (1993), Technology Policy in the 1990s: Old Trends and New Realities, in: Journal of Common Market Studies 31 (1993), S. 129 - 151

Sheard, P. (1989), The Japanese General Trading Company as an Aspect of Interfirm Risk-Sharing, in: Journal of the Japanese and International Economies 3 (1989), S. 308 - 322

Shelanski, H. (1991), Empirical Research in Transaction Cost Economics: A Survey and Assessment, Arbeitspapier an der University of California at Berkeley, Berkeley 1991

Sheldon, A. (1980), Organizational Paradigms: A Theory of Organizational Change, in: Organization Dynamics 8 (1980), S. 61 - 80

Shepherd, W. (1984), "Contestability" vs. Competition, in: American Economic Review 74 (1984), S. 572 - 587

Shepherd, W. (1985), The Economics of Industrial Organization, 2. Aufl., Englewood Cliffs (N. J.) 1985

Shepherd, W. (1986), On the Core Concepts of Industrial Economics, in: de Jong & Shephard (1986), Book 1, S. 23 - 67

Shin, K.-S. (1989), Information, Transaction Costs, and the Organization of Distribution: The Case of Japan's General Trade Companies, in: Journal of the Japanese and International Economies 3 (1989), S. 292 - 307

Shleifer, A./ Vishny, R. (1991), Takeovers in the '60s and the '80s: Evidence and Implications, in: Strategic Management Journal 12 (1991), Special Issue (Winter), S. 51 - 59

Shook, R. (1988), Honda: An American Success Story, New York et al. 1988

Shrivastava, P. (1986), Is Strategic Management Ideological?, in: Journal of Management 12 (1986), S. 363 - 377

Shrivastava, P. (1987), Rigor and Practical Usefulness of Research in Strategic Management, in: Strategic Management Journal 8 (1987), S. 77 - 92

Siegel, S./ Fouraker, L. (1960), Bargaining and Group Decision Making, New York 1960

Silver, M. (1984), Enterprise and the Scope of the Firm, London 1984

Simon, H[erbert] (1947), Administrative Behavior: A Study of Decision-Making Processes in Administrative Organization, New York 1947

Simon, H[erbert] (1965), The Architecture of Complexity, in: General Systems 10 (1965), S. 63 - 76

Simon, H[erbert] (1969), The Sciences of the Artificial, Cambridge (Mass.) 1969

Simon, H[erbert] (1972), Theories of Bounded Rationality, in: McGuire, C / Radner, R. (Hrsg.), Decision and Organization, Amsterdam 1972, S. 161 - 176

Simon, H[ermann] (1989), Die Zeit als strategischer Erfolgsfaktor, in: Zeitschrift für Betriebswirtschaft 59 (1989), S. 70 - 93

Simon, H[ermann] (1990), "Hidden Champions". Speerspitze der deutschen Wirtschaft, in: Zeitschrift für Betriebswirtschaft 60 (1990), S. 875 - 890

Simon, H[ermann] (1992), Lessons from Germany's Midsize Giants, in: Harvard Business Review 70 (1992), March/April, S. 115 - 123

Singh, H./ Harianto, F. (1989), Top Management Tenure, Corporate Ownership Structure and the Magnitude of Golden Parachutes, in: Strategic Management Journal 10 (1989), Special Issue (Summer), S. 143 - 156

Singh, J[itendra] (Hrsg., 1990), Organizational Evolution. New Directions, Newbury Park et al. (1990)

Singh, J[itendra]/ Lumsden, C. (1990), Theory and Research in Organizational Ecology, in: Annual Review of Sociology 16 (1990), S. 161 - 195

Singh, J[itendra]/ Tucker, D./ Meinhard, A. (1991), Institutional Change and Ecological Dynamics, in: Powell & DiMaggio (1991), S. 390 - 422

Singh, J[oginder] (1990), Managerial Culture and Work-related Values in India, in: Organization Studies 11 (1990), S. 75 - 101

Sinha, D. (1990), The Contribution of Formal Planning to Decisions, in: Strategic Management Journal 11 (1990), S. 479 - 492

Slade, M. (1986), Conjectures, Firm Characteristics and Market Structure: An Empirical Analysis, in: International Journal of Industrial Organization 4 (1986), S. 347 - 370

Slade, M. (1987), Interfirm Rivalry in a Repeated Game: An Empirical Test of Tacit Collusion, in: Journal of Industrial Economics 35 (1987), S. 499 - 516

Slade, M. (1990), Strategic Pricing Models and Interpretation of Price-war Data, in: European Economic Review 34 (1990), S. 524 - 537

Smiley, R. (1988), Empirical Evidence on Strategic Entry Deterrence, in: International Journal of Industrial Organization 6 (1988), S. 167 - 180

Smircich, L./ Stubbart, C. (1985), Strategic Management in an Enacted World, in: Academy of Management Review 10 (1985), S. 724 - 736

Smith, R./ Walter, I. (1992), Economic Restructuring in Europe and the Market for Corporate Control, in: Cool et al. (1992), S. 77 - 118

Smith, V. (1989), Theory, Experiments, and Economics, in: Journal of Economic Perspectives 3 (1989), S. 151 - 169

Smothers, N. (1990), Patterns of Japanese Strategy: Strategic Combinations of Strategies, in: Strategic Management Journal 11 (1990), S. 521 - 534

Snow, C. (1986), Reflections on European Strategic Management Research, in: McGee & Thomas (1986a), S. 307 - 318

Sommerlatte, T. (1988), Unternehmerverhalten: Der Wandel verstehen oder nicht, in: Arthur D. Little International (Hrsg.), Management des geordneten Wandels, Wiesbaden 1988, S. 73 - 89

Sorg, S. (1982), Informationspathologien und Erkenntnisfortschritt in Organisationen, München 1982

Spence, J. (1985), Achievement American Style: The Rewards and Cost of Individualism, in: American Psychologist 40 (1985), S. 1285 - 1295

Spence, M. (1977), Entry, Capacity, Investment and Oligopolistic Pricing, in: Bell Journal of Economics 8 (1977), S. 534 - 544

Spence, M. (1979), Investment Strategy and Growth in a New Market, in: Bell Journal of Economics 19 (1979), S. 1 - 19

Spender, J.-C. (1992), Strategy Theorizing: Expanding the Agenda, in: Advances in Strategic Management 8 (1992), S. 3 - 32

Spinner, H. (1986), Grundsatzvernunft und Gelegenheitsvernunft. Die prinzipielle Rationalität des "okzidentalen Rationalismus" und die okkasionelle Rationalität der "Moderne": Rationalismusvergleich als interdisziplinäres und empirisches Forschungsprogramm, Arbeitspapier, Mannheim 1986

Spremann, K. (1990), Asymmetrische Information, in: Zeitschrift für Betriebswirtschaft 60 (1990), S. 561 - 586

Staehle, W. (1980), Management. Eine verhaltenswissenschaftliche Einführung, München 1980

Staehle, W./ Sydow, J. (1992), Management-Philosophie, in: Frese, E. (Hrsg.), Handwörterbuch der Organisation, 3. Aufl., Stuttgart 1992, Sp. 1286 - 1302

Stähler, C. (1991), Strategisches Ökologiemanagement. Praktische Ansätze und theoretische Überlegungen zu einer Umweltorientierung der Unternehmenspolitik, Diss. München 1991

Stalk, G. (1989), Die Zeit als strategischer Erfolgsfaktor, in: Harvard Manager 11 (1989), Heft 1, S. 37 - 46

Stalk, G./ Evans, P./ Shulman, L. (1992), Competing on Capabilities: The New Rules of Corporate Strategy, in: Harvard Business Review 70 (1992), März/April, S. 57 - 69

Stalk, G./ Hout, T. (1990), Competing Against Time, New York 1990

Stapf, K. (1987), Laboruntersuchungen, in: E. Roth (1987), S. 238 - 254

Starbuck, W. (1983), Organizations as Action Generators, in: American Sociological Review 48 (1983), S. 91 - 102

Starbuck, W. (1985), Acting First and Thinking Later: Theory Versus Reality in Strategic Change, in: Pennings (1985), S. 336 - 372

Staw, W. (1981), The Escalation of Commitment to a Course of Action, in: Academy of Management Review 6 (1981), S. 577 - 587

Steger, U. (1988), Umweltmanagement. Erfahrungen und Instrumente einer umweltorientierten Unternehmensstrategie, Frankfurt & Wiesbaden 1988

Steger, U. (Hrsg., 1993a), Der Niedergang des US-Management Paradigmas. Die europäische Antwort, Düsseldorf et al. 1993

Steger, U. (1993b), Umweltmanagement - ein deutsch-amerikanischer Vergleich, in: Steger (1993a), S. 137 - 153

Stegmüller, W. (1979), Hauptströmungen der Gegenwartsphilosophie. Eine kritische Einführung, Band II, 6. Aufl., Stuttgart 1979

Stehr, N./ Meja, V. (1984), Introduction: The Development of the Sociology of Knowledge, in: dies. (Hrsg.), Society and Knowledge. Contemporary Perspectives in the Sociology of Knowledge, New Brunswick & London 1984, S. 1 - 18

Steiner, G. (1969), Top Management Planning, New York 1969

Steiner, G. (1979), Strategic Planning: What Every Manager Must Know, New York 1979

Steinle, C./ Lawa, D./ Lier, A. (1993), Methoden der strategischen Planung und ihre Bedeutung in der Unternehmenspraxis, in: WISU - das Wirtschaftsstudium 22 (1993), S. 809 - 821

Steinmann, H./ Böhm, H./ Braun, W./ Gerum, E./ Schreyögg, G. (1976), Betriebswirtschaftslehre und Praxis. Vorüberlegungen auf der Grundlage der Konstruktiven Philosophie und Wissenschaftstheorie, in: Ulrich, H. (Hrsg.), Zum Praxisbezug der Betriebswirtschaftslehre in wissenschaftstheoretischer Sicht, Bern & Stuttgart 1976, S. 51 - 92

Steinmann, H./ Löhr, A. (Hrsg., 1989), Unternehmensethik, Stuttgart 1989

Steinmann, H./ Schreyögg, G. (1990), Management. Grundlagen der Unternehmensführung. Konzepte, Funktionen und Praxisfälle, Wiesbaden 1990

Stetter, T. (1994), Unternehmensentwicklung und strategische Unternehmensführung. Zur paradigmatischen Bedeutung des Entwicklungsbegriffs für eine Theorie der strategischen Unternehmensführung, München 1994

Stichweh, R. (1987), Die Autopoiesis der Wissenschaft, in: Baecker et al. (1987), S. 447 - 481

Stigler, G. (1968), The Organization of Industry, Homewood (Ill.) 1968

Stiglitz, J. (1989), Imperfect Information in the Product Market, in: Schmalensee & Willig (1989), Band 1, S. 769 - 847

Stinchcombe, A. (1965), Social Structures and Organizations, in: March, J. (Hrsg.), Handbook of Organizations, Chicago 1965, S. 142 - 193

Störig, H. (1969), Kleine Weltgeschichte der Philosophie, Band 2, Frankfurt/M. 1969

Strasser, G. (1991), Zur Evolution von Unternehmungen, München 1991

Suarez, F./ Cusumano, M./ Fine, C. (1991), Flexibility and Performance: A Literature Critique and Strategic Framework, Arbeitspapier an der Sloan School of Management, Cambridge (Mass.) 1991

Sudgen, R. (1991), Rational Choice: A Survey of Contributions from Economics and Philosophy, in: Economic Journal 101 (1991), S. 751 - 785

Summer, C./ Bettis, R./ Duhaime, I./ Grant, J./ Hambrick, D./ Snow, C./ Zeithaml, C. (1990), Doctural Education in the Field of Business Policy and Strategy, in: Journal of Management 16 (1990), S. 361 - 398

Sutton, J. (1991), Sunk Costs and Market Structure. Price Competition, Advertising, and the Evolution of Concentration, Cambridge (Mass.) & London 1991

Suzucki, Y. (1991), Japanese Management Structures, 1920 - 1980, Houndsmills & London 1991

Swedberg, R./ Granovetter, M. (1992), Introduction, in: Granovetter (1992), S. 1 - 26

Sweezy, P. (1939), Demand Under Conditions of Oligopoly, in: Journal of Political Economy 47 (1939), S. 568 - 573

Sydow, J. (1992), Strategische Netzwerke. Evolution und Organisation, Wiesbaden 1992

Tallman, S. (1991), Strategic Management Models and Resource-Based Strategies Among MNEs in a Host Market, in: Strategic Management Journal 12 (1991), Special Issue (Summer), S. 69 - 82

Tang, M. (1988), An Economic Perspective on Escalating Commitment, in: Strategic Management Journal 9 (1988), Special Issue, S. 79 - 92

Taylor, B. (1986), Corporate Planning for the 1990s: The New Frontiers, in: Long Range Planning 19 (1986), Nr. 6, S. 13 - 18

Teece, D. (1984), Economic Analysis and Strategic Management, in: California Management Review 26 (1984), Spring, S. 84 - 110

Teece, D. (1986a), Firm Boundaries, Technological Innovation, and Strategic Management, in: L. Thomas (1986a), S. 187 - 199

Teece, D. (1986b), Profiting from Technological Innovation: Implications for Integration, Collaboration, Licensing, and Public Policy, in: Research Policy 15 (1986), S. 285 - 305

Teece, D. (Hrsg., 1987), The Competitive Challenge. Strategies for Industrial Innovation and Renewal, Cambridge (Mass.) 1987

Teece, D. (1988), Technological Change and the Nature of the Firm, in: Dosi et al. (1988), S. 256 - 281

Teece, D. (1990), Contributions and Impediments of Economic Analysis to the Study of Strategic Management, in: Fredrickson (1990a), S. 39 - 80

Teece, D. (1992), Competition, Cooperation, and Innovation. Organizational Arrangements for Regimes of Rapid Technological Progress, in: Journal of Economic Behavior & Organization 18 (1992), S. 1 - 25

Teece, D. (1993), The Dynamics of Industrial Capitalism: Perspectives from Alfred Chandler's *Scale and Scope*, in: Journal of Economic Literature 31 (1993), S. 199 - 225

Teece, D./ Pisano, G./ Shuen, A. (1992), Dynamic Capabilities and Strategic Management, Arbeitspapier, Berkeley (Cal.) & Cambridge (Mass.) 1992

Teece, D./ Rumelt, R./ Dosi, G./ Winter, S. (1994), Understanding Corporate Coherence: Theory and Evidence, in: Journal of Economic Behavior & Organization 23 (1994), S. 1 - 30

Teubner, G. (1984), Verrechtlichung - Begriffe, Merkmale, Grenzen, Auswege, in: Kübler, F. (Hrsg.), Verrrechtlichung von Wirtschaft, Arbeit und sozialer Solidarität, Frankfurt/M. 1984, S. 289 - 344

Teubner, G. (1985), Unternehmensinteresse - das gesellschaftliche Interesse des Unternehmens "an sich"?, in: Zeitschrift für das gesamte Handels- und Wirtschaftsrecht 148 (1985), S. 470 - 488

Teubner, G. (1987a), Hyperzyklus in Recht und Organisation. Zum Verhältnis von Selbstbeobachtung, Selbstkonstitution und Autopoiese, in: Haferkamp & Schmid (1987), S. 89 - 128

Teubner, G. (1987b), Episodenverknüpfung. Zur Steigerung von Selbstreferenz im Recht, in: Baecker et al. (1987), S. 423 - 446

Teubner, G. (1989), Recht als autopoietisches System, Frankfurt/M. 1989

Teubner, G. (1991), Unitas Multiplex. Das Konzernrecht in der neuen Dezentralität der Unternehmensgruppen, in: Zeitschrift für Unternehmens- und Gesellschaftsrecht 9 (1991), S. 189 - 217

Teubner, G./ Willke, H. (1984), Kontext und Autonomie: Gesellschaftliche Selbststeuerung durch reflexives Recht, in: Zeitschrift für Rechtssoziologie 6 (1984), S. 4 - 35

Thomas, H. (1988), Policy Dialogue in Strategic Planning: Talking Our Way Through Ambiguity and Change, in: Pondy et al. (1988), S. 51 - 78

Thomas, H./ McGee, J. (1986), Introduction: Mapping Strategic Management Research, in: McGee & Thomas (1986a), S. 1 - 18

Thomas, K./ Tymon, W. (1982), Necessary Properties of Relevant Research: Lessons from Recent Criticisms of the Organizational Sciences, in: Academy of Management Review 7 (1982), S. 345 - 352

Thomas, L. (Hrsg., 1986a), The Economics of Strategic Planning. Essays in Honor of Joel Dean, Lexington (Mass.) & Toronto 1986

Thomas, L. (1986b), The Economics of Strategic Planning: A Survey of the Issues, in: L. Thomas (1986a), S. 1 - 27

Thompson, J. (1967), Organizations in Action, New York 1967

Thurow, L. (1992), Head to Head. The Coming Economic Battle Among Japan, Europe, and America, New York 1992

Tichy, N. (1983), Managing Strategic Change. Technical, Political, and Cultural Dynamics, New York 1983

Tijmstra, S./ Casler, K. (1992), Management Learning for Europe, in: European Management Journal 10 (1992), S. 30 - 38

Timmermann, A. (1982), An den Haupterfolgsfaktoren orientierte Geschäftsfeldstrategien: Grundbausteine der Multi-Faktor-Portfolio-Methode, in: AH/26. Erg.-Lfg. IX 82

Timmermann, A. (1988), Evolution des strategischen Managements, in: Henzler (1988a), S.95 - 105

Tirole, J. (1988), The Theory of Industrial Organization, Cambridge (Mass.) & London 1988

Trautwein, F. (1990), Merger Motives and Merger Prescriptions, in: Strategic Management Journal 11 (1990), S. 283 - 295

Traxler, F. (1988), Politischer Tausch, kollektives Handeln und Interessenregulierung. Zu einer Theorie der Genesis verbandlicher Tarifbeziehungen und korporatistischer Steuerungssysteme, in: Journal für Sozialforschung 28 (1988), S. 267 - 285

Tregoe, B./ Zimmermann, J. (1980), Top Management Strategy, New York 1980

Trembley, V./ Trembley, C. (1988), The Determinants of Horizontal Acquisitions: Evidence from the US Brewing Industry, in: Journal of Industrial Economics 37 (1988), S. 21 - 46

Triandis, H. (1990), Cross-Cultural Studies of Individuals and Collectivism, in: Berman, J. (Hrsg.), Cross-Cultural Perspectives. Nebraska Symposium on Motivation 1989, Lincoln (Nebr.) & London 1990, S. 41 - 133

Trux, W./ Kirsch, W./ Ringlstetter, M./ Knyphausen, D. zu (1991), Die Evolution eines Strategischen Managements, in: Kirsch (1991), S. 713 - 763

Trux, W./ Müller[-Stewens], G./ Kirsch, W., Das Management strategischer Programme, 1. Halbband: Materialien zum Stand der Forschung, München 1984

Trux, W./ Müller[-Stewens], G./ Kirsch, W./ Mauthe, K. (1984a), Strategische Exploration und Analysen als Basis der Planung strategischer Programme, in: Trux et al (1984), S. 37 - 206

Trux, W./ Müller[-Stewens], G./ Kirsch, W./ Brantl, S./ Hinder, W. (1984b), Operative Planungs- und Kontrollsysteme im Dienste der strategischen Steuerung, in: Trux et al. (1984), S. 399 - 490

Tuomela, R. (1978), Erklären und Verstehen menschlichen Verhaltens, in: Apel, K.-O./ Manninen, J./ Tuomela, R. (Hrsg.), Neue Versuche über Erklären und Verstehen, Frankfurt/M. 1978, S. 30 - 58

Tushman, L./ Katz, R. (1980), External Communication and Project Performance: An Investigation into the Role of Gatekeepers, in: Management Science 26 (1980), S. 1071 - 1085

Tushman, M. (1977), Communications Across Organizational Boundaries: Special Boundary Roles in the Innovation Process, in: Administrative Science Quarterly 22 (1977), S. 587 - 605

Tushman, M./ Anderson, P. (1986), Technological Discontinuities and Organizational Environments, in: Administrative Science Quarterly 31 (1986), S. 439 - 465

Tushman, M./ Nelson, R. (1990), Introduction: Technology, Organizations, and Innovation, in: Administrative Science Quarterly 35 (1990), S. 1 - 8

Tushman, M./ Newman, W./ Romanelli, E. (1986), Convergence and Upheaval: Managing the Unsteady Pace of Organizational Evolution, in: California Management Review 29 (1986), Fall, S. 29 - 44

Tushman, M./ Romanelli, E. (1985), Organizational Evolution: A Metamorphosis Model of Convergence and Reorientation, in: Research in Organizational Behavior 7 (1985), S. 171 - 222

Tushman, M./ Rosenkopf, L. (1992), Organizational Determinants of Technological Change: Toward a Sociology of Technological Evolution, in: Research in Organizational Behavior 14 (1992), S. 311 - 347

Tyson, L./ Zysman, J. (1983), American Industry in International Competition: Government Policies and Corporate Strategies, in: California Management Review 25 (1983), S. 27 - 52

Ulrich, D./ Barney, J. (1984), Perspectives in Organizations: Resource Dependence, Efficiency, and Population, in: Academy of Management Review 9 (1984), S. 471 - 481

Ulrich, H. (1984), Management, Bern & Stuttgart 1984

Ulrich, H./ Probst, G. (1982), Werthaltungen schweizerischer Führungskräfte - Ergebnisse einer empirischen Untersuchung, Bern & Stuttgart 1982

Ulrich, H./ Probst, G. (Hrsg., 1984), Self-Organization and Management of Social Systems. Insights, Promises, Doubts, and Questions, Berlin et al. 1984

Ulrich, H./ Probst, G. (1988), Anleitung zum ganzheitlichen Denken und Handeln, Bern 1988

Ulrich, K. (1993), Die Evolution von Managementsystemen. Zur sprachtheoretischen Fundierung einer angewandten Führungslehre, München 1993

Ulrich, P. (1986), Transformation der ökonomischen Vernunft. Fortschrittsperspektiven der modernen Industriegesellschaft, Bern & Stuttgart 1986

Ulrich, P. (1988), Betriebswirtschaftslehre als praktische Sozialökonomie - Programmatische Überlegungen, in: Wunderer, R. (Hrsg.), Betriebswirtschaftslehre als Management- und Führungslehre, 2. Aufl., Stuttgart 1988, S. 191 - 215

Ulrich, W. (1983), Critical Heuristics of Social Planning. A New Approach to Practical Philosophy, Bern & Stuttgart 1983

Utterback, J./ Abernathy, W. (1975), A Dynamic Model of Process and Product Innovation, in: Omega 33 (1975), S. 639 - 656

Utterback, J./ Suárez, F. (1993), Innovation, Competition, and Industry Structure, in: Research Policy 22 (1993), S. 1 - 21

Vanberg, V. (1983), Organisationsziele und individuelle Interessen, in: Soziale Welt 34 (1983), S. 171 - 187

Van Cauwenbergh, A./ Martens, R. (1986), Simplicity Behind Strategy: A Reflection on Strategic Management Theory Versus Its Practice, in: Advances in Strategic Management 4 (1986), S. 111 - 124

Van de Ven, A. (1986), Central Problems in the Management of Innovation, in: Management Science 32 (1986), S. 590 - 607

Van de Ven, A. (1988), Review Essay: Four Requirements for Processual Analysis, in: Pettigrew (1988), S. 330 - 341

Van de Ven, A. (1992), Suggestions for Studying Strategy Process: A Research Note, in: Strategic Management Journal 13 (1992), Special Issue (Summer), S. 169 - 188

Vancil, R. (1987), Passing the Baton, Boston (Mass.) 1987

Varela, F. (1984), Two Principles for Self-Organization, in: Ulrich & Probst (1984), S. 25 - 32

Venkatraman, N. (1989), The Concept of Fit in Strategic Management: Toward Verbal and Statistical Correspondence, in: Academy of Management Review 14 (1989), S. 423 - 444

Venkatraman, N. (1990), Performance Implications of Strategic Coalignment: A Methodological Perspective, in: Journal of Management Studies 27 (1990), S. 19 - 41

Venkatraman, N./ Camillus, J. (1984), Exploring the Concept of "Fit" in Strategic Management, in: Academy of Management Review 9 (1984), S. 513 - 525

Venkatraman, N./ Ramanujam, V. (1986), Measurement of Business Performance in Strategy Research: A Comparison of Approaches, in: Academy of Management Review 11 (1986), S. 801 - 814

Vernon, R. (1992), Transnational Corporations: Where Are They Coming From, Where Are They Headed?, in: Transnational Corporations 1 (1992), S. 7 - 35

Vogel, D. (1978), Why Businessmen Distrust Their State: The Political Consciousness of American Corporate Executives, in: British Journal of Political Science 8 (1978), S. 157 - 172

Voggenreiter, D. (1988), Politische Ökonomie, in: Gabler Wirtschaftslexikon, 12., vollständig neu bearbeitete und erweiterte Aufl., Wiesbaden 1988, Band L - Z, Sp. 914 - 918

Wächter, H. (1992), Gibt es ein spezifisch deutsches Management?, in: Management Revue 3 (1992), S. 327 - 336

Wagner, D./ Nolte, H. (1993), Management-Bildung, in: Management Revue 4 (1993), S. 5 - 22

Waldenfels, B. (1985), Rationalisierung der Lebenswelt - ein Projekt. Kritische Überlegungen zu Habermas' Theorie des kommunikativen Handelns, in: ders., In den Netzen der Lebenswelt, Frankfurt/M. 1985, S. 94 - 119

Walter-Busch, E. (1979), Aspekte der gegenwärtigen Sinn- und Orientierungskrise, in: Industrielle Organisation 48 (1979), S. 65 - 76

Walter-Busch, E. (1990), Integrationskonzepte der Betriebswirtschaftslehre: das Beispiel der Harvard Business School, in: Die Betriebswirtschaft 50 (1990), S. 237 - 248

Waterman, R. (1987), The Renewal Factor. How the Best Get and Keep the Competitive Edge, New York 1987

Watzlawick, P. (Hrsg., 1985), Die erfundene Wirklichkeit. Wie wissen wir, was wir zu wissen glauben? Beiträge zum Konstruktivismus, 3. Aufl., München 1985

Weaver, W. (1948), Science and Complexity, in: American Scientist 36 (1948), S. 536 - 544

Weber, M. (1963), Gesammelte Aufsätze zur Religionssoziologie, Band 1, Tübingen 1963

Weber, M. (1981), Die protestantische Sekten und der Geist des Kapitalismus, in: ders., Die protestantische Ethik I. Eine Aufsatzsammlung (hrsg. von J. Winckelmann), 6., durchgesehene Aufl., Tübingen 1981, S. 279 - 317

Weick, K. (1976), Educational Organizations as Loosely Coupled Systems, in: Administrative Science Quarterly 21 (1976), S. 1 - 19

Weick, K. (1979), The Social Psychology of Organizing, 2. Aufl., Reading (Mass.) 1979

Weick, K. (1987), Substitutes for Strategy, in: Teece (1987), S. 221 - 233

Weigelt, K./ Camerer, C. (1988), Reputation and Corporate Strategy: A Review of Recent Theory and Applications, in: Strategic Management Journal 9 (1988), S. 443 - 454

Weigelt, K./ Camerer, C./ Hanna, M. (1992), The Use of Experimental Economics in Strategy Research, in: Advances in Strategic Management 8 (1992), S. 163 - 200

Weigelt, K./ MacMillan, I. (1988), An Interactive Strategic Analysis Framework, in: Strategic Management Journal 9 (1988), Special Issue, S. 27 - 40

Weiss, L. (1971), Quantitative Studies of Industrial Organization, in: Intriligator, M. (Hrsg.), Frontiers of Quantitative Economics, Amsterdam 1971, S. 362 - 403

Weiss, L. (1974), The Concentration-Profits Relationship and Antitrust, in: Goldschmidt, H./ Mann, H./ Weston, J. (Hrsg.), Industrial Concentration: The New Learning, Boston (Mass.) 1974, S. 184 - 233

Welge, M./ Al-Laham, A. (1992), Planung. Prozesse - Strategien - Maßnahmen, Wiesbaden 1992

Wenger, E. (1992), Universalbankensystem und Depotstimmrecht, in: Gröner, H. (Hrsg.), Der Markt für Unternehmenskontrolle. Schriften des Vereins für Socialpolitik, NF Bd. 214, S. 73 - 118, Berlin 1992

Wernerfelt, B. (1984), A Resource-based View of the Firm, in: Strategic Management Journal 5 (1984), S. 171 - 180

Wernerfelt, B./ Karnani, A. (1987), Competitive Strategy Under Uncertainty, in: Strategic Management Journal 8 (1987), S. 187 - 194

Wernerfelt, B./ Montgomery, C. (1986), What Is an Attractive Industry?, in: Management Science 32 (1986), S. 1223 - 1230

Wernerfelt, B./ Montgomery, C. (1988), Tobin's q and the Importance of Focus in Firm Performance, in: American Economic Review 78 (1988), S. 246 - 250

Westley, F. (1990), Middle Managers and Strategy: Microdynamics of Inclusion, in: Strategic Management Journal 11 (1990), S. 337 - 352

Westley, F./ Mintzberg, H. (1989), Visionary Leadership and Strategic Management, in: Strategic Management Journal 10 (1989), Special Issue (Sommer), S. 17 - 32

Wheelwright, S. (1984), Manufacturing Strategy: Defining the Missing Link, in: Strategic Management Journal 5 (1984), S. 77 - 92

Wheelwright, S./ Hayes, R. (1985), Competing Through Manufacturing, in: Harvard Business Review 63 (1985), January/February, S. 99 - 109

White, R. (1986), Generic Business Strategies, Organizational Context and Performance: An Empirical Investigation, in: Strategic Management Journal 7 (1986), S. 217 - 231

Whitley, R. (1990), East Asian Enterprise Structures and the Comparative Analysis of Forms of Business Organization, in: Organization Studies 11 (1990), S. 47 - 74

Whitley, R. (1992), The Social Construction of Organization and Markets: The Comparative Analysis of Business Recipes, in: Granovetter (1992), S. 198 - 221

Whyte, G. (1986), Escalating Commitment to a Course of Action: A Reinterpretation, in: Academy of Management Review 11 (1986), S. 311 - 321

Wieland, J. (1988), Die Wirtschaft als autopoietisches System - Einige eher kritische Überlegungen -, in: Delfin 5 (1988), Heft 2, S. 18 - 29

Wienert, H. (1990), Stahlpolitik: Ein Lehrstück für die Risiken der industriepolitischen Intervention?, in: Wirtschaftsdienst 70 (1990), S. 207 - 211

Wiesenthal, H. (1987), Rational Choice. Ein Überblick über Grundlinien, Theoriefelder und neuere Themenakquisition eines sozialwissenschaftlichen Paradigmas, in: Zeitschrift für Soziologie 16 (1987), S. 434 - 449

Wiesenthal, H. (1991), Unsicherheit und Multiple Self-Identität: Eine Spekulation über die Voraussetzungen strategischen Handelns, MPIFG Discussion Paper 90/2, Köln 1990

Wilensky, H. (1967), Organizational Intelligence - Knowledge and Policy in Government and Industry -, New York & London 1967

Wilks, S. (1990), The Embodiment of Industrial Culture in Bureaucracy and Management, in: Clegg & Redding (1990), S. 131 - 152

Williams, J. (1990), Strategy and the Search for Rents: The Evolution of Diversity Among Firms, Arbeitspapier, Pittsburgh 1990

Williams, J. (1992), How Sustainable is Your Competitive Advantage, in: California Management Review 34 (1992), Heft 1, S. 29 - 51

Williamson, O. (1975), Markets and Hierarchies: Analysis and Antitrust Implications, New York 1975

Williamson, O. (1985), The Economic Institutions of Capitalism, New York 1985

Williamson, O. (1989), Transaction Cost Economics, in: Schmalensee & Willig (1989), Band 1, S. 135 - 182

Williamson, O. (1990), A Comparison of Alternative Approaches to Economic Organization, in: Journal of Institutional and Theoretical Economics (ZgS) 146 (1990), S. 61 - 71

Williamson, O. (1991a), Strategizing, Economizing, and Economic Organization, in: Strategic Management Journal 12 (1991), Special Issue (Winter), S. 75 - 94

Williamson, O. (1991b), Economic Institutions: Spontanous and Intentional Governance, in: Journal of Law, Economics and Organization 7 (1991), S. 159 - 187

Williamson, O. (1991c), Comparative Economic Organization: The Analysis of Discrete Structural Alternatives, in: Administrative Science Quarterly 36 (1991), S. 269 - 296

Williamson, O. (1992), The Evolving Science of Organization, Arbeitspapier an der University of California at Berkeley, Juli 1992

Willke, H. (1982), Systemtheorie. Eine Einführung in die Grundprobleme, Stuttgart & New York 1982

Willke, H. (1983), Die Entzauberung des Staates. Überlegungen zu einer sozietalen Steuerungstheorie, Königstein 1983

Willke, H. (1987a), Strategien der Intervention in autonome Systeme, in: Baecker et al. (1987), S. 333 - 362

Willke, H. (1987b), Differenzierung und Integration in Luhmanns Theorie sozialer Systeme, in: Haferkamp & Schmid (1987), S. 247 - 269

Willke, H. (1988), Staatliche Intervention als Kontextsteuerung. Am Beispiel EUREKA, in: Kritische Vierteljahresschrift für Gesetzgebung und Rechtswissenschaft 71 (1988), S. 214 - 229

Willke, H. (1989), Systemtheorie entwickelter Gesellschaften. Dynamik und Riskanz moderner gesellschaftlicher Selbstorganisation, Weinheim & München 1989

Willke, H. (1992), Societal Guidance Through Law?, in: Teubner, G./ Febbrajo, A. (Hrsg.), State, Law, and Economy as Autopoietic Systems. Regulation and Autonomy in a New Perspective (European Yearbook in the Sociology of Law 1991/1992), Milano 1992, S. 353 - 387

Wimmer, R. (1989), Die Steuerung komplexer Organisationen. Ein Reformulierungsversuch der Führungsproblematik aus systemischer Sicht, in: Sandner, K. (Hrsg.), Politische Prozesse in Organisationen, Berlin et al. 1989, S. 131 - 156

Winter, S. (1987), Knowledge and Competence as Strategic Assets, in: Teece (1987), S. 159 - 184

Winter, S. (1990), Survival, Selection, and Inheritance in Evolutionary Theories of Organization, in: Singh (1990), S. 269 - 297

Wiseman, R./ Bromiley, P. (1991), Risk-Return Associations: Paradox or Artifact? An Empirically Tested Explanation, in: Strategic Management Journal 12 (1991), S. 231 - 241

Witt, U. (1987), Individualistische Grundlagen der evolutorischen Ökonomik, Tübingen 1987

Witte, E. (1973), Organisation für Innovationsentscheidungen, Göttingen 1973

Witteloostnijn, A. van/ Wegberg, M. van (1992), Multimarket Competition: Theory and Evidence, in: Journal of Economic Behavior & Organization 18 (1992), S. 273 - 282

Wöhe, G. (1978), Allgemeine Betriebswirtschaftslehre, 13. Aufl., München 1978

Wolfrum, U. (1993), Erfolgspotentiale. Kritische Würdigung eines zentralen Konzeptes der strategischen Unternehmensführung, München 1993

Womack, J./ Jones, D./ Roos, D. (1990), The Machine that Changed the World. The Story of Lean Production, New York 1990

Woo, C./ Cooper, A. (1981), Strategies for Effective Low Share Businesses, in: Strategic Management Journal 2 (1981), S. 301 - 318

Woodward, J. (1958), Management and Technology. Problems of Progress in Industry, London 1958

Woodward, J. (1965), Industrial Organization: Theory and Practice, New York 1965

Woodward, J. (1970), Industrial Organization: Behavior and Control, London 1970

Wooldridge, B./ Floyd, S. (1990), The Strategy Process, Middle Management Involvement, and Organizational Performance, in: Strategic Management Journal 11 (1990), S. 231 - 241

Wright, G. von (1974), Erklären und Verstehen, Frankfurt/M. 1974

Wunderer, R. (Hrsg., 1988a), Betriebswirtschaftslehre als Management- und Führungslehre, 2., ergänzte Aufl., Stuttgart 1988

Wunderer, R. (1988b), Neuere Konzepte der Personalentwicklung, in: Die Betriebswirtschaft 48 (1988), S. 435 - 444

Wundt, W. (1913), Grundriß der Psychologie, Leipzig, 11. Aufl., 1913

Wüthrich, H. (1990), Neuland des strategischen Denkens. Wege zu einem postkompetitiven Strategieverständnis, in: Die Unternehmung 44 (1990), S. 178 - 201

Wüthrich, H. (1991), Neuland des strategischen Denkens. Von der Strategietechnokratie zum mentalen Management, Wiesbaden 1991

Yao, D. (1988), Beyond the Reach of the Invisible Hand: Impediments to Economic Activity, Market Failures, and Profitability, in: Strategic Management Journal 9 (1988), Special Issue, S. 59 - 70

Yin, R. (1981), The Case Study Crisis. Some Answers, in: Administrative Science Quarterly 26 (1981), S. 58 - 65

Yin, R. (1984), Case Study Research, Beverly Hills (Cal.) 1984

Young, M. (1989), Sources of Competitive Data for the Management Strategist, in: Strategic Management Journal 10 (1989), S. 285 - 293

Young, S. M. (1992), A Framework for Successful Adoption and Performance of Japanese Manufacturing Practices in the United States, in: Academy of Management Review 17 (1992), S. 677 - 700

Zahn, E. (1979), Strategische Planung zur Steuerung der langfristigen Unternehmensentwicklung. Grundlagen einer Theorie der Unternehmensplanung, Berlin 1979

Zahra, S./ Pearce II, J. (1992), Priorities of CEOs and Strategic Management Professors for Future Academic Research, in: Journal of Managerial Issues 4 (1992), S. 171 - 189

Zajac, E. (1992), Relating Economics and Behavioral Perspectives in Strategy Research, in: Advances in Strategic Management 8 (1992), S. 69 - 96

Zajac, E./ Bazerman, M. (1991), Blind Spots in Industry and Competitor Analysis: Implications of Interfirm (Mis-)Perceptions for Strategic Decisions, in: Academy of Management Review 16 (1991), S. 37 - 56

Zucker, L. (1987), Institutional Theories of Organization, in: Annual Review of Sociology 13 (1987), S. 443 - 464

Stichwortverzeichnis